AF125352

Hermann Gruber

Leo Taxil's Palladismus-Roman,

oder die Enthüllungen, Dr. Bataille's, Margiotta's und Miss Vaughans über

Freimaurerei und Satanismus kritisch beleuchtet

Hermann Gruber

Leo Taxil's Palladismus-Roman,
oder die Enthüllungen, Dr. Bataille's, Margiotta's und Miss Vaughans über Freimaurerei und Satanismus kritisch beleuchtet

ISBN/EAN: 9783743307643

Hergestellt in Europa, USA, Kanada, Australien, Japan

Cover: Foto ©Thomas Meinert / pixelio.de

Manufactured and distributed by brebook publishing software (www.brebook.com)

Hermann Gruber

Leo Taxil's Palladismus-Roman,

Leo Taxil's
Palladismus-Roman.

Oder:

Die „Enthüllungen"

Dr. „Bataille's", Margiotta's und „Miß Vaughan's"

über

Freimaurerei und Satanismus

kritisch beleuchtet

von

Hildebrand Gerber,

(P. B. Gruber S. J.).

Erster Theil.

Einleitung.

Dr. Bataille, der Diable au XIXe siècle und die Revue Mensuelle.

Motto: „Es bereitete den Verfassern das größte Vergnügen, dem
verehrlichen Publicum Bären aufzubinden. Lachend riefen
sie einander zu: Nur darauf los! Die menschliche Dummheit hat keine Grenzen."

Leo Taxil, Bekenntnisse, 9. Capitel.

1897

Vorwort.

Verschiedene Gründe trugen bei, das Erscheinen dieser Schrift länger zu verzögern, als uns mit Rücksicht auf die Sache, der dieselbe dient, und das Publicum, von dem sie ungeduldig erwartet wurde, lieb war. Wir wollen nur zwei dieser Gründe erwähnen, welche der Leser zugleich als Entschuldigung für das verspätete Erscheinen der schon Mitte August angekündigten Publication gütigst annehmen möge.

Seit der Veröffentlichung unserer warnenden Artikel in Nr. 555 (15. Aug.) und 578 (25. Aug. ds.) der „Kölnischen Volkszeitung" und in Nr. 193 (22. Aug. ds.) der „Germania", durch welche die öffentliche Erörterung der letzten Wochen über die sogenannten „Enthüllungen" „Bataille's", Margiotta's und „Miß Diana Vaughan's" eingeleitet wurde, brachte fast jede Woche neue Ueberraschungen oder Aufklärungen, die wieder bedeutende Aenderungen in unserer Schrift nothwendig machten oder gemacht haben würden. Es war somit im Interesse der Schrift und des Publicums, abzuwarten, bis die Entlarvung des Schwindels so weit fortgeschritten war, daß von der endgültigen Fertigstellung des Manuscripts bis zum Erscheinen der Schrift keine übergroßen Wandlungen im Stande der Frage mehr zu gewärtigen waren.

Erst nach der Veröffentlichung unserer genannten Artikel wurden wir ferner gewahr, daß die von uns als Schwindel bezeichneten „Enthüllungen" in weiten und zum Theil selbst hochgestellten Kreisen Glauben gefunden hatten und vielfach mit außerordentlicher Hartnäckigkeit vertheidigt wurden. Dieser Umstand, sowie das ungewöhnliche Interesse, welches man dem Gegenstand entgegenbrachte, machten eine viel eingehendere Behandlung der Angelegenheit nothwendig, als wir anfangs in Aussicht genommen hatten.

So entschlossen wir uns, unser erstes bereits Ende August fertiggestelltes Manuscript bei Seite zu legen und auf Grund umfassenderer Studien ein neues Manuscript auszuarbeiten, in welchem wir uns redlich bestrebten, alles zu einem sicheren Urtheil über die ganze weitverzweigte Angelegenheit wünschens= werthe Material übersichtlich zusammenzustellen.

Während wir dieser Arbeit oblagen, ist nun freilich der Betrug in den wesentlicheren Punkten bereits in der Tagespresse in einer für das nächste Bedürfniß ausreichenden Weise aufgedeckt worden. Wir halten indessen dafür, daß trotzdem die Veröffent= lichung unserer ausführlichen Arbeit durchaus nicht überflüssig geworden ist. Denn damit die Frucht der Entlarvung des Schwindels eine vollständige, durchgreifende sei, muß derselbe in allen seinen Verzweigungen verfolgt und aufgedeckt werden. Es muß dem Publicum und vor Allem denjenigen, welche durch ihre. Stellung berufen sind, die Fortsetzung des Betruges oder eine Erneuerung desselben unter anderer Form zu verhindern, die Möglichkeit geboten werden, sich ohne zu große Mühe über alle einschlägigen Thatsachen zu informiren.

Eine ausführliche übersichtliche Darlegung der ganzen An= gelegenheit ist auch in jeder Hinsicht äußerst lehrreich. Nicht der geringste Nutzen derselben wird sein, daß sie beitragen wird, bei den Katholiken, katholischen Schriftstellern und Lesern, den kritischen Sinn zu schärfen, der leider, wie ein Rückblick auf den Verlauf der uns beschäftigenden Angelegenheit und eine ein= gehendere Prüfung der katholischen Volksliteratur überhaupt zeigt, zum großen Nachtheile der katholischen Sache recht Vieles zu wünschen übrig läßt.

Die Vertheidiger der Bataille'schen und Vaughan'schen Ent= hüllungen haben, hierin in die Fußstapfen des atheistischen Spötters Dr. Hacks=Bataille's eintretend, uns, der katholischen Presse Deutschlands und überhaupt allen Bezweiflern oder Gegnern der genannten „Enthüllungen" „Scheu vor dem Uebernatürlichen", „rationalistische" Abneigung, an übernatürliche Vorkommnisse zu glauben u. s. w., vorgeworfen.

Wir glauben zwar nicht zu irren, wenn wir annehmen, daß dieser Vorwurf jetzt, nachdem sich Viele derjenigen, die ihn erhoben, in Folge des vorschnellen Glaubens, welchen sie den erwähnten „Enthüllungen" schenkten, arge Enttäuschungen zugezogen haben, nicht weiter mehr aufrecht erhalten wird.

Da aber antikatholische Blätter die genannten mißverständ= lichen Auffassungen über die katholische Glaubenspflicht zum Anlaß nahmen, die kirchliche Glaubenspflicht überhaupt verächtlich zu machen, so sei bemerkt, daß die katholische Kirche durchaus nicht erlangt, daß man blindlings Alles, was von irgendwelcher Seite als „übernatürliche" Thatsache gemeldet wird, für wahr halte. Im Gegentheil fordert die Kirche von ihren Kindern, daß ihr Glaube gemäß den Worten des Apostels (Röm. 12, 1) ein „vernünftiger Gottesdienst", rationabile obsequium, sei. Leicht= hin alles Mögliche zu glauben, nur weil dasselbe in das „über= natürliche" Gebiet überspielt, mit anderen Worten wundersüchtig und aberwitzig sein, ist durchaus nicht im Sinne der Kirche, welche mit der heiligen Schrift mahnt: „Glaubet nicht jedem Geiste, sondern prüfet die Geister" (I. Joh. 4, 1); „Alles aber prüfet. Was gut ist, behaltet" (I. Thess. 5, 21). Zu glauben „verpflichtet" ist der Katholik nur, was ihm „die Kirche" durch einen Ausspruch des „unfehlbaren" Lehramtes zu glauben vor= stellt. Wenn ein Katholik daher an vorgeblich bestimmte über= natürliche Thatsachen zu glauben sich weigert, die nicht zu dem von der Kirche festgesetzten Glaubensinhalt gehören, so hat Niemand ein Recht, deshalb seine katholische Rechtgläubigkeit zu verdächtigen. Glaubt ein Katholik allerlei angebliche übernatürliche Thatsachen „leichthin", ohne daß entsprechende Bürgschaften für ihre Wahrheit vorhanden sind, so „fehlt" er auch vom katholischen Standpunkt durch „Leichtgläubigkeit", eine „Leichtgläubigkeit", welche sogar leicht in einen gewissen „Aberglauben" [1] übergeht.

---

[1] Im streng theologischen Sinn wird das Wort „Aber= glaube", gleichbedeutend mit dem lateinischen superstitio, für „alle Arten eines falschen Cults", im Gegensatz zu dem Gott in Wahrheit geschuldeten Cult, gebraucht. Im engeren Sinn werden damit namentlich Praktiken bezeichnet, welche darauf hinauslaufen, durch unpassende, unproportionirte Mittel, mit Hilfe höherer, nicht göttlicher, bezw. diabo= lischer Einflüsse die Zukunft zu erforschen, oder sonstige Dinge zu voll= bringen, welche die menschlichen Kräfte übersteigen. — Im nächst= liegenden Wortsinn pflegt man aber unter „Aberglauben" jeden „Glauben" zu verstehen, der, subjectiv nach Analogie des religiösen Glaubens beschaffen, sich auf falsche Dinge und Thatsachen erstreckt, die in keiner Weise zum objectiven Inhalt des Glaubens gehören. Es leuchtet ein, daß „objectiv" — und vielfach auch, weil man es an der nöthigen Sorgfalt mangeln läßt, sich eines Besseren zu belehren, bezw. belehren zu lassen, bis zu einem gewissen Maße „subjectiv", — der „Aberglaube" auch in diesem Sinne fehlerhaft ist. Denn es ver= stößt augenscheinlich gegen die Hochachtung und Ehrfurcht, welche man der göttlichen Offenbarung schuldig ist, wenn man leichthin unbeglaubigte Erzählungen „übernatürlicher" Thatsachen, eventuell sehr thörichten Inhalts, dem eigentlichen Glaubensinhalt gewissermaßen, gegenerisch wenigstens, gleichstellt. Und das haben diejenigen sicher, zum mindesten praktisch, gethan, welche den Katholiken, die sich gegen die Bataille= Vaughan'schen Enthüllungen ablehnend verhielten, deswegen den Vor= wurf machten, dieselben wollten überhaupt nicht an übernatürliche That-

Es wurde ferner mit Rücksicht auf das Vorgehen der katho=
lischen Presse gegen die genannten Enthüllungen, bezw. auf die
an diesen Enthüllungen geübte Kritik mehrfach tadelnd hervor
gehoben, daß es verfehlt gewesen sei, diese Enthüllungen öffentlich
anzugreifen, bevor sie sicher und „positiv" als falsch
erwiesen seien. Andererseits wurde auch der Satz aufgestellt,
man könne diese Enthüllungen ruhig und mit gutem Gewissen
weiter verwerthen und verbreiten, bis „ihre Falschheit" völlig
außer allen Zweifel gestellt sei. Dem gegenüber ist zu bemerken,
daß, bevor man überhaupt das Recht hat, Enthüllungen, wie
die in Frage stehenden, zu verwerthen und weiterzuverbreiten,
zuerst ihre Glaubwürdigkeit positiv verbürgt sein
muß. So lange wohlbegründete Zweifel an ihrer Glaubwürdigkeit
nicht gelöst sind, und noch vielmehr, wenn ernsthafte Gründe für
ihre Glaubwürdigkeit überhaupt gar nicht vorhanden sind, sondern
Alles sie im Gegentheil nur als höchst verdächtig erscheinen läßt,
kann man sie mit gutem Gewissen in keinerlei Weise verwerthen.
Die Last und Pflicht der Beweisführung oblag und obliegt daher
den Vertheidigern und Verbreitern der Enthüllungen. Dieselben

---

sachen glauben, oder gar, wie die Revue Mensuelle wiederholt es that,
behaupteten, diese Katholiken seien nur „oberflächliche" oder Taufschein=
Katholiken.

Der jetzige Bischof von Paderborn, Mgr. Simar, schrieb mit
Bezug auf unseren Gegenstand schon vor zwanzig Jahren in seiner
Schrift „Der Aberglaube", Seite 55:

„Die Kirche hat für jenes ganze Gebiet des Uebernatürlichen
ihren Gliedern als sicheren Führer und untrüglichen Maßstab das
apostolische Wort allzeit dargeboten: „„Glaubet nicht jedem Geiste,
sondern prüfet die Geister, ob sie aus Gott sind."" (Joh. 4, 1.) Sie
verlangt nicht nur die strengste und gewissenhafteste Beweisführung
für die Thatsächlichkeit angeblicher übernatürlicher Vorkommnisse,
sondern auch eine ebenso strenge, allen Ansprüchen der Vernunft
und des Glaubens genügende Feststellung ihres übernatürlichen
Charakters. Nur wenn diesen beiden Forderungen vollkommen genügt
ist, gestattet sie den Gläubigen, dieselben als göttliche Thaten oder
Zulassungen zu verehren, ohne sie jedoch zum Gegenstande ihres
allgemeinen und für alle ihre Glieder pflichtmäßigen Glaubens zu
erheben. Diese Grundsätze hat die Kirche immer geltend gemacht.
Eben weil es sich bei dem Uebernatürlichen um außerordentliche Werke
oder Zulassungen Gottes handelt, kann sie es nicht dulden, daß durch
Leichtgläubigkeit, durch Selbsttäuschung oder Trug die Majestät Gottes
und seine Weltregierung verunehrt, oder ihr eigener Glaube an
dieselbe, wenn auch nur scheinbar, in den Augen der ungläubigen Welt
compromittirt werde."

haben aber, wie wir im Verlaufe der Schrift darlegen werden, nie irgendwie genügende Beweise für ihre Behauptungen erbracht. Es war unser ernstestes Bestreben, die in den Schwindel mehr oder minder als Opfer desselben mithineingezogenen Persönlichkeiten mit möglichster Schonung zu behandeln. Ihre allerdings unbewußte Mitwirkung zum Gelingen des Betruges aber ganz zu verschweigen, ist mit dem im öffentlichen Interesse liegenden Zwecke unserer Publication schlechterdings unvereinbar. Rücksichten persönlicher Natur müssen hier vor solchen des öffentlichen Wohles zurücktreten.

Möge unsere Schrift von allen ihren Lesern mit denselben Gesinnungen zur Kenntniß genommen werden, welche für die Abfassung derselben bestimmend waren und welche kurz in die Worte zusammengefaßt werden können: Die Wahrheit über Alles!

Im Interesse der katholischen Kirche selbst liegt es, daß die Wahrheit in allen Dingen, unbekümmert um alle persönlichen Rücksichten und um alle entgegenstehenden Vorurtheile, seien letztere auch noch so verbreitet und tief eingewurzelt, zur Anerkennung komme. Auch eine erfolgreiche Action gegen die Freimaurerei ist nur möglich, wenn man sich ganz und gar auf den Boden der „Thatsachen" stellt. Nimmt man bei Bekämpfung der Freimaurerei, auf Pseudo-Enthüllungen gestützt, irrige Vorstellungen über dieselbe zum Ausgangspunkt, so muß der Kampf nothwendiger Weise den Charakter eines seiner Natur nach ebenso den Spott herausfordernden als erfolglosen Windmühlen-Gefechts, eines Kampfes gegen Wahngebilde, annehmen.

Einleitung.

Orientirende Vorbemerkungen.

Anläßlich der öffentlichen Erörterungen der Presse über den von uns hier behandelten Gegenstand hat sich bereits klar heraus= gestellt, daß seit einigen Jahren, besonders seit 1892, unter dem Aushängeschild der Bekämpfung der Freimaurerei, von Paris aus ein großartiger literarischer Betrug in Scene gesetzt wurde, — ein Betrug, der nicht bloß speciell die antifreimaurerische Bewegung in Verruf zu bringen geeignet war, sondern selbst anfing, das Ansehen hoher kirchlicher Kreise ernstlich zu gefährden, die religiöse Volksliteratur zu vergiften und selbst auf dem politisch= socialen Gebiet seine Wirkungen geltend zu machen. Beispielsweise erinnern wir nur an die bedenkliche Rolle, welche ein Hauptver= anstalter des Betruges und mehrere „unbewußte" feurige Ver= theidiger desselben auf dem Trienter Antifreimaurer = Congreß spielten, und an den mächtigen Rückschlag, welchen die genannten Pseudo=Enthüllungen — einerseits auf die eucharistische Bewegung (Sühne für angebliche in Freimaurer-Logen begangene Hostien= schändungen), und auf eine gewisse Erbauungsliteratur (Verquickung heiliger Dinge und religiöser Belehrungen mit frivol erfundenen Teufelsgeschichten) und — andererseits auf den Preßkrieg roma= nischer Katholiken gegen den Dreibund ausübten.

1. Die hauptsächlich in Betracht kommenden Werke.

Die Werke und Publicationen, welche dem von uns zu be= sprechenden Betruge hauptsächlich Vorschub leisteten, sind folgende: Dr. Bataille, Le Diable au XIXe siècle, 2 vols, 964 und 960 Seiten, erschienen in Lieferungen vom 29. September 1892 [Datum der Vorrede] bis Ende 1894, Paris, Delhomme et Briguet, rue de Rennes, 83; — Domenico Margiotta, Souvenirs d'un Trente-Troisième, Adriano Lemmi, Chef suprême des Franc-Maçons, Aug. oder Sept. 1894, XIV und 368 S. Paris, Delhomme et Briguet; Le Palladisme, Culte de Satan - Lucifer dans les Triangles Maçonniques Sept. 1895, Grenoble; — Miss Diana Vaughan, Le

Palladium „Régénérée et Libre“, Lien des Groupes Indé-
pendants (drei Nummern à 24 Seiten vom 21. März bis 20.
Mai 1895); Mémoires d'une ex-Palladiste, parfaite initiée
indépendante (bisher erschienen 14 Nummern à 24 S. vom
Juli 1895 bis November 1896; 7 bis 10 weitere Nummern
sollen noch erscheinen); Le 33 ∴ Crispi, un Palladiste homme
d'état etc. XI und 498 Seiten, Juni (?) 1896. Die Publi=
cationen „Miß Vaughans“ sind sämmtlich verlegt von A. Pierret,
Paris, rue Etienne Marcel, 37.

2. Rückblick auf die bisherige Bekämpfung und
Entlarvung des Schwindels. Vereinzelnte Stimmen
gegen die genannten Pseudo = Enthüllungen hatten sich schon
bald nach dem Beginn ihres Erscheinens erhoben. Dieselben
thaten jedoch der Verbreitung dieser Enthüllungen keinen
merklichen Eintrag. Die energische und zielbewußte Bekämpfung
der letzteren, welche mit der völligen öffentlichen Entlarvung
der Schwindler endete, wurde Mitte August von der deutschen
katholischen Presse, in die Hand genommen. Die besondere Veran=
lassung zum Vorgehen der deutschen katholischen Presse war
das Erscheinen der dadurch weltbekannt gewordenen Broschüre
„Die Geheimnisse der Hölle“.[1] In dieser Broschüre, welche in
10,000 Exemplaren gedruckt und durch zahlreiche kleine Agenturen
eifrigst im Volke verbreitet wurde, wurde der erste ernsthafte
Versuch gemacht, die „Enthüllungen“ „Miß Vaughans“ im

[1] Der volle Titel der Broschüre lautet: „Die Geheimnisse der
Hölle oder Miß Diana Vaughan, ihre Bekehrung und ihre Enthüllungen
über die Freimaurerei, den Cultus und die Erscheinungen des Teufels
in den palladistischen Triangeln. Herausgegeben von Dr. Michael
Germanus. Verlag des „Pelikan“. Feldkirch (Vorarlberg) 1896 (Mitte
August), 16°, II und 101 S. 50 Pf. — Als der Verleger der
Broschüre zur Ueberzeugung gekommen war, daß ihr Inhalt ein
schwindelhafter war, stellte er den Verkauf derselben ein. So blieben
ihm von 10,000 Exemplaren 4000 auf Lager. 6000 Exemplare waren
in 8 Wochen abgesetzt worden, ein Beweis, wie gierig das Volk nach
derlei in religiösem Gewande ihm gebotenen Schauder-Geschichten greift.
Im Uebrigen könnte sich mancher deutsche Verleger von ver-
leumderischen Pamphleten gegen die Jesuiten an Herrn Künzle ein
Beispiel nehmen. Wir denken gerade an Ziegenhirt in Leipzig, der,
obgleich der von ihm verlegten Schmähschrift des Staatsarchivars
von St. Gallen Dr. O. Henne am Rhyn „Die Jesuiten“ 1889
haarsträubende Verleumdungen nachgewiesen wurden, ruhig fortfuhr,
dieselbe zu vertreiben, ja sogar noch neue Auflagen davon veranstaltete. Vgl. unsere Schrift „Die Freimaurerei und die öffentliche
Ordnung“ 1893, S. 51.

katholischen Deutschland einzubürgern.[1]) Einem solchen Versuch, offenbar erfundene Teufelspossen und kindische Ammenmärchen mit heiligen Dingen und religiösen Belehrungen verquickt unter geistlicher Autorität in die weitesten, vorwiegend ungebildeten und urtheilsunfähigen Kreise zu tragen, konnte eine ihrer Pflichten bewußte katholische Presse nicht müßig zusehen. Eine entschiedene Stellungnahme zu den „Vaughan"'schen und verwandten Ent= hüllungen war um so mehr geboten, als der Anti=Freimaurer= Congreß vor der Thüre stand und die Anzeichen sich mehrten, daß seitens der hartnäckigen Vertheidiger dieser „Enthüllungen" zum vielleicht unberechenbaren Schaden der Kirche nicht ohne Aussicht auf Erfolg versucht werden würde, eben diese „Ent= hüllungen", theilweise wenigstens, zum Ausgangspunkt der ganzen antifreimaurerischen Action zu nehmen und ihnen dadurch ein noch gesteigertes Ansehen zu verschaffen, das seinerseits wieder die ver= derblichste Rückwirkung namentlich auch auf die religiöse katho= lische Volksliteratur ausgeübt haben würde[2]).

---

[1]) Einige Monate früher war in Paderborn erschienen: „Die centrale Leitung der Freimaurerei. Auszug aus dem französischen Werke: Erinnerungen eines Dreiunddreißigsten. Adriano Lemmi, Oberstes Haupt der Freimaurer. Von Domenico Margiotta". 1896; 100 S. — Gegen dieses Werk sofort nach seinem Erscheinen Einspruch in der Presse zu erheben, wie wir es gewünscht hätten, verhinderten uns verschiedene Umstände, die darzulegen hier nicht der Ort ist. Es war dies auch nicht so dringend nothwendig, wie bei der Broschüre „Geheimnisse der Hölle", weil das Margiotta'sche Werk nicht ins Volk kam. Von den Gebildeten aber konnte vorausgesetzt werden, daß sie sich selbst ohne allzu große Mühe über den Werth dieser „Enthüllungen" ein richtiges Urtheil bilden würden.

[2]) Leo Taxil stellte in seinem Briefe an den Univers vom 28. October 1896 die Behauptung auf, Br∴ Findel in Leipzig habe mit seiner Broschüre „Katholischer Schwindel" „das Feuer ans Pulver gelegt" und den Feldzug der deutschen katholischen Presse gegen die „Bataille=Vaughan"'schen Enthüllungen veranlaßt. In seinem Brief vom 2. November 1896 an den Univers weiß er ferner zu melden, Dr. Hacks sei von den Freimaurern um 100,000 Frs. erkauft worden, um Zwietracht in das Lager der Anti=Freimaurer zu werfen. Auf den Rath des Bruder Findel's hin, dessen Behauptungen die deutschen katholischen Blätter „wie ein Evangelium"[!] abgedruckt hätten, und der deshalb Deutschland für das geeignetste Land hielt, den Schlag zu führen, hätten der italienische Großmeister Nathan und der Groß= orient von Frankreich Dr. Hacks veranlaßt, anläßlich einer Reise nach Köln seinen Verrath auszuführen. Die „Kölnische Volkszeitung" sei ihm in die Falle gegangen u. s. w. Vergleiche L'Anti-Maçon, 7. Nov. 1896, p. 34 et 35 u. Miss Vaughan (Taxil), Mémoires, no 14.

Zwischen dem Erscheinen der erwähnten Broschüre und
dem allgemeinen Lärmruf der deutschen katholischen Presse
gegen dieselbe verstrich keine Woche. Wegen des engen
inneren Zusammenhanges zwischen den Margiotta'schen und den
„Vaughan"'schen „Enthüllungen" wurden erstere mit letzteren
gleich von Anfang an mit aufs Korn genommen. Später ergab
sich behufs gründlicherer und für alle, auch für die in Frei=
maurer=Dingen weniger Bewanderten oder weniger Scharfblickenden,
„völlig" überzeugender Klärung der Angelegenheit noch die
Nothwendigkeit, auch das Werk Dr. Bataille's Le Diable au
XIXe siècle und die im Anschluß an dasselbe seit Januar 1894
erscheinende Revue Mensuelle in die Erörterung mit einzubeziehen.
Seitdem dies zuerst von dem in Sachen der Entlarvung des

___

„Miß Vaughan" [d. h. auch wieder Taxil, bezw. irgend eine
Dame, vielleicht Frau Taxil, im Auftrag Taxils] schrieb unter dem
9. October 1896 an Mgr. Parodi in Genua, „Die Lemmi, Nathan
und andere Triangel= und Logenhäupter" hätten das Losungswort
ausgegeben, ihre Existenz zu leugnen. Vgl. La Franc-Maçonnerie
démasqué 1896. p. 302.
Die „katholischen" Vertheidiger der „Enthüllungen" eigneten sich
vielfach die mittelbar oder unmittelbar von Taxil u. Cie. ausgestreuten
Verdächtigungen an.
Wir können dem gegenüber versichern, daß wir uns unser Urtheil
über die Margiotta=„Vaughan"'schen Enthüllungen lediglich auf Grund
der Lectüre der betreffenden Schriften und unsere Kenntniß der
Taxil'schen Art selbst gebildet haben. Dieses unser Urtheil war schon
längst vor dem Erscheinen der Findel'schen Broschüre fertig. Es
war auch privatim Redactionen katholischer Zeitungen und Zeitschriften
mitgetheilt, bevor wir in irgend einer freimaurerischen Publication
Etwas über den Gegenstand gelesen hatten. Wie man aus der „bloßen
Thatsache" der Uebereinstimmung unseres Urtheils mit Urtheilen von
Freimaurern einen Grund herleiten konnte, uns, bezw. unsere Stellung=
nahme zu den bewußten „Enthüllungen" zu verdächtigen, ist uns
immer unverständlich gewesen. Uns will im Gegentheil dünken, daß
diese Uebereinstimmung eher ein Grund war, unser Urtheil für zu=
treffend zu halten. Denn wenn Beurtheiler, die auf so verschiedenen
Standpunkten stehen, nach eingehender Kenntnißnahme vom Sach=
verhalt, genau zur selben Ansicht gelangen, so ist dies ein starker
äußerer Grund für die Richtigkeit der Ansicht Oder will man im
Ernste den Satz aufstellen: Ein guter Katholik muß in allen Fällen
und unter allen Umständen sich zu den Anschauungen von Freimaurern
in Gegensatz stellen? Dann müßte man schließlich zu den größten
Ungereimtheiten kommen.
„Zwietracht" im katholischen Lager gesäet haben thatsächlich Taxil
und Genossen durch ihre unverantwortlichen Betrügereien.

Schwindels hochverdienten Herrn Dr. Carbaun⃮ in Nr. 695 (13. October 1896) der „Kölnischen Volkszeitung" geschehen war, kam die Ueberzeugung, daß in den „Bataille" = Margiotta=„Vaughan"'schen „Enthüllungen" ein großartiger, einheit=lich angelegter und durchgeführter literarischer Be=trug vorliege, troß aller Gegenanstrengungen Taxils und seiner Vertheidiger und Helfershelfer immer allgemeiner und un=aufhaltsamer zum Durchbruch.

3. Leo Taxil der Hauptveranstalter des Betrugs.

Auch der Haupt=Coulissenschieber bei der ganzen Komödie, Leo Taxil, gegen welchen man schon vom Beginn des Erscheinens der Lieferungs=Ausgabe des Diable au XIXe siècle im September 1892 Verdacht gehegt hatte, trat seither mit steigender Deutlichkeit hervor. Besonders seit dem Trienter Antifreimaurer=Congreß und seit der Veröffentlichung des bekannten Artikels „Miß Diana Vaughan in ihrer wirklichen Gestalt" in Nr. 695 (13. October 1896) der „Kölnischen Volkszeitung" und der darauf folgenden officiellen Erklärung Dr. Ch. Hacks' in Nr. 704 (16. October) desselben Blattes konnte kaum noch ein Zweifel darüber bestehen, daß man mit der von Anfang an geäußerten Vermuthung das Richtige getroffen hatte.

Auf den bekannten „bekehrten Freimaurer" Leo Taxil wiesen alle Verdachtsmomente in so großer Zahl und mit einer so überzeugenden Uebereinstimmung hin, daß er schon seit Wochen, und namentlich seit dem Trienter Congreß, wo er sich vollends verrieth, mit völliger Sicherheit als der Hauptschuldige in der ganzen Angelegenheit betrachtet werden konnte.

Leo Taxil war notorisch die einzige Persönlichkeit, welche an allen genannten Publicationen „Dr. Bataille"'s, Margiotta's und „Miß Vaughan"'s eingestandenermaßen zum Mindesten mit redigirte. Thatsächlich bearbeitete und beeinflußte er dieselbe als der eigentliche leitende Bühnendirector und Redactionschef, als die Seele des Ganzen. Allgemein bekannt war, daß er der leitende Redacteur der Revue Mensuelle von jeher war und noch ist. Die Revue Mensuelle bildete aber das eigentliche Bindeglied aller genannten Enthüllungs=Werke und in gewisser Weise selbst mit „Bataille"'s Diable das Substrat der „Enthüllungen" Margiotta's und „Miß Vaughan"'s selbst. Wenn es daher einmal feststeht, daß alle erwähnten Werke im Dienste eines einheitlich ver=anstalteten und fortgesponnenen Betruges stehen, so ist es auch außer Zweifel gestellt, daß Leo Taxil der eigentliche geistige Urheber, bezw. wenigstens der Hauptveranstalter dieses Betruges ist.

4. Taxils Neigung zu Mystificationen nach seinen

eigenen Geständnissen. Die eben ausgesprochene, für Taxil's „Ehre" allerdings im höchsten Grade bedenkliche Annahme, welche der thatsächliche Sachverhalt gerade aufzwingt, gewinnt dadurch noch an innerer Gewißheit, daß Taxil sich bereits früher durch wiederholte großartige literarische Betrügereien in unvortheilhafter Weise bemerklich gemacht hat. Wir führen diesbezüglich nur folgende Fälle an, welche er selbst in seinen „Bekenntnissen eines ehemaligen Freidenkers" eingestanden hat:

1. Veranstaltete L. Taxil eine neue Ausgabe der gefälschten Werke des angeblichen Pfarrers Jean Meslier's, „einer der kühnsten Mystificationen der neuesten Zeit." Er veröffentlichte das gefälschte Werk, obgleich er bei der Correctur des ersten Bandes die Fälschung gewahr wurde. Er spann „die Lüge Voltaire's" sogar noch weiter aus.[1]

2. Lieferte Taxil zu dem berüchtigten Schandroman Les amours secretes de Pie IX., welcher seiner Zeit Aufsehen erregte und allgemeine Entrüstung hervorrief, die Idee. Er unterschob das Werk einem angeblichen Geheimkämmerer Pius IX., den er Carlo Sebastiano Volpi nannte, schrieb selbst einen als Vorrede dienenden gefälschten Brief dieses „Geheimkämmerers".[2] „Der ganze Schmutz lügnerischer Anekdoten", schreibt er, „welche der Verfasser [Mitarbeiter Taxils[3] durch Hinzudichtung von Personen und Abenteuern weiter ausspann, war von mir gesammelt und ihm mitgetheilt worden."[4] „Dieses saubere Compagnie-Geschäft, welches an die unter dem Namen Dr. Bataille vereinigten Compagnons des Diable au XIXe siècle erinnert, spielt 1881."

3. Veröffentlichte Taxil eine „apokryphe Excommunications-bulle", die er aus Sterne's „Tristam Shandy" abschrieb.[5]

4. Seine Neigung zur „Mystification" bekundete Taxil ferner dem ultrasocialistischen Pariser Journal „La Bataille" gegenüber, an welchem er sich dadurch für Angriffe rächen wollte, die es gegen ihn gerichtet hatte. Dieses Blatt hielt er längere Zeit

---

[1] Leo Taxil, Bekenntnisse eines ehemaligen Freidenkers. Freiburg in der Schweiz und Paderborn 1888, S. 182—186.

[2] Ebendas., S. 190 f.

[3] Dieser Mitarbeiter ist Georges Moynet, Literat in rond-point des Bergeres in Courbevoi. Vgl. Ad. Ricoux [Taxil?], L'existence des Loges des Femmes affirmée par Mgr. Fava et Léo Taxil 1892. p. 22.

[4] L. Taxil, Bekenntnisse, S. 191.

[5] Ebendas., S. 202.

mit Briefen zum Besten, die er mit „Jean Pierre" zeichnete.
Er gab hierbei vor, Geheimsecretär des Erzbischofs von Paris
zu sein. Aus verschiedenen Gründen, so machte er dem socialistischen
Blatt weiß, verabscheue er seine Vorgesetzten von ganzem Herzen
und biete deshalb dem Blatt unentgeltlich seine Dienste an, um
die geheimen Intriguen aufzudecken, welche sich im erzbischöflichen
Palaste abwickelten. Das Blatt nahm mit Freuden an. Es
erschien nun eine Reihe von Briefen mit den denkbar unwahr=
scheinlichsten Enthüllungen über Vorgänge in geheimen Folter=
Kammern u. s. w. Die Enthüllungen wurden von vielen Blättern
nachgedruckt. „Die ungeschickteste Lüge", bemerkt Taxil dazu,
„welche im unbedeutendsten Blättchen auftaucht, macht sofort
durch alle Blätter Frankreichs die Runde." „Auf dem Bureau
des Anti-Clérical [Taxil'sches Blatt] lachte man sich jedes=
mal krumm, wenn ich wieder einen mit „„Jean Pierre""
gezeichneten Brief auf die Post gab. Man war sicher, ihn am
folgenden Tag in der Bataille zu lesen."[1]

Es ist leicht möglich, daß die süße Erinnerung an diese
„Mystification" die Wahl des Collectiv=Decknamens „Bataille"
für den Diable au XIXe siècle mit beeinflußte.

5. In dem Capitel der „Bekenntnisse", in welchem Taxil
das von ihm ins Leben gerufene anticlericale publicistische und
buchhändlerische Compagnie=Geschäft bespricht, bemerkt er, daß
unter seinen Mitarbeitern namentlich die Mystificirer stark
vertreten waren. Er schreibt hinsichtlich derselben: „Die
Mystificirer", „skeptische" Leute, „für welche die Blasphemie ein
Zeitvertreib ist und welche sich ein Vergnügen daraus machen,
die unwahrscheinlichsten Märchen zu erfinden",[2] „zählen
nach Hunderten."[3] Unser Jahrhundert ist vom Aussatz der
Zweifelsucht zerfressen. Man lügt, um sich einen Spaß
zu machen, und nennt dies witzig sein. Als meine Mit=
arbeiter an jenen schamlosen Mystificationen arbeiteten, welche
nachher unter den Titeln: Le Secret de Tropmann; Marat ou
les Héros de la Révolution; Les Amours secrètes de
Pie IX.; Histoire scandaleuse des d'Orleans etc. erschienen,
machten sie sich über das Publicum, für welches sie
schrieben, lustig. — „„Was wollen wir in der nächsten Lieferung

---

[1] L. Taxil, Bekenntnisse, S. 205.
[2] Ebendas., S. 216.
[3] Der gegenwärtig (December 1896) in Berlin sich abwickelnde
Proceß Leckert=von Lützow zeigt, daß solche publicistische „Mystificirer"
auch in Deutschland ihr Unwesen treiben, allerdings auf anderen Gebieten.

dem guten Volk wieder vorsetzen?"", fragte man sich Tag für
Tag. Und man gab sich daran, die tollsten Dinge auszuhecken ...
Die ungereimtesten Einfälle wurden, so bald es sich darum handelte,
die Leser zu mystificiren, stets mit lärmenden Ausbrüchen der
Heiterkeit aufgenommen.[1] Ich war bei der Entwerfung von
„„historischen Romanen"" zugegen, bei welchen sich die Erfinder
derselben, wenn sie die Hauptgedanken skizzirten, den Bauch
vor Lachen hielten." „Man lachte sich buchstäblich
krumm, wenn wieder eine drollige Unwahrscheinlichkeit aus=
gedacht wurde, und man fragte sich, wie man es anstellen müsse,
damit sie das Publicum trotz Allem ernst nähme." „Die Ver=
fasser hatten die größte Freude daran, dem Publicum Bären
aufzubinden und sagten lachend: Nur zu! Die menschliche
Dummheit ist grenzenlos!"[2]
  Taxil fügt bei: „Neben diesen Virtuosen der Mystification
giebt es auch — ich möchte, obgleich es paradox klingt, sagen: —
„„aufrichtige Lügner"" ... Dieselben glauben schließlich selbst fest
an ihre eigenen Erfindungen. Es sind dies überspannte Menschen.
Sie behaupten mit einem wirklich erstaunlichen Ernste die größten
Ungereimtheiten, die niemals anders, als in ihrer Einbildungs=
kraft existirt haben. Sie halten dieselben aber trotzdem für wahr
und sind vollkommen davon überzeugt."[3]
  Vorstehende Geständnisse Taxils scheinen uns für die
Beurtheilung der uns beschäftigenden Publicationen von der aller=
größten Wichtigkeit zu sein.
  5. Taxil's Verhältniß zu „Miß Vaughan" und
zu ihren Enthüllungen ist namentlich durch den Trienter
Congreß und durch die auf denselben folgenden Erörterungen
ins hellste Licht gestellt worden. Die von inneren Unwahr=
scheinlichkeiten gröbster Art strotzende Rolle, welche „Miß Vaughan",
der bekehrten „Ex-Palladisten-Großmeisterin", zugeschrieben wurde;
ihre großen Theils blödsinnigen und kindischen „Enthüllungen",
welche den Stempel der Erfindung an der Stirne tragen; die
Thatsache endlich, daß trotz aller Bemühungen bisher noch keine
einzige „wirklich" glaubwürdige Persönlichkeit hat ausfindig
gemacht werden können, die im Stande gewesen wäre, die
Identität der angeblichen bekehrten Ex-Palladistin „auf Grund
persönlicher Bekanntschaft mit derselben" festzustellen, ließ es im
Verein mit vielen anderen verdachterregenden Umständen schon

[1] Taxil, Bekenntnisse, S. 217.
[2] Ebendas., S. 218.
[3] Ebendas., S. 218 f.

immer als fast gewiß erscheinen, daß die geheimnißvolle „Miß"
in Wirklichkeit nicht existire, wenn auch dann und wann irgend
eine Frauensperson als „Miß Vaughan" vorgeführt wurde.

Taxil trat aber andererseits als der Mandatar, Brief=
vermittler[1]) und Hauptvertheidiger der „Miß" auf.
An vielen Stellen ihrer Schriften erkennt man ferner unschwer
den Stil, die speciellen Anschauungen und den speciellen Geschmack
Taxils. „Miß Vaughan" geht, so sehr Taxil auch Anläufe
machen mochte, ihr eine eigene Persönlichkeit einzuhauchen, immer
wieder in ihm auf.

Was schon vorher für verständige, mit der Sachlage vertraute
Beurtheiler nicht mehr zweifelhaft sein konnte, wurde durch die
Vorgänge auf dem Trienter Congreß selbst von Neuem vollauf
bestätigt. Die Vertheidiger der Existenz und der Enthüllungen
der unauffindbaren „Miß" wußten, wenigstens mehr als einen
Monat vor dem Congreß, daß sie Rede und Antwort über die
„Vaughan"=Frage zu stehen hätten; sie hatten ja selbst von Cardinal
Parocchi, dem Protector der Anti=Freimaurer=Vereinigungen, direct
Auftrag erhalten, über die Existenz und die Bekehrung Miß
Vaughans Aufklärung zu geben; die Katholiken Frankreichs, auch
diejenigen, welche an die „Miß" glaubten, verlangten mit Ungestüm
nach mehr Licht.

---

[1]) Taxil kannte nach seinem eigenen Zugeständniß die Adresse
„Miß Vaughans" schon im April 1894, als das geheimnißvolle
Fräulein angeblich dem Satanspapst Lemmi den Fehdehandschuh hin=
warf und sich von ihm lossagte. Bei diesem Anlaß will Taxil einen
Mitarbeiter der Revue Mensuelle [wie heißt er denn?] zu ihr nach
London geschickt haben. Dieser soll eine lange Unterredung mit ihr
gehabt und von ihr kostbare Documente und Mittheilungen erhalten
haben. Die angebliche Unterredung und die „Documente" sind in der
Aprilnummer 1894 der Revue Mensuelle abgedruckt.

Diese Erzählung enthält bereits so viel Unglaubhaftes, daß dieselbe
allein schon genügen würde, der ganzen „Vaughan"=Affäre den Anschein
einer plumpen Erdichtung zu verleihen. Wie kommt denn die „jung=
fräuliche Vaughan" dazu, in einem so intimen Verhältniß gerade zu
Taxil zu stehen? Wie unwahrscheinlich klingt die ganze lange mit=
getheilte Unterredung? Wie einfältig plaudert da nicht die wegen
ihrer hohen Intelligenz und ihrer Charaktereigenschaften so sehr
gerühmte „Miß"? u. s. w. u. s. w. Die Erfindung Taxils läßt hier,
wie auch sonst, alle psychologische Wahrheit, bezw. Wahrscheinlichkeit,
vermissen. Die Geschichte „Vaughan" kann nicht einmal, als „Roman"
betrachtet, die Kritik bestehen. Die Durchführung der Fabel ist im
großen Ganzen und im Einzelnen die literarische Arbeit eines Stümpers,
bezw. eine publicistische Compagnie=Sudelei.

Auch die Einwendungen, welche gegen die Behauptungen Abbé de Bessonies', des Chorherrn Mustel und Taxils, der Hauptvertheidiger der „Miß", vorgebracht wurden, mußten ihnen aus der Presse und aus einer Menge von Briefen, die sie in der Angelegenheit erhielten, wohl bekannt sein. In Trient selbst erregte gerade diese Frage das größte und allgemeinste Interesse. Trotz alledem wurde in der bekannten feierlichen Sitzung des Congresses vom 30. Sept. die an sich so einfache Frage nach der Existenz „Miß Vaughans" theils mit eiteln, offenbar lügenhaften Ausflüchten, theils mit Vorlegung von Beweisstücken (Visitenkarte, Photographie, Briefe) beantwortet, denen nur kindliche Gemüther eine wirkliche Bedeutung beimessen konnten. Für einen verständigen Beurtheiler mußte schon die Thatsache, daß man in einer sonst so leicht zu lösenden Frage nur „solche" Documente vorzulegen im Stande war, ein augenscheinlicher Beweis dafür sein, daß es sich bei der ganzen „Miß Vaughan" = Angelegenheit nur um einen dreisten Betrug handle.[1]

Auf die oft gestellte Forderung, man möge wenigstens den Geburtsschein „Miß Vaughans" beibringen, legte man schließlich einen angeblich soeben eingetroffenen Brief der „Miß" vor, worin gesagt war, die Eintragung ihrer Geburt sei bei der amerikanischen Gesandtschaft in Paris erfolgt. Dort aber um ein diesbezügliches Aktenstück nachzusuchen, sei ganz unnütz; „denn bei der oberflächlichen Art und Weise, mit welcher bei der amerikanischen Gesandtschaft in Paris die Geburten festgestellt zu werden pflegten, würde ein derartiges Document doch nichts beweisen"[!].

In einem sicher gefälschten Brief der angeblichen „Miß Vaughan" an Mgr. Parodi, Herausgeber des Ecco d'Italia von Genua, vom 9. October 1896 heißt es:

„Die Lemmi, Nathan und andere Häupter der Triangel und der Logen kennen mich wohl und sie können die absolute Authenticität der Aktenstücke, die ich aus Tageslicht bringe, nicht bestreiten[!]. Um aber die Wirkung der gegen sie gerichteten vernichtenden[!] Enthüllungen abzuschwächen, haben sie die Losung ausgegeben meine Identität und selbst meine Existenz zu leugnen. Herr Leo Taxil hat dies mit Recht auf dem Congreß in Trient hervorgehoben . . . [Ich selbst kann nicht hervortreten.]

---

[1] Wir erhielten seither auch das Octoberheft 1896 der Franc-Maçonnerie démasquée mit dem Bericht Abbé de Bessonies' über die Vaughan-Frage auf dem Trienter Congreß. Derselbe vermochte indessen unsere Ueberzeugung nicht im Mindesten zu erschüttern. Die Art der Argumentation de Bessonies' und die meisten von ihm angezogenen Aktenstücke waren uns übrigens schon vorher bekannt.

„Ich werde mich vor der mir gestellten Schlinge wohl hüten. Was man beabsichtigt, ist, mich vorwärts zu drängen, damit eine Unklugheit mein Versteck verrathe. [Welch' einfältiges Gerede! Dasselbe kann doch nur den Kindlichsten der Kindlichen täuschen.] Die Katholiken, welche an meiner Existenz nicht zweifeln, sind diejenigen, welche die Freimaurerei und ihr Treiben durch und durch studirt haben. [Gemeint sind die Mustel, de Bessonies und die an sie glauben!] Der Zwischenfall ist providentiell, weil er die zum Zweifel geneigten Katholiken zwingen wird, die Frage zu studiren [als ob von der Existenz der einfältigen „Miß" Taxils das Heil der Welt oder der Kirche abhinge!]

„Nichts von dem, was die deutschen Fragesteller auf dem Congreß verlangt haben, könnte meine Identität beweisen[!]. Denn die den Bürgern der Vereinigten Staaten ausgefolgten Geburtsscheine bieten keine ernsthaften Garantien.[1]) Die erste beste Abenteurerin könnte sich als Miß Vaughan ausgeben[!]. Die vorgelegten Fragen würden aber auf meine Spur geführt haben, wenn ich Auftrag ertheilt hätte, sie zu beantworten[!].

„Aber ich werde nicht in die Falle gehen. Alles, was meine Person angeht, ist das Geheimniß des hl. Officiums [vielmehr Leo Taxils] und muß es bleiben [das sehen wir nicht ein! Jedenfalls kann Niemand es uns verargen, wenn wir einer so sonderbaren, geheimthuenden „Person" keinerlei Glauben beimessen und wenn wir der Ansicht sind, daß auch Niemand verständiger Weise ihr Glauben schenken kann!] Dreimal verblendet sind die Katholiken, die das nicht begreifen [„verblendet" bezw. übel berathen waren nur diejenigen, welche „Miß Vaughan" irgend welchen Glauben schenkten!] Ich beklage, daß sie nicht einsehen, welche Freude sie der höllischen Secte bereiten, die sich gezwungen sieht, blödsinnige Gerüchte zu verbreiten, einzig darum, weil es ihr nicht möglich ist, die Authenticität meiner Documente zu bestreiten." [Wie eingebildet doch Leo Taxil seine „Miß Vaughan" auf „Documente" sich läßt, die, selbst abgesehen von dem sittlichen Makel, der ihretwegen den Urhebern anklebt, auch nicht einmal die Geschicklichkeit der Fälscher in einem günstigen Lichte erscheinen läßt!] Vgl. La Franc-Maçonnerie démasquée 1896, p. 302 f.

---

[1]) Der wirkliche Grund, warum Taxil sich sträubte, mit einem „Geburtsschein" der „Miß" hervorzutreten, ist wohl, weil er es doch zu bedenklich fand, ein Actenstück öffentlich-rechtlichen Charakters zu fabriciren. Logen-Documente zu fabriciren, besonders von nicht einmal existirenden freimaurerischen Systemen und Verbänden riskirte er hingegen ohne Bedenken.

Taxils Auftreten in Trient selbst muß als ein durchaus komödiantenhaftes bezeichnet werden. Die Historisch-politischen Blätter berichten speciell über sein Benehmen bei der großen „Miß-Vaughan"-Sitzung:

Mgr. Baumgarten hatte an Abbé de Bessonies in aller Ruhe folgende trockenen Fragen gestellt: „Wissen Sie, wo Diana Vaughan getauft ist? Von wem? In welcher Kirche? Wo und von wem hat sie die erste hl. Communion empfangen? Giebt es einen Geburtsschein von ihr? u. f. w." „Abbé de Bessonies war nicht im Stande, auch nur auf eine einzige der Fragen irgend eine Antwort zu geben, gestand vielmehr zu, daß er alles das nicht wisse."

„Während seiner Rede", fahren die Hist.-pol. Blätter fort, „war Leo Taxil in größter Aufregung von seinem Platze auf der Journalisten-Tribüne aufgesprungen und hatte sich in die Nähe des Rednerpultes begeben, wo er nur mit Mühe von seinen Freunden beruhigt [zurückgehalten] wurde, daß er den Redner nicht durch laute Zwischenrufe störte."

„Sofort, nachdem Mgr. Baumgarten geendigt hatte, ging Leo Taxil hinauf und begann seine lange, demagogisch zugespitzte, aber völlig zusammenhanglose Rede mit dem phänomenalen Satze: Je n'existe pas! Vous n'existez pas! Miss Diana Vaughan n'existe pas! Ausgehend von der Leugnung der Existenz der genannten Person, verlor er sich in alle möglichen Rednereien, so daß der Präsident ihn energisch mahnen mußte, zur Sache zu sprechen. Sich an seinen Vorredner wendend, sagte er ihm ins Gesicht: Sie sind nicht Antifreimaurer, sondern Sie sind Freimaurer! Sie thun Maurer-Arbeit mit dem, was Sie hier leisten. Die weitere Tirade von Invectiven wurde durch den Präsidenten [mit der Bemerkung] abgeschnitten, daß er alle maligne insinuazioni bei Seite lassen müsse, da hier Niemand beleidigt werden dürfe. Im Verlaufe der Rede bemerkte Taxil dann in einem Nebensatze, er habe Niemanden beleidigen wollen [!]. Auf erneutes Drängen des Präsidenten, zur Sache zu sprechen, sagte Redner endlich: Ich könnte Ihnen alles das beweisen [!], was Sie gefragt haben. Das Material dazu habe ich in der Tasche; aber Sie dürfen es nicht wissen. Sie sind zu neugierig, mein Herr! Sie wissen gar nicht, welches Unheil Sie anrichten, wenn Sie öffentlich solch' heikle Dinge behandeln. Der Dolch der Freimaurer bedroht Diana Vaughan stündlich [!]. Also schweigen wir über solche Dinge, um die Heilige [!] nicht zu gefährden. Einer Commission von Vertrauensmännern werde ich die Beweise vorlegen [?], aber Ihnen nicht!"

„Ein solcher Vortrag", bemerken dazu die Hist.-pol. Blätter, „der unter dem Einflusse einer maßlosen Aufregung und eines gewaltigen Zornes gehalten worden war, wendete sich nur an die Leidenschaftlichkeit der Zuhörer und verhöhnte jede Logik und Klarheit aufs Gröbste. Und doch! Lauter, anhaltender Beifall begleitete seinen Abgang vom Katheder und Rufe Evviva Taxil hallten durch den Saal. Also wenn man den wichtigsten Punkt der Beweisführung geheim hält, findet sich noch immer [namentlich unter den Italienern] eine Gemeinde von Gläubigen, die un= entwegt an dem festhält, was zweifelhaft erscheinen muß, bis dieser Punkt der Bekehrung vor aller Welt klargelegt ist . . .

„Mgr. Baumgarten erhob sich dann zu einer Antwort, in der er wiederum, in französischer und italienischer Sprache, ausdrücklich feststellte, daß er zwar persönlich schwer beleidigt worden sei, aber zur Klarstellung der von ihm gestellten Fragen Leo Taxil und der [auf ihn] folgende Redner auch nicht einen Schatten von Beweis beigebracht hätten. Diese Feststellung, die Redner wiederholt machte, damit kein Mißverständniß bezüglich des Sinnes seiner Worte obwalten könne, wurde ohne jeglichen Widerspruch von der Versammlung entgegengenommen. Alle, Leo Taxil eingeschlossen, erkannten also die Richtigkeit dieser Fest= stellung ausdrücklich an. Im Interesse des ganzen Congresses, fuhr Redner fort, lege er das größte Gewicht darauf, daß diese Thatsache festgenagelt werde. Auf die ganz nichtsnutzige Unter= stellung Taxils, daß P. Gruber S. J., der zuerst zum Vaughan= Schwindel öffentlich das Wort ergriffen hatte, im Irrenhause sei, ging Redner nicht ein, weil sie eine offenbare Unwahrheit war, die nur dem scrupellosen Taxil als Kampfesmittel recht war, während Andere sie in gutem Glauben nachschwatzten." [1]

Taxil entblödete sich nicht, in Trient sogar den Satz auf= zustellen, durch das Aufwerfen der Frage nach der Existenz „Miß Vaughans" sei der ganze Erfolg des Congresses [nein, nur die weitere Fortsetzung des Taxil'schen Schwindels ist, so Gott will, damit abgeschnitten worden] in Frage gestellt worden. Der ganze Feldzug gegen „Miß Vaughan" sei von einem Priester ausgegangen, der, weil „Miß" sich weigerte, ihm 1500 Frs. zu leihen, von diesem Tage ihr geschworener Feind wurde und ihre Existenz bekämpfte [2]. Die katholische Presse Deutschlands habe

---

[1] Historisch-politische Blätter, Bd. 118, 14. Nov. 1896, S. 726 ff.

[2] Wir machen darauf aufmerksam, daß diese Behauptung Taxils mit seiner andern, der Feldzug sei von der Freimaurerei veranlaßt worden, in offenbarem Widerspruche steht. Derartige Widersprüche sind sichere Anzeichen dafür, daß Taxil in der Angelegenheit unehrlich vorgeht.

die Artikel eines Mannes abgedruckt, der sich jetzt im — Irren=
haufe befinde [Ist durchaus unwahr!]. Er selbst, versicherte Taxil
in schauspielerhaft weinerlichem Tone, müsse mit Gewalt die
Thränen zurückhalten, die ihm das bittere Unrecht auspresse,
welches man „Miß" anthue. Er schwöre, daß er mit eigenen
Augen „Miß Vaughan" gesehen habe u. s. w. [Dies kann
höchstens mit Bezug auf eine als „Miß Vaughan" untergeschobene
Person zutreffen! Vielleicht wollte er auch sagen, daß er sich
selbst schon im Spiegel gesehen habe!]

Nicht mit Unrecht wurde in zahlreichen katholischen Zeitungen
auf die merkwürdige Warnung aufmerksam gemacht, welche Taxil
auf dem Trienter Congreß in einer Anwandlung von Offenherzigkeit
vor allen „bekehrten Freimaurern", sich selbst nicht
ausgenommen, gab. Als Taxil nämlich am 27. September, wie
gewöhnlich, wenn er auftrat, von Italienern und Franzosen
enthusiastisch begrüßt wurde, machte er auf die Unangebrachtheit
einer solchen Ovation mit den Worten aufmerksam: eines be=
kehrten Freimaurers könne man sich niemals versichert halten;
man müsse stets befürchten, daß er wieder zu seinen ersten Freunden
zurückkehre. Erst wenn der bekehrte Freimaurer gestorben sei, sei
man desselben völlig sicher. Diesen Satz wolle er auch auf sich
selbst angewendet wissen.

Seither sind noch andere charakteristische Einzelnheiten über
Taxils Auftreten in Trient bekannt geworden. Aus dem Munde
des Vorsitzenden der vom Congreß zur Untersuchung der Vaughan=
Frage, bestellten römischen Commission[1]) des Mgr. Lazzareschi,

---

[1]) Hinsichtlich der „Autorität" des Ausschusses der römischen
Antifreimaurer=Vereinigung (Commission), welchem die weitere Prüfung
der Vaughan=Angelegenheit vom Trienter Congreß übertragen wurde, be=
merken die Historisch=politischen Blätter (Bd. 118, S. 730) ganz zutreffend:
„Bezüglich des zu erwartenden Endurtheils der römischen Commission
sei schon jetzt bemerkt, daß, da es sich um den rein historischen Theil
der Frage handelt, ihr Ausspruch nur genau so viel Gewicht
haben wird, wie die Gründe haben werden, die sie für den=
selben beibringt. . . . Im Univers wird der römischen Commission
keine weitere Bedeutung beigelegt; . . . nach Lage der Sache und
Persönlichkeiten wird man sich bei einer so kitzligen Frage an den
Grundsatz halten: Nella città eterna tutto si fa eternamente"
Befremden erregte es, daß diese Commission dennoch an die
katholische Presse Europas das Ansinnen stellte, sich, bis ihre Ent=
scheidung ergangen sei, jeden bestimmten Urtheils über den Fall zu
enthalten. Glücklicherweise hat die katholische Presse trotz dieser Zu=
muthung die Entlarvung der Schwindler fortgesetzt.
Nach der Mittheilung der Historisch=politischen Blätter (Bd. 118,

Titularbischofs von Neucäsarea, theilt der Univers mit, man sei in Trient nach langen Verhandlungen dahin übereingekommen, daß Taxil seine, wie er vorgab, durchschlagenden „Vaughan"= Documente, ihm [dem Bischof] unter dem strengsten Siegel des Geheimnisses mittheilen solle, damit er unter demselben Geheimniß dem hl. Officium oder, wenn er es verlangte, nur dem hl. Vater davon Meldung thun könne. Taxil habe zugesagt, sich zu diesem Zwecke zur bestimmten Stunde, am letzten Tage des Congresses, 3 Uhr Nachmittags, an dem bezeichneten Ort ein= zufinden. Er ließ aber Mgr. Lazzareschi umsonst warten und erschien selber — nicht. Seitdem habe man ihn nie mehr ge= sehen. Man werde ihn auch vor der römischen Comission nicht sehen[1]). Also auch das „unerschütterliche Vertrauen",

---

S. 730) befaßt sich auf Befehl des heiligen Vaters auch das Pant' Uffizio mit der Angelegenheit. Dies finden wir angesichts der frag= lichen Bücher und Persönlichkeiten sehr begreiflich. Von ersteren könnte wohl eines oder das andere auf den Index der verbotenen Bücher kommen.

[1]) Um nicht parteiisch zu erscheinen, wollen wir auch hierher setzen, was Chorherr Mustel (in der Révue catholique de Coutances 13. Nov. 1895) dagegen bemerkt: „Ich will die Dinge richtigstellen. Ich war selbst als Zeuge zugegen. Am Morgen des Mittwoch (30. September) erhielten wir, Leo Taxil, R. P. Sanna=Solaro und ich eine Einladung, uns Abends neun Uhr mit noch einem bekannten Herrn im bischöflichen Palast einzufinden, um diejenigen Mittheilungen zu machen, welche Rücksichten der Klugheit ver= boten, öffentlich bekannt zu geben. Ich kam zuletzt an. Leo Taxil hatte schon einige Aufklärungen gegeben und antwortete zwei Stunden lang bis 11 Uhr Abends auf alle an ihn gestellten Fragen. Außerdem hatte Leo Taxil öffentlich das Anerbieten gemacht, einem Bischofe eine vertrauliche Mittheilung [welchem? darauf kommt etwas an] zu machen, die zu machen er für den Fall einer voraussichtlichen Einwendung beauftragt worden war. Die „Unterredung zwischen Leo Taxil und diesem Bischof fand statt, und zwar zwischen 9 Uhr und 11 Uhr Abends. . . . Sie war nur von kurzer Dauer. Taxil verließ Trient erst Donnerstag Abends." Vgl. L'Anti-Maçon 5. Dec. 1896. p. 122.

Die Mittheilungen, welche Taxil zu machen hatte, müssen sicherlich nicht sehr entscheidender Natur gewesen sein. Denn sonst hätte er ohne Zweifel mehrere Persönlichkeiten beigezogen, deren collectives kritisches Urtheil für die Oeffentlichkeit maßgebender gewesen wäre. In Rom scheint man jedenfalls von den Mittheilungen Taxils nicht sonderlich überzeugt worden zu sein. Sonst hätte Cardinal Parocchi sicher nicht die bekannten neueren Erklärungen abgegeben. Der römische Berichterstatter der Vérité (6 Nov. 1896) fügt bei: „Viele sehr angesehene Personen sind auf diesen Betrug herein=

mit welchem Taxil diese römische Commission in seinen Erklärungen an den Univers beehrte, war nicht ernst gemeint.

Der Secretär der vierten Section des Congresses von Trient, Herr Billiet aus Lyon, schreibt unter dem 30. October an den Univers: „Was Leo Taxil betrifft, den Mann mit drei und einem halben Namen [er nennt sich als Labarist noch Paul de Régis!], so kann ich wohl sagen, daß seine Haltung hinreichte, um bei mir den Eindruck zu zerstören, welchen die geistlichen Vertheidiger der geheimnißvollen Bekehrten auf mich gemacht hatten... Sein Losstürmen, das ihm einen Ordnungsruf eintrug, kam mir vor, wie das Aufbrausen eines Kaufmanns, der den Ruf seiner Waare retten will. Ich staunte, daß man das so wenig bemerkte. Taxil überschritt alles Maß und es schien mir, daß er sich verrathen habe, als er die Zuhörer mit der Einstellung der [in den Mémoires] begonnenen Enthüllungen bedrohte". Billiet notirt dann noch eine Fälschung, welche Taxil sich in einem Berichte über den Trienter Congreß selbst erlaubt hatte. Im Uebrigen, sagt er, hätten namentlich auf die Autorität von fünf [bethörten] Geistlichen hin, die mit Feuer für „Vaughan" eintraten, 80% der meist italienischen[1] Theilnehmer des Congresses die von denselben für die Existenz der „Miß" vorgebrachte Argumente für überzeugend gehalten.

---

gefallen. Ein Cardinal [Cardinal Parocchi, bezw. sein Secretär Mgr. Billard] hat an Miß Vaughan einen Brief geschrieben, den man in hohem Grade ausbeutete. Die gelehrten Redacteure der Civiltà haben mehrere Artikel geschrieben, in welchen sie sich auf diese angeblichen Enthüllungen stützten. In einer im Kloster der Assumptionisten abgehaltenen, von einem Cardinal präsidirten Versammlung von mehr als 300 Priester zeigte Herr Franz de la Rive in Gegenwart mehrerer Bischöfe ein Porträt Miß Vaughans, indem er letztere seine Freundin nannte und wiederholt versicherte, er stehe mit ihr in Briefwechsel.

„Eine traurige Zeit fürwahr, in welcher die Wahrheit nur mit solcher Mühe zur Anerkennung kommen und der Betrug so rasch zu so großer Geltung gelangen kann."

[1] Darunter befand sich nach dem Berichte Abbé de Bessonies (La Franc-Maçonnerie démasquée 1896, p. 301) auch der bekannte Tessiner Advocat Respini. Seine juristische Ueberzeugung über die Existenz Miß Vaughans, sagte letzterer, sei gemacht. Abbé de Bessonies erklärte ferner in einem Brief an die „Germania" (Nr. 248, 25 Oct. 1896, 2. Bl.), außerdem unter hervorragendern Congreßtheilnehmern noch Cardinal Haller von Salzburg, den Fürstbischof Valussi von Trient Mgr. Valussi, Fürst zu Löwenstein und Pagannzzi für seine Ansicht gewonnen zu haben.

Was die obenerwähnten warnenden Worte Taxils vor „be=
kehrten Freimaurern" betrifft, so treffen dieselben hinsichtlich der
in Frankreich seit dem Erscheinen der bekannten Encyklika gegen
der Freimaurerei Humanum genus 1884 öffentlich aufgetretenen
„bekehrten Freimaurer" völlig zu. Letztere gaben sofort nach
ihrer „Bekehrung" „Enthüllungen" über die Freimaurerei heraus.
Die Abfassung, bezw. Veröffentlichung derartiger „Enthüllungen"
war so ziemlich das einzige scheinbare, greifbare Anzeichen ihres
Gesinnungswechsels. Eine tiefgreifende innere Umwandlung scheint
sich in ihnen nicht vollzogen zu haben. Der Gedanke liegt nahe,
daß unter diesen Umständen für einen solchen Frontwechsel die
Erwägung sehr entscheidend war, es ließe sich mittelst desselben
angesichts der durch die genannte Encyklika eingeleiteten anti=
freimaurerischen Bewegung ein gutes Geschäft machen und
außerdem erfolgreicher, als auf andern Gebieten, der eigen=
artig=frivole schriftstellerische Ehrgeiz dieser Leute befriedigen.

Die Semaine religieuse von Cambrai schreibt diesbezüglich:
„Alle diese [Enthüllungs=]Publicationen gingen von Neubekehrten
aus, welche, nachdem sie mit ihrer Bekehrung viel Lärm gemacht
haben, die Aufmerksamkeit, welche sie so auf sich zu ziehen wußten,
benutzen, um mit mehr Erfolg ihre Bücher und Broschüren ab=
zusetzen. „Wir haben", so schreibt Mgr. Isoard, „mit den
schwersten Verirrungen belastete Männer gesehen, welche mittelst
der Presse, d. h. mittelst einer fast endlosen publicistischen Thätig=
keit die schrecklichsten Gotteslästerungen und die verwegensten Ver=
leumdungen angehäuft hatten. Durch eine besondere Gnade Gottes
bekehrten sie sich. Sie erhielten vom hl. Stuhle die Lossprechung...
Allgemein erwartete man von ihnen, daß sie Buße thäten und
wenigstens einige Zeit in stiller Zurückgezogenheit blieben...
Aber man täuschte sich hierin. Schon Tags darauf erblickt man
ihren Namen auf hundert Anschlagezetteln. Der wahrhaft Be=
kehrte tritt nicht so auf. Er ist zerknirscht und demüthig."[1]

6. Eine vorläufige Charakteristik Taxils in der
„Köln. Volkszeitung", welche an die unter Nr. 4 angeführten
Geständnisse Taxils selbst anschließt, lautet wie folgt:

„Der Verdacht liegt nahe, daß dieser selbe Taxil auch nach
seiner „Bekehrung" Gelegenheiten fand und schuf, um sich wieder
ein Mal „krumm zu lachen".

„Die Einzelheiten, mit denen er seine „Bekehrung" erzählt,
sind nichts weniger als geeignet, eine innere Umwandlung
dieses Fälschers von Profession glaubhaft zu machen. Sie soll er=

---

[1] L'Univers, 25. Oct. 1896.

folgt fein, während er — mit der Fälschung der Acten des Pro=
cesses gegen Jeanne d'Arc beschäftigt war, urplötzlich, am 23. April
1885. Schleunigst am nächsten Morgen geht er beichten, bekommt
aber wegen eines Reservatfalles nicht die Absolution, die ihm
vielmehr erst Anfang September zu Theil wird. Erst am 23.
Juli, also nach genau einem Vierteljahr, stellt er sich auf der
Redaction des Univers als Bekehrter vor. In der Zwischenzeit
reicht er (27. April) seine Entlassung als Secretär der anti=
clericalen Liga ein, macht aber ganz andere Gründe geltend und
erklärt sich bereit, „die laufende Geschäfte, wie bisher, bis zu
seiner Ersetzung zu erledigen", geht auch Ende Mai noch als
Abgeordneter zum anti=clericalen Congreß nach Rom! Trotz allem
Geschwätz, mit welchem er diesen Schritt zu entschuldigen ver=
sucht, wird man das Erscheinen des reuigen Schäfleins in der
römischen Wolfshöhle einigermaßen befremdlich finden. (Bekennt=
nisse, S. 298 ff.)

„Am 16. Mai 1885 veröffentlich der reuige Leo Taxil einen
Abschieds=Artikel in seiner Republique Anti-Clericale (S. 305),
in welchem von seiner „Bekehrung" noch keine Rede ist. Wohl
aber verwahrt er sich entrüstet gegen die Behauptung, er sei
„pornographischer Schriftsteller, da man in keinem ein=
zigen meiner Werke auch nur einen Satz unsittlichen Inhalts
ausfindig machen könne". Das sagt der geistliche Urheber der
Amours Secretes, der (S. 201) bekennt, er habe eine „Schand=
schrift" Les Livres Secrets des Séminaires herausgegeben!

„Indessen haben wir diese vor 1885 liegenden Dinge nicht
nöthig, um Leo Taxil als Pornographen zu bezeichnen. Vor uns
liegt die zweite Auflage seines scheuslichen Buches La Corruption fin de siècle, erschienen 1894, zu einer Zeit, als
Diana Vaughan bereits durch „Dr. Bataille" introducirt und
die förmliche Inscenirung des Vaughan=Schwindels in voller
Vorbereitung war. Hier werden — natürlich ausschließlich zu
streng „moralischen" Zwecken und mit einem großem Aufwand
von sittlicher Entrüstung — die Geheimnisse der Pariser Bordelle
im allgemeinen und der widernatürlichen Unzucht im besondern
mit einer Sachkenntniß und einer liebevollen Vertiefung in den
stinkenden Stoff geschildert, daß das Buch einen Ehrenplatz in
der internationalen Abtritts=Literatur beanspruchen darf. Wenn
der Ekel, welchen ein selbst flüchtiger Blick in diese Kloake her=
vorruft, überhaupt noch einer Steigerung fähig wäre, so würde
dies der Umstand zu Wege bringen, daß Taxil sich in frommen
Redensarten ergeht und nicht verfehlt, dem hl. Vater seine Ver=
beugung zu machen. Man kann der Brüsseler radicalen Reforme

nur Recht geben, wenn sie ihm neulich anläßlich seines Auf=
tretens auf dem Trienter Congreß das Prädicat ertheilte: „Leo
Taxil, dieser schlecht abgeputzte Freimaurer, welcher der infamste
anticlericale Schriftsteller war und nach seiner „Bekehrung"
gewisse pornographische Ausgeburten in Weihwasser badete...."
Nebenbei bemerkt, verrathen auch die sogen. Mémoiren der
Miß Vaughan das Bestreben, durch Nuditätsscenen und obscöne
Anspielungen die Oede der unsäglich kindischen „Enthüllungen"
und des „frommen" Gefasels zu beleben. Der Unterschied
ist freilich vorhanden, daß das „Weihwasser" hier stromweise
fließt.

„Wer hiernach über die „Vertrauenswürdigkeit" Leo Taxil's
noch nicht ganz aufgeklärt sein sollte, dem müssen die letzten
Zweifel angesichts seines Verhältnisses zu „Dr. Bataille"
schwinden. Wir wissen nicht, ob es nach den Geständnissen des
Dr. Charles Hacks — wir wiederholen, daß wir diesen für eine
Nebenperson bei der Fabrication des Diable au XIX. siècle
halten — noch einen halbwegs vernünftigen Menschen giebt, der
an diese „Erzählungen eines Zeugen" glaubt. Mit unbedingter
Sicherheit ist ja festgestellt, daß der erklärte Freigeist und fanatische
Kirchenhasser Hacks an diesem Teufelsroman mitarbeitete, und daß
er sich als „Dr. Bataille" feiern ließ. Die vortrefflichen Auf=
sätze, die in den letzten Tagen Eugen Tavernier im Pariser
Univers der weitern Entlarvung des „Dr. Bataille" widmete,
haben noch einige bezeichnende Einzelheiten beigebracht. „Am 5.
Mai 1893 hielt Dr. Hacks im Saale der Société Bibliographique
einen Vortrag, in welchem er seine Reisen und seinen Forschungs=
zug durch die teuflischen Riten schilderte. An diesem Abend bildeten
Dr. Hacks und Dr. Bataille nur eine einzige untheilbare Person.
Und Dr. Hacks entwarf, unter dem Namen des Dr. Bataille,
das ganze Programm der Enthüllungen, das sich während mehrerer
Jahre entwickeln sollte" (Univers vom 27. October 1896). Drei
Tage später gräbt Tavernier (Univers vom 30. October) die
prächtige Annonce aus, die im August 1894 auf einem der
Lieferungshefte des Diable prangte. Herr Dr. Hacks, „ehemaliger
Arzt der Gesellschaft Messageries maritimes" — so führt sich
bekanntlich auch „Dr. Bataille" im ersten Satz der Vorrede zum
Diable ein — empfiehlt sich zu ärztlichen Consultationen und
bemerkt zum Schluß: „Besondere Preise und Bedingungen für
die Herren Geistlichen sowie für die religiösen Congregationen
und Genossenschaften". Ein sehr frommer Mann, wie man sieht,
und als solcher hat er sich auch in seiner Zeitschrift „Der Arzt
der christlichen Familie" gegeben — schade, daß diese Frömmig=

keit ihn nicht hinderte, sowohl vorher als nachher als Freigeist
und Voltaireaner aufzutreten.

„Herr Hacks-Bataille, über den man jetzt wohl die Acten
schließen kann, ist aber der Busenfreund — Leo Taxil's. Wer es
nicht ohnehin wußte, kann es schwarz auf weiß in Nr. 1. der
Revue mensuelle (Januar 1894) lesen, der zur Reclame für
den Diable gegründeten, von „Dr. Bataille" geleiteten tollen
Monatsschrift. Dort bricht Taxil (mit Namenunterschrift) in 14
enggedruckten Spalten eine Lanze für den wegen seines Diable
angegriffenen Dr. Bataille: „Ich konnte es nicht ablehnen, an
der Seite meines Freundes zu kämpfen. Bataille ist ein
alter Jugend-Kamerad von mir, dessen Ehrenhaftigkeit ich
stets geliebt, dessen ritterlichen Charakter ich stets bewundert habe.
Ueber ihn habe ich in meinen Bekenntnissen eines ehemaligen
Freidenkers geschrieben" — folgt eine Erzählung, wie nobel
während seiner Verbannung in Genf „sein Freund H., heute
einer der bedeutendsten Aerzte von Marseille", sich
gegen ihn benommen habe. Dann fügt er bei, dieser brave H.,
der später der weltberühmte Dr. Bataille geworden sei, habe
immer versucht, ihn auf den rechten Weg zu bringen und habe
nie an seiner Bekehrung verzweifelt! Weiter schildert er des
Langen und Breiten, wie er von den Verlegern des Diable
gebeten worden sei, ein Auge auf die Veröffentlichung dieses
Teufelsromans zu haben, wie er sich mit Bataille-Hacks besprochen
und ihm weitere Informationen verschafft habe; er sei nicht
Mitarbeiter im eigentlichen Sinne gewesen; es habe „eine
freundschaftliche Ueberwachung in theologischer Hinsicht und bezüglich der speciell freimaurerischen Thatsachen" stattgefunden;
aber das Buch des Dr. Bataille sei dessen „absolut persön-
liches" Werk. Merkwürdig: Dr. Hacks hat bekanntlich 1896
die Ehre, Dr. Bataille zu sein, in den bestimmtesten Wendungen
abgelehnt, während sein Freund Taxil 1894 das schnurgerade
Gegentheil versichert hat. Es ist traurig, wenn zwei so intime
Freunde in solcher Weise einander Lügen strafen."

Die volle Complicität Taxil's mit Dr. Hacks-Bataille,
seine Mitverantwortlichkeit für den unter dem Namen
Bataille verübten groben Schwindel ist damit zur Evidenz bewiesen. Zum Ueberfluß hat kürzlich Herr Pierre Lautier, der
Leichtgläubigsten und Urtheilslosesten Einer in dieser tollen Geschichte, ausgeplaudert, bei seiner famosen Zusammenkunft mit
„Diana Vaughan" im Pariser Hotel Mirabeau, bei welcher der
gefällige Dr. Bataille die Honneurs machte, sei auch Leo Taxil
dabei gewesen! So Herr Lautier im Rosier de Marie. Also

bei dieser grotesken Komödie Dr. Bataille und Leo Taxil
Arm in Arm! Sage mir, mit wem du umgehst und ich sage dir,
wer du bist.

„Ein Fälscher von Beruf, ein Pornograph, der Herzensfreund
des entlarvten Dr. Bataille und Mitarbeiter am Diable ist
heute der Kämpe der unauffindbaren „Miß Vaughan". Einer
der Verfasser oder Mitarbeiter des Buches, in dem die Miß
zuerst an die Wand gemalt und ihr Auftreten systematisch vorbereitet wurde, hat jetzt die Kutte abgeworfen und steht wieder
vor aller Welt da als der Freidenker, der er immer gewesen
ist; aber sein „Jugendkamerad" Taxil pilgert nach Trient, schimpft
und schwört, und vergißt dabei die Antwort auf die allerein-
fachsten Fragen, durch deren Beantwortung er die Existenz der
Miß beweisen soll. Einem italienischen Erzbischof hat er, wie
uns aus Rom mitgetheilt wird, „auf's Crucifix" zugeschworen, die
Sache sei richtig. Gelegentlich sitzt er auch in Trient mit Herrn
Künzle beim Bier und fordert namens der durch die „Geheimnisse der Hölle" in ihren Autorrechten beeinträchtigten „Miß
Vaughan" von ihm eine kleine Entschädigung von 20,000 Frcs.
Nun, das ist nicht einmal so viel, als Herr Margiotta für die
große Gunst verlangt hat, seine „Enthüllungen" in's Deutsche
übersetzen zu dürfen, nämlich 50,000 Frcs. Den Verblendeten,
die ihn in Trient mit einem Hoch begrüßten, hat er in seiner
frivolen Manier eine Lection gegeben mit der bekannten Warnung,
man möge mit dem Beifall bis zu seinem Tode warten. Wir
sind so frei, diese Mahnung zu befolgen und bei unserer Meinung
zu bleiben, daß Taxil in Trient gethan hat, was er so viele Jahre
gepflegt und gethan: er hat gelogen und heute lügt er weiter." [1]

Zum Schlusse machen wir nur noch auf einen auffälligen Satz
aufmerksam, der in einer vom Anti-Maçon in Paris (1896, Nr. 10,
S. 151) gegebenen Charakteristik Taxils vorkommt. Diese Taxil
sehr wohlgeneigte Zeitschrift schreibt: „Er [Taxil] erklärt gern, daß
die Katholiken sehr naive Leute seien, die sich auf alle
möglichen Arten betrügen lassen. Dabei versichert
er aber, er gehöre nicht zu dieser Kategorie von Dumm-
köpfen. Hat er damit ganz Unrecht?"

7. Vorläufiger Ueberblick über die Veranstaltungen
des ganzen Schwindels. Die Veranstaltung des ganzen
Schwindels wird vom Univers in folgender im großen Ganzen
zutreffenden Darstellung kurz zusammengefaßt, die wir in freier
Uebersetzung wiedergeben:

---

[1] „Köln. Volkszeitung" Nr. 741, 31. Oct. 1896.

„Für den einstigen Geschichtsschreiber unserer Tage wird es eine große Ueberraschung sein zu sehen, wie sich ein großer religiöser, politischer, mystischer, phantastischer und mitunter pornographischer Roman, dessen Personen handelnd in wirkliche Ereignisse der Zeitgeschichte eingriffen, während mehrerer Jahre abwickelte.

„Bisher pflegten die Romanschreiber die Helden ihrer Erzählung zwei oder drei hundert Jahre in die Vergangenheit zurückzuverlegen. Sie ersannen eine Reihe von Begebenheiten, die mit dem Charakter und den Verhältnissen der betreffenden Epoche im Einklang standen. So machte es z. B. mit mehr Geschick und Schonung des sittlichen Gefühls, als andere, Alexander Dumas Vater. Ein eigenthümlicher Zug seines Erfindungs-Talents bestand darin, daß er Personen, die ihre Rolle schon einmal gespielt hatten, nach einem Zeitraum von 20 Jahren nochmals auftreten und gemäß dem Gange der historischen Ereignisse eine neue Laufbahn vollenden ließ.

„Aber die Inscenesetzung einer ins volle Leben eingreifenden Fabel, die sich mit den wirklichen Vorkommnissen der Gegenwart verkettet und an der eine Menge von lebenden Personen unbewußt und unfreiwillig mitarbeiten, das hatte man bislang noch nicht erlebt. Und der Erfolg des Unternehmens übertraf alle Erwartungen.

„Der Diable au XIXe siècle, welcher 1892 zu erscheinen begann, entwirft die großen Grundlinien des ganzen Romans. Asiatische Zauberkünste eröffnen den Reigen. Von Asien soll die hohe Freimaurerei Europas und Amerikas das Losungswort erhalten haben. Die Riten von Kalkutta werden als die ursprüngliche Quelle angegeben, aus welcher die Triangel von Charleston, Paris, Neapel und Ceylon schöpften. Eine Art Geschäftsreisende sind auf den weiten Gebieten, welche diese Städte von einander trennen, ohne Unterlaß unterwegs. Aus den Triangel bringt die Geheimlehre in die gewöhnlichen Logen, von wo aus sie in die Zeitungen, politischen Versammlungen und ins öffentliche Leben übergeht. Es stellte sich so heraus, daß wir eigentlich von den indischen Zauberern regiert werden.

„Das in Charleston errichtete luciferianische Centrum schwang sich zu einer außerordentlichen Höhe empor. Dort residirte nämlich der Großmeister des Palladismus, der Freimaurer - Papst, welcher umgeben von den Aeltesten oder Ausgedienten [Emérites] jeden Freitag den Besuch des leibhaftigen Lucifers in Person erhält. Dort vollzog sich auch in Gegenwart und unter dem Vorsitz Albert Pike's am 5. April 1889 die Einweihung Diana Vaughans. Dieselbe wurde bei diesem Anlaß von Lucifer besessen. Sie gerieth in eine Vision, in welcher sie auf unbekannte Planeten entrückt wurde, erhielt einen Engel [bzw. Teufel] zugewiesen, dessen besondere

Aufgabe es war, sie gegen Christen und Satanisten zu beschützen, und wurde mit einer außerordentlichen [prophetischen] Autorität und ganz ausnahmsweisen Prärogativen [Löwenschwanz des hl. Markus u. s. w.] ausgestattet. Seit anderthalb Jahren erzählt sie in einer Monats = Zeitschrift [Palladium, später Mémoires] im Stil des populären Feuilletons Einzelheiten über die von ihr erlebten Abenteuer.

„Bei ihrem Kampfe gegen die bösen Geister und gegen eine große Menge verbrecherischer Menschen steht ihr eine andere Luciferianerin, Sophia Walber, die Gattin des Teufels Bitru, feindlich gegenüber, welche am 29. September, also während der antifreimaurische Congreß in Trient tagte, die Großmutter des Antichrists zur Welt bringen sollte. Das steht in Heften einer Monatsschrift zu lesen, welche in Frankreich, Italien, Deutschland[1]) und anderwärts reißenden Absatz finden.

„Der Kampf zwischen diesen beiden Weibern bildet eine der Hauptepisoden des Drama's. Dieses selbst zieht sich durch einen Wirrwarr sehr complicirter Vorgänge endlos hin, welche wieder unablässig neue menschliche und teuflische Persönlichkeiten auf die Bühne bringen und die zeitgenössische Politik mitumfassen. Sämmt= liche Celebritäten der Weltfreimaurerei ziehen da (abgesehen von den handelnden Personen, die nur den Eingeweihten bekannt sind) bei der Abwicklung der mit den mannigfaltigsten Peripetien, als: Teufelsbeschwörungen, Verzauberungen, Complotten, Menchelmor= den, Schändungen des Heiligen, Ausschweifungen, gewürzten Fabel von unsern Augen vorüber. Diana und Sophia sind wie die zwei Principien, das gute und das böse. In ihrer Geschichte ist gleichsam der alte Manichäismus auf die Gegenwart übertragen, in Scene gesetzt.

„Die zwei feindlichen Weiber treten erst gegen Ende des ersten Bandes des Diable au XIXe siècle auf. Bis dahin belustigte sich Dr. Hacks [Bataille] damit, seine Reiseerlebnisse zu erzählen. Um dieselben interessanter zu gestalten, flicht er den verschiedensten Autoren entlehnte Einzelheiten ein. Eine methodische

---

[1]) Anm. des Verfassers. — Die Monatsschrift selbst dürfte in Deutschland verhältnißmäßig wenig gelesen worden sein. Aber durch theilweise französische religiöse Zeitschriften wurde ihr Inhalt auszugs= weise in weiten und merkwürdiger Weise auch höhern aristokratischen Kreisen sehr bekannt. Darin, daß gewöhnlich nur Auszüge, worin das Anstößigste weggelassen wurde, den betreffenden Persönlichkeiten zu Gesicht kamen, dürfte der hauptsächlichste Erklärungsgrund dafür liegen, daß sich dieselben durch die „Vaughan"'schen „Enthüllungen" täuschen ließen.

Handlung, die Durchführung eines festen Planes, ist ganz und
gar nicht seine Sache. Seine Erfindung ist unzusammenhängend.
Er läßt sich von seinen augenblicklichen Einfällen leiten. Es
fehlt ihm zwar weder an Verstand, noch an wissenschaftlicher Geistes=
bildung, noch auch an einem gewissen literarischen Talente ... Aber
welch' unmögliches Temperament! Von Crefeld siedelt er nach
Montpellier, von da nach Ceylon und Paris über. Aus den
Niederungen des Anticlericalismus tritt er in die Redactions=
stube eines religiösen Buchhändler=Unternehmens ein, errichtet
theilweise unentgeltlich oder wenigstens mit herabgesetzten Preisen
arbeitende Kliniken, die alle viertel Jahre Umzug halten ...
Welch' eine Odyssee! Und man versichert uns, daß die Wand=
lungen und Abenteuer beim Doctor noch lange nicht zum Abschluß
gekommen sind. In der That kommt man mit einem so launen=
haften, verwegenen, rücksichtslosen, aufschneiderischen Gesellen
niemals an ein Ende! Was hat er nicht schon Alles angefangen?
Wozu ist er nicht schon morgen wieder fähig?

„Der Kopf und der Arm bei dem die Freimaurerei
und den Luciferianismus betreffenden geschäftlichen
Enthüllungs=Unternehmen ist Leo Taxil. Unwissend
und ungeschlacht, linkisch in Folge seiner alles Maß über=
schreitenden Dreistigkeit, mit einer Vergangenheit belastet, welche
hinreichte, zehn Menschen moralisch zu zermalmen, deren Last er
jedoch mühelos, ja fröhlich trägt, literarisch ein Stümper,[1]

---

[1] Anmerkung des Verfassers. Taxil (geb. 21. März 1854),
an welchem eine merkwürdige Mischung von frühreifem und unreifem
Wesen schon in der Jugend zu Tage trat, kam bereits als Kind auf
Abwege. Die Folge davon war, daß ihn sein Vater, der sich nicht
anders zu helfen wußte, am 1. November 1868 in einer Correction=
anstalt unterbrachte. (Vgl. Taxil, Bekenntnisse eines ehemaligen Frei=
denkers 1888, S. 3; 45.) So besuchte er nur etwa vier Jahre das
Gymnasium und selbst aus diesem kurzen Schulbesuch zog er, da ihn
bereits die Beschäftigung mit Politik und sonstigen zerstreuenden
Dingen von den Studien abzog, nicht den vollen Nutzen. Nach seiner
Entlassung aus dem Correctionshause trat er sofort als fanatischer
extremst radicaler Agitator in den religiös-politischen Parteikampf
ein, der sein Vaterland zerfleischte. In den geistig und sittlich tief
stehenden und einem sehr rohen Tone huldigenden radicalen Clubs,
welche zur Zeit des französisch-deutschen Krieges und schon vorher
den Sturz des Kaiserreiches und die Verbreitung republicanischer,
revolutionärer Ideen anstrebten, bildete er sich praktisch zum Publicisten
aus. Vgl. Bekenntnisse, S. 27 ff. — Bis zum 23. April 1885
leistete er an Wuth und Verwegenheit in der publicistischen Bekämpfung
des Clericalismus das Unglaubliche.
Von dem genannten Tage datirt er seine Bekehrung. In dem=

hat dieser Mann nur eine hervorragende Eigenschaft: zä h e
A u s b a u e r. Er verfolgt mit Entschlossenheit und un=
besieglicher Thatkraft sein Ziel. Dieses ist die Veranstaltung
einer endlosen Reihe von Romanen. So maßlos ehedem
seine antireligiöse Wuth war, so scheint sie doch von
seiner Leidenschaft für buchhändlerische Unternehmungen noch
übertroffen zu werden. Die Herausgabe einer Bibliothek auf
Grund eines von ihm neu ersonnenen Systems war sein Ideal
schon mit fünfzehn Jahren. Es ist auch immer sein Ideal
geblieben. Seinen Plan suchte er zuerst als extravaganter Anti=
clericaler durchzuführen. Nach seiner Bekehrung veröffentlichte
er in rascher Folge eine Reihe von Büchern, die sich in ihren
Titeln und Gegenständen [wir möchten hinzusetzen, auch in ihrem
ganzen Inhalt] sehr ähnlich sind. Dasselbe Geschäft, das Taxil
mit seinen anticlericalen Publicationen begonnen hatte, setzte er
nach seiner Bekehrung in seinen vorwiegend antifreimaurerischen
Publicationen fort. Er wechselte dabei nur den Stoff, den er

---

selben Jahre schon erschienen seine ersten Werke gegen die Freimaurerei,
deren allererstes, die „Drei=Punkte=Brüder", sich im Allgemeinen
wenigstens noch auf dem Boden des Thatsächlichen hält und keinen
ernsteren Anlaß bot, an Taxils Aufrichtigkeit zu zweifeln. In seinen
späteren Werken gewinnt aber das „Erdichtete" mehr und mehr die
Oberhand über das thatsächlich Verbürgte, bis endlich anläßlich des
„Vaughan"=Schwindels, in welchem seine Dreistigkeit den Gipfelpunkt
erstiegen hatte, das ganze Gebäude seines auf Mystificationen begründeten
buchhändlerisch=publicistischen Unternehmens zusammenstürzte.

Wir wollen nicht behaupten, daß die besseren Regungen, welche
man in Taxil zu bemerken glaubte, i m m e r unaufrichtig und lediglich
erheuchelt waren. Aber dieselben waren wohl nie recht ernsthaft.
Im Allgemeinen herrschte, wie sich n u n gezeigt hat, Frivolität und
unreifes und unaufrichtiges Wesen in Taxil's Charakter zu jeder
Zeit vor.

Wenn Leo Taxil auch, wie oben bemerkt, literarisch tief steht
und, wie der Univers neuerdings (am 9. December 1896) hervorhebt,
„roh an Geist und Manieren ist, so besitzt er doch ein unverkennbares
Talent zu inscenieren, zu mystificiren und einfachen Dingen und Vor=
kommnissen einen sensationellen Anstrich) zu geben. Auch die Doppel=
rolle, welche er dabei Jahre lang spielen mußte, indem er einerseits
auf die grausamste Weise die ihm glaubenden Katholiken und besonders
einige ihm nahe stehende und vollstes Vertrauen schenkende Geistliche
zum Besten hielt, und andererseits eben diesen Geistlichen und Katholiken
gegenüber sich als fast fanatischen Vertheidiger der Kirche und des
katholischen Glaubens ausgab, hat er mit bemerkenswerthem Geschick
durchgeführt. Er hat sich nur selten bei ihnen verrathen.

behandelte, und auch das nur in beschränktem Maße. Die Soeurs maçonnes zum Beispiel und die Corruption fin de siècle [und Y a-t-ie des femmes dans la Franc-Maçonnerie?] bezeugen durch ihren Inhalt, daß der bekehrte Taxil theilweise seinen Stoff noch aus denselben Quellen schöpft, wie der Frei-denker Taxil. Die Pornographie sichert guten Absatz. Warum sollte er also, wo es ihm doch darauf ankommt, buchhändlerische Geschäfte zu machen, auf dieses erprobte Reizmittel verzichten?

„Vielleicht ist Taxil mit seiner mißrathenen, unverbesserlichen Buchhändler-Natur halb unzurechnungsfähig. Er läßt sich oft zu Unklugheiten fortreißen, die am Wahnsinn streifen. Am Schluß seines Buches Corruption fin de siècle giebt er sich selbst, nachdem er ganz zutlos tausenderlei abscheuliche Dinge mitgetheilt hat, mit erschrecklicher Naivetät das Zeugniß, „er habe auch unbedeutende Kleinigkeiten nicht außer Acht gelassen, so sehr es ihm widerstreben mochte, in diese Einzelnheiten einzu-gehen". Er will um jeden Preis Aufsehen erregen und Gegenstand der öffentlichen Aufmerksamkeit sein. Sollte seine publicistische buchhändlerische Manie nicht einfach diesem närrischen Hang, in der Oeffentlichkeit eine Rolle zu spielen und viel genannt zu werden, ihren Ursprung verdanken? Er erinnert an den Verdammten in Dante's Hölle, welcher nach Erzählung seiner Leidensgeschichte an den Dichter die erbärmliche, seine geheimen Gedanken und Wünsche offen-barende Bitte stellt: „„Mache doch, daß man in der Welt von uns rede!""

„Bei seinem Bestreben, die öffentliche Aufmerksamkeit zu erregen, konnte ihm Diana Vaughan und Sophia Walder treff-liche Dienste leisten. Die Geheimnisse des Palladismus! Welch köstlicher Fund! Das war der Roman, den er suchte. Derselbe übertraf bei Weiten den andern, welchen Taxil, wie er selbst anläßlich eines aufsehenerregenden Processes in einem Buch mittheilt, seinen ersten katholischen Buchhändlern [Letouzey et Ané] in Vorschlag gebracht hatte. Taxil hatte nämlich früher vorgehabt, einen ähnlichen Roman zur Bekämpfung der Anti-semitismus zu veranstalten. Unter der Form eines derartigen Romans stellt sich in seinem Geiste jede publicistische Action dar, die er in Angriff nehmen will.

„Der Palladismus in Romanform: Welch' herrlicher Ge-danke! Zwei Weiber liegen sich gegenseitig in den Haaren. Die Eine derselbe, Sophia, ist der Ausbund aller Schlechtigkeit, was übrigens bei ihr nach Allem nicht Wunder nehmen kann. Hat sie doch einen Teufel zur Mutter (nicht etwa zum Vater, man beachte dies!). Dieser Mutter wird später, wenigstens für kurze Zeit, ihr — Gatte [wie sensationell, neu und geistreich zugleich!] Was Diana anbelangt, so hat sie die jungfräuliche Reinheit, die ihr nachgerühmt wird, nicht der Tugend ihrer Ahnen zu verdanken. Denn Einer derselben schloß mit dem Teufel einen förmlichen Bund, welcher [mittelst der angeblich von Thomas Vaughan ins Leben gerufenen, bezw. mit einem neuen satanischen Geiste erfüllten Freimaurerei] die Grundlage der ganzen seitherigen Entwicklung der Weltgeschichte wurde. Die occultistische englische, amerikanische und arabische Literatur von Faustus Socinus bis auf unsere Tage, die Schriften Agrippa's und Anderer, die man aufs gerathe Wohl plünderte; die abergläubischen Gebräuche und Legenden der Indianer und Rothhäute; Fenimore Cooper, den man als Spiritist, Teufelsverehrer und Katholik auftreten ließ: all' dies bot unerschöpflichen Stoff für eine Menge von Mitarbeitern, die daran in der größten Mannigfaltigkeit ihre mannigfaltigen Talente bethätigen konnten.

„Die Mitarbeiter waren denn auch rasch zur Stelle. Jeder stellte seine besondern Kenntnisse, seine specielle Erfindungsgabe oder auch bloß sein Geschick in den Dienst des Ganzen. Der Roman wickelte sich mit einer bewunderungswürdigen Regelmäßigkeit ab. Sehr ernsthafte und würdige Männer lieferten im Verein mit kindlich einfältigen Seelen und cynischen Witzbolden und Spaßmachern ihre Beiträge. Herr Margiotta, der sich soeben bekehrt hatte, erzählte die Großthaten der noch nicht bekehrten Luciferianerin, die aber durch ihre Weigerung, die von ihr verlangte Hostienschändung vorzunehmen, und durch ihr Auftreten gegen die Schändlichkeiten Lemmi's bereits weltberühmt geworden war.

„In der Januar-Nummer der Revue Mensuelle, complément du Diable au XIXe siècle, wurde ein pompöser Bericht des Commandeurs Lautier, des Präsidenten des Ordens der Advocaten des hl. Petrus, im Echo de Rome über seine Zusammenkunft mit der vielgenannten Luciferianerin Diana Vaughan zum Abdruck gebracht. Bei dieser Zusammenkunft machte Dr. Hacks die Honneurs. Außer ihm und Lautier war noch Leo Taxil anwesend . . . Dr. Hacks benutzte die Gelegenheit, um eine neue Klinik für die Advocaten des hl. Petrus einzurichten.

„Nicht lange nachher bekehrte sich Diana, nun erschienen unverzüglich die Mémoires d'une ex-Palladiste, in denen alles Mögliche, unter Anderem auch selbst Pornographisches vorkommt. Unter der Etikette der Mémoires schleicht sich die alte Taxil'sche

Waare in christliche Familien und Klöster ein, selbst in Frauen= klöster. Dem männlichen Theil des geistlichen Publicums, welchem vielleicht noch saftigere Teufelsgeschichten erwünscht sind, steht die Buchhandlung Pierret mit einem Katalog zu Diensten, aus welchem sich die Geistlichen irgend eine diesbezügliche Specialität als Prämie auswählen können. So bringt man auch die Revue Mensuelle in religiöse Kreise, wo Margiotta und Taxil sich gegenseitig wegen Diane Vaughans mit den gröbsten Beschuldigungen überhäufen. Margiotta, welcher Diana früher zum Himmel erhob, nennt sie jetzt eine „unersättliche Hysterische" und fügt bei, er habe Gründe persönlicher Natur, diese Anschauung über sie zum Ausdruck zu bringen. Natürlich vertheidigt sich Diana und klagt ihrerseits Margiotta verschiedentlicher Schaudthaten an. Auf den weiteren fünfzehn Seiten betheuert endlich Taxil, der Erzengel der ver= letzten Züchtigkeit, daß Diana Jungfrau sei.

„Ist eine solche Art, die Kirche zu vertheidigen und die Freimaurerei zu bekämpfen, nicht einfachhin unqualificirbar?"

Die Libre Parole macht darauf aufmerksam, daß Taxil wohl bei der Lectüre eines Romans von Walter Scott (Rob Roy) auf den Namen „Diana Vaughan" und auf die Idee der ihr zugewiesenen Rolle verfallen sein dürfte. [1]).

Nach diesen im Allgemeinen orientirenden Vorbemerkungen gehen wir nun zur eingehenderen Besprechung unseres Gegen= standes über. Die Eintheilung unserer Schrift ist uns durch den Stoff selbst an die Hand gegeben. Wir behandeln
im ersten Theile: „Dr. Bataille", das Werk Le Diable au XIXe siècle und die Zeitschrift Revue Mensuelle;
im zweiten Theile: Domenico Margiotta und seine „Enthüllungen" in den Werken Adriano Lemmi und Le Palla- disme;
im dritten Theile: „Miß Diana Vaughan" und ihre „Enthüllungen" im Palladium, in den Mémoires d'une ex- Palladiste und in Le 33 .'. Crispi.

Hierbei wird unser Augenmerk beständig darauf gerichtet sein, die Veranstaltung des ganzen ungeheuren Schwindels in allen seinen Phasen und hauptsächlicheren Punkten möglichst klar hervortreten zu lassen.

---

[1]) „Germania" Nr. 262 (11. Nov. 1896) 2. Blatt.

—

Dr. Bataille,

der Diable au XIXe siècle und die

Revue Mensuelle.

Erstes Kapitel

Dr. Bataille.

I. Dr. Charles Hacks.

8. Dr. Hacks bisher ausschließlich als Dr. Bataille betrachtet. Bis zum Erscheinen des aufsehenerregenden Artikels in Nr. 695 (13. Oct.) der „Köln. Volkszeitung" und der darauf erfolgten in Nr. 701 (16. Oct.) veröffentlichten Erklärung des Dr. Charles Hacks in Paris wurde in den Kreisen, welche sich mit diesen Dingen überhaupt befaßten, besonders auch in französischen Antifreimaurer-Kreisen, ziemlich allgemein Dr. Charles Hacks, ein in Paris wohnender Arzt, dessen Specialität die Nerven-Krankheiten sind, als der ausschließliche Verfasser des Diable au XIXe siècle und damit auch als Dr. Bataille ange-sehen. Dafür gab sich Dr. Hacks auch selbst sowohl im Werke Le Diable, als auch in mündlichen Unterredungen, brieflichen Correspondenzen und öffentlichen Vorträgen beständig aus.

Schon in den ersten Sätzen der Vorrede zum Diable führte sich Dr. Hacks als Schiffsarzt[1]) der Compagnie des Messageries Maritimes ein. Und das ist er in der That gewesen. Als solcher will er auf einer Fahrt von Marseille nach Japan 1880 einen gewissen Carbuccia behandelt haben, einen eingefleischten Luciferianer, der zu ihm Vertrauen faßte, sich bekehrte und den Arzt, der ihn gerettet hatte, in alle kabbalistischen Geheimnisse einweihte. Auf Grund dieser kabbalistischen Kenntnisse sei es ihm ein Leichtes gewesen, das volle Vertrauen des Groß-Hiero-phanten des Ritus von Memphis in Neapel, Pessina [sollte heißen: Peßina; da im Beginn des Werkes Peßina's Name consequent fehlerhaft gedruckt ist, muß man annehmen, daß Bataille selbst der Name des Groß-Hierophanten fremd war] zu gewinnen und ohne Weiteres von ihm gegen Erlegung von 500 Frs., ohne selbst dem „Großen Baumeister" den sonst vor-geschriebenen Eid zu leisten, den höchsten, 90 ∴ Grad des Systems

---

[1]) Wohnt gegenwärtig 2, Boulevard Montmartre. — Schiffsarzt war er nach Bulletin Mensuel (Nr. 14. Jan. 1894) etwa 15 Jahre lang gewesen; vergl. auch Revue Mensuelle 1894. S. 31 f.

zu erlangen. Mit den Insignien dieses Grabes ausgerüstet und theils durch Carbuccia, theils durch Pessina mit den Erkennungs-zeichen und Paßworten vertraut gemacht, habe er nun selbst in Hochgradlogen und in occultistischen Versammlungen, welche gewöhnlichen Freimaurern verschlossen bleiben, unbehindert Zugang gefunden. „Was ich nun erzählen werde", so schließt er seine Vorrede, „habe ich theils aus dem Munde von Luciferianern, die gar keinen Beweggrund haben konnten [!], mich irrezuführen, theils habe ich es mit eigenen Augen gesehen. Das Ende meiner Erzählung wird zeigen, daß Carbuccia sich endgültig mit Gott ausgesöhnt hat."[1] Derselbe Dr. Hacks der Vorrede, der auf diese Weise alle geheimsten Praktiken der Satanisten, Luciferianer und sonstiger Teufelsdiener auf seinen zahlreichen Reisen in die verschiedensten Länder der Erde kennen gelernt haben will, tritt im ganzen Werke als Erzähler auf, der, was er erzählt, angeblich selbst erlebt hat.

Am 5. Mai 1893 hielt Dr. Hacks im Saale der Société Bibliographique einen Vortrag, in welchem er seinen eigenen Worten gemäß über seine Reisen und seine Forschungen in diabolischen [freimaurerischen] Riten berichtete. An jenem Abend, bemerkt der Univers, stellten Herr Hacks und Dr. Bataille „eine und dieselbe untheilbare Person" dar. Herr Hacks, ehe-maliger Schiffsarzt, hatte auch das ganze Programm der später im Diable erschienenen „Enthüllungen" schon zum Voraus mit

---

[1] Le Diable au XIXe siècle 1893. I. Bd., S. 20. Auf S. 21, ebendas., führt Dr. Hacks aus: „Es genügt in der That, ich habe dies an mir selbst erfahren, z. B., sogar nur ehrenhalber, Ritter des Lessingbundes [Ritter des Lessingbundes giebt es gar nicht] von Deutschland oder Hierarch (Geistliches Haupt) der amerikanischen frei-maurerischen Veteranen-Gesellschaft zu sein, um überall, in jeder regel-recht constituirten und permanent functionirenden Gesellschaft Zutritt zu erhalten. So [!] wird ein in Canada reisender russischer Nihilisten-Häuptling ohne die geringste Schwierigkeit bei den Odd-Fellows Auf-nahme finden, und deren Kanzler des Höchsten Rathes [besteht bei den Odd-Fellows gar nicht] wird sich beeilen, ihm ein „Breve des guten Empfangs" auszustellen. Ein im Besitz des Grades Erwählter Magier befindlicher Retheurgist Optimat wird, wenn er nur ein vom Erlauchtesten Großcollegium der Emeriten-Maurer in Charleston visirtes Patent vorweisen kann, selbst bei den Fakiren Indiens und den Hoch-Affiliirten der San-Ho-Hoei in China brüderlich, ja sogar in höchst zuvorkommender Weise aufgenommen werden." -- Hier spricht, wie Jeder, der mit den freimaurerischen Verhältnissen einigermaßen vertraut ist, sofort gewahren wird, aus jeder Zeile der Spötter, der seine Leser zum Besten hält.

der Unterschrift „Dr. Bataille" veröffentlicht.[1] Er ließ sich
auch als Dr. Bataille und alleiniger Verfasser des Diable
betrachten, mündlich und brieflich berathen, ertheilte als Dr. Bataille-
Auskünfte, antwortete als solcher, wobei er sich gelegentlich auch
H. C. zeichnete, sogar öffentlich auf Angriffe der Presse. Dr. Bataille,
der Verfasser des Diable, benutzte endlich sogar die „Berühmtheit",
welche ihm dies Buch verschafft hat, um eine Klinik und ärztliche
Sprechstunden einzurichten. Bei letzterem Unternehmen trat er
natürlich offen als Dr. Charles Hacks auf.

9. Dr. Hacks als „eifriger Katholik" und „christ=
licher Arzt". In seiner „Rolle" als Dr. Bataille trat Hacks,
soweit bekannt geworden ist, stets als eifriger, gläubiger Katholik
auf, als welcher er von den französischen Antifreimaurern und
selbst von vielen Geistlichen, die mit ihm freundschaftlich ver=
kehrten und sein vermeintliches Werk Le Diable vielfach sogar
leidenschaftlich vertheidigten, bis zu seinen jüngsten Erklärungen
stets betrachtet wurde. Auf dem Umschlag der Lieferungshefte
des Diable und im Bulletin mensuel findet sich immer wieder
die Reclame für Dr. Charles Hacks' Klinik Saint-Sulpice,
welche sich zuerst in 83, rue de Rennes befand, in demselben
Hause, in dem auch der Verlag der Bataille=Hacks'schen Publi=
cationen installirt ist. Später, 1894, wurde die Klinik nach
46 rue Madame verlegt.

In der Reclame führt sich Ch. Hacks als ancien Interne
et Médecin des Hopitane, ancien Médecin de la Compagnie
des Messageries Maritimes, Medaille d'honneur (epidémie
1884—1885[2]) ein. Ein specielles Consultationscabinet hält er

---

[1] Vgl. „Germania" Nr. 251 (29. October 1896). — Ueber den
Vortrag selbst berichtet P. Portalié in den Etudes religieuses
(14. Nov. 1896, p. 387): „Eine Menge von Priestern fanden sich
ein. Das Bureau der Versammlung bildeten ausgezeichnete Katholiken.
Dr. Bataille (der versprochen hatte, behufs Zerstreuung der über die
sonderbaren Geschichten im Diable aufgetauchten Zweifel sich persönlich
vor einem gewählten Publicum bekannt zu geben) erschien in der That.
Es war Dr. Hacks, ehemaliger Schiffsarzt der Messageries Maritimes,
der sich als Verfasser des Diable vorstellte und in allen möglichen
Wendungen versicherte, Augenzeuge der von ihm erzählten Begeben=
heiten gewesen zu sein. Manche glaubten seinen Betheuerungen.
Seine dreiste Zuversicht, die christlichen Gesinnungen, die er heuchelte,
ließen den Gedanken nicht aufkommen, genauere Nachforschungen über
die Person dieses so kühnen Gegners der Freimaurerei anzustellen.
[2] Ch. Hacks war auch während der Cholera=Epidemie in
Hamburg 1892 thätig.

für Nervenkrankheiten: Locomotorische Ataxie, Hysterie in ihren verschiedenen Formen, Neurosen, Neuralgien u. s. w. Er behandelt aber auch alle anderen Krankheiten. Das Honorar für eine Consultation beträgt 5 Frs. Der Doctor behandelt auch brieflich. „Besondere Preise und Bedingungen werden den Herren Geistlichen, sowie den religiösen Con= gregationen und Genossenschaften gewährt. Die monatliche Zeitschrift l.c Médecin de la famille chrétienne, jährlich 3 Frs., ist das Organ der Klinik Saint-Sulpice. Erkundigungen aller Art wolle man richten an die Verleger Delhomme u. Briguet. 83, rue des Rennes in Paris.[1]

Die Zeitschrift Dr. Charles Hacks Le Médecin de la famille chrétienne (Christlicher Familienarzt) selbst bringt gleich im ersten Januarheft ein Inserat des Inhalts: Dr. Charl. Hacks steht nun, nachdem er von seinen Reisen in die Teufels=Regionen zurückgekehrt ist, für ärztliche Con= sultationen à 5 Frs. zur Verfügung. Er empfiehlt sich als Specialarzt „besonders für die Geistlichen und die religiösen Genossenschaften". Das Titelbild der Zeitschrift stellt einen Arzt dar, der eben eintritt; vor ihm stehen ein Herr, eine Dame, zwei Babies, der unvermeidliche Geistliche und die Bonne im Hinter= grund. Unter dem Titelbild stehen die Worte: „Ich habe ihn behandelt, Gott hat ihn geheilt! (Ambroise Paré.)"

Die Zeitschrift selbst ist fast zur Hälfte mit frommen Er= mahnungen angefüllt. Im Programm, das in Nr. 1 sofort hinter dem Namen des Chefredacteurs Dr. Hacks abgedruckt ist, werden die Leser eingeladen, „die durch Gebet, Gelübde oder geweihte Gegenstände erwirkten Heilungen" zu veröffentlichen. Die Redaction verspricht ihrerseits, „das augenscheinliche Ein= greifen Gottes dabei handgreiflich zu machen". In der ersten Nummer findet sich auch eine Anspielung auf „die diabolischen Bosheiten" bei Erkrankungsfällen.[2]

Hinsichtlich des religiösen Standpunkts der Zeitschrift führt das Programm aus: „In der medicinischen und wissenschaftlichen Presse bedeutet die gegenwärtige Zeitschrift eine wahrhafte

---

[1] Vgl. z. B. Bulletin Mensuel August 1894. — Der Bulletin Mensuel wurde den Lieferungsheften des Diable beigegeben; derselbe bestand nur aus ein Paar Umschlagblättern, welche sich vorwiegend mit der Vertheidigung des Diable gegen Angriffe und mit Reclame für denselben und seinen Verfasser Dr. Hacks befaßten.

[2] „Germania" Nr. 254 (1. Nov. 1896) nach Univers.

Neuerung. Unsere Berufsgenossen mögen lächeln, wir kümmern uns nicht darum. Der „Christliche Familienarzt"" wird vor Allem eine katholische Zeitschrift sein. Aufklären ohne aufzuhören, christlich, d. h. ehrenhaft zu sein, darauf ist unser Streben unausgesetzt gerichtet ... Auch unter dem christlichen Gesichtspunkte ist unsere Zeitschrift eine Neuerung. Die anderen der Verbreitung medicinischer Kenntnisse gewidmeten Blätter nehmen nur allzu oft unter dem Vorwand der Wissenschaft Artikel auf, die vom materialistischen Geiste angesteckt sind. Der gegen diese verderblichen Tendenzen nicht gefeite Leser saugt aus ihnen unbewußt falsche Ideen ein. So verderben manche medicinische Darlegungen dem Abonnenten, während sie ihm, körperlich betrachtet, Dienste leisten, die Seele. Wir befolgen in der Medicin keine andere Devise, als die Ambroise Paré's: Ich habe ihn behandelt, Gott hat ihn geheilt! Wir sind, in der Redaction des Médecin de la famille chrétienne, alle entschiedene Katholiken. Wir folgen dem Grundsatz, daß jede wohl studirte und ehrlich dargelegte Wissenschaft, weil alle Wissenschaft von der Idee Gottes hergeleitet ist, den Geist erhebt ... Wir ersuchen auch die Herren Geistlichen, alle diese wackeren Kämpen der Kirche, unserer Mutter, recht inständig, daß sie uns behilflich seien, unser bescheidenes Blatt in den christlichen Familien einzubürgern ... Wir haben oben von den Landpfarrern gesprochen, deren Beihülfe wir dringend erbitten. Diese Zeitschrift, welche treu zur Religion steht, wird ihnen selbst unter dem ärztlichen Gesichtspunkt nützlich sein." [1]

Dr. Hacks war auch Mitglied der katholischen Société des sciences psychiques. Als nun 1895 bei Gründung dieser Gesellschaft die Statuten derselben berathen wurden, erhob sich Dr. Hacks-Bataille und schlug vor, eine Ergebenheits-Adresse an den heiligen Vater abzusenden, in welcher die Unterwerfung unter alle Lehrentscheidungen des apostolischen Stuhles ausgesprochen und der päpstliche Segen erbeten wurde. [2]

An den Chorherrn Delassus in Lille, der den Diable als Roman bezeichnet hatte, der geeignet sei, Verwirrung bei den Katholiken anzurichten, schrieb Dr. Hacks in offenen Briefen:

„Der Verfasser des Diable ist ... ein einfacher Christenmensch, ein katholischer Arzt, der nur im Verborgenen zu wirken sucht, nachdem er für die Ehre Gottes gekämpft hat. Er nennt

---

[1] Bulletin mensuel an vielen Stellen, z. B. Nummer vom 5. October 1893.
[2] Etudes religieuses 1896 II 388 Anm.

sich H. C.; er hat die Reisen, von denen er erzählt, wirklich gemacht; er ist wirklich in die erwähnten Logen, Hinter= logen und palladistischen Triangel eingedrungen: er hat dies weder bloß geträumt noch damit andern lediglich einen Bären angebunden. Was er gesehen zu haben be= hauptet, hat er auch wirklich gesehen, wenn auch Sie allen diesen Dingen ungläubig gegenüberstehen." [1]

„Seit meiner ersten Antwort hat die Revue catholique de Coutances durch die Feder des Herrn Chorherrn Mustel die Güte gehabt, meine Vertheidigung zu übernehmen ... Großer Gott! Ich gebe gern zu, daß mein [letzter] Brief etwas heftig war; aber wenn ein Ehrenmann sich auf einmal öffentlich als Betrüger behandelt sieht, kann er damit natürlich nicht ein verstanden sein ... Nun wohl, Herr Chorherr, widerstehen Sie nicht den guten Regungen Ihres Herzens! Sie sind mir einen loyalen, aufrichtigen, bestimmten, nicht durch allerlei Wenn und Aber verclausulirten und den wahren Sachverhalt verhüllenden Widerruf schuldig ... In einer Publication, wie der meinigen, hängen Werk und Verfasser innigst zusammen und können von einander nicht getrennt werden. Wenn ein Schriftsteller, der selbst gesehene Dinge erzählt, erklärt: Ich war Zeuge von Diesem und Jenem, so thun Sie ihm einen Schimpf an, wenn Sie Zeilen ver öffentlichen, wie: „Dieses Werk ist ein Roman. Es war nicht schwer, dasselbe mit Hilfe einiger Reisebeschreibungen, einiger Kenntnisse über Freimaurerei und einer Dosis von Einbildungs= kraft und Keckheit zusammenzustellen." Mit solchen Urtheilen treffen Sie nicht nur das Werk, sondern sie zeihen auch den Verfasser selbst dreister Lüge." [2]

Ja, Hacks ging der Semaine religieuse von Cambrai gegenüber, in welcher der Artikel des Chorherrn Delassus erschienen war, so weit, daß er dieser Zeitschrift selbst einen langen Brief zusandte mit der Aufforderung, denselben zu inseriren. Für den Fall der Weigerung drohte er mit einem Proceß. „Mehr als sechs Monate", schreibt die Semaine religieuse de Cambrai. „verfolgte er uns in seiner Publication mit Verunglimpfungen, welche der Rosier de Marie, das Organ der Advokaten des hl. Petrus, getreulich nachbetete. Wir erlangten einige Tage nach Veröffentlichung unserer Notiz die völlige Gewißheit, daß, wenn auch Dr. Hacks am Diable au XIXe siècle mitarbeitete, doch der Hauptredacteur desselben Leo Taxil war. Dies bestärkte

---

[1] Brief von 9. Aug. 1893 in der Revue Mensuelle 1894, p. 22.
[2] Bulletin Mensuel Nr. 10, 5. Sept. 1893.

uns in der Ansicht,· die wir uns über die sittliche Seite dieses
geschäftlichen und vielleicht freimaurerischen Unternehmens von
Anfang an gebildet hatten." Der Aufforderung Hacks', seinen
Brief zu veröffentlichen, gaben wir keine Folge. „Er hütete sich
wohl, seine Drohung zu verwirklichen."[1]

An Chorherrn Mustel selbst schrieb Dr. Hacks unterm
15. Februar 1893: „Zur Antwort auf die Fragen, die Sie mir
stellen und die man an Sie stellt, können Sie mit aller Bestimmtheit versichern, daß ich Alles, was ich in meinen Erzählungen
berichte, gesehen und erlebt habe, daß sich darin kein Satz
und kein Wort findet, die nicht völlig genau wären und welche
etwas anders enthielten, als was ich als Zeuge beobachtet habe."[2]

Chorherr Mustel erzählt ferner in der Revue catholique
de Coutances vom 21. Sept. 1893: „Als wir uns im Febr.
1893 das erste Mal mit Dr. Bataille unterhielten, und er uns
in großen Linien den Plan und die hauptsächlichsten Gegenstände
seiner Enthüllungen dargelegt hatte, konnten wir nicht umhin,
zu bemerken: „Aber man wird Ihnen nicht glauben". Noch dünkt
es uns, seine Antwort darauf zu hören, die auf uns einen
tiefen Eindruck machte. Dieselbe lautete: „Das ist nicht meine
Sache. Ich erfülle nur eine Pflicht, wenn ich das was ich weiß,
mittheile. Der Erfolg geht mich nichts an. Indessen wird man
mir glauben, wie man schließlich auch an die unglückseligen
Panama=Umtriebe geglaubt hat. Vorher hatte man allerdings
diejenigen, welche zuerst den Lärmruf ausstießen, mit Unbilden
überhäuft. Man wird mir glauben, weil die Thatsachen zu zahlreich sind, um verborgen bleiben zu können; weil man in Rom
und in allen religiösen Orden diese Geheimnisse der
Bosheit bereits kennt [!]; weil die Anbeter des Teufels sich,
da sie bereits alle Scheu abgelegt haben [es wird auf die in
Aussicht genommene Vaughansche Zeitschrift Palladium ange
spielt!], sich selbst enthüllen werden; man wird mir endlich
glauben, weil andere Zeugen auftreten werden, welche meine
Angaben bestätigen."[3]

Letztere Worte haben ein besonderes Interesse, weil daraus
hervorgeht, daß Dr. Hacks schon im Febr. 1893 von den bevorstehenden „Bekehrungen" [Margiotta's, „Diana Vaughan's" und
vielleicht noch Anderer] bereits unterrichtet war.

Gleich im ersten Heft der Revue Mensuelle ist ein Bericht

---

[1] La Vérité. 15. Nov. 1896.
[2] Vgl. Bulletin Mensuel Nr. 11, 5. Oct. 1893.
[3] Revue Mensuelle, 1894, p. 268; 1895, p. 714.

des Nouvelliste dell'Ouest vom 12. Januar 1894 über ein Interview mit Dr. Bataille abgedruckt, den derselbe von einem „sehr zuverlässigen Correspondenten" erhalten haben will. Darin ist im Wesentlichen gesagt:

Ich hatte schon viel von Dr. Bataille, dem Verfasser des Diable, gehört. Ein hervorragendes Mitglied des Pariser Klerus, Chorherr Brettes, hatte mir insbesondere in Ausdrücken der höchsten Begeisterung von Werk und Autor gesprochen. Daher wollte ich ihn durchaus persönlich kennen lernen. Die Pförtnerin des Hauses, in dem Bataille wohnt, versäumte nicht, mir schon zum Voraus zu bemerken, daß „der Doctor sehr religiös sei. Sie hätte sich selbst schon wiederholt gefragt, wie es möglich sei, daß er nicht den geistlichen Stand ergriffen hätte. Viele Geistliche kämen ihn zu besuchen".

„Als der Doctor selbst kam, konnte ich mich bei seinem Nahen einer innern Bewegung nicht erwehren. Ich hatte ja die Persönlichkeit vor mir, die nach ihrer eigenen Angabe, in so viele übernatürliche [!] Vorkommnisse verwickelt gewesen war. Er ist ein Mann von hoher Statur, von kräftiger Gestalt, etwas corpulent, im Umgang leutselig und einfach. Man fühlt sich bei ihm gleich zu Hause . . . Seine Sprache verräth einen lebendigen, ritterlichen Glauben. Sein Charakter zeigt eine rührende Mischung von Unerschrockenheit und von Gelehrigkeit der Kirche gegenüber."

Nun folgt die Wiedergabe einer längern Unterredung, in welcher Dr. Hacks mittheilt, er habe für sein Werk die Romanform gewählt, um die Kenntniß des „Palladismus" wirksamer in allen Klassen zu verbreiten. Er habe die Ueberzeugung, der Religion damit einen Dienst zu erweisen. In Folge rationalistischer Einflüsse sei man heut zu Tage nur allzu geneigt, hinsichtlich übernatürlicher Vorkommnisse zu zurückhaltend zu sein. Namentlich sei das Publicum über die Macht des Teufels schlecht unterrichtet. „Es ist nicht hinlänglich bekannt, wie sehr derselbe in seinen Erscheinungen groteske und barocke Formen [Reclame für die Teufelsfratzen im Diable] liebt."[1]

10. Warum das Pseudonym? Dr. Hacks beginnt nichts, ohne einen Geistlichen berathen und seinen Segen erhalten zu haben. Interessant ist der Grund, welchen Dr. Hacks angiebt, weshalb er einstweilen das Pseudonym noch nicht preisgeben könne. Ich habe zwar, so schreibt er dem

---

[1] Revue Mensuelle 1894, p. 10 ff.

Sinne nach in dem zuletzt erwähnten offenen Brief an den Chorherrn Delassus und im Diable, meine Nachforschungen über die „Dirigirende Freimaurerei" [es ist damit wohl der angebliche „Palladismus" gemeint] vollendet. Meine Ermittelungen über andere „infernale geheime Gesellschaften" sind aber noch im Gange. Zweien dieser Gesellschaften mußte ich, um Zutritt zu ihnen zu erlangen, meinen wahren Namen nennen. Darum darf mein Name, bevor meine Nachforschungen ganz abgeschlossen sind, nicht in die Oeffentlichkeit kommen.[1]) Im Uebrigen, fährt er fort, „habe ich einen Jesuitenpater ins Vertrauen gezogen. Er hat meine Beitrags-Quittungen [über Beiträge als Mitglied der geheimen Gesellschaften] gesehen. Ich habe ihm auch meine Documente gezeigt. Denn, merken Sie wohl, ich habe noch niemals auch nur eine einzige Nachforschung in Angriff genommen, ohne darüber unter dem Siegel des Geheimnisses einen Geistlichen zu verständigen. Darum spotte ich auch über die Maulhelden an der Vérité und am Monde. Der Zeuge, Ihr Diener, wird im rechten Augenblick schon seine Zeugen nennen. Wer zuletzt lacht, lacht am Besten."[2])

Besonders bezeichnend ist, was Dr. Hacks über seine Verhandlungen mit Abbé Laugier in Marseille vor der angeblichen definitiven Inangriffnahme seiner occultistisch = palladistischen Forschungen berichtet:

Der würdige Priester, so führt er im Wesentlichen aus, war zuerst über meinen Entschluß ein Bischen erschrocken. Er glaubte, ich könne wohl in die Nothwendigkeit versetzt werden, eine Hostienentweihung mitzumachen oder würde, wenn ich mich dessen weigerte, für mein Leben Gefahr laufen. „Ich gab ihm mein Christen = Wort, daß ich in solchem Falle auf die Befriedigung meiner Neugierde verzichten würde." Abbé Laugier, ein alter Freund meiner Familie, schauderte, als ich ihm meine Pläne darlegte. „Er wußte freilich, daß ich mich von den Sectenanhängern, mit denen ich für die Zwecke meiner Untersuchung zu verkehren hatte, nie und nimmer auf Abwege bringen lassen würde. Er fürchtete, wie ich glaube, im Grunde

---

[1]) Im Diable au XIXe siècle 1894 II 540 f. führt Bataille eine Aeußerung Mustels an, welche besagt, Bataille habe in der That, weil sein wirklicher Name durch die von Delassus und De Bois begonnene Controverse in die Oeffentlichkeit gekommen sei, seine Nachforschungen über eine der genannten Gesellschaften aufgeben müssen. Vgl. Bulletin Mensuel 1894, Nr. 10., vgl. den Brief vom 9. Aug. 1893 in der Revue Mensuelle 1894 p. 22.

[2]) Bulletin Mensuel No. 10; 5. Sept. 1893.

mehr für mein Leben, als für meine Seele." Da er selbst nicht zu entscheiden wagte, wünschte er, den Fall den kirchlichen Vorgesetzten vorzulegen.

„Dagegen erhob ich aber lebhaften Einspruch. Ich bin zwar guter Katholik, wie alle meine Collegen von der Marine. Aber ich bin auch, wie alle Seeleute, eigensinnig ....., ich gestehe, daß ich einen etwas merkwürdigen Kopf habe." Es mißfiel mir, daß mein Vorhaben zur Kenntniß Vieler kommen sollte. Abbé Laugier suchte mich zu beruhigen. „Er stieß einen tiefen Seufzer aus, richtete seine Augen auf eine kleine Mutter-Gottes-Statue, die auf dem Kamin-Gesimse seines Zimmers stand. An dem Murmeln seiner Lippen erkannte ich, daß er ein kurzes Gebet hersagte.

„Bei einer anderen Unterredung drückte ich einen Zweifel über die Macht des Teufels aus, welchen mir aber der Abbé durch eine lange Darlegung löste. Er verwies mich u. A. auf das römische Ritual und auf das ausgezeichnete Werk des Jesuiten Martin Delrio. Er gab mir auch die sicheren Merkmale an, mit Hilfe deren man die teuflischen Einwirkungen von göttlichen unterscheiden könne. Er erzählte mir dann den berühmten, 1856 in Marseille spielenden Fall des Mörders Matraccia, des „Teufelssohnes", mit seinem Papagei, der sogar Latein sprach und Psalmen und Kirchengebete hersagte.

„Schließlich ließ mich Abbé Laugier ziehen. Nachdem wir noch zusammen eine Wallfahrt zur „Guten Mutter de la Garde" gemacht hatten, trat ich, mit einer geweihten Benedicts-Medaille, die er mir im letzten Augenblick gab, ausgerüstet, meine Reise an." [1]

11. Dr. Ch. Hacks in seiner wahren Gestalt. Das Werk Le Geste. Schon in der eben dargestellten Art, wie Dr. Hacks seine Bataille-Rolle spielt, und in seinem Werk Le Diable ist der wirkliche Dr. Hacks, der ungläubige frivole Spaßmacher, der mit aller Welt, besonders gern aber mit Geistlichen und mit der Religion seinen Spott treibt, nur nothdürftig verhüllt. Solche, welche den wirklichen Hacks indeß in seiner Bataille-Rolle noch nicht genügend zu erkennen vermöchten, können sich in seinem Werke Le Geste, verglichen mit seinen jüngsten öffentlichen Erklärungen in der Presse, untrügliche Auskunft verschaffen.

Das Buch Le Geste will eine Monographie auf anatomisch-physiologischer Grundlage über das Geberdenspiel in allen seinen

---

[1] Le Diable au XIXe siècle I. Vol., p. 42—53.

Erscheinungen auf den verschiedensten Gebieten sein. Nach Hacks war die Geberde, der „Gestus", wie schon der Name andeute, ursprünglich „Handlung". Die „Handlung" sei, so führt er aus, mit der Abnahme der Körperkraft und des Muthes im Menschen= geschlecht zur bloßen „Mimik" herabgesunken. Als die „Ent= artung" noch weiter fortschritt, sei selbst die „Geberde" schwächlich, krankhaft, „hysterisch" geworden. [1]

Schon dieser Grundgedanke des ganzen Werkes läßt die „Art" Dr. Hacks in die Erscheinung treten, die im Verlauf des Buches noch viel klarer zum Ausdruck kommt. Dr. Hacks folgt einem krankhaften Hang zum Paradoxen. Auf Kosten der Wahr= heit hascht er nach Neuem, scheinbar Geistreichem, Sensationellem. Die nothwendige Folge davon ist, daß seine Darlegungen die Wahrheit, die logische Folgerichtigkeit und damit auch den ruhigen Gedanken=Gang und klaren Zusammenhang in hohem Grade vermissen lassen. Das Ergebniß der ganzen Arbeit kann bei einer solchen Geistes=Verfassung ihres Urhebers nur ein Zerrbild sein, das durch die überall hervortretende Willkür in den Behauptungen und durch die beständigen, mitunter haarsträubenden, ja geradezu an Verrücktheit streifenden Uebertreibungen höchst abstoßend wirken muß.

Besonders charakteristisch hierfür sind seine Ausführungen über den „hieratischen Gestus" oder das religiöse Geberdenspiel, — Ausführungen, die uns, da sie vor Allem über die wahren religiösen Anschauungen des Doctors Aufschluß geben, hier am meisten interessiren.

Zum völligen Verständnisse dieser Ausführungen muß vor= bemerkt werden, daß Dr. Hacks ganz und gar auf dem Boden der materialistisch = monistischen Weltanschauung steht. „Betrachten wir die [Gesten=] Frage", [2] sagt er diesbezüglich, „von einem höheren, mehr philosophisch, mehr absolut [die Zu= sammenstellung dieser Worte ist widersinnig] wissenschaftlichen Sinne .... Was ist dann im Grunde das Leben in allen seinen Erscheinungen? — Bewegung und nichts als Bewegung [!]. Gott ist die Bewegung. Das oberste Natur= gesetz ist das Gesetz der Bewegung und aller ihrer Umwandlungen. Aus diesen Umwandlungen der Bewegung, aus diesen Seinsweisen entstehen Licht, Wärme, Electricität, kurz alle großen Kräfte,

---

[1] Le Geste 1892 (Dec.). p. 5—10.
[2] Es handelt sich hier besonders um den Hacks'schen Satz, daß die „Mimik" als natürlicher und oft auch sehr präciser Gedanken= Ausdruck viel vor der „Sprache" voraus habe.

welche uns umgeben, von welchen wir leben, und von welchen sowohl unser Körper als unsere Intelligenz nur die Resultante, die Function sind.

„Das lehrt uns die reine [!], absolute [!], mathematisch [!] und experimentell [!] bewiesene [!] Wissenschaft [!], und eine der hauptsächlichsten Errungenschaften, eine der hauptsächlichsten Aufgaben der heutigen Wissenschaft ist es, Gott [!], d. h. das Gesetz dieser Bewegung zu erforschen und diese verschiedenen Umwandlungen der Kräfte in einander zu verfolgen. Wir auf unserem Planeten erhalten die Bewegung von der Sonne, in Form von Licht und Wärme, d. h. in der Form von lebendiger Kraft, welche von den Pflanzen in latente Kraft verwandelt und so aufgespeichert wird. Darauf kommt das Thier [im Thier begreift Hacks auch den Menschen ein], welches die Pflanzen frißt und seinerseits die latente Kraft, die es in sich aufspeichert, wieder in lebendige Kraft zurückverwandelt . . . . . Der Stoff, der selbst nur eine umgewandelte, stillstehende Bewegung[1] ist, wechselt unaufhörlich durch einfache Bewegung, ohne daß irgend Etwas geschaffen wird oder verloren geht, seine Seinsformen. Das Leben ist eine einfache Entlehnung lebendiger Bewegungskraft von Vater und Mutter [!]; der Tod ist die Rückgabe dieser lebendigen Kräfte an die selbst in Bewegung befindliche Erde, dieses riesenhafte Reservoir von latenter Bewegung".[2]

„Alles also, was sich in der Natur mehr diesem Bewegungsgesetz nähert[3], Alles was sich unmittelbar von dieser Kraft herleitet, wird mithin[4] [!] mehr physiologisch, wenn es sich um den Menschen [warum nicht „Thier" statt „Mensch"?], mehr physisch, wenn es sich um das Ding[5] handelt und in beiden Fällen mehr wissenschaftlich und mehr wahrhaft"[6].

---

[1] Mouvement arrêté, abermals ein Widersinn! Das kümmert aber Hacks nicht, wenn es nur „geistreich" klingt!

[2] Abermals ein Widersinn! Man kann wohl von „latenter Kraft", aber nicht von „latenter Bewegung" sprechen. Die „Bewegung" ist ihrem Begriffe nach eine „actuell" sich vollziehende Veränderung.

[3] Wieder ein Unsinn! Nach Hacks „ist" ja Alles Bewegung und nichts als Bewegung. Wie soll sich unter dieser Voraussetzung das Eine mehr, das Andere weniger „diesem Bewegungsgesetz" „nähern" können?

[4] Auch ein logischer Zusammenhang ist hier nicht zu entdecken!

[5] Sollte heißen: um die leblose Natur!

[6] Diese ganze Darlegung Hacks, der im Namen der „reinen Wissenschaft" spricht, ist fürwahr, gerade unter dem „wissenschaftlichen" Gesichtspunkt betrachtet, eine recht erbärmliche Leistung!

„Das ist speciell bei der Geberde der Fall, welche, wie wir am Anfang unserer Untersuchung gezeigt haben, nur Specialisirung der Bewegung ist. Und da die Geberde Bewegung ist und daher [!] der Sonne näher steht [Welch' barocke Idee!], folgt auch, daß dieselbe in sonnigen Ländern leb= hafter, abgerundeter, häufiger und übersprudelnder ist. Das Licht ist das physiologische Erregungsmittel par excellence des Gehirns" [1] u. s. w.

„Was bleibt", so fragt Hacks weiter unten, „[nach dem Tode des Menschen und der Erde selbst] vom Menschen, von der Erde und dem Worte noch übrig?" Er antwortet: „Eine große leere Spur im unermeßlichen Raum[2], als der letzte Gestus [!] dessen, was Leben, d. h. Gestus, d. h. Bewegung war." [3]

Der einzige Grund, warum man nicht bei den höheren Affen, wohl aber beim Menschen den Gestus findet, ist nach Hacks, weil es ersteren an der — „Erziehung" gebricht. [4] Die Geberde, der Gestus, nicht die Sprache, ist das eigentliche natürliche Mittel der Communication mit der Außenwelt. „Die Geberde müßte für den Menschen sein, was die Fühlhörner für das Insect. Uebrigens fehlt dem Menschen, um es im Geberden= spiel zur Vollkommenheit zu bringen, nur die Uebung und die Erziehung. Die Geberde ist das Communicationsmittel, welches in dem ganzen Thierreiche in Uebung ist. [5] Die Haltung des menschlichen Kindes und des Weibes ist noch die der Affen; ja die anpassenden Bewegungen des ersteren sind noch unbeholfener, als die des Affen. Es ist dies vielleicht „ein Beweis für die Meinung derjenigen, welche weit entfernt, den Menschen vom Affen abstammen zu lassen, ihn vielmehr als einen entarteten Affen erklären" [6].

----

[1] Le Geste, p. 421 et suiv.

[2] Was soll sich ein verständiger Mensch unter „leerer Spur" im „leeren Raum" denken?

[3] Le Geste, p. 432.

[4] Le Geste, p. 35.

[5] Hier widerspricht sich Hacks offenbar. Früher hatte er nämlich gesagt, daß die Geberde selbst bei höheren Affen sich nicht finde, viel weniger bei niederen Thieren. Er hatte sogar den Satz aufgestellt, daß „nach der unwandelbaren natürlichen Regel die Function [erst] das Organ bildet und seinen Bedürfnissen anpaßt". Vgl. Le Geste. p. 33 et suiv.

[6] Das sieht dem frivolen Dr. Hacks vollkommen gleich, daß er seine Vorliebe für eine solche Anschauung über den Ursprung des Menschen zum Ausdruck bringt.

Bezüglich des Ursprungs der Religionen und bezüglich der christlichen Religion im Besonderen führt Dr. Hacks auf Grund seiner materialistischen Weltanschauung und seiner mehr als sonderbaren Geberdenlehre aus:

„In der Morgendämmerung unserer Civilisationen, in den prähistorischen Zeiten[1]) bestand bei den ursprünglichen Völkern nur ein einziger Cult, der Cult der natürlichen Anbetung, der „Cult des Feuers", welches in der Sonne personificirt wurde. Im instinctiven Gefühl der Thatsache, daß „Licht und Wärme, die zwei Hauptkräfte, aus denen wir Leben schöpfen, in der Sonne ihren Ursprung haben, machten sie dieselbe zu ihrem Gott. Der ursprüngliche Cult äußerte sich in zwei Geberden, die sich bis heute erhalten haben: in der Kniebeugung und in dem Kreuzen der Hände bei ausgestreckten oder eingebogenen Armen, d. h. in der Anbetung und im Gebete."

Als der Mensch noch Höhlenbewohner war, mußte er, um durch Reibung von Hölzer Feuer zu entfachen, niederknien und um es anzublasen, sich zum Feuerloch beugen. Diese wichtigste Handlung des Lebens nahm er täglich, nach einer kurzen Anrufung des „großen Feuers" (Sonne) Morgens und Abends vor. „Unbewußt ging so allmählich die ursprünglich nur dem Haushalt dienende Handlung in eine hieratische Geberde, in eine Hausreligion über. Die Geberde vergrößerte sich nach und nach. Bei feierlichen Gelegenheiten faltete man knieend vor der Sonne, dem großen Feuer, die Hände.[2])

Später vergötterte der Mensch anstatt der Naturdinge und Naturkräfte sich selbst. Er „machte Gott nach seinem Ebenbilde". Gott wurde nun persönlich aufgefaßt. Damit hielt auch die „Verschiedenheit" der Religionen ihren Einzug. Jede Secte behauptete, den wahren Gott zu haben. Alle alten historischen Religionen zeigen uns dieser Auffassung gemäß den neuen Gott, der meist ein Ungeheuer in Menschengestalt ist und dessen charakteristische Geberde die des [Kopf-] „Abhauens" ist. Derart sind z. B. die Buddhas, Sivas u. s. w. „Der sich civilisirende Gott wurde menschlich und daher [!] grausam", ein Tyrann. Diese Umwandlung der Gottesvorstellung hatte hinwieder eine Umwandlung der religiösen Geberde zu Folge. „Die

---

[1]) Auch hier verlegt sich Dr. Hacks, wie nachher bei seinen Enthüllungen über die „palladistische" Freimaurerei, um sich die Mühe des „Forschens" zu ersparen, aufs „Erdichten" und giebt hierbei das Erdichtete als Ergebniß seiner „Forschung" aus.

[2]) Le Geste, p. 112—114.

ursprünglich edle hieratische Haltung und Geberde verwandelte
sich in die der Demuth, Selbsterniedrigung und Unterwürfigkeit.
Als größte Huldigung, die man Gott, dessen Arm mit dem
abhauenden Eisen bewaffnet war, erweisen könne, erschien jetzt,
die Darbringung des eigenen Kopfes. Es tritt damit der Opfer-
priester in seine Function. Ströme von Blut fließen vor dem
tausendarmigen Gott, der nur eine Geberde [des Köpfens] kennt.
Der Feuercult ist durch den Blutcult ersetzt[1]).

Allmählich wurde es der Mensch müde, immer wieder zu sterben.
Mildere religiöse Anschauungen und eine größere Mannigfaltig-
keit religiöser Geberden waren die Folge. Es entstanden die
Gesten der „Libation" (Ausgießen), der „Darbringung"
(Hände-Emporhalten) und des Incenses (Schwingen). Diese
Geberden entsprachen der Periode des Hirtenlebens und des
Ackerbaues. Daneben erhielt sich der blutige Opfergestus in dem
„Segen", der „nur der Tod war" [!]. Vom Altare war
dieser hieratische Gestus unter der Form des pollice verso der
Vestalinnen in den Circus mit seinen Gladiatorenspielen über-
gegangen.

Es war ein Lieblingstraum tobsüchtiger, blutdürstiger
Tyrannen auf dem Cäsarenthron, wie Vitellius, Nero, Heliogabal,
das Volk möchte nur einen Kopf haben, damit sie ihn mit einem
Streich abhauen und so durch einen einzigen Gestus sich das
Vergnügen bereiten könnten, sich an einer wahrhaften, großartigen
Agonie zu weiden.[2])

---

[1]) Le Geste, p. 115—118.
[2]) Le Geste, p. 118—120. Bezeichnend für die „Wissenschaftlich-
keit" des Dr. Hacks ist, daß er bei Anführung mehrerer römischer
Kaiser, die nach „ihm" den Wunsch gehabt haben, „das Volk möchte
nur einen Kopf haben" u. s. w., gerade denjenigen ausläßt,
von dem allein ein derartiger Ausspruch über-
liefert ist. Von Caligula, nicht von Vitellius, Nero oder
Heliogabal, meldet nämlich Sueton das Wort, das er einst gesprochen haben soll: Utinam populus romanus unam cervicem haberet
d. h. O hätte doch das römische Volk nur einen einzigen Hals!
Sueton, Caligula, cap. 30.
Indessen darf man allerdings nicht vergessen, daß Dr. Ch. Hacks
schon damals zur „Urgroßmutter des Antichrists", „Sophia Walder",
zu „Miß Vaughan" und zu anderen mit „Teufels-Offenbarungen"
begnadigten Personen nahe Beziehungen unterhielt. Möglicher Weise
war er so in der Lage, der Geschichtsforschung neue bis dahin unbekannte Daten zu übermitteln. In diesem Falle wäre es aber am
Platze gewesen, die Quelle, etwa das „dicke Notizbuch" der „Urgroßmutter des Antichrists" genau zu citiren, bezw. einen Lichtdruck der

Diese Agonie vollzog sich in der That. „Ein Mensch, Gottessohn [Christus] war erschienen." Rom und seine Kaiser wurden dahingerafft. Eine neue Welt ersteht. „Er [Christus] ist vor Allem der Feind der Handlung und des Muskels [!]. Schlank und nervös, fast weibisch [!], stellt er durch die Predigt des Wortes, der Rede und des Gestus vielleicht zum Heile, aber sicherlich auch zum physischen Verfall des Menschengeschlechts sein schwächlich-anmuthiges Ephebenthum dem großartigen Mannesthum der Zeit, seine aristokratische Intelligenz den plebejischen Muskeln der Vergangenheit gegenüber [Welch' ein Unsinn!]. Darauf verschwanden die 40,000 Götter des Olymp, unter denen sich nach des Dichters Wort kein einziger Atheist befand, mit einem Schlage sammt ihrer Religion."

„Nun ist Gott nicht mehr Ding noch Kraft, noch Ungeheuer, noch Mensch, nicht mehr tausend, sondern Einer; er wird reiner Geist . . . Die Zeit der blutigen Spiele, der Kämpfe der Muskeln [und doch sind die Geberden nach Hacks Sache der Muskeln!] ist vorüber. Die neurosische [christliche] Religion beginnt; sie predigt die Suprematie des Geistes. Alsbald machen sich die hyperästhesirten [überreizten] Sinne [durch Visionen, Exstasen und sonstiges Uebernatürliches] bemerklich. Es erscheinen die Parabeln, Evangelien, Embleme, Mythen [!], Gesten im Uebermaße . . . Was bisher als ehrenvoll galt, wird jetzt verächtlich und umgekehrt! Die Demuth wird oberstes Gesetz. Der Gott-Mensch stirbt des entehrendsten Verbrechertodes. Und das Werkzeug seiner Hinrichtung verwandelt sich alsogleich in einen Gegenstand der Verehrung. Der Gestus, der es bezeichnet, wird die heiligste aller Geberden, die religiöse, göttliche, hieratische Geberde par excellence, der Gestus der Erlösung, das Kreuzzeichen.[1)

„Alles spricht jetzt zu den Sinnen und wird mystisch. Anstatt das Schlachtopfer wirklich zu tödten, macht man die Geberde der sinnbildlichen Hostienbrechung, nachdem man die Hostie selbst zuvor mit der Geberde der Gott dargebrachten

___

vollgiltig beglaubigten Urkunde über die betreffende Teufelsoffenbarung beizufügen. Welchen Dienst hätte Dr. Hacks durch diese kleine Mühewaltung der „reinen", „absoluten" „Wissenschaft" nicht leisten können! Letztere hätte es sich gewiß nicht nehmen lassen, dankbar den Namen des vielseitigen Restaurateurs und Doctors in goldenen Lettern in ihr Ehrenbuch einzutragen!

[1)] Welche Anstrengungen macht der Restaurateur Dr. Hacks nicht, um „geistreich" zu erscheinen! Und wie kläglich ist das hier vor uns liegende Ergebniß dieser Anstrengungen!

— 55 —

Weihe zum Himmel erhoben hat. Man legt die Hände auf, um durch diese eine Geberde zugleich zu heilen, zu segnen und zu verfluchen. Die Geberde tritt an Stelle von Allem. Die Zeit der Muskel=Religionen[1]) und der Handlungen ist vor= über, wie die der starken und gesunden[2]) Rassen. Die geistige Religion und die intellectuelle,[3]) kranke Rasse hält ihren Einzug, und mit ihnen die Geberde und die Hysterie."[4])

„Aus dem hellen Tageslicht steigt der Cult nieder in die Katakomben, und hier psalmodiren, flüstern und singen Männer und Frauen in buntem Durcheinander in kleinen niedrigen Räumen in einer erstickenden, erhitzten Atmosphäre von Weih= rauchduft und anderen wohlriechenden Stoffen. Der Laut ihrer Stimme ist von Schluchzen unterbrochen, ihre Brust bearbeiten sie mit Faustschlägen. Auf langdauerndes Gemurmel folgt laut= lose Stille. Im Grunde des Saales erscheint auf erhellter Wand auf einem Fresko=Gemälde ein lichtbestrahltes Mannes= haupt mit Kinnbart. Dasselbe ist auf die bloße durchbohrte Brust niedergesenkt, von welcher Blutstropfen herunterrieseln. Das Gewicht des ans Kreuz genagelten Körpers drückt auf die schmächtigen, marmorweißen Gliedmaßen; der Gekreuzigte mit durchlöcherter Seite ist eingezogen in Leichenstarre. Und vor diesem geisterhaft bestrickenden Hingerichteten wälzen sich die Frauen nun in Extase, eine Beute der großen Nevrose [Nervenanfall] geworden, auf dem Boden. Ihre Augen sind strahlend und schielend; ihr Busen ist geschwellt; ihr Athem stoßweise, ihre Stimme gebrochen, ihre Geberde steif und krampfhaft.

„Das ist die neue Incarnation Gottes, die neue Religion, welche die Geheimnisse des neuen Cults feiert, dessen Sinnbild ein Kreuz, eine Dornenkrone und Nägel sind. Diese Religion ist keine natürliche Handlung mehr, ... sondern eine unersätt= liche Menschen=Anbetung in hysterischer Wegwerfung seiner selbst, welche die Menschheit, deren Verfall sie verursacht, für immer mit ihrem doppelten Siegel des Nervösen und Mystischen kennzeichnet."[5])

---

[1]) Welch' rohe, metzgerhafte Auffassung!
[2]) Das Christenthum wird also als eine Religion eines krank= haften Geschlechtes bezeichnet!
[3]) Das Geistige, die Intelligenz, ist also nach Hacks etwas Krankhaftes!
[4]) Le Geste, p. 120—122.
[5]) Le Geste, p. 122—123.

Hacks beschreibt nun den Siegeszug des Kreuzes, in dessen
Zeichen die Martyrer in den Tod gehen, die Könige die Salbung
erhalten u. s. w. Dann fährt er fort:

„Später fällt der Gestus [des Kreuzzeichens], der lange
Zeit in hohen Ehren stand und Schrecken erregte, der Lächer=
lichkeit anheim, die tödtet. Seine letzte Incarnation oder
Verwandlung, wie das Ende der ganzen Epopee ist der Weih=
wedel-Gestus. Und doch selig die Armen im Geiste; selig, die
noch an diesen Gestus glauben. Denn wer glaubt, betet; und
wer glaubt und betet, ist glücklich.“

„Einige versuchten“, fährt Hacks fort, „den Gestus [des
Kreuzzeichens] zu erklären.“ [1]) Nachdem er dann einige Er=
klärungen angeführt, sagt er: „Wollten wir alle Hand= und
Finger=Subtilitäten erwähnen, zu denen der Kreuz-Gestus
Anlaß gab, so würden wir an kein Ende kommen.“ [2])

„Seither [seit der Zeit der Anfänge des Christenthums
und des Mittelalters] hat sich Vieles geändert. Auf den fanatischen,
mürrischen, setten, muskulösen und untersetzten Mönch in seiner
grellfarbigen Kutte, mit der hochrothen Lippe, welcher mit seinem
gewaltigen Gestus Herrschaft ausübte, folgte der schwarze Priester,
der heuchlerische Jesuit mit dem von ihm beabsichtigten
leichenhaften [!] Aussehen, mit zusammengekniffenen Lippen. Der=
selbe steht, in die Zwischenräume der Weltgeschichte sich ein=
schleichend [was soll das heißen?], mit seinem in der Ausführung
maskirten, verheimlichten Gestus nicht minder fanatisch und noch
unversöhnlicher vor uns. Er ist sich aber wohl bewußt, daß er
nur geduldet ist. Der Herr ist zum Diener geworden, nachdem
er eine Zeit lang Hofschranze war. Zwischen Beiden gewahrt
man sonderbare Gestalten von Dienern aller Religionen, die in
ihren hieratischen Gesten vom Orient in den Occident verpflanzt
sind; man gewahrt diesen ganzen religiösen Mummen=
schanz, der nach und nach verschwindet.

„Jetzt erbleicht der hieratische Gestus in der That. In
Zeiten, welche dem Laienthum gehören, ist der Glaube zu Boden
gesunken, und alle religiösen Dogmen sterben und erlöschen. Die
Stimme des Gebetsausrufers, möge derselbe im Namen Christi
oder Mohameds seines Amtes walten . . . verhallt wirkungslos.
Gott der Unsterbliche [Christus] ist noch einmal
gestorben. Die Uebertreibung und der Mißbrauch, den man
sich mit seinem eigenen Gestus hat zu Schulden kommen lassen,

---

[1]) Le Geste, p. 126.
[2]) Ib., p. 127 et suiv.

haben ihn getödtet. Und die Gestalt des greisen Priesters der
ewigen Stadt segnet jetzt vom Balcon seines Palastes aus in's Leere
eine Welt, die von diesem Gestus lebte, aber ohne ihn sterben
will.[1] Benedicat vos omnipotens Deus in nomine patris
et filii et spiritus sancti. Amen.

„Amen heißt übrigens soviel: Es ist zu Ende!"[2]
Das sind die wirklichen „christlichen" und „katholischen"
Anschauungen und Gesinnungen des Dr. Charles Hacks. Und
dieser selbe Atheist und Religionsverächter vom reinsten Wasser,
Dr. Ch. Hacks, welcher die biblischen Erzählungen, z. B. die
Geschichte Adams und Evas im Paradise, in's Gebiet der
Legenden verweist, welche ernsthafte Männer, die auf dem Boden
der Thatsachen stehen, nicht weiter zu berücksichtigen haben,[3]
— muthet im Diable au XIXe siècle den Katholiken, allerdings nur spottweise, zu, alle die barocken von ihm und Consorten
frivol ersonnenen Teufelsfabeln gläubig hinzunehmen. Er hat die
Stirn, die Katholiken, welche sich weigern, daran zu glauben,
als Tauffcheinkatholiken zu denunciren, die an Uebernatürliches
überhaupt nicht mehr glauben wollen.

Und trotz Allem müssen wir gestehen, daß uns hier nicht
Dr. Hacks am Meisten in Erstaunen setzt. Von einem Manne,
der in der eben beschriebenen Weise sich über das Heiligste äußert,
was der Mensch hat und was, wenn es auch ihm nichts gilt,
doch einer großen Zahl seiner Mitbürger heilig ist, darf man
in der That, was Dreistigkeit anbelangt, Alles, auch das Un-
glaublichste erwarten. In Erstaunen setzen müssen vielmehr die
Katholiken und Geistlichen, welche Hacks Glauben schenkten und
sich die dreisten, heuchlerischen Vorwürfe des Atheisten gegen
ihre besonneneren Glaubensbrüder aneigneten. In Antifreimaurer-
Kreisen, war, wie Taxil selbst bezeugt, das Buch Hacks' Le Geste
wohlbekannt. In Erstaunen setzen muß auch die Thatsache, daß

---

[1] Hacks und Genossen sind glücklicherweise nicht die ganze Welt.
Um eine Welt, die aus lauter Hacks bestände, wäre es in der That
übel bestellt. Hacks spricht gleich anderen ungläubigen Medicinern
viel von „Degenerirten", „Desequilibrirten", von „Verfall", „Nevrosen",
„Verrücktheit" u. s. w. — Freidenker fin desiècle à la Hacks werden
aber trotz aller solcher Vorkehrungen, eine Charakteristik, die vor
Allem auf sie zutrifft, dadurch zu pariren, daß sie dieselbe von vornherein mit edler Dreistigkeit auf ihre Gegner übertragen, Beurtheiler,
die den gesunden Menschenverstand sich besser zu bewahren wußten,
als sie, nicht zu täuschen vermögen.

[2] Le Geste. p. 130 f.
[3] Ib., p. 63.

die auf Grundlage des Diable au XIXe siècle von Leo Taxil, einem Spießgesellen des Dr. Hacks bei seinen litterarischen Betrügereien, herausgegebene Revue Mensuelle nicht bloß zahlreiche Abonnenten zu finden, sondern sogar auch bis auf den heutigen Tag zur Schande der katholischen Sache in Frankreich ihr höchst unrühmliches Dasein zu fristen vermochte.

Taxil fügt allerdings entschuldigend bei: Dr. Hacks „schien", als er den Diable schrieb, das anstößige Capitel im Buche Le Geste zu bedauern. Dr. Hacks „schien". — Aber in einer so wichtigen Sache durfte man sich nicht mit dem „Schein", mit einer bloßen Wahrscheinlichkeit begnügen. Und selbst, wenn Dr. Hacks wirklich ernsthafte Beweise eines völligen Gesinnungswechsels gegeben hätte, so wäre er noch immer nicht der Mann gewesen, solche Fragen zu behandeln, wie sie im Diable besprochen werden. Es wäre vor Allem noch immer im höchsten Grade unpassend gewesen, ihm ein solches Ansehen in der Sache beizulegen, wie es seitens mancher französischer Geistlicher und vor Allem seitens der Geistlichen, welche in Frankreich an der Spitze der Antifreimaurer-Bewegung stehen, thatsächlich geschehen ist.

Uebrigens leugnen wir durchaus, daß zur Zeit, als Dr. Hacks die Bearbeitung des Diable au XIXe siècle in Angriff nahm, ein Gesinnungswechsel bei demselben auch nur als „wahrscheinlich" vorausgesetzt werden konnte. Jeder, der sich die Mühe nahm, bloß oberflächlich sich umzusehen, mußte sofort zur zweifellosesten Gewißheit kommen, daß ein solcher Gesinnungswechsel nicht eingetreten war. Er brauchte zu diesem Zwecke nur sehr naheliegende Erkundigungen über die Daten des Erscheinens einerseits des Buches Le Geste und andererseits des Diable einzuziehen.

Die Vorrede Dr. Hacks zur Lieferungsausgabe des Diable ist datirt vom 29. September 1892. Das Werk selbst erschien zwischen diesem Datum und Ende 1894. Das Buch Le Geste erschien laut Angabe des officiellen französischen Buchhändler-Anzeigers, La Bibliographie de la France, Journal général de l'Imprimerie et de la Librairie (Nummer vom 7. Januar 1893) am 26. December 1892. Im Februar 1893 begann der Verlag Marpon et Flammarion laut demselben Buchhändler-Anzeiger den Verkauf einer Lieferungsausgabe des Buches Le Geste, die Lieferung zu 50 Cents.[1])

Die beiden Werke Dr. Charles Hacks', das erklärt frei-

---

[1]) Wir verdanken diese bibliographischen Angaben der Güte des R. P. J. Brucker S. J., des Chefredacteurs der Etudes religieuses, in Paris.

denkerisch = atheistische und das „scheinbar" gläubig = katholische erschienen also vollkommen gleichzeitig. Die Annahme eines Gesinnungswechsels bei Hacks ist durch diese offenkundige Thatsache allein schon vollkommen ausgeschlossen. Hacks schrieb also seine von Frömmigkeit triefenden Beiträge zum Diable als Atheist und Religionsverächter.

Welchen Zweck konnte er dabei allein im Auge haben? — Nur den Einen: die katholische Religion und ihre Diener „der Lächerlichkeit preiszugeben, welche tödtet" und dabei noch obendrein auf Kosten der so bethörten Katholiken ein gutes Geschäft zu machen.

12. Oeffentliche Erklärungen des Dr. Hacks in der Presse. Als die Presse begann, in ernsthafterer Weise den am Diable und am Margiotta= und „Miß Vaughan"=Schwindel betheiligten litterarischen Falschmünzern zu Leibe zu rücken, war Dr. Charles Hacks der erste, welcher die Maske vollständig abwarf.

In seiner Zuschrift vom 14. October 1896 an die „Köln. Volkszeitung" erklärte er:

„1. Ich bin nicht der Verfasser, sondern nur einfacher Mitarbeiter bei dem Teufel im 19. Jahrhundert; ich habe nur an einem ganz kleinen Theile des ersten Bandes mitgearbeitet. Nach dem Aufhören meiner Mitarbeiterschaft habe ich mich um das Werk nicht mehr gekümmert und beanspruche mit Bezug auf dasselbe keinerlei Autorschaft noch sonstiges Recht. Ich habe nie eine einzige Zeile für die Revue Mensuelle oder für seitdem erschienene einschlägige Broschüren, Zeitungen oder sonstige Publicationen geschrieben. Das Pseudonym Dr. Bataille gehört mir also nicht an und hat mir niemals angehört.

2. Das Werk Le Geste ist thatsächlich von mir und enthält meine wirklichen Anschauungen über die Religionen, besonders über die katholische Religion, der gegenüber ich meine vollkommenste Verachtung äußere.

3. Da ich seit Jahren weder unmittelbar noch mittelbar an den anti-freimaurerischen Teufelsgeschichten mitarbeite, wird es Ihnen zweifellos einleuchten, daß ich Niemanden commandire und mit Niemand in dieser Hinsicht associirt bin."[1]

Im Pariser Univers erließ Hacks auf Angriffe dieses Blattes hin folgende weitere Erklärung:

---

[1] „Köln. Volkszeitung" Nr. 704, 16. Oct. 1896.

„Paris, 25. October.

2. Boulevard Montmartre, von 2—5 Uhr.

An Herrn Eugen Tavernier, Redacteur des Univers.

Ein Freund (so schuftig man auch sein mag, hat man deren ja immer) bringt mir brühwarm Ihren Artikel von heute: „Le docteur Bataille“. Wie schade, daß die ausgezeichnete Reclame, welche Sie für mein Buch Le geste (10 Francs bei Marpon und Flammarion) gemacht haben, [Der Univers hatte nämlich behauptet, Le geste hätte Fiasco gemacht und sei aus dem Buchhandel verschwunden] in einem dem großen Publicum so unbekannten Blatte erscheint, wie der Univers und der Monde beide zusammengenommen sind! Sehen Sie, ohne meinen Freund hätte selbst ich, der ich doch zu allererst daran interessirt bin, nichts davon erfahren. Ich beeile mich, den Artikel meinem Verleger zu senden, der sie zweifellos auch noch nicht kennt, hoffentlich wird sie ihn veranlassen, eine dritte Auflage zu veranstalten. Möge es Gott oder der Teufel fügen, daß sie den Erfolg der beiden vorausgegangenen habe und bald ebenso unfindbar sei, wie die beiden älteren Schwestern. Wie dem auch sei: Dank für den guten Willen und zwar recht herzlichen Dank! Da aber ein Dienst des anderen werth ist, so erlauben Sie mir, um Ihre Religion (so darf ich ja wohl sprechen, nicht wahr?) aufzuklären, Ihnen einige Mittheilungen zu machen, die Sie abhalten mögen, sich künftighin mit Fragen betreffend den „Diable au XIXe siècle und Miß Diana Vaughan“ zu beschäftigen, die **nur für einige Tausende von Schwachköpfen bestimmt sind** (questions palpitantes pour quelques milliers d'imbéciles):

1. Ich bin nicht der Doctor Bataille und verdiene auch weder diese außerordentliche Ehre noch diese unwürdige Zumuthung; ich habe einfach mitgearbeitet und zwar nur an einem Theile des ersten Bandes des unter diesem Collectiv-Namen gezeichneten und erschienenen Werkes, das mir also nicht angehört und mir niemals angehört hat.

2. Ich stehe der Affaire der Diana Vaughan ganz und gar fremd gegenüber.

Nochmals herzlichen Dank und ich stehe ganz zu Ihrer Verfügung, wenn ich Ihnen nützlich sein kann für eines Ihrer Werke — wäre es auch ein katholisches. Inzwischen

bitte ich Sie, mein Herr, meine ergebensten Grüße entgegenzunehmen.

Doctor Hacks."[1]

Der Univers hatte bezüglich des Dr. Hacks unter mancherlei
erheiternden Bemerkungen mitgetheilt, derselbe halte auf dem
Boulevard Mont-Martre eine Klinik. Dazu bemerkt Gaston
Méry in der Libre Parole: „Was der Univers mittheilt, ist
schon recht heiter. Unser College bleibt aber noch hinter der
Wirklichkeit zurück. Dr. Hacks leitet nämlich auf dem Boulevard
Mont-Martre nicht mehr bloß eine Klinik, sondern das ist eine
Restauration mit festen Preisen. Er verkauft auch Photo-
graphien!"[2])

In seinen Bemerkungen zu demselben Brief des Dr. Hacks
vom 25. October hatte der Univers erwähnt, Dr. Hacks habe
vor einer großen katholischen Versammlung in der Société
Bibliographique sein Programm für den Diable entwickelt.
Mit Bezug auf diese Versammlung schreibt Hacks in einem
neuen Brief an den Univers unter Anderem:

„Welch' köstliche Erinnerungen rufen Sie durch ihre so
treffenden Bemerkungen zu meinem Briefe wach! O ja! Jene
Versammlung im bibliographischen Cirkel. Süßester Jesus! War
das aber schön! Dort bin ich zum ersten Mal in meinem Leben,
mit dem katholischen Publicum in Fühlung gekommen. Wie
schön, wie schön ist doch dieses Publicum! Aber wie viele
Dummköpfe!"[3])

Mit Bezugnahme auf diese im Univers wiedergegebene
Notiz richtete der Reisende, Enthüller und Restaurationsinhaber
Dr. Hacks einen neuen Brief an den Univers, worin er bestätigt,
daß er eine Restauration leitet, und ferner den Univers bittet,
zur Vervollständigung der Reclame auch gefälligst noch die genaue
Adresse und die Preise der Restauration mitzutheilen. Der Brief
schließt mit den Worten:

„Wenn die katholischen Leser meine Leberwürste so fleißig

---

[1] „Germania" Nr. 251, 29. Oct. 1896. L'Univers, 27. Oct. 1896.
[2] L'Univers, 1. Nov. 1896. Neuerdings sagte Hacks selbst einem
Berichterstatter der Vérité: „Ich habe [am Diable] ein gutes Stück
Geld verdient und bin dann zur Illustration übergegangen;
später beschäftigte ich mich mit Photographiren. Und jetzt
habe ich diese Restauration mit festen Preisen gekauft, die sehr
gut geht." La Croix, 7. Nov. 1896.
[3] L'Univers, 29. Oct. 1896.

schlucken, wie sie meine litterarischen Gerichte verspeist haben, so
bleibt für Liebchen nur ein wenig Zwieback übrig . . .

Dr. Hacks, „Ehrenkatholik".

„Seit wann bloß Ehrenkatholik?" frägt da Univers. In der
Libre Parole veröffentlicht Gaston Méry einen Brief des
Doctors an Abbé de Bessonies vom 1. April [ominöses Datum!]
1894, in welchem Hacks seine bevorstehende Verehelichung anmeldet
und um eine Zusammenkunft bittet, um — zu beichten."[1])

Ein anderer Brief, den der Doctor gestern an Gaston Méry
persönlich schickte, enthält folgende Erklärung:

„Mir ist sehr viel daran gelegen, festzustellen: daß ich nur
an einem Theile des ersten Bandes des Diable au
XIXe siècle mitgearbeitet; daß ich für alle folgenden Publicationen
über diesen Gegenstand keine Linie, kein Wort geschrieben[2])
habe; daß ich an der Vaughan-Geschichte ganz und gar
[entièrement et absolument] unbetheiligt bin [diese Behauptung soll gleich beleuchtet werden] . . . . Was soll ich aber
zu den paar Tausenden von eucharistischen Schwachköpfen sagen, welche in diesen Mährchen ihr Futter suchten
(ich kann keinen besseren Ausdruck finden) und die jetzt wie arme
Teufel um sich schlagen, um sich zu vertheidigen und ihre übernatürliche Gefräßigkeit [voracité surnaturelle] von ehedem in
Abrede zu stellen? Sie hätten nur meinem Beispiele folgen,
d. h. als sie merkten, welche Wendung die Dinge nahmen, sich
von der [ihnen in der „Vaughan"-Geschichte bereiteten] Mahlzeit
zurückziehen, schweigen, verdauen und sich tusch halten sollen.
Wenn ich von Schwachköpfen spreche, beleidige ich keinen von
ihnen im Besonderen, da ich ja in der Mehrzahl rede. Sollte
indeß Einer von ihnen für Alle einzutreten und **diesen ganzen
Schwindel** [fumisterie] — **reiner Schwindel war es** [Le
Diable au XIXe siècle und was sonst mit Wissen des Doctors
in der Taxil'schen Lügenfabrik zusammengebraut wurde]
wenigstens zur Zeit meiner Mitarbeiterschaft — ernst zu nehmen
geneigt sein, sollte er glauben, daß meine hier kundgethanen
öffentlichen Entschuldigungen nicht genügend sind, so werde ich
mit ihm eine noch klarere Sprache reden".[3])

---

[1]) Univers, 2. u. 3. Nov. 1896.

[2]) An der „Erfindung" der anderen Fabeln war Hacks aber
sicher theilweise mitbetheiligt, wenn er auch vielleicht nichts darauf
Bezügliches mehr „geschrieben" hat.

[3]) L'Univers, 2. u. 3. Nov. 1896. „Germ." Nr. 263.

13. Andere Züge zur Charakteristik des Dr. Hacks.

Mit Bezug auf die absolute Ableugnung jeder Betheiligung an der Vaughan=Affäre ist eine Stelle aus einem Bericht des Commandeurs Pierre Lautier, Generalpräsidenten des Ordens der Advocaten des hl. Petrus, im Echo de Rome vom 1. Januar 1894, von Interesse. Lautier hatte das Glück, nebst einem Zeichner, welcher die Züge „Miß Vaughans" skizziren sollte, als der einzige Nicht=Mitverschworene von der palladistischen „Ex = Großmeisterin", bezw. einer zweifelhaften Frauensperson, zu jener berühmten Zusammenkunft im Hotel Mirabeau geladen zu werden, auf welche sich die Vaughanisten immer wieder beriefen, um die Existenz „Miß Vaughans" zu „beweisen". Anwesend waren noch, wie bereits erwähnt, Leo Taxil und — Dr. Hacks = Bataille. Die Honneurs bei diesem Anlaß machte — Dr. Hacks = Bataille. Lautier schreibt dies= bezüglich:

„Im Hotel Miß Vaughans, im luxuriös ausgestatteten Wartesalon, hatten wir das Vergnügen mit Dr. Bataille [Hacks], dem bekannten Verfasser des Diable au XIXe siècle, zusammenzutreffen. Derselbe kennt die Ex=Großmeisterin von New York besser als wir, da er sie auf seinen Reisen wiederholt sah und sie sowohl als Arzt, wie als Katholik ganz speciell studirt hat. Der Doctor, der zur Miß in freundschaftlichen Beziehungen blieb und nicht aufhört, ihre Bekehrung sehnlichst herbeizuwünschen, sprach uns von ihr in bewegten Worten. Wenn sie in Paris weilt, besucht er sie fast täglich u. s. w.

„Die Miß ließ nicht lange auf sich warten … Dem Dr. Bataille, der ihr einige Worte auf Englisch ins Ohr raunte, antwortete sie: Bester Freund, Sie vergessen, daß ich, wenn ich in Frankreich bin, nur französisch sprechen will. …

„Während Miß Vaughan sich mit dem Zeichner auseinander= setzte, machte uns Dr. Bataille, dessen Bekanntschaft wir an jenem Tage machten, auf das fremdartige Feuer ihrer Augen [Diana sollte als Luciferianerin, von Lucifer inspirirte Dienerin des Feuergottes erscheinen!] aufmerksam. In Wahrheit hatten ihre Augen etwas ganz Ungewöhnliches; sie waren bald meer= blau, bald leuchtend goldgelb. Der Doctor theilte uns einige seiner Wahrnehmungen über jene Luciferianerinnen mit, welche, wie die anwesende Miß die Fähigkeit haben, in diabolische Extase zu gerathen — einen Zustand, der weder mit hysterischen Anfällen noch mit der aus officiellen Exorcismus=Fällen wohl= bekannten gewöhnlichen Besessenheit verwechselt werden dürfe. Diese Art dämonische Personen richten, wie es scheint, eine ein=

sache Anrufung an ihren „Schutz=Dämon" — derjenige der Schwester Diana soll Asmodäus sein —, worauf sie sofort wie tobt hinfallen. Sie bleiben vier Stunden hintereinander in diesem Zustande, wobei sie, wie sie beim Erwachen versichern, ein anderes Leben leben. Dies ist für sie ein Zeitvertreib, ein Hochgenuß, wir möchten beifügen: eine wahrhaft höllische Belustigung. Es ist das, sagte uns der Doctor, ein Kenn= zeichen der sogen. latenten Besessenheit. Der Doctor versichert selbst, daß diese Luciferianerinnen sich während der diabolischen Exstase oft bis zu einer gewissen Höhe über dem Boden erheben und in der Luft von unsichtbaren Geistern gehalten und ge= schaukelt zu werden scheinen. [Miß Vaughan theilte nun einige Ziffern aus der Logenstatistik mit.] Dr. Bataille, der die Statistik nach uns einsah, erlangte von ihr ohne Schwierigkeit Einzelheiten aus derselben vom Jahr 1892 und hatte die Güte, uns die folgende Tabelle mitzutheilen. [Es folgt eine Tabelle mit unsinnig hohen Ziffern, nach welcher die Gesammtzahl der Freimaurer 21,861,784 betragen soll. In Wirklichkeit ist die Zahl etwa 1,200,000.] Ueber Palladismus verweigerte sie trotz all unseres Drängens jedwede Auskunft. Der Doctor versuchte sie durch ironische Bemerkungen zum Sprechen zu bringen, was ihm schließlich auch gelang. Ueber andere Punkte war sie gesprächiger. „Im Ganzen hat uns die lange dauernde Zusammen= kunft perplex gelassen." ... „Wir wüßten unseren Bericht nicht besser zu schließen, als mit den Worten Dr. Bataille's. Der= selbe bemerkte, als wir zusammen den Rückweg antraten, über Miß Vaughan: „Sie hat wenigstens das große Verdienst, daß sie nicht im Bösen verhärtet ist, wie die meisten Anderen. Ihre Verirrungen rühren von der unsinnigen Erziehung her, welche sie von ihrem Vater, einem verbissenen Protestanten, empfangen hat. Wenn es wahr ist, daß es eines Wunders bedarf, um sie zu bekehren, so wird Gott dasselbe vielleicht wirken. Nie wollte sie sich in einem palladistischen Triangel dazu herbeilassen, eine Hostie zu profaniren. Und ihre Logenvorgesetzten, welche sie als Propagandistin nicht missen mochten, waren so genöthigt, sie von den sacrilegischen Prüfungen zu dispensiren. Ohne Zweifel wird der Himmel ihr dies nicht unbelohnt lassen."" [1])

Durch diesen Bericht ist wenigstens unzweifelhaft bezeugt, daß Dr. Hacks bereits im December 1893 um den ganzen Vaughan-Roman wußte und auch bezüglich dieses Bestandtheiles des Diable au XIXe siècle mit ins Vertrauen gezogen war.

---

[1]) Revue Mensuelle 1894. p. 5 ff.

Wenn er daher auch, wie wir auf Grund seiner Erklärung annehmen
wollen, an dem darauf bezüglichen Text des Diable nicht „mit=
redigirte", so hat er zweifelsohne bei der Aushecktung der Geschichte
oder wenigstens bei der Veranstaltung des Vaughan-Schwindels
„mitgewirkt". Dies beweist der eben mitgetheilte Bericht des
Herrn Lautier.

Nicht minder charakteristisch für Dr. Hacks ist, daß er auch
diese Zusammenkunst, bezw. seine Bekanntschaft mit Herrn Lautier
sofort wieder geschäftlich ausnutzte. Eugen Tavernier schreibt
hierüber im Univers: „Vor mir liegen ein Prospect und Ein=
trittskarten für die „Klinik der Advocaten des hl. Petrus",
welche den von nun an glorreichen Namen Charles Hacks', des
Doctors, alten Interns u. s. w., trägt. Und die Klinik hatte
guten Zuspruch, wie die Januar-Nummer des Rosier de Marie,
des officiellen Organes des Ordens der Advocaten des hl. Petrus,
zeigt. Hier steht wörtlich zu lesen: „An Kranken und Krank=
heiten ist kein Mangel. Kranke giebt es im Ueberflusse, und
unser ausgezeichneter Chefarzt Dr. Hacks, der keinen anderen
Wunsch hat, als seine Wissenschaft und seine unerschöpfliche Hin=
gebung den Leidenden in reichlichstem Maße zu Diensten zu
stellen" u. s. w.[1]

Neuerdings hat der Restaurateur Dr. Hacks sogar begonnen,
den Chefredacteur des Univers zu butzen. Im Uebrigen ver=
rathen seine Zuschriften eine Art Witz, welchen man bei allzu
eifrigen Jüngern des Gambrinus oder Bacchus zu finden ge=
wohnt ist.

Der Univers giebt von ihm mit besonderer Bezugnahme
auf den Diable folgende Charakteristik: „Ein methodisch durch=
geführter Plan ist nicht Sache des Dr. Hacks. Seine Erfindung
ist eine sprungweise; er folgt seinen augenblicklichen Einfällen.
Es fehlt ihm zwar weder an Verstand noch an wissenschaftlicher
Ausbildung, noch selbst an einem gewissen litterarischen Talent.
In seinem Buch Le Geste ist mehr als eine Seite gut gelungen
und offenbart künstlerische Anlage. Aber welch ein unmögliches
Temperament! Von Crefeld kommt der Doctor nach Montpellier,
von da nach Ceylon und nach Paris. Aus den Niederungen
des Antiklerikalismus siedelte er in die Bureaus einer religiösen
Buchhandlung über; er errichtet wohlthätige Kliniken, welche alle
drei Monate Umzug halten. Und nun sitzt er in der Rechenstube
der Restauration am Boulevard Mont=Martre. Eine wahre
Odyssee fürwahr! Und man sagt uns, daß wir bei ihm noch

---

[1] Univers. 4. Nov. 1896.

manche andere erleben werden. In der That kommt ein so launenhafter, verwegener, rücksichtsloser, cynischer, aufschneiderischer Geselle niemals zur Ruhe. Was hat er nicht schon Alles angefangen? Wozu ist er nicht morgen schon wieder fähig?"[1]

"Herr Hacks-Bataille ist ein Aufschneider [faiseur] vom Kopf bis zum Fuß. Seine enorme Dreistigkeit, seine Suade, seine Fertigkeit, Etwas in Scene zu setzen, Alles muß ihn als einen Mann erscheinen lassen, vor dem man sich hüten muß."[2]

"Er hält gern zum Besten und macht sich über Diejenigen, die seinen Schwindeleien zum Opfer fallen, lustig, ohne dabei auch pecuniäre Vortheile aus dem Auge zu verlieren."[3]

14. Schlußfolgerungen aus dem Gesagten hinsichtlich der „Enthüllungen" des Diable im Allgemeinen und der Vaughan-Geschichte im Besonderen. Aus den vorstehenden Mittheilungen über Dr. Hacks ergiebt sich zur Evidenz, daß derselbe in seiner Bataille-Rolle den Spottvogel spielt, welcher namentlich in der Diable- und Vaughan-Affäre, lediglich darauf ausging, die Katholiken, welche ihm Glauben schenkten, so viel er nur vermochte, zum Besten zu halten.

Dr. Hacks ist aber der eigentliche und einzige unmittelbare Zeuge für die „Enthüllungen" des Diable im Allgemeinen und für die Existenz, bezw. Identität der angeblichen palladistischen Ex-Großmeisterin „Miß Vaughan" im Besonderen. Außer Dr. Bataille ist bisher Niemand bekannt geworden, der Miß Vaughan als Palladistin, zur Zeit, in welcher sie noch angeblich Groß-Meisterin gewesen sein soll, hinlänglich persönlich gekannt haben will, um ihre Identität mit der „Bekehrten" glaubwürdig bezeugen zu können. Die „Enthüllungen" des Diable und die Behauptung und die Existenz der Ex-Palladisten-Großmeisterin entbehrten daher nicht bloß jeder ernsthaften Bürgschaft, sondern waren überdies, selbst abgesehen von den jüngsten Erklärungen Dr. Hacks, wegen des Mannes, auf dessen Zeugniß sie allein beruhen, sogar von vornherein im höchsten Maße verdächtig.

Die neuesten Erklärungen Dr. Hacks' sind namentlich bezüglich Derjenigen werthvoll, welche bis auf die neueste Zeit auf das Zeugniß dieses Mannes hin alle die albernen Geschichten, von denen das Werk Le Diable wimmelt, und insbesondere auch die Geschichte der Miß Vaughan in grenzenloser Leicht-

---

[1] L'Univers. 4. Nov. 1895.
[2] Ib. 24. Oct. 1896.
[3] Ib. 30. Oct. 1896.

gläubigkeit und Urtheilslosigkeit gläubig hinnahmen und hartnäckig vertheidigten. Es war gut, daß sie nun aus dem Munde des Mannes, dem sie so thörichtes Vertrauen schenkten, selbst vernahmen, daß derselbe sie nur zum Besten hielt; daß die Diable-Geschichten und der Miß Vaughan-Roman der „reine Schwindel" sind, bezw. waren, so lange er mit Taxil mitarbeitete; daß der Diable und die Vaughan-Geschichte „brennende Fragen sind für — einige Tausende von Schwachköpfen".

Wenn manche Anhänger und Vertheidiger der neuen „Enthüllungen", besonders der „Vaughan"-Margiotta'schen, auch nach-dem Dr. Hacks seine vorerwähnten Erklärungen abgegeben hatte, noch behaupteten, es seien noch keinerlei Beweise gegen die Wahrheit dieser Enthüllungen vorgebracht worden, so bekundet das nur, daß die betreffenden Herren, die das sagen, in der ganzen Angelegenheit sehr ungenügend unterrichtet waren, so daß sie die Punkte, auf die es hauptsächlich ankam, nicht einmal zu erfassen oder nicht gehörig zu würdigen vermochten.

II. Leo Taxil.

15. Leo Taxil und Dr. Hacks-Bataille vor der Entlarvung Hacks'.

Schon bald nach Beginn des Erscheinens der Lieferungsausgabe des Diable wurde der Verdacht geäußert, daß Leo Taxil am Diable in hervorragender Weise, wenn nicht gar als der Hauptverfasser mitarbeite. Namentlich vertrat ein Redacteur der Vérité, G. Bois mit anerkennenswerther Entschiedenheit, schon früh, nicht ohne gute Gründe, diese Anschauung. [1]

Leo Taxil selbst hatte in einem Briefe wenigstens zugestanden, daß er dem Dr. Hacks behilflich sei (qu'il donne son concours):
1. um die mit den Illustrationen betrauten Zeichner anzuleiten;
2. um Dr. Bataille in rein freimaurerischen Dingen zu orientiren. Unzweifelhaft fest steht, daß Leo Taxil von jeher der Hauptredacteur der Revue Mensuelle war, die seit Januar 1894 dem Bataille'schen Werke Diable warme Unterstützung gewährte und dieses Werk selbst fortführte, — obwohl auch hier Dr. Bataille (Hacks) dem Namen nach an der Spitze des publicistischen Unternehmens erscheint.

Leo Taxil schreibt selbst über sein Verhältniß zu Dr. Bataille (Hacks): Dr. Bataille, mein Freund, hat mich gebeten, an der Revue Mensuelle mitzuarbeiten. Die Angriffe Herrn G. Bois' bieten mir den ersten Anlaß, mich bei den Lesern der Revue einzuführen. „Damit die getreuen Abonnenten des Diable au

---

[1] Revue Mensuelle 1894. p. 25.

XIXe siècle sich nicht mehr als billig darüber wundern, mich an der Seite des Doctors zu sehen, obgleich ich in Einer Frage [also nur in dieser Frage], der des Antisemitismus, Anschauungen huldige, die den seinigen schnurstracks zuwiderlaufen, muß ich gleich von Anfang an bemerken, daß meine Mitarbeiterschaft in keiner Weise meine Zustimmung zu seinen diesbezüglichen An= sichten bedeute. Ich werde diese einzige Frage, in der wir nicht übereinstimmen, bei Seite lassen und mich aus= schließlich mit Freimaurerei im strengen Sinn des Wortes [!] befassen. Ich vermochte den Antrag, an der Seite meines Freundes zu kämpfen, nicht zurückzuweisen. Bataille ist ein alter Kamerad von mir aus den Tagen meiner Kindheit, dessen Geradheit ich immer schätzte und dessen ritterlichen Charakter ich stets bewunderte."

Taxil erzählt dann einige erbauliche Züge von der Frömmigkeit des Dr. Hacks. Derselbe habe auch niemals an seiner [Taxil's] Bekehrung verzweifelt und ihm in den Tagen seiner Verirrung manche heilsame Ermahnungen gegeben.

Hinsichtlich des Diable berichtet Taxil: „Nun werden die Leser der Revue Mensuelle ohne Mühe begreifen, welche angenehme Ueberraschung mir Bataille bereitete, als er im Laufe des Jahres 1892 mir das Geheimniß seiner Nachforschungen [!] mit= theilte, welche, wie er damals glaubte, in Jahresfrist vollständig beendigt sein würden. Ueber das, was ihn an der Frei= maurerei interessirte, sagte er, sei er schon vollständig orientirt [wozu brauchte ihn dann Taxil in Freimaurer=Dingen zu controlliren?] . . . Ich war der erste Laie, dem er von seinem elf Jahre zuvor [?] begonnenen Unternehmen Mittheilung machte. Nur einige wenige Geistliche und Ordensmänner hatte er ins Vertrauen gezogen. Als Freund, welcher zum Theil seinen Gebeten die Rückkehr zur Wahrheit verdankt [wie fromm!], war ich naturgemäß in erster Linie dazu berufen, ihm, sobald er den Augenblick für die Veröffentlichung seines Werkes gekommen glaubte, an die Hand zu gehen."

Da er selbst sagte, daß ein heftiger Kampf der Freimaurer= Secte gegen die Kirche unmittelbar bevorstehe, erklärten alle ins Vertrauen gezogenen Personen einstimmig, man dürfe mit der Veröffentlichung seiner Ermittelungen nicht mehr länger zaudern. „Die Verleger Delhomme und Briquet erklärten sich sogleich bereit, das Werk zu übernehmen. Jedoch verlangten sie, daß Bataille sein Manuscript einem Theologen zur Prüfung vorlege, dessen Mitwirkung einer beständigen Approbation [!] gleich kam. Auch baten sie mich, da die Veröffentlichung illustrirter Lieferungs=

heſte für ſie etwas Neues war, den materiellen Theil der Publication zu überwachen und ſpeciell die Anleitung der Zeichner zu übernehmen. Sie kannten meine langjährige Erfahrung in Veranſtaltung ſolcher Volksausgaben.

„Während dieſer Verhandlungen hatten wir, Bataille und ich, uns über unſere Quellen maureriſcher Informationen ver= ſtändigt. Man wird begreifen, daß ich über die Mittel und Wege, die meinem Freunde offen ſtanden, auch heute noch das Stillſchweigen wahre [ja wohl, Gauner dürfen in ihrem eigenen Intereſſe nicht aus der Schule ſchwätzen!]. Ich meinerſeits ſtand mit einer kleinen Zahl zuverläſſiger Correſpondenten in Ver= bindung. Wir kamen überein, daß, wenn wir uns auch unſere beiderſeitigen Ermittelungen nicht austauſchten [!], doch eine ſtrenge Controlle geübt werden ſollte. Denn Bataille gedachte ſich nicht ausſchließlich der von ihm geſammelten Notizen zu bedienen.

„So iſt denn das Buch [Le Diable] ganz und gar [!] des Doctors perſönliches Werk. Er hatte bei demſelben keinen Mitarbeiter [!] im eigentlichen Sinne des Wortes. Die Beihilfe Anderer beſchränkte ſich darauf, ſowohl hinſichtlich der theologiſchen Seite des Werkes, als hinſichtlich ſpeciell freimaureriſcher Dinge eine gewiſſe Controlle auszuüben. Die Behauptung, welche auf= geſtellt wurde, das Werk habe drei Verfaſſer, ſteht mit den Thatſachen in Widerſpruch. Mit demſelben Rechte könnte man behaupten, daß die zahlreichen Abonnenten, welche Bataille Citate oder außerhalb der Triangel [!] vorgekommene übernatürliche Thatſachen [!] mitgetheilt haben, ebenſo viele Mit= arbeiter deſſelben waren. Die Publication bildet ſowohl durch ihren Charakter als durch den Umfang ihres Gegenſtandes ein Werk, das ganz einzig in ſeiner Art [allerdings! ein Lügenproduct einziger Art!] iſt. Sie iſt aber nichts deſtoweniger eine im ſtrengſten Sinne [!] perſönliche Arbeit des Doctors." [1]

Später fügte Taxil mit Rückſicht auf erneute Angriffe G. de Bois', welchen er in perfider Weiſe als einen Helfershelfer des Großorients [von Frankreich] verdächtigte, bei:

„Heute ſcheint die Secte zu begreifen, daß die brutale Beſeitigung eines unbequemen Schriftſtellers [durch Meuchel= mord] ſie nur comprimittiren könnte. [2] Wenn man aber auch nicht vom Mordſtahl bedroht iſt, ſo wird man dagegen zur Zie-

---

[1] Revue Mensuelle 1894. p. 26.
[2] Und doch muß nach demſelben Taxil das muthige Mann= Weib „Vaughan" in ſtrengſter Verborgenheit im „Schlupfwinkel" zubringen, um nicht ſofort dem Dolche der Freimaurer zu erliegen!

scheibe der gehässigsten Verleumbungen, sobald man diesen unver-
söhnlichen Feind nur an der empfindlichen Stelle anrührt.

„Ich glaube das Recht zu haben, mich selbst [!] in dieser
Hinsicht als Beispiel anzuführen. Dabei will ich nicht weiter
zurückgreifen, um zu zeigen, mit welch' unqualificirbaren Unbilden
man mich seit meiner Rückkehr zu Gott [!] überhäuft hat. Ich
will nur einen neuesten Fall erwähnen.

„Von dem Tage an, an welchem ich mich meinem theuren
Jugend=Freunde, Dr. Bataille anschloß, um ihm in Gemeinschaft
mit einigen Freunden in seinem Enthüllungs=Feldzug zur Seite
zu stehen, sind die alten Feindseligkeiten, die während einiger
Zeit geruht hatten, auf einmal heftiger als je wieder erwacht.
Als wir unseren Ermittelungsdienst für freimaurerische
Dinge errichteten,[1] der sich als so nützlich erwies und uns
in den Stand gesetzt hat, so viele mit der größten Eifersucht
geheim gehaltene[2] Dinge zu entdecken, insbesondere seitdem ich
persönlich [also nicht Margiotta und „Miß Vaughan"! Hier
verschwätzt sich Taxil!] größtentheils die Leitung der über
das Complott gegen das Papstthum geführten Nach=
forschungen in die Hand genommen hatte,[3] entbrannten
die Feindseligkeiten mit wahrer Wuth."

Die Freimaurerei erfindet [und Taxil „erfindet" nicht?],
um den unbequemen Enthüller zu vernichten, die schwärzesten
Verleumbungen und spricht zu den Katholiken: „Da seht den
Mann, der uns entlarven will." Wie könnt ihr ihm Glauben
schenken? Könnt ihr einen solchen Menschen als Vorkämpfer im
Kampfe für eure Sache hinnehmen?[4] Unmöglich. Dieser
Mensch ist ja in der That der Schlimmste aller Abenteurer,
ein Schuft, ein Betrüger, ein Industrieritter.[5] Er

---

[1] Also scheinen wenigstens die „wichtigsten" Bataille'schen Enthüllungen nicht die Frucht der „persönlichen" Nachforschungen des
„Zeugen" Dr. Hacks' gewesen zu sein!

[2] Das Nicht=Existirende ist allerdings geheim, und zwar so
geheim, daß es „absolut unauffindbar" ist. Es kann aber mühelos
„erdichtet" werden.

[3] Wie pompös wird da eine an sich höchst unbedeutende Sache
ausgedrückt! Parturiunt montes! Wo ist denn, wenn man selbst die
„Enthüllungen" Margiotta's und „Miß Vaughans" mit einschließt,
irgend ein nennenswerthes Resultat dieser Nachforschungen zu Tage
getreten?

[4] Diese Frage mußte man sich allerdings ernsthaft stellen, und
die Antwort darauf kann heute nicht mehr zweifelhaft sein.

[5] Man sieht, auch Taxil hat Augenblicke, in welchem ihm sein
Gewissen einen getreuen Spiegel vorhält.

ist Einer von denen, mit welchen ehrenwerthe Leute, welcher Partei sie auch angehören mögen, nie und nimmermehr sich einlassen können."" Kurz, man schreckt vor keinem Mittel zurück, um den unbequemen Enthüller [!] moralisch zu Grunde zu richten."[1])

16. Leo Taxil und Dr. Hacks nach der Entlarvung des Letzteren. Schon vorstehende Aeußerungen Taxil's genügen, um seine Mitschuld an den Bataille'schen Schwindeleien außer allen Zweifel zu stellen. Dieselben bekunden überdies von Neuem, daß Taxil auch nach seiner „Bekehrung" sich hinsichtlich der von ihm selbst eingestandenen üblen Gewohnheiten von ehemals nicht gebessert hat, eher im Gegentheil. Er springt mit der Wahrheit in ebenso gewissenloser Weise um, wie sein ehemaliger publicistischer Genosse Dr. Charles Hacks.

Taxil konnte sich, als „Busenfreund" Dr. Hacks', über die wahren atheistisch-gottlosen Gesinnungen dieses Allerwelts-Doctors nicht im Unklaren sein. Er mußte, da er gemeinsam mit ihm am Diable arbeitete, genau wissen, in welchem Geiste Dr. Hacks den Diable bearbeitete. Es ist unmöglich anzunehmen, daß ihm, da er doch zur Zeit der Abfassung des Buches mit Hacks in beständigem intimsten persönlichen Verkehr stand, verborgen bleiben konnte, was jeder verständige Leser schon aus der bloßen Lesung einiger Proben aus dem Buche ersehen mußte, daß nämlich sein Freund in demselben nur mit den Katholiken seinen Spott trieb. Taxil war offenbar mit diesem Treiben Dr. Hacks' einverstanden, ja er unterstützte dasselbe aufs Nachdrücklichste in den tollen, frivolen Zeichnungen, für welche er nach seinem eigenen Zugeständniß in erster Linie verantwortlich ist.

Neuerdings, nach der Entlarvung Hacks, erklärte Taxil in einer Zuschrift an den Univers: „Die meisten alten Freunde des Doctors kannten das bedauerliche Capitel im Geste. Er [Hacks] schien dasselbe damals zu bereuen."[2]) Und doch erschien das Werk, wie wir bereits hervorhoben, Ende December 1892, eine Lieferungsausgabe desselben begann im Februar 1893, ganz zur selben Zeit, in welcher der Diable lieferungsweise erschien! Man sieht: Taxil redet hier wider besseres Wissen und Gewissen.

---

[1]) Revue Mensuelle 1894. p. 132. Möchte nur Taxil nicht selbst so reichlich durch lange Jahre das schwerste Belastungsmaterial aufgehäuft haben, daß es nun, um das Publicum vor seinen Betrügereien zu schützen, einfachhin nothwendig geworden ist, mit ihm unerbittlich ins Gericht zu gehen!

[2]) L'Univers, 31. Oct. 1896.

In einer anderen Zuschrift an den Univers sagt Taxil:
„Dr. Hacks erklärt, nur an einem Theile des Diable
au XIXe siècle mitgearbeitet zu haben und sagt, mehrere
Mitarbeiter seien an demselben betheiligt gewesen. Aber er
leugnet nicht, der Autor dessen zu sein, was in diesem Werke
die „„Berichte des Zeugen““ im eigentlichen Sinne bildet.[1]) Er
sagt in seinem Briefe nirgends [?], daß er das Publicum mit der
Erzählung von Dingen mystificirt habe, die ihm nicht thatsächlich
begegnet sind . . . Das Werk bleibt daher im großen Ganzen,
wie in seinen Einzelheiten unberührt." [!]

Einige von Hacks als persönliche Erlebnisse erzählte Dinge,
fährt er fort, seien überdies von mehreren Missionären bestätigt
worden [? wenn das auch wahr wäre, bewiese es noch nicht viel!].
Was aus Hacks' Erklärungen unzweifelhaft hervorgehe, sei, daß
er mit den Katholiken gebrochen habe. Früher habe er, wie viele
Ordensleute und Priester bezeugen könnten, als Arzt unentgeltlich
behandelt [? das kann doch nach den oben mitgetheilten Reclamen
nur ausnahmsweise geschehen sein]. Seither sei aber
Dr. Hacks so übertrieben und ostentativ gottlos aufgetreten, daß
seine alten Freunde auf den Gedanken gekommen seien, er sei
plötzlich verrückt geworden.

„Er sucht jetzt vergebens, sich schlechter zu machen, als er
wirklich war [!]. Die Katholiken, die ihn kannten, werden ihm
das beste Andenken bewahren [!] trotz seines entsetzlichen neuesten
Sturzes [!]. Es ist unmöglich [!], daß er sie damals und
so lange Zeit hindurch betrogen habe.[2]) Alle seine
früheren Freunde sind über seine neuerliche Haltung aufs Tiefste
betrübt. Denn sie haben ihn als einen Mann von außerordentlicher Herzensgüte [!] kennen gelernt . . .

„Es wäre allerdings besser, wenn wir es bei ihm mit einem
Fall von Verrücktheit zu thun hätten. Aber sein letzter Brief
an die Libre Parole ist nicht das Werk eines Geistesgestörten.
Er ist vielmehr die That eines Menschen, der sein Werk von
ehedem zerstören will und der sich dem Feinde [der Frei-
maurerei] verkauft [!] hat, um Spaltung unter die
Vertheidiger der Kirche zu bringen [!], die antifrei-

---

[1]) Hier gesteht Taxil selbst stillschweigend zu, daß er früher, als
er hoch und theuer versichert, Dr. Bataille, der Augenzeuge, habe bei
Abfassung des Buches keine Mitarbeiter gehabt, die Unwahrheit
gesprochen hatte.
[2]) Es ist allerdings kaum begreiflich und unverzeihlich, daß die
französischen Anti-Freimaurer sich von ihm unter den gegebenen Umständen überhaupt täuschen ließen.

maurerische Bewegung [!] im Augenblick, in welchem der Trienter Congreß die Grundlage zur allgemeinen Organisation des Widerstandes gegen die Secte legte, zu hemmen und jede neue [b. h. von Taxil weiter in Aussicht genommene, bezw. „er= fundene"] Anschuldigung zu verhindern. Im Uebrigen ist sein Verrath nur zu gewiß und man hatte schon längere Zeit Kenntniß von demselben."[1]

Die „Köln. Volkszeitung" bemerkt zu diesem Versuch Taxil's, den Katholiken Sand in die Augen zu streuen:

„Taxil, der „fromme" Schwindler und Pornograph, hat also jetzt zur Abwechselung seinen langjährigen Busenfreund Dr. Hacks= Bataille „entlarvt", und zwar gleich doppelt, was bekanntlich besser hält: er scheint noch zu schwanken, ob sein Intimus verrückt geworden ist oder sich von den Freimaurern für lumpige 100,000 Francs hat kaufen lassen. Die letztere Erklärung ist ja ganz hübsch, aber nicht originell: schon vor Wochen war in der „Köln. Volkszeitung" zu lesen, die Vanghanisten würden jetzt voraussichtlich mit dieser rettenden Hypothese hervortreten. Nun ist sie da, und die Sache ist um so schöner, als gleich der brave Taxil, der Mandatar der Miß Vaughan und der „Baphomet" ihrer Ver= ehrer, wie er selbst sich ausdrücken könnte, den Handel ans Licht bringt. Noch weniger originell ist das von ihm eingeschlagene Entmündigungs=Verfahren. In Trient erklärte Taxil — aller= dings den Spuren anderer folgend — den . . . . Jesuiten für verrückt, der ihm in der deutschen Presse zuerst die Suppe versalzen hatte: es ist nicht mehr als Recht, daß jetzt sein Cumpan Bataille=Hacks an die Reihe kommt, nachdem dieser aus der Schule geschwätzt hat. Die Frage ist nur: Wann ist Dr. Hacks verrückt geworden und wie oft ist er es schon gewesen? Bei seiner von Leo Taxil beglaubigten sonstigen großen Frömmigkeit hatte er doch zweifellos schon 1892 (nicht 1894) den Verstand verloren, als er sein ungläubiges Buch Le Geste schrieb; spätestens im nächsten Jahre war er vollkommen geheilt; denn Taxil wird doch nicht einem Irrenhaus=Candidaten geholfen haben, als er das herrliche Buch Le Diable au XIXe siècle schrieb. Jetzt hat Dr. Hacks leider schon wieder einen Rückfall bekommen; glücklicherweise kann er wenigstens noch gut rechnen, was die 100,000 Francs Bestechung erkennen lassen.

„Nun, Dr. Hacks wird wohl selbst Veranlassung nehmen, sich über seinen Geisteszustand zu äußern und seine bisherigen pole= mischen Leistungen lassen der Hoffnung Raum, daß die psychiatrische

---

Controverse zwischen den beiden alten Busenfreunden sich höchst erbaulich liest. Für den Fall, daß sie sich nicht einigen können, verfehlen wir nicht, auf eine andere Erklärung hinzuweisen, wo= durch eigentlich die abscheulichen Zweifel an Miß Vaughan und ihrem „Mandatar" entstanden sind: der Anti=Maçon vom 31. October enthält einen Brief des Prälaten A. Villard, Secretair des Herrn Cardinal=Vicars Parocchi, datirt Rom, 19. October, in welchem der Prälat „Mademoiselle", nämlich Miß Diana Vaughan, in den beweglichsten Ausdrücken über den gegen sie eröffneten „erbitterten Krieg" tröstet: „Ich erblicke in diesem Kriege nur ein niederträchtiges Manöver dessen, von dem Sie besser als irgend jemand anders wissen, daß er der Vater der Lüge ist." Der „Mandatar", dem natürlich der für „Mademoiselle" bestimmte Brief übergeben wurde, dürfte sich bei der Lectüre wieder ein Mal „krumm gelacht" haben. Wohl= gemerkt schreibt der kluge Hr. Villard nicht im Namen des Herrn Cardinal=Vicars; er hätte wenigstens den Tact haben sollen, auch in der Unterschrift seinen Titel „Secrétaire de Son Eminence" wegzulassen. Ernsthafter als dieses curiose Trostschreiben ist der Satz Taxil's, daß das tolle Teufelsbuch des „Dr. Bataille" die reine Wahrheit enthalte. Sollte die römische Commission überhaupt noch in eine Untersuchung des Schwindels eintreten, so möge sie sich das merken. Die Sache ist allerdings längst so klar, daß die Commission sich füglich die Arbeit ganz sparen könnte. Ueberhaupt wäre es eine Wohlthat, wenn die Presse allmählich auf diesen Gegenstand verzichten dürfte; seit Taxil in die Discussion eingetreten ist, beginnt der Ekel das Interesse zu überwiegen, denn ein frömmelnder Hanswurst ist doch schließlich die widerlichste aller Erscheinungen.

„Leo Taxil scheint aber noch immer den Muth nicht zu ver= lieren."[1]

„Im September=Heft der Revue Mensuelle, der zur Reclame für den Bataille'schen Diable au XIXe siècle begründeten Schwindel=Zeitschrift, schreibt Taxil noch gerade rechtzeitig vor Thoresschluß: „Was in erster Linie dazu beigetragen hat, die Geister auf die Bewegung vorzubereiten, das sind die pro= videntiellen Enthüllungen des Dr. Bataille . . . . . Zu leugnen, daß die Enthüllungen Bataille's eine der Ursachen der Erhebung der Katholiken gegen die herrschende Secte gewesen seien, wäre eine reine Verrücktheit. Es genügt übrigens zu sehen, wer heute die im Gefechte stehenden Antifreimaurer, wer

---

[1] „Köln. Volksztg." Nr. 759, 7. Nov. 1896.

diejenigen sind, die auf den Ruf des Papstes ins Feld ziehen, wer diejenigen sind, die den Kampf organisiren und besondere Gruppen zur Bekämpfung der Logen einrichten. Das sind alles enthusiastische Leser und Schüler Dr. Bataille's". So der „bekehrte" Pornograph Taxil vor zwei Monaten [thatsächlich ist's sogar nur ein Monat[1])]. Heute erklärt er, daß der „providentielle" Dr. Bataille verrückt sei oder sich für 100,000 Francs vom franz. Gr.·.Or.·. habe bestechen lassen, und „Diana Vaughan" betet das Sprüchlein nach, vervollständigt es aber durch scharfe Ausfälle auf das Buch ihres früheren Lieblings."[2])

Der Univers sagt spöttisch: „Hr. Taxil klagt Dr. Hacks an, sich für 100,000 Frcs. an die Freimaurerei verkauft zu haben. Das ist eine ganz hübsche Summe. Man wußte bisher noch nicht, daß die Freimaurer so gut zahlen. Vielleicht haben sie bei der palladistischen Kasse eine Anleihe gemacht. Diese Kasse soll ja nach den Erklärungen gewisser Eingeweihter zum Allermindesten einige 40 Milliarden enthalten."[3])

Aus dem Anti-Maçon setzen wir noch die folgenden, vom Univers nicht veröffentlichten Sätze aus demselben Briefe Taxil's vom 2. November 1896 hierher, welche uns für die Charakteristik Taxil's von großem Interesse zu sein scheinen[4]):

„. . . . . . Mein an den Univers gerichteter Brief [vom 28. October] war mit der größten Höflichkeit abgefaßt trotz aller Unbilden, mit denen Sie mich überhäuft hatten[5]). Ich kann indessen nicht zugeben, daß Sie in diesem Tone fort-fahren. Da Sie in Ihrer Voreingenommenheit [!] die Veröffentlichung Le Diable au XIXe siècle als Mystification,

----

[1]) Die September-Nummer der Revue Mensuelle 1896, wo das Citat auf S. 515 zu lesen ist, erschien verspätet. Die Hypothese vom Verrath Hacks' tauchte bereits Ende October auf.

[2]) „Köln. Volksztg." Nr. 817, 1. Dec. 1896.

[3]) L'Univers. 6. Nov. 1896.

[4]) Taxil soll sich uns gegenüber nicht, wie er es hinsichtlich des Univers that, beklagen können, daß wir ihn nicht zu Worte kommen lassen. Und den Anti-Maçon soll uns nicht, wie dem Univers, vor-werfen können: „Man [der Univers] verlangte gebieterisch weitere Aufklärungen. Man brachte dieselben aber nicht zum Abdruck, ohne Zweifel, weil sie zu unbequem [!] waren." L'Anti-Maçon No. 24. 7. Nov. 1896. p. 55.

[5]) Während Taxil noch in Trient selbst Viele von Denjenigen, die ihm sehr geneigt waren, durch sein widerliches, maßloses, arro-gantes Auftreten sich entfremdete, spielt er jetzt den „Höflichen", die „beleidigte Unschuld".

als scandalöse Unternehmung, als schamlose Ausbeutung der menschlichen Leichtgläubigkeit [das ist's in der That!] bezeichnen, so [!] haben Sie nicht das Recht zu behaupten, ich habe mit Herrn Dr. Hacks den Diable . . . „fabricirt" [warum nicht?]. Sie sprechen von Diesem und Jenem wie Jemand, der seiner Sache völlig sicher [die Sache ist auch bereits sicher] ist. Die Wahrheit ist aber, daß Sie über nichts [!] recht unterrichtet sind." [1])

Taxil behauptet nun, daß der Univers mit anderen belgischen und französischen Blättern die betreffenden Notizen der „Köln. Volksztg." ungenau [jedenfalls ist die „Ungenauigkeit" nicht von Belang!] wieder gegeben habe. Darauf fährt er fort:

„Ich nehme nun den berüchtigten Brief des Dr. Hacks an die „Köln. Volkszeitung", datirt aus Paris 14. October, zur Hand. Der Artikel, auf welchen derselbe Bezug hat, erschien am 13. October. Die Antwort erfolgte sehr prompt. Nicht wahr?[2]) Ich beginne damit, Sie darüber zu unterrichten, daß die Anwesen= heit des Dr. Hacks in Köln, einige Zeit vor dem Trienter Congreß, heute eine feststehende Thatsache ist. Ich theile Ihnen auch mit, daß, nachdem der Bericht des Dr. Hacks in der Angelegenheit des Frl. Couédon[3]) verworfen und daraufhin der Austritt des Dr. Hacks als Vice=Präsident und Mitglied der streng katholischen Société d'études psychiques erfolgt war, mehrere Haupthähne der rue Cadet [Sitz des Großorients von Frankreich] häufige Unterredungen mit ihm pflogen. Dieselben boten ihm eine Summe von 100,000 Francs an. Dadurch sollte er bestimmt werden, von nun an öffentlich[4]) eine gottlose Haltung einzu= nehmen und eine Erklärung zu veröffentlichen[5]), welche

---

[1]) Recht unterrichtet sind nach Taxil natürlich nur Herren, wie Mustel, de Bessonies und Tardivel, welche sich von Taxil, bzw. seinen Handlangern. unterrichten lassen so lange sie mit ihm durch Dick und Dünn gehen!

[2]) Wir können beim besten Willen darin nichts Auffallendes entdecken, da zwischen Köln und Paris gute Verkehrsverbindungen bestehen.

[3]) Taxil war in der Lage, diesen Bericht über die bekannte Visionärin in rue de Paradis, Paris, vor allen Anderen mitzutheilen. Aus den Begleitworten, welche er demselben voranschickt, spricht seine Freundschaft mit Hacks. Vgl. Revue Mensuelle 1896. p. 257 ff.

[4]) Privatim nahm er also nach Taxil diese Haltung doch schon vorher ein.

[5]) Diese Erklärung war durch die „Köln. Volksztg." provocirt, nicht durch einen freimaurerischen Großorient!

geeignet war, die Köpfe der Katholiken zu verwirren [nein! auf=
zuklären] und sie für immer gegen Enthüllungen miß=
trauisch zu machen, mit denen bereits jetzt bekehrte
oder in Zukunft noch sich bekehrende Freimaurer die
Kirche fernerhin etwa beschenken könnten.[1] Dr. Hacks
ging auf das Anerbieten des Großorients ein. Br.˙. Findel
in Leipzig[2]), welcher von Br.˙. Nathan[3]) und vom Großorient
von Frankreich in der Angelegenheit um Rath gefragt wurde,
sprach die Ansicht aus, daß der Schlag am Besten in Deutschland
geführt werde, wo die katholischen deutschen Zeitungen die Ab=
leugnungen seiner kürzlich erschienenen Broschüre wie ein
Evangelium[4]) aufgenommen hätten. Dr. Hacks besprach sich
in Köln mit dem Delegirten des Br.˙. Findel, der alle Voll=
machten in Händen hatte [!] und dafür Sorge trug, daß Hacks
von der Mutter=Loge Lotus von St. Hermann[5]) die Lossprechung
erhielt. — In seine früheren freimaurerischen Hochgrade wieder
eingesetzt, wurde Hacks mit einem außerordentlich feierlichen Pomp
zum [höchsten palladistischen] Grad „Erwählter Magier" befördert.
Der Großorient von Frankreich zahlte die Kosten des Verrathes
und schickte Einen seiner Delegirten[6]) zur Ueberwachung des
Congresses nach Trient. Dieser Delegirte reiste am 23. September

---

[1]) Gott sei Dank! wenn man in Zukunft gegen Enthüllungen
à la Taxil und Co. etwas vorsichtiger werden sollte! Es wäre dies im
Interesse der Kirche dringend zu wünschen!

[2]) Taxil wagt es auch jetzt noch, dem Publicum solche Ammen=
märchen, solche kindische Lügen vorzusetzen!

[3]) Ital. Großmeister und nach Taxil Freimaurerpapst — denn
sonst würde er Lemmi nennen. „Miß Vaughan" hatte uns nach der
Demission Lemmi's als Großmeisters „belehrt", daß dieselbe nur
„eine Komödie" sei. Lemmi bleibe nach wie vor Chef suprême, d h.
Freimaurer=Papst, Vgl. Miß Vaughan, Mémoires 1896 p. 224.

[4]) Das ist wieder eine offenkundige Lüge!

[5]) In Köln. Es giebt gar keinen St. Hermann! Taxil häuft
Lüge auf Lüge und bekundet hierbei noch außerdem in allen
Dingen seine Unwissenheit!

[6]) Es ist zu verwundern, daß Taxil hier nicht auch Namen
nennt, die doch so nahe liegen, etwa Mgr. Graßfeld oder Mgr. Baum=
garten, die ihm sein Spiel verdarben. In Trient hatte Taxil in der
That die Stirne gehabt, Mgr. Baumgarten, weil er darauf bestand,
daß man ernsthafte Documente zum Beweis der Existenz Miß Vaug=
hans, z. B. einen Geburtsschein vorlege, in öffentlicher Congreß=Ver=
sammlung ins Gesicht zu sagen: Sie sind ein Freimaurer!

8,35 Abends[1]) ab. Es gelang ihm, sich in den Congreß und im Besonderen auch in die vierte Section desselben, die Section für die antifreimaurerische Action, einzuschleichen. Am 21. October erstattete dieser Abgesandte im Haupttempel des Hotels von rue Cadet seinen Bericht.[2]) Kurz der Sturm, welcher dem Anscheine nach nur so von ungefähr plötzlich losbrach, war zum Voraus von den Häuptern der Freimaurerei beschlossen und bis ins Einzelne angeordnet worden. Bei Allem kann indessen Dr. Hacks gewisse Grenzen nicht überschreiten. Und er hat sie auch thatsächlich nicht überschritten."[3])

Aus dieser letzten Bemerkung scheint hervorzugehen, daß Taxil auch jetzt noch oder jetzt wieder mit Dr. Hacks im Einverständnisse handelt, um sich über die ihm noch Glauben schenkenden Katholiken weiter lustig zu machen, bezw. dieselben noch mehr in den „Abgrund der Lächerlichkeit" zu stürzen. Die vorstehenden freien Erfindungen Taxil's sind auch typisch für so viele gleichwerthige Leistungen in Bataille's Diable, in der Revue Mensuelle, bei Margiotta und in den blödsinnigen Schriften „Miß Vaughan"[4]).

Mit Bezug auf die eigenthümliche Art Taxil's, willkürliche falsche Behauptungen zu beweisen, bemerkt der Univers treffend:

---

[1]) Diese genaue Angabe der Zeit der Abreise des Sendlings des Großorients beleuchtet wieder den „ausgezeichneten Informationsdienst" über Freimaurer-Dinge, dessen Taxil sich rühmt. Die Absendung des Sendlings wird „erdichtet". Die Zeit, zu der er „möglicherweise" abgereist sein könnte, war aus dem nächsten besten Eisenbahnfahrplan zu ersehen.

[2]) Auch durch diese Angabe wird Taxil bei keinem Verständigen den Eindruck hervorrufen, als ob dieselbe eine Frucht von Ermittelungen sei, die er seinem „ausgezeichneten Informationsdienste" zu verdanken hatte. Viel näher liegt die Annahme, daß Taxil auch hier wieder, wie in so vielen anderen Fällen, — „gedichtet" hat.

[3]) L'Anti-Maçon No. 24. 7. Nov. 1896, S. 55 f.

[4]) Wir stellen hier ausdrücklich fest, daß auch in den letzten offenbar von Taxil geschriebenen, bezw. inspirirten Heften der Mémoires d'une ex-Palladiste No. 14 u. 15 (Nov. u. Dec. 1896) in den auf deutsche Blätter und Persönlichkeiten bezüglichen Notizen, die wir zu controlliren in der Lage sind, Lügen geradezu scheffelweise zu Markte getragen werden. Es findet sich darin kaum ein Satz, der nicht Lügenhaftes enthielte. Einige hauptsächlichere Lügen hat die „Köln. Volkszeitung" bereits dementirt. Eigentlich bedürfen die Taxil'schen Aeußerungen kaum mehr eines Dementis, da ihm doch kein verständiger Mensch mehr in solchen Dingen etwas — glauben wird.

„Leo Taxil erzählt neue Geschichten, welche [behufs
Prüfung auf ihre Wahrheit] wieder viele neue Ermitte=
lungen nöthig machen würden. Das ist die von ihm mit
Vorliebe gepflegte Art, über Fragen, die an ihn gestellt werden,
Aufklärung zu geben. Diese Methode befolgen übrigens
die meisten Schriftsteller, welche die Enthüllungen Miß
Vaughans verbreitet haben. Jedesmal, wenn man von ihnen
den Beweis für eine thatsächliche Angabe verlangt, berufen sie
sich auf zehn andere angebliche Thatsachen, von denen wieder
jede im Einzelnen bewiesen werden müßte. Dringt man noch
weiter auf Beweise, so überschütten sie Einen mit einer ganzen
Sündfluth von Erzählungen, die so verwickelt sind, daß alle
Untersuchungsrichter darüber den Muth verlieren könnten.“[1]

Eine „neue Enthüllung“ Taxil's hat indessen der
Univers, Dank seiner „üblen Eigenschaft“, diesem famosen
„bekehrten Freimaurer“ mit „Mißtrauen“ zu begegnen und seine
Behauptungen auf ihre Wahrheit zu prüfen, schon einige Tage,
nachdem die „Kirche damit beschenkt“ worden war, wieder glücklich
zu entlarven vermocht.

Taxil hatte nämlich in seinem ersten Brief an den Univers
(31. October 1896) gesagt: „Miß Diana Vaughan hat, nach=
dem sie mit dem Erzbischof von Edinburg in Verbindung gesetzt
war, die Höhlen der luciferianischen Rosenkreuzer der Edinburger
Diöcese aufdecken lassen; eine vom Advocaten des Erzbisthums,
Considine, geleitete Untersuchung stellte fest, daß alles, was die
Convertitin enthüllt hatte, ganz genau stimmte; der Hauptgeheim=
tempel befand sich zwei Schritte vom Erzbischöflichen Hause.
Mgr. Mac Donald von Edinburg hat der Miß Vaughan seinen
Segen geschickt. Die Rosenkreuzer von England und Schottland
waren hingegen leicht begreiflicher Weise wüthend.“ — Eugen
Tavernier, Redacteur des Univers, erbat sich über die von
Taxil zum Besten gegebene Geschichte unmittelbar beim Erzbischof
von Edinburg, Mgr. Mac Donald, selbst Aufschluß. Derselbe
antwortete unterm 2. November:

„In Beantwortung Ihrer Frage beeile ich mich, Ihnen
mitzutheilen, daß Miß Diana Vaughan meines Wissens nie mit
mir in Verbindung getreten ist und ich nie mit ihr.
Ich habe ihr nie meinen Segen gesandt. Auch ist nie
von Herrn Considine oder von Jemand anders eine Unter=

[1] L'Univers. 6. Nov. 1896.

suchung in dieser Hinsicht angestellt worden. Der schreckliche Gedanke, daß der Hauptgeheimtempel jener geheimnißvollen
Verschwörer nur zwei Schritte vom erzbischöflichen Palaste entfernt liegt, darf, glaube ich, getrost als Hirngespinnst betrachtet
werden, wenn auch möglicherweise ein oder der andere Freimaurer
nahebei wohnt; es giebt deren ja so viele.

„Die Thatsachen, welche diesen Anspielungen allem Anschein
nach zu Grunde liegen, sind folgende: Vergangenen Winter oder
Anfang des Frühjahrs sandte ein sehr ehrenwerther Schotte, dem
aber seine Einbildungskraft leicht einen Streich spielt, zwei
Nummern der angeblich von Miß Vaughan redigirten Zeitschrift
an Herrn Considine mit der Bitte, Folgendes festzustellen:
1. ob eine gewisse Person noch lebe, von der man befürchte,
daß sie ermordet worden sei; 2. ob die Angaben der Miß
Vaughan bezüglich der Existenz dieser Loge oder dieses Tempels
richtig seien. — Auf die erste Frage antwortete Herr Considine,
daß die betreffende Person noch lebe. Er habe sie kürzlich noch
selbst auf der Straße getroffen. Als Antwort auf die zweite
Frage sandte er ihm die Liste der Freimaurerlogen, welche in
einem einfachen Almanach von Edinburg zu lesen war. Die
zwei Nummern der Zeitschrift Miß Vaughans übergab Herr
Considine mir, damit ich davon Einsicht nehmen könne. Ich
überflog sie und schickte sie dann an den erwähnten Schotten
mit dem Bemerken zurück, daß ich mit Interesse von denselben
Kenntniß genommen hätte. Das war Alles. — Wie es scheint,
stand der Herr entweder unmittelbar oder durch eine Mittelsperson zu Taxil in Beziehungen. Die Einwirkung einer Einbildungskraft auf die andere mag das Luftgebilde erzeugt haben,
das in dem von Ihnen veröffentlichten Briefe zu Tage tritt.
Ein ergötzlicher Zug verdient noch besonders hervorgehoben zu
werden. Der Schotte, welcher an Herrn Considine und mich
schrieb, drang nämlich darauf, daß über die Angelegenheit das
unverbrüchlichste Stillschweigen beobachtet werde, da die leiseste
Andeutung eine schreckliche Rache von Seiten der Freimaurer
zur Folge haben würde. Trotzdem hat e r aber, wenn ich die
Sache recht verstehe, es veranlaßt, daß nun die öffentliche Aufmerksamkeit auf Herrn Considine und mich hingelenkt ist, als ob
wir eine große Thätigkeit entwickelt hätten, um das vermeintliche
Complott der Freimaurer aufzudecken. Vielleicht ist er der
Ansicht, ein Bischof müsse immerdar bereit sein, seine Person in
die Schanze zu schlagen und sich auch von Anderen auf die
Bresche stellen zu lassen. Warum dann aber den armen Advocaten
Considine mit unglücklich machen? Ich denke, dies wird Ihnen

genügen, mein lieber Herr Tavernier. — Ange Mac Donald, Erzbischof von St. Andreas und Edinburg."[1])

Wie man sieht, fertigt der Erzbischof den Schwindel mit dem feinstem Spotte ab.

So hat denn auch der Erzbischof von Edinburg Taxil als das bezeichnet, wofür er nach Allem, was wir schon über ihn gesagt haben, bereits erscheint. In der That wimmelt es in den von ihm seit einigen Jahren veranstalteten Enthüllungen von dreisten Lügen[2]).

An einer anderen Stelle schreibt der Univers mit Bezug auf die von Taxil geheuchelte „Unschuld": „Zusammen haben sie [Taxil und Hacks] den Diable au XIXe siècle ausgearbeitet. Man kann sich leicht vorstellen, welche Bemerkungen sie dabei an ihrem Arbeitstisch austauschten. Die Correspondenz des Doctors [des Busenfreundes Taxils] zeigt, daß er nicht gewohnt ist, sich im Reden viel Zwang aufzuerlegen. Ohne Zweifel rühmte er sich auch vor Taxil selbst seiner Aufschneibereien . . ., ohne daß es ihm jedoch gelang, bei seinem Freunde [man denke nur an dessen bekannte kindliche Einfalt und Unschuld] Zweifel [an seiner katholischen Rechtgläubigkeit] zu erregen. Letzterer war sicherlich von der Fabrikation seines colossalen Romans und von der Reclame für denselben zu sehr in Anspruch genommen, um dies gewahr zu werden."[3])

Die „Kölnische Volkszeitung" schreibt: „Wir finden, daß Taxil sein Lügenhandwerk mit unverminderter Dreistigkeit fortsetzt, indem er jetzt sein Erstaunen und seinen Schmerz darüber

---

[1]) L'Univers 7. Nov. 1896; „Germ." 10. Nov. 1896.

[2]) In der etwa am 17. December 1896 erschienenen Nr. 15 der Mémoires (S. 474) schreibt „Miß Vaughan": „Im nächsten Hefte werde ich mit möglichster Discretion vom Segen Sr. Gn. des Erzbischofs von Edinburg sprechen. Ein kleiner Irrthum [!] ist bei der Sache unterlaufen; beiderseits handelt es sich bloß um einen Gedächtnißmangel [!]. Die Sache wird also aufgeklärt werden. Ich werde dabei in keiner Weise gegen die Hochachtung verstoßen, die ich gegen den verehrten Prälaten hege. Ich werde auch den betheiligten Personen, deren Namen nicht genannt zu werden brauchen, jede Unannehmlichkeit ersparen." — Wie rücksichtsvoll auf einmal! Der „Segen" ist übrigens ein ganz nebensächlicher Bestandtheil der Geschichte. Chorherr Mustel kündigt mit seiner bekannten unverwüstlichen Zuversicht in der Revue catholique de Coutances et Avranches (20. Nov. 1896, p. 63) an: „Wir werden dieses Beweisstück [den Brief des Erzbischofs von Edinburg] noch erörtern. Dasselbe bildet für uns keinerlei Schwierigkeit [qui ne nous gêne aucunement].

[3]) L'Univers, 1. Nov. 1896.

kundgiebt, daß sein Busenfreund Dr. Hacks mit einem Mal auf=
gehört habe, guter Christ zu sein. Niemand weiß besser,
wie Leo Taxil, daß Dr. Hacks nie etwas anderes war,
als radicaler Freigeist und Voltaireaner, der nur als
Dr. Bataille, d. h. als Mitverfasser des Diable au XIXe siècle
bei leichtgläubigen französischen und italienischen Katholiken zeit=
weise als neues Kirchenlicht gegolten und diese Rolle, weil sie
seinen Zwecken diente, sich hat gefallen lassen und heuchlerisch
mitgespielt hat. Leo Taxil weiß das, wie gesagt, ganz
genau, da er hinter demselben Ofen gesessen hat, nur
daß er versuchte, die Rolle als Bekehrter und als Anti=Frei=
maurer noch etwas weiter zu spielen, während Dr. Hacks sich
wieder so giebt, wie er immer war und insbesondere in seinem
1892 [und 1893] erschienenen Buche Le Geste sich gegeben hat.
Nun liegen sich also die Enthüller unter einander in den
Haaren; ob ernstlich oder scheinbar, läßt sich noch nicht genau
erkennen."[1]

Eine neuere Aeußerung Dr. Hacks' scheint, wie eine bereits
oben angeführte Bemerkung Taxils, durchaus darauf hinzubeuten,
daß die alten Freunde und Genossen der literarischen Falsch=
münzerei Hacks und Taxil sich auch jetzt noch), oder wenigstens
jetzt wieder recht gut verstehen. Dr. Hacks bemerkte nämlich
einem Mitarbeiter der Vérité, welcher ihn um seine Meinung
über Taxil befragte: „Ich kann [?] keine Kritik üben an der
Rolle, welche Taxil gespielt hat. Im Grunde, glaube [!] ich,
war er aufrichtig (sincère!)." Auf die Frage: „Aber er sah
doch, wie Sie [Hacks] haarsträubende Geschichten erfanden?",
antwortete Hacks: „Wissen Sie, das ist eine sehr — vielseitige
(très complexe) Natur. Es ist schwer, sie zu analysiren." —
„Und Diana Vaughan?" — „Ach, Diana Vaughan gehört nicht
in meinen Bereich. Leo Taxil hat uns immer gesagt,
daß er ihr Mandatar sei." — Weiteres wollte Dr. Hacks
über Taxil nicht sagen.[2]

Ganz, wie Taxil oben hervorhob: Bei Allem kann indessen
Dr. Hacks gewisse [offenbar durch Uebereinkommen zwischen beiden
alten literarischen Spießgesellen festgesetzte] Grenzen nicht über=
schreiten. Und er hat sie auch nicht überschritten. In die
Diana=Vaughan=Geschichte war und ist Hacks zum Mindesten
vollkommen eingeweiht. Aber er will jetzt nichts mehr darüber
sagen, um Taxil nicht noch mehr zu comprimittiren. Im Uebrigen

---

[1] „Köln. Volkszeitung" Nr. 757, 6. Nov. 1896.
[2] Bericht der Vérité. abgedruckt in La Croix. Paris 7. Nov.

ist er sichtlich bestrebt, Taxil möglichst zu schonen, bezw. zu ent=
lasten und, soviel es die Umstände überhaupt noch gestatten, dazu
beizutragen, daß ihm die Möglichkeit bleibe, seine Rolle im katho=
lischen Lager weiter zu spielen. Bemerkt sei nur noch, daß
Dr. Hacks hier allerdings, wie es scheint, „unfreiwillig" Leo
Taxil einer neuen dreisten Lüge zeiht. Leo Taxil hatte nämlich
erst jüngst noch in seinem Brief an den Univers vom 2. Nov. 1896
erklärt: „Erst seit vier Monaten bin ich zum Mandatar
[Miß Vaughans] bestellt."[1] Hacks aber versichert: „Leo Taxil
hat uns immer [b. h. seit dem Auftauchen des Vaughan=
Schwindels, also mindestens seit Ende 1893] gesagt, daß er
ihr Mandatar sei."

Zur Vervollständigung der Charakteristik Taxil's erwähnen
wir noch einige weitere Züge.

Der Nouvelliste von Lyon berichtet über eine von Leo
Taxil veranstaltete Begegnung zweier Pariser Herren mit „Diana
Vaughan" folgende Anecdote, die, auch für den Fall, daß sie
bloß ersunnen sein sollte, doch insofern von Interesse ist, als sie
zeigt, wie verständige Leute über Taxil und seinen Vaughan=
Schwindel, bezw. auch über das bekannte frühere Rendez-vous
im Hotel Mirabeau, in Wirklichkeit denken:

„Da wir den Geschäftsgeist derjenigen kennen, die sie
patronisirten, kamen wir zu dem sehr natürlichen Schlusse, daß,
wenn die Miß existirt hätte, ihre Regisseurs nicht verfehlt haben
würden, sie bei Gelegenheit mit der dicken Trommel gegen
gutes Eintrittsgeld zu zeigen. Wir kennen indeß Leute,
deren Ungläubigkeit von diesem Argumente nicht befriedigt
wurde und welche Leo Taxil und seinen anonymen Gefährten, den
Dr. Bataille, baten, die Priesterin des Palladismus sehen zu
dürfen. Sie erhielten zur Antwort, daß sie dieselbe sehen würden.
Die erste Scene dieser Comödie spielte in Paris, die zweite
vor drei Monaten in Villefranche. Also zwei Persönlich=
keiten, die wir nicht näher bezeichnen, deren Namen aber einige
katholische Collegen in Paris angeben könnten, sprachen den
Wunsch aus, Diana Vaughan zu sehen. Da sie nicht in der
Hauptstadt wohne, sagte Leo Taxil, müsse schon eine kleine Reise
gemacht werden, und die Neugierigen waren damit einverstanden.
Das Stelldichein wurde in Villefranche nach Tag und Stunde
festgesetzt. Warum gerade Villefranche? Wer die Vergangenheit
Leo Taxils kennt, wird diese Frage leicht beantworten können.
Also um die bestimmte Zeit warteten die beiden Ungläubigen

[1] L'Univers. 6. Nov. 1866.

in einem Gastzimmer zu Villefranche auf die geheimnißvolle Luciferianerin. Die Thür öffnet sich und zwei feingekleidete Damen treten ein. Die eine jung, hübsch, von frembartiger Schönheit, die andere reiferen Alters, ihre Hüterin. Nach der gegenseitigen Vorstellung plauderte man von Freimaurerei und Palladismus. Anfangs ging Alles wie am Schnürchen. Wenn auch nicht ganz klar, stimmten doch die Aeußerungen derjenigen, die sich Diana Vaughan nannte, mit den Enthüllungen der Zehn= pfennigs=Broschüren überein. Aber nach und nach gerieth die Unterhaltung aus dem Geleise, die Rede nahm eine seltsame Form an, und der Accent, anfangs englisch, wurde platt, während gleichzeitig die falsche Palladistin, offenbar müde von der eingelernten Lection und von der Rolle, die man sie spielen ließ, sich anderen Gegenständen zuwandte, die, wenn auch an sich luciferianisch, doch nicht mehr dem Charakter ent= sprachen, den die Erfinder der Diana Vaughan ver= liehen hatten. Die beiden Persönlichkeiten saßen aber in der Falle und waren dupirt. Vollständig erbaut nahmen sie den nächsten Rückzug nach Paris. Die zwei . . Frauenspersonen aber kehrten wieder auf die Trottoirs von Lyon zurück, von wo sie gekommen waren. Mehr sagen wir nicht, um nicht einen unserer Pariser Collegen zu berauben, der recht erbauliche Einzelheiten über die erstaunliche Mystification der Taxil und Consorten besitzt und dieselben sicherlich auch ver= öffentlichen will zur Erbauung allzu leichtgläubiger Seelen."[1]

[1] „Germania" 1896, Nr. 258, 2. Bl., 6. November. — Bezeichnend für die komödienhafte Arroganz Taxil's ist auch die Art, wie er den Bericht des Nouvelliste zu pariren suchte. Er verlangte in einem weiteren Schreiben an den Univers. Cardinal Richard (Paris) möge drei oder fünf Geistliche bezeichnen, welche von dem Nouvelliste die Namen der beiden Pariser oder doch derjenigen Pariser Journalisten erfragen sollten, die darüber Auskunft geben könnten. Es müsse eine Confrontation und strenge, gründliche Untersuchung erfolgen. Leo Taxil weiß jetzt schon, worauf diese Untersuchung hinauslaufen wird: „Die beiden in Frage stehenden Pariser sind zwei Dreipunkte=Brüder, sie werden (wenn sie wirklich nach Villefranche gegangen sind) eine Comödie gespielt haben, und dieser Zwischenfall ist nur eine Episode der seit drei Monaten schwebenden freimaurerischen Verschwörung."
Recapituliren wir, schreibt die „Kölnische Volkszeitung", kurz die Erzählung des Nouvelliste: „Zwei Pariser wenden sich an Taxil, um die Diana zu sehen. Taxil läßt sie nach Villefranche kommen und führte ihnen hier zwei „„Damen"" vor, die eine ist angeblich Diana Vaughan." Nach den vorstehenden Worten Taxil's müßten

Die „Kölnische Volkszeitung" schreibt:

„Als vielseitiger „„Convertit"" entpuppt sich mehr und mehr Herr Leo Taxil; wir haben ihn ja schon als solchen gezeichnet, aber wir scheinen seine Vielseitigkeit noch sehr unter= schätzt zu haben. Wie wir aus der Vérité ersehen, erzählt Herr A. Casis im Libéral de l'Yonne, vor einem halben Jahre habe er in einem kleinen Pariser Tingeltangel zu seinem großen Erstaunen Herrn Taxil entdeckt, auf dem Podium stehend und schmutzige Lieder gegen Kirche und Religion singend; als Casis sich dem Collegen Taxil vorstellte, sei dieser ziemlich betreten gewesen. „Ich habe", fährt er fort, „dieses Vorkommniß erzählt, weil viele Leute im Departement Yonne noch an Taxil's Auf= richtigkeit glauben. Habe ich doch bei einem Geistlichen sogar sein Bild inmitten von Heiligenbildern [!] gesehen. Es ist Pflicht, solche Subjecte der Entrüstung der anständigen Leute preiszu= geben." Der katholische Peuple français theilt folgendes Stücklein mit: „Vor einigen Jahren erließ Taxil in einem großen Pariser Blatt eine Anzeige, laut welcher eine sehr reiche russische Dame sich mit einem Franzosen, Officier, Richter oder Journalist, zu verheirathen wünschte. Antworten wurden an eine angegebene Adresse erbeten; sie fielen Taxil in die Hände, denn die russische Dame existirte nicht. Antworten liefen in Menge ein, und Taxil antwortete darauf, als wenn er die russische Dame wäre." Letztere ist offenbar eine nahe Verwandte der „Miß Diana Vaughan".[1]

die Pariser sich selbst eine Comödie gespielt haben! „Kölnische Volks= zeitung" Nr. 759, 7. November 1896.

Taxils Antwort ist, selbst den Fall vorausgesetzt, daß der Bericht des Nouvelliste auf Irrthum beruhte mehr als sonderbar. Auf das bloße Wort Taxils anzunehmen, daß der Bericht erfunden sei, kann nach den vielen Betrügereien, die er sich zu Schulden kommen ließ, sicherlich Niemanden zugemuthet werden. Taxil hätte auch, wenn ihm hier wirklich Unrecht geschehen wäre, keinen Grund sich zu beklagen. Denn wie oft hat er schon Anderen viel schlimmere Streiche gespielt? Man kann sogar nicht verkennen, daß in obigem Berichte wenigstens seine eigene litterarische Art mit Glück ad hominem illustrirt ist.

[1] „Kölnische Volkszeitung" Nr. 771, 12. November 1896. Taxil protestirt allerdings durch den Mund „Miß Vaughans" (Mémoires 1896, p. 461) mit großer Heftigkeit gegen die Behauptung, daß er eine Art „Heiraths=Bureau" eingerichtet habe, um vertrauliche Mittheilungen zu erlangen. Indessen glaubten wir doch, obige Notizen zur Information unserer Leser stehen lassen zu sollen, zumal da nach Allem, was über die Wahrheitsliebe Taxils andererseits „festgestellt" ist, auch dieser Protest nur mit Vorbehalt aufgenommen werden muß. Taxil hat sich übrigens im Diable, im Vaughan-Roman und in der Lucie-

17. **Taxil als Dr. „Bataille".** Dr. Hacks erklärte, wie wir sahen, neuerdings, allerdings theilweise — wenn auch mehr bloß in Worten, als in That — im Widerspruch mit seinen früheren Aeußerungen und seinem früheren Verhalten, wiederholt und nachdrücklichst, er sei nicht Dr. „Bataille" und nicht „Verfasser" des Diable, er habe nur an einem ganz kleinen Theile des ersten Bandes dieses Werkes „mitgearbeitet"; für die Revue Mensuelle, für welche er als erster Redacteur genannt wurde und in welcher sich mehrere mit „Bataille" gezeichnete Artikel finden, habe er auch nicht eine einzige Zeile geschrieben. Verdienen nun diese neueren oder die früheren Aeußerungen des Dr. Hacks Glauben?

Ein unbefangener Beurtheiler, welcher die näheren Umstände dieser Geständnisse beachtet, wird keinen Augenblick an deren Wahrheit in den wesentlichsten, Taxil betreffenden Punkten zweifeln können. Denn diese Geständnisse wurden Dr. Hacks durch Erörterungen in der Presse, die ihm unangenehm zu werden begannen, entlockt, bezw. abgezwungen. Sie stellen ferner Dr. Hacks selbst thatsächlich in den Augen aller anständigen Leute in der empfindlichsten Weise bloß. Dr. Hacks hätte es auch seinem früheren Waffenbruder Taxil gegenüber nicht wagen dürfen, „zu Ungunsten desselben" in wesentlicheren Punkten die Unwahrheit zu sagen. Taxil selbst wagte in seinen öffentlichen Verlautbarungen über die Erklärungen Hacks' nicht, diese Geständnisse als „unwahr" zu bezeichnen. Er nennt sie nur „unerhört", „überraschend" und sucht, ohne die Richtigkeit derselben direct zu bestreiten, sich in seiner Weise herauszureden, bezw. die Hacks'schen Erklärungen, so gut es eben gehen will, in einem Sinne zu „interpretiren", der ihm [Taxil] noch einen Ausweg aus der Klemme offen zu lassen schien. Und die bezüglichen Interpretationen Taxil's müssen obendrein als völlig mißglückt bezeichnet werden. Sie widersprechen dem klaren Wortlaut der Erklärungen Hacks.

Taxil hat so durch sein ganzes Verhalten selbst thatsächlich vor der Oeffentlichkeit festgestellt, daß Hacks in den wesentlichen Punkten seiner Erklärungen, in den Punkten nämlich, welche sich auf die Glaubwürdigkeit der betreffenden „Enthüllungen" und auf die eigentliche Autorschaft an denselben beziehen, nur die reine Wahrheit spricht.

Claraz-Geschichte u. s. w. nach unserer Ansicht viel schlimmere Mystifikationen erlaubt, als die hier von ihm mit so stark forcirter Entrüstung zurückgewiesene. Hinsichtlich des ersten Theiles der Notiz ist uns bisher kein Dementi bekannt geworden.

Man hat um so weniger Grund, an den diesbezüglichen
Versicherungen des Dr. Hacks zu zweifeln, als dieselben ganz im
Einklang mit der Ansicht stehen, welche sich sachkundige Beurtheiler
schon vor dem Bekanntwerden der genannten Hacks'schen Er=
klärungen, lediglich auf Grund der schon längst vor aller Augen
liegenden Thatsachen, über die Angelegenheit bilden mußten
und welche sie zum Theil auch schon von Anfang an öffent=
lich ausgesprochen haben.

Um den Inhalt der hier einschlägigen Erklärungen Dr. Hacks
in Erinnerung zu rufen, setzen wir zunächst einige Sätze aus
einer neueren, oben noch nicht mitgetheilten Erklärung desselben
hierher. Dr. Hacks sagte einem Mitarbeiter der Vérité mit
Bezug auf die im Diable enthaltenen und auf demselben be=
ruhenden „Enthüllungen":

„All das war der reine Schwindel. Als die gegen
die Freimaurer als Verbündete Satans gerichtete Encyklika
Humanum genus erschien, kam ich auf den Gedanken, daß dies
ein richtiger Stoff sei, um aus der bekannten Leichtgläubigkeit
und unergründlichen Dummheit der Katholiken Geld zu schlagen.
Es bedurfte nur eines Jules Vernes, der diesen Räuber=
geschichten einen verlockenden Anstrich gab. Ich war dieser
Jules Vernes. Merkwürdiger Weise ... waren andere auf ganz
denselben Gedanken verfallen. Ich verständigte mich also mit Leo
Taxil und einigen Freunden, worauf wir zusammen den Diable
au XIXe siècle gründeten, welcher den bekannten großen Erfolg
hatte. . . . . . Ich hatte viele Länder bereist und erzählte die
wunderlichsten Geschichten, welche ich in exotische Gegenden ver=
legte, sicher, daß Niemand sich an Ort und Stelle begeben würde,
dieselben auf ihre Wahrheit zu prüfen.

„Die Katholiken verschlangen das Ganze ohne jede Schwierig
keit. Die Einfalt dieser Leute ist so groß, daß, wenn ich ihnen
heute sagte, ich hätte sie nur zum Besten gehalten, sie sich
weigern würden, mir dies zu glauben. Sie würden vielmehr in
der Ueberzeugung verharren, daß alle meine Erfindungen nur die
lautere Wahrheit enthalten. Ich kannte meine Pappenheimer.
Manchmal, wenn ich eine etwas gar unglaubhafte Geschichte
aufs Tapet brachte, wie z. B. die Geschichte der Schlange, die
mit ihrem Schwanze Prophezeiungen auf den Rücken Diana
Vaughans [müßte heißen: Sophia Walders] schrieb oder die
Geschichte des Teufels, der, um einen Freimaurer zu heirathen,
sich in eine junge Dame verwandelte und am Abende als Krofodil
Klavier spielte, — sagten mir meine Mitarbeiter, denen vor
Lachen die Thränen in den Augen standen: Theuerster, Sie

gehen zu weit! Sie verderben uns den ganzen Spaß! Ich aber antwortete ihnen: Bah! Lassen Sie mich nur gewähren! Das wird schon gehen! Und es ging in der That.

„Mir fiel im Allgemeinen die Aufgabe zu, die Geschichten zuzurichten. Leo Taxil oder ein anderer gab mir irgend einen Stoff, der im Grunde auf Wahrheit beruhen mochte. Ich über= nahm es, die Sache nach dem Muster Jules Vernes' aufzuputzen. Ich sage: Ich habe den Nautilus gesehen, und die Katholiken wiederholten im Chore: Er hat den Nautilus gesehen! That= sächlich war das die denkbar verwegenste Herausforderung der menschlichen Dummheit. Sie sehen aber, daß ich nicht unrichtig gerechnet habe.

„Und welchen Zweck verfolgten sie dabei?", warf der Bericht= erstatter der Vérité ein.

„Ei, welch' anderen, als Geld zu gewinnen", antwortete Hacks, „und diesen Zweck habe ich auch erreicht."[1]

Seinen Austritt aus dem Schwindler = Consortium erzählt Hacks mit den Worten:

„Nach kurzer Zeit zog ich mich von der Bude zurück und kehrte den Pfaffen, von denen ich überlaufen war, den Rücken. Es giebt keine langweiligere [oder verdummendere, embêtant] Gesellschaft, als diese Leute. Und nun habe ich meine Restauration zu festen Preisen gekauft, die prächtig geht."[2]

Dr. Hacks hat, wie wir schon sahen, im Besonderen erklärt:

---

[1] Abgedruckt in La Croix. 7. Nov. 1896. — Ganz vermochte Dr. Hacks freilich auch in dieser Unterredung seinen Charakter als „Aufschneider" nicht zu verleugnen. Thatsächlich fielen nicht die Katholiken, sondern ein verhältnißmäßig nicht „bedeutender" Bruchtheil der Katholiken auf seinen Schwindel herein. „Naive" Seelen giebt es nicht nur unter den Katholiken, sondern in allen Parteilagern. Lange nicht Alle, die das Werk kauften und lasen, können als Bataille= Gläubige betrachtet werden.

Selbst an der Croix, deren Redacteure sich gegenüber den Baug= han'schen Enthüllungen und in vielen anderen Fällen viel zu leicht= gläubig zeigten, betrachtete man, theilweise wenigstens, die „Enthüllungen" Bataille's doch als eine unmoralische, ungesunde und gefährliche Lectüre. Solche Anschauungen hätten aber allerdings auch von Anfang an in der französischen Presse mit der entsprechenden Ent= schiedenheit öffentlich vertreten werden müssen, und das ist leider nicht geschehen. Darum konnte der Schwindel so lange sein Leben fristen und in dem Maße um sich greifen, wie wir es noch jetzt werden.

[2] Vgl. l'Anti-Maçon Nr. 25, 14. November 1896 und „Germ." Nr. 263, 2. Bl. 12. November 1896.

„Ich bin nicht der Verfasser des Diable au XIXe siècle, sondern nur ein einfacher Mitarbeiter an demselben; ich habe nur an einem ganz kleinen Theil (partie minime) des ersten Bandes mitgearbeitet. Seitdem ich aufgehört habe, thätig [schriftstellerisch?] an demselben mitzuarbeiten, habe ich mich darum auch nicht mehr gekümmert. Ich beanspruche keinerlei Autorschaft oder sonstiges Recht hinsichtlich desselben. Ich habe niemals **auch nur eine einzige Linie**[1]) für die Revue Mensuelle oder für irgend eines der Bücher, Blätter oder irgend eine Broschüre oder Publication geschrieben, die seither über diese Fragen erschienen sind. Das Pseudonym „Dr. Bataille" gehört mir daher nicht an und hat mir nie angehört."[2])

Wer ist nun aber, wenn Dr. Hacks nicht der Verfasser des Diable ist, der eigentliche Verfasser: der geistige Urheber und hauptsächlichste Redacteur desselben? Die Antwort auf diese Frage liegt nach allem bereits Gesagten auf der Hand: Niemand anders, als der schon oft, auch von Dr. Hacks unter den Bearbeitern des Werkes an erster Stelle genannte und bereits aus analogen Publicationen längst als Erzschwindler und verwegener litterarischer Fälscher bekannt gewordene Leo Taxil. Dem Diable au XIXe siècle ist, wie den folgenden Margiotta'schen [Lemmi, Palladisme] und Vanghan'schen Publicationen, die Signatur der „publicistisch = industriellen" Firma Taxil und Cie. so klar aufgeprägt, daß kein Fabrikstempel deutlicher die Herkunft einer Waare kenntlich machen könnte. Daß Leo Taxil der Hauptredacteur der ebenfalls unter Voranstellung von „Bataille's" Namen veröffentlichten Revue Mensuelle ist, wußte man schon von jeher. Der Autor, den man daher an erster Stelle hinter dem Namen „Dr. Bataille", zu suchen hat, der vor allen Anderen für den Diable au XIXe siècle, die Revue Mensuelle und die sonstigen darauf folgenden einschlägigen Publicationen verantwortliche Schriftsteller und Coulissenschieber ist Niemand anders; als Leo Taxil.

Näher zu untersuchen, welche litterarischen Strolche sonst noch der Schwindler = Firma Leo Taxil und Cie., sei es unter dem Collectiv-Pseudonym Bataille, sei es unter sonstigen trügerischen Namen angehört haben, und welche publicistischen

---

[1]) Fettdruck im Original des Briefes.
[2]) Nach dem französischen, in den Etudes religieuses 1896 II 388 mitgetheilten Texte des Briefes Dr. Hacks an die „Köln. Volksztg." vom 14. October 1896.

Leistungen, bezw. Absätze in den genannten Publicationen speciell von ihnen herrühren, verlohnt sich nicht der Mühe. Einiges Interessantere hierüber wird später gelegentlich erwähnt werden.

Bezeichnend hinsichtlich der wahren Gesinnungen Taxils, als Hauptverfassers des Diable, ist seine bereits oben hervorgehobene Erklärung, daß er nur in einer einzigen Frage, nämlich der des Antisemitismus, mit seinem Busenfreunde nicht übereinstimme. Und Taxil kannte die wirklichen Anschauungen und Gesinnungen Dr. Hacks, über welche das Buch Le Geste einigermaßen Aufschluß giebt, sicher besser als irgend ein Anderer.

---····----

Zweites Capitel.

Das Werk Le Diable au XIXe siècle.

18. **Vorbemerkungen. Behandelte Gegenstände.** Nachdem wir bereits die zwei Hauptpersönlichkeiten kennen, welche als „Zeugen, die das Erzählte selbst mitgemacht oder erlebt haben", für die volle Wahrheit der im Buche Le Diable mit= getheilten Enthüllungen sich verbürgen; nachdem wir auch aus dem Munde eines und zwar des Hauptsächlicheren dieser Zeugen bereits erfahren haben, daß sowohl der Diable als die Vaughan= Affäre nur darauf berechnet waren, einige tausend Schwach= köpfe zum Besten zu halten (questions palpitantes[1]) pour quelques milliers d'imbéciles), können wir uns bezüglich des Inhalts dieses Enthüllungswerkes selbst kurz fassen. Vieles aus Bataille's Diable wird übrigens später im Zusammenhang mit den verwandten „Enthüllungen" Margiotta's und „Miß Vaughans" noch zur Sprache kommen. Auch die folgende kurze Inhaltsangabe wird indessen genügen, um jedem Leser begreif=

---

[1] Indem Dr. Hacks gerade dieses Wort gebraucht, scheint er in boshafter Weise auf den Satz anzuspielen, welcher aus dem Brief des Cardinals Parocchi, bezw. Mgr. Villards, an „Diana Vaughan" vom 16. December 1895 immer wieder zur Reclame für „Miß Vaughans" Mémoires verwendet wurde: „Je lis en ce moment vos Mémoires, qui sont d'un intérêt palpitant."

lich zu [machen, daß das Werk von den haarsträubendsten Ungereimtheiten förmlich wimmelt und daß es seinen Verfassern
lediglich darauf ankam, mit gewissen leichtgläubigen Katholiken
ihren frivolen Spott zu treiben.

Die Gegenstände, welche Bataille im Diable behandelt,
sind: Luciferianische Freimaurerei, Palladismus, Theurgie, Goëtie,
Spiritismus, Okkultismus (in Indien, China, Amerika, Europa
und Afrika), Kabbala fin de siècle, Magnetismus, Medien,
Rosenkreuzer-Magie, Besessenheit und Umsessenheit, Hysterie,
Suggestion, Mantik, Taschenspielerkünste, Astrologie, wirkliche
und imaginäre Erscheinungen, hauptsächlichere Zaubereien und
Maleficien, Vorläufer des Antichrists und überhaupt alle angeblichen
Formen des modernen Sanatismus.

I. Inhaltsangabe.

Bezüglich des frivolen, kindischen Inhalts des Werkes
mögen folgende Proben dienen, die den verschiedensten Abschnitten
desselben entnommen sind:

19. „Das Mädchen mit der Schlange." Von Sophia
Walder, der bekannten „Urgroßmutter des Antichrists", die den
Palladismus in Frankreich, Belgien und in der Schweiz in
Blüthe gebracht haben soll, weiß Bataille folgende Geschichte zu
erzählen, welche ihre angebliche palladistische Bezeichnung „das
Mädchen mit der Schlange" erklären soll.

Der Vater Sophia's hat seine Tochter in magnetischen
Schlaf versetzt. Man nimmt ihr in diesem Zustand ihr Hals-
band, das eine Schlange darstellt, ab. Man läßt aus einem
Korb eine lebendige Schlange los. Diese kriecht an Sophia
hinauf, wickelt sich um ihren Hals, wo sie die Stelle des ab-
gelegten Halsbandes einnimmt, reckt dann ihren Kopf vor und
küßt, nachdem sie einige Male gezischt hat, Sophia auf die Lippen,
worauf diese zu erwachen scheint. Sophia's Mund schäumt; sie
bekommt Krämpfe, ihre Haare richten sich zu Berge; mit heiserer
Stimme stößt sie Verwünschungen und Lästerungen aus. Der
Anfall dauert etwa zehn Minuten. Unterdessen hat sie sich auf-
gerichtet und steht starr und gerade wie eine Bohnenstange, die
Hände horizontal nach vorn gestreckt, da. Man legt ihr schwere
Gewichte auf die Arme, letztere bleiben aber unbeweglich. Auch
der Körper beugt sich nicht. Die Schlange stößt einen weiteren
Zischlaut aus und küßt sie zum zweiten Mal. Darauf senken sich
die Arme Sophia's und hängen nun längs des Körpers herab.

Der Magnetiseur öffnet ihr das Corsett, so daß Brust und Rücken unbedeckt sind. Er nimmt dann einen Zauberring und thut dergleichen, als ob er auf der Brust Sophia's eine Frage aufschreiben wollte. Wunderbar! Gleich darauf wird die Schrift mit den schönsten Buchstaben Allen sichtbar. Man tritt heran und liest.

„Unterdessen zischt die Schlange auf die lieblichste Weise. Ihr Schwanz, der bisher unbeweglich längs des Rückgrats Sophia's herabhing, biegt sich aufwärts. Die Schwanzspitze bewegt sich wie ein schreibender Bleistift über der Rückenhaut Sophia's hin und her." Die Antwort auf die Frage, welche auf der Brust zu lesen steht, erscheint nun in überraschend scharfen Lettern auf dem Rücken.

Man schließt ihr wieder das Corsett. Der Magnetiseur weckt sie. Die Sitzung ist zu Ende. Beim Kommen und beim Gehen hat Jedermann versprochen, das Geheimniß strengstens zu wahren.[1]

Diese gleich zu Anfang des Buches gebotene „Enthüllung" ist typisch für die meisten „Enthüllungen", die sich nicht nur im Diable, sondern auch in den Mémoires „Miß Vaughans" vorfinden.

20. In der Fakir-Loge. Die Schlangentaufe. In Pondichery (Indien) besuchte Bataille einen satanistischen Freimaurer-Tempel der indischen Fakire. Hier fand er an drei Wänden des Tempels je elf Nischen vor. In dreizehn dieser Nischen waren Fakire in allen unmöglichen verrenkten Stellungen eingemauert, bezw. aufgehängt. Sie erduldeten die Qualen, wie ihn der Großmeister belehrte, zu Ehren des wahren Brahma, Lucifers. [!][2]

Es folgte eine Citirung Lucifers. Mehrere Fakire opferten ihr Leben und zerfielen in Fäulniß, so daß die Loge „einem Kirchhof glich". Einen noch lebenden Fakir erwürgte der Großmeister mit höchst eigenen Händen. Die Schlangen, die Musikanten der Loge, setzten sich auf ihre Schwanzspitzen und zischten; die eingemauerten Fakire stimmten in die Flüche und Lästerungen der Anwesenden ein. Aber trotz Allem erschien Lucifer diesmal — nicht![3]

In der Wüste Dappah bei Calcutta empfing Bataille selbst eine Art Einweihung durch die sogenannte „Schlangentaufe".

[1] Le Diable au XIXe siècle 1892 et suiv. 40 f.: Bild dazu S. 24.
[2] A. a. O., S. 80, Bild S. 73.
[3] A. a. O., S. 88 ff.

Ohne jede andere Bekleidung, als einen maurerischen Schurz und sein Band des 90.∴ Grades des Memphis-Ritus mußte er in eine Arena treten, welche sich alsbald mit den verschiedensten giftigen Schlangen füllte. Dieselben stürzten sich sofort auf ihn und umringelten ihn. Drei Minuten hielt er diese Probe aus, ohne zu zagen. Er wäre bereit gewesen, noch länger auszuharren. Aber die anwesenden Hochgradmaurer Phileas Walder, der Vater der Urgroßmutter des Antichrists, und Hobbs erklärten, er habe nun hinlänglich seine Energie bewiesen, um der höchsten maurerischen Einweihung würdig zu sein.[1]

Im Heiligthum des Phönix wohnte Bataille einer mit aller Feierlichkeit vorgenommenen sacrilegisch-luciferianischen Trauung eines Affenpaares bei.[2]

21. Eine Presbytereaner-Kirche, zugleich palladistischer Tempel Lucifers.

— In Singapore klopfte Bataille, um seine Satansforschungen zu bereichern, nach palladistischer Art an die Seitenthüre einer presbytereanischen Kirche, in welcher er sofort einen Schlupfwinkel des Satans-Cults vermuthet hatte. Er täuschte sich nicht. Der Pastor selbst öffnete ihm. Zu seiner Ueberraschung gewahrte nun Bataille im Grunde der Kirche das Baphomet mit allem palladistischen Zubehör, Kelch, Hostie und Dolch mitinbegriffen u. s. w.[3]

22. San-ho-hoeï-Loge. Ein 33.∴ im Kampf mit einem Skelett.

In China besuchte Bataille anläßlich einer Reise nach Schang-Haï eine Sitzung der luciferianischen [!] Gesellschaft San-ho-hoeï, in welcher christliche Geheimnisse und Embleme auf die lästerlichste Art beschimpft werden sollen.[4] In derselben soll der gute Gott Tschenn-Young „Lucifer" [!] und der Gründer der Gesellschaft Zika Beelzebub [!] genannt werden, ein offenbarer Beweis, daß die chinesische San-ho-hoeï eine Schwester der palladistischen Vereinigung sei.[5]

In diesem chinesischen Triangel war Bataille Zeuge eines merkwürdigen Vorfalls. Ueber einem Sarge, in dem ein menschliches Skelett lag, sprach der Großmeister eine Beschwörung an den „Knochen- und Wirbelsäulen-Geist", den chinesischen Gott Wham-tschin-sn. Das Skelett belebte sich. Mit Fluiden

[1] Le Diable I 118 f: Bild dazu S. 97.
[2] A. a. O., S. 125.
[3] A. a. O., S. 190 ff.
[4] A. a. O., S. 255 ff.
[5] A. a. O., S. 271, 281.

übergossen, beantwortete es einige an es gestellte Fragen über ankommende Missionäre: Franziskaner und Jesuiten. Ein 33.·. wollte hierauf auch seinerseits versuchen, ob ihm der Geist antworte. Er machte sich daran, die magnetischen Striche vor= zunehmen u. s. w. Das Skelett zeigte sich erst ungehalten. Als er aber das Fluidum über dasselbe ausgießen wollte, versetzte es ihm einen schallenden Schlag ins Gesicht. Er schrie auf. Das Skelett gab darauf einen unheilbedeutenden Schnaublaut durch die Nase von sich und nahm eine immer drohendere Haltung an. Der 33.·. flieht; das Skelett stürzt hinter ihm her. Der 33.·. wirft seinem unheimlichen Gegner Stühle zwischen die Beine, die der Knochengeist aber mit spielender Leichtigkeit überschreitet. Endlich stürzt der 33.·. erschöpft der Länge nach hin und das Skelett auf ihn. Nun beginnt noch ein langer Ringkampf auf dem Boden, der aber, da er nicht ewig dauern konnte, endlich doch endigte, indem sich das Skelett wieder zurückzog.[1])

23. Der Satanspapst A. Pike. Seine Federn. Sein teuflisches Telephon. Sein Hausteufelchen und sein magisches Armband. Seine Reise auf den Sirius. Ueber den Satanspapst A. Pike berichtet Bataille, sein Haus sei ein großes Vogelbauer gewesen, in dem hunderte von Vögeln herumflogen. — Er habe ferner alle Schreibfedern, deren er sich bediente, aufbewahrt, weil er sie wegen ihrer Verwendung durch ihn als Freimaurerpapst als geheiligt betrachtete. Er habe deren 10,000 in der Schublade gehabt. Eine davon sei nach seinem Tod mit 500 Dollars [?] bezahlt worden, weil damit Pike's Antwort auf die Encyklika Humanum genus geschrieben worden sei[2]) u. s. w.

Es folgt die Erzählung der angeblichen Begründung des Palladismus, von der im zweiten Theile die Rede sein wird.

„Magische" Gegenstände und Erscheinungen werden im Zusammenhang mit der Geschichte Pike's, des „großen Magiers par excellence",[3]) von Bataille folgende erwähnt:

Die arcula mystica, eine Art entschieden „diabolischen Telephons", ein Kästchen mit sieben Statuen, welche die sieben großen palladistischen Directorien (Charleston, Rom, Berlin, Washington, Montevideo, Neapel und Calcutta) darstellen. Ein Druck auf die jeweilige Statue stellt, ohne daß es eines ver= mittelnden Drahtes bedürfte, die Verbindung mit dem ent=

---

[1]) A. a. O. S. 277 ff.
[2]) Le Diable I 322 f.
[3]) A. a. O., I 392 f.

sprechenden Directorium her und giebt dort zugleich durch einen
Pfiff ein Signal. Im Teufelstelephon des so avisirten Directoriums
wird dann die entsprechende Statue ebenfalls niedergedrückt.
Darauf kann die Conversation beginnen. Die gleiche arcula
mystica findet sich in allen anderen Directorien vor. Diese
Arcula nehmen die betreffenden Freimaurer=Häupter auch auf
Reisen mit sich.

Eine palladistische Legende erzählt, daß Pike für seine
Correspondenz überdies noch ein eigenes Hausteufelchen mit
einem sehr langen Schwanze zur Verfügung stehe, das die ihm
übergebenen Depeschen im Augenblick an Ort und Stelle und
die Antwort wieder zurückbringt. Behufs Citirung dieses Teufelchen
wirft sich Pike jedesmal schnell in seinen „Hohenpriesterlichen
Ornat.“[1]

Das berühmte „magische Armband“ Pike's, das Bataille
haarklein beschreibt, bietet dem Satanspapst die Möglichkeit, jeden
Augenblick mit Hilfe gewisser Zauberformeln Lucifer in Person
zu citiren.

Bei einer solchen Citirung sprach Pike einst den Wunsch
aus, eine Reise auf den Sirius zu machen. Lucifer nahm
den Satanspapst stracks in seine Arme und Pike war, wenn man
anders seinem Bericht im „Enthüllungs=Buch“ glauben darf, in
einigen Secunden, ohne ohnmächtig zu werden, auf diesem
52,174,000 Millionen Meilen weit entfernten Stern. Er fühlte
sich dabei außerordentlich wohl. Auf dieselbe Art brachte ihn
Lucifer wieder zurück und setzte ihn darauf sanft in seinem
Arbeitszimmer in Washington nieder.[2]

24. Das „große sprechende Rad“ des Groß=
hierophanten Pessina und die Reclamation dieses
letzteren bei den Verlegern Delhomme und Briguet.
Aehnliches erzählt Bataille vom Groß=Hierophanten Pessina,
welcher unter Anderem ein „großes sprechendes Rad“ haben
soll.[3]

Das große sprechende Rad, abgebildet II 233, soll nach
Bataille also gehandhabt werden. Bataille giebt vor, die folgende
darauf bezügliche Stelle wörtlich dem Ritual des misraimitischen
Magiers entnommen zu haben:

„Die Operation [mit dem sprechenden Rad] ist bei heiterem
Wetter und zur Zeit des zunehmenden Mondes vorzunehmen.

---

[1] A. a. O., S. 394: Bild dazu S. 377.
[2] A. a. O., II 340 f.
[3] A. a. O., II 341 ff.

Sobald der Morgen graut, zeichne man mit einer neuen Gans-
Feder mit neuer Tinte auf dem Fell eines jungfräulichen Lammes
das sprechende Rad mit dem Hexagon in der Mitte. Das
Hexagon enthält die Engels-Namen und das Zeichen des Geistes
sammt seinem Siegel. In den Reif des Rades zeichnet man
das Alphabet ein. Hierauf segnet man das Lammfell mit Weihrauch und Wasser. Nachdem dies geschehen ist, richtet man ein
Pendel her, dessen Schnur aus Seide verfertigt und goldgelb
sein muß, und dessen Körper aus einem nach abwärts gekehrten
Dreieck aus schwerem Metall bestehen muß. Dieses Pendel
weiht man ebenso, wie das Rad, mit Incens und Wasser-
Besprengung ein."

Dieses sprechenden Rades bedient man sich auf folgende
Weise: man legt das Lammfell auf einen Tisch; darüber befestigt
man das Pendel. Man citirt Raphael. Dieser erscheint aber
nicht. Ein Teufel hingegen, welcher den Namen desselben annimmt, setzt das Pendel in Bewegung. Nun stellt man Fragen.
Das Pendel steht der Reihe nach über den Buchstaben stille,
welche die Worte der Antwort zusammensetzen.

Damit eine Teufels-Beschwörung Erfolg habe, bemerkt
Bataille weiter, muß „Eine Bedingung durchaus erfüllt werden.
Ich erfinde nichts, ich übersetze treu: Es ist die Gegenwart eines
jungfräulichen Mädchens oder einer Frau, die in Hoffnung ist,
unbedingt nothwendig. Warum eine Frau in Hoffnung ein
jungfräuliches Mädchen, wenn ein solches nicht zur Stelle ist,
ersetzen kann, darüber spricht sich Pessina nicht aus."[1]

Pessina verbat sich nebenbei bemerkt in einem Briefe an
die Verleger des Diable in den schärfsten Worten die Art und
Weise, wie er in den Diable hineingezogen wurde, und wünschte
den wahren Namen des Verfassers zu erfahren, um ihm sein
Handwerk zu legen. Dr. Bataille geht, wie über viele andere
Reclamationen lebender Personen, die er in frivoler Weise in
sein Werk verflochten hatte, so auch über diese mit einigen
spöttischen Bemerkungen hinweg.[2]

25. Das luciferianische geheime Freimaurer-
Laboratorium in Gibraltar. Freimaurerische
Mikroben-Cultur. Der Spoleïsche Ritus mit der
Volapük-Sprache. Eine der in ihrer Art gelungensten
Episoden des Buches ist die Beschreibung des geheimst-geheimen

[1] A. a. O. II 343 f.
[2] Le Diable I 464 f.

luciferianisch = freimaurerischen Laboratoriums im Innern der Felsen Gibraltars.

Hier erzählt Bataille, wie er in Person die geheimen teuf=
lischen Werkstätten musterte, in welchen ungefähr 200 Menschen
und Teufel mit Wissen der englischen Behörden im Vereine die
zum Satansdienst erforderlichen Gegenstände[1]) und die stärksten
Gifte herstellen. Auch eine großartige Mikroben=Cultur
wird nach Bataille's Zeugniß hier betrieben, „damit man ohne
Unterlaß das Nöthige in Bereitschaft habe, um auf einen von
Charleston [vom Satanspapst Pike durch das Teufels=Telephon]
etwa einlaufenden Befehl sofort diese oder jene ansteckende Krank=
heit in dieser oder jener Gegend verbreiten zu können".[2]) Die
Arbeiter der luciferianischen Fabrik gehören dem „Spoleïschen
Ritus", einer Unterart des palladistischen Ritus, an, welcher das
Volapük zu seiner officiellen Sprache erkoren hat.

In der Werkstätte der „Erwählten Arbeiter" sind
lauter Kerle von ganz monströsem Aussehen, von denen Keiner
zur Menschheit zu gehören scheint. Ein Unternehmer könnte
steinreich werden, wenn ihm auch nur Einer derselben zur Ver=
fügung gestellt würde, um ihn auf Jahrmärkten zur Schau zu
stellen.[3])

Als ich, berichtet Bataille, in den Saal dieser „Erwählten"
trat, unter welchen Lucifer, wenn nicht in Person, so doch sicher
im Geiste anwesend ist, tönte mir ein langes betäubendes
Geschrei entgegen. Es war ein herzlicher Willkomm in Volapük.
Tubalkain, der mir entgegenkam, theilte mir in „aus=
gezeichnetem Französisch" mit, daß die Feuer=Arbeiter schon
lange mit Sehnsucht darauf geharrt hätten, mir, „dem Chef",
der sich würdigte, seine Soldaten zu besuchen, ihre Huldigung
darzubringen.[4])

Beim Abschied erhielt Bataille vom Director des „okkultisti=
schen Laboratoriums" ein Fläschchen, das kaum einige Centilitres
fassen konnte, dessen Inhalt aber trotzdem hingereicht haben
würde, in einer Stadt von zwei Millionen Einwohner, wie
Paris, eine Cholera hervorzubringen, noch mörderischer als die
von Hamburg im Jahre 1892. Man sieht, der Teufel ist
neuerdings auch Bakteriolog geworden.

Die Secte der „Retheurgisten Optimaten" [der freimaurerisch=

---

[1]) A. a. O., I 501 ff.
[2]) A. a. O., I 541 ff.
[3]) A. a O., I 530 ff.
[4]) A. a. O., I 533 f.

Obb=Fellow'ſchen luciferianiſchen Vereinigung] miſcht in den Trank derer, die ſie verderben will, einen Tropfen dieſer Eſſenzen. Dieſe verfallen dann dem Tode, z. B. durch Typhus, ohne daß man den Mördern auch nur das Geringſte nachzuweiſen vermöchte.[1])

26. Keilerei zwiſchen Bataille und vielen Teufeln. Asmodäus dreht Bordone das Geſicht nach hinten. Ein Tiſch wird zum Krokodil, das Klavier ſpielt. Ein anderer Tiſch wird Gemahlin eines Spiritiſten. Die Teufelsſchaukel. Von anderen mehr blödſinnigen als drolligen Geſchichten ſeien noch folgende erwähnt: Eine coloſſale Keilerei zwiſchen Dr. Bataille und Genoſſen einerſeits und einer Menge von Teufeln andererſeits, welche Herr Bataille dank ſeiner großen Frömmigkeit in die Flucht ſchlägt.[2])

Der Schutzteufel „Diana Baughans" dreht dem bekannten Generalſtabschef Garibaldi's, Bordone, weil er ſich eine beleidigende Aeußerung gegen die „Miß" erlaubt hatte, den Kopf herum, ſo daß er nun das Geſicht nach hinten tragen muß. Zu ſeinem Glück dreht ihm die gutmüthige Diana „nach 20 oder 21 Tagen" den Kopf wieder zurecht.[3])

In London erhob ſich bei einer ſpiritiſtiſchen Sitzung im Winter 1889/90 beim Tiſchrücken der Tiſch plötzlich zum Plafond, fiel dann wieder herab, um ſich ſodann zum größten Schrecken der Anweſenden in ein beflügeltes Krokodil zu verwandeln. Die Ueberraſchung ſtieg auf den Gipfel, als das Krokodil zum Piano ſchritt, daſſelbe öffnete und eine ganz fremdartige Melodie ſpielte. „Während es ſo ſpielte, warf es der Frau des Hauſes ausdrucksvolle Blicke zu. Die Frau wurde, wie man ſich leicht denken kann, dadurch in große Verlegenheit verſetzt."[4])

Ein in Paris noch lebender ſpiritiſtiſcher Herr Wladimir vermählte ſich in dritter Ehe mit einem kleinen von einem Geiſt bewohnten Tiſch, welch' letzterer ihm [als Dame, im Franzöſiſchen la table] ſeine Liebe erklärt hatte. Als die Stunde der Hochzeit geſchlagen hatte, richtete ſich der Tiſch von ſelbſt auf und legte Braut=Schleier und =Kranz an. Anfangs war Wladimir über ſeine neue Ehe überglücklich. Er machte ſelbſt den Verſuch, ſich mit ſeiner Geiſter=Tiſch=Gattin photographiren zu laſſen. Später erſchien ihm aber die Ehe doch gar zu

---

[1]) A. a. O., I 543 f.
[2]) A. a. O., I 630; Bild dazu S. 617.
[3]) Le Diable I 719; Bild dazu S. 665.
[4]) A. a. O., I 618 f.; Bild S. 609.

platonisch). Er erhielt auch auf seine diesbezüglichen Vorstellungen hin von seiner Tisch=Gemahlin die Ermächtigung, sich von Neuem zu verheirathen.[1]

Im Großen Triangel zu Zürich fand 1890 eine Sitzung statt, in welcher der Teufel Goloek sich zur großen Heiterkeit der Anwesenden mit einer jungen Dame auf einer russischen Schaukel wippte.[2] Da aber der beschwänzte Dämon natürlich viel schwerer war, so blieb die Dame in der Luft hängen, was sie natürlich dem allgemeinen Gelächter aussetzte.

27. Ein Riesenbaum verbeugt sich vor der Ur=großmutter des Antichrists und überreicht ihr ein prachtvolles Bouquet. Als Bataille einst mit der „latent Besessenen" Sophia Walder in einer Allee auf und abging, „wendete plötzlich, als Sophia vorüberging, ein mächtig großer Baum alle seine Aeste und Zweige aufwärts, so daß sie einen einzigen ungeheueren Fächer bildeten, und machte in diesem merkwürdigen Aufputz eine tiefe Verbeugung vor ihr. Hierbei hatte sein wohl Jahrhunderte alter Stamm alle Steifheit ver=loren und war biegsam geworden wie Kautschuk. Das Merk=würdigste aber kam noch. Aus der Spitze eines großen, ab-gebrochenen, halb vertrockneten, fast blätterlosen Astes trat, wie wenn es plötzlich daraus hervorwüchse, ein schönes Blumenbouquet heraus, in welchem Martagon = Lilien vorherrschten. Dieses Bouquet wurde der „Besessenen" von einer scheinbar menschlichen Hand, in welcher der Ast jetzt endigte, dargereicht. Frl. Walder nahm das Bouquet, strahlend vor Freude, entgegen".[3]

Die Teufelsfratzen, die im Buche massenhaft abgebildet sind, und welche angeblich die Erscheinungen der Teufel in den palla=distischen und verwandten Cirkeln genau wiedergeben sollen, stellen sich auf den ersten Blick als ultra=phantastische Carricaturen dar.

28. Bataille's Diable ein vom religiösen Stand=punkt durchaus verwerfliches Buch. Die Capitel desselben über Umsessenheit und Besessenheit. Vor=stehend mitgetheilte „Enthüllungen" gehören dem mehr komischen, wenn man nicht lieber sagen will, „blödsinnigen" Theil des Buches an, den man, wenngleich schon darin vieles Frivole und gegen die litterarische Ehrenhaftigkeit Verstoßende vorkommt, noch allenfalls als Satire — einerseits auf den geistlosen Formel-

[1] A. a. O., II 7 ff.; Bilder S. 5 u. 9.
[2] A. a. O., II 361.
[3] A. a. O., II 835; Bild S. 865.

673622A

kram und.die lächerliche Geheimthuerei der Freimaurer und ver=
wandter Gesellschaften und — andererseits auf die kritiklose
Leichtgläubigkeit gewisser Leute und Kreise, hingehen lassen könnte.
An manchen „Geschichten", die nicht gar zu läppisch sind, könnte
man selbst in dieser Hinsicht ein gewisses Vergnügen
empfinden.

Wegen der Art und Weise aber, wie in diesem Werke
Erscheinungen der christlichen Mystik, ja die kirchliche
Lehre und Praxis hinsichtlich diabolischer Ein=
wirkungen mit solchen rein erfundenen Possen verquickt ist,
muß dasselbe vom kirchlichen und positiv=gläubigen Standpunkt
als ein durch und durch verwerfliches, gefährliches
und verderbliches Werk betrachtet werden.

Zur Rechtfertigung unserer Anschauung genügt es hier, nach
dem Inhaltsverzeichniß einige der Gegenstände namhaft zu
machen, welche Bataille mitten unter seinen Fabeln in seiner
frivol=ungläubig=spöttischen Weise behandelt.

Capitel XXIII. Umsessenheit I, S. 687—777:
„Die kirchliche Lehre über Umsessenheit und Besessenheit; das
Ritual der Exorcisten. — Die Versuchungen; Umsessenheit der
Unlauterkeit; Umsessenheit durch Zweifel. — Die Verfolgungs=
Umsessenheit: Fall des ehrwürdigen Pfarrers von Ars. — Die
unabhängigen Freimaurer=Schwestern: Juliette Lamber [Mme.
Edmond Adam I S. 939], Diana Banghan. — Die Schutz=
besessenheit: Ausnahmefall der Schwester Vaughan;
Asmodäus und der angebliche Löwenschwanz des
hl. Markus [davon wird später noch die Rede sein]; eine
Luciferianerin, die sich weigert, eine Hostie mit dem Dolch zu
durchstechen. Sophia Walder und Bordone; merkwürdiger
Conflict zwischen den [nichtexistirenden] Triangeln Saint Jacques
und Les Onze-Sept; Diana Vaughan vom Teufel beschützt. —
Der Bauer von Saint Mandé und die Erscheinung ohne Arm;
das schwarze Huhn von Dompierre: die Frage des Selbstmords;
der Teufel kann auch Besessene nicht tödten. — Wie man den
Irrthum in gewissen Legenden erkennt: Dr. Faust; der Soldat
von Fontainebleau; der Polizeisaal von Fort de Vincennes. —
Der hl. Petrus kommt einem Renegaten [einem angeblichen
Priester, wunderbar] zu Hilfe, der sich dem Teufel verschrieben
hatte. — Reise an Bord des Menzaleh; die ·grünen Augen
Satans; der höllische Bugsir=Steuermann; Bruder
Power und der stählerne Drache; die wissenschaftliche [!]
Umsessenheit; meine Studien über Anthropologie; nochmals
Athoïm=Olelath" [indischer Fakir?].

Capitel XXIV, Besessenheit und Besessene, I. Band, S. 776—961: „Ansicht Mgr. Gerbets; Die Mystik wird vernachläßigt; Briefe zweier Geistlichen [des Chorherrn Mustel und eines Ungenannten]; Bossuet über die natürliche Macht des Teufels; Glossen dazu von Chorherr Mustel. — Thatsächliche Beweise: Simon der Magier, der Vater des Gnosticismus; übernatürliche Vorkommnisse um das Jahr 1000; die Geschichte Aresasts; die Besessenen von Auxonne; die Besessenen von Köln: Veronica Steiner; die Besessenen von Flandern: Nicolaus von Verwins; Elisabeth von Ramphain, Madeleine Bavan ... — Die Teufel von Loudon (Die Geschichte Urban Grandiers): Authentische Proceßakten; zahlreiche als absolut verbürgt anerkannte Fälle von Besessenheit; verzauberte Rosen; große Klugheit der Kirche; strenge Controle übernatürlicher Vorkommnisse; der Kampf P. Surins [S. J.] gegen die Teufel nach der Hinrichtung des Bezauberers; Besuch und Zeugniß Gastons von Orleans, des Bruders des Königs; Leviathan fährt in den Exorcisten; Zeichen des Abgangs der Teufels; endgiltige Befreiung der mère Jeanne des Anges. — Die Besessenheit in unseren Tagen: Nothwendigkeit der Unterscheidung zwischen activer und passiver Besessenheit; warum Fälle der Besessenheit heute weniger bekannt werden. — Versuch, die Besessenheit durch Voraussetzung einer Krankheit zu erklären; dieselbe ist nicht erblich und kann weder aus natürlichen Ursachen noch aus der speciellen Gesundheits-Verfassung des Besessenen erklärt werden. — Prüfung eines Falles (Besessenheit bei Kindern), in welchem die materialistischen Pseudo-Gelehrten in keiner Weise auf Betrug erklären können: Die gewöhnlichsten Kniffe des Teufels; Beschreibung der Gehirn-Entzündung oder -Tuberkulose; Grober Irrthum über das, was man gewöhnlich Gehirn-Fieber nennt [dieses wird von Bataille jedenfalls nur aus Spottsucht als „Unsessenheit mit beginnender Besessenheit" erklärt; bei welcher Kinder angeblich aus Furcht vor dem Teufel, der sie ansicht, ins Deliriren kommen S. 917 f. Da müsse man neben dem Arzt auch den Exorcisten, den Mann der „göttliche Wissenschaft", beiziehen]; die kleinen Banabacks [verwahrloste Schiffspassagiere aus niedrigeren Rassen], Beobachtungen des Verfassers an Bord der Bourdonnais; ein Wort über die Jeziden [angebliche Luciferianer aus den Küsten-Ländern des Mittelländischen Meeres, bei welchen nicht nur die Böcke, sondern auch die Ziegen Lucifer geweiht sein sollen. S. 923]; die Reliquien-Probe. — Michael Zilk, zehnjähriger Knabe oder der Besessene von Wemding (1891): Officieller Bericht über

7

diesen Fall der Teufelsaustreibung durch den hochwürdigen
Kapuzinerpater Aurelian [„für die Taufschein=Katho=
liken“, die nicht recht an den Teufel glauben wollen, als
durchschlagender Beweis citirt. S. 930]. — Blanche Guyon, die
Besessene von Gif (1893); die Unverschämtheiten des Dr. Luys
[des „Pedantischen Pseudo=Gelehrten“ an der Salpêtrière];
Ansicht des Chorherrn Moreau; Interview mit dem Pfarrer von
Gif. — Die activen Besessenen, Dämonische im höchsten Grade;
Parallele zwischen einer Hysterischen und Besessenen, die Rosa
von der Salpêtrière, Typus einer Hysterischen; die Ingersoll
[ein angebliches luciferianisches Medium Pike's und Consorten]
in St.=Louis, Typus einer Dämonischen. — Durchschlagendes
Argument: Warum begehen Hysterische oder Geistesgestörte in
ihren Anfällen hie und da, die Dämonischen aber nie Selbst=
mord? — Seligsprechung des hochwürdigen Jesuiten=Paters
Anton Balbinucci durch Seine Heiligkeit Papst Leo XIII.
(16. April 1893); Wunder des Seligen in seinem Kampfe gegen
teuflische Zauberkünste.

An vorstehenden Capiteln, sowie am ganzen vierten Theil
des ersten Bandes (S. 547—960) und vielleicht auch an Einigem
im 28. Capitel des zweiten Bandes [hier (II 111 ff.) werden
auch Luther's Beziehungen zum Teufel behandelt] dürfte
Dr. Charles Hacks in hervorragender Weise, wenigstens als
„intellectueller Urheber“, wenn auch nicht immer als „redigirender“
Autor, mitgearbeitet haben. In welchem Geiste namentlich die
Capitel über Unwissenheit und Besessenheit geschrieben sind, dafür
legen, abgesehen selbst vom Texte, schon die Abbildungen Zeugniß
ab. Gerade in diesen Capiteln finden sich nämlich die bereits er=
wähnten Teufelsfratzen, welche ein solches Uebermaß an muthwilliger,
knabenhafter Spottsucht verrathen, daß man über die wahren
Gesinnungen der frivolen publicistischen Gebrüder Dr. Hacks und
Leo Taxil — letzterer leitete nach seinem eigenen Geständnisse
die Zeichner an — nicht im Zweifel sein kann.

29. Vorkehrungen Bataille's, um seinem Werke
Glauben zu verschaffen und seine Gegner zum Schweigen
zu bringen. Dr. Bataille beutet namentlich die Menschen=
furcht seines Publicums aus, um jeden Widerspruch gegen seine
„Enthüllungen“, auch gegen die haarsträubendsten, im Keime zu
ersticken.

Jeden Augenblick kehren in seinem Diable und in seinen
Auslassungen im Bulletin Mensuel und in der Revue Mensuelle
Stellen wieder, in welchen er die Katholiken, die an seine Fabeln
nicht glauben wollen, als Catholiques superficiels, „Taufschein=

Katholiken", bezeichnet, die sich im Grunde nicht viel von den
Skeptikern und Ungläubigen unterscheiden, da sie praktisch an das
Uebernatürliche nicht glauben wollen. Eine derartige Stelle
kommt schon in seiner Vorrede zum Diable (I. p. 29) vor.
An einer andern Stelle stellt sich Dr. Bataille selbst als
Muster eines gläubigen Katholiken dar. Nachdem er
auf eine angeblich unter Matrosen überlieferte völlig unglaub=
hafte Fabel über eine mit Hilfe des Teufels als Bugsirmanns
in sieben Tagen ausgeführte Meerfahrt des Capitäns J. Jouin
von Terre=Neuve nach St.=Brieuc berichtet hatte, schreibt er:

„Ich halte dafür, daß, sobald ein im guten Glauben [!]
erzählter Vorgang nicht mit der Lehre der Kirche im Widerspruch
steht, es verwegen ist, ihn einzig aus Voreingenommenheit zu
leugnen. Man möge allenfalls sein Urtheil darüber suspendiren,
daran stoße ich mich nicht. Aber die Zurückhaltung der Erzählung
gegenüber muß derart sein, daß man auch nicht dazu hinneigt, sie
zu leugnen. Uebernatürliche Vorgänge aus dem einzigen
Grunde zu leugnen, daß man nicht selbst Zeuge derselben war,
ist eines Katholiken wenig würdig. Man setzt sich dadurch
überdies der Gefahr aus, später, wenn neue Zeugnisse, die sich
zuerst nicht hervorwagten, zu den früheren hinzukommen, durch die
Ereignisse Lügen gestraft werden.

„So kann selbstverständlich bezüglich der Dinge, welche ich in
den Hochgradlogen und in den palladistischen Triangeln festgestellt
habe, ein Jeder sein endgiltiges Urtheil suspendiren; aber es
ist klar — und ich mache die Ungläubigen ausdrücklich darauf
aufmerksam —, daß der Zweifel, wo keine persönliche Fest=
stellungen für denselben vorhanden sind, nicht zur
Läugnung berechtigt, besonders dann nicht, wenn man dem
Erzähler kein Gegen=Zeugniß eines Katholiken gegenüberzustellen
vermag. [1])

---

[1]) Die Stelle ist offenbar vor Allem auf Bois, Mitarbeiter an
der Vérité, gemünzt. Der Sinn derselben ist hienach: Nur dann ist
man berechtigt, Bataille's Enthüllungen über Palladismus zu leugnen,
wenn man selbst positiv durch persönliche Nachforschungen constatirt hat,
daß es keinen Palladismus giebt oder wenn man sich wenigstens auf das
Zeugniß eines Katholiken, der dies durch eigene Nachforschungen
festgestellt hat, berufen kann. Jedermann sieht sofort ein, daß eine
solche Forderung gegen alle vernünftigen Grundsätze historischer
Forschung verstößt. Die Last des Beweises für eine Thatsache obliegt
dem, der sie behauptet. So lange eine Thatsache nicht genügend fest=
gestellt ist, kann sie keinen Glauben beanspruchen. Ferner kann eine
Behauptung auch indirect als falsch erwiesen werden, nicht bloß

„Wenn man einen Christen, welcher mit Gefahr seines
Lebens die Geheimnisse der Feinde aufgespürt hat und nun den
letzteren unbarmherzig die Maske vom Gesicht reißt, nichts
anderes entgegenzustellen hat, als die interessirten Ableugnungen
dieser selben Kirchenfeinde, so ist diese Widerlegung für
die wahren Katholiken ohne allen Werth.[1]) Es ist das
in der That gar keine Widerlegung, sondern nur eine Unbill
und ein unrechtmäßiger Angriff gegen denjenigen, der sich selbst
aufopfert. Ja, Angriffe dieser Art stellen nur den Anzweisler
selbst bloß, welcher sich so sehr erniedrigt, daß er derartige
Waffen im Schmutze der sektirerischen Gottlosigkeit aufliest und
mit denselben seinen Mitchristen aus dem einzigen Grunde
bekämpft, weil dieser das Unglück hat, ihm nicht sympathisch
zu sein.

„Endlich dürfen die Katholiken nicht aus dem Auge verlieren,
daß die Freimaurer immer ableugneten, selbst wenn die von
ihnen abgeleugneten Dinge zur Evidenz bewiesen waren. Sie
leugnen heute die Ausübung des luciferianischen Palladismus
ebenso ab, wie früher ihre geheime politische Thätigkeit, und wie

---

direct durch persönliche Nachforschungen thatsächlicher Natur über den
behaupteten Gegenstand selbst. Directe Nachforschungen beim Taxil'schen
Palladismus anzustellen, der gar nicht existirt, ist überdies von vornherein unmöglich.

Die Zeugnisse der Katholiken, die Taxil, obwohl sie auf keine
persönlichen Nachforschungen derart beruhen, allein als vollgiltig
gelten läßt, sind die Mgr. Fava's, Mustels, de la Rive's, de Bessonies',
Tardivels, die ihre diesbezüglichen Informationen direct oder indirect
aus dem Born der fruchtbaren Einbildungskraft Taxil's bezogen haben.

Wir bemerken noch, daß obige Stelle, nach Stil und Denkweise
in derselben zu urtheilen, wohl von Taxil selbst herrührt.

[1]) Dieser Satz verstößt gleichfalls gegen alle gesunden Grundsätze
historischer Forschung. Auch von Zeugnissen der Gegner darf man
nicht von vornherein absehen, wo es sich um die Erforschung der
objectiven historischen Wahrheit handelt. Selbst unter der Voraussetzung, daß solche Zeugnisse sich häufig als lügnerisch erwiesen hätten,
ist man nicht berechtigt, sie in allen Fällen und von vornherein ab-
zuweisen. Denn Niemand lügt immer. Wenn man insbesondere
alle Zeugnisse der Freimaurer über ihre Angelegenheiten von vornherein als lügnerisch abweisen wollte, so müßte man wohl so
ziemlich alle, nicht, wie die Taxil'schen, „aus der Phantasie" geschöpften
Enthüllungen über die Freimaurerei ins Feuer werfen. Es geht daher
nicht an, von vornherein ein Zeugniß abzulehnen, weil es „von
der immer lügenhaften Freimaurerei" stammt.

sie immer ihre Meuchelmorde ableugneten, wenn dieselben auch noch so offenkundig waren.[1]

„Ich für meinen Theil nehme eine jede Erzählung, welche mir Jemand, der gesunden Menschenverstand besitzt, schriftlich oder mündlich in gutem Glauben mittheilt, einstweilen gläubig auf und mache dabei keinen anderen Vorbehalt als den, die Sache unter dem Gesichtspunkte der kirchlichen Lehre zu prüfen[2]. Wenn allerdings ein Theologe mir sagt: „Das ist aus diesem oder jenem Grunde unannehmbar, so halte ich dafür, daß mein Erzähler, wenngleich immer im guten Glauben, sich geirrt hat. Von vornherein aber bin ich immer geneigt, an die Aufrichtigkeit eines Jeden zu glauben, der den Teufel, den Vater der Lüge, mit Entschiedenheit bekämpft. Derjenige, der den Teufel, d. h. die Lüge bekämpft, ist in meinen Augen folgerichtig ein ehrlicher, redlicher Mensch.[3] Er mag wohl einmal einen Irrthum begehen, in diesem oder jenem nebensächlichen Punkte falsche Anschauungen vertreten. Aber das thut seiner Ehrlichkeit keinen Eintrag. Wenn er aus Irrthum hintergeht, beabsichtigt er dies nicht. Und das unfehlbare päpstliche Lehramt ist ja immer noch da, um, wo es sich um wichtige Dinge . . . handelt, berichtigend einzugreifen."[4]

Ein anderer einerseits auf die Menschenfurcht und andererseits auf einen unverständigen antifreimaurerischen Zelotismus des Publicums berechneter Kniff, den Taxil und Hacks in der Maske des Dr. Bataille häufig und mit Erfolg anwendeten, bestand darin, daß sie ihre katholischen Gegner anklagten, sie ließen sich von Geheimagenten Lemmi's berathen oder sie seien selbst Helfershelfer der Freimaurerei.

---

[1] Die von Taxil insbesondere der Freimaurerei in die Schuhe geschobenen Meuchelmorde, wie der Gambetta's in Frankreich oder des Grafen Ferrari in Italien, sind sicher nichts weniger als klar erwiesen.

[2] Daß dieser Satz haarsträubenden Unsinn enthält, braucht für denkende Leser nicht erst eigens ausgeführt zu werden. Nach dem hier aufgestellten Grundsatz müßte man alle möglichen unbewiesenen Fabeln glauben, so lange nicht positive Bedenken „theologischer Natur" gegen ihren Inhalt geltend gemacht werden.

[3] Hier zeigt sich Bataille's unredliche Art recht augenscheinlich. Obgleich er im Diable die dreistesten und größten Lügen bewußt, mit Absicht systematisch anhäuft, will er als „ehrlich und redlich" gelten, nur weil er sich die „trügerische" Maske eines Bekämpfers des Teufels, d. h. des Vaters der Lüge, aufgesetzt hat!

[4] Le Diable au XIXe siècle I. Vol., p. 751 et suiv.

Um diesen Kniff desto wirksamer anwenden zu können, gaben sie Paul Rosen in Paris als Moïse Lid Nazareth, den angeblichen gefährlichsten Geheimagenten des Freimaurer=Papstes in Rom aus, der überall herumgehe und herumreise, um im Auftrage desselben die Katholiken auszuspioniren und der Wahrheit entgegen die Enthüllungen Hacks=Bataille's und Taxil=Bataille's als lügenhaft und schwindlerisch darzustellen.

Hacks=Bataille schreibt diesbezüglich in einem offenen Brief an Chorherrn Delassus in Lille: „Nun wohl, ich will Ihnen nicht vorenthalten, was ich denke und was ich weiß. Alle, die nach Lille gehen, bleiben nicht dort. Ich kann Ihnen Jemanden nennen, der eigens nach Lille gereist [?] ist, um Ihnen durch einen Einwohner dieser Stadt meinen Namen nennen zu lassen, und der, um mich in den Augen von Patrioten herabzusetzen, selbst beifügte, ich sei kein Franzose. Dieser gewisse Jemand, der, wie ich Ihnen versichern kann, Einer der Agenten Lemmi's ist, hat nun bei seiner Rückkehr damit geprahlt, daß er zwar Sie selbst nicht gesehen, aber wohl Sie habe aufklären lassen."[1]

Chorherr Mustel, der leichtgläubige Freund Taxils, durch welchen dieser Schwindler oft zuerst ansprach, was er selbst nicht als Erster öffentlich sagen wollte, schrieb schon am 25. August 1893: „Wir wissen in der That, nicht durch Mittheilung Dr. Bataille's (Hacks), sondern aus eigener Kenntniß, daß ein Pseudo=Convertit, ein antifreimaurerischer Schriftsteller, der indessen im vollen Sinne und in der ganzen Tragweite des Wortes Jude geblieben und, wenn er es nicht immer schon war, Agent Lemmi's wenigstens jetzt geworden ist, Anstrag hat, den Enthüllungen des Dr. Bataille zu widersprechen und sie zu bekämpfen. Er widmet sich dieser Aufgabe mit ebenso großem Eifer, als Ungeschick. Wir haben ihn auf frischer That ertappt und können ihm eines Tages, mit den Beweisen in der Hand, die Worte ins Gesicht schleudern: Tu es ille vir. Dieser Spion und Agent der luciferianischen Freimaurer hat im Nord=Departement Verbindungen und Beziehungen, welche die Annahme nahe legten, daß er so ziemlich überall die Rolle spielt, die er übernommen und die er auch bei uns schon gespielt hat. Wir glauben zu wissen, daß Herr Bois von der Vérité sich seinem Einfluß nicht immer zu entziehen wußte."[2]

Taxil=Bataille nennt Bois geradezu den „Helfershelfer

[1] Bulletin Mensuel 10. Heft, 5. Sept. 1893.
[2] A. a. O., 11. Heft, 5. Oct. 1893.

des Großorients"[1]), einen andern Rosen[2]). „Wenn Bois ver=
dächtig geworden ist, so hat er dies nur sich selbst zuzuschreiben.
Er hätte einen Moïse Lib Nazareth (Paul Rosen) nicht zu seinem
andern Ich erwählen und sich nicht zum Echo eines Agenten
Lemmi's hergeben sollen! Deshalb wird Herr Georges Bois,
so lange er nicht öffentlich sein Unrecht eingestanden und seine
böswilligen Artikel[3]) und unwürdigen Privat=Briefe zurückgezogen
und seinen treuen Achates [Rosen], welcher in den Augen aller
Antifreimaurer gerichtet ist, über Bord geworfen hat, unter der
Last der ihm peinlichen Wahrheiten weiter zu seufzen haben,
welche mein ehrwürdiger Freund, Chorherr Mustel,
gegen ihn ausgesprochen hat. „Ich will," schrieb der Heraus=
geber der Revue catholique de Coutances (December=Nummer
1894) an die Adresse Herrn Bois', „ich will aus Ihren
Beziehungen und parallelen, mitunter sogar combinirten Angriffen
[auf Bataille's Diable] keine Schlußfolgerungen ziehen, welche
Sie verletzen. Aber wie sollte man sich angesichts derselben nicht
des Sprichwortes erinnern: Sage mir, mit wem Du um=
gehst u. s. w., besonders wenn man nicht nur mitsammen verkehrt,
sondern Hand in Hand an ein und demselben Geschäft mit ein=
ander arbeitet und sich dabei gegenseitig unterstützt?" "[4])

II. Beleuchtung einiger Bataille'schen „Berichte eines Zeugen" durch den Grafen H. v. C.

Es heißt zwar den Bataille'schen „Enthüllungen" fast zu viel
Ehre anthun, wenn man es auf sich nimmt, sie im Einzelnen
als schwindelhaft zu erweisen. Da jedoch Graf H. v. C., welcher
selbst längere Zeit in diplomatischen Functionen im äußersten
Orient weilte, sich in verdienstvoller Weise dieser Aufgabe wirklich
unterzogen hat, so wollen wir unseren Lesern die hauptsächlichsten,
immerhin recht interessanten Ergebnisse seiner Nachforschungen
nicht vorenthalten. Interessant sind die betreffenden Feststellungen
namentlich dadurch, daß sie die unglaubliche Dreistigkeit
ins Licht stellen, mit welcher in den Bataille'schen „Berichten
eines Zeugen" mit dem Publicum Spott getrieben wird. Be=
kanntlich hat Taxil noch bis in die jüngste Zeit hinein versucht,

---

[1]) Revue Mensuelle 1894. p. 131.
[2]) Ib.. 1894. p. 320.
[3]) Bois war nur pflichtgemäß dem Taxil'schen Schwindel
entgegengetreten.
[4]) Le Diable au XIXe siècle, II. Vol.. p. 953.

diese récits d'un Témoin als im Ganzen wenigstens wahrheitsgetreu aufrecht zu erhalten.

30. Die luciferianischen Tempel Mahatalawa und Mac Benac.

Im ersten Bande des Diable beschreibt Bataille
„Die sieben Tempel von Mahatalawa" in der Nähe von
Calcutta. Diese dem „Brahma-Lucifer" [!] geweihten Tempel,
versichert er, erheben sich auf drei Granit-Massiven von nicht
ganz gleicher Größe, welche in Form eines riesenhaften Dreiecks
gelagert sind. Das größte dieser Massive liegt von Süden nach
Westen und trägt drei Tempel; die zwei andern erstrecken sich
von Westen nach Osten und von Osten nach Süden und tragen
je zwei Tempel. Die Granitblöcke ruhen auf einem kolossalen
Plateau, welches aus einem einzigen Felsen von fabelhaften
Dimensionen besteht. Dieser Plateau-Fels erhebt sich hundert
Fuß über das Meeresniveau und erstreckt sich mehr als zwei-
hundert Fuß tief in den Boden hinein. Seine Tiefe genau zu
erforschen, ist bisher noch nicht gelungen. Die Tempel sind unter-
irdisch mit einander in Verbindung. Man gelangt in dieselben
durch einen geheimen Eingang. Jeder unberechtigte Besucher
würde unfehlbar massakrirt werden. Bataille gelang es, mit
Hilfe Walders und Cresponi's als Großwürden-Träger des Ritus
von Memphis und Candidat des Palladismus in diese geheimen
Räume, in denen sich bereits zahlreiche Höchst-Eingeweihte als
Besucher befanden, einzubringen. Er traf hier auf das unvermeidliche Baphomet. Um zur palladistischen Feier Zulaß zu erhalten, mußte er die oben (Nr. 20) erwähnte Schlangentaufe
über sich ergehen lassen.[1]

Graf H. v. C. wandte sich unterm 17. Juli 1895 um Auskunft an den Secretär der Royal Asiatic Society of Bengal
in Calcutta, A. Pierson, und erhielt von Letzterem in einem Brief
vom 12. September 1895 Folgendes zur Antwort: „Es giebt
keinen aus Gebäulichkeiten auf einem Felsen in der Ebene bestehenden Tempel von Mahatalawa in der Nähe von Calcutta.
In der That giebt es im Umkreise von hundert Meilen von
Calcutta nirgends einen Felsen. Vielleicht ist ein Tempel
in Calikut in Süd-Indien gemeint. Sollte dies der Fall sein,
so bedauere ich keinen Aufschluß geben zu können."[2]

---

[1] Dr. Bataille, Le Diable I 115 et suiv.; **Abbildung des**
Tempels ebendaselbst, S. 121.

[2] Le Comte H. C., docteur en droit. Mémoire à l'adresse des
membres du Congrès Anti-Maçonnique de Trente Wien et Paris 1897.
p. 33 et suiv.; 24 et suiv.

Bataille hatte also die Dreistigkeit, nicht nur die sieben Tempel und was er in denselben gesehen und erlebt haben will, sondern auch die Granitblöcke in der Nähe von Calcutta einfachhin zu „erdichten".

Ein weiterer von Bataille einfach aus den Finger gesogener Tempel ist der von ihm weitläufig beschriebene, angebliche luciferianisch-brahmanische Tempel Mac-Benac bei Pon=dichery. Auch hier soll sich wieder ein Baphomet-Altar be=finden, in welchem luciferianisch-palladistische indische Fakire in Gemeinschaft mit europäischen Tempelherren des Ritus von York dem Satanskult obliegen. In diesem Tempel will Bataille von einem Delegirten des höchsten Oberhauptes Alb. Pike zum zweit=höchsten palladistischen Grad „Hierarch des neuen reformirten Palladiums" befördert worden sein. Hier soll auch die bereits (Nr. 20) erwähnte erfolglose Beschwörung Lucifers stattgefunden haben. [1]

Bezüglich dieses Tempels nun schrieb der Secretär der Royal Asiatic Society of Bengal, A. Pierson, in demselben Briefe vom 12. September 1895 an Grafen H. v. C.: „Ich habe bei Dr. Hultzsch, dem Regierungs=Epigraphisten für Madras, Erkundigungen eingezogen. Derselbe theilt mir mit, daß er keinen Tempel Mac Benac bei Pondichery auf englischem Ge=biete kenne." [2]

31. Die angeblichen buddhistischen Festlichkeiten in Jaggernauth. In „Djagghernaath", vulgo Jagger=nauth, will Bataille Zeuge großer „buddhistischer" Festlich=keiten zu Ehren des indischen Gottes Vischnu gewesen sein. 480 Kilometer von diesem „satanischen Calcutta", sagt er, be=findet sich Jaggernauth, eine Stadt, die nach dem riesenhaften Idol Vischnu's in seinem Haupttempel so benannt ist. „Seit einem Monat sind bereits von allen Seiten, aus Indien, Ceylon, Golconde, Aonde, Arabien, Persien, Tibet, China, kurz aus allen Ländern, in welchen der Name Buddhas mit Ver=ehrung genannt wird, Leute herbeigeströmt, welche unter freiem Himmel kampiren. $1\frac{1}{2}$ bis 2 Millionen menschliche Wesen lagern hier, meist unbekleidet, in befremdlicher Vermischung der Ge=schlechter durcheinander" u. s. w. Im Uebrigen sucht Bataille die ganzen Festlichkeiten als eine große Neurose (Hysterien, Katalepsie und Somnambulismus) zu schildern, — eine Neurose,

---

[1] Bataille. Le Diable I 78—92.
[2] H. C., Mémoire etc. p. 34.

welche sich selbst der Thiere besonders der Ochsen, Hunde und
Vögel bemächtige.[1]

Graf von C. bemerkt zu dieser Schilderung: „Was soll
man von der Erudition eines Verfassers denken", der so Etwas
schreiben konnte, der nicht einmal weiß, „daß es in Jaggernauth
gar keine Buddhisten giebt, daß Jaggernauth eine heilige Stadt
der Hindus ist, und daher die Verehrer Buddhas absolut keinen
Anlaß haben, nach Jaggernauth zu wallfahren, sowenig als
die Mohamedaner Anlaß haben, nach Lourdes zu pilgern, um
dort ihre Andacht zu verrichten. Muß man ihn auch noch darüber
belehren, daß weder in Persien noch in Arabien Buddhisten sind.
Das „Eine Alinea würde schon genügen, um allen wissenschaftlichen Werth des Buches zu zerstören." Ebensowenig wie Buddhisten, giebt es in Jaggernauth „Bonzen", da „Bonze" ausschließlich einen chinesischen oder japanischen buddhistischen
Religionsdiener bezeichnet.[2]

32. Angebliche Abbildungen aus chinesischen
luciferianischen Tempeln. Ebenfalls im ersten Bande des
Diable legt Bataille, indem er ganz besonders damit wichtig
thut, Abbildungen vor, welche er angeblich in verschiedenen
Sälen des „luciferianischen Tempels" der geheimen
chinesischen Gesellschaft San-ho-hoeï in Tong-Ka-Dou (Shang-hai)
Ende 1880 mit eigenen Augen gesehen haben will. Diese Abbildungen will er unter den in Hwang-Pi von den Luciferianern massenhaft veröffentlichten Bildern wiedergefunden
haben. Vier derselben habe er in der englischen Loge in Hong-
Kong zu erhalten vermocht und diese bringe er in seinem Werke
zum Abdruck. Dieselben verhöhnen, so sagt er, die christliche
Religion und die katholischen Missionäre und fordern durch die
Bildersprache zur Ermordung der Missionäre auf.[3]

Graf von C. stellt fest, daß Bataille diese Abbildungen, die
allerdings wirklich chinesischen Ursprungs sind, nicht Ende
November 1880 in der luciferianischen Loge Tong-Ka-Dou gesehen und auch nicht von der englischen Loge in Hong-Kong erhalten hat — denn dieselben seien überhaupt erst 1890 veröffentlicht worden —, sondern einfach dem anonymen, am
31. December 1891 in Hankow (China) veröffentlichten Werke:
„The Causes of the riots in the Yangtse Valley. A com-

---

[1] Bataille, Le Diable I 672—682.

[2] H. C., Mémoire etc.. p. 23 et suiv.

[3] Bataille. Le Diable I 267 et suiv.: Die Abbildungen befinden sich ebendaselbst, S. 260, 261, 268, 269.

plete picture gallery" entnahm. Unter den 32 hier wieder=
gegebenen chinesischen Bildern befinden sich alle vier von Bataille
vorgeführten, welche Letzterer „aus einer erschrecklichen Menge"
von gleichartigen Bildern selbst ausgelesen haben will. In
Wirklichkeit hat die Auslese „aus der schrecklichen Zahl" nicht
Bataille, sondern der anonyme Autor des genannten englischen
Werkes besorgt. Abgesehen von anderen Gründen dafür, daß
Bataille die Abbildungen thatsächlich dem 1891 erschienenen
englischen Buch entnahm, geht dies ganz unzweifelhaft aus
der Vergleichung seiner französischen Uebersetzung der Bilder=
Titel mit dem chinesischen Original=Text und der englischen
Uebersetzung desselben im genannten Buche zur Evidenz hervor.
Die französische Uebersetzung stellt sich nämlich als eine sclavische
Wiedergabe des letzteren dar.[1]

33. Eine angebliche Photographie eines soeben
in der Loge selbst hingerichteten Geheimbündlers.
Einen andern dreisten Schwindel gestattete sich Bataille mit
einer Photographie, welche er angeblich vom Br.·. Archivisten
der Loge von Kou=Lau=Son erhalten haben will. Diese
Photographie stellt, so versichert er, „nach der Natur eine
Execution dar, welche an einem falschen Bruder [der sein
Verschwiegenheitsgelöbniß durch eine Indiscretion verletzt hatte]
in einem Tempel der Sau=Ho=Hoe'i vorgenommen wurde.
Der Unglückliche saß ahnungslos, wie gewöhnlich, an seinem
Platz in der Loge und suchte durch Schwingen seines Fächers
sich die Hitze erträglicher zu machen." Da wurde er unversehens
in Anklagezustand versetzt und noch in derselben Sitzung hin=
gerichtet. Wie die Photographie zeigt, war die Vollstreckung des
Urtheils fürchterlich. Sein Fleisch wurde in Stücke gehauen
und vom Rücken mit Haken heruntergerissen; Hände und Füße
wurden ihm abgeschnitten; die Beine in der Kniegegend ge=
brochen; das Gesicht mit tausend Nadelstichen durchstochen. Hier=
auf wurden ihm Arme und Beine abgehauen und endlich der
Kopf vom blutenden Rumpf getrennt. Schließlich wurde der
schrecklich verstümmelte Leichnam ... von den Mördern
photographirt. Letztere [deren Oberkörper in der That nicht auf
dem Bilde erscheint] hatten jedoch Vorsorge getroffen, daß
nur ihre Füße auf der Photographie sichtbar sind.
In echt Taxil'scher Art wird dieser schwindelhaften
Schilderung folgende Bemerkung beigefügt: „Man wird vielleicht

[1] H. C. Mémoire à l'adresse des membres du Congrès Anti-
Maçonnique etc.. p. 15—20.

einwenden, daß die Abbildung dieser gräßlichen Scene nur ein
Phantasiestück sei ... Ich habe selbst diese Einwendung vorher-
gesehen und gebe hiermit den Zweiflern ein sehr einfaches Mittel
an die Hand, die Sache auf ihre Wahrheit zu prüfen. Die von
mir aus Kou=Lan=Sou mitgebrachte Original=Photographie
befindet sich in den Händen meiner Verleger, Delhomme und
und Briguet, 13, rue de l'Abbaye, in Paris. Dieselben werden
die Photographie, wohlgemerkt, nicht aus den Händen geben.
Aber ein Jeder, der auch nur im Mindesten an meinen Aussagen zweifelt, braucht sich nur an einen dieser Herren zu
wenden oder einen Freund in Begleitung eines Fachmanns,
eines Photographen, zu ihm zu schicken. Jeder Photograph,
welcher mein Beweisstück prüft, wird erklären, daß es sich hier
nicht um eine photographische Wiedergabe einer für die Bedürfnisse des Werkes fabricirten Abbildung handelt, sondern um eine
unmittelbar nach der Natur an Ort und Stelle aufgenommene
Photographie"[1]

Graf H. von C. hat im Februar 1896 sich selbst in Hong-
kong die von Taxil wiedergegebene Photographie gekauft. Jedermann kann sich dieselbe dort für einige Sous anschaffen. Die
auf der Photographie dargestellte Scene steht mit der Freimaurerei oder der San=Ho=Hoeï nicht im Entferntesten in Beziehung. Die Photographie ist nichts weiter, als eine Amateur-
Aufnahme einer „Lingche"=Hinrichtung, welche in den ersten

[1] Dr. Bataille, Le Diable. I 303 et suiv.; die Abbildung
findet sich ebendaselbst auf S. 289. — Hier tritt ein von der
publicistischen Schwindel=Firma Taxil oft angewendeter Kniff
recht augenscheinlich zu Tage. Die Firma lenkt die Aufmerksamkeit
ihrer Leser auf nebensächliche Punkte hin, für welche sie reclamehaft
die entscheidendsten Beweise in Händen zu haben vorgiebt und welche
sie nach Umständen auch durch Schein= und manchmal sogar durch
wirkliche Beweise zu stützen in der Lage ist. Ueber die Punkte aber,
auf die es eigentlich ankommt, huscht sie stillschweigend hinweg. Zu
beweisen wäre für obige Geschichte vor Allem, daß die fragliche
Photographie wirklich die Execution eines Mitgliedes der
chinesischen geheimen Gesellschaft San=Ho=Hoeï darstelle
und daß diese Gesellschaft mit dem palladistischen
System, an dessen Spitze damals Pike gestanden haben
soll, in Verbindung stehe. Zum Beweise hierfür bringt Taxil
nichts vor. Hingegen macht er sich in marktschreierischer Art anheischig,
Jedem zu beweisen, daß es sich hier um eine nach der Natur aufgenommene Photographie handle, worauf im Grunde wenig ankommt.
Die Bataille=Taxil=Gläubigen waren leider kritiklos genug, sich durch
solche plumpe Manöver recht oft täuschen zu lassen.

Tagen des Juni 1890 in Canton vorgenommen wurde. Der
Hingerichtete war ein Chinese, welcher seinen Stiefvater ermordet
hatte und dafür die ungewöhnlich grausame Strafe erlitt. Herrn
Scharp, Haupt-Ingenieur des „Fatschau", gelang es, unmittelbar
nach der Hinrichtung sich mit einem photographischen Apparate
durch die Menge durchzudrängen und die gut gelungene Aufnahme
zu erhalten.[1])

Hinsichtlich der San-Ho-Hoeï selbst, welche Bataille als
einen Zweig der pallabistischen Freimaurerei — oder wenigstens
als eine mit derselben in Verbindung stehende geheime Gesellschaft
darzustellen versucht, bemerkt Graf von C., was übrigens jedem
mit den Verhältnissen einigermaßen Vertrauten auch ohnehin
schon bekannt war, daß dieselbe in keinerlei Beziehungen zur
Freimaurerei oder zu irgend welchen nicht-chinesischen oder gar
europäischen geheimen Verbindungen stehe. Europäer erhalten
zu derselben nie und nimmer Zutritt.[2])

34. **Bataille über Singapore und die englische
Nation.** Von Singapore entwirft Bataille folgendes Schauer-
bild, das von einem närrischen Hasse gegen die Engländer zeugt:
Singapore ist wie Port-Said eine Kloake, in welcher aller
moralische Unrath von Asien sich ansammelt. „Auch Singapore
ist englisches Gebiet und hier, wie in allen Colonien des
britischen Reiches haben sich die Gauner, Strauchdiebe und
Verbrecher der verschiedensten Gattungen, die Spitzbuben, denen
es gelang, den Nachforschungen der Polizei in ihrer Heimath
zu entgehen, die entlaufenen Zuchthaus-Sträflinge, die Meuchelmörder niedergelassen und treiben zum Nutzen des großen scrupellosen Volkes und seiner allergnädigsten Majestät Handel. . . .
Ein nettes Volk das! Dazu ist der Engländer fanatisch
protestantisch. . . . Unter dem moralischen, physischen und
religiösen Gesichtspunkt ist er verabscheuungswürdig. Wenn man
mit einem Engländer zu thun hat, weiß man nicht, was für
einen Kerl man vor sich hat. . Wenn man den Lutheraner sondirt,
hat man gesagt, so findet man in ihm einen im Stolz verhärteten
Gottlosen, einen irreligiösen Rebellen und **verkappten
Luciferianer.** Fühlt man einen protestantischen Engländer auf den Zahn, möchten wir sagen, so entdeckt man
in ihm — nur die Puseyisten bilden hierin eine seltene Ausnahme — einen mehr oder weniger bewußten Verbrecher, der

[1]) H. C., Mémoire etc., p. 20—25.
[2]) Ibid., p. 22 et suiv.; S. Wells Williams. The Middle
Kingdom, New York 1883. I. Vol., p. 403.

oft mit einem Satanisten gepaart ist. ... Das Leben der Menschen [in Singapore] gleicht dem der Thiere. Dasselbe hat etwas merkwürdig .. Unnatürliches und Infernales. Die englische Frau, das Mädchen nicht ausgenommen, ist im Allgemeinen in Singapore der Ausbund des Lasters und der Gottlosigkeit. ... Das Beispiel kommt hier übrigens, wie bekannt, von sehr hoher Stelle. Die ganze Welt weiß, was John Bull nicht eingestehen will; sie kennt die intime Geschichte derjenigen, welche die Indier die alte Dame von London nennen, — die Geschichte Ihrer Majestät Wisky I., die schon von jungen Jahren an dem Laster und der Trunksucht fröhnte. Sie ist der Typus, nach welchem sich das Weib im ganzen Bereiche der britischen Herrschaft formt. ... In Singapore stellt die junge Engländerin ... ihre Reize, ihre Jugend, ihre Intelligenz, Alles in den Dienst Satans, dessen Apostelin und Stellvertreterin sie ist. Sie ist in Wirklichkeit von Gott verflucht, die Vielgeliebte des Fürsten der Finsterniß. Weib nur dem Namen nach), ist sie in Wahrheit absolut infernal und eine Teufelin"[1] u. s. w.

Graf v. C. bemerkt zu dieser Schilderung mit Recht: „So spricht Bataille von der englischen Nation und einer Königin, die ebenso ehrwürdig ist als Frau, wie als Mutter, Gattin und Wittwe. ... Das ist infam! Das gerade Gegentheil ist wahr. Die Sittlichkeit in den englischen Colonien steht thatsächlich höher, als in den Colonien irgend einer andern Macht. Die Beamten und Angestellten der englischen Regierung bilden ein Elite-Corps, auf welches das Mutterland stolz sein kann." „Ich habe hinsichtlich der Beschreibung, welche Bataille von Singapore entwirft, mit dem französischen Erzbischof von Tokio conferirt, der Jahre lang in Singapore als Missionär und, wenn ich nicht irre, auch als Bischof weilte. Derselbe stellt Alles in Abrede, was Bataille über die europäische und englische Gesellschaft in Singapore vorbringt."[2]

35. Angebliche Würdenträger des palladistischen Systems im äußersten Orient. Bataille nennt endlich eine Anzahl Namen von angeblich im äußersten Orient befindlichen Europäern, mit welchen er in Beziehungen gestanden haben will oder die angeblich hohe Würdenträger des palladistischen Systems sein sollten, bzw. 1890 gewesen sein sollten. Die Nachforschungen, welche Graf von C. anstellte, ergaben regelmäßig,

---

[1] Bataille, Le Diable I 178—180.
[2] Mémoire à l'adresse etc., p. 25—28.

daß Persönlichkeiten mit den von Bataille angegebenen Namen nicht aufzufinden waren.

Bataille führt in seiner großen Liste von angeblichen Würdenträgern des palladistischen Systems vom 1. März 1891 auch Namen von Europäern, bzw. Amerikanern auf, die als General=Inspectoren des Systems in verschiedenen Städten Chinas und Japans fungiren sollen.[1] So schwer es nun wegen der großen Menge ähnlicher Namen u. s. w. ist, zu beweisen, daß Personen mit den von Bataille angegebenen Namen in den größern europäischen, bzw. amerikanischen Städten zu der von Bataille bezeichneten Zeit nicht existirten, so leicht ist dies für die Städte Chinas und Japans, in welchen Europäer und Amerikaner sich befinden, — seit der Zeit, seit welcher in den jährlich veröffentlichten Directories darüber aufs Genaueste Buch geführt wird.[2] Graf von C. hat nun in der That die Liste Bataille's mit den betreffenden Directories verglichen und auch nicht einen einzigen Namen ausfindig machen können, der genau mit einem Namen in den betreffenden Directories stimmte. Graf von C. schrieb überdies in mehreren Fällen an Persönlich= keiten in verschiedenen Städten des äußersten Orients, die in der Lage waren, genau unterrichtet zu sein, und erhielt regelmäßig die Antwort, daß Personen mit den von Bataille angegebenen Namen an den betreffenden Orten gänzlich unbekannt waren.[3]

Einen besonders in die Augen springenden Schwindel ge= stattete sich Bataille mit einem Gregor Milisch, welcher nach ihm „General=Inspector der hohen Freimaurerei in permanenter Mission in Lhassa", der Hauptstadt Tibets, der Residenz des Dalai Lamas, sein soll.[4] Bei der bekannten großen Schwierig= keit, welche auch die muthigsten europäischen Reisenden seit 1850 nicht zu überwinden vermochten, überhaupt nach Lhassa zu gelangen, müßte Gregor Milisch, der angeblich dauernd dort seinen Wohnsitz haben soll, ein berühmter Mann sein. That= sächlich weiß aber nur Bataille von demselben zu berichten.[5]

---

[1] Bataille, Le Diable I 372.
[2] Mémoire à l'adresse etc., p. 14.
[3] Ib.; p. 38—40.
[4] Bataille, Le Diable I 372.
[5] H C., Mémoire. p. 15.

III. Aufnahme des Werkes, Reclame für dasselbe. Chorherr Mustel als der Hauptförderer desselben in der katholischen Presse.

Welche Aufnahme Bataille's Diable au XIXe siècle, in einem allerdings „beschränkten" Kreise des katholischen Publicums, fand, und welche riesenhafte Reclame für dasselbe gemacht wurde, läßt sich am Besten aus dem den spätern Heften der Lieferungs= ausgabe des Diable beigelegten Bulletin Mensuel (December 1892 bis December 1894) und aus der den Diable fortsetzenden Revue Mensuelle (erscheint seit Januar 1894) ersehen. Hier ist das einschlägige Material gesammelt. Diese Publicationen dienten auch selbst wieder, erstere sogar ausschließlich, letztere vorwiegend, direct und indirect der Reclame für den Bataille'schen Diable.

36. **Allgemeine orientirende Bemerkungen der Revue Mensuelle und des Bulletin Mensuel.** Die Revue Mensuelle „beginnt" gleich ihre erste Nummer mit folgender

„Danksagung:

„Wir schulden vor Allem den zahlreichen Abonnenten des Diable au XIXe siècle unsern Dank, welche mit einer sehr bezeichnenden nahezu vollständigen Einstimmigkeit uns behilflich sind, diese Zeitschrift zu gründen [Also fast alle Abonnenten des Diable abonnirten auch auf die Revue Mensuelle]. Diese Kundgebung ist für uns eine werthvolle Ermuthigung. Sie schreibt uns unsere Aufgabe vor. Wir werden ihr nicht untreu werden. In der katholischen Presse findet Dr. Bataille, wie wir mit Vergnügen wahrnehmen, mit jedem Tag neue Vertheidiger. Man begreift mehr und mehr, wie großen Vortheil [!] sein muthiges Vorgehen der Sache der katholischen Kirche bringt. Da es unserem Freunde so gut gelungen ist, die „Teufelsfrage" aufs Tapet zu bringen, sind wir stolz darauf, in seine Fußstapfen einzutreten, und wir versichern von Neuem, daß alle Mittheilungen von interessanten authentischen [! die Teufelsfrage betreffenden] Fällen in unseren Spalten gern Aufnahme finden.

• „Ganz besonderen Dank schulden wir Herrn Chorherrn Mustel, der unter unseren Collegen in der Presse sich durch seinen Eifer, von allen Seiten [z. B. in der Angelegenheit der Barbe Bilger] Erkundigungen einzuziehen, hervorgethan hat und der unter Heranziehung von allerlei beweiskräftigen Zeugnissen zu Gunsten der Wahrhaftigkeit des Herrn

Dr. Bataille mit aller Entschiedenheit die Wider=
legung der verschiedenen, sei es aus Irrthum sei es
aus Bosheit erhobenen Einwände in die Hand ge=
nommen hat."[1])

Im Bulletin Mensuel vom Januar 1894 (Nr. 14)
wird mitgetheilt: Gegen Bataille's Diable sind aufgetreten
Le Monde, La Vérité (George Bois), la Semaine religieuse
de Cambrai (Chorherr Delassus von Lille), dessen Artikel von
den Semaines religieuses mehrerer anderer Diöcesen nach=
gedruckt wurden[2]); für denselben vor Allem die vom Chorherrn

---

[1]) Revue Mensuelle 1894, p. 1.

[2]) George Bois schrieb: „Das illustrirte Feuilleton Bataille's
ist „ein arger Schwindel; es ist ungefähr die Geschichte des
„Herrn be Crac, wie er Freimaurer wurde". Würde das Feuilleton
in ähnlicher Form, wie Crac, geboten werden, so würde es harmlos
bleiben, ohne von seinem Reize etwas einzubüßen. Wir können es
aber nicht harmlos nennen, wenn man darauf ausgeht, sich über
das katholische Publicum lustig zu machen, indem
man ihm auf Grund angeblicher Aussagen von Augenzeugen und
frommer, ja manchmal zu frommer, frömmelnder Beweisführungen
eine Reihe von abscheulichen, widerlichen, ohne Schonung für die Ein=
bildungskraft des Lesers bis zur Unwahrscheinlichkeit getriebenen
Erdichtungen als die volle Wahrheit vorführt." Vgl. Bulletin Mensuel,
No. 11, 5. Oct. 1893. — George Bois müssen wir die Anerkennung
zu Theil werden lassen, daß er trotz aller albernen und boshaften
Verdächtigungen, welchen er seitens Taxils und seitens des Chorherrn
Mustels ausgesetzt war, muthig und beharrlich den Kampf gegen den
Hacks-Taxil'schen Schwindel fortsetzte. Leider fand er aber bei seinen
Collegen in der katholischen Presse nicht die nöthige Unterstützung.
So kam er nach und nach selbst in manchen katholischen Kreisen in
Verdacht, es im Geheimen mit der Freimaurerei zu halten. Vgl.
Revue Mensuelle 1894, p. 12.

Der Monde bemerkte seinerseits zum Diable: . . . . . . „Das
Alles hängt mit dem jetzt in Veröffentlichung befindlichen Roman
Le Diable au XIXe siècle zusammen, in welchem in Geschichten nach
der Art Ponsons von Terrail die kritiklose Leichtgläubig-
keit zahlreicher Leute ausgebeutet wird. Der einzige
Unterschied ist, daß im Diable ein anderer Gegenstand behandelt
wird: Verworrene Compilationen von Geschichten über Satanismus
und Occultismus vertreten hier die Stelle der Abenteuer Rocambole's.
Aber der Werth der Geschichten ist hier wie bort derselbe." Vgl.
Bulletin Mensuel No. 11, 5. Oct. 1893.

Chorherr Delassus hatte in der Semaine religieuse de
Cambrai erklärt: „Dieses Werk ist keine historische Arbeit, sondern
ein Roman. Mit Hilfe einiger Reisebeschreibungen, einiger Kenntnisse

Muftel geleitete Revue catholique de Coutances, ferner die von Bischof Fava inspirirte Semaine religieuse de Grenoble. die Catholic Review von New York und der Month [?] in London. Muftel widerlegt in der Nummer vom 25. August 1893 seiner Zeitschrift siegreich alle Angriffe des Chorherrn Delaffus und Georges Bois'. Mgr. Fava hat in einem Briefe an einen Geistlichen vom 14. August 1893 Bataille's Diable sogar als eine Autorität citirt.

37. Chorherr Muftel ist ein merkwürdiges Beispiel dafür, bis zu welchem Grade man in Folge kritikloser Leichtgläubigkeit in Bezug auf Dinge, die man gerne hört, in Irrthümer verstrickt werden kann. Abbé Muftel ist sicher ein persönlich ehrenwerther Geistlicher. Er entbehrt auch nicht einer gewissen geistigen Begabung und Schulung. Aber hinsichtlich der Taxil'schen Pseudo-Enthüllungen legte er wohl hauptsächlich in Folge von Vorurtheilen, die sich in ihm schon seit vielen Jahren festgewurzelt hatten, und in Folge von Mangel an kritischem Sinn eine erstaunliche Voreingenommenheit und Urtheilslosigkeit an den Tag. Er wurde bei seiner geradezu kindlichen Wehrlosigkeit

---

über Freimaurerei, und einer gewissen Dosis von Einbildungskraft und Keckheit war es nicht schwer, so ein Buch zu schreiben. Die Verantwortung für die Verwirrung, die es im Publicum anrichtet, wird dadurch für Verfasser und Verleger beträchtlich gesteigert." Vgl. Bulletin Mensuel No. 10, 5. Sept. 1893.

In weniger entschiedener und darum frechen Schwindlern, wie den Verfassern des Diable gegenüber, ganz fruchtloser Weise trat Chorherr Ribet gegen Bataille's Werk auf. Vgl. Revue Mensuelle 1894. p. 21.

A. Desplagnes, selbst Parteigänger des Bataille'schen Buches, schreibt: „Viele durch Klugheit und Besonnenheit ausgezeichnete Leute nennen Dr. Bataille einen Romanschreiber und Schwindler." Revue Mensuelle 1894. p. 183.

P. Portalié bemerkt in den Études religieuses 1896 II 394 suiv.: „Wenn es mir gestattet ist, aus meiner eigenen Erfahrung Mittheilungen zu machen, so behaupte ich zuversichtlich, daß die ungeheure Mehrheit des Klerus [in Frankreich] sich durch diese unter dem Vorwand des Uebernatürlichen verkündeten und geglaubten Fabeln [Bataille's und Miß Vaughan's] beschämt fühlte. Zugeben kann man allenfalls, daß man sich über die Gefahr nicht genug Rechenschaft gab, welche diese ekelhafte Litteratur in sich barg."

Aus diesen Bemerkungen ist ersichtlich, daß auch in Frankreich die Bataille-Vaughan'schen Pseudo-Enthüllungen nicht in dem Maße Zustimmung und Anhang fanden, als Taxil und Genossen in ihrem Interesse glauben zu machen suchten.

den dreiftesten Schwindeleien gegenüber[1] einerseits und bei seinem
Feuereifer für die Bekämpfung der Freimaurerei andererseits das
hauptjächlichste Werkzeug, dessen sich die Firma Hacks = Taxil
bediente, um ihren litterarischen Lügen-Probucten in katholischen
Kreisen Eingang zu verschaffen.

Chorherr Mustel war schon vor Beginn des Jahres 1894,
wie wir aus einem Artikel der Revue catholique de Coutances
erfahren, gleich anderen, von Paul Rosen, einem „bekehrten
Freimaurer", der allerdings nicht unverdienter Weise selbst mit
Mißtrauen behandelt wird, aufmerksam gemacht worden, der
wahre Verfasser des Diable sei Leo Taxil, der keinen Glauben
verdiene. Derselbe wolle nur durch Ausbeutung der Katholiken
per fas et nefas Geld gewinnen. Das Werk, welches unter dem
Namen „Bataille" erscheine, sei nur ein absurder, in allen Stücken
falscher Roman.

Nicht ohne Erfolg hatten aber Taxil und Consorten Rosen
als den „gefährlichsten Geheimagenten des Satanspapstes Lemmi's"
verschrieen. Und Chorherr Mustel dachte hierin ganz wie sie.
Er selbst gesteht, daß er seit zwei Monaten eine unabläffige,
vertrauliche, intime Correspondenz mit Taxil unterhalte. So wies
er denn die Warnungen Rosens, die in diesem Falle sehr am Platz
waren, mit Entrüstung zurück.

Komisch wirken folgende Worte, die Chorherr Mustel dies=
bezüglich schrieb:

„Ich hatte nicht nothwendig, irgend eines der mir von Rosen
[zur Einsicht] angebotenen Documente zu prüfen, um zu wissen,
daß mich Rosen für einen Schwachkopf halte oder, wenn man
will, für einen Naiven und Ignoranten di primo cartello. Ich

Der gleichlautende Bericht vieler deutscher Blätter über den
Trienter Anti=Freimaurer=Congreß charakterisirt den Chorherrn Mustel
mit folgenden Worten:

„In Parenthese sei hier bemerkt, daß dieser wiederholt genannte
Abbé Mustel nach dem Urtheil Aller, die ihn kennen, ein durch und
durch braver und frommer Mann ist, dabei aber von einer geradezu
kindlichen Naivetät und Harmlosigkeit, die ihn für einen so dreisten
Betrug [Vaughan = Schwindel] wie geschaffen erscheinen lassen. Als
Beweis für seine Naivetät möge nur das eine Beispiel gelten, daß er
einen hier anwesenden deutschen Priester, der als erster auf dem
Congresse die Vaughan-Frage im kritischen Sinne zur Sprache gebracht
hatte, von der Existenz der Miß dadurch zu über=
zeugen suchte, daß er ihm ihre — Visitenkarte
zeigte." Vgl. „Köln. Volkszeitung" Nr. 665, 1. Oct. 1896.

war, Gott sei Dank, weder so dumm noch so schlecht
unterrichtet, als er voraussetzte."¹)
Gegen George Bois, der Bataille einen Schwindler
(fumiste) genannt hatte, führte Mustel aus: „Die Anklage ist
sehr schwerer Natur und wir begreifen, daß sie denjenigen, gegen
den sie gerichtet war, tief verletzen mußte .... Herr Bois hat
es bis zu dem Grabe an ruhiger Ueberlegung fehlen lassen,
daß er einen Mißgriff beging und sich compromittirte"²) u. s. w.
Herrn Chorherrn Delassus gegenüber bemerkte Mustel:
„Die Art [der Geschichten Bataille's] ist allerdings eigenartig;
sie bricht mit den augenblicklich herrschenden Ideen. Wir werden
uns auch wohl hüten, dem Herausgeber der Semaine religieuse
von Cambrai die ganz und gar unverdiente Beschimpfung
ins Gesicht zu schleudern, seine Auffassung entspringe
naturalistischen Tendenzen. Eine solche Beschuldigung
würde von seiner ganzen bisherigen Wirksamkeit Lügen gestraft
werden. Er weiß so gut und noch besser als wir, welche Macht
der Engel der Finsterniß hat ..... Nur hat die Fremd-
artigkeit der Enthüllungen des Diable au XIXe siècle
nicht bloß sein Mißtrauen hervorgerufen, sondern ihn auch veranlaßt,
die Wahrheit der Enthüllungen selbst zu leugnen."³)
Bemerkenswerth ist auch, daß Herr Mustel ausdrücklich
hervorhebt,: wenn Bataille's Buch bloß „erdichtete" Geschichten
vortrage, so sei der Verfasser ein schamloser Betrüger,
welcher nur der Freimaurerei in die Hände arbeite.
In diesem Fall, sagt er wörtlich, „sind seine vorgeblichen
Enthüllungen nur ein Gewebe von unverschämten
und verderblichen Lügen, deren Wirkung keine andere sein
kann, als die Katholiken, welche daran glauben, der Verachtung und dem Gespötte aller verständigen Leute
preiszugeben. Er arbeitet dann im Interesse und ohne
Zweifel auch im Dienst und Auftrag der Freimaurerei".⁴) „Wenn das Werk dieses Letzteren [Bataille] eine

¹) Revue Mensuel 1894, p. 18 f.
²) Revue Mensuel 1894, p. 50.
³) Bulletin Mensuel No. 11, 5. Oct. 1893, p. 4.
⁴) La Revue catholique de Coutances 25. Aug. 1893, vgl.
Bulletin Mensuel No. 11, p. 3. — Letzteren Satz halten wir nur
theilweise für richtig. Bataille arbeitete nach unserer Ueberzeugung
wohl im Interesse, aber nicht im Dienste der Freimaurerei. Indeß
sind die betreffenden Worte Mustels doch bemerkenswerth mit Rücksicht
auf den neuesten Versuch Mustels, de Bessonies' und Consorten, das
Vorgehen der katholischen Presse zur Aufdeckung des Schwindels als
Freimaurer-Arbeit darzustellen. Ex ore tuo te judico! Mit Zugrunde-

Betrügerei wäre, so wäre es ein im höchsten Grad infames und verbrecherisches Beginnen."[1])

Wenn so Chorherr Mustel in gewisser Hinsicht noch größeres Rechtlichkeitsgefühl seinen Gegnern gegenüber bekundete, als Manche, die neuerdings in Deutschland ein „gutes Werk" zu thun glaubten, als sie für den Margiotta=Vanghan=Schwindel eintraten, so wurde er doch in Folge der nahen persönlichen Beziehungen, die er zu den Veranstaltern des Schwindels unterhielt, und anderer Umstände[2]) immer mehr in seiner Meinung, daß jeder wissentliche Betrug beim Verfasser des Diable ausgeschlossen sei, bestärkt. So trat er mit wachsender Entschiedenheit für die fast absolute Glaubwürdigkeit der Bataille'schen und der gleich= gerichteten folgenden Margiotta= und Vanghan'schen „Enthüllungen" ein. Dieses Eintreten war in dem engeren Kreise der französischen und der von Frankreich ihre Parole einholenden Antifreimaurer anderer Länder um so wirksamer, als einerseits auch Mgr. Fava, der bei den Katholiken Frankreichs hinsichtlich der Freimaurerfrage in besonderem Ansehen stehende Bischof, in demselben Sinne thätig war und andererseits die Stimmen derjenigen, welche den Schwindel bekämpften, da die verständigeren Kreise des Publicums hinlänglich aufgeklärt schienen, mehr und mehr verstummten. So konnte Chorherr Mustel schon in der Nummer vom 22. Dec. 1893 seiner Zeitschrift schreiben:

„Was durch sichere [!] Documente, durch authentische [!] Urkunden, durch unwiderlegliche Geständnisse [!] bereits bewiesen [!] war[3]), . . . läßt Dr. Bataille im Diable an unseren Augen in

---

legung der Thatsache, daß Dr. Hacks jetzt selbst den Diable und die Vanghan=Geschichte als Schwindel erklärt hat, der auf einige Tausend Schwachköpfe berechnet war, bedarf es keines besonderen Scharfsinnes, um zu ersehen, wer nach der obigen Erklärung Mustels selbst that= sächlich die Geschäfte der Freimaurerei in der Angelegenheit besorgte und noch besorgt.

[1]) Revue Mensuelle 1894. p. 59.

[2]) Besonders muß zur theilweisen Entschuldigung Mustels hervor- gehoben werden, daß sein Wohnort Avranches sehr abgelegen ist und daher wohl ungenügende Gelegenheit bietet, sich hinlänglich zu orientiren.

[3]) Einer der hauptsächlichsten Erklärungs=Gründe für die willige Aufnahme der schwindelhaften Enthüllungen Bataille's, Margiotta's und Vanghans lag allerdings darin, daß derselbe von langer Hand durch Taxil und Consorten vorbereitet war, bezw. an früher schon ausgesprochene, jedenfalls in ihrer Verallgemeinerung irrige Be- hauptungen als zuverlässig betrachteter Autoren, z. B. Mgr. Fava's ꝛc., anknüpfte. „Sichere Documente" und durchschlagende „Beweise" dafür wurden indessen nie vorgelegt. Wir werden im zweiten Theile noch eingehender darauf zu sprechen kommen.

einer Reihe lebender Bilder vorüberziehen .... Ich habe es, versichert er, mit meinen eigenen Augen gesehen, ich erzähle oder vielmehr male es nach der Natur, ich photographire es."[1]

„Die Zahl der Ueberzeugten [derjenigen, „welche nicht blindlings, sondern nach ernster Prüfung und auf gute Gründe hin" aus voller Ueberzeugung die Erzählungen Bataille's für wahr halten] nimmt mit jedem Tag zu. Um sich davon zu überzeugen, genügt es, in der Espérance du Peuple von Nantes vom 20. October den von R. Malville gezeichneten Artikel Le Palladisme[2] zu lesen oder die Artikel der Union catholique de

[1] Revue Mensuelle 1894. p. 13.

[2] R. Malville führt in diesem Artikel unter Anderem aus: Bataille's Buch läuft auf die Behauptung hinaus, „daß die Freimaurerei ganz einfachhin satanisch sei, möge sie dies beabsichtigen oder nicht, und daß ihre Bestrebungen die Folge der unmittelbaren persönlichen Einwirkung des Teufels sind, der seinen Getreuen [leibhaftig] erscheint und ihnen seine mündlichen Instructionen giebt ... Zum Beweis für diese Behauptung legt uns Dr. Bataille in seinem Buch, das mit sehr eindrucksvoller Aufrichtigkeit [!] und in einer ebenso kraftvollen als wissenschaftlich genauen [!] Sprache abgefaßt ist, einen eingehenden Bericht über die von ihm in den geheimen Schlupfwinkeln der Anbeter Satans vorgenommenen gefahrvollen Nachforschungen vor .... Das Werk Bataille hat alle Anzeichen [!] wahrhaftiger Enthüllungen ... Die Angriffe auf dasselbe können uns, da sie von Freimaurern [! G. Bois und Rosen sind namentlich gemeint] herrühren, nicht überraschen. Katholiken sollten aber, so dünkt uns, mehr Vorsicht walten lassen [freilich, aber im entgegengesetzten Sinne!] ... Ich anerkenne, daß diese Behauptungen [die Bataille's] ganz und gar [?] mit den Lehren der Kirche übereinstimmen ...

„Bloße Legenden sollen das sein!", ruft Bataille aus. „Man glaube doch das nicht! Die Teufel, die gefallenen Engel existiren so sicher, daß sie selbst täglich in sichtbaren, bald einnehmenden bald schaudererregenden Gestalten erscheinen. Insbesondere geschieht dies in den palladistischen Triangeln [!], wo sie von den Eingeweihten von Angesicht zu Angesicht geschaut werden" ...

Alle Gegenstände der heutigen Wissenschaft sind ihm [Bataille] geläufig [!]. Nichts entgeht seiner einschneidenden [!] Kritik, sobald es sich darum handelt, die [katholischen] Glaubenswahrheiten zu vertheidigen [!] .... Man lese nur einmal mit Aufmerksamkeit den Diable ....., dann wird man bald zur vollen Ueberzeugung [!] kommen, daß das keine bloßen Phantasie-Gebilde sind [!] ... Sicher ist, daß der Diable au XIXe siècle von hervorragenden Geistlichen gutgeheißen und empfohlen wird [schlimm genug!]. Wenn er auch von anderen bekämpft wird, so muß er doch seitens der Theologen, die sich besonders mit Mystik [!] befassen, einer eingehenden und ernsthaften [!] Prüfung unterzogen werden." Mitgetheilt im Bulletin Mensuel No. 12, Nov. 1893, p. 4.

Rodez vom 4. October und des Messager de Millau vom
7. October. In letzterem Blatt befindet sich ein Bericht über
den von R. P. Fuzier vor einer ebenso zahlreichen als gewählten
und aufmerksamen Zuhörerschaft am 1. October gehaltenen
Vortrag. Die ausgezeichnete Semaine religieuse von Mende
bringt am 6. October einen sehr maßvollen und umsichtigen
Artikel im gleichen Sinne. Auch P. Monsabré [der berühmte
Notre = Dame = Prediger] hat sich, wie man uns versichert, zu
Gunsten Dr. Bataille's erklärt[1] . . . Wir unsererseits erhielten

---

[1] Revue Mensuelle behauptet (1894. p. 21), daß dies vollkommen
zutreffe: „R. P. Monsabré ist ganz auf Seiten Dr. Bataille's gegen
seine Widersacher". — „R. P. Monsabré", so berichtet der Ami du
Clergé (vom 30. August 1893), „schätzt diese Arbeit [Bataille's] sehr
hoch. Er hat daraus in der Recreation der PP. Dominikaner in
Havre vorgelesen. Er empfiehlt und fördert die Lectüre des Werkes
in wirksamer Weise."

Wir heben gleich hier hervor, daß später der Dominikaner
Theologie-Professor P. Thom. M. Pègues im Univers 27. April 1896
[abgedruckt im Anti-Maçon] auch in sehr überschwänglichen Ausdrücken
die Mémoires Diana Vaughans verherrlichte.

Da wir unsere Darstellung völlig objectiv halten und Licht und
Schatten völlig unparteiisch vertheilen wollen, so bemerken wir gleich,
daß laut Revue Mensuelle 1894. p. 219; 1896, p. 79 und nach vielen
anderen Blättern, welche auf die Autorität hauptsächlich gerade dieser
Zeitschrift hin die Enthüllungen Bataille's und „Miß Vaughans" weiter
verbreiteten, z. B. des in Wien gedruckten „Missionärs", auch die
Civiltà Cattolica gelegentlich für diese Pseudo-Enthüllungen warm eintrat. Vgl. z. B. Augustheft, S 411 und 2. Septemberheft 1896. Aus
letzterem Heft Nr. 1110 wird auf dem Umschlag der Nummer 14 der
Mémoires „Miß Vaughaus" ein Abschnitt citirt, in welchem folgende
Sätze vorkommen: „Wir wollen uns wenigstens nicht des Vergnügens
berauben, nochmals öffentlich die Namen dieser muthigen
Kämpfer dankbar zu nennen, welche, oft sogar mit Lebensgefahr, als
die Ersten den glorreichen Kampfplatz betreten haben. Leo Taxil,
Ad. Ricoux, A.-C. de la Rive, Jean Kostka [Jules Doinel] und
viele Andere, unter welchen sich die edle Miß Diana Vaughan
befindet, haben um die Wette Ströme des Lichts über die heute so weit
verzweigte luciferianische Freimaurerei verbreitet . . . Adolph Ricoux
gelang es, sich mit großen Kosten die dogmatische Bulle des [Frei-
maurer-] Papstes Pike zu verschaffen, in welcher die teuflische Doctrin
des Palladismus und das Moral-System der Palladisten beiderlei
Geschlechts dargelegt sind . . . . Miß Diana Vaughan . . . . wandte
sich der Kirche zu und scheint unerschöpflich zu sein in kostbaren Enthüllungen, die an Nützlichkeit und Genauigkeit nicht ihres gleichen
haben. Die Freimaurerei ist darüber bestürzt und leugnet, um sich

von einer großen Anzahl mündlicher und schriftlicher Aeußerungen
zu Gunsten Bataille's Kenntniß. Diese Aeußerungen stammen
von Priestern, Ordensmännern und selbst von Bischöfen. Es ist
daher unmöglich, ein Werk nicht ernst zu nehmen, welches bei
so vielen hervorragenden und competenten Persönlichkeiten Glauben
findet. Die Gründe, auf welche sich unsere persönliche Ueberzeugung
stützt, haben wir bereits dargelegt."[1])

In der Nummer vom 29. März 1895 seiner Zeitschrift
schreibt Mustel: „Lebhaft, ja leidenschaftlich angegriffen, geht
Dr. Bataille unversehrt und triumphirend aus dem Widerspruch
hervor. Seine Enthüllungen über den Satans=Cultus und die
Werke Satans unserer Zeit in den verschiedenen Theilen der Welt
sind zwar furchtbar, aber durchaus wahr."

38. Die Redacteure der Revue Mensuelle, Ch.
Chauliac, J. Moquiram, Abbé X., Graf de Sparre
über die Glaubwürdigkeit Bataille's. Die gesammte
Redaction der Revue Mensuelle erklärte in der ersten
Nummer dieser Zeitschrift:

„Was uns betrifft, so versichern wir, daß Dr. Bataille die
zahlreichen Reisen wirklich gemacht hat, daß seine Diplome echt
sind, und daß seine Ehrenhaftigkeit über allen Verdacht
erhaben ist. Wir wissen und erklären, daß er aufrichtig ist.
Auch Alle, die an dieser Revue mitarbeiten, bekennen sich als seine
Freunde und schätzen ihn, wie überhaupt Alle, die ihn kennen.
Wir Alle erklären uns mit ihm völlig solidarisch."[2])

Charles Chauliac äußert: „Ich überlese in diesem Augen=
blicke mit neuem Interesse das inhaltsreiche Buch Dr. Bataille's.
Es ist dies ein Buch, das man sorgfältig studiren muß, um die
ganze Frucht daraus zu ziehen. Ich erlaube mir auch nicht,
den gelehrten Autor, welcher damit der Religion und der christ=
lichen Gesellschaft einen großen Dienst [!] geleistet hat, irgend
welcher Kritik zu unterwerfen."[3])

Jean Lacoste hatte die Feder ergriffen, um in der Gazette

den Streichen dieser Lanzenbrecherin zu entziehen, ihre Existenz; sie
behandelt Miß Vaughan als einen Mythus."

Bemerkt sei übrigens, daß eine römische Correspondenz in Nr. 4
der „Köln. Volkszeitung" (2. Januar 1897) feststellt, daß die meisten
Redacteure der Civiltà die Anschauungen des Verfassers der betreffenden
Artikel der Zeitschrift nicht theilen.

[1]) Revue Mensuelle 1894, p. 14.
[2]) Revue Mensuelle 1894. p. 32.
[3]) Ib. 1895. p. 542.

de France „einige üble Gewohnheiten der Katholiken" zu geißeln. Unter Anderem bemerkte er, daß es bei manchen Katholiken Mode sei, „bei jedem Anlaß, auch wenn es gar nicht am Platze ist, vom Teufel zu reden". Er fährt dann fort: „Es ist für einen Schriftsteller, der weiß, wie schwer es ist, das Volk aufzuklären, um von dessen religiösen Vorstellungen blöden Aberglauben fernzuhalten und den Glauben an das Uebernatür=liche ohne Beimischung von Altweiber-Geschwätz zu erhalten, sehr betrübend, wahrzunehmen, wie alle von der Theologie vor= gezeichneten weisen Regeln mißachtet und mit Füßen getreten werden, einzig und allein, um krankhaften Neigungen des Publicums Befriedigung zu gewähren." [1]

Darauf antwortet Juvenal Moquiram [ein mehr eifriger, als einsichtiger Gefährte Taxils, wenn sich nicht wieder Taxil selbst hinter diesem Pseudonym verbirgt]: „Ich befürchte sehr, daß dieses Wort ‚blöder Aberglauben' in seinen Augen alle übernatürlichen Dinge [!] ohne Ausnahme umfaßt, von welcher Quelle sie auch kommen mögen, aus dem Einen Grunde, weil sie übernatürlich, d. h. durch die bekannten und unbekannten Kräfte der Natur unerklärbar sind." . . . Wenn die Werke Verbuns [Le Diable dans les missions] und Dr. Bataille's „schlechter Kampf" sind, so ist der „gute Kampf" derjenige, welchen die starken Geister, die Ungläubigen der Kirche liefern. „Glücklicherweise aber wacht die Kirche, um diese infernale Taktik zu entlarven. Und was Lacoste auch sagen möge, so schöpfen die Bischöfe, Priester und Theologen unter der Führung des Papstes, der ihre Bemühungen leitet und ermuthigt, in ihrem Glauben und in ihrer Liebe Muth genug, um den guten Kampf zu führen, um das Banner des Uebernatürlichen hoch zu halten und zu verhindern, daß die Seelen in den Sumpf des Materialismus fallen, in welchen sie eine falsche Wissenschaft und eine trügerische Philosophie stürzen möchten . . . . Es ist unsere Pflicht, unsere Leser vor diesem angeblichen philosophischen Katholicismus zu warnen. Derselbe gleicht sehr dem Unglauben. Denn er nimmt von der theologischen Lehre der Kirche nur das an, was nicht gegen „die falsche Empfindlichkeit einer Vernunft verstößt, die sich weit mehr Voltaire und Renan, als das Evangelium, zu Leitsternen nimmt." [2]

Abbé X. schreibt an Dr. Bataille: „Der von Ihnen gegen die Hölle begonnene Feldzug ist sehr interessant, ja noch mehr,

---

[1] Ib. 1896. p. 193.
[2] Ib. 1896, p. 194 et suiv.

sehr wichtig. Wenn derselbe auch einigen ungenügend unter=
richteten Katholiken lächerlich erscheint, so erfreut er doch Alle,
die, wie Sie in der Lage [!] sind, mit der übernatürlichen Welt
Bekanntschaft zu machen ... Es wäre unrecht, Ihrem Werke
das große Verdienst abzusprechen, daß es öffentlich und
muthig mit dieser bedauerlichen Manie des Skepti=
cismus gebrochen hat [!], welche in den Köpfen so vieler
Katholiken und selbst vieler Priester spukt [!] und sie verleitet,
die Wirksamkeit des Teufels zu verkennen und Alles bloß natürlich
zu erklären. Diese allgemeine Verblendung ist offenbar selbst
das Werk des Teufels. Sein größtes Geschick besteht darin,
daß er sich verbirgt, um zu bewirken, daß die Ungläubigen seine
Existenz und die Katholiken sein Eingreifen leugnen." [1]

Graf A. de Sparre wurde durch die Lesung von
Dr. Bataille's Diable sogar zu einem Gedichte begeistert, das
mit den Versen endigt:

Vil singe du Sauveur, noir serpent, bête immonde,
Tu peux être en effet le Prince de ce monde,
Mais Dieu, toi! . . . tu n'en es que le vomissement. [2]

39. Der Anti-Maçon, Leo Taxil, Desjardins
über die angebliche Bestätigung, welche die Er=
zählungen des Diable allerwärts finden. Der Anti-
Maçon schreibt über Dr. Bataille:

„Der Enthüller [Bataille] ist sehr genau. Seine Behauptungen
sind reichlich mit Belegen versehen. Er hat die christliche Welt
zuerst über die mächtige und von großem Scharfsinn zeugende
Organisation des infernalen Palladismus unterrichtet. . . . Der
von ihm erzielte Erfolg war ungeheuer, und die Ereignisse, die
seitherigen Bekehrungen und die nachfolgenden Enthüllungen
[Margiotta's und „Miß Vaughans"] haben seinem Werke so
bestimmte Bestätigungen, so überzeugende weitere Erklärungen
hinzugefügt, daß dasselbe dadurch fast selbst in Schatten gestellt
wird. Dies wäre nicht recht. Dr. Bataille hat die Bresche
geöffnet, durch die sich jetzt das Licht in Strömen [!]
ergießt." [3]

Es wurden auch alle Vorkommnisse, seien sie von den Ver=
anstaltern des Schwindels selbst veranlaßt gewesen oder nicht,
benutzt, um dem Publicum weiß zu machen, daß die Ent=

---

[1] Revue Mensuelle 1895. p. 4.
[2] Revue Mensuelle 1896, p. 223. Diesem Gedicht folgt noch ein
poetischer Gruß desselben Verfassers an „Diana Vaughan".
[3] L'Anti-Maçon 1896. p. 183.

hüllungen Dr. Bataille's in den Ereignissen ihre vollständigste Bestätigung finden.

So schreibt z. B. Leo Taxil: „Das [von Taxil lediglich erdichtete] Schisma der amerikanischen hohen Freimaurer ist ein unerwartetes Ereigniß, das die von ihm [G. Bois] geleugnete luciferianische Vereinigung als unableugbare Thatsache erscheinen läßt. Weitere Ereignisse, welche die Enthüllungen bestätigen, sind: das verwegene Sacrilegium, der Hostienraub in Notre=Dame[1]); das vom Erzpriester von Segovia Dom Sommorostro gegebene Aergerniß. Diesem Erzpriester wurde nachgewiesen, daß er seit dreißig Jahren Meister vom Stuhl der dortigen Loge war[2]); die Affäre der Barbe Bilger[3]); die geräuschvolle Auf=lehnung Miß Vaughans und Paolo Figlia's gegen Lemmi[4]);

---

[1]) Damit dieser Hostienraub etwas bewiese, müßte vorher nach-gewiesen sein, daß derselbe in der Absicht begangen wurde, luciferianische Freimaurer=Verbindungen mit Hostien zum Zweck der Profanation zu versehen. Das ist aber in keiner Weise erwiesen worden.

[2]) „Dr. Bataille" berichtet in der Revue Mensuelle 1894, p. 65—67: 1892 wurde vom Bischofe von Segovia über den Erzpriester Don Andreas=Gomez Sommorostro, Schriftsteller und ehemaliger Beichtvater der Königin Isabella II. von Spanien, das Interdict und die Suspension verhängt, weil es sich herausgestellt hatte, daß er der Freimaurerei beigetreten war und seit 1863 sogar das Amt des Meisters vom Stuhl der Loge Esperanza von Segovia bekleidet hatte. Im Februar 1894 wurde er nach öffentlicher Abschwörung und nach Ablegung des Glaubensbekenntnisses feierlich von den verhängten Kirchenstrafen losgesprochen. Bataille flicht in seinen Bericht über dies Ereigniß folgenden Satz ein, der natürlich gar nichts beweist: Isabella II. „hatte eine schlechte Umgebung. Herr Hansmann [! ein sehr unzuverlässiger Gewährsmann], ein bekannter Okkultist hat öffentlich behauptet, er kenne einen Kaplan der Königin, welcher den Praktiken des Satanismus ergeben gewesen sei und die schwarze Messe gelesen habe; derselbe habe sich vor Kurzem — erhängt". Es ist schlechterdings nicht zu ersehen, in wie fern der Fall Sommorostro, selbst unter Zugrundelegung des Bataille'schen Berichtes, eine Bestätigung der „Enthüllungen" des Diable über Luciferianismus bilden sollte.

[3]) Die Geschichte dieser angeblichen Odd=Fellow'schen Ex=Groß-meisterin ist gleichfalls erdichtet.

[4]) Diese Auflehnung der Miß Vaughan und Figlia's existirt ebenfalls nur in der Phantasie Taxils und der Taxil=Gläubigen. „Großmeister" Figlia scheint ebensowenig zu existiren, wie die Ex=Palladisten=Großmeisterin „Vaughan". Paolo Figlia selbst existirt allerdings. Er war 1892—1895 Abgeordneter für Palermo.

der Proceß Lucie Claraz' der Großmeisterin von Freiburg [1]). Jetzt ist es unmöglich geworden, noch ferner zu leugnen." [2])

An einer anderen Stelle bemerkt die Redaction der Revue Mensuelle: „Von allen Seiten laufen Mittheilungen ein, welche die Enthüllungen Dr. Bataille's über die Freimaurer=Schwestern bestätigen, welche von den Palladisten verwendet werden, um ihren entsetzlichen Sacrilegien eine höllische Würze zu verleihen." Es folgen einige angebliche Fälle von Hostien=entweihungen durch anrüchige Frauenspersonen in den Freimaurer=logen. Am Schlusse des Artikels heißt es: „Vorstehende Mittheilungen zeigen die Bedeutung des von Dr. Bataille unternommenen Feldzuges. Worauf er kühn als der erste öffentlich aufmerksam machte, das wußten damals nur die Missionäre, einige Ordensleute und Priester. Durch Entlarvung solchen Unfugs kann man dem Uebel steuern, das im Geheimen die heutige Gesellschaft zernagt." [3])

„Seither [seit den Ableugnungen der Vérité] trafen mit jedem Tage zahlreiche Zeugnisse ein, welche die Ent=hüllungen Dr. Bataille's bestätigen. Bischöfe, Missionäre, hervorragende Ordensmänner bezeugten einer nach dem andern: „Ja, das ist wahr; ja, wir kennen diese und jene Thatsache, welche in überraschender Weise mit diesem und jenem vom Doctor enthüllten Vorkommnisse übereinstimmt. Ja, wir empfingen diese und jene Geständnisse von bekehrten luciferianischen (?) Frei=maurern, von Freimaurer=Schwestern [?], denen es gelang, sich dem entehrenden Joche zu entziehen, unter dem sie früher seufzten. Ja (und das wurde dem Anti=Freimaurer=Comité in Paris von einem Bischofe geschrieben), wir kennen [?] seit sieben Jahren die Existenz und die Wirksamkeit der palladisti=schen Triangel." [4])

---

[1]) Wie wir im zweiten Theile noch sehen werden, ist die Geschichte der „Odd=Fellow= freimaurerischen Meisterin" Lucie Claraz, welche angeblich sich dazu hergegeben haben sollte, den Freimaurern in Freiburg in der Schweiz Hostien für satanische Orgien zu liefern, ebenfalls nur eine Erfindung.

[2]) Revue Mensuelle 1894, p. 130.

[3]) Ib. 1894, p. 329 et suiv. — Wir werden die angeblichen Beweise für Hostienentweihungen in Freimaurerlogen, die bisher, so weit wir in Erfahrung bringen konnten, öffentlich vorgebracht wurden, im zweiten Theile dieser Schrift noch besprechen.

[4]) Revue Mensuelle 1895, p. 302. — Alle die angeführten Belege lauten sehr unbestimmt und entbehren schon aus diesem Grunde jeder Beweiskraft. Nach all den zahlreichen Proben des Mangels an

Herr Desjardins von Angers schreibt unter dem 4. Mai 1895 an Dr. Bataille: „Ich habe Ihr Buch Le Diable au XIXe siècle von Anfang bis zu Ende mit dem größten Interesse gelesen. Und ich habe besondere Gründe an alles [!] dort Berichtete zu glauben." Darauf erzählt Desjardins, daß er mit seiner Frau, die ein vortreffliches Medium [!] war, oft spiritistische Cirkel besucht habe. Bei einem Tischrücken in einer spiritistischen Sitzung habe ihm der Tisch das große Panama=Loos angeboten, wenn er dem daraus sprechenden Geist ein Zimmer miethen und möglichst viele Anhänger zuführen wollte. Befragt, wer er sei, habe der Geist nach langem Sträuben geantwortet: Satan. Nach der Erzählung waren Desjardins und Frau trotz solcher spiritistischen Bethätigungen fromme Katholiken, die häufig beichteten und communicirten¹) [!].

Noch neulich schrieb Leo Taxil: „Leugnen wollen, daß die Enthüllungen Bataille's eine der Ursachen waren, warum sich die Katholiken gegen die herrschende Secte auflehnten, wäre reine Verrücktheit. Im Uebrigen genügt es, darauf zu achten, welches zu dieser Stunde die activen Anti=Freimaurer, welches diejenigen sind, die auf die Stimme des Papstes hin in den Kampf ziehen; und seit einem Jahre den Widerstand organisiren und Actions= Gruppen zum speciellen Zwecke der Bekämpfung der Freimaurerei ins Leben rufen. Es sind dies sammt und sonders Leser, enthusiastische Parteigänger, Schüler Dr. Bataille's. [Wenn dem wirklich so wäre, würde es mit der antifreimaurerischen Bewegung bedenklich stehen.] Bataille selbst ist der Bescheidenste unter den Menschen. Nach Vollendung seines Werkes zog er sich ins Stillleben zurück.²) Er wollte nie Führer sein. Er entzog sich jeder Ovation. Man betrübt ihn, man fällt ihm lästig, man

---

Wahrheitsliebe, welche Taxil, Bataille und Consorten bereits gegeben haben, dürfen sie nicht einmal erwarten, daß man ihnen auch bloß das Vorhandensein solcher Zeugnisse von Missionären u. s. w. aufs Wort glaube. Graf H. E. ist übrigens in der Lage, in seiner bereits erwähnten Schrift Mémoires à l'adresse des membres du Congrès antimaçonnique de Trente (1897, p. 17. 27, 32, 35, 36, 39) wieder-holt festzustellen, daß Missionäre den Angaben Bataille's über Dinge und Persönlichkeiten ihres Missionsgebietes entweder aufs Entschiedenste widersprachen oder dieselben wenigstens sehr befremdlich fanden.

¹) A. a. O. 1895, S. 545 ff.

²) Gott sei Dank! Es wäre im Interesse der Kirche zu wünschen, daß auch sein Busenfreund Taxil-Bataille dieses Beispiel Hacks-Bataille's recht bald befolgte.

erzürnt ihn fast, wenn man ihm einen Besuch macht, um ihn zu seinem Buche zu beglückwünschen."[1])

In dieser Aeußerung Taxils tritt wieder die mehrfach schon hervorgehobene Spottsucht ziemlich unverhüllt zu Tage, welche eine Haupteigenschaft des von ihm geleiteten publicistischen Schwindler = Consortiums ist. In einem gleich zu erwähnenden Artikel des Maihefts 1896 derselben Zeitschrift tritt dieselbe noch klarer zu Tage.

40. Eine angebliche neue Bestätigung des Berichts Bataille's über das freimaurerische Laboratorium in den Gibraltar=Felsen. De la Rive. Hier berichtet Leo Taxil in einem von ihm, und zwar unter seinem Namen gezeichneten Artikel:

„Herr de la Rive hat neulich am 6. Mai [1896] unter den Auspicien der labaristischen Vereinigung im Saale der geographischen Gesellschaft einen Vortrag gehalten, in welchem er über die jüngste Gibraltar = Reise Eines seiner Freunde berichtete. Diese Reise war zu dem besonderen Zwecke unter= nommen worden, die bezüglichen Behauptungen des Doctors [Bataille über das freimaurerisch=satanische Laboratorium[2])] auf ihre Wahrheit zu prüfen. Wir baten de la Rive, einige Notizen aus diesem Reisebericht für die Revue Mensuelle auf's Papier zu bringen, was er auch that . . . . Wir haben ferner Miß Vaughan brieflich die Bitte unterbreitet, sie möge uns ihrerseits mittheilen, was sie über Gibraltar wisse, und uns im Besonderen die maurerische Lage [welcher Unsinn!] dieser Oertlichkeit mittheilen. Die Antwort steht noch aus."

„Für alle aufmerksamen Leser des Bataille'schen Buches, die von denselben christlichen Gesinnungen ∙ durch= drungen sind, von welchen das Buch eingegeben ist [!], hat das Ansehen des Doctors in diesen Dingen ein so großes

---

[1]) Revue Mensuelle 1896, Septemberheft, S. 515. — Wir hörten. oben Nr. 17, bereits Dr. Hacks=Bataille selbst sich über seinen Aus= tritt aus dem Geschäfts=Consortium des Diable äußern: „Nach kurzer Zeit zog ich mich von der Bude zurück und kehrte den Pfaffen, von welchen ich überlaufen wurde, den Rücken. Es giebt keine fadere Gesellschaft als diese Leute." — Taxil belehrt uns, daß schon einige Zeit vor dem Trienter Congreß der Sinneswechsel des Dr. Hacks seinen bisherigen Freunden bekannt war. Wie aber Taxil dann trotzdem noch kurz vor dem Congreß obige Worte niederschreiben konnte, ist ein Räthsel, das er nicht aufklärt.

[2]) Vgl. oben, Nr. 23.

Gewicht, daß sie es sehr peinlich empfinden würden, wenn dem=
selben auch nur im geringsten Punkte ein Mangel an Wahr=
haftigkeit oder Ehrenhaftigkeit ernstlich zum Vorwurf gemacht
werden könnte. Und darin haben sie vollkommen Recht. Denn
wenn man mit Recht vermuthen oder gar nachweisen könnte, daß
auch nur die geringste Thatsache, welche er mit
eigenen Augen gesehen zu haben behauptet, erlogen
sei, dann wäre es um seine Glaubwürdigkeit auch in
allem Uebrigen geschehen."

Durch dieses Geständniß richtet nebenbemerkt Leo Taxil sich
und die Bataille=Margiotta=Vaughan'schen „Enthüllungen" selbst.
Es kann keinem Zweifel mehr unterliegen, daß in diesen Taxil'
schen Pseudo=Enthüllungen nicht bloß ein oder der andere Punct,
sondern Vieles, ja wohl das Meiste auch von dem, was der
„Enthüller" mit eigenen Augen gesehen haben will, einfach
„erlogen" ist. Taxil kann daher nach seinen eigenen Worten
„auch in allem Uebrigen" keinen Anspruch auf Glaubwürdigkeit
mehr machen.

Taxil fährt fort:

„Unter allen von Dr. Bataille als Augenzeuge
erzählten Dingen hat das Capitel über das geheime Laboratorium
in Gibraltar mit die meisten Zweifel bei den Lesern hervor=
gerufen. Einige haben sogar gesagt, daß ihres Wissens nichts
dergleichen in Gibraltar existire. Diese Ableugnung stützt sich
aber nur auf eine unvollkommene Kenntniß der Oertlich
keit. Bevor sie leugneten, hätten sie die betreffenden Felsen
gemäß der Anleitung des Dr. Bataille, der darüber die genauesten
Angaben macht, untersuchen und sich nicht mit den Berichten
gewöhnlicher oberflächlicher Touristen begnügen sollen.

Nun faßt Taxil den Bericht Bataille's nochmals zusammen,
um zu zeigen, wie haarklein Bataille alles Nöthige angegeben,
und wie leicht es sei, auf Grund dieser Angaben an Ort und
Stelle genaue Nachprüfungen vorzunehmen. „Uebrigens", schließt
er, „können wir heute unseren Gegnern einen neuen durch
schlagenden [!] Bericht entgegenhalten, welcher auf die betreffende
Erzählung Dr. Bataille's ein helles Licht wirft." Und nun folgt
der bereits erwähnte Bericht de la Rive's unter der Ueberschrift:

„Eine Bestätigung des Bataille'schen Werkes":
Die meistbestrittenen Capitel in diesem Werke, sagt de la Rive,
sind die über A. Pike[1]) und über das Gibraltar'sche La-

---

[1]) Vgl. oben, Nr. 23.

boratorium.[1]) „Wir sind glücklicherweise im Stande, neue Bau=
steine zum schützenden Unterbau für das Werk unseres gemein=
samen Freundes [Hacks'] beizuschaffen."

Hinsichtlich des Laboratoriums belehrt uns dann be la Rive
auf Grund seiner bereits genannten Quellen, die er indessen,
wie häufig, wenn er als Zeuge für die Taxil'schen Schwindeleien
eintritt, nicht nennt:

„Seit dem Erscheinen der Enthüllungen Bataille's ist der
Eintritt in die (auch in Elisée Reclus' Nouvelle Géographie
Universelle, Paris 1895 I, p. 728 erwähnten) Grotten San
Miguel ausdrücklich untersagt. Der Zugang zu letzteren ist, sowohl
von der Seite des Teufels=Thurms, als von der Seite des
Palastes des Gouverneurs von Gibraltar durch starke Pallisaden
versperrt. Am Fuß der Pallisaden halten Soldaten, unter dem
Vorwand, diese Höhlungen des Felsen gehörten zum militärischen
Rayon!!! [die Ausrufungszeichen stehen im Original], Tag und
Nacht Wache. Die Königin Victoria hat in Paris einen von
Franzosenfurcht erfüllten Botschafter, Lord Dufferin. Wir ver=
setzen ihn in die Unmöglichkeit, uns zu bementiren,
und wir erklären, daß dieser Theil des Felsennestes
Touristen nicht mehr zugänglich ist."[2])

Und nun erzählt be la Rive: Als wir unsere antifrei=
maurerischen Conferenzen in Italien beendet hatten, machte mein
Reise=Gefährte, der Präsident einer Provinzial=Section der anti=
freimaurerischen Vereinigung von Frankreich, einen Abstecher nach
Gibraltar, um an Ort und Stelle Bataille's Angaben zu prüfen.
Er erhielt vom betreffenden Officier die Erlaubniß zur üblichen
Besichtigung der Festung. Ein Engländer, der ihn begleitete,
machte bei seiner diesbezüglichen Unterredung mit dem Officier
den Dolmetsch. Der französische Anti=Freimaurer ließ nach
erhaltener üblicher Erlaubniß noch ausdrücklich um die Er=
mächtigung bitten, die San Miguel=Grotten besuchen zu dürfen.

Die Antwort war:

„San Miguel=Grotten!!! Die kenne ich nicht!"

„Aber vor vier Jahren hat doch einer unserer Freunde
[Bataille] diese Grotten besichtigt."

---

[1]) Vgl. oben, Nr. 25.
[2]) Dieser nicht eben gut stilisirte Satz entspricht so sehr der
bekannten Eigenart Taxil's, daß man meinen könnte, Taxil hätte
ihn selbst niedergeschrieben oder seinem Freunde de la Rive in die
Feder dictirt.

„Ich bin erst drei Jahre hier; in dieser Zeit bin ich nie in die Lage gekommen, eine Erlaubniß für die Besichtigung derselben zu ertheilen."

Schließlich gab der Officier einen Wink, wir möchten uns entfernen.

Wir befragten nun den alten Führer, der uns geleitete. Derselbe belehrte uns, „früher habe man allerdings diese Grotten besichtigt. Jetzt sei es aber verboten. Dieselben enthielten übrigens nichts besonders Sehenswerthes"...

Dieser Führer gehorchte wohl einer geheimen Weisung, als er so sprach.

Nun kletterte der französische Anti-Freimaurer auf eigene Faust überall herum, um womöglich die Bataille'schen geheimen Werkstätten oder wenigstens den Ort, wo sie sich befinden sollten, zu entdecken. Er kam nach vielen Nachforschungen zum Schlusse, die einzige Möglichkeit, nachdem die Pallisaden errichtet worden seien, zu den geheimnißvollen teuflischen Arbeitsräumen zu gelangen, sei, vom Meere aus eine Landung zu versuchen. Dazu bedürfe es aber der vereinten Anstrengungen mehrerer entschlossener Persönlichkeiten.

Vorstehende Gibraltar-Geschichte ist ein sprechender Beleg dafür, in welche unnützen, lächerlichen Grübeleien, bezw. schriftlichen und mündlichen Erörterungen sich die im Fahrwasser der Bataille-Taxil'schen neueren Enthüllungen segelnden Anti-Freimaurer verlieren! Derartige „Enthüllungen" sind in der That nicht nur practisch völlig werthlos, sondern sie lenken viele Leute, welche ihnen Werth beizumessen geneigt sind, von wichtigeren und nothwendigeren Dingen ab und geben noch überdies sowohl sie, wie die ganze anti-freimaurerische Bewegung, insofern sie sich von solchen Ammenmärchen beeinflussen läßt, der Lächerlichkeit preis.

Drittes Capitel.

Die Fortsetzung des Bataille-Schwindels in der Revue Mensuelle.

Die Revue Mensuelle, religieuse, politique, scientifique, Complément de [seit November 1894: faisant suite à] la publication Le Diable au XIXe siècle, setzte sich nicht bloß zur Aufgabe, das Werk Le Diable zu vertheidigen und für dasselbe die größtmögliche Reclame zu machen, sondern bestrebte sich auch, den großartigen durch dasselbe veranstalteten Schwindel nach allen Richtungen hin weiter fortzuführen, wobei sie sogar nach Kräften ihre Abonnenten, worunter viele Geistliche, als un= bewußte, unentgeltlich arbeitende Mitarbeiter und Mithelfer zu benutzen verstand.

I. Programm der Revue Mensuelle.

41. **Eröffnung einer allgemeinen Untersuchung über teuflische Vorkommnisse aller Art. Aufruf an alle Leser, sich an dieser Untersuchung thätig zu betheiligen.** Gleich in der im November 1893 an die Abonnenten des Diable versandten Probenummer der Revue Mensuelle heißt es in der programmartigen Erklärung an der Spitze der Nummer:

„Die Revue Mensuelle ist nicht ein Parallel=Unternehmen des Diable au XIXe siècle, des ausschließlich von Dr. Bataille herausgegebenen Werkes, welches nach dem früher vorgelegten Plane fortgesetzt und in einem Jahr vollendet sein wird . . . Dieselbe wird im Gegentheil, neben der Publication des Doctors und auf dieselbe gestützt, täglich, wenn unsere Freunde die Gründung derselben gestatten, neue Thatsachen vorführen. Dank einer ausgebreiteten Mitarbeiter= schaft, an der unsere Abonnenten sich selbst be= theiligen können (die absoluteste Discretion wird ihnen ver= bürgt), wird unsere Zeitschrift, nach den persönlichen Nach= forschungen Dr. Bataille's, die Möglichkeit bieten, zu einer großen allgemeinen Untersuchung (enquête) über den Diabolismus und die Umtriebe der antichristlichen Secten über= zugehen. Wir können schon jetzt die Versicherung geben, daß

wir die competentesten Schriftsteller [!] über Freimaurer=
Dinge und andere Fragen, welche den Gegenstand der Zeitschrift
bilden, zu unseren Mitarbeitern zählen. Es steht uns außerdem
ein vorzüglicher Informationsdienst [!] über Freimaurerei
zur Verfügung, der sofort in Thätigkeit treten kann. Unsere
Abonnenten [d. h. die des Diable — die Verleger unterzeichnen
den Aufruf] mögen also über die Gründung der [neuen] Zeitschrift
entscheiden. Für den Fall, daß [bis zum 10. December] sich
die Mehrheit derselben für die neue Publication ausspricht
werden wir uns sofort ans Werk machen."[1])

Im November=December=Heft 1894 schreibt „Dr. Bataille":[2])
„Da von einem sich katholisch nennenden Autor [G. Bois] seine
[Bataille's] ehrliche Absicht hartnäckig in Zweifel gezogen worden
ist, so war er [Bataille] genöthigt, neue Quellen zu Rathe zu
ziehen, bei verschiedenen Personen Umfrage zu halten, zahlreiche
Werke beizuschaffen, um nachzuweisen, daß die von ihm veröffent=
lichten Dinge nicht außerhalb des Bereichs des Möglichen liegen.
So ist aus seiner besonderen Untersuchung eine all=
gemeine Untersuchung hervorgegangen" . . .

Die Redaction der Revue Mensuelle fügt bei:
„Die allgemeine Untersuchung ist also für Alle, die dabei
mitwirken wollen, eröffnet. Möge ein Jeder im Interesse der
katholischen Sache mit uns seinen zerstörenden Hammer=
Schlag führen, um den Tempel des Großen Baumeisters Aller
Welten in Trümmer zu legen. „„Ihre Zeitschrift leistet einen
ungeheuren Dienst"", schreibt man uns von allen Seiten. In=
dessen sind wir nur bescheidene Kämpfer. Unsere Freunde
müssen uns bessere Waffen liefern, als je. Wir können
die im Dunkel des Geheimnisses sich vollziehenden Werke Satans
nie genug enthüllen."[3])

„Unsere Zeitschrift", heißt es an einer anderen Stelle, „soll
dazu dienen, alle Beweise zu sammeln und zu ordnen, welche
die Nothwendigkeit des Kampfes gegen die Wirksamkeit des

---

[1]) Die Zeitschrift erschien zuerst in Monatsheften zu je 32, seit
Januar 1895 in solchen zu 64 zweispaltigen Seiten in 4°. Der Preis
betrug für Frankreich jährlich anfangs 3, später 6 Frcs.
[2]) Man bemerke, daß trotz der Versicherung des Dr. Hacks, er habe
für die Revue Mensuelle keine einzige Zeile geschrieben, und trotz der
Betheuerung Taxil's, das Pseudonym „Bataille" gehöre ausschließlich
Dr. Hacks an, Dr. Bataille auch in der Revue Mensuelle schreibt.
Wer hat da gelogen: Taxil oder Hacks, oder beide?
[3]) Revue Mensuelle 1894. p. 351 et suiv.

Teufels darthun, die so viele Katholiken noch gar nicht zu ahnen scheinen".[1]

Wieder an einer anderen Stelle wird eingeschärft: „Wir rufen unseren Lesern in Erinnerung, daß wir auf ihre Mit= arbeiterschaft, darauf nämlich, daß sie uns Thatsachen mit= theilen, die sich auf den zeitgenössischen Satanismus beziehen, rechnen. Wie wir ausdrücklich bemerken, ist es nicht nothwendig, daß die betreffenden Thatsachen noch nie ver= öffentlicht worden seien."[2]

Um noch weitere Kreise für das Unternehmen zu interessiren, um ferner die Arbeit und auch die Verantwortlichkeit für gewisse Artikel möglichst von der Redaction abzuwälzen, richteten die Herausgeber der Revue Mensuelle bald auch einen viele Spalten füllenden Sprechsaal für die Abonnenten ein. Als Gegen= stände, die in diesem Sprechsaal behandelt werden können, nennt die Zeitschrift selbst:

„Diabolisches Uebernatürliches, Okkultismus, Freimaurerei und antichristliche geheime Gesellschaften, Spiritismus im Lichte der katholischen Wissenschaft, mit einem Worte alle die ver- schiedenen heutzutage meisterörterten Fragen, welche in unser Programm einschlagen."

Bezüglich der Beweggründe zur Errichtung dieses Sprech= saals sagt die Redaction der Revue Mensuelle:

„Auf die Idee, diesen Sprechsaal einzurichten, kamen wir durch die Lesung verschiedener höchst interessanter Mit= theilungen, für welche wir indeß in Anbetracht der in den= selben ausgesprochenen Lehrmeinungen die persönliche Ver= antwortung nicht übernehmen können.[3] Andererseits richtet man oft Fragen an uns, zu deren Beantwortung uns sichere Quellen mangeln[4] und die wir doch nicht aus unserer Zeitschrift ausscheiden zu sollen glauben.

„Unsere Abonnenten können also ihre Anschauungen in unserer Zeitschrift vortragen; Fragen stellen; sich selbst unter= einander dieselben beantworten [welch' bequeme Redaction!] und etwaige Irrthümer, die entweder den Mitarbeitern

[1] Ib. 1895, p. 22.
[2] Revue Mensuelle 1895. p. 232. 342, 192.
[3] Dann müssen es schon sehr merkwürdige Einsendungen gewesen sein, da die Redaction in Aufnahme von „curiosen" Beiträgen doch wahrlich nicht engherzig verfährt.
[4] Wenn die Redaction hier vorgiebt, daß ihr in Paris sichere Quellen zur Beantwortung der an sie gerichteten Fragen mangeln, so bekundet sie dadurch nur ihre Unfähigkeit.

ober uns selbst zustoßen, berichtigen. So wird mehr und mehr über Alles Licht [oder auch, wie es sich gerade trifft, Verwirrung!] verbreitet werden.

„Wir wünschten, mit Errichtung unsers Sprechsaals für den zeitgenössischen Satanismus und seine verschiedenartigen Erscheinungen und Veranstaltungen etwas Aehnliches ins Leben zu rufen, wie es für das litterarische, historische und künstlerische Gebiet in der Zeitschrift L'Intermédiaire des Chercheurs et des Curieux bereits besteht. Dieses Beispiel, auf das wir hinweisen, wird unsere Absicht allen Lesern völlig klar machen." [1])

Wir glauben nicht zu irren, wenn wir annehmen, daß manche im Sprechsaal aufgeführten Beiträge angeblicher „Abonnenten" wieder von der Redaction selbst verfaßt sind. Es entspricht eine solche publicistische Art, vielfältige Pseudonyme und Anonyme zu verwenden, um im Trüben fischen zu können, ganz der bekannten Taxil'schen Art. Ein seither bekannt gewordener Brief Taxils an Margiotta vom 7. Mai 1894 scheint dies zu bestätigen. Dort schreibt Taxil:

„Ich kann in all diesen Fragen nicht öffentlich [unter meinem Namen] das Wort ergreifen. Sie haben wohl selbst schon bemerkt, daß ich in der Revue Mensuelle so wenig als möglich zeichne. Ich habe sehr triftige Gründe dafür. Mein litterarisches Incognito muß noch ungefähr ein Jahr lang gewahrt bleiben."

II. Ausführung des Programms.

Die von der Revue Mensuelle in ihren Rahmen einbezogenen angeblichen oder wirklichen Thatsachen, betreffend die Wirksamkeit des Teufels, lassen sich in folgende Rubriken einordnen, unter welchen sie zumeist auch in der Revue selbst aufgeführt werden: Der Teufel in der hl. Schrift, bei den Kirchenvätern und in der Kirchenlehre; Der Teufel im römischen Ritual und nach Papst Leo XIII.; Der Teufel in der Seelsorge, Zeugnisse von ergrauten Exorcisten; Der Teufel im Leben der Heiligen und bei den Vätern der Wüste; Der Teufel und die Sanct Benedicts-Medaille; Der Teufel in der Freimaurerei und in anderen okkultistischen Gesellschaften; Der Teufel in den Missionsgebieten und besonders im Islam; Chronik des Uebernatürlichen und Wunderbaren; Der Teufel in der Litteratur; Der Teufel in der Politik.

---

[1]) Revue Mensuelle 1895. p. 60.

Wir sind natürlich weit entfernt, zu behaupten, daß Alle, welche zu diesen Rubriken Beiträge für die Zeitschrift lieferten, „subjectiv" an dem Humbug, der in derselben getrieben wird, mitschuldig seien. Wir gestehen sogar gerne zu, daß manche Bei= träge, wenn sie an einem geeigneten Orte erschienen wären, hätten verdienstlich sein können. In der Revue Mensuelle aber erscheinen die unter den genannten Rubriken verzeichneten Ein= sendungen sämmtlich in einem höchst eigenthümlichen Lichte. Und wenn man sich die Herren ansieht, welche da in langer Procession unter der Führung eines Dr. Bataille, bezw. unter dem Banner seines tollen Diable au XIXe siècle, ihre Excursionen in das Reich des „Uebernatürlichen" oder „Diabolischen" unternehmen, — so möchte es Einem fast scheinen, als ob die Ernsthaftesten unter ihnen „objectiv" noch von Allen die übelste Figur machten.

42. Der Teufel in der hl. Schrift, bei den Kirchen= vätern und in der Kirchenlehre. Abbé X . . . schreibt an einen der Redacteure der Revue Mensuelle:

„Ich habe den Gedanken und die Geduld gehabt, die Haupt= stellen der heiligen Schrift, welche über den Teufel und teuflische Dinge handeln, zusammenzustellen. Und da ich sah, wie viel zahlreicher und lehrreicher diese Stellen sind, als man gewöhnlich annimmt, so kam mir die Idee, Ihnen diese kleine Arbeit, sei es für Ihren persönlichen Gebrauch, sei es zu Nutz und Frommen Ihrer Leser, wenn Sie dies für gut finden, mitzutheilen.

„Um einer solchen Arbeit ihren vollen Werth zu verleihen, müßte man alle auf den Gegenstand bezüglichen Stellen genau zusammenstellen, sie wörtlich wiedergeben und nach den her= kömmlichen Regeln der Schriftauslegung erörtern. Das würde aber ein ganzes Buch ausfüllen. Indessen ist die Arbeit selbst bei dem geringeren Umfang, in dem ich sie biete, schon eine Verurtheilung der Skeptiker unserer Tage und vor Allem jener so zahlreichen Katholiken, die nur unter der Bedingung an den Teufel glauben, daß sie ihn nirgends zu sehen brauchen [Sperrdruck im Original] und die unter dem Vorwande der Besonnenheit und Klugheit alle zu ihrer Kenntniß gelangenden mehr oder weniger verdächtigen [suspects] Vorkommnisse von vornherein auf die Einbildungs= kraft, auf krankhafte Zustände oder eine andere natürliche Ursache zurückzuführen."

Die Redaction bemerkt zu der Einsendung: „Nach Durch= lesung dieser Arbeit, die wir äußerst interessant finden, haben wir uns entschlossen, dieselbe unverzüglich dem Publicum zu unterbreiten."

Der Artikel beginnt mit den Worten:

„Wenn die Katholiken des XIX. Jahrhunderts die heilige Schrift lesen würden, so würden sie nicht in dem Maße die Erstaunten spielen, wenn sie vom Teufel und teuflischen Dingen sprechen hören ... Manche, die besonders pfiffig sein wollen, unterlassen es nicht, zu lächeln, wenn sie einige Teufel mit ihren Eigennamen nennen hören. Sie stellen sich vor, Lucifer allein genieße das Privileg, einen Eigennamen zu besitzen. Sie sollen aber nur die hl. Schrift aufschlagen, dann werden sie sehen, daß Heiden den Dämon Moloch (Lev. XVIII, 29) anbeteten. Sie werden die Namen Asmodäus (Tob. III, 8), Leviathan (Js. XXVII, 1) lesen[1] u. s. w.

Der ganze 16 Spalten lange Artikel ist derart, daß er recht wohl auch von einem nicht theologisch gebildeten Genossen Taxil's mit Hilfe einer Concordanz fabricirt sein könnte; daß die Verfasser des Diable und der Mémoires sich, bevor sie ihre Teufels-geschichten niederschrieben, in irgend einem Buch nach den in der Bibel vorkommenden Namen der Teufel umsahen, läßt sich wohl denken. Es ist daher nicht überraschend, wenn einige hier und dort vorkommende Namen stimmen.

Ein Abbé C. T. F. [Es haben also doch nicht viele Geistliche den Muth, in der Revue Mensuelle mit Namens-unterschrift aufzutreten] liefert eine Artikel-Serie über die „Dämonologie der Kirchenväter",[2] welche in einer theologischen Zeitschrift sich nicht übel lesen möchte, in der Revue Mensuelle aber, diesem kunterbunten Allerwelts-Teufels-Moniteur, sicher nicht am Platze ist.

A. C. de la Rive versucht, die Teufelslehre des Werkes Diable und der Revue Mensuelle, Complément du Diable, durch eine Zusammenstellung von Citaten aus theologischen Werken zu stützen. Unter den angeführten Autoritäten figuriren: Der Römische Katechismus, St.-Foi, Dionysius der Areopagite [bekanntlich keine „Autorität"!] Bossuet, der hl. Augustin, Suarez u. s. w. Aus „Dämonographien" bringt er selbst sehr ins Einzelne gehende Angaben bei, die, weil meist unbekannt, unter diesem Gesichts-punkt wenigstens ein gewisses Interesse für den Leser haben, indem sie wenigstens geeignet sind, ihn zu ergötzen. So berichtet er nach Collin de Plancy's Dictionnaire Infernal [Höllisches Conversationslexicon], daß den einzelnen Monaten und Ländern folgende Special-Teufel vorstehen:

---

[1] Revue Mensuelle 1894. p. 211—210.
[2] Revue Mensuelle 1896, S. 337 ff.; 456 ff.; 533 ff.

Januar	— Belial.	Juli	— Belzebuth.
Februar	— Leviathan.	August	— Aſtaroth.
März	— Satan.	September	— Thaumuz.
April	— Aſtarte.	October	— Baal.
Mai	— Lucifer.	November	— Hekate.
Juni	— Baalberith.	December	— Moloch.

Die „hölliſchen Geſandten" für die einzelnen Länder ſind nach dem Dictionnaire:

für Frankreich	— Belphegor.
„ England	— Mammon.
„ Italien	— Belial.
„ Rußland	— Rimmon.
„ Spanien	— Thaumuz.
„ die Türkei	— Hutgin.
„ „ „ Schweiz	— Martinet[1]) u. ſ. w.

Der „hölliſche Geſandte" für Deutſchland wird von de la Rive leider übergangen. Wir ſind daher nicht in der Lage, den deutſchen Leſern über dieſen für ſie ſo „intereſſanten" Punkt Aufſchluß zu geben.

43. **Das römiſche Ritual und Papſt Leo XIII. über Exorcismus.** Die Revue Mensuelle ſchreibt: „Die öffentliche Predigt der luciferianiſchen Lehre durch Miß Diana Vaughan und durch die unabhängigen Palladiſten [!] bringt uns auf den Gedanken, aus dem Cours de Liturgie Romaine (Ritual) von Abbé Th. Bernard, Prieſter von St. Sulpice, Alles auszuziehen, was auf die Exorcismen Bezug hat. Dieſes Werk des gelehrten Prieſters iſt durch ein päpſtliches Breve und durch außerordentlich ſchmeichelhafte Briefe Ihrer Eminenzen und hochwürdigſten Herren Cardinäle, Erzbiſchöfe und Biſchöfe ausgezeichnet."[2]) Und nun folgt einiges auf den Exorcismus Bezügliche aus dem Buche. Die angekündigte Fortſetzung blieb jedoch, wohl in Folge Einſpruchs des Verfaſſers des Buches oder anderer Berechtigter aus.

Als geradezu unverſchämt muß man es bezeichnen, daß die Veranſtalter des Bataille Schwindels es wagten, ſelbſt Papſt Leo XIII. in ihre Pſeudo Enthüllungen hineinzuziehen.

---

[1]) A. a. O. 1894, S. 60 ſ.; Die Teufels-Nomenclatur nach dem Buch Apadno befindet ſich ebendaſelbſt 1896, S. 261 ff. P. Portalié bezeichnet dieſes Buch als eine neue „Erdichtung" der Schwindel-Firma. Etudes 1897 I 160.

[2]) Revue Mensuelle 1895. p. 200.

Schon am Schlusse seines Werkes Le Diable hat Bataille
die Unverfrorenheit, Papst Leo XIII. als gleichsam bestätigenden
Zeugen desselben figuriren zu lassen, indem er schreibt:

„Ich habe mein Werk am 29. September 1892, am Feste
des heiligen Michael, welches von der luciferianischen Secte
besonders verabscheut wird, begonnen. Ich will es mit dem
herrlichen Gebete Leo's XIII. zum ruhmreichen Fürsten der
himmlischen Heerschaaren schließen, welches der heilige Vater,
der Papst kürzlich den Exorcismen des Rituals beigefügt
hat und welches die ganze Situation auf bewunderungswürdige
Weise zusammenfaßt und gleichzeitig auch das Heilmittel für die=
selbe angiebt." (Es folgt das Gebet.)[1]

An der Spitze des Jahrgangs 1895 der Revue Mensuelle
ist wieder in besonders in die Augen stechendem Drucke zu lesen:
„Das Gebet Leo XIII." Diesem Gebete selbst wird eine lange
Einleitung vorausgeschickt, der wir Folgendes entnehmen:

„Bei Eröffnung unseres neuen Feldzugs gegen den Satanismus
unserer Zeit glauben wir nichts Besseres thun zu können, als
unsere Zeitschrift unter den Schutz des glorreichen Erzengels
Michael zu stellen. Dr. Bataille that desgleichen, als er am
29. September 1892 das erste Capitel seiner persönlichen Publication
schrieb. Der heilige Michael ist ihm auch zweifelsohne bei=
gestanden. Denn nachdem die Ereignisse die Wahrheit seiner
Enthüllungen vor aller Welt dargethan haben, mußten seine
wenigen Widersacher verstummen und sich zurückziehen.

„Unser Freund hat das Verdienst, öffentlich und
laut ausgesprochen zu haben, was das Publicum noch nicht
wußte. Die Fürsten der Kirche, die Missionäre, die Angehörigen
der angesehensten Orden und die mit dem Exorcismus betrauten
Weltgeistlichen wußten aber schon vorher, wie schrecklich in unserem
gottlosen Jahrhundert in der ganzen Welt das Wirken der ent=
fesselten höllischen Mächte ist. In Rom war die unterirdische
Arbeit der luciferianischen Freimaurerei [?], sowie das fluch=
würdige Treiben der verschiedenen geheimen satanischen Gesell=
schaften wohl bekannt, welche alle mehr oder minder unmittelbar
mit dem Centrum der verabscheuungswürdigsten internationalen
Secte in Verbindung stehen. Seitdem die Wahrheit gesagt war,
brauchte man auch keine Anfechtungen mehr zu fürchten. Denn
der Papst selbst[2] befahl ja den katholischen Schriftstellern, Licht
über die Secte zu verbreiten.

---

[1] Le Diable au XIXe siècle. II. Vol., p. 943 s.
[2] Ueber die wahre Gesinnung, mit der diese Worte geschrieben

„Jetzt ist die persönliche Publication Dr. Bataille's
beendet. Wie wir bereits angekündigt haben, beginnt die all=
gemeine Untersuchung. Unser Freund bleibt unter
uns [Und doch hatte Hacks, wie er selbst sagt, schon längst sich
„von der Bude zurückgezogen und den Pfaffen den Rücken
gekehrt"!]. Zahlreiche von ihm oder seinen Freunden gesammelte
Documente werden in unserer Zeitschrift erscheinen, da sie im
Rahmen seines Lieferungswerkes nicht Platz fanden.

„Als Bindeglied zwischen dem Werke Dr. Bataille's
und unserer Zeitschrift bringen wir an erster Stelle
das herrliche Gebet zum Abdruck, welches Papst
Leo XIII. kürzlich den Exorcismen des Rituals bei=
gefügt hat. Mit diesem Gebet hat unser Freund
[der angeblich „fromme" Dr. Hacks, in Wirklichkeit aber Atheist]
sein Buch beschlossen; mit demselben eröffnen auch
wir [Taxil u. Cie.] unseren neuen Feldzug.

„Finden wir uns alle [mit Dr. Hacks], Leser und
Redacteure, im väterlichen Herzen des Papstes zusammen.
Durchdringen wir uns ganz und gar mit seinem Allerhöchsten
Gedanken, der tausendmal heilig, der unfehlbar ist. Denn der=
selbe ist durch die Leuchte Gottes selbst erleuchtet. Vergegen=
wärtigen wir uns wohl, daß, wenn der Papst seinen Mund öffnet,
Gott selbst spricht, Gott, der Alles weiß, dem nichts
verborgen ist und der auf dem Grunde der Seelen liest.[1])

„Wenn der Papst sagt, daß Satan es ist, der wüthender
als je die Kirche angreift . . .; wenn er mit überraschender
Deutlichkeit eine ganze Kategorie von geistig und sittlich ent=
arteten Anhängern von Secten als die schlimmsten Helfershelfer
des Teufels brandmarkt, als die fluchwürdigsten Frevler, als

---

sind, giebt eine oben, Nr. 17, mitgetheilte Aeußerung Dr. Hacks=
Bataille's Aufschluß. Gemäß dieser Aeußerung nahmen Hacks und
Taxil von der Encyklika Humanum genus, in der die Freimaurer
als „Verbündete Satans" bezeichnet werden, Veranlassung zum
ganzen im Diable und in den darauf folgenden Publicationen ver=
anstalteten „Schwindel". Dr. Hacks und Genossen benutzten also die
Encyklika, um den wahren darin ausgesprochenen Grundgedanken
durch Erdichtung von allerlei possenhaften Teufelsgeschichten auf per=
fide Weise, indem sie die größte Bewunderung für die Encyklika
heuchelten, ins Lächerliche zu ziehen.

[1]) Es braucht wohl kaum bemerkt zu werden, daß in diesen
Worten in widerlich heuchlerisch-kriechender und wohl zugleich spöttischer
Weise der päpstlichen Unfehlbarkeit eine viel zu weite Ausdehnung
gegeben wird.

Ungeheuer des Stolzes, die es wagten, in Rom selbst im An-
gesichte des Stuhles des Statthalter Christi den Thron Satans
aufzurichten; wenn der Papst all das sagt, so ist es wahr.

„Nein, der Teufel ist sicher kein bloßer Mythus! Die
Gruppen des Okkultismus, die Hochgrad-Logen und die Triangel [!]
sind keine harmlosen Vereinigungen! Die luciferianischen [!] Freimaurer sind in Wirklichkeit die Stellvertreter des Teufels auf
Erden und sie leiten [!] die menschliche Armee von Verblendeten
und Wahnsinnigen im Kampfe gegen die Kirche Gottes, welche
so viel Unheil stiftet. Sie leiten sie im Namen des Teufels,
wie der Teufel selbst die Teufel in der Hölle und überall, wo
er losgelassen ist, leitet und regiert." [1]

Im Aprilheft 1895 derselben Zeitschrift wird: Exorcismus
in Satanam et Angelos Apostaticos jussu Leonis XIII. Ponti-
ficis Maximi editus im lateinischen und französischen Text
ausführlich mitgetheilt. Es wird weiter noch eine Anleitung gegeben über die Art und Weise, wie der in der Diöcese Reims
insbesondere gebräuchliche Bénitier portatif de Saint-Rémi für
exorcistische Zwecke verwendet werden könne.[2]

Uebrigens muß schon die Art und Weise, wie sich Hacks,
Taxil und Consorten gleichsam zur Rechtfertigung, oder besser
zur Empfehlung ihrer bewußt und gröblich schwindelhaften „Enthüllungen" immer wieder auf die Encykliken Papst Leo XIII.
berufen, als eine Verhöhnung der höchsten kirchlichen Autorität
erscheinen. Besonders häufig liest man in diesen „Enthüllungen"
die Worte aus der Encyklika Humanum genus: „Vor Allem
sei euer Streben darauf hingerichtet, der Freimaurerei die Maske
vom Gesicht herabzureißen, mit der sie sich deckt, und sie so darzustellen, wie sie in Wirklichkeit ist."

Thatsächlich rissen Hacks, Taxil in ihren neueren Palladis-
mus-„Enthüllungen" der Freimaurerei die Maske nicht ab, sondern
setzten ihr erst recht eine auf. Sie zeigten die Freimaurerei
nicht, wie sie wirklich ist, sondern in der Gestalt, welche ihre
Einbildungskraft derselben willkürlich andichtete. Sie arbeiteten
nach Kräften daran, die ganze durch die Encykliken Leos XIII.
in Fluß gebrachte antifreimaurerische Bewegung auf rein imaginäre Zielpunkte, aus dem Bereich des Wirklichen ins Reich
der Phantasie abzulenken, den antifreimaurerischen Kampf in ein
regelrechtes Don Quixote'sches Windmühlengefecht zu verzerren,
und dadurch Papst und Kirche vor der Welt lächerlich zu

---

[1] Revue Mensuelle 1895, p. 1.
[2] A. a. O. 1895, S. 205 ff.

machen. Hacks hat, wie wir sahen, selbst eingestanden, daß er die Ausführungen der Encyklika Humanum genus vor Augen hatte, als er seinen ganzen großartigen Diable-Schwindel in Scene setzte.

Wenn Hacks, Taxil und Consorten trotz dieser ihrer wahren Gesinnungen doch bei jedem Anlaß vor Leo XIII. tiefe Ver= beugungen machen und die hohe Weisheit und den Scharfblick des Papstes in seinen Kundgebungen gegen die Freimaurerei „in Worten" nicht genug rühmen können, so kann diese frömmelnde Heuchelei den widerlichen Eindruck ihres unqualificirbaren Ge= bahren nur noch steigern.[1]

44. **Der Teufel in der Seelsorge. Wirkliche oder angebliche Zeugnisse in ihrem Dienste ergrauter Exorcisten.** Für den Geist, in welchem diese Rubrik in der Revue Mensuelle behandelt wird, ist schon die Ueberschrift be= zeichnend, welche ihr gleich zu Beginn des Erscheinens der Zeit= schrift vorgesetzt wird. Diese Ueberschrift lautet: **Cerberus.** Unter dieser Spitzmarke veröffentlicht Dr. Bataille Folgendes, was übrigens, zumeist sogar viel ausführlicher, bereits im Diable au XIXe siècle, I. Vol., p. 782 suiv, aus dem wir die Angabe der Revue Mensuelle ergänzen, zu lesen war:

„Zu Anfang meines Kapitels über Besessenheit und Be= sessene, legte ich dar, wie bedauerlich es ist, daß der Glaube ans Uebernatürliche sich mehr und mehr verliert. Ich hatte dabei die Verblendung der armen Verrückten im Auge, die sich für starke Geister halten und doch den Teufel nicht gewahren, obgleich er ihnen zur Seite wirksam ist. Bei diesem Anlaß führte ich zwei aus der Reihe der unzähligen Briefe an, die ich erhalten und in welchen meine verehrten Correspondenten auch ihrerseits die **Fahrlässigkeit vieler Mitglieder des Clerus hinsichtlich des Studiums der Mystik be= klagten.** Der zweite dieser Briefe, der einen ehrwürdigen Priester, welcher im Exorciren Satans sich die Sporen ver= dient hat und Zeuge einer Menge von teuflischen Vorkommnissen war, besagt unter Anderm Folgendes:

---

[1] Dr. Bataille (Taxil) sagt am Schlusse des Diable II. 943: „Ich lege meine Feder ehrfurchtsvoll zu den Füßen des Papstes nieder, diese Feder, die immer bereit ist, zu retractiren, wenn Petrus erklärt, daß sie in welchem Punkt immer geirrt hat!"
Im Buche selbst (I, 499) wird der Name des Papstes in den palladistischen Schwindel hineingezogen. Nach dem palladistischen Alphabet soll derselbe unter den Palladisten fast stets mit 615 be= zeichnet werden.

„Mein Herr, ich kann Sie zu Ihrem Muthe in der Entlarvung der Freimaurerei, nur beglückwünschen und ich bete zu
Gott, daß er Ihnen beistehen und Sie beschützen möge. Ich
lese Ihr Buch mit um so größerem Interesse, als ich mich seit
sieben Jahren speciell mit der Teufels = Frage beschäftige
und mehrere vom Teufel besessene Personen zu behandeln und
zu exorciren habe. Man gilt für überspannt, wenn man von
diesen Dingen spricht. Indessen haben nur Wenige, selbst unter
den Priestern, eine Ahnung davon, wie häufig in unserer Zeit
Teufels-Einwirkungen vorkommen und welche große Rolle dieses
Ungeheuer in menschlichen Angelegenheiten spielt.

„Auf Grund der von mir selbst erlebten Vorkommnisse und
der Lehre der Theologie ist es leicht, alle [!] von Ihnen berichteten Fälle zu erklären. Kein einziger [!] derselben war
mir überraschend. Die arme Sophia ist eine Besessene;
darüber kann kein Zweifel sein. In den Fakiren und beinahe
in allen Personen, von denen Sie sprechen, entdecke ich sichere
Anzeichen der Besessenheit. Um Ihnen nichts vorzuenthalten,
muß ich gestehen, daß ich nicht begreife, wie Sie selbst der Einwirkung des Teufels oder wenigstens der Rache des ‚Greiffs‘
(grappin) entgehen konnten. Sie müssen von Gott ganz besonders beschützt worden sein. Ich würde mich glücklich schätzen,
wenn Sie mir sagen könnten, ob Sie auf Ihren Forschungsreisen nicht irgendwo den Teufel Cerberus angetroffen
haben. Im Körper eines armen frommen Mädchens, das ich
behandle, ist ein mächtiger Teufel eingeschlossen, der mir in der
That Cerberus zu sein scheint. Wenn er es ist, haben Sie ihn
wohl nicht angetroffen.‘“

Mit letzterer Vermuthung täuschte sich der „Exorcist“ wenigstens
theilweise. Dr. Bataille hatte das vollständige Material bei-
sammen, um die gewünschte Auskunft „sofort“ zu ertheilen. Dieselbe lautet im Auszug:

„Wie man sieht, hatte hier der Exorcist einen Teufel vor
sich, der sich hartnäckig weigerte, seinen Namen zu nennen. Leibhaftig ist mir der Teufel Cerberus allerdings nie zu Gesicht gekommen. Aber anläßlich meines Aufenthalts in Charleston [!]
habe ich‘, fährt er wörtlich fort, „mehrere der höllischen Bücher
abgeschrieben, welche sich im Archiv des höchsten dogmatischen
Direktoriums [der Freimaurerei] befinden und unter welchen ein
merkwürdiges Register mit der ganzen Teufels-Hierarchie ist, wie
sie Satan seinem Statthalter auf Erden [A. Pike] offenbarte.

Ich war so in der Lage, dem eminenten Exorcisten, der mir
die Ehre anthat, mich um Rath zu fragen, einige werthvolle

Auskünfte zu geben. So that ich ihm zu wissen, daß Cerberus sich „Marquis der Hölle' betitelt, daß er als Commandant von 19 Legionen im Register figurirt, der 128,654 Teufel unter sich hat und daß er für gewöhnlich in der Gestalt eines ein-köpfigen, nicht, wie man sich ihn gewöhnlich vorstellt, drei-köpfigen Hundes erscheint. Besagter Kopf ist mit einem schwarzen menschlichen Bart und mit einer Zipfelkappe geschmückt.

Ich machte meinen Correspondenten, für den Fall, daß er es noch nicht wissen sollte, ferner darauf aufmerksam, daß man diesen Teufel ertappen könnte, wenn man ihm von einer ge-wissen Marie Martin spreche, zu der er ein Verhältniß unter-hielt.

Meine Mittheilungen waren nicht überflüssig. Denn bald darauf gelang es, diesem bösartigen mächtigen Teufel das Ge-heimniß seiner Identität zu entlocken. Es war richtig Cerberus. Seither hat sich Cerberus aus der Stadt, wo er seinen Wohn-sitz aufgeschlagen hatte, in den Körper der unglückseligen Be-sessenen geflüchtet, von der die Rede war." [1])

Ein anderer teuflischer Fall in der Seelsorge wird noch im

---

[1]) Revue Mensuelle 1894. S. 85; ergänzt aus Le Diable I. 782 ff. — An letzterm Ort werden noch mehrere Briefe von Geistlichen, die aber möglicherweise Fälschungen sind, mitgetheilt. Zu Einem der-selben heißt es: „Die Revolution, welche in Frankreich so vieles zu Grunde richtete, hat auch die höheren Studien im Clerus vernichtet. Unsere Geistliche verstehen keine Mystik mehr. Viele von ihnen legen eine lächerliche Ungläubigkeit an den Tag, wenn man ihnen vom Teufel spricht. Manchmal ist diese Ungläubigkeit bloß erheuchelt. Hinter ihr verbergen sich dann ehrgeizige Pläne. Um zu Etwas zu kommen, muß man sich den an der Herrschaft befindlichen Menschen und den Mode-Ansichten fügen. Und in unseren Tagen geht es nicht an, noch an den Teufel zu glauben. Und für Manche gehen leider „Ehrenstellen" der „Ehre" vor ... Ich wünschte, daß Sie Ihrem Buche ein eigenes Capitel über die Priester [!] einfügten, welche den Teufel leugnen oder seinen Namen nicht auszusprechen wagen. Ich werde Ihnen, wenn Sie es wünschen, dabei behülflich sein. Ich kann Ihnen wichtige Documente dafür liefern, denn in Folge meiner Stellung weiß ich Manches" ... Le Diable I 781. Von diesem Brief wenigstens glauben wir, daß derselbe nicht thatsächlich von einem Geistlichen herrührt, sondern von der Schwindel-Firma selbst „fabricirt" ist. Die Thatsache, daß solche Briefe, auch wenn sie „erdichtet" sind, auf einen allerdings kleinen Theil des französischen Clerus ein übles Licht werfen, bleibt aber trotzdem bestehen. Denn dieselben wurden von „diesen" Geistlichen als echt betrachtet und fanden bei ihnen mehrfach lebhafte Zustimmung.

letzten Maihest der Revue Mensuelle unter der Ueberschrift: „Diabolische Erfahrungen eines Abbé's" mitgetheilt.[1]

45. Der Teufel im Leben der Heiligen und bei den Vätern der Wüste. Diese Rubrik nimmt in der Revue Mensuelle einen besonders großen Raum ein. Die Redaction selbst äußert bezüglich derselben im Aufruf, den sie an die Leser der Zeitschrift richtet, um dieselben zu zahlreichen Beiträgen zu veranlassen:

„Das Feld ist groß; die Ernte leicht. Durchblättert, so rufen wir allen unsern Freunden zu, die Heiligen=Leben, die in eurem Besitze sind, und sammelt besonders die Vorkommnisse, die Episoden, wo die Heiligen mit dem Teufel zu schaffen hatten, und schickt diese Erzählungen mit Angabe der Quellen ein. Wir wer^ dieselben dann in der Reihe, wie sie einlaufen, in der Revue Mensuelle veröffentlichen. . . . Diese Arbeit Aller, kann später methodisch zusammengeordnet, in einem Band zu= sammen erscheinen, der in alle Pfarr=Bibliotheken ver= theilt, immer mit Frucht gelesen werden und nicht ver= fehlen wird, auf schwankende Katholiken (und selbst auf die Opfer aller Schulen des Okkultismus) wohlthätig einzuwirken."[2]

Wie man sieht, ist auch die geschäftliche Seite des Unter= nehmens von der Redaction wieder mit Verständniß erfaßt.

Als dieser Aufruf ungehört verhallte, erließ die Redaction im Maihefte 1895 eine nochmalige, dringlichere Aufforderung im selben Sinn. Sie schreibt, der erste Aufruf sei, wie ihr mit= getheilt werde, wohl deßhalb erfolglos geblieben, weil solche, die ihm Folge zu leisten geneigt wären, durch die Befürchtung sich abhalten ließen, es möchten andere Leser der Zeitschrift dieselben Leben der Heiligen, bzw. dieselben hagiographischen Werke nach Teufelsgeschichten durchsuchen, und so möchte ihre Arbeit vielleicht nutzlos sein. Daher sollten alle Abonnenten, welche ein bestimmtes hagiographisches Material in Angriff zu nehmen bereit seien, dies der Redaction zu wissen thun, welche sodann in der Zeit= schrift Nachricht geben wolle, daß diese Partie des weiten Ge= bietes bereits übernommen sei.[3] Auf den zweiten Aufruf hin liefen die gewünschten Zuschriften zahlreich ein.[4]

---

[1] Revue Mensuelle 1896, p. 290 suiv.
[2] Revue Mensuelle 1895, p. 73.
[3] Ibid. 1895, p. 268.
[4] Ibid. 1895, p. 428. 435. 487. 593. 738; 1896, p. 36, 100. 484.

Die Rubrik selbst enthält, soviel wir wahrnahmen, nichts von der in andern Rubriken hervortretenden Spottsucht. Dies mag wohl darin seinen Grund haben, daß hier einerseits nur die Abonnenten, und zwar wohl ausschließlich Geistliche zu Worte kamen, und daß andererseits die Absicht, aus diesen Beiträgen ein absatzfähiges Buch für Pfarrbibliotheken herzustellen, eine Einflechtung anstößiger Glossen seitens der Redaction unrathsam erscheinen ließ. Die „einseitige" Zusammenstellung von Teufelsgeschichten aus allen möglichen Heiligen-Leben und hagiographischen Quellen, von denen bekanntlich viele kritischen Sinn gar sehr vermissen lassen, mußte übrigens auch ohne besondere würzende Zuthaten seitens der Redaction schon ein hinlänglich einer Carrikatur ähnelndes Bild ergeben.

Jedenfalls kann durch solche compilatorische Arbeiten nie und nimmer der Zweck erreicht werden, welchen die Zeitschrift damit zu erstreben vorgiebt: „schwankende Katholiken im Glauben zu bestärken." Eher wird das gerade Gegentheil das Ergebniß sein. Der Erbauung können dieselben in Wirklichkeit auch nicht dienen, wenn sie auch sammt und sonders aus Heiligen-Leben ausgezogen werden. „Einseitige" Lectüre derartiger Dinge verroht, wie schon von andern geistlichen Beurtheilern in der Presse hervorgehoben wurde und wie die nachreformatorische Geschichte Deutschlands beweist, nur den sittlichen Sinn des Volkes. Sie wird auf die Dauer auch dem Glauben selbst gefährlich.

Der Artikel, welcher die Ueberschrift trägt: „Diabolische Kundgebungen im Leben „der Väter der Wüste", wird schon hinlänglich durch den Satz gekennzeichnet, mit welchem er eingeleitet wird:

„Dr. Bataille und Miß Diana Vaughan haben durch alle ihre Enthüllungen die Teufelsfrage zu einer brennenden Tagesfrage gemacht. Die von Miß Vaughan berichteten [Teufels-] Kundgebungen können nicht abgeleugnet [!] oder auch nur in Zweifel gezogen werden [!!]. Sie [!] glaubt an die Existenz der Teufel wie an ihre eigene. Alle Palladisten [!], welche lang genug [!] Sitzungen von Triangeln beigewohnt haben, können, wenn sie aus der Schule sprechen wollen [!], von Kundgebungen dieses und jenes Teufels erzählen. — Sind sie vielleicht dabei hintergangen worden? Sicherlich Manche, unter gewissen Umständen. Aber Alle und überall, nein. Denn gewisse Dinge, die vorkommen, sind durch die Wirksamkeit von Menschen einfach nicht möglich. Wer nur das eine Ziel vor Augen hat, sich zu

unterrichten [!], wird alle den Stempel der Aufrichtigkeit [!]
an der Stirne tragenden Zeugnisse annehmen.

„Der Katholik weiß aus der Glaubenslehre, daß der
Teufel von Gott eine Macht erhalten hat, die er besonders in
den ersten Jahrhunderten der christlichen Kirche in sichtbarer
Weise ausübte. Die Missionäre finden Satan in den Gegenden,
in welchen sie das Evangelium verkünden, noch in voller
Thätigkeit. Wenn die Länder, in denen die christliche Religion
in Ehren ist, weniger von teuflischen Kundgebungen heimgesucht
zu werden scheinen, so rührt das daher, daß der Teufel sich an
Orten, wo das Kreuz triumphirt hat, nicht behaglich fühlt.
Ueberlassen wir daher den rationalistischen, materialistischen und
andern Schriftstellern das Vergnügen, über solche Dinge zu
spotten und in wenig geistreicher Weise zu witzeln." u. s. w.
Im weitern Verlauf des Artikels theilt der Verfasser, der
sich F. Caille nennt, seine Ideen, die nicht gerade großen
Scharfsinn verrathen, unter folgenden Ueberschriften mit: Die
palladistische Doctrin; von der Macht des Teufels; Macht der
Heiligen über den Teufel; Charakter des Teufels; Teufels-
Erscheinungen; verschiedene Versuchungen.[1])

46. Der Teufel und die St. Benedicts-Medaille.
Einen wirklich großartigen Humbug haben sich Dr. Hacks-Bataille
und Leo Taxil bezüglich der „St. Benedicts-Medaille" erlaubt,
unter welcher Rubrik sie in der Revue Mensuelle eine lange
Reihe von angeblichen Berichten von Klosterfrauen, Geistlichen
und Missionären über heilsame Wirkungen dieser Medaille, besonders
gegen Anfechtungen des Teufels, veröffentlichten.

Die Rubrik selbst wird von der Revue Mensuelle mit
folgenden in Wirklichkeit höhnischen Worten eingeleitet: „Die
Leser des Diable au XIXe siècle wissen, daß Dr. Bataille
seine Errettung aus vielen Fährlichkeiten, denen er auf seinen
Forschungsreisen ausgesetzt war, wenigstens zu einem großen
Theile der Medaille des hl. Benedict verdankte, mit welcher ihn
sein Seelenführer, der ehrwürdige Abbé Laugier ausgerüstet
hatte"[2]).

---

[1]) Revue Mensuelle 1895, p. 513—529.
[2]) Revue Mensuelle 1893, p. 141, 341; 1894, p. 23. 93. — Die
Croix de Marseille, 27. December 1896, stellt fest: Abbé Laugier,
geb. 1823, von 1846 an in Marseille ansässig, wurde 1854 zum
Priester geweiht. 1869—1878 versah er das Amt eines Seelsorgs-
geistlichen im Spital de la Conception, in welchem auch Dr Hacks
als junger Mediciner thätig war. Dasselbe Blatt giebt ferner an,
daß Hacks sehr häufig mit Abbé Laugier Umgang gepflogen und in

Die betreffende Erzayluug des Dr. Bataille jelbſt am Eude
des zweiten Capitels des Diable lautet: „Am Sonntag jelbſt,
an welchem mein Dampfer die Anker lichtete, 9 Uhr Vormittag,
kam mein alter Freund, mir au Bord des Schiffes noch einen
letzten Handdruck zu geben. Beim Abſchied reichte er mir eine
mit Abläſſen verſehene, geweihte Medaille, die Medaille des
hl. Benedict. „Mein theures Kind‘, jagte er, „tragen Sie dieſe
Medaille immerbar und vergeſſen Sie nie, jeden Morgen und
Abend Ihr Gebet zu verrichten. Rufen Sie oft die allerseligſte
Jungfrau an ... Und nun überlaſſe ich Sie dem Schutz
Gottes.“ Darauf küßten wir uns. Der würdige Geiſtliche
weinte wie ein Kind“.[1])

Dieſe offenbar zur Verſpottung der Geiſtlichen erſonnene
Bataille'ſche Fabel eröffnet alſo die lange Reihe der unter obiger
Rubrik mitgetheilten Berichte, welche dadurch thatſächlich mit den
Bataille'ſchen Schwindeleien auf die gleiche Stufe geſtellt erſcheinen.
Im Uebrigen tritt auch in den Bemerkungen der Redaction zu
den Berichten ſelbſt deutlich die frivole Spottjucht der Redacteure
hervor. Gleich die erſten angeblich von einer Franziskanerin
aus Mejopotamien, einem Saleſianer aus Annecy u. j. w.
ſtammenden Berichte werden mit folgender Vorbemerkung ein=
gefühlt:

„Die Berichte, die folgen, ſind Briefen von Miſſionären
und Ordensſchweſtern entnommen, welche in fernen Ländern für

<hr>

Gegenwart eines noch lebenden Prieſters, der dies bezeugen könne,
mit ihm über die Teufelsfrage conferirt habe Abbé Laugier habe
auch ſpäter von einem jungen Arzt geſprochen, der ſich damit be=
ſchäftige, über die geheimen Machenſchaften der Freimaurerei und
anderer geheimer Secten Erhebungen anzuſtellen. 1878—1881 machte
Hacks ſeine Reiſen nach China und Indien. Von dieſer Zeit an
war Abbé Laugier in ſehr gedrückter Stimmung. Ueber die Urſache
befragt, habe er bemerkt: Man giebt mir Nachricht über Nach-
forſchungen, die gegenwärtig über die Freimaurerei angeſtellt werden.
So kenne ich nun die ſchrecklichen Verſchwörungen der geheimen
Secten gegen die Kirche; muß aber leider unverbrüchliches Stillſchweigen darüber beobachten. — Dieſer Kummer, den er mit ſich
herumtragen mußte, ohne ſich näher darüber ausſprechen zu können,
bemerkt die Croix weiter, hat aller Wahrſcheinlichkeit nach den Tod
des würdigen Geiſtlichen beſchleunigt. Abbé Laugier ſtarb am
26. April 1883. Vgl. Revue Mensuelle 1896, p. 733 et suiv. —
Wenn dieſe Angaben auf Wahrheit beruhen, ſo beweiſen ſie natürlich
nichts Anderes, als daß Dr. Hacks eben auch dieſen Geiſtlichen, wie
jo manchen andern, zum Beſten gehalten hat.

[1]) Le Diable au XIXe siècle I., p. 53.

das Heil der Seelen thätig sind. Man muß diese Zeilen selbst
lesen; dieselben athmen eine Wahrhaftigkeit und fromme Ein=
falt, welche sowohl zu erzählen weiß, was sie selbst gesehen,
untersucht und, dank der vom Glauben gegebenen
Intelligenz, begriffen [!] hat .... Die Authenticität der
Briefe ist von Abbé Guichard, Pfarrer in — Dóte=du=Jura [!]
verbürgt."

Es folgt die Erzählung der Klosterfrau über eine „plötzliche"
Bekehrung eines Mannes, der seine Frau mißhandelte, durch die
Benedicts=Medaille. Diesen Vorfall (?) glossirt dann die
Redaction folgendermaßen: „Dieser erste Fall zeigt, daß wir in
den Uebeln, welche uns niederdrücken, nicht hartnäckig immer nur
natürliche Ursachen erblicken sollen. Wie viele Materialisten und
selbst Taufschein=Katholiken, die sich so wenig von den
Zweifelsüchtigen unterscheiden, hätten hierbei gefunden, daß die
erste Aufführung des Mannes [vor seiner Bekehrung] gar nichts
Außergewöhnliches gewesen sei. Und doch war unzweifelhaft
die Hand des Teufels unmittelbar dabei im Spiele. Die
gute Schwester Franziskanerin hat den Nagel auf den Kopf
getroffen, wenn sie sagte, der Mann sei verzaubert [!]
gewesen. Der Beweis dafür ist, daß der Teufel, sobald er mit
der Medaille des hl. Benedicts in Berührung kam, sich sofort
anschickte, die Flucht zu ergreifen. Nachher wurde der Mann
gut und liebenswürdig gegen seine Frau. Das kam daher, daß
der Teufel nicht mehr da war und deßhalb auch den Mann nicht
mehr gegen sie aufreizen konnte."

Aus demselben Briefe der Klosterfrau folgt noch ein Bericht,
nach welchem Scrupulanten, sonstige Bedrängte, Kinder und
eine Frau, die in Geburtswehen ein Gespenst zu sehen glaubte,
durch die Benedicts=Medaille Hilfe gefunden haben sollen.

Dazu bemerkt die Redaction: „Auch hier kann Niemand das
Uebernatürliche bestreiten. Das Gespenst, dessen Erwähnung
geschieht, war offenbar ein Teufel. Diese Frau war wirklich
besessen, und nicht etwa bloß die Beute einer Hallucination.
Der hl. Benedict, der dem Teufel so furchtbar ist, hat mit
Leichtigkeit über den Spuk den Sieg davon getragen".[1]

Diese Bemerkungen sehen ganz dem Spötter Dr. Charles
Hacks gleich.

Die erste von der Revue Mensuelle veröffentlichte Serie
von „Gnadenerweisen" durch die Benedicts=Medaille schließt mit
der Mahnung:

---

[1] Revue Mensuelle 1893, p. 141.

„Wir können unsere Leser nicht eindringlich genug dazu auffordern, mit allen Mitteln, die in ihrer Macht liegen, die Verbreitung von St. Benedicts = Medaillen zu fördern. Man kann solche entweder von Abbé Guichard, Pfarrer von Dôle (Jura) oder im Trappistenkloster von Acey bei Gendrey, im gleichen Departement beziehen [warum nicht in Paris? Der Hinweis auf das abgelegene Jura = Departement befriedigte eben mehr die Spottsucht des „frommen" Anwalts der Benedicts= Medaillen]. Alle an die eine oder die andere dieser Adressen gesandten Almosen werden für die Vertheilung von St. Benedicts= Medaillen in den Missionen verwendet. Dies diene Solchen zur Nachricht, welche dem glorreichen Heiligen für Gnaden, die sie durch seine Fürbitte erhalten, zu Dank verpflichtet sind, oder welche seinen Beistand anrufen oder irgend eine Gunst von ihm erlangen wollen. Der Herr Pfarrer von Dôle ersucht anderer= seits zur Ehre des hl. Benedict, ihm alle durch die mächtige Fürsprache oder die Medaille dieses Heiligen erlangten Gnaden= erweise bekannt zu geben."[1]

Auch die weiteren Geschichten machten, soweit wir aufs Gerathewohl einige davon lasen, auf uns den Eindruck, daß sie so ausgewählt, vielleicht auch, theilweise wenigstens, frei erfunden oder wenigstens im Sinne der Spötter aufgeputzt seien, um gewisse religiöse Zeitschriften zu persifliren, welche allerdings der Neigung, kritiklos alle ins Uebernatürliche spielenden Er= zählungen aufzunehmen und in den einfachsten Vorgängen etwas Uebernatürliches sehen zu wollen, in einem Maße fröhnen, daß sie dadurch den Spott der Ungläubigen geradezu herausfordern.

47. Der Teufel in der Freimaurerei und in anderen okkultistischen Gesellschaften. Das wichtigste und merkwürdigste, auf diesen Gegenstand bezügliche Actenstück, welches die Revue Mensuelle veröffentlicht, ist unstreitig der von Mgr. Fava, Bischof von Grenoble, anläßlich der „Bekehrung" Margiotta's veröffentlichte 24 Spalten umfassende Artikel: „Hier ist der Finger Gottes".

In diesem Artikel commentirt der von Katholiken romanischer Länder vielfach als erste Autorität in Freimaurer = Dingen betrachtete Bischof den von Margiotta in einem Briefe auf= gestellten Satz: „Die Freimaurerei ist nichts Anderes, als die Religion Satans. Satan ist's, den wir als den Großen Welten= baumeister anbeteten" [!].

---

[1] A. a. O., S. 143.

Im ersten Theile seines Aufsatzes behandelt Mgr. Fava die Frage: „Giebt es eine Religion Satans?" Nach einem Hinweis auf die bekannte biblische, namentlich vom hl. Augustinus in seinem Werke de civitate Dei durchgeführte Auffassung von der Scheidung der Menschheit in zwei große Lager, die Anhänger Gottes und Satans, geht er zum Götzendienst über und stellt die Behauptung auf, Satan habe in dem Maße, als die Menschheit sich mehr und mehr dem Bösen hingab, von der Welt Besitz genommen und seinen Cult an die Stelle des Cults Gottes gesetzt. Mgr. Fava schließt: es giebt also eine Religion Satans.

Des Weitern führt Bischof Fava aus:

Satan ist das Haupt aller Bösen. Ein Vorläufer der Freimaurerei im Beginne des Christenthums war Simon der Magier, welcher die Wunder der Apostel nachzuäffen suchte und in der diabolischen Magie hervorragte. Es gab also eine Religion Satans auch zur Zeit der Apostel.[1]

Die Schüler Simon des Magiers: Menander, Saturnin, Basilides und andere pflanzten seine pantheistischen Irrthümer fort, die sich bis auf unsere Tage erhalten haben. „Deutschland hat sich dieselben zu eigen gemacht [!] und sie unter dem Namen „Transcendentaler Pantheismus" uns mit einem Eifer inokulirt, der nur von seinem Mangel an Klarheit übertroffen wird. Die Lehre dieser Philosophen ist unter dem Namen Gnosis bekannt, Sie selbst nannten sich Gnostiker, d. h. Wissende. Sie gaben vor, daß die Apostel nur eine einfältige, dem gemeinen Volk angepaßte Lehre vortrugen. Hochmüthig, wie der Teufel, ihr Vater, stürzten sie von Abgrund zu Abgrund, in Irrthum und Cult des Fleisches."[2]

Als weitere Teufelsdiener, welche die Religion oder Kirche Satans bilden, bezeichnet Mgr. Fava die Häretiker und Schismatiker, von denen er mit Namen erwähnt: Manes, Arius, Julian den Abtrünnigen, Nestorius, Pelagius, Eutyches, Mohammed, Averroës, die Albigenser, Luther. „Alles das", sagt

---

[1] Revue Mensuelle 1895, p. 194 et suiv. Von „Religion" Satans kann man in diesem und den folgenden Fällen doch nur im übertragenen, nicht im buchstäblichen Sinne sprechen. Wird aber „Religion Satans" im bloß übertragenen Sinne verstanden, so haben die Ausführungen Mgr. Fava's für seinen Satz bezüglich der Freimaurerei keine Beweiskraft.

[2] A. a. O., S. 198.

Mgr. Fava wörtlich, „ist in Wahrheit auch Religion
Satans und nicht Gottes."[1]

Im zweiten Theile stellt Mgr. Fava den Satz auf:
„Die Freimaurerei huldigt mit Leib und Seele der
Religion Satans". — Beweis: Die Freimaurerei lebt nicht
aus dem Glauben an Jesus Christus, sondern aus dem Fleische.
Sie ist ferner auch götzendienerisch, da sie nichts über dem
Menschen anerkennt. Ihr Gott ist das All. Der wahre Frei=
maurer betrachtet sich selbst als Gott.

Sie betreibt auch Satanscult. „Gezwungen mit
Satan, ihrem Herrn und Meister zu rechnen, der ihr in den
pallabistischen [!] Logen gegenübertritt — denn er ist der
Affe Gottes, Simius Dei, und hält darauf, bei den frei=
maurerischen Versammlungen den Vorsitz zu führen,
wie Gott bei denjenigen seiner Kinder —, kann sie heute diese
Thatsache [!] nicht mehr ableugnen (?). Die Dreifüße [!] und
Räucherpfannen [!], aus denen Weihrauch zu Ehren Satans
aufsteigt (?); ihre Anrufungen Satans, die Hymnen Carducci's
an Satan; die in jüngster Zeit bekannt gewordenen Geständ=
nisse [!] der Palladisten [Bataille, Margiotta und Miß Vaughan!],
die Enthüllungen [!] Prof. Domenico Margiotta's, des be=
kehrten [!] Dreiunddreißigers, das Geständniß [?] mehrerer
Mitglieder [der Freimaurerei?], welche bekennen, keine andere
Religion zu haben, als die Satans, beweisen zur Evidenz [!],
daß die Freimaurerei dem von ihr „Lieber Gott" genannten
Lucifer einen sacrilegischen Cult erweist. Sie ist daher noch
schlimmer, als das Heidenthum, welches bei seiner Götzen=
Anbetung doch noch immer einen dunklen Glauben an den Deus
Optimus, an die höchste Gottheit, bewahrte".[2]

Die Freimaurerei ist auch „orientalisch=pantheistisch".
„Die pantheistischen Irrthümer Brahma's und Buddha's, Nach=
äffungen der ursprünglichen Offenbarung Gottes, sind bis in die
Logen vorgedrungen und werden dort in Ehren gehalten."

Des Weiteren führt Mgr. Fava aus: „Die Freimaurer
gleichen auch den Juden, die Christus verworfen und gekreuzigt
haben. Denn Lemmi, „das allgemeine Oberhaupt der
Freimaurerei" [?], hat das Christenthum abgeschworen, um
jüdisch zu werden, und „thront heute im Palast Borghese, wie
um nach Herzenslust den Vatican und den Statthalter Christi,
des auf Befehl der Juden in Jerusalem Verurtheilten und

---

[1] Revue Mensuelle 1895, p. 198 et suiv.
[2] A. a. O., S. 201.

Gekreuzigten, zu insultiren". Die Freimaurerei theilt ferner die Irrthümer des Manes. Arius ist einer ihrer Väter. Die Freimaurer sind auch Pelagianer. Sie bewundern Mo‌hammed[1]. Sie bekennen sich zum pantheistischen Heidenthum des Averroës. „In ihren palladistischen Logen finden alle Götter von ehedem gaftliche Aufnahme. Dr. Bataille [!] würde seine Leser noch weit mehr in Staunen setzen, wenn er Alles erzählen wollte, was er hierüber weiß" [!!]. Die Freimaurerei bekennt sich auch zur freien Forschung Luthers. Es steht historisch fest, daß die Frei‌maurerei socinianischen Ursprungs ist.

„Alle diese Irrthümer", schließt Mgr. Fava, „gehören zur Religion Satans; aus allen diesen Irrthümern aber besteht auch die Freimaurerei. Also huldigt die Freimaurerei, welche dieselben annimmt und verkündet, der Religion Satans."[2]

Wir vermögen beim besten Willen die vorstehende Beweis‌führung nicht als sonderlich überzeugend anzuerkennen. Die entscheidenden thatsächlichen Angaben, bzw. die angezogenen Zeugnisse angeblicher, gewesener Freimaurer müssen, wie schon von uns nachgewiesen wurde und noch weiter nachgewiesen werden wird, zum Mindesten als „höchst verdächtig" bezeichnet werden. Der versuchte Nachweis eines wirklichen Zusammen‌hangs der Freimaurerei mit allen frühern Verirrungen des menschlichen Geistes ist von Mgr. Fava auch nicht erbracht. Es ist in keinem Falle abzusehen, wie aus allem Angeführten der Satz: „Die Freimaurerei huldigt der Religion Satans", d. h., im Sinne der angeblichen Ex-Palladisten und des Verfassers, einer „Teufels-Religion" im krassesten, buchstäblichsten Sinn — mit förmlicher Teufels-Anbetung, mit Teufels-Beschwörungen, -Erscheinungen, -Offenbarungen und teuflischen Wunderzeichen — als letzte logische Schluß‌folgerung sich ergeben soll.

Da Mgr. Fava schon häufiger — zuletzt noch in der Vaughan-Frage mit voller Bestimmtheit öffentliche Versicherungen über Dinge betreffend die Freimaurerei abgegeben hat, die sich nachher als gänzlich unzuverlässig herausstellten, so wird Niemand von uns verlangen können, daß wir auch andere von ihm herrührende Angaben[3] über den Gegenstand ohne

---

[1] A. a. O., S. 201 ff.
[2] Revue Mensuelle 1895, p. 203.
[3] Der Pélérin Nr. 272 bemerkt: „Mgr. Fava hat gegen die Freimaurer die Liga der Frei-Katholiken (Franc-Catholics) gegründet.

Weiteres, bis der strenge Beweis für ihre Wahrheit geliefert ist, als verbürgt annehmen. Es ist ja nur zu bekannt, daß die Schwindel-Firma Taxil und Cie. das allzugroße Vertrauen gerade auch dieses Bischofs in schändlicher Weise getäuscht hat: Ein weiterer Grund, auf der Hut zu sein.

Eine andere bemerkenswerthere Auslassung in der Revue Mensuelle über den angeblichen pallabistischen Teufels-Dienst der Loge stammt von A. Desplagues, früherm Magistrat und jetzigem Redacteur der Revue catholique des Institutions et du Droit in Grenoble. Derselbe behauptet:

„Wenn man den Namen des Teufels, des wahren Hauptes der Freimaurerei ausspricht, wird man in den meisten Fällen als kindischer, wenig ernsthafter Geist betrachtet, der nur an blauen Ammen - Märchen Gefallen findet . . . . „Aber“, wird man einwenden, „glauben Sie denn in der That, daß der Teufel die Freimaurerei anführt? Kann man so was ernsthaft nehmen? Kann man es anständigerweise glauben?“ — So weit ist man also schon gekommen . . .“[1)]

„Die Fragen dieser Art sind seit einiger Zeit durch zahlreiche Ermittelungen von Aerzten und Specialisten, unter anderm auch durch die Publicationen Dr. Bataille's [welcher im ganzen Artikel als die vorzüglichste Autorität in diesen Dingen citirt wird] wieder auf die Tagesordnung gekommen.“[2)] „Form, Name und Cult wechselt bei den verschiedenen [von Bataille besprochenen] Religionen [des äußersten Orients] ins Unendliche . . . Aber im Grunde ist doch nur Ein Cult, Ein Name in allen vorhanden. Es ist dies der Cult „Lucifers [im buchstäblich-formellen Sinn].

„Was immer gewisse Gelehrte, Sachverständige, das gute Publicum, angebliche [das ist doch stark!] Katholiken und

Es ist dies ein herrlicher Kreuzzug gegen die Freimaurer; man tritt demselben massenhaft bei. In seiner Semaine religieuse hat Mgr. Fava wiederholt Geschichten von freimaurerischen Teufeleien abdrucken lassen, um die Bethörten [dupes] aufzuklären.“ Vgl. Revue Mensuelle 1895, p. 413. Es folgen dann drei Geschichten ohne Namen und ohne sonstige genauere Angaben, welche nöthig wären, um eine Prüfung der Wahrheit des Erzählten zu ermöglichen, bzw. diese Wahrheit selbst zu verbürgen. Wir verhalten uns, um nicht trotz der „Autorität“ Mgr. Fava's oder vielmehr durch dieselbe uns „bethören“ zu lassen, für einstweilen skeptisch gegen derartige Geschichten, die sich schon so oft als Märchen erwiesen haben.

[1)] Revue Mensuelle 1894, p. 180.
[2)] Revue Mensuelle 1894, p. 181.

endlich der Hanse von Einfaltspinseln [auf welcher Seite sind die?] dagegen sagen mögen, so ist [namentlich] durch Bataille und Genossen!] doch zur Evidenz festgestellt: 1. Die Frei= maurerei ist absolut satanisch und steht unter der aus= schließlichen und activen Leitung Satans oder Lucifers. Wenn es noch Naive giebt, die das nicht wissen, so ist zu bedenken, daß es immer Betrogene geben wird, die sich von Betrügern ausbeuten lassen. Die Thatsache im Allgemeinen steht vollkommen fest [!]. . . .[1])

„2. Alle Zweige der Freimaurerei unterstehen thatsächlich dem luciferianischen Zweige derselben [!] . . .

„Ich wollte mich klar über diesen Gegenstand aussprechen, weil es in unserer Zeit wenige so wichtige Fragen [!] giebt, wie die Freimaurer= und folgerichtig [!] auch die Teufels = Frage. Vielleicht werde ich nochmals darauf zurückkommen müssen. Das Wesentliche aber habe ich, wenigstens soweit die Publicationen Dr. Bataille's [!] in Betracht kommen, bereits gesagt." [2])

Wir bemerken noch, daß bereits im Juniheft 1895 der Revue Mensuelle ein neues Werk Taxil's angekündigt wurde, das ohne Zweifel eine nochmalige financielle Verwerthung und zugleich „Bestätigung" und Erweiterung der famosen „Ent= hüllungen" „Bataille's", Margiotta's und „Miß Vaughan's" sein sollte: La Religion du Diable. Le Palladisme: Son histoire et ses Rituels; ses Révélateurs et ses Négateurs, 8°, ungef. 700 S., Preis: 7 frs. [3])

Im Uebrigen bildet gemäß dem besonderen Zwecke der Zeitschrift, der angeblich „palladistische" Teufelsdienst in der Freimaurerei den eigentlichen Mittelpunkt der Publication, um welchen sich alle übrigen darin behandelten satanistischen Gegenstände gruppiren. Der „Palladismus" selbst, das angebliche luciferianisch=teuflische Freimaurer=System par excellence, ist wieder der Hauptgegenstand der „Enthüllungen" „Bataille's, Margiotta's und „Miß Vaughan's", welche im zweiten und dritten Theile noch ausführlicher behandelt werden sollen.

Als weiterer Akt dieser Enthüllungs=Komödie waren, wie es scheint, noch die „Bekehrung" und die „Enthüllungen" „Sophia Walders" und einer anderen Luciferianerin in Aussicht genommen. Wenigstens wurde die „Bekehrung" „Sophia Walders" und einer

---

[1]) A. a. O., Seite 182.
[2]) A. a. O. Seite 183.
[3]) Revue Mensuelle 1895. p. 356.

anderen Luciferianerin" im letzten Septemberheft (1896) der Revue Mensuelle den Lesern der Zeitschrift bereits dringend in's Gebet empfohlen.[1]) Die „Erhörung" des Gebets lag natürlich im Falle Sophia Walders nicht minder in der Gewalt des Coulissenschiebers Taxil, wie früher der ebenfalls auf sein Betreiben ausgeschriebenen Gebete um die „Bekehrung" „Miß Vaughans".

Die seit März 1896 in den Mémoires (Nr. 9—13) veröffentlichte, aber im August in Folge des Feldzuges der deutschen Centrumspresse gegen die Taxil'schen Schwindeleien jäh unterbrochene Artikelserie „Die Urgroßmutter des Antichrists" schien im gleichen Sinn zu prognosticiren.[2]) Indessen darf man wohl hoffen, daß durch die Entlarvung des Schwindels der weiteren Ausspinnung der neuen Sophia-Phase des bandwurmartigen Taxil'schen Pallabismus-Romans nun ein für alle Mal ein Riegel vorgeschoben ist.

48. Der Teufel in den Missionen und besonders im Islam. Die diesbezügliche Rubrik wird durch einen redactionellen Artikel: Le Diable en extrème Orient eingeleitet. In demselben heißt es:

„Mit vollem Recht nennt Dr. Bataille, der übrigens hierin nur in die Fußstapfen der Missionäre eingetreten ist, Asien das „Reich des Satans". Dort, besonders in den Ländern, welche von Indien bis Japan sich erstrecken, herrscht Satan als umumschränkter Herr, und die Teufel practiciren da, ohne sich irgendwelchen Zwang anzuthun, die verschiedensten Zauberkünste ihres Repertoriums. Die Erzählungen des Doctors haben daher auch unter den Abonnenten dieser fernen Länder keinerlei Erstaunen wachgerufen. Die Verleger des Diable au XIXe siècle könnten eine Menge bereits früher eingelaufener und noch Tag für Tag einlaufender Briefe veröffentlichen, welche der Publication unseres Freundes die wärmste Anerkennung zollen.

„Aus Tausenden solcher Briefe wollen wir wenigstens Einen im Auszug mittheilen. Derselbe stammt von einem Missionär,

---

[1]) A. a. O. 1896, Seite 521.
[2]) Die Etudes religieuses 1896 II. 392 bemerken treffend: „Welch' prächtiger Erfolg, welch' reichliche Einnahmen stehen noch in Aussicht, wenn man später, nachdem Diana Vaughan mit ihren Erzählungen zu Ende ist, noch die „Memoiren der bekehrten Urgroßmutter des Antichrists", veröffentlichen wird! Man lese nur die letzten Nummern der Mémoires Vaughan's und man wird sehen, daß in denselben die Bekehrung Sophia's gerade so vorbereitet wird, wie einst die Bekehrung Diana's im Diable au XIXe siècle."

der n a ch Erhalt der vollständigen zwölf ersten Hefte des ersten Bandes [welcher Unsinn kommt nicht schon in diesen Heften vor!], nachdem er also bereits 960 Seiten gelesen hatte und daher wohl in der Lage war, ein Urtheil abzugeben, unter dem 10. Jan. 1894 aus Tokio (Japan) folgende Zeilen an die Verleger richtete: „Die Publication Dr. Bataille's interessirt uns Missionäre im höchsten Grade. Die unwahrscheinlichsten Dinge können uns, die wir mit dem Reiche Satans in so naher Berührung stehen, nicht in Staunen setzen! . . . Die armen Leute, welche dem Doctor widersprechen, können uns mit ihrer Halsstarrigkeit auch nur tiefes Mitleid einflößen. Ein aus dem Studierzimmer kommender Protest klingt selbst etwas heiter. Ich habe soeben das Novemberheft des Diable au XIXe siècle erhalten. Ich begrüße von ganzem Herzen die Revue Mensuelle, die Sie in's Leben rufen wollen, und ich bitte Sie für den Fall, daß dieselbe zu Stande kommt, mich schon gleich als Ihren Abonnenten zu betrachten."[1])

Dieser Brief ist zu genau auf die Bedürfnisse der Schwindel=Firma Taxil u. Cie. zugeschnitten, als daß man nicht auf den Gedanken kommen sollte, derselbe sei gleich so vielem Andern, was unter den verschiedensten Etiketten in den Publicationen dieser Firma zu lesen ist, erfunden.

Darauf folgt ein wirklicher Bericht eines Missionärs, der, offenbar ironisch, so glossirt wird, als bestätige darin Alles die Bataille'schen „Enthüllungen".[2])

---

[1]) Revue Mensuelle 1894. p. 143.

Wir bemerken, was für die große Mehrzahl billigdenkender Leser allerdings kaum bemerkt zu werden brauchte, daß es nicht unsere Absicht ist, das Vorkommen von Zaubereien in heidnischen und selbst in christlichen Ländern überhaupt zu bestreiten. Wir wollen hier nur die frivole, heimtückische Art kennzeichnen, in der solche Dinge in der Revue Mensuelle behandelt werden, bezw. die wenig besonnene Art, mit welcher auch gutgesinnte Katholiken in dieser Revue ihre Anschauungen vortragen.

[2]) A. a. O., Seite 143 ff. — „Manche" Missionäre mögen übrigens wirklich „Manches" aus Bataille's Buch bestätigt haben. Darauf scheint das Zeugniß Desplagnes' (a. a. O., 1894, S. 182) hinzudeuten. Verschiedene andere Berichte über diabolische Kundgebungen in Missionen finden sich a. a. O. 1895 S. 21, 35, 409, 435, 721; 1896, S. 165, 295, 367. — Ein zweibändiges Werk muß hier noch erwähnt werden, das ganz dem Gegenstande gewidmet ist: Paul Verdun, Le Diable dans les Missions 1896. 16° I. Vol. XX u. 347 S., II. Vol. 347 S. Dieses Werk ist beifällig besprochen in der Revue Mensuelle 1896, p. 76 suiv. — Wir bemerken jedoch, daß Paul Verdun, wenn er auch Mitarbeiter Taxils, früher wenigstens, war, durchaus nicht dessen frivole Gesinnungen zu theilen scheint.

Ueber das Thema „Der Teufel im Islam Asiens und Afrika's" verbreitet sich des Weiten und Breiten Ab. Ricour in einer endlosen Artikelserie, welche im August=heft 1894 der Revue beginnt und jetzt noch fortläuft. Zur Charakterisirung der befremdlichen Anschauungen, welche in dieser Artikelserie vorgetragen werden, führen wir folgende Sätze daraus an:

Mögen unsere Leser für die Bekehrung der Häupter der mohamedanischen religiösen Orden recht beten: „Wer weiß, welche Enthüllungen wir [dann] noch in Zukunft zu erwarten haben? Wer hätte vor 20 Jahren die Schändlichkeiten geahnt, welche Leo Taxil und vor Allem Dr. Bataille [!] vor unseren Augen aufgedeckt haben? Afrika wird nicht für immer der dunkle Continent bleiben." „Unterdessen werden wir [über diese religiösen geheimen Gesellschaften] offen und furchtlos[?] sagen, was gewiß ist. Wir werden ferner auch unsere weitergehenden Vermuthungen vorlegen." [1]

Mogaddem der Kabirga in Mekka war „für die mohamme=danischen Orden, was Alb. Picke für die Freimaurerei". Der Sultan und seine Regierung können gegen dieses mit dem Teufel in Verbindung stehende Haupt des Ordens so wenig etwas ausrichten, als König Humbert gegen den Freimaurer=papst Lemmi. [2]

In den Zauias [Versammlungen einer mohamedanischen Secte] mögen wohl auch Leute sein, welche ähnlich wie die Fakirs [3]) sich lebendig in Fäulniß zerfallen lassen. . . . „Wir wiederholen: In den letzten Graden der Exstase finden wirkliche Erscheinungen statt, nicht Gottes, sondern Satans. Die Khuans werfen sich vor ihm nieder und beten ihn an." [4] „Der Satanscult ist das letzte Ziel aller dieser Secten. Bei den Khuans verkleidet sich Satan in einen Engel des Lichts und, wie wir gesehen haben, ist „Tuhibi"sein, d. h. mit Visionen des höchsten Wesens begnadigt sein, der letzte Grad der Exstase; bei den Palladisten [!] verwandelt sich Satan auch manchmal in einen Engel des Lichts, aber er erscheint auch andere Male, wie Dr. Bataille [!] an zahlreichen Beispielen nachweist, mit seinen Grimassen und seiner üblen Laune." [5] „John Bull

---

[1]) Revue Mensuelle 1895, p. 186.
[2]) A. a. O., Seite 188.
[3]) Siehe oben, S. 92.
[4]) Revue Mensuelle 1895 p. 573.
[5]) A. a. O., S. 629.

[England] accomodirt sich überall dem Teufel mit großer Bereitwilligkeit. Es wird aber wohl auch einmal der Tag kommen,
wo man bereuen wird, so eifrig überall die Arbeit Satans
gethan zu haben.[1]
"Die Besessenen sind zahlreicher, als man gewöhnlich
annimmt. Und bevor man sich daran macht, Leute, wie Bismarck
und Ferry und viele Andere bekehren zu wollen, müßte man
wohl vielmehr Teufelsbeschwörungen bei ihnen vornehmen. Sollte
Abd=el=Kader [angeblicher mohammedanischer Wunderthäter]
auch nicht gerade täglich mit dem Teufel Verkehr haben, so
glauben wir doch, daß es verwegen wäre, zu behaupten, daß der
Teufel ihm noch nie erschienen sei."[2]
Ein Herrscher Aegyptens glaubte den Einflüsterungen eines
Ulema's gegen einen als Heiligen betrachteten Sufi, Namens
Chadeli. Dafür wurde er nachts von Engeln mit Schlägen
überhäuft. Es erinnert mich dies an die von Bataille (I. 719)
berichtete Züchtigung Bordone's wegen seines Verhaltens gegen
Miß Vaughan.[3]
Die Fundamental=Grundsätze des Ordens der Sebbikya
sind nach Snussi die "Versenkung in die Betrachtung des Propheten
auf eine intensive und in Worten und Handlungen hervortretende
Weise". Das Endziel der Uebungen ist die Verherrlichung des
höchsten Wesens. Ist das nun Allah oder Eblis [der Teufel?][4]
Unterscheidet sich Allah, "dieser souverän gute und souverän böse
Gott, viel vom Lucifer des Palladismus?"[5] "Satan wacht
über sein Werk, und der Islam ist unseres Erachtens der letzte
Zufluchtsort, in welchen sich Satan zurückziehen würde, wenn
er sonst überall besiegt sein würde."[6]

49. Chronik des Uebernatürlichen und Wunder=
baren. Diese Rubrik der Revue Mensuelle beginnt mit einem
aller Wahrscheinlichkeit nach ebenfalls erfundenen Briefe an
Dr. Bataille, welchem die Redaction (Dr. Bataille) folgende
Bemerkung vorausschickt:
"Unter der Zahl der vielen Briefe, die wir erhalten, schien
uns der nachfolgende für unsere Leser von gewissem Interesse zu
sein. Derselbe rührt von einer sehr gewichtigen Persön-

---

[1] A. a. O., S. 630.
[2] Revue Mensuelle 1895, p. 703 et suiv.
[3] A. a. O. 1896, S. 159.
[4] A. a. O, S. 225.
[5] A. a. O., S. 576.
[6] A. a. O., S. 380.

lichkeit her und bietet alle nur wünschenswerthen Bürgschaften für die Wahrheit seines Inhalts. Man wird bei Lesung des= selben verstehen, daß Gründe der Schicklichkeit es uns verbieten, Person und Ort der Herkunft näher zu bezeichnen."

Der Brief selbst beginnt wieder mit dem obligaten Lob auf den Diable:

„Mein Herr!

„Ich lese mit großem Interesse Ihre Publication Le Diable au XIXe siècle und bin mit den meisten Lesern derselben der Ansicht, daß dieselbe zur rechten Zeit erschienen ist, um vielen Priestern, welche die mystische Theologie und die Wirksamkeit des Teufels fast gar nicht kannten, die Augen zu öffnen. Für uns Missionäre, die wir in China gelebt haben und durch praktische Erfahrung aufgeklärt sind, die wir leichter, als dies im alten Europa der Fall ist, die auf Durchkreuzung der Pläne der Vorsehung .... hin gerichtete Thätigkeit des Teufels kennen, haben die von Ihnen angeführten Thatsachen nichts Ueberraschendes. Die Archive des Seminars der auswärtigen Missionen, von 1664, der Zeit seiner Gründung, an bis auf unsere Tage, wimmeln von Berichten dieser Art."

Und nun folgt ein Bericht über einen angeblichen Teufelspakt.[1])

Später erlaubte sich Dr. Bataille den Scherz, unter der= selben Rubrik in möglichst reclamehafter Weise den angeblichen Fall eines Marabut, mohammedanischen Heiligen, zu erzählen, der sich selbst mehrmals schon den Kopf abgehauen habe und noch am Leben sei. Zunächst kündigt er diese Erzählung, welche in der Revue Mensuelle (1894, p. 202 suiv.) des Langen und Breiten erzählt wird, folgendermaßen an:

„Unter der Rubrik Chronik des Uebernatürlichen werden wir in der nächsten Nummer einen sehr merkwürdigen Fall einer Teufels=Gaukelei bringen, welche gegenwärtig in einer Secte mohammedanischer Satanisten in Algier betrieben wird. Es handelt sich um einen Marabut, namens Ali-Mohammed Abderrahman, der sich nach Belieben den Kopf abhaut [!] oder wenigstens ab= zuhauen scheint. Dieses Teufelsstück, welches der Marabut häufig wiederholt hat, fand unter Umständen statt, die einen menschlichen Betrug als völlig ausgeschlossen erscheinen lassen [!]. Natürlich handelt es sich hier nur um eine Gaukelei und nicht um ein Wunder, — aber um eine unzweifelhaft teuflische Gaukelei."[2])

---

[1]) Probenummer der Revue Mensuelle, Nov. 1893. p. 9.

[2]) Revue Mensuelle 1894, p. 143.

Zur selben Rubrik zählen Berichte und Erörterungen über
Erscheinungen in Tilly-sur-Seulles,[1]) über das Geheimniß von
Lasalette;[2]) ferner über Visionen und Prophezeiungen.[3])
Unter der verwandten Rubrik „Chronik des Wunderbaren"
[Merveilleux] werden in wirrem Durcheinander erwähnt: Der
magische Spiegel,[4]) merkwürdige Zufälle eines Kindes, spiritistisch-
sataninistische Proceduren, eine von Spuk heimgesuchte Kapelle,
Zaubereien eines Freimaurers, Lichterscheinungen an einer Statue
des hl. Anton,[5]) die bekannte entlarvte Seherin Mlle. Couédon
von rue de Paradis in Paris.[6])
Dazu kann wohl auch zählen den Artikel Les miracles
de Campocavallo, der in dem Satz aus einem Briefe eines
ehrwürdigen Priesters [wie heißt er? und wo ist er angestellt?]
gipfelt: „Ich habe Miß Diana Vaughan ... Unserer Lieben
Frau von Campocavallo empfohlen, wo das wunderthätige
Madonna-Bild einen wohlwollenden Blick auf ihren Namen
warf, den ich, auf eine Karte geschrieben, hingesandt hatte." In
diesem Vorkommniß erblickt die Redaction der Revue Mensuelle
eine neue übernatürliche Bestätigung der wunderbaren Bekehrung
Miß Vaughans.[7]) „Die Vorhersagung der Bekehrung Miß
Vaughans", so schließt die Revue den betreffenden Artikel, „kann
daher der schon so langen Reihe der Wunder der Madonna von
Campocavallo beigefügt werden.[8])
Von anderen zur Rubrik des Wunderbaren und Merk-
würdigen gehörigen Gegenständen, welche in der nämlichen Zeit-
schrift abgehandelt werden, erwähnen wir noch:
Die Frage der Beherung; (Das Medium) Eusapia Paladino[9]);
Der Ante-Christ [Offener Brief an Frl. Diana Vaughan von
Abbé J. B. Bigou, Pfarrer in Sonnac, einem exegetischen Schrift-
steller][10]); Die Besessenen und der Selbstmord[11]); Der Teufel in
Afrika[12]); Die Somnambulen und Katherina von Emmerich;

[1]) Revue Mensuelle 1896, p. 361, 441. 538.
[2]) A. a. O. 1896, S. 93, 159, 161, 544.
[3]) A. a. O. 1896, S. 89, 202, 292.
[4]) A. a. O. 1896, S. 138.
[5]) A. a. O. 1896, S. 173 ff. — Weiteres siehe a. a. O. 1896,
S. 436 ff.
[6]) A. a. O. 1896, S. 218 ff., 283 ff., 609 ff.
[7]) A. a. O. 1895, S. 427.
[8]) A. a. O., S. 428.
[9]) A. a. O., S. 39 ff.
[10]) A. a. O., S. 99.
[11]) A. a. O., S. 219.
[12]) A. a. O., S. 435.

Der Teufel in Rußland[1]); Die Malachias zugeschriebene Prophe=
zeiung über die Päpste[2]); Die Zeichen des Thieres . . . Das
Ende des Capitels XIII der Apokalypse und die Zahl 666 n a ch
der Erklärung Miß Vaughans in ihren Mémoires[3]);
„Das Ende der Zeiten und die Prophezeiungen der Schwester von
der Geburt"; Geständnisse einer reuigen Luciferianerin: Frei=
maurer=Gift; Glücksrad; Eliphas Lévy; Der Homunculus; Die
Yeziden[4]) [Mittheilungen, welche angeblich Bataille's Werk
bestätigen]; [Ist Lucifer gefesselt oder losgebunden? [von Abbé
Bigou]; Wo hält sich Lucifer auf?[5]); Ein Vorläufer des Ante=
christs; Kritische Prüfung des Amerikaners Schlatter [von Abbé
Bigou][6]); Der neue Millenarismus und der Ami du Clergé
von Abbé Bigou[7]); Diabolische Merkwürdigkeiten;[8]) Katholische
Vorhersagungen[9]).

50. „Der Teufel in der modernen Literatur."
Unter dieser Ueberschrift bespricht der Uebersetzer der Apologie
des Christenthums von P. A. M. Weiß, Abbé Lazare Collin,
im Sinne der Revue Mensuelle Citate aus diesem Werke,
welche den modernen Satanismus betreffen. Collin geht jedenfalls
in seinen Schlußfolgerungen viel zu weit, wenn er schreibt:
    „Wir haben schon gesagt [deshalb ist's aber noch nicht
:wahr!], daß nach der im Schooße der Logen maßgebenden
Geheimlehre, der sogenannte „Große Baumeister Aller Welten"
kein Anderer ist, als der von den alten Gnostikern „Demiurg"
genannte Schöpfer, d. h. Satan. Schon der Gedanke, daß
civilisirte Menschen dazu kommen, unter dieser Bezeichnung den
Teufel in Person anzubeten, ist entsetzlich. Entsetzlicher aber
noch ist es, zu sehen, wie man in der Hoffnung, eine moderne
Cultur damit zu gewinnen [!], diese Ungeheuerlichkeit offen Allen
einpauken [!] will, die sich mit Literatur beschäftigen . . . Unter
diesem Gesichtspunkt aufgefaßt, nimmt die Vorliebe [?] für den
Teufel und den Cult des Teufels eine ernsthaftere Bedeutung
an, als die einer einfachen Geschmacks=Verirrung. M a n m ö ch t e

---

1) A. a. O., S. 602 ff.
2) A. a. O., S. 747.
3) A. a. O. 1896, S. 31.
4) A. a. O., S. 89, 95 ff.
5) A. a. O., S. 152.
6) A. a. O., S. 211.
7) A. a. O., S. 350.
8) A. a. O., S. 482.
9) A. a. O., S. 554

verjucht jein, an einen internationalen Bund mit dem
Teufel [!] zu glauben!"[1])

Wie aus den Citaten, die Collin beibringt, jelbst hervor=
geht, ist die Verherrlichung Satans im Grunde, wenigstens in
den meisten Fällen, jelbst die bekanntesten Freimaurer=Satanisten
Proudhon und Carbucci nicht ausgenommen, nur ein emphatischer
Ausdruck des revolutionären Hasses gegen die Kirche und die
bestehende religiöse und sociale Ordnung, oder eines gewissen
pessimistischen Weltüberdrusses. Aus den betreffenden Aeußerungen
geht meist noch nicht einmal hervor, daß ihre Urheber auch nur
an die wirkliche persönliche Existenz Satans glauben. Von
Carbucci und Proudhon dürfte es im Gegentheil eher jest=
stehen, daß sie daran nicht glaubten, bezw. glauben. Für die
Taxil'schen Behauptungen betreffend einen angeblich in der Frei=
maurerei oder in sonstigen okkultistischen Gesellschaften be=
triebenen formellen Teufelscult beweisen alle diese Citate auch
nicht das Geringste.

51. Der Teufel in der Politik. — Bereits im
April 1895 erschien Taxil's Buch: Le Diable et la Révolution
(8°, 420 S., Preis 6 Frcs.). Dieses Buch wird eigentlich schon
durch die Capitel=Ueberschriften genügend gekennzeichnet. Die=
selben lauten: I. Le Diable Philosophe; II. Le Diable
Janséniste; III. Prophétesses Diaboliques et leurs Barnums
[Miß Vaughan und Taxil?]; IV. Le Diable Constituant;
V. Le Diable Terroriste; VI. Le Culte de Satan.

Chorherr Mustel führt in seiner Recension des Buches
aus: „Die Revolution ist ohne Zweifel hauptsächlich aus dem
Grunde satanisch, weil sie aus dem gleichen Stolze hervorgehend,
welcher Lucifer beseelte, als er dem Allerhöchsten gleich jein
wollte, und welcher wesentlich die Auflehnung des Menschen
gegen Gott und seinen Gesalbten ist. Aber noch mehr, sie
wiederholt jelbst, unter der unmittelbaren Leitung
Satans[3]), jo getreu als nur immer möglich, die Rebellion des
Teufels und verkörpert seinen schrecklichen Haß. Der gefallene
Engel hat den von ihm zur Errichtung seines höllischen
Reiches auf den Trümmern des Katholicismus zuerst

---

[1]) Revue Mensuelle 1896, p. 521.
[2]) A. a. O. 1896, S. 85.
[3]) Nach Mustel steht die Freimaurerei, welche die Revolution
machte und noch macht, im Verkehr mit dem leibhaftigen Satan, der
ihren Häuptern sichtbar erscheint und ihnen bis in's Einzelne seine
Weisungen zu Theil werden läßt.

in Frankreich, sodann in der ganzen Welt entworfenen
Plan eingegeben, angerathen, ausgearbeitet, über-
wacht und bis in die Einzelheiten hinein ausgeführt."
Abbé Barruel hat die beste Darstellung dieser vom „Engel
der Empörung angezettelten höllischen Verschwörung" gegeben.
„Er konnte aber noch nicht Alles wissen. Seither sind
fast alle Geheimnisse der fürchterlichen Zeit aufgedeckt worden.
Herr Leo Taxil hat sich die neuen Enthüllungen zu Nutzen
gemacht und uns ein in Allem auf gute Documente gestütztes
Buch geschenkt, das als das endgiltige Werk über die in
seinem Titel klar ausgedrückte Frage bezeichnet werden kann:
Le Diable et la Révolution . . . Herr Taxil hat, aus der
Finsterniß zum Lichte emporgestiegen, mehr noch, als den Eifer
eines Neophyten. Er hat die glühende Begeisterung, die ver-
zehrende Leidenschaftlichkeit eines Convertiten, der nie genug
gethan zu haben glaubt, um seine Vergangenheit wieder gut zu
machen und zu sühnen, und insbesondere um Gott für seine
Wohlthaten Dank zu sagen. Der Verfasser wollte vor Allem
für unsere Zeit schreiben und er hat sich hierbei nicht geirrt.
Satan setzt sein Werk fort, vertheidigt es und bemüht sich,
dasselbe mehr und mehr nach allen Seiten durchzuführen. Die
Freimaurerei, seine Kirche, ist heute ebenso mächtig und ebenso
rührig an der Arbeit, wie im Jahre 1793"[1] u. s. w.

Man sieht aus dieser, wie anderen Aeußerungen Abbé
Mustel's, daß der gute Chorherr von den besten Gesinnungen
gegen die Kirche und von erbaulichem Eifer beseelt ist. Sein
argloser Sinn aber ließ ihn durchtriebenen Schwindlern, wie
Hacks und Taxil, bedauerlicher Weise zum Opfer fallen.

Die Franc-Maçonnerie démasquée schreibt: „Das Buch
(Taxil's) erscheint zur rechten Stunde. Der Teufel enthüllt sich
in der That mehr und mehr"[2]

Der Avenir von Rheims äußert unter Anderem: „In
seiner Widmung an S. H. Leo XIII. erklärt Herr Leo Taxil,
er habe beweisen wollen, daß Satan in Wahrheit der Vater der
Revolution ist, um zu verhüten, daß die Republik sich den Eingebungen der Revolution hingebe . . . Herr Leo Taxil stellte
den Brief [an den Papst] an die Spitze seines Buches, um der
Verdächtigung vorzubeugen, die vielleicht Bosheit oder Unkenntniß gegen ihn ausgesprochen haben würde, als ob er im
Gegensatz zu den weisen Rathschlägen des Heiligen Vaters,

---

[1] Revue Mensuelle 1895. p. 233.
[2] A. a. O., S. 341.

mit seiner Bekämpfung des Satanismus der Revolution zu=
gleich die Republik habe treffen wollen."[1] Am Schlusse seines
Briefes sagt Taxil:

„Der heutige Tag ist der zehnte Jahrestag des auffallenden
göttlichen Gnadenerweises, der mich erleuchtet, der göttlichen
Erbarmung, die mich aus dem Abgrund errettet hat. Heiligster
Vater, wenn ich seit jenem gesegneten Tage, dem 23. April 1885,
irgend einen Irrthum in der Auslegung der Rathschläge Ew. Heilig=
keit, als des höchsten Kirchen=Oberhauptes mir habe zu Schulden
kommen lassen, wenn ich in irgend einer Art gefehlt habe, so
verzeihen Sie mir nochmals. Wenn Ihre väterliche Güte aber
dafür hält, daß diese zehn Jahre wirklich zehn Jahre der Wieder=
gutmachung und Sühne waren, so bitte ich Sie, Heiligster Vater,
zu Ihren Füßen hingestreckt, lassen Sie mir irgend ein Wort des
Trostes zukommen, damit dasselbe die vielen Bitterkeiten aus meinem
Herzen verscheuche, mit denen dasselbe getränkt wird. Ich werde
Ihnen zeitlebens dafür erkenntlich bleiben."[2]

Eine Glosse zu diesem Schreiben Taxils an den Heiligen
Vater ist nach Allem, was über das Treiben und die
wahren Gesinnungen dieses „bekehrten Freimaurers" bereits fest=
gestellt ist, wohl überflüssig. Der devot=frömmelnde Ton des
Briefes kann unter solchen Umständen den widerlichen Eindruck,
welchen Taxils ganzes Auftreten macht, nur noch erhöhen.

52. Gesammt=Urtheil über die Revue Mensuelle.

Aus allen im Vorstehenden angeführten Thatsachen ergiebt sich,
daß die Revue Mensuelle gleich dem Diable au XIXe siècle,
auf den sie sich stützt und welchen sie fortsetzt, eine vom religiösen
Standpunkt durchaus verwerfliche Publication ist. Die
ganze Anlage und Art dieser Zeitschrift ist so beschaffen, daß
deren Wirkung im Publicum nur die sein kann, den Glauben
ans Uebernatürliche, den sie angeblich fördern will, zu unter=
graben.

An den einzelnen Haupt=Rubriken derselben wurde nach=
gewiesen, daß schon in der Art und Weise, wie die meisten der=

---

[1] Eine solche Anschuldigung brauchte Taxil nicht im Ernste zu
fürchten. Aber man ist mit Recht in allen verständigen Kreisen über
die gewissenlose thörichte Art und Weise ungehalten, wie er die katho=
lische Sache angeblich zu „vertheidigen" und die Freimaurerei, bezw.
den Satanismus zu „bekämpfen" unternimmt. Charakteristisch hierfür
fand man es, daß Taxil in seinen Reden auf dem Trienter Congreß
sich fast beständig in dem Sinne versprach, daß er statt mouvement
anti-maçonnique: mouvement maçonnique sagte.

[2] A. a. O., S. 274 ff.

selben im Anschluß an den Bataille'schen Diable eingeleitet werden, die böswillige Absicht der Haupt-Redacteure, mit Geist-lichen und Katholiken und mit dem katholischen Glauben selbst ihren frivolen Spott zu treiben, deutlich hervortritt. Wenn auch später, wohl im buchhändlerischen Interesse des Unternehmens, diese Spottsucht mehr zurücktrat, so kann dies an der heim-tückischen Grund-Anlage der Zeitschrift, welche dieselbe für immer verwerflich macht, nichts ändern.

Könnten wir aber selbst von dieser verwerflichen Grund-Anlage der Zeitschrift absehen, könnten wir letztere von den aus-gesprochen religionsspötterischen Tendenzen befreien, welche ihr schon dadurch, daß sie die Fortsetzung des schändlichen Werkes Le Diable ist, und daß sie von Anfang an ihren Stoff im Geiste dieses Werkes in Angriff nahm, unzertrennlich anhaften, so würde sie doch noch immer schon wegen der Art und Weise, in der sie ihren Stoff behandelt, aufs Ent-schiedenste verurtheilt werden müssen. Man kann den dies-bezüglichen erprobten kirchlichen Regeln kaum mehr zuwiderhandeln, als es in dieser Zeitschrift, fast Nummer für Nummer, geschieht. In kunterbuntem Durcheinander werden hier von einer theologisch völlig incompetenten Redaction dem großen Publicum unbeglaubigte oder schlecht beglaubigte Prophezeiungen und angeblich wunderbare Thatsachen vermengt mit allerlei Teufelsspuk und erfundenen Teufelsgeschichten und mit Gauklerstücken vorgeführt. Diese angeblichen Erscheinungen der göttlichen und diabolischen Mystik erscheinen in der Zeitschrift vielfach mit beglaubigten und sogar durch die Offenbarung verbürgten übernatürlichen Thatsachen auf dieselbe Stufe gestellt.

Einen weiteren schweren Mißgriff enthält schon das Programm der Zeitschrift an sich. Letztere stellt sich nämlich die Aufgabe, für das große Publicum und unter thätiger Mitwirkung desselben, — wobei Jedem, wenigstens im Sprechsaal, Gelegenheit geboten ist, sich frei auszusprechen, also möglicherweise den größten Unsinn vorzutragen, — speciell die Teufels-Frage in allen ihren Verzweigungen zu besprechen. Es liegt auf der Hand, daß eine solche einseitige kritiklose Ein-registrirung aller möglichen Teufelsgeschichten und der entsprechenden vielfach unzutreffenden Auslassungen über die Teufels-Frage nicht nur keinen heilsamen Einfluß aufs Publicum ausüben kann, sondern im Gegentheil die ernstesten Gefahren für Glauben und Sitten in sich birgt. Dadurch, daß dem Volk einseitig das Häßlich-Schreckhafte und -Lächerliche und das sittlich Verwerfliche vor Augen gestellt wird, welches mit solchen Teufelsgeschichten unzertrennlich verbunden ist, wird, wie namentlich die Erfahrungen der nachreformatorischen Zeit praktisch im Großen bewiesen haben, auf die Dauer der sittliche Sinn des Volkes verroht und der religiöse Ernst und der Glaube an alles Uebernatürliche abgeschwächt.

. Die Bemerkungen, welche wir hier im Sinne der in diesen Fragen maßgebenden kirchlichen Grundsätze mit Bezug auf die Taxil'sche Revue Mensuelle machen, dürften auch von den Redactionen mancher anderer religiöser Volks-Zeitschriften mit Nutzen beherzigt werden, welche gerade durch die Bereitwilligkeit, mit welcher sie den Taxil'schen Schwindeleien in ihren Spalten gastliche Aufnahme gewährten, gezeigt haben, daß sie die betreffenden leitenden Grundsätze, wenigstens zeitweilig, in etwa aus den Augen verloren haben. Man lasse sich durch die augenblickliche religiöse Erregung, welche die Verbreitung von solchen erfundenen oder ungenügend beglaubigten außerordentlichen Dingen im Volke hervorbringt, nicht täuschen. Diese Erregung ist durchaus nicht gleichbedeutend mit einer wirklichen Stärkung des Glaubens. Auf die Dauer und im großen Ganzen wird die dadurch hervorgebrachte Wirkung namentlich in unserer vom Unglauben und von der Zweifelsucht heimgesuchten Zeit sicher keine heilsame sein.

Anhang zum ersten Theil.

I. Der Spruch der „Commission" in der Vaughan-Frage.

Unterdessen ist das Urtheil der vom General=Directions= Rath der Antifreimaurerischen Vereinigung in Rom bestellten und vom Trienter Anti=Freimaurer=Congreß mit der Untersuchung der Diana=Vaughan=Frage beauftragten Commission, welche aus den vier Mitgliedern: Mgr. Lazzareschi, Comm. Alliata, Comm. Pacelli und Rub. Verzichi bestand, erfolgt. Wir wollen dasselbe hier anfügen. Es lautet der Rivista Antimassonica zu Folge:

„In Gemäßheit des ihr vom leitenden Generalrath der Antifreimaurerischen Vereinigung ertheilten, vom ersten internationalen Anti = Freimaurer = Congreß in Trient zur Kenntniß genommenen Auftrags;

„In Erwägung, daß ihr nicht der Auftrag ertheilt ist, über die in der letzten Zeit betreffs der Freimaurerei ge= machten Enthüllungen ein Urtheil abzugeben;

„In Erwägung ferner, daß der Gegenstand ihrer Prüfung lediglich auf folgende drei Fragen beschränkt ist: 1. Die Existenz der angeblichen Diana Vaughan; 2. die Wirklichkeit der Bekehrung derselben; 3. die Authen= ticität der ihr zugeschriebenen Veröffentlichungen.

„Trotz der Thatsache, daß die von gewisser Seite in den letzten Monaten angewandten Kunstgriffe eher eine [den Veranstaltern der letzteren] ungünstige Entscheidung nahelegen;

„Nach Anwendung des gewissenhaftesten Fleißes bei ihren Nachforschungen und Aufbietung aller ihr zur Auf= klärung der Wahrheit zu Gebote stehenden Mittel

„Erklärt die römische Commission:

„Daß sie bis jetzt auf keinen durchschlagenden Beweisgrund, sei es für, sei es gegen die Existenz, die Bekehrung und Authenticität der Schriften der angeblichen Diana Vaughan ge= stoßen ist.

„Hierauf [bei dieser Gelegenheit?] erneuert die Com=
mission ihre volle und unbedingte Zustimmung zu den
päpstlichen Encyklifen und zu Allem, was in denselben
über die Freimaurer gesagt ist. Sie giebt gleichzeitig
ihrem Wunsche Ausdruck, daß die Katholiken unter Bei=
seitesetzung aller nebensächlichen Fragen von untergeordneter
Bedeutung ihre ganze Aufmerksamkeit der Bekämpfung
der verderblichen Secte zuwenden mögen. Sie lehnt
schließlich jede weitere Polemik ab und erklärt hiemit ihren
Auftrag für erledigt.

Rom, 22. Januar 1897.

Der Präsident der Commission:

„Luigi Lazzareschi, Bischof von Neu=Cäsarea.

„Rudolfo Verzichi, Sekretär."[1])

Mit dieser Entscheidung ist, wie auch in der Presse ziemlich
übereinstimmend hervorgehoben wurde, formell zwar nichts
„entschieden". Thatsächlich kann durch dieselbe aber das un=
günstige Urtheil, welches der weitaus größere und bedeutsamere
Theil der Presse und des Publicums sich schon seit langer Zeit
über den Fall gebildet hat, nur bekräftigt werden. Denn die
Thatsache, daß nun selbst die genannte Commission, auf die
Taxil, der angebliche Mandatar „Miß Vaughan" anfänglich
volles Vertrauen zu haben vorgab, und welcher von Seiten
Taxils und „Miß Vaughan" angebliche Beweisstücke aller Art[2])
zugeschickt wurden, „auf keine entscheidenden (peremptorische)
Beweise für die Existenz, die Bekehrung und die Authenticität
der angeblichen Diana Vaughan gestoßen ist, legt für jeden ver=
ständigen Beurtheiler den Schluß nahe, daß solche „entscheidende
Beweise" überhaupt nicht vorgebracht werden können, und daß es
sich bei der ganzen Sache nur um einen Betrug handle. Würde
die angebliche „bekehrte Ex=Palladisten=Großmeisterin" wirklich

---

[1]) Da uns der italienische Text nicht zur Hand ist, geben wir
den Spruch nach den Uebersetzungen, welche die „Germania"
(30. Januar 1897) und die „Kölnische Volkszeitung" Nr. 69
(28. Januar 1897) davon gebracht haben.

[2]) „Miß Vaughan" berichtet selbst, daß sie der Commission viele
Documente im „Original" zuschickte. Sie bemerkt, sie hätte noch
weitere einsenden wollen. Es sei ihr aber bedeutet worden, daß man
deren bereits genug habe. Mémoires. p. 471. — Die Commission
scheint sich demnach auch keine sehr hohe Meinung von den kostbaren
Documenten „Miß Vaughans" gebildet zu haben.

existiren und die wahre Urheberin der ihr zugeschriebenen
Publicationen sein, so wäre nicht abzusehen, warum sie mit den
genannten „entscheidenden Beweisen", die zu erbringen, wenn sie
wirklich existirte, doch so leicht und überdies durchaus in ihrem
eigenen Interesse wäre, noch immer nicht hervorgetreten ist[1].
Der ganze Verlauf der Angelegenheit findet seine Erklärung nur
unter der Voraussetzung, daß es sich bei der ganzen Diana=
Vaughan=Geschichte um einen ungewöhnlich schamlosen Betrug
handelt, welchen dessen Urheber, trotz der bereits mehr als hin=
länglich erfolgten Entlarvung, mit beispielloser Unverfrorenheit
und Hartnäckigkeit noch weiter fortzusetzen bestrebt sind.

Mehrfachen in der akatholischen Presse hervorgetretenen
Versuchen gegenüber, die Entscheidung der genannten „anti=
freimaurerischen" Commission zu einer „autoritativ=kirchlichen" zu
stempeln, sei hier ausdrücklich hervorgehoben, daß derselben ein
solcher officieller Charakter keineswegs innewohnt. Wie im
Commissionsbeschluß selbst gesagt ist, wurde die Commission vom
leitenden Generalrath der Antifreimaurer=Vereinigung bestellt, die
selbstverständlich keinen officiell=kirchlichen Charakter hat. Ein
Bericht zur Begründung der Entscheidung der Commission wurde
laut „Köln. Volkszeitung" Nr. 81 (2. Februar 1897) zwar von
Herrn Pacelli verfaßt, aber auf besondern Beschluß der Commission
hin nicht veröffentlicht.

Angesichts des Urtheils selbst, welches die Commission
fällte, wird letzterer sicher kein Verständiger Parteilichkeit
gegen Taxil vorwerfen können. Die katholische Presse gab
im Gegentheil so zu sagen einstimmig der Meinung Ausdruck,
die genannte Commission habe Taxil und seiner „Miß" gegen=
über, die nun schon so lange das katholische Publicum foppen,
nur allzu große Nachsicht walten lassen. Durch die betrügerische
Art, mit welcher Taxil und die angebliche „Miß Vaughan"
sich immer wieder der ihnen obliegenden Pflicht entziehen,

---

[1] Die Gründe, welche „Miß Vaughan" (Mémoires. p. 523)
selbst dafür angiebt, daß sie ihre entscheidenden Beweise noch nicht
geliefert habe, sind: 1. Sie habe diese Beweise nicht in einer Weise
vorlegen wollen, durch welche die Geschäfte der Freimaurerei besorgt
worden wären; 2. Sie habe sehen wollen, wie weit die Unredlichkeit
ihrer Gegner gehe und sie habe letztere sich selbst in ihren eigenen
Netzen fangen lassen wollen.

Ueber diese faulen Ausreden der „Miß" werden Alle, welche die
Dinge mit Aufmerksamkeit verfolgt haben, nur lächeln können. Es
steht dem gaunerhaften Taxil und seiner „Miß" überdies schlecht an,
den Gegnern „Unredlichkeit" vorzuwerfen.

entſcheidende Beweiſe für ihre Behauptungen vorzulegen, haben
ſie das Recht, für dieſe Behauptungen noch ferner irgend welche
Berückſichtigung zu finden, ſchon längſt verwirkt.

II. Die in vorſtehender Entſcheidung erwähnten „Kunſtgriffe" Taxils.

Einige der Kniffe, mit Hilfe deren Taxil das Werk der
Entlarvung zu vereiteln ſuchte, ſind bereits erwähnt worden.
Dahin gehörten beſonders die von ihm erſonnene Fabel von der
Beſtechung des Dr. Hacks durch die Freimaurer und ſeine
Behauptung, daß diejenigen, welche gegen die Pſeudo-Enthüllungen
auftraten, im Dienſte der Freimaurerei arbeiteten (ſiehe oben,
S. 17, 73 ff.). Hier wollen wir hauptſächlich die Machenſchaften
regiſtriren, durch welche er direkt die Commiſſion in ſeinem
Sinne zu bearbeiten, bezw. die Mitglieder derſelben zu terroriſiren
oder zu discreditiren ſuchte.

Nachdem Taxil in Trient und in ſeiner erſten Controverſe
mit dem Univers Anfangs September 1896 noch wiederholt
ſeinem vollen Vertrauen zum Urtheilsſpruche dieſer Commiſſion
Ausdruck verliehen hatte, änderte er bald ſeine Haltung. Zunächſt
griff er Herrn Pacelli im Novemberheft der Revue Mensuelle
heftig an. Er zieh ihn der Lüge und der ausgeſprochenen Feind-
ſeligkeit gegen ihn und forderte mit cyniſcher Dreiſtigkeit ungeſtüm
ſeine Verabſchiedung aus der Commiſſion, da er ihn nicht als
unparteiiſchen Richter anzuerkennen vermöge.[1]) Der Lüge bezichtigte Taxil Herrn Pacelli, weil er ihn als Urheber der oben
(S. 21 f.) erwähnten Nachricht über ſeine „Flucht aus Trient"
betrachtete. In „Miß Vaughans" Mémoires vom 10. Januar
1897 ſchreibt er ſogar: „Herr Pacelli iſt in aller Form über-
wieſen, ein abſcheulicher Verleumder [atroce calomniateur] zu
ſein."[2]) Von derſelben Geſchichte nahm er ferner Anlaß, auch
Mgr. Lazzareschi, den Vorſitzenden der Commiſſion zu verdächtigen. Er beſchuldigt denſelben geradezu des Wortbruchs.
Mgr. Lazzareschi, ſo verkündete Leo Taxil durch den Mund
„Miß Vaughans", war der Prälat, welchem Leo Taxil, hierzu
durch mich ermächtigt, in Trient den Namen des Biſchofs mit-
theilte, der meine Abſchwörung entgegennahm und die Erlaubniß

---

[1]) Revue Mensuelle 1896, p. 643.
[2]) Mémoires, p. 487 et suiv.

ertheilte, mir die erste hl. Communion zu reichen. Man war
übereingekommen, daß der Name dieses Bischofs nur dem
hl. Vater mitgetheilt werden sollte und sonst Niemanden. Der
Bischof sollte dann nach einiger Zeit, um nicht die Aufmerksamkeit
der Freimaurer zu erregen, nach Rom reisen und dort persönlich
dem hl. Vater seine Mittheilungen machen, die derart sind, daß
sie in keiner Weise der Post anvertraut werden dürfen. Denn
dies würde meine Sicherheit gefährden, da die Freimaurer durch
die italienischen Cabinets noirs mir auf die Spur kommen
würden. Mgr. Lazzareschi versprach Sorge dafür zu tragen,
daß diesen Forderungen entsprochen werde. Der Bischof, dessen
Namen ich hatte mittheilen lassen, wurde nun, — sollte man's
für möglich halten — nicht nach Rom berufen. Herr Pacelli
ist der Urheber aller Intriguen, die aufzudecken ich mich im
Gewissen verpflichtet fühle. Seine Ansicht über mich hatte er
schon von Anfang an gebildet. Er drang auf summarisches Ver=
fahren. Er war es gewesen, der Taxil in Trient aufforderte,
Alles dem Mgr. Lazzareschi zu offenbaren.[1]

„Als man nun den Namen hatte und glaubte, das sei
der Name des Bischofs, der meine Abschwörung entgegennahm“,
[man bemerke die charlatanartige Unredlichkeit, die hier zum
Vorschein kommt] kümmerte man sich nicht weiter um das ge=
gebene Versprechen. Man versandte an eine gewisse Anzahl
Bischöfe, unter welchen sich auch der befand, dessen Namen ich
vertraulichst hatte nennen lassen, ein Circular mit Fragen, die
gerade auf Dinge Bezug hatten, die wegen der Cabinets noirs
auf keine Weise brieflich erledigt werden durften. „Es thut mir
leid“, ruft die „Miß“ aus, „dies aussprechen zu müssen; aber es
muß ausgesprochen werden: Mgr. Lazzareschi hat das Geheimniß
nicht gewahrt. Ich habe überreichliche Beweise in Händen. Das
ist die erste Enttäuschung, welche mir seit meiner „Bekehrung“
zu Theil geworden ist. Aber sie zählt! Wie konnte doch Mgr.
Lazzareschi, ein Prälat, sich zu einem solchen Wortbruch in einer
Sache von solcher Wichtigkeit fortreißen lassen!!! .... Man
kann sich dies nur durch eine bedauerliche Nachgiebigkeit und
Schwäche gegen Herrn Pacelli erklären“.[2]

Den Commandeur Alliata betrachtete Taxil nun ebenfalls
als parteiischen Richter, denn derselbe habe in einem Briefe vom
25. November 1896 geäußert, er „habe nie an diesen Betrug
geglaubt“. Er habe auch in Trient die Annahme des für

---

[1] Mémoires. p. 483 et suiv.
[2] Mémoires. p. 495 et suiv.

„Miß Vaughan" günstigen Bericht de Bessonies' hintertrieben. Kurz, so schreibt „Miß Vaughan", „von der im October [im Univers] veröffentlichten Liste der Commissions-Mitglieder sind neben Mgr. Lazzareschi nur noch die Herren Alliata und Verzichi übrig geblieben, die auf Seite des Herrn Pacelli stehen."[1]

Leo Taxil hatte offenbar auf die Geistlichen seine Hoffnung gesetzt, welche ursprünglich irrthümlicher Weise in Zeitungen als Commissions-Mitglieder genannt worden waren. Es waren dies: Mgr. V. Sardi, Mgr. Rabini-Tedeschi, P. Franco und Prof. Longo. Thatsächlich gehörten diese Geistlichen, wie die Januar-Nummer 1897 der Rivista Antimassonica feststellt,[2] der Commission niemals an.

Wohl der größern Einfachheit wegen verband Leo Taxil in der letzten Zeit seine eigene Vertheidigung mit derjenigen der angeblichen „Miß Vaughan" und ließ hierbei Letztere als seine Sachwalterin das Wort führen. Von der Revue Mensuelle, seinem, d. h. dem von ihm unter seinem Namen redigirten Organ, erschien schon seit längerer Zeit keine Nummer mehr, und die erschienenen Nummern registrirten beinahe ausschließlich die Artikel „Miß Vaughans", Tardivels, Chorherrn Mustels in der Frage ein. Von den Mémoires erschienen, während diese Zeitschrift von August bis November 1896 ganz ausgeblieben war, seit Mitte November bis 20. Januar 1897 nicht weniger als vier Nummern, die unter dem sensationellen Titel: La Suprême Manoeuvre ganz der Polemik dienten.

Die Art, wie in den Mémoires diese gemeinsame Ver-theidigung geführt wird, ist entschieden die des Charlatans, als welcher Leo Taxil auch mehrfach in französischen Blättern bezeichnet wurde. Es offenbart sich dabei immer wieder die alte bekannte Tactik Taxils, daß er die Aufmerksamkeit von den ent-scheidenden Punkten auf nebensächliche Dinge, in denen er, scheinbar wenigstens, Recht hat, abzulenken und im Uebrigen durch allerlei Manöver eine ihm ungünstige Entscheidung nach Möglich-keit zu verhüten oder wenigstens hinauszuschieben oder, wenn auch dies aussichtslos erscheint, zum Vornherein zu discreditiren sucht.

---

[1] Mémoires, p. 517 et suiv. Diese Auslassungen Taxils über die Commission und sein sonstiges Auftreten scheinen deutlich anzu-deuten, daß er die Commission nur für den Fall als „unparteiisch" anzuerkennen bereit war, daß die Mehrheit ihrer Mitglieder sich von vornherein seinen Schwindeleien günstig zeigte, beziehungsweise ihre Geneigtheit bekundete, sich von ihm dupiren zu lassen.

[2] Vgl. „Köln. Volksztg." Nr. 81 (2. Febr. 1897).

Der Hauptgedankengang der Vertheidigung „Miß Vaughans"
ist: „Miß Vaughan" und Taxil sind die Opfer eines fürchter=
lichen von der Freimaurerei, die vor ihren „Enthüllungen"
zittert, heraufbeschworenen Sturmes. Auch in der katholischen
Presse und nun vorwiegend gerade in dieser werden die muthigen
Bekämpfer der Secte mit Verleumdungen verfolgt. Man geht
sogar soweit, denjenigen, welche sich früher in günstigem Sinne
über „Miß Vaughan" und über ihre Schriften ausgesprochen,
ganz entgegengesetzte feindselige Aeußerungen zu „unterschieben".
So hat z. B. der römische Berichterstatter der Vérité, Joseph
Velter, „ein Deutscher", dessen Beziehungen zur italienischen
Freimaurerei offenkundig [?] sind, unter dem Pseudonym
„Bertrand de St. Georges"[1]) einen Bericht über eine Audienz
beim Cardinal Parocchi verbreitet, welcher sich bei Vergleichung
mit den frühern Aeußerungen desselben Cardinals über den
gleichen Gegenstand als offenbar gefälscht herausstellt.[2]) Die
Commission selbst führt unter dem allbeherrschenden Einfluß des
Herrn Pacelli die Untersuchung in ganz parteiischer und illoyaler
Weise.[3]) Taxil verlangt schon seit Langem, ohne Gehör zu
finden, eine Untersuchung über die ihm zur Last gelegten ehren=
rührigen Dinge (Flucht aus Trient u. s. w.). „Offenbar hat
der Papst von dieser Parodie der christlichen Gerechtig=
keit keine Kenntniß."[4]) Es ist eine natürliche Folge solch'
illoyalen Vorgehens der Commission, daß sie einen bestimmten
Urtheilsspruch überhaupt nicht wird fällen können. Sie wird
nur zu erklären vermögen: „Non constat, d. h. es ist nichts
bewiesen weder für noch gegen! . . . Man wird zugeben müssen,
daß ein solches Ergebniß kläglich wäre".[5])

Auch die an die Bischöfe gerichtete Anfrage mußte noth=
wendiger Weise resultatlos bleiben, weil mehrere Bischöfe und
unter diesen auch derjenige, welcher meine Abschwörung entgegen=
nahm, die Beantwortung derselben verweigerten.[6]) Mgr. Fava
hat seinerseits gleichfalls die Beantwortung verweigert. „Warum

---

[1]) Mémoires, p. 488.
[2]) Mémoires. p. 451—457; 519. Taxil beabsichtigt hier offenbar
zugleich auch, dem Cardinal Parocchi den Widerspruch seiner neuern
abfälligen Erklärungen über „Miß Vaughans" und Bataille's Ver=
öffentlichungen mit seinen bekannten frühern Aeußerungen spöttisch in
Erinnerung zu rufen.
[3]) Mémoires, p. 497 et suiv.: 513—519.
[4]) A. a. O., S. 499.
[5]) A. a. O., S. 500, 515.
[6]) A. a. O., S. 496.

ruft man ihn nicht nach Rom? Es ist ja nicht nothwendig, daß man gerade Bischof der Diöcese sei, in welcher meine Bekehrung stattfand, um von meiner Existenz und von allem Uebrigen Gewißheit zu haben ... Mgr. Fava hat aber zu verschiedenen Malen aus eigenem Antrieb und öffentlich als Einer gesprochen, der seiner Sache völlig sicher ist. Glaubt man denn, daß eine Privataudienz beim hl. Vater, in welcher er mit= getheilt hätte, was er weiß, ohne Resultat geblieben wäre? Ich erkläre hiermit in aller Aufrichtigkeit, daß, wenn die Commission darauf eingehen will, die Reise Mgr. Fava's nach Rom heute meine Sicherheit in keiner Weise gefährden würde." [1]

Uebrigens kann volles Licht über Alles mit oder ohne Commission verbreitet werden. Bei der jetzigen Zuspitzung der Angelegenheit fühle ich, daß ich mich persönlich ins Mittel legen muß. Dabei muß ich aber „die Garantien verlangen, welche der elementarste Sinn für Billigkeit und Recht mir nicht verweigern kann." Als Bürgschaft dafür, daß man überhaupt darauf bedacht ist, Recht und Gerechtigkeit walten zu lassen, verlange ich, daß man vorerst Leo Taxil Recht widerfahren lasse, indem man ihm Gelegenheit bietet, sich über folgende zwei Punkte zu verantworten: 1. Ueber die vom Nouvelliste de Lyon gebrachte Nachricht betreffend die von Taxil veranstaltete Zu= sammenkunft zweier Pariser Herren mit Diana Vaughan (vgl. oben, S. 83 f.); 2. Ueber die von Margiotta erhobene Beschuldigung, daß Taxil auch jetzt noch Publicationen aus seiner antiklericalen Periode vertreibe. Für den Fall, daß Taxil bei dieser Untersuchung unschuldig befunden wird, sollen die Journalisten, welche diese Nachrichten verbreiteten, öffentlich ihr Unrecht anerkennen. [2]

---

[1] A. a. O., S. 498. Obwohl, wie aus des Bischofs eigenen Erklärungen selbst sicher hervorzugehen scheint und im Univers festgestellt wurde, Mgr. Fava keinerlei sichere persönliche Kenntniß von der Sache hat und die angebliche „Miß Vaughan" nicht einmal in der Weise persönlich kennen gelernt hat, in welcher dies Herrn Lautier beschrieben war, hat er doch wiederholt sehr bestimmt lautende Erklärungen zu Gunsten Miß Vaughans abgegeben. Taxil war bekanntlich mit Erfolg bemüht, die Originale dieser Erklärungen zu erhalten. Dies schien des Letzteren Absicht zu bekunden, sich dieser Erklärungen als entscheidender Beweisstücke zu bedienen. Es erscheint im Zu= sammenhang mit obigen Worten nicht unwahrscheinlich, daß von der angeblichen „Miß Diana Vaughan" vielleicht gegebenen Falls eine derartige Erklärung Mgr. Fava's als das bischöfliche Certificat für ihre Bekehrung vorgewiesen worden wäre, in dessen Besitz zu sein sie (Mémoires, p. 529) vorgab.

[2] Mémoires, p. 500 et suiv; 524 et suiv.

„Miß Vaughan" fährt fort: Ich verpflichte mich, sogleich nach Erfüllung dieses meines Verlangens mich offen in Rom zu zeigen. Ich werde in diesem Falle plötzlich an der italienischen Grenze auftauchen. Das Aufsehen, das mein Auftreten erregen wird, wird meine Sicherheit verbürgen, da die Freimaurer sich hüten werden, unter solchen Umständen mich zu ermorden, unter welchen das Verbrechen allgemein ihnen zur Last gelegt werden würde. Ich werde dann folgende Documente in Rom vorweisen. [Es folgt nun eine lange Liste angeblicher Documente, darunter befinden sich auch Briefe Br∴ Findels!] Das Kloster, in dem ich mich bekehrte, werde ich nur Sr. Heiligkeit in einer Privat=audienz nennen. Nach Paris zurückgekehrt, werde ich dann wieder in der Verborgenheit verschwinden. Auf der Reise werden zwei oder drei katholische Freunde mir als Escorte dienen. Für den Fall, daß mir die verlangten Garantien verweigert werden, werde ich mich trotzdem öffentlich zeigen, aber nur in Frankreich, nicht in Italien. So wird die Wahrheit für alle Fälle an den Tag kommen.[1]

Sachlich ist zu vorstehenden Ausführungen Folgendes zu bemerken: Die zwei Punkte, für welche Taxil hier öffentliche Genugthuung verlangt, sind im Vergleich mit dem sonstigen compromittirenden Material, womit sein Conto belastet ist, von so nebensächlicher Bedeutung, daß sie daneben kaum ernstlich in Betracht kommen können. Leo Taxil hat um so weniger Grund,

---

[1] A. a. O., S. 501 ff.; 530 ff. Ein Abbé H. Joseph kündigt in der France Militante (deuxième année de l'Anti-Maçon) 6. Fevr. 1897, p. 42 et suiv. bereits feierlich an, daß die Erscheinung, bezw. Kundgebung „Miß Vaughans" in Kurzem erfolgen werde und zwar „in Gegenwart vieler Personen". Um die Leser vor etwaigen neuen Täuschungen zu schirmen, machen wir nochmals darauf aufmerksam, daß die Vorführung irgend einer Person, die man als „Miß Vaughan" ausgiebt und welche eventuell der als ihr Porträt vorgezeigten Photographie entspricht u. s. w., noch nicht das Geringste zur Sache beweisen würde. Bewiesen wäre erst dann Etwas, wenn durch „glaubwürdige" Zeugen, welche „Miß Vaughan" natürlich als Palladisten=Groß=meisterin persönlich gekannt haben müßten, unzweifelhaft bestätigt würde, daß die so vorgeführte Person mit dieser einstigen, ihnen als solchen wohlbekannten Palladisten=Großmeisterin identisch sei, daß sie sich wirklich bekehrt habe, daß sie thatsächlich die „Verfasserin" der ihr zugeschriebenen Schriften sei u. s. w. Die einzigen Zeugen, welche früher für diese Behauptungen genannt wurden, Dr. Bataille (Hacks) und Margiotta, haben seither eingestanden, daß sie mit ihren diesbezüglichen Aussagen nur „gelogen" haben.

sich über ungerechte Behandlung zu beschweren, als er selbst
Anderen gegenüber die Gerechtigkeit in zahlreichen Fällen in
unzweifelhaft weit höherem Maße verletzt hat, ohne daß es
ihm — wir sprechen hier von der Periode seines neuern Ent=
hüllungs = Schwindels —, soweit ihn nicht strafrechtliche
Verfolgung oder ein muthmaßliches Bevorstehen derselben dazu
zwang, je eingefallen wäre, irgend welchen Widerruf zu leisten.
Er hat sogar seit dem Trienter Congreß offenbar unwahre, be=
wußt verleumderische Beschuldigungen gegen die katholische Presse
und gegen bestimmte Persönlichkeiten erhoben und dieselben bis
auf den heutigen Tag noch nicht zurückgezogen. Er ist im
Gegentheil bestrebt, diese Beschuldigungen durch immer neue
Lügen aufrecht zu erhalten.

Auch in den eben angeführten Angriffen auf die Commission
selbst erhebt er die ungerechtesten und verletzendsten Anklagen
gegen Männer, deren Unbescholtenheit anerkannt ist. Denn sollte
selbst der Bericht über Taxils Unredlichkeit Mgr. Lazzareschi gegen=
über in Trient irrthümlich sein und wirklich von Herrn Pacelli
herrühren, so berechtigte dies noch keineswegs dazu, diesen Herrn
als „Lügner" und „Verleumder" zu bezeichnen. Jeder verständige
Beurtheiler wird im Gegentheil, so lange nicht eine böse Absicht
nachgewiesen ist, dafür halten, daß es sich hier, wie in so
manchen andern Fällen, nur um einen Irrthum in der Bericht=
erstattung handelte.

Mgr. Lazzareschi, welchem Taxil durch den Mund „Miß
Vaughaus" einen offenen Wortbruch unter erschwerenden Um=
ständen vorzuwerfen die Dreistigkeit hatte, erklärte übrigens in
einer diesbezüglichen Zuschrift an den Univers ausdrücklich:
„In ihrem letzten Heft der Mémoires wirft mir Diana
Vaughan vor, illoyal gehandelt zu haben. Obschon ich Herrn
Taxil versprochen hätte, den mir genannten Namen des Bischofs
nur dem heil. Vater auf dessen Verlangen zu nennen, hätte ich
denselben auch noch einer andern Person mitgetheilt. Der Vor=
wurf der Illoyalität vermag mich nicht zu erreichen. Ich protestire
gegen die Beleidigung. Ich habe den Namen des Bischofs
Niemanden genannt [und konnte es auch nicht], aus dem
einfachen Grunde, weil ich diesen Namen nicht kenne.
Und ich kenne ihn nicht, weil ihn mir Herr Taxil, troß=
dem er versprochen hatte, dies zu thun, nicht genannt
hat."[1]
Aus dieser Erklärung Mgr. Lazzareschi's geht zugleich

---

[1] „Germania" Nr. 22. Erstes Blatt. 28. Januar 1897.

hervor, daß der von Taxil so schamlos ausgebeutete Irrthum in obigem angeblich von Pacelli herrührenden Bericht ganz neben-sächlicher Natur war. Wenn Leo Taxil sich der Erfüllung der von ihm selbst übernommenen Pflicht, Mgr. Lazzareschi den Namen des Bischofs zu nennen, der angeblich über „Miß Vaughan" Auskunft geben konnte, auch nicht gerade durch die Flucht aus Trient entzog, so „entzog er sich" derselben eben doch, trotzdem er zu der dazu festgesetzten Zeit in Trient noch anwesend war. Nicht Mgr. Lazzareschi, sondern Leo Taxil machte sich also hier des Wortbruchs schuldig.

Dieses Dementi, welches Taxil seitens des Vorsitzenden der Commission selbst zu Theil wurde, rechtfertigt aufs Neue unser Verfahren, nach welchem wir zwar von Taxil's Dementis, soweit sie uns bekannt wurden, Notiz nahmen[1]), dieselben jedoch, angesichts der gewohnheitsmäßigen Verstöße ihres Urhebers gegen die Wahrhaftigkeit, nicht als vollwerthig behandelten. Am Liebsten hätten wir von der Einregistrirung derartiger persönlicher Notizen ganz Abstand genommen. Dies ließ aber der Zweck unserer Veröffentlichung, in welcher alles wünschenswerthe Material zur Beurtheilung unseres Gegenstandes zusammen-gestellt werden sollte, nicht zu. Selbstverständlich müssen wir die volle Verantwortlichkeit der von uns verzeichneten Zeitungs-nachrichten ihren Urhebern überlassen. Unsere eigentliche Beweis-führung ist von denselben nicht abhängig.

---

[1]) Wir wollen hier noch nachholen, daß nach einer Erklärung Taxils in der Revue Mensuelle (1896. p. 645 et suiv.) die oben, S. 23, erhobene Anschuldigung Herrn Billiets, daß Taxil sich in seinem Bericht über den Trienter Congreß eine Fälschung erlaubt habe, irrig zu sein scheint. Wir müssen aber zugleich dagegen protestiren, daß Taxil Billiet wegen dieser Notiz als „Lügner" bezeichnet.

Wir glauben noch bemerken zu sollen, daß es uns angesichts der ungewöhnlich raffinirten litterarischen Schwindeleien Taxils und Consorten nicht als ausgeschlossen erscheint, daß mitunter von einem dieser Gauner, z. B. von Margiotta, absichtlich falsche Taxil be-treffende Beschuldigungen in die katholische Presse gebracht wurden, um diesem so den Vortheil zu bieten, durch die Erörterung derselben die Entlarvungs-Arbeit zu erschweren.

Leo Taxil's
Palladismus=Roman.

Oder:

Die „Enthüllungen"
Dr. „Bataille's", Margiotta's und „Miß Vaughans"

über

Freimaurerei und Satanismus

kritisch beleuchtet

von

Hildebrand Gerber,
(P. H. Gruber S. J.).

Zweiter Theil.

Domenico Margiotta und seine „Enthüllungen" über „Palladismus" und Freimaurerei.

Motto: „Es bereitete den Verfassern das größte Vergnügen, dem
verehrlichen Publicum Bären aufzubinden. Lachend riefen
sie einander zu: Nur darauf los! Die menschliche Dumm=
heit hat keine Grenzen."
Leo Taxil, Bekenntnisse, 9. Capitel.

1897.

Verlag der Germania, Act.=Ges. für Verlag und Druckerei, Berlin.

Zweiter Theil.

Domenico Margiotta

und seine

„Enthüllungen" über „Palladismus"

und

Freimaurerei.

**53. Dom. Margiotta's Rolle in der Schwindel=
Firma Taxil und Cie. Seine eigene Erklärung
darüber.** Dom. Margiotta war nach Allem, was darüber in
die Oeffentlichkeit gebracht ist, nicht vollberechtigter und viel=
leicht auch nicht einmal volleingeweihter Theilhaber der Schwindel=
Firma Taxil, sondern nur vorübergehend von ihrem Chef engagirt.
Die volle Unterstützung Taxils und der von ihm mittelbar oder
unmittelbar, bewußt oder unbewußt abhängigen Antifreimaurer=
Kreise wurde nur seinem ersten Buch Adriano Lemmi (August
oder September 1894) zu Theil, welches, wie wir sehen werden,
vielmehr das Werk Taxil's selbst als Margiotta's war. Ver=
einzelte Unterstützung fand seitens derselben Kreise noch das zweite
im Juli 1895 erschienene Werk Margiotta's Le Palladisme,
welches ebenfalls der Zeit seines litterarischen Dienstverhältnisses
entstammt. Die nachher von Margiotta veröffentlichten Bücher:
Le Culte de la Nature: Francesco Crispi et son oeuvre
néfaste: L'Armée de Satan[1]) wurden seitens der französischen
Antifreimaurer eher feindselig als wohlwollend aufgenommen.
Seit Juli 1896 liegt Margiotta mit seinem ehemaligen Dienst=
herrn in offener Fehde. Seit dieser Zeit wird er auch von
denselben Antifreimaurern als Verräther und Heuchler bezeichnet.

Ueber sein Zusammenarbeiten mit Taxil hat Margiotta
selbst folgende öffentliche Erklärung abgegeben:

„Taxil und ich bildeten, als wir mit dem Munde, dem
Geist und der Feder des Erfinders der Diana Vaughan
sprachen, dachten, schrieben, trotz einer scheinbaren Zweiheit, Alles
in Allem nur eine Einheit. Ein barbarischer Vertrag
kettete mich an diesen Mann. Dieser Vertrag legte mir
die Verpflichtung auf, ohne Widerrede alle Schriftstücke, Urkunden
[titres, es könnten auch die freimaurerischen Ex=Titulaturen
gemeint sein, welche Margiotta sich beilegt] und Documente hin=
zunehmen, welche im Werke Aufnahme finden sollten. Unter

---

[1]) Vgl. die Broschüre Miss Diana Vaughan et Mons. Margiotta
1896, p. 14. 47.

dem Zwange dieser Bedingungen stellte ich nach den **Vorlagen
Taxils** die **Phasen** der **angeblichen Bekehrung seiner
Diana** dar und versicherte sogar, ich hätte diese zu Gott zurück=
gekehrte schöne Seele in Neapel mit meinen eigenen Augen
gesehen. In Wahrheit hatte ich sie nicht gesehen.. Ich kannte
sie nur aus dem, was Taxil über sie sagte."[1])

Früher hatte **Margiotta** bereits erklärt: „Ich habe diese
Diana in Wahrheit nie gesehen ... Später mißbrauchte man
meine Einfalt [?], indem man Allen, die diesen Hanswurst von
Taxil fragten, ob sie in Wirklichkeit existirte, antwortete: „Gewiß,
denn Margiotta hat sie gesehen". Ich schrieb selbst an den
Verleger der schwindelhaften Revue Antimaçonnique [Revue
Mensuelle?], daß ich die Existenz dieser Creatur anerkenne. Das
war meinerseits allerdings recht naiv; ich that es aber des lieben
Friedens halber und besonders um einen möglichen Scandal zu
vermeiden, aus dem die Freimaurerei Nutzen gezogen haben
würde. Ich glaubte aber kein Wort von der Miß Vaughan=
Geschichte und habe auch niemals ein Wort davon ge=
glaubt".[2])

In beiden Erklärungen berichtet Margiotta auch über eine
Unterredung, die er mit Madame Taxil in der Vaughan=An=
gelegenheit gehabt habe und worin diese als Mitschuldige ihres
Gatten bezüglich des Vaughan=Schwindels erscheint u. s. w. Da
indeß diese Mittheilung von Leo Taxil in „Miß Vaughans"
Mémoires, wie es scheint, nicht ohne guten Grund bestritten
wird und Margiotta selbst sich im Punkt der Wahrheitsliebe als
unzuverlässig erwiesen hat, nahmen wir davon Abstand, diesen
Theil seiner Erklärungen hier einzuregistriren.

Die Mittheilungen Margiotta's hingegen, welche wir vorhin
verzeichneten, namentlich die erste, scheinen im Wesentlichen, d. h.
in dem was sie über sein Verhältniß zu Taxil und zum Vaughan=
Schwindel enthalten, der Wahrheit zu entsprechen. Taxil selbst
scheint die Richtigkeit derselben thatsächlich dadurch zu bestätigen,
daß er wohl die beigefügten Einzelheiten über seine Frau, aber
nicht diese Mittheilungen selbst dementirt hat. L. G. [Abbé
Léon Garnier] bringt im Peuple Français folgende ergänzende
Notiz: „Margiotta hat mir persönlich versichert und diese Aus=
sage mit einem Eide bekräftigt, daß er kein Wort von dem
geschrieben habe, was in seinem Buche [A. Lemmi] über

---

[1]) Aus dem Brief Margiotta's an die France Libre in Lyon
vom 13. Nov. 1896, abgedruckt im Univers vom 15. Nov.
[2]) La Comédie Politique, 1. Nov. 1896.

Miß Vaughan zu lesen ist. Alles das sei von Leo Taxil geschrieben worden. Er habe auch Miß Vaughan nie gesehen."[1]) Margiotta hatte für die Firma Taxil dadurch namentlich Werth, daß er sich als tief eingeweihter bekehrter italienischer Hochgradfreimaurer und „Palladist" ausgab und ausgeben ließ und so das Publicum, welchem er sich als der Verfasser der im Wesentlichen aus Taxils Phantasie stammenden „Enthüllungen" vorstellte, täuschen half. Als „litterarischer" Gehilfe[2]) dürfte er der Firma sehr entbehrlich gewesen sein.

Wäre Taxil als Haupt=Verfasser hervorgetreten, so hätten die Enthüllungen sowohl des Diable als der Revue Mensuelle, des Buches Adriano Lemmi und der „Vaughan"'schen Schriften sicher nur geringen oder gar keinen Erfolg gehabt. Der Mann hatte ja bereits ein= oder zwei= und dreimal seine „vollständigen Enthüllungen" über die Freimaurerei geschrieben. Seine „Ent= hüllungen", namentlich die spätern, hatten auch selbst unter Katholiken Verdacht erweckt. Er erschien nach dem, was in= zwischen über die losen Beziehungen, in denen er zur Loge ge= standen hatte, bekannt geworden war, überhaupt als wenig quali= ficirt, Enthüllungen, namentlich über Hochgrad=Freimaurerei, zu machen. Aufgenommen am 21. Februar 1881, aus der Loge, weil er angeblich Briefe Victor Hugo's und Louis Blancs ge= fälscht hatte[3]), ausgestoßen am 5. October 1881, hatte es Taxil nach der Chaine d'union in der Freimaurerei nie weiter gebracht, als zum „Lehrling".[4])

[1]) Le Peuple Français. 25. Oct. 1800.
[2]) Bataille nennt zwar (Diable I 471. 473. 450; Revue Men-suelle 1894, p. 226) Margiotta: Dr. ès-lettres et philosophie, einen hervorragenden kenntnißreichen Schriftsteller und Professor und in seiner Heimath wohlbekannten Dichter. Unsere Erkundigungen ergaben aber, daß Mehrere, die an verschiedenen italienischen Universitäten Studien gemacht haben, und der italienischen Litteratur wohl-bekannt sind, nichts von einem Professor, Schriftsteller und Dichter Margiotta zu wissen erklärten. Der Stil Margiotta's, wie er namentlich im Palladisme. dem Buch, welches Margiotta, theilweise wenigstens, selbst redigirte, zu Tage tritt, legt ebenfalls beredtes Zeugniß dafür ab, daß die Lobeserhebungen Bataille's über die hohe litterarische Befähigung Margiotta's schwindelhafter Natur sind.
[3]) Die Drei=Punkte=Brüder I 25. 55 f.
[4]) Chaine d'union 1887. p. 465 et suiv.: De la Rive, der Freund Taxils, erwähnt in La Femme et l'Enfant dans la Franc-Maçonnerie 1894. p. 467 et suiv. diese Angaben des Freimaurer-Blattes, ohne sie zu bestreiten, was einer stillschweigenden Bestätigung derselben durch Taxil selbst gleichkommt.

Dies ist bekanntlich der erste Grad der freimaurerischen Stufenleiter. Aus derselben Chaine d'union erfahren wir weiter, daß Taxil auch als bloßer Lehrling die Loge im Ganzen nur **dreimal** besucht habe.[1]

Aus eigener persönlicher Anschauung und Kenntniß konnte daher Taxil, der zudem erst 1885, also etwa vier Jahre nach seiner Ausschließung aus der Loge, — 1884 war die Encyklika Humanum Genus erschienen — mit seinen „Enthüllungen" hervortrat, herzlich wenig mittheilen.

Margiotta fiel die specielle Aufgabe zu, als angeblicher bekehrter italienischer Hochgrad-Freimaurer und hoher palladistischer Würdenträger den Taxil'schen Pseudo - Enthüllungen über den vorgeblich am 20. September 1893 zum Freimaurer-Papst er-wählten italienischen Großmeister und Groß-Commandeur Abr. Lemmi zu Ansehen und Erfolg zu verhelfen. Außerdem hatte er, ähnlich wie Hacks, hauptsächlich indem er sich als falschen Zeugen für die Existenz und die Großthaten der angeblichen Palladisten-Großmeisterin „Miß Vaughan" mißbrauchen ließ, an der Inscenirung des Vaughan - Romans, dieses größten und dreistesten Betrugs der Taxil'schen Schwindel-Firma thätig mit-zuwirken. Den hauptsächlichsten Stoff: die „Documente", wie für den Diable, so auch für die Bücher Adriano Lemmi und Le Palladisme lieferte Taxil selbst. Er war auch selbst der Haupt-Redacteur in allen diesen Publicationen.

Weiteres Licht auf diesen wirklichen Sachverhalt werfen die neuerdings von Margiotta in der France Libre veröffentlichten Briefe Taxil's. Unter dem 31. März 1894 schrieb Taxil an Margiotta: „Das Buch, dessen Veröffentlichung ich Ihnen vor-schlage, wird großes Aufsehen erregen, und ich verpflichte mich, dabei mitzuwirken, indem ich es durch Documente höchst interessant mache. In derselben Weise arbeite ich gemeinsam mit Dr. Hacks . . . . Halten Sie sich wohl vor Augen, daß das Publicum nach Neuem verlangt. Man darf nichts vernach-lässigen, um einen großen Erfolg zu haben."

Unter dem 7. Mai 1894 schrieb Taxil an Margiotta: „Arbeiten Sie jedes Capitel so aus, daß es möglichst ein Ganzes für sich bildet. Nachdem ich Ihnen dann meine Capitel über-geben und die Ihrigen überarbeitet habe, flicken wir das Alles zusammen. Es wäre von Wichtigkeit, daß das Buch Ende September erscheinen könnte. Da Lemmi voraussichtlich um diese Zeit [bei der freimaurerischen Feier der Einnahme Roms am 20. September] von sich reden machen wird, so würde das Buch

---

[1] Chaine d'union 1887. p. 401.

wunderbar gelegen kommen und großen Erfolg haben. Ich
meinerseits kann über diese Fragen mich nicht öffentlich aus=
sprechen. Sie müssen wissen, daß ich in der Revue Mensuelle
so wenig als möglich mit meinem Namen hervortrete. Ich
habe meine guten Gründe dafür. Ich muß noch un=
gefähr ein Jahr lang das litterarische Incognito
bewahren.[1]) Im Uebrigen wird meine Mitwirkung am Buch sich
hauptsächlich auf Documente erstrecken. Wenn nur die Documente
interessant sind, das ist das Wesentliche."

Unter dem 9. Mai schrieb Taxil: „Ich übersende Ihnen
gleichzeitig einen Mitarbeiter = Vertrag in regelrechter Aus=
fertigung .... Sie kennen unser französisches Sprichwort:
Man muß das Eisen schmieden, so lange es warm ist. Nun
wohl! Die Frage der Hoch=Maurerei steht auf der Tagesordnung.
Es wäre sehr ungeschickt, zu spät zu kommen .... Herr
Delhomme [der Verleger des Margiotta'schen Buches] muß mit
Bestellungen des Buches bombardirt werden .... Wenn ein
Verleger gewahrt, daß ihm Erfolg mit einem Aktor winkt, hat
er nur eine Besorgniß, nämlich die, der Autor möge ein anderes
Buch einem andern Verleger anvertrauen."

Unter dem 23. Mai 1894 schrieb Taxil mit Bezug auf
Mgr. Fava, welchem er Margiotta bereits empfohlen hatte:
„Sagen Sie Mgr. Fava, daß man nach meiner Ansicht mit der
Bekanntgebung Ihrer Bekehrung bis zur Fertigstellung Ihres
Buches warten soll. (Meine Mitwirkung an demselben
erwähnen Sie aber nicht; das muß unter uns bleiben.)
Der Nouveau Moniteur de Rome hat die Briefe der Miß
[Vaughan] an Paolo [Figlia] und an Herrn de la Rive ver=
öffentlicht. Zweifelsohne hat Letzterer dieselben eingesendet. Zur
Stunde sprechen die Zeitungen der ganzen Welt davon.
Die Pall Mall Gazette in London hat wichtige Mittheilungen
gebracht."[2])

---

[1]) Der hauptsächlichste Grund, weshalb Taxil das litterarische
Incognito zu wahren wünschte, war zweifelsohne der bereits im Texte
angegebene: Sein Hervortreten hätte das Gelingen des Betrugs in
Frage gestellt. Aus der Revue Mensuelle war in der That nie
deutlich zu ersehen, wer der eigentliche Hauptredacteur derselben sei.
Da auch nie eine Aenderung in der ungenannten Redaction bekannt
gegeben wurde, so scheint immer noch Taxil als der leitende
Redacteur zu fungiren.

[2]) Die letzten Sätze sind insofern von Interesse, als sie auf das
auch sonst hervortretende unbewußte Mitwirken der beiden genannten
Zeitungen und de la Rive's am Gelingen des Schwindels Licht werfen.

———

Angaben persönlicher Natur über Margiotta.

54. Die Papiere Margiotta's. Wenn man an die sonderbaren Kreuz- und Querzüge denkt, mit welchen Taxil und die Baughanisten die nur allzuberechtigte Forderung beantworteten, man möge urkundliche Ausweise über die Existenz, Identität und Bekehrung der angeblichen Ex-Palladisten-Großmeisterin Miß Vaughan vorlegen, so muß die Voreiligkeit doppelt auffallen, mit welcher Margiotta, der offenbar auch hierin unter dem Einflusse Taxils steht, seine Papiere dem Publicum unterbreitet. Wie das Unvermögen, auf gerechtfertigtes Verlangen hin sich durch officielle öffentlich-rechtliche Schriftstücke auszuweisen, mehr als verdächtig ist, so pflegt auch das unmotivirt vorschnelle Vorzeigen derselben, wie Jedem, der schon öfter mit Strolchen zu verkehren hatte, bekannt sein wird, ein böses Gewissen zu verrathen.

Gleich zu Anfang seines Buches bringt Margiotta folgende überraschende Mittheilungen:

„**Vorsichtsmaßregel.**

„Jetzt, da ich mich vor den direkten Nachstellungen der rachedürstigen Secte sicher gestellt habe [!], räth die Klugheit, auch den Fall in Betracht zu ziehen, daß mich Lemmi in seinem Unvermögen, mir anders beizukommen, durch Verleumdung zu schädigen suchen sollte.

„Mit Rücksicht auf diese Eventualität, lege ich dem Publicum zum Beweise für meine Identität und vollkommene Ehrenhaftigkeit folgende Actenstücke vor: 1. Den Geburtsschein. 2. Eine amtliche Bescheinigung guter sittlicher Aufführung. 3. Ein gerichtliches Leumundszeugniß.

1. **Geburtsschein.**

„Der Civilstandsbeamte der Stadt Palmi bescheinigt auf Grund der Eintragung im Geburtsregister von 1858 Nr. 35, daß Herr Margiotta, Domenico am 12. Februar 1858 als Sohn der legitimen

Ehegatten, Antonio Margiotta (Sohn des verstorbenen Francesco) und Maria Mangione's (Tochter des verstorbenen Antonio) geboren wurde.

Palmi, 15. August 1891.
(Siegel der Bürgermeisterei und Einregistrirungsstempel.)

Der Civilstands-Beamte:
S. Barbaro

2. Zeugniß über gute Aufführung.

„Der Bürgermeister der Stadt Palmi bescheinigt, daß Herr Commendatore Prof. Domenico Margiotta, Sohn des verstorbenen Herrn Antonio und der Frau Maria, geb. Mangione, aus hiesiger Gemeinde sich immer eines in jeder Hinsicht lobenswerthen sittlichen Wandels befleißigt hat.
Zur Beglaubigung.

Palmi, 29. Mai 1894.
(Bürgermeisterei-Siegel.)

Der Bürgermeister:
S. Impiombato.

3. Gerichtliches Leumundszeugniß.

„No. 4124 R. C.

Der Gerichtsschreiber des Amtsgerichts von Palmi bescheinigt, daß nach sorgfältiger im Auftrage des Commendatore Domenico Margiotta, Professors der Litteratur und Philosophie, geb. am 12. Februar 1858 zu Palmi, an der Hand des Controll-Registers vorgenommener Durchsuchung der Gerichts-Acten

Sich nichts ergab.

„Palmi, am 29. Mai 1894.

Nr. 306.
„Visirt: Der Staatsanwalt
Vacca.
(Staatsanwaltschafts-Siegel.)

Der Gerichtsschreiber:
Farciolo.
(Gerichtskanzlei-Siegel.)" [1]

55. Die Titel und Würden, die Margiotta in der Freimaurerei innegehabt haben will. War Margiotta überhaupt Freimaurer? Aus dem Titelblatt des Werkes Adriano Lemmi erfahren wir, daß Margiotta folgende maurerische Grade und Würden innegehabt haben will:

„Sekretär der Loge Savonarola in Florenz; Meister vom Stuhl der Loge Giordano Bruno in Palmi; Souveräner General-Groß-Inspector (33. Grad) des alten und angenommenen schottischen Ritus; Souveräner Ordensfürst (33.·. 90.·. 95.·.) des Ritus von Memphis und Misraim; Wirkliches Mitglied des

---

[1] Margiotta, Souvenirs etc. Adriano Lemmi, p. XVI.

Souveränen Heiligthums des Orientalischen Ordens von
Memphis und Misraim in Neapel; Inspector der misraimitischen
Bauhütten von Calabrien und Sicilien; Ehrenmitglied des
National = Großorients von Haiti und sein Freundschaftsbürge
beim Souveränen Heiligthum von Neapel; Activ=Mitglied des
Bundes=Suprème Conseils von Neapel (Alter und angenommener
schottischer Ritus); General = Inspector aller Freimaurer = Logen
der drei Calabrien; Großmeister auf Lebenszeit des orientalischen
Freimaurer = Ordens von Misraim oder Aegypten (90.˙.) in
Paris; Commandeur des Ordens der Ritter Vertheidiger der
Allgemeinen Freimaurerei; Ehrenmitglied auf Lebenszeit des
General=Suprème Conseils des italienischen Bundes in Palermo;
Permanenter Inspector und Souveräner Delegirter des großen
Centralbirectoriums von Neapel für Europa (Welt=Hoch=Grab=
freimaurerei)."

Die Franc-Maçonnerie démasquée jubelt beim Anblick
dieser Titel: „Margiotta", ruft sie aus, „ist in der That nicht
der erste beste, nicht ein bloßer Freimaurer=Lehrling, sondern
Einer der höchsten Würdenträger der Welt=Freimaurerei und des
Luciferianismus, der in alle Geheimnisse des Höchsten
Ritus eingeweiht ist."[1])

Wir müssen gestehen, daß auf uns die lange Nomenklatur
von maurerischen Titeln, welchen Margiotta seinem Namen auf
dem Titelblatt seines Buches folgen läßt, schon von Anfang an
einen ganz entgegengesetzten Eindruck gemacht hat. So gerade,
sagten wir uns, pflegen richtige Schwindler aufzutreten. Eine
nähere Prüfung der Titel ist nur geeignet, diesen Eindruck,
welcher schon durch die vorschnelle Vorzeigung der Schriften
vorbereitet war, zu bestärken.

Daß der Ritus von Memphis und Misraim trotz seiner
pompösen Grabtitel sowohl in Frankreich als besonders in
Italien bis zur Lächerlichkeit bedeutungslos ist, dürfte für
Niemanden ein Geheimniß sein, der sich die Mühe genommen
hat, einigermaßen in der Freimaurerei Umschau zu halten. Vom
Ritus von Misraim sagt Taxil selbst, derselbe könne als der
„Gipfelpunkt blühenden Unsinns und sacrilegischer Possenreißerei"
gelten.[2]) Ein Ex = Freimaurer, der mit wenigstens vier, von
diesem freimaurerischen Schwindel = System hergenommenen

---

[1]) La Franc-Maçonnerie démasquée 1894, p. 337.
[2]) Taxil, Die Drei=Punkte=Brüder. Freiburg i. Schw. I. Band,
1886, S. 273; vgl. auch Taxil, Le Culte du Grand Architecte
1886, p. 301.

— 13 —

Titeln prunkt, ist entweder ein Windbeutel oder ein Schwindler oder beides zugleich.

Ob ein „Bundes-Suprême Conseil" in Neapel überhaupt existirt, möchten wir bezweifeln. Deshalb schon glauben wir auch nicht an die Echtheit des freimaurerischen Diploms, von welchem Margiotta zur Beglaubigung seiner ehemaligen Freimaurer-Eigenschaft einen photographischen Abdruck[1]) giebt. In Neapel besteht, soviel uns bekannt ist, keine andere außerhalb des italienischen Großorients und Suprême Conseils in Rom stehende maurerische Behörde, als die schon erwähnte unregelmäßige der ägyptischen Riten von Misraim und Memphis. In Palermo hat allerdings seit etwa sieben Jahren eine Gruppe dissidentischer Freimaurer ihren Sitz. Dieselbe ist aber, wenn sie sich nicht bereits aufgelöst hat, sicher völlig bedeutungslos[2]). Die Actenstücke, welche in den Taxil'schen Pseudo-Enthüllungen als vom „Suprême Conseil" in Palermo herrührend mitgetheilt werden, halten wir schon mit Rücksicht auf ihren ganz unwahrscheinlichen Inhalt für gefälscht. Als der Haupt-Matador und Großmeister dieses Suprême Conseils erscheint bei Taxil der Abgeordnete für Palermo Paolo Figlia, 33.·. .

Die Titel „Ex-Sekretär der Loge Savonarola in Florenz" und „Ex-Stuhlmeister der Loge Giordano Bruno in Palmi", welche sich Margiotta beilegt, geben ebenfalls zu Bedenken Anlaß. In dem Verzeichniß der Logen des Großorients von Italien vom Jahre 1891[3]), das uns vorliegt, findet sich gar keine Loge, die den Titel Savonarola führte. 1895 treffen wir eine Loge Girolamo Savonarola in Ferrara[4]), aber nicht in Florenz. Logen mit dem Titel Giordano Bruno befanden sich 1891 in Livorno, in Turin und in Buenos Ayres, aber nicht in Palmi. Der Titel der Loge letzterer Stadt lautet Ventinove Agosto. Die regelmäßigen Logen in Florenz heißen Michelangelo und La Concordia. Es wäre nun freilich absolut möglich, daß in den genannten Städten zur nicht angegebenen Zeit, in der Margiotta

---

[1]) Margiotta, Lemmi, p. 120.

[2]) Br.·. Amiable schreibt in einem Artikel, der in der Rivista della Massoneria Ital. 1895. p. 136 abgedruckt ist: „In Palermo bildete sich vor fünf oder sechs Jahren eine [freimaurerische] After-Verbindung, an welcher sich einige verirrte Freimaurer betheiligten. Dieselbe ist aber in Auflösung begriffen, wenn sie sich nicht schon aufgelöst hat".

[3]) Rivista della Massoneria Italiana. Strenna 1891/92. p. 182 bis 212.

[4]) Rivista della Massoneria Italiana 1895, p. 261.

dort geweilt haben will, Logen mit den von ihm angegebenen Namen bestanden, die 1891 und später wieder eingegangen waren. Es ist aber sicher nicht wahrscheinlich, daß gerade die beiden Logen in neuerer Zeit eingegangen sind, in denen Margiotta angeblich wichtige Aemter bekleidete.

Was Domenico Margiotta noch verdächtiger macht, ist, daß der italienische Großorient sich 1889 veranlaßt fand, vor dem schwindlerischen Mißbrauch, den er mit angeblichen freimaurerischen Diplomen trieb, öffentlich zu warnen. Am 6. December 1889 hatte nämlich Br.·. Oswald Brückner in Berlin, Kommandantenstraße 86, Erster Groß-Aufseher der Großloge zu den Drei Weltkugeln und Zug. Stuhlmeister der Loge „Zur Verschwiegenheit" folgendes Diplom erhalten:

„Zum Ruhme des Großen Weltenbaumeisters.

„Allen Freimaurern, die auf der Oberfläche der Welt zerstreut sind, — Heil, Kraft, Einigung. — Wir Würdenträger und Beamten der unabhängigen ehrw.·. Loge Giordano Bruno, die im Orient von Palmi (Calabrien) errichtet ist, bezeugen hiemit, daß Br.·. Brückner Osw., Sohn des . . . ., geboren am . . ., von Beruf . . ., in Berlin, den Grad Ehren-Stuhlmeister der ehrw.·. L.·. Giordano Bruno besitzt. Wir bitten demnach alle Freimaurer, ihn als solchen anzuerkennen, aufzunehmen und zu beschützen. Wir versprechen, unsererseits an allen mit regelrechten Titeln versehenen Brüdern das Gleiche thun zu wollen. Gegeben im Or.·. von Palmi am 1. December 1889 der Gew.·. Zeitrechnung. Der Meister vom Stuhl: D. Margiotta 18.·. — Der erste Aufseher: G. Grassi 3.·.. — Der Sekretär Schatzmeister: Biagio Giuliani. — Der Bullen und Siegelverwahrer: D. Margiotta."

Dieses Diplom war von folgendem französischen Bettelbrief begleitet: „Die Loge hofft, daß Sie, von maurerischem Eifer und brüderlichem Geist erfüllt, ihr großmüthig durch ein freiwilliges Geldgeschenk zu Hilfe kommen werden, damit sie eine augenblickliche, durch zahlreiche Ausgaben für Wohlthätigkeitszwecke und zur Unterstützung der liberalen Presse herbeigeführte Krisis überwinden könne."

Br.·. Brückner, welcher der Sache nicht recht traute, erbat sich vom italienischen Großorient Auskunft und erhielt zur Antwort, daß in Palmi derzeit gar keine Freimaurer-Loge existire und daß das sog. Ehrendiplom somit nicht einmal das Papier werth sei, auf dem es gedruckt sei. Hierauf sandte Br.·. Brückner das

„Diplom" durch Vermittlung des italienischen Großorients an seine Absender zurück. Die Rivista fügt bei: „Wer vermag zu sagen, wie viele ähnliche Diplome nicht vielleicht schon von Palmi aus in die freimaurerische Welt versandt worden sind und ob alle Empfänger ebenso vorsichtig waren, wie Br.·. Brückner? Wir hoffen, daß diese Zeilen Vertrauensseligen zur Warnung bienen werden".[1])

Ein „Document", welches beweisen soll, daß Margiotta Sekretär der „Musterloge Savonarola in Florenz" war, ist im Buche Adriano Lemmi (S. 125 f.) selbst mitgetheilt. Wir erinnern uns zwar, dieses selbe vom 2. Febr. 1886 datirte Actenstück in Pike's Official Bulletin (1886, S. 760 f.) an=getroffen zu haben. Soviel wir uns entsinnen, ist aber dort kein Titel der angeblichen „Musterloge" genannt. Hingegen zeichnet der „Sekretär Domenico Margiotta" sich dort als 33.·.. Der Inhalt des „Documents", wie diese Unterschrift Dom. Margiotta's 33.·. scheinen uns auf eine Fälschung, bezw. auch eine Mystification der Pike'schen Zeitschrift hinzudeuten. Auf=fallen muß es nämlich, daß Margiotta am 2. Febr. 1886 als 33.·. zeichnet, während er am 1. Dec. 1889 in dem aus Palmi datirten Documente nur als 14.·. auftritt. Oder sollte der Florentiner Domenico Margiotta mit dem Margiotta Palmi's nicht identisch sein? In diesem Falle würde sich Margiotta insofern des Betrugs schuldig gemacht haben, daß er sich fälschlich für diesen Florentiner Margiotta ausgab.

Der letzte und hochtrabendste Titel „Permanenter In=spector u. s. w.", den sich Margiotta beilegt, setzt seinem Titulaturen=Schwindel die Krone auf. Das palladistische System, in welchem Margiotta diese hohe Würde bekleidet zu haben vorgiebt, existirt nämlich, wie wir noch sehen werden, gar nicht.

Die einzigen Freimaurer=Verbände, deren ehemalige Mitglied=schaft Margiotta als wirklich befähigt erscheinen lassen könnte, auf Grund „persönlicher Erinnerungen" über den italienischen Großmeister Adriano Lemmi und über die italienische Freimaurerei Enthüllungen zu machen, wären der italienische Großorient von Rom und der Suprême Conseil in Rom, deren gemeinsames Oberhaupt zur Zeit, als Margiotta angeblich aus der Freimaurerei austrat und sein Buch schrieb, eben Adriano Lemmi, der Held des Buches, war. Denn dies sind die zwei

---

[1]) A. a. O, 1889, S. 304. — Schon damals ließ sich Margiotta den, wie es scheint, angemaßten Titel Commandeur beilegen, mit dem er auch später als bekehrter Freimaurer prunkte.

einzigen regelmäßigen mit der Welt=Freimaurerei in
Wechselverkehr stehenden und mithin die zwei einzigen Freimaurer=
Verbände Italiens, die überhaupt ernsthaft in Betracht kommen
können.

Gehörte Margiotta diesen, bezw. wenigstens einem dieser
Verbände wirklich an? Dies dürfte schon nach Allem, was wir
gesehen haben, mehr als zweifelhaft sein. Von besonderem
Interesse zur Beurtheilung dieser Frage ist folgendes Schreiben,
welches der von Margiotta angegriffene italienische Großmeister
Lemmi selbst unter dem 24. Oct. 1894 an den Patriote in
Brüssel richtete:

„Rom, den 24. October 1894.

„Herr Chef=Redacteur!

„Unter der Unterschrift Domenico Margiotta haben Sie
in den Nummern 265 bis 272, vom Monat September
Ihres Journals, mehrere gegen mich gerichtete Artikel ver=
öffentlicht.

„Alles, was diese Zuschriften Ehrverletzendes gegen mich
enthalten, ist falsch.

„Die neue internationale Freimaurer = Organisation
existirt nicht. Ich habe niemals die jüdische Religion an=
genommen. Ich wurde niemals von irgend einem Gerichtshof
in Anklagezustand versetzt. Seit Februar 1844 bis Ende
1845 hatte ich meinen Wohnsitz in Constantinopel, wo ich
in dem von Franz Salomon von Malta, einem englischen
Unterthanen, in Galata errichteten Amt für Schifffahrts=
angelegenheiten eine Stelle bekleidete. Ich habe dort zunächst
unter meinem persönlichen Namen und etwas später unter
der Firma „Tito und Adriano Lemmi" ein Geschäft be=
gründet. 1860 bin ich definitiv von Constantinopel nach
Italien zurückgekehrt.

„**Ich habe Domenico Margiotta niemals gekannt.**
Jetzt erst weiß ich, was das für ein Individuum ist. Ich
trat 1878 in den Freimaurerorden ein und **ich
bezeuge hiermit, daß er seit diesem Zeitpunkte demselben
nicht angehört hat.**[1]

„Ich behalte mir vor, Diejenigen, welche es versuchen,
meinen Namen in Verruf zu bringen, gerichtlich zu belangen.

---

[1]) Durch Fettdruck von uns hervorgehoben.

„Inzwischen bitte ich Sie, Herr Chef=Redacteur, das gegenwärtige Schreiben in Ihrem Blatt zu veröffentlichen und ich danke Ihnen zum Voraus dafür.

(Unterschrift) **Adriano Lemmi,**

Großmeister der italienischen Freimaurerei."[1])

Taxil und Consorten haben nun freilich die Gepflogenheit, um nicht zu sagen, die Ungezogenheit, Jeden, der Miene macht, in irgend einem Falle einer mit ihren Behauptungen in Wider= spruch stehenden Erklärung von freimaurerischer Seite Beachtung zu schenken, sofort als Parteigänger der Freimaurerei verdächtigen oder ihn wenigstens als Einfaltspinsel hinzustellen, der sich von derselben habe bethören lassen. Derartige Verdächtigungen können aber nur auf gedankenlose Menschen Eindruck machen. Berufen sich denn nicht Taxil und Genossen selbst für ihre Behauptungen direkt und indirekt auf Zeugnisse von Freimaurern oder angeblichen Freimaurern? Der Unterschied zwischen uns und ihnen besteht lediglich darin, daß die Zeugnisse, auf die wir uns stützen, nachweisbar und offenkundig echt, die haupt= sächlicheren Zeugnisse oder freimaurerischen Urkunden hingegen, welche Taxil und Consorten ins Feld führen, entweder offenbar und nachweisbar gefälscht oder wenigstens in hohem Grade ver= dächtig sind. Was die von unsern Gegnern hervorgehobene „Lügenhaftigkeit" der Freimaurerei betrifft, so ist zu bemerken: Gerade Taxil, Margiotta und Consorten haben sich durch ihre Lügenhaftigkeit in einem Maße hervorgethan, daß sie in dieser Eigenschaft auch von den schlimmsten Freimaurern schwerlich übertroffen werden können. Wir verwenden die Zeugnisse der Freimaurer, wie alle übrigen, die von Bischöfen und Geistlichen nicht ausgenommen, ja auch nicht so, daß wir blindlings darauf schwören, sondern mit der Vorsicht, welche die Regeln einer gesunden historischen Kritik zur Pflicht machen.

Nach diesen Vorbemerkungen stehen wir nicht an, offen zu erklären, daß wir unter Berücksichtigung aller näheren Umstände die Erklärung Lemmi's, wenigstens insoweit sie sich auf die ehe= malige Zugehörigkeit Margiotta's zu einem der beiden genannten regelmäßigen Freimaurer=Verbände in Italien bezieht, für voll= ständig glaubwürdig halten. Margiotta's Demissions=Erklärungen an die verschiedenen Freimaurer=Verbände, denen er angehört

[1]) Dieses Document ist mitgetheilt bei Margiotta, Le Palladisme. p. 12 et suiv.

2

haben will, auch die an Lemmi, als den angeblichen palladistischen „Freimaurer-Papst", sind sämmtlich vom 6. September
1894 datirt. Hätte nun Margiotta bis zu diesem Zeitpunkte als
das hervorragende Mitglied des Bundes, für welches er sich ausgiebt, den betreffenden Verbänden, deren Haupt Lemmi war,
wirklich angehört, so hätte Lemmi unmöglich, da er ja offenkundige, allgemein bekannte Thatsachen gegen sich gehabt hätte,
seine so bestimmten Erklärungen abgeben können. Es ist auch
nicht zu ersehen, welcher Beweggrund Lemmi hätte antreiben
können, sich durch eine so offenkundige und deshalb auch nutzlose
Lüge vor den Freimaurern der Welt und vor dem nicht-frei-
maurerischen Publicum bloßzustellen.

Margiotta bringt freilich, nebenbei bemerkt, recht kindisch —
man kann es nicht anders bezeichnen — abgefaßte Briefe eines
vorgeblichen stellvertretenden Großmeisters des angeblichen
Suprême Conseils von Palermo, eines Giuseppe Militello 33∴.,
zum Abdruck, welche ein unwiderleglicher Beweis für die Echtheit
seiner ehemaligen freimaurerischen Titel sein sollen. Damit dieselben aber irgendwie in Betracht kommen könnten, müßten
vorerst folgende Punkte nachgewiesen sein: 1. daß es einen
Suprême Conseil von Palermo überhaupt giebt, und daß dessen
Diplome und Schreiben auch in der Weltfreimaurerei Geltung
haben; 2. daß Giuseppe Militello wirklich existirt, stellvertretender
Großmeister des genannten Suprême Conseils ist und die Briefe
wirklich geschrieben hat. Ein solcher Nachweis wird nicht erbracht
werden können. So lange dies aber nicht der Fall ist, können
auch Facsimiles seiner angeblichen Briefe nur für „kindliche"
Gemüther irgend welche Bedeutung haben.

56. „Bekehrung" Margiotta's. „Dr. Bataille" hatte
im Diable zuerst von Margiotta gesprochen und ihn als Mitglied
des „Souveränen Heiligthums des orientalischen Ritus von
Memphis und Misraim" zugleich mit dem bekannten freimaurerischen Hochgrad-Gaukler Pessina und mit noch zwei andern Band-
trägern abgebildet.[1] Er machte auch zuerst von der erfolgten
„Bekehrung" desselben Mittheilung. Er schreibt:

„Es ist wahr, die Gebete, um welche ich meine Leser ersuchte,
haben uns noch nicht die Bekehrung der armen theuren Diana
Vaughan erlangt.[2] Sie haben uns aber die Bekehrung eines

---

[1] Le Diable au XIXe siècle I. Vol., p. 433.
[2] Als diese Worte auf dem Bureau Taxils und Consorten
niedergeschrieben wurden, mögen sich die saubern litterarischen Falsch-
münzer wieder einmal „krumm gelacht" haben.

ihrer Freunde und Waffenbrüder im Kampfe gegen Lemmi
eingebracht. Es freut mich sehr, dem Eindringling im Palazzo
Borghese [Lemmi] die erste Nachricht darüber geben zu können.
Ein Activ-Mitglied eines der europäischen Supr. Conseils, einer
der höchstgestellten und mit den höchsten Graden versehenen
Freimaurer — dessen Namen ich für den Augenblick noch nicht
nennen darf, dessen völlige Rückkehr zu Gott ich aber verbürgen
kann — hat soeben den entscheidenden Schritt gethan. Wie
Miß Vaughan hat er der Freimaurerei den Rücken gekehrt. Er
ist aber weiter gegangen, als die Ex-Großmeisterin von New-
York. Er hat sein Auge vor dem Lichte Gottes, unseres Gottes,
des einzig wahren Gottes, nicht verschlossen. Nach seiner in
Rom vollzogenen Abschwörung machte er unter der Leitung eines
frommen Bischofs in einem Kloster die hl. Exercitien, die er
soeben beendete. Er ordnet jetzt seine Angelegenheit, begiebt sich
in eine Stadt, wo er, wie wir hoffen, in Sicherheit sein wird,
und bereitet sich vor, seinerseits seinen zerstörenden Hammer-
schlag gegen die Mauern des Tempels des Großen Weltenbaumeisters Satan zu führen . . .

„Ich habe einige von den Documenten eingesehen, welche
er zu veröffentlichen gedenkt, und ich glaube sagen zu können,
daß sie Aufsehen erregen werden. In allen Directorien, Groß-
orienten, Suprèmes Conseils, Großlagern und Großlogen wird
man vor Zorn schäumen und die Zähne fletschen. So
erhalten wir für unser Werk die unerwartetste Hilfe. Nach dem
Willen Gottes und den geheimnißvollen Plänen der Vorsehung wird sich mehr und mehr über Alles volles Licht verbreiten." [1]

„Bataille" benutzt nach seiner Art dann gleich, wie er das
„dicke Notizbuch" Sophia Walders hinsichtlich der Odd-Fellows
verwerthete, auch diese Gelegenheit, um seinen Lesern nichts-
sagende und falsche Enthüllungen über die Freimaurerei in der
Schweiz als Proben des „Documenten-Schatzes" des bekehrten
Margiotta vorzulegen. [2]

Die Revue Mensuelle (Juliheft 1894) ergänzt diese
Mittheilungen durch Folgendes: Ein Mitarbeiter der Revue
wußte sich mit dem Freimaurer, der sich nun bekehrt hat, in
Verbindung zu setzen und übte einen heilsamen Einfluß auf ihn
aus. Er ließ auch für ihn beten und ebnete ihm den Weg für
die Bekehrung, die sich nun „plötzlich und vollständig [!]

---

[1] A. a. O. II 527 f. (Juniheft 1894).
[2] A. a. O. II 528 ff.

in Folge der aufsehenerregenden [!] Zwischenfälle des heute [angeblich durch die Vermittlung Br∴ Findels] beendigten Schismas der amerikanischen hohen Freimaurer vollzogen hat". Dr. Bataille war der erste, dem hiervon Mittheilung gemacht wurde. Er erklärte, daß für ihn die Aufrichtigkeit des Neubekehrten zweifellos sei. Letzterer ist „in der That ein Mann von feurigem, aber offenem [!] und redlichem [!] Charakter".

„Rücksichten der Klugheit bestimmten uns, einstweilen nur einige Vertraute von dem Vorgang in Kenntniß zu setzen. Dann fragten wir unsern neuen Bundesgenossen, ob er nicht gleich Alles in Ordnung bringen und beim Vatican diesbezügliche Schritte thun wolle. Er sagte sofort zu. Ein uns befreundeter Herr, welcher gerade mit seiner Frau nach Rom reiste", übernahm es, bei der vor dem hl. Officium stattfindenden Abschwörung Pathenstelle zu übernehmen.

Der Berichterstatter Richard Lenoël beschreibt dann noch eine Unterredung, die er mit Margiotta hatte, und benutzt den Anlaß, um den Neubekehrten in den glänzendsten Farben zu schildern und zugleich bereits die öffentliche Aufmerksamkeit auf sein Buch Adriano Lemmi hinzulenken.[1]

Auf S. 263 der Revue Mensuelle wird bemerkt, daß ein Herr L. es war, der Margiotta in Rom vorstellte. In einem neuerdings veröffentlichten Briefe Taxils an Margiotta vom 23. Mai 1894 ist ausdrücklich gesagt: „Ich halte es nicht für rathsam, daß Sie Mgr. Fava .... mittheilen, daß Sie (den Cardinälen Parocchi und Rampolla) von Herrn Lautier vorgestellt wurden."

Im Augustheft derselben Zeitschrift führt Dr. Bataille (Taxil) den Neubekehrten und sein Werk über Adriano Lemmi in Person in einem Leitartikel unter publicistischem Trompetenschall und Paukenschlag ein. Er bringt sämmtliche schwindelhaften maurerischen Titel Margiotta's und seine ebenso schwindelhaften maurerischen Demissionsschreiben vom 6. September 1894 zum Abdruck. Fast der ganze übrige Theil des Heftes der Zeitschrift ist mit der wörtlichen Wiedergabe des ersten Capitels des Werkes Adriano Lemmi selbst ausgefüllt.

Eine solche Art der Publicistik, die allerdings weder christliche Gewissenhaftigkeit noch litterarische Ehrenhaftigkeit verräth, hatte den doppelten Vortheil, daß sie einerseits für die Firma Taxil die schwunghafteste Reclame machte und andererseits die Arbeit der Redaction bei gesteigertem Absatz erheblich verminderte.

---

[1] Revue Mensuelle 1894. p. 221 et suiv.

Uns interessirt in dem ganzen langen Geschreibsel Taxils
nur ein Brief Mgr. Fava's von Grenoble an Margiotta, der
auch an der Spitze des Margiotta'schen Buches selbst zu lesen ist.
Der Brief lautet:

57. Mgr. Fava als der hauptsächlichste Bürge für
die Bekehrung.

„Bischöfl. Kanzlei
von
Grenoble.   Grenoble, am 8. August 1894.

„Theurer Herr Margiotta!

„Ihr vorübergehender Aufenthalt in Grenoble gereichte
mir zur großen Freude. Wollte es der Miß Diana Vaughan,
von der Sie mir schreiben, gefallen, Ihrem Beispiele zu
folgen, ich würde dieselbe ebenso liebevoll aufnehmen, wie
ich Sie aufgenommen habe. Mein göttlicher Meister hat
mir durch sein Beispiel gezeigt, wie man Seelen, die zu ihm
zurückkehren, aufnehmen muß.

„Sie schreiben jetzt an einem Buche über Br.·. Lemmi.
Später werden Sie über den Palladismus Enthüllungen
machen, in welchem Satan sein Heim hat. Ach! Sie kennen
Lemmi und den Palladismus sehr gut.

„Ihre Leser werden Mühe haben, Ihnen zu glauben.
Indessen werden die aus Ihren Schriften sprechende Aufrichtigkeit [!] und die von Ihnen zum Beweise für Ihre
Behauptungen beigebrachten Documente [!] nicht verfehlen,
großen Eindruck zu machen.

„Man wird sagen, Sie handeln nur aus Rache. Das
ist aber nicht wahr! Sie erfüllen einfach eine Pflicht. Denn
es steht geschrieben: Qui diligitis Dominum, odite malum.
Nein, man kann Gott nicht lieben, ohne das Böse zu hassen.
Und wenn man das Böse wirklich haßt, welches der Feind
Gottes ist, so bekämpft man es furchtlos und nachdrücklich,
um der Wahrheit zum Siege zu verhelfen.

„Also Muth, theurer Waffenbruder! Stecken wir das
Schwert nicht eher in die Scheide, als bis es keinen Secten-
anhänger mehr giebt, der noch nicht aufgeklärt wäre!

„Ganz der Ihrige.

† Amand-Joseph,
Bischof von Grenoble."[1]

---

[1] Revue Mensuelle 1894. p. 220.

Mgr. Java wurde auch von Taxils Revue Mensuelle
selbst als der vornehmste Bürge für die Aufrichtigkeit der Bekehrung
Margiotta's angerufen. Dieselbe schreibt:

„Margiotta erfüllt [mit Rücksicht auf die von ihm bekämpfte
Freimaurerei] seine Pflichten als Bekehrter und verdient daher
Aufmunterung. Mit der Kirche ausgesöhnt, wurde er von seinen
frühern Verirrungen losgesprochen. Die Katholiken müssen aber
für ihn beten, um ihm von Gott die Gnade der Beharrlichkeit
zu erlangen. Mehrere Personen haben bei uns brieflich angefragt,
ob seine Bekehrung aufrichtig sei. Auf diese heikle Frage
können wir nur antworten: Das ist ein Geheimniß zwischen Gott
und seinem Gewissen. Wir können indessen immerhin feststellen,
daß wir bei dem Schritte, welchen der Ex-Hochmaurer gethan
hat, keinen zeitlichen Vortheil [?!] zu entdecken vermochten, der ihm
denselben eingegeben haben könnte. Sein Bruch mit der Secte
hat ihm Anfeindungen zugezogen, die sich nicht so bald legen
werden. Wegen des allmächtigen Einflusses der Freimaurerei in
Italien war er genöthigt, seine Heimath zu verlassen. Die
beste Bürgschaft für ihn ist endlich das Zeugniß Mgr.
Java's ...., der ihm bei den Exercitien als Seelenführer
diente, und der den schönen, zur Veröffentlichung bestimmten
Brief, welchen wir oben wiedergegeben haben, sicherlich nicht
geschrieben haben würde, wenn er nicht von seiner vollständigen Rückkehr zu Gott überzeugt wäre." [1])

Thatsächlich hatte, wie ein Brief Taxils an Margiotta vom
23. Mai 1894 andeutet, Taxil selbst Mgr. Java den Glauben
an die Bekehrung Margiotta's beizubringen versucht. Es heißt
in diesem Briefe:

„Was Mgr. Java betrifft, so habe ich ihm, damit er keinen
Anstoß daran nehme, Ihren Namen in dem [angeblich frei-
maurerischen] Decrete von Palermo vom 8. April [also nach der
Abschwörung vor dem Sant' Uffizio] anzutreffen, folgende Erklärung von der Sache gegeben. Dieselbe ist ja wahr; es ist
aber immer gut, zu keinen falschen Deutungen Anlaß zu geben.
Ich habe ihm also gesagt, daß Sie gleich beim Beginn
der Publication des Doctors [Bataille, also Ende 1892],
zu Letzterem gekommen seien. Sie seien dazu durch eine
tiefe Verachtung der Lemmi, Pessina und Genossen dazu angetrieben
worden, ohne indessen schon bekehrt zu sein. Sie seien auch
einer unserer Correspondenten gewesen, und hätten mit Antibaph II. gezeichnet. Bei den Nachforschungen, welche seit

[1]) Revue Mensuelle 1894. p. 283.

Beginn der Revue Mensuelle vorgenommen worden seien, hätten Sie gute Dienste geleistet. Die Lesung der Publicationen des Doctors habe Ihnen endlich die Augen völlig geöffnet und Sie zur Ueberzeugung geführt, daß es vorzuziehen sei, gänzlich mit der Secte zu brechen. Aber, fügte ich bei, während diese Um= wandlung sich in Ihrer Seele vollzog, nahmen die Ereignisse einen rascheren Gang, als Ihre völlige Bekehrung .... Die Anwesenheit Ihres Namens im Decret von Palermo nach Ihrer geheim gebliebenen Bekehrung war also sehr gut erklärt. Paolo (Figlia), der nichts von der Bekehrung wußte, gab Ihnen den Auftrag, das Decret an Miß zu übermitteln. Sie schickten, schrieb ich an Mgr. Java, als Sie es ihr über= sandten, zugleich eine Abschrift davon an mich. Ich aber würde, in der Erwägung, daß der nach dieser Abschrift erfolgte Abdruck Sie compromittiren und Ihr Leben in Gefahr bringen [!] würde, nichts darüber veröffentlicht haben, wenn Miß nicht ihr Antwort= schreiben an Paolo rechts und links vertheilt hätte. — Ich mußte diese Erklärung geben. Denn Ihr Name im Decret vom 8. April würde sonst einen übeln Eindruck hervorgerufen haben. Ich habe ihm weiter mitgetheilt, daß Sie nun keinen anderen Wunsch mehr haben, als Italien zu verlassen, um nach der bereits im Geheimen vollzogenen Abschwörung, die bis auf Weiteres auch fernerhin geheim bleiben muß, auch öffentlich sich als guten Christen bekennen zu können." [1])

An einer andern Stelle sagt dieselbe Zeitschrift: „Die erste gute Regung hat ihn [Margiotta] zu den Füßen der Cardinäle Rampolla und Parocchi geführt; vor dem Sant' Uffizio schwor er die Freimaurerei und den Palladismus [!] ab. Mehrtägige Exercitien inmitten von tugendhaften und eifrigen Ordensleuten gaben seiner wieder gläubig gewordenen Seele den endgültigen Frieden. Die weise und einsichtige Leitung Mgr. Java's endlich vollendete seine Bekehrung und waffnete ihn für den Streit, für den guten Kampf."

---

[1]) Wir sehen hier wieder die von Taxil und Consorten oft ein= geschlagene Tactik: Zuerst hintergehen sie kirchliche Würdenträger, um ihnen Empfehlungsschreiben zu entlocken. Später beuten sie diese Empfehlungsschreiben in der rücksichtslosesten Weise aus, um ihren Schwindeleien Glauben zu verschaffen, und stellen die Sache so dar, als ob diese Schreiben der eigensten Initiative der von ihnen Ge= täuschten entsprungen seien und in Allem auf vollster persönlicher Sachkenntniß derselben beruhten. Wie sehr ein solches Gebahren geeignet ist, die Autorität der betreffenden kirchlichen Würdenträger aufs Schwerste zu schädigen, bedarf keines Nachweises.

Später schrieb Mgr. Fava: „Dom. Margiotta, 33.·., dem
die hohe Weltfreimaurerei alle erdenkbaren Titel zuerkannt hatte
und der, als er in Neapel Philosophie docirte, permanenter
Inspector und Souveräner Delegirter des dortigen Großen
Central = Directoriums [!] war, hat der Religion des Teufels
entsagt, um zur Religion Jesu Christi zurückzukehren . . . Von
Moses, der über die Schöpferkraft Gottes verfügte, besiegt,
riefen die Zauberer Pharaos aus: „Hier ist der Finger
Gottes!" (Ex. 8, 19). Auch wir verkünden angesichts dieser
Bekehrung, die wir für aufrichtig halten, und für deren Wahr-
heit die Thatsachen [?] Zeugniß ablegen, laut: „Hier ist der
Finger Gottes" . . . . . Der junge Philosophie = Professor
Domenico Margiotta hatte sich zum Eintritt in die Freimaurerei
verleiten lassen, wie sich einst der Sohn der hl. Monica den
Manichäern anschloß, die übrigens die Ahnen [?] unserer Frei=
maurer sind. Jetzt ist er schriftstellerisch thätig und entlarvt den
Irrthum, der für ihn einst verhängnißvoll war. Er brandmarkt
furchtlos diejenigen, welche ihm Aergerniß gaben, d. h. ihn zum
Bösen verführten, zum Bösen nämlich, welches er bei seiner
Teufels=Anbetung beging und wozu er in seiner Eigenschaft
als freimaurerischer Vorgesetzter [?] auch Andere ver=
leitete. Wir wollen Herrn Domenico Margiotta, der unser
Waffenbruder im Kampfe gegen die Freimaurerei geworden ist,
ermuthigen und zu diesem Zwecke die von uns bereits citirten
Schluß=Worte eines Briefes commentiren, den er an einen
seiner Freunde schrieb. Diese Worte lauten: „Die Freimaurerei
ist nichts Anderes als die Religion Satans. Er ist es, den wir
als den Großen Weltenbaumeister anbeteten"."

Nun folgen die bereits oben (S. 152) erwähnten Aus=
führungen.

58. Pomphafte Reclame für Margiotta. Die
Franc - Maçonnerie démasquée besprach auf 12 Seiten mit
seltsamer Begeisterung die Bekehrung Margiotta's. Zur Probe
mögen folgende Sätze dienen: „Die aufsehenerregende Bekehrung
eines hochgestellten Freimaurers, des Herrn Dom. Margiotta,
hat soeben das Lager Satans in Verwirrung gestürzt. Wir
hoffen, daß dieses Ereigniß, welches wegen der Enthüllungen,
die es für die Zukunft in Aussicht stellt, so großen Lärm machte,
der höllischen Secte einen furchtbaren Schlag versetzen wird.
Herr Margiotta ist in der That nicht der nächste Beste u. s. w.
[es folgt die bereits oben citirte Stelle]. Man urtheile nur nach
der einfachen Aufzählung seiner freimaurerischen Titel [diese werden
getreulich, einige sogar in Fettdruck aufgeführt].

„Die Bekehrung dieses Hochgrad = Freimaurers ist schon mehrere Monate alt. Wir kennen Herrn Domenico Margiotta persönlich. Derselbe ist noch jung und kein gewöhnlicher Mensch. In seiner Heimath ist er als Kenner der Litteratur geschätzt. Die französische Sprache handhabt er mit Fertigkeit, freilich mit einem stark hervortretenden italienischen Accent und mit zahlreichen Italianismen.

„Der Neubekehrte begab sich, nachdem er seine Irrthümer in Gegenwart eines unserer Freunde, der ihm als Zeuge diente, vor dem heiligen Officium abgeschworen hatte, nach Grenoble, wo ihn Mgr. Fava wie ein Vater aufnahm, ihn in seinen guten Entschlüssen stärkte und ihm anrieth, unter seiner eigenen Leitung in einem Ordenshause seiner Diöcese die geistlichen Uebungen zu machen. Bei seiner Rückkehr aus dem Ordenshause lernten wir Herrn Margiotta kennen und hatten Gelegenheit, uns gleich von der ersten Unterredung an, die wir mit ihm pflogen, von der Aufrichtigkeit seiner Rückkehr zu Gott zu überzeugen." [1]

Der Nouveau Moniteur de Rome (7. September 1894) und die mit der Franc-Maçonnerie démasquée im gleichen Verlag erscheinende Pariser Croix, letztere mit ihren zahlreichen Supplement=Ausgaben für die einzelnen Departemente, machten ebenfalls um die Wette für Margiotta's „Bekehrung" und für sein Buch über Lemmi Reclame. Ihre Artikel fanden, wie es in ähnlichen Fällen zu geschehen pflegt, ein Echo in vielen anderen Blättern. Die Autorität Mgr. Fava's hatte die Bedenken verscheucht. So konnte die Revue Mensuelle schon bald in ihrer lächerlich marktschreierischen Art schreiben:

„Die Nachricht von der Bekehrung Herrn Margiotta's, der unser Mitarbeiter wird, hat durch die Presse der ganzen katholischen Welt die Runde gemacht. Die Demissions= schreiben, in welchen der Dreiundreißiger öffentlich Satan, seiner Pracht und seinen Werken widersagt, ... waren eine der schallendsten Ohrfeigen, welche Lemmi im Laufe seines erbärmlichen Lebens erhalten hat. Während mehrerer Tage waren Logen und Triangel buchstäblich vor Schrecken gelähmt. Der Oberpriester der Freimaurer selbst [Lemmi] war so bestürzt, daß er mehr als eine Woche lang das Haus hütete, um sich nicht den Blicken der Leute auszusetzen zu müssen. Er ließ auch Niemanden zu. Sein Bedientenpersonal hatte Auftrag, ihn für krank auszugeben." [2]

---

[1] La Franc-Maçonnerie démasquée 1894. p. 337 et suiv.
[2] Revue Mensuelle 1894. p. 262.

Die Revue Mensuelle nennt unter den Blättern, die zu
Gunsten Margiotta's schrieben, die Patrie, die Libre Parole,
den Peuple Français, die Vérité, den Univers und die Revue
catholique de Coutances. In letzterer schrieb Chorherr
Mustel, der bei allen Taxil'schen Enthüllungs-Unternehmungen,
die uns beschäftigen, eine große Rolle spielt:

  Bataille's Wort, daß bald die Teufelsanbeter selbst sich
enthüllen und neue Zeugen auftreten würden, welche Alles, was
er geschrieben hat, bestätigen würden, geht jetzt in Erfüllung.
„Schon hat Sophia Walber, einer unerklärlichen Eingebung
folgend,[1] mir in zwei von unserer Zeitschrift veröffentlichten
Briefen die ganze luciferianische Lehre mitgetheilt und sich mir
selbst enthüllt [o sancta simplicitas!]. Seither haben sich die
Zeugnisse gehäuft. Nicht ohne Mühe erhielten wir Aufschluß
über die Geschichte und die Rolle der Barbe Bilger[2] Die
Nachforschungen Herrn de la Rive's haben eine Menge von
Thatsachen [!] ans Licht gebracht, welche die Enthüllungen des
Diable au XIXe siècle bestätigen; aus Indien und China haben
Missionäre [welche? warum nennt man keine Namen?] den
Verfasser desselben warm beglückwünscht u. s. w. Vollständig
gelüftet wurde der Schleier des höllischen Heiligthums, als ein
Theil der Triangel in Folge der Wahl Lemmi's zum Papst der
gesammten Freimaurerei das Banner der offenen Auflehnung
aufpflanzten.

  „Die öffentliche Aufmerksamkeit ist indessen noch nie in dem
Maße erregt worden, wie in diesem Augenblick durch die eben
erst angekündigten Enthüllungen eines jüngst bekehrten Freimaurers, des Herrn Domenico Margiotta. Herr Margiotta,
eine hervorragende Persönlichkeit, noch in der Blüthe der Jahre
stehend, spricht die französische Sprache mit Leichtigkeit, aber mit
stark hervortretendem italienischen Accent und vielen Italianismen.
Er sprach mit uns über seine Entwürfe und legte uns den Plan
der zwei Werke vor, die er in Arbeit hatte. Er zeigte uns auch
einige Documente, von denen er seither einen photographischen
Abdruck nehmen ließ, und erzählte uns einige Schandthaten
Lemmi's und mehrerer anderer hoher Freimaurer, — Dinge,
welche diese Hallunken schon längst hätten an den Galgen bringen

[1] Die Briefe wurden Herrn Mustel natürlich auf Veranlassung
Taxils oder Hacks' zugesandt.
[2] Angeblich bekehrte Odd-Fellow-Großmeisterin, von der Taxil
und Consorten viel Aufhebens machten. Vgl. unsere Broschüre:
Gerber, Der Odd-Fellow-Orden, S. 73 ff.

follen. Großes Ergötzen bereitete uns die [natürlich erdichtete] Geschichte über die Art und Weise, wie Diana Vaughan es verstand, sich mit klingender Münze in den Besitz des officiellen, von Kaiser Napoleon III. an Cavour ausgehändigten Actenstückes über das Urtheil zu setzen, durch welches vor 50 Jahren der Gerichtshof von Marseille über Abriano Lemmi wegen eines an seinem Wohlthäter begangenen niederträchtigen Diebstahls die Gefängnißstrafe verhängte.

„Wir kannten Namen und Stellung Margiotta's in der Freimaurerei schon vor dieser Zusammenkunft mit ihm. Bereits im August 1893 sahen wir einen sehr interessanten Brief von ihm ein[1]). Schon damals hatte er mit dem „Kaiserlichen Groß= meister des Ritus von Memphis und Misraim" gebrochen. Er verachtete und verabscheute Lemmi und war sehr niedergeschlagen über die Missethaten in der Freimaurerei, deren Zeuge er war. (Er war aber noch nicht bekehrt . . . Endlich hatte Gott Mitleid mit diesem ehrenwerthen Mann, der sich in das Lager Satans verirrt hatte . . . [aus dem Kloster, wo er die Exercitien machte,] aus diesem Asyl der Sammlung, der Betrachtung und des Gebets ging er völlig umgewandelt hervor."[2])

59. Spätere Aeußerungen einiger Hauptbürgen für die „Bekehrung" Margiotta's. Derjenige, welcher thatsächlich, offen und verdeckt, selbst und durch Andere am Meisten dazu beigetragen hatte, im Publicum den Glauben an die Bekehrung Margiotta's zu verbreiten, war zweifelsohne Niemand anders als der Hauptveranstalter des ganzen Schwindels und der General=Coulissenschieber bei der Ausführung desselben, Leo Taxil. Daß Leo Taxil das Haupt=Drakel des Chorherrn Mustel in Freimaurerdingen war, haben wir bereits aus des Letztern eigenem Munde bestätigt erhalten. Um sich davon zu überzeugen, daß auch die Franc-Maçonnerie démasquée und

---

[1]) Herr Mustel spielt hier wohl auf den in den Mémoires Miß Vaughans (S. 469) veröffentlichten Brief vom 25. August 1893 an, den Margiotta angeblich aus Palmi an Taxil schrieb, aber sehr wohl auch später in Paris geschrieben haben kann. Der Inhalt des Briefes, wie mancher anderer Briefe Margiotta's aus der Zeit von 1893 bis 1895, weist darauf hin, daß Margiotta dieselben oder wenigstens Manches in denselben im Auftrage Taxils oder wenigstens im Einverständnisse mit Taxil schrieb, um Letzterem „Beweisstücke" für gewisse Punkte zu liefern. Es ist in dem Briefe unter Anderm von Miß Vaughan und vom bevorstehenden geheimen Palladisten= Convent die Rede.

[2]) Revue Mensuelle 1894. p. 208 et suiv.

die Union anti-maçonnique und das Labarum in Frankreich und durch letztere indirekt auch die Unione antimassonica von Italien und die Rivista antimassonica in Rom ihre Informationen über die Bataille'=, Margiotta'= und Vaughan'sche Angelegenheit mittelbar und unmittelbar von Taxil bezogen, genügt eine ober= flächliche Vergleichung der bezüglichen Artikel in den betreffenden Zeitschriften derselben (La Franc - Maçonnerie démasquée: L'Anti-Maçon und La Rivista antimassonica) mit den ent= sprechenden in der Revue Mensuelle. Es ist übrigens auch eine allbekannte Thatsache, daß die Hauptmitarbeiter der Franc-Maçonnerie démasquée, de la Rive, Abbé de Bessonies (Soulacroix) u. s. w. in regem persönlichen Verkehr mit Taxil standen. Bezüglich Mgr. Fava's im Besondern deutet Taxil selbst un= verhohlen an, daß er es gewesen sei, der Margiotta dem Bischof „empfohlen" habe. Er schreibt diesbezüglich in der Broschüre Miss Diana Vaughan et Mons. Margiotta wörtlich: „Herr Margiotta (Alles kommt schließlich ans Tageslicht) hat nichts vernachlässigt, um uns selbst bei denjenigen Personen zu schaden, welchen wir ihm empfohlen hatten." [1])

Die Hauptperson, bei welcher Margiotta nach Taxils Be= hauptung intriguirte, ist aber, wie aus andern Stellen der Broschüre hervorgeht, eben Mgr. Fava.

Hören wir nun, wie Taxil, der thatsächliche Hauptbürge für die Bekehrung Margiotta's sich später, als er Margiotta feind geworden war, unter seinem eigenen und unter dem Decknamen „Miß Vaughan" zur Sache äußerte.

Als „Miß Vaughan" schreibt Leo Taxil: Die Bekehrung Margiotta's war nur Heuchelei [2]). Der wahre Margiotta ist ein Margiotta=Janus. [3]) Die Katholiken ließen es bezüglich seiner an Scharfblick fehlen. Margiotta hat sie schändlich hinter= gangen [4]). Er hat während der ganzen Zeit ein heuchlerisches Doppelspiel getrieben, indem er sich einerseits den Katholiken gegenüber als aufrichtigen Katholiken und andererseits seinen frei= maurerischen Freunden gegenüber als Luciferianer ausgab, der nur äußerlich ins katholische Lager übergetreten sei, um der frei= maurerischen Sache erfolgreicher zu dienen. [5])

Zum Beweise für diese Behauptungen führt Taxil (Miß Vaughan) Folgendes an:

[1]) Miss Diana Vaughan et Mons. Margiotta, Aug. 1896, p. 15.
[2]) Miss Diana Vaughan et Mons. Margiotta, p. 23.
[3]) A. a. O., S. 24.
[4]) A a. O., S. 25.
[5]) A. a. O., S. 26 f.

„Die Abschwörung Margiotta's vor dem hl. Officium in Rom, durch welche er der Freimaurerei und dem Luciferianismus entsagte, fand am 7. März 1894 statt. Am 11. April 1894, also mehr als einen Monat später, unterhandelte aber derselbe Mensch, der in Wirklichkeit Br.·. Domenico Margiotta und Mitglied des [wie wir sahen, wahrscheinlich nicht einmal existiren=den, für den Fall aber, daß er existiren sollte, jedenfalls gänz=lich bedeutungslosen und schwindelhaften] Suprême Conseils von Palermo geblieben war, über den unmittelbaren Anschluß dieses Supr. Conseils an das Sanctum Regnum [das ebenfalls von Taxil und Consorten erdichtete „palladistische" Central= Heiligthum] in Charleston. Durch diesen Anschluß hoffte man für den Suprême Conseil von Palermo die Anerkennung als „Großorient von Sicilien" und damit die Unabhängigkeit vom italienischen Großorient in Rom, welchem Lemmi vorstand, durchzusetzen."[1])

„Der Brief Margiotta's an die wahre[2]) „Miß Vaughan" vom 11. April 1894, von welchem ich, um vornherein jede

---

[1]) A. a. O., S. 26 f.

[2]) Wie es bei Schwindlern, die, nachdem sie lange gemeinsam an einem und demselben Lügengewebe gearbeitet haben, mit einander in Zwist gerathen, zu geschehen pflegt, sagte auch Margiotta nicht gleich, als er Taxil seinen Vaughan=Schwindel vorwarf, die Wahrheit. Er ersann vielmehr zunächst gegen besseres Wissen und Gewissen eine neue trügerische Hypothese, mit Hilfe deren er Taxil treffen zu können glaubte, ohne sich selbst gleichzeitig als Lügner und Betrüger zu brand=marken. Er gab vor, es gebe zwei Miß Vaughan, die „wahre" berühmte Palladisten=Großmeisterin, seine ehemalige Freundin, und eine „falsche", welche Taxil jetzt betrügerisch als die bekehrte „wahre" ausgebe. Erstere sei noch immer Palladistin und ergötze sich in den Triangeln am Betrug, der mit der „falschen" gespielt werde. Letztere sei eine unterschobene Person. Seither hat Margiotta, wie wir sahen, diese Hypothese selbst fallen lassen und erklärt nun, auch eine Palladistin Miß Vaughan nie gekannt zu haben. Auffallend ist, daß Taxil (Miß Vaughan, Mémoires, p. 477) in der Lage ist, ein Facsimile eines Briefes von Margiotta an „Miß Vaughan" vom 14. August 1896 zu veröffentlichen, worin dieser wegen seiner Angriffe auf „Miß Vaughan" und Taxil um Entschuldigung bittet. Möglicherweise hat Leo Taxil diesen Brief durch Vermittlung Mgr. Fava's, welchem der Streit zwischen Margiotta und „Miß Vaughan" natürlich sehr ungelegen kam, zu erlangen gewußt. Sonst müßte man sich die Frage stellen, ob nicht Margiotta auch selbst zur Zeit seines Zwistes mit Taxil noch, theilweise wenigstens, im geheimen Einverständnisse mit Letzterem handelte.

Ableugnung unmöglich zu machen, ein photographisches Facsimile beifüge, hat folgenden Wortlaut:

„Zum Ruhme des Großen Weltenbaumeisters.
„Freiheit, Gleichheit, Brüderlichkeit.
„Orient von Palmi (Calabrien, Italien).
„Am XI. Tage des II. Monats
„Im Jahre des wahren Lichtes 000894.

„Theuerste Schwester Diana Vaughan,

„Souveräne Templer-Großmeisterin des vollkommenen Triangels Phèbe-la-Rose, Provincial-Delegirte von New-York und Brooklyn, Protector-Ehrenmitglied des Supr. Conseils, Großorients von Sicilien

„im Orient zu London.

„Ich bin so glücklich, Ihnen, theuerste Schwester, in höherm Auftrag das Dekret zu übersenden, welches Sie zum Protector-Ehrenmitglied des Supr. Conseils und Groß= orients von Sicilien ernennt ... Würdigen Sie sich, mir den Empfang desselben zu bestätigen, damit ich dem General= Suprême Conseil melden könne, daß ich mich der angenehmen Mission, die er mir anvertraut hat, entledigt habe. Ziehen Sie gütigst, theuerste Schwester, das brennende Verlangen des Großorients von Sicilien in Betracht, der auf Ihr, der vollkommen Eingeweihten, großmüthiges Herz vertraut.

„Ich bin sehr glücklich darüber, sehr wackere Schwester Diana, vom General-Supr. Conseil von Palermo dazu auserwählt zu sein, bei Ihnen und dem rechtmäßigen Nach= folger unseres verstorbenen Bruders des im Sanctum Regnum zu Charleston residirenden mächtigen Generals Albert Pike die nöthigen Schritte zu thun, um die An= erkennung der italienischen maurerischen Brüderschaft als regelmäßiger maurerischer Macht für den Bereich Italiens und seiner Colonien zu erwirken.

„Dies wird den Eindringling im Palast Borghese, den Usurpator des Papstthums der Weltfreimaurerei, den wir alle zum Sturze bringen wollen, wüthend machen. Er ist übrigens nicht würdig, den Heiligen Stuhl unseres Licht= gottes [!] einzunehmen.

„Ich beschäftige mich augenblicklich mit der Abfassung eines Werkes gegen Simon [Lemmi], den Nichtswürdigen, der dadurch, daß er den Großtriangeln den Namen eines

Diebes „Barabbas" aufzwang, den Diebstahl vergötterte.
Und ich wende mich, theuerste Schwester, an Ihr gütiges
Herz mit der inständigen Bitte, Sie mögen mir gefälligst
einige Mittheilungen zukommen lassen, auf daß
mein Werk gut mit Dokumenten versehen sei. In der
Erwartung eines Wortes von Ihnen, sehr theure und
holde Schwester, verbleibe ich in den Eiden, die uns
verbinden,

.Theuerste Schwester Diana,

.Ihr ergebener Bruder

„D. Margiotta 33∴ 90∴ 95∴.[1])

„Das ist eine nicht mißzuverstehende Sprache und voll-
kommener luciferianischer Stil. Der Verfasser dieses Briefes
hatte mehr als einen Monat zuvor die Abschwörung geleistet.
Er zeichnet nicht als einfacher Maurer mit dem gewöhnlichen
Drei Punkte-Zeichen, in welchem die Spitze des Dreiecks nach
oben (∴) steht, sondern als palladistischer Hochmaurer, als
Hierarch im zweiten Grade, die Dreieck-Spitze nach unten [welch'
kindisches Geschwätz!]. Er hinterging die Katholiken, da er auch
nach seiner Abschwörung in der Secte verharrte. Er hinterging
auch mich, da er mir, wohlwissend, daß ich der luciferianischen
Berirrung anhing, seinen Schritt in Rom verheimlichte und
orthodox palladistische Gesinnungen zum Ausdruck brachte.
Welchem Lager er in Wirklichkeit angehörte, darüber möge der
Leser selbst urtheilen."[2])

Auf den Brief Margiotta's hin „hatte ich allen meinen
Freunden vom unabhängigen Palladismus [!] ein Werk gegen
Lemmi in unserm Sinn angekündigt, plötzlich erhielt ich aber die
Correcturbogen eines im katholischen Sinne abgefaßten Buches.
Man kann sich leicht die Stimmung vorstellen, in welche ich
dadurch versetzt wurde".[3])

„Am 10. November 1894 schrieb mir Margiotta unter
Anderem:

---

[1]) Wenn dieser alberne Brief wirklich von Margiotta „geschrieben",
bezw. abgeschrieben ist — nach Margiotta's neueren Erklärungen hat
Taxil Alles, was wenigstens im Buch Adriano Lemmi „Miß Vaughan"
betrifft, selbst geschrieben —, so muß man annehmen, daß er Dieses,
wie Anderes, unter dem Zwange des „barbarischen Vertrages" that,
der ihn nach seiner eigenen Erklärung an Taxil kettete.

[2]) Miss Diana Vaughan et M. Margiotta, p. 27 et suiv.

[3]) A. a. O., S. 32.

„Sie thun mir Unrecht, theure Freundin, wenn Sie mir grollen. Wenn ich die Ehre haben werde, Sie wieder einmal zu sehen oder Ihnen direkt, ohne Mittelsperson [Taxil] schreiben zu können, werden Sie mir Dank dafür wissen, daß ich Sie von Allem in Kenntniß gesetzt habe. Dann werden Sie auch Alles verstehen."

„Ich war himmelweit davon entfernt, zu ahnen, was mir Margiotta mitzutheilen hatte: Er hatte sich seinen Freunden im Supr. Conseil von Palermo gegenüber über die katholische Färbung seines Werkes gegen Lemmi gerechtfertigt. Nach ihm hatte der Revisor seines Manuskriptes [Taxil] diese seine von den Verlegern ausbedungene Mitwirkung mißbraucht und ihn Dinge sagen lassen, welche mit seinen wirklichen Gesinnungen im Widerspruch standen. Er habe vorgehabt, ein Werk ohne religiöse Färbung zu schreiben, zum einzigen Zwecke, die persönliche Un=würdigkeit Lemmi's vor aller Augen bloßzustellen. Aber man habe ihn weiter gedrängt, als er gewollt habe, und schließlich habe er diesem Druck nicht widerstehen können. Ich erfuhr nicht Alles von Herrn Margiotta, denn ich brach nach dem zweiten direkten Brief, den er mir schrieb, entrüstet die Correspondenz ab.

„In Palermo war man so einfältig gewesen, ihm Glauben zu schenken. Vielleicht hatte er auch Bürgschaften für seine Versicherungen vorgelegt. Br∴ Militello, General=Sekretär des Großorients von Sicilien[1]) in Palermo, hatte sich dazu herbeigelassen,. für ihn Bürgschaft zu leisten und seine Wieder=einsetzung als Mitglied des Supr. Conseils zu erwirken. Die Erklärung, welche Margiotta von seinem Verhalten gab, war folgende: angesichts der Ohnmacht, in welcher sich die unabhängigen italienischen Freimaurer von Palermo und Neapel befanden, war es seinerseits ein geschickter Schachzug, im Interesse ihrer Sache eine Bekehrung zum Katholicismus zu heucheln. Diese Schein=Bekehrung habe die Möglichkeit geboten, seinem

---

[1]) Auf dem Document in Margiotta, Lemmi, p. 120 erscheint er als Groß=Kanzler des Großorients von Neapel. Auffallen muß schon das Schwankende in der Bezeichnung des freimaurerischen Verbandes, in welchem Militello angeblich die Würde des General=Sekretärs bekleidet haben soll. Bald heißt derselbe Supr. Conseil, bald Großorient, bald Italienischer Föderativ=Conseil. Als Sitz dieses Verbandes wird bald Neapel, bald Palermo genannt. Ein solches Schwanken der Bezeichnungen ist thatsächlich bei Maurer=Verbänden nicht üblich. Uebrigens verräth auch der Inhalt der betreffenden Militello=Documente (vgl. besonders Margiotta, Lemmi, p. 358—363) ihre Unechtheit.

Buch gegen Lemmi die Beachtung weiterer Kreise zu sichern und
die Beweisstücke zur Kenntniß der ganzen gebildeten Welt und
mithin auch der italienischen Freimaurer zu bringen, die noch
unschlüssig waren. Zweifelsohne hätte er die Veröffentlichung
eines unter dem religiösen Gesichtspunkte farblosen Werkes vor-
gezogen. Aber sobald er aus Kriegslist ins katholische Lager
eingetreten war, hätten ihm seine Verleger und der von ihnen
bestellte Revisor Zwang angethan. Margiotta hatte sich diesbezüglich entschuldigt und mit einem Schwure betheuert — das
Original des Briefes befindet sich im Archiv des Suprème
Conseils von Palermo [!] —, er sei seinen Gesinnungen als
Hochmaurer und Anbeter des wahren Lichtgottes [!] nie untreu
geworden und er könne versichern, daß er als scheinbarer Katholik
der unabhängigen Freimaurerei viel größere Dienste zu leisten
im Stande sei, als wenn er in einem Verbande geblieben wäre,
der vor Lemmi Furcht habe und notorisch bedeutungslos sei.

„Br∴ Militello, Margiotta's alter Freund, hatte seine
Sache bei seinen Collegen vom Supr. Conseil verfochten.
Einige unter ihnen waren wirklich der Ansicht, daß es von Vortheil sei, Einen der Ihrigen im Lager des römischen Katholicismus
zu haben: So wurde er wieder aufgenommen.[1]

„Als ich von dieser Doppelzüngigkeit Margiotta's durch
Mailänder Freimaurer volle Kenntniß erhalten hatte, schrieb ich
sofort an Br∴ Paolo Figlia, Abgeordneten für Palermo und
souveränen Commandeur Großmeister des General-Suprème
Conseils von Palermo und Großorients von Sicilien, folgenden
Brief:

„Or∴ von Berlin, 25. Tag des X. Monats 000894.
„Theuerster, Mächtigster Br∴ Paolo Figlia", u. s. w."

Wir wollen den Leser nicht mit der Wiedergabe des albernen
Geschreibsels der Taxil'schen „Miß" langweilen. Wir bemerken
nur, daß die „Miß" natürlich mit ihrem Briefe den durch-
schlagendsten Erfolg hatte „Ich will nicht mehr sagen", bemerkt
sie diesbezüglich, „aber ich versichere, daß Herr Margiotta seither

---

[1] Miss Diana Vaughan et M. Margiotta p. 33 et suiv. —
Wenn die hier von Miß Vaughan erwähnten Briefe Margiotta's
nicht einfachhin gefälscht sind, so muß man, wie bereits erwähnt, an-
nehmen, daß Margiotta dieselben unter Taxils Anleitung für die
Zwecke der Veranstaltung des Schwindels niederschrieb. Gemäß dem
oben (Nr. 57) mitgetheilten Brief Taxils vom 23. Mai 1894 hatte
Taxil selbst Mgr. Fava eine ganz andere Erklärung von den Palermo-
Decreten gegeben, als er sie hier giebt.

nie mehr einen Brief [und vorher wohl auch nie] irgend eines
Hochmaurers von Palermo erhalten hat."[1])

Des Weiteren führt Herr Taxil=„Miß" aus: Seit ich
[nämlich „Miß Vaughan"] mich bekehrt habe, hat Margiotta
gegen mich eine befremdliche Haltung eingenommen und seine
ehemalige „Freundin" beim Bischof von Grenoble angeschwärzt.[2])
Gegen Leo Taxil selbst, welcher für seine Correspondenz mit mir
als Mittelsperson diente, hat er intriguirt. Schließlich hat er
ein förmliches Complott gegen mich angestiftet, indem er mich
unter schweren entehrenden Anschuldigungen vor Gericht zu
bringen suchte. Hier wäre es mir nun freilich ein Leichtes gewesen, meine Unschuld glänzend vor aller Welt darzuthun. Aber
um meinen „Schlupfwinkel" wäre es für immer geschehen gewesen.
Mein Geheimniß hätte nothwendig preisgegeben werden müssen.
Der hinterlistige Anschlag scheiterte lediglich daran, daß der
Anstifter desselben sich in der „Oertlichkeit" ganz und gar täuschte,
wo er mich vermuthete [!]. Der wahre Grund, warum Margiotta
mich seit seiner Bekehrung verfolgt, war, daß ich den Heiraths-
gedanken [!] gegenüber, die er auf mich gerichtet hatte, eine
völlig ablehnende Haltung einnahm. „Eine alte protestantische
Dame, die seine liebeglühende [thatsächlich, wie wir sahen, wieder
von Taxil selbst herrührende] Prosa [im Adr. Lemmi] las,
sagte zu mir: „Kind, er wünscht Deine Bekehrung nur, um Dich
zur Frau zu begehren".[3]) Der Anlaß zum vollen Ausbruch
seines Hasses war, daß ich ihm, als er unter dem Vorwande der
Wiederherstellung seines durch Erdbeben beschädigten Hauses in

---

[1]) A. a. O., S. 42 f.

[2]) Miss Diana Vaughan et M. Margiotta, p. 5. 64.

[3]) A. a. O., S. 10. 56. — Im Uebrigen muß Margiotta, der
vertragsmäßigen Verpflichtung, eine möglichst hohe Meinung von „Miß
Vaughan" zu verbreiten, die er nie gesehen hatte, zur Zeit, als er
Adriano Lemmi schrieb, gut nachgekommen sein. Denn ein Pariser
Geistlicher, mit dem er damals viel verkehrte, schreibt diesbezüglich an
die vermeintliche „Miß Vaughan": „Zu dieser Zeit hatte er [Mar-
giotta] hinsichtlich Ihrer nur Lobsprüche im Mund. Er konnte Ihre
Tugend nie genug rühmen und schien so entzückt von Ihnen zu sein,
daß wir uns nicht wunderten, in seinem Manuskript die Spuren davon
zu finden. Mehr als einmal tauschten wir unter uns scherzhafte
Bemerkungen aus, welche jener Ihrer Freundin, der alten protestantischen Dame, glichen." — Hier bietet aber unseres Erachtens der
Geistliche, der so an „Miß Vaughan" schreibt, noch mehr Stoff
zum Lachen, als Margiotta, der scheinbar die Kosten der Unterhaltung trägt.

Palmi, von mir 100,000 Francs haben wollte, seine Bitte rund-weg abschlug." [1])

Auch der Commandeur=Titel, bemerkt Taxil=„Miß" an einer andern Stelle, welchen sich Margiotta beilegt, ist erschwindelt, wenigstens, wenn derselbe, wie Margiotta durch die Art, wie er sich desselben bedient, nahelegt, katholischen Charakters sein soll. Margiotta ist thatsächlich nur als „souveräner General=Großrath" des freimaurerischen Ritus von Misraim zum „Commandeur" der — „Vertheidiger der Weltfreimaurerei" ernannt worden. Mit diesem Commandeur=Titel aber wird Margiotta doch nicht vor der katholischen Welt prunken wollen. [2]) Schon als er noch Hochmaurer war, ergab sich Margiotta übrigens der Heuchelei. Durch einen unqualificirbaren Betrug setzte er sich nämlich, indem er sich als treuen Katholiken ausgab, in den Besitz des päpstlichen Ordens eines „Ritters des hl. Grabes". [3])

Herr Taxil=„Miß" führt schließlich noch folgende publi-cistische Keulenhiebe auf Margiotta:

„Schon als Luciferianerin hatte ich für diesen Menschen, seitdem ich seine Doppelzüngigkeit kennen gelernt hatte, nur Verachtung; nachdem ich Christin geworden, verwandelte sich diese Verachtung in eine Art Mitleid. Und selbst heute, wo er in seiner Dreistigkeit meinen Ruf als ehrenwerthe Dame durch alle Kothlachen gezogen hat, heute, wo er zu den heimtückischsten Ränken seine Zuflucht nahm, um zu verhindern, daß mein Sühne=werk seine Früchte trage, heute, wo er mich gezwungen hat, ihm die Maske des Schein=Bekehrten vom Gesichte zu reißen, waltet bei mir noch immer trotz Allem das Mitleid [!] vor.

„Ja, dieser Mensch ist in der That sehr schuldig. Er ist der Schurke par excellence. Er ist ein so großer und ab-gefeimter Schelm, daß man dem Ritter= und Commandeur=Titel, mit dem er prunkt, den noch besser auf ihn zutreffenden: „Seine Excellenz die Spitzbüberei" beifügen kann . . . . . Aber den

---

[1]) A. a. O., S. 11. 56.

[2]) A. a. O., S. 47 ff. Die Redaction der Franc-Maçonnerie démasquée berichtet (1895, Avril. p. 62). sie habe Margiotta wegen des Titels „Ritter vom hl. Grabe", welchen er sich beilegte und welchen er noch zur Zeit, als er angeblich Freimaurer war, erlangt haben wollte, zur Rede gestellt. Margiotta habe keine befriedigende Auskunft darüber geben können. Hieraus geht nebenbei bemerkt auch hervor, daß die von Findel und Anderen aufgestellte Behauptung, Margiotta habe diesen „päpstlichen Orden" zum Lohne für seine „Enthüllungen" über die Freimaurerei erhalten, haltlos ist.

[3]) A. a. O., S. 25 ff., 47.

reuigen Sünder erwartet immer Verzeihung, so ungeheuer auch seine Fehltritte sein mögen, wenn sie auch 100 und 1000 Mal in dieselbe Sünde zurückgefallen wären. Denn der einzige Verbrecher, dem der Weg der Gnade verschlossen, ist der Teufel . . .

„Herr Margiotta hinterging die Katholiken, da er als Freimaurer sich mit einem päpstlichen Orden schmücken ließ. Er hinterging sie wieder, da er mehr als einen Monat nach seiner Abschwörung den Anschluß des Supr. Conseils von Palermo, dessen Mitglied er geblieben war, an Charleston betrieb. Er hinterging sie zum dritten Male und fortwährend, da er, sogar nach Veröffentlichung seines Werkes über Lemmi, den unabhängigen italienischen Hochmaurern erfolgreich seine geheimen Dienste anbot . . .

„Der Elende, welcher genau zu wissen vorgiebt, wo die Wahrheit aufhört und die Mystification anfängt, ging darauf aus, die Katholiken zu mystificiren und es glückte ihm bis auf den heutigen Tag. Aber heute fällt der Betrug centnerschwer auf ihn zurück und zermalmt ihn. Dort liegt er auf dem Boden zwischen zwei Stühlen.

„Nun wohl, Katholiken, habet Mitleid mit ihm. Um ihn aufzuheben und wieder auf seinen Stuhl zu setzen? — Nein. Dies wäre eine neue Unklugheit. Bei ihm ist die Verderbtheit der Menschennatur zum Verbrecherthum gesteigert. Die Doppelzüngigkeit ist ihm zur zweiten Natur geworden. Die Klugheit fordert, daß man sich vor ihm mehr als je in Acht nehme. Vielleicht würde er von Neuem zurückfallen. Habt Mitleid mit dem Menschen! Dieses Mitleid muß sich aber vor Allem darin bethätigen, daß man die Nachstellungen des Versuchers gegen ihn erfolglos macht.

„Unter den religiösen Orden giebt es einen, welcher mir ganz passend erscheint, die Seele dieses großen Sünders zu reinigen und ihn selbst in der Unmöglichkeit zu erhalten, noch ferner Schaden anzurichten. Ein Trappistenkloster möge Sie, Herr Margiotta, zum Heile Ihrer Seele aufnehmen! Anstatt die geballte Faust zu erheben und mit den Zähnen zu fletschen, steigen Sie hinab in die Tiefen Ihres Gewissens, erschaudern Sie über dessen Schwärze und weinen Sie darüber!

„Die Gebete derjenigen, welche Sie in Ihrer Ehre schwer verletzt haben, die Ihnen aber vergiebt, werden Sie in das Kloster begleiten. Möge wahre Reue Ihre arme Seele läutern und der Friede Gottes in derselben Wohnung nehmen. Mögen Buße und lebendiger Glaube — nicht bloß ein schwankender Glaube, wie sie ihn bisher besaßen — aus Ihnen einen Heiligen machen,

wie aus jenem Verräther, der noch tiefer gesunken war, als
Sie, und welchen die Kirche jetzt als den „heiligen Theophilus"
verehrt.

„Mit diesen Worten schließt Ihre Schwester im Irrthum,
die glücklich sein wird, Sie als Büßer zu sehen und die Sie,
Herr Margiotta, dann bitten wird, sich mit ihr im Gebete zu
vereinigen.

„Ich bitte meinen Freund, den Leiter der Revue Mensuelle,
die Länge dieses Briefes zu entschuldigen, und sich meiner besten
Gesinnungen versichert zu halten.

Diana Vaughan."[1]

Der von „Miß Vaughan" mitgetheilte Entschuldigungsbrief
Margiotta's, welcher vom 14. August 1896, also von der
Zeit zwischen dem Erscheinen der eben citirten Verlautbarung
der „Miß" in der Revue Mensuelle und der Veröffentlichung
ihrer Broschüre aus Grenoble datirt ist, lautet:

„An Mademoiselle Diana Vaughan in Paris.

„Wir, Sie und ich, haben soeben eine Periode der Prüfung
durchgemacht, die Gott in seiner Gerechtigkeit uns zu gute halten
wird. In der Nachfolge Christi [Thomas a Kempis] III. Buch,
46. Cap. sagt Gott: Ich kenne und beurtheile das, was verborgen
ist; ich weiß die Wahrheit in Allem, ich weiß, wer Unbilden
zugefügt hat und wer sie erleidet; und der hl. Lukas sagt II 35:
Ich habe dies zugelassen, auf daß, was in vielen Herzen verborgen war, offenbar werde.[2] Haben wir also immer Gott vor
Augen und lassen wir ab von Zwist und gegenseitigen Anklagen.
Ich habe schließlich erkannt, daß ich im Irrthum war. Errare
humanum est. Ich sehe nun in Ihnen die wahre Diana
Vaughan, die luciferianische Ex-Großmeisterin, die Ex-Verfasserin
des Palladium régénéré et libre. Meine Bedenken hatten einzig
und allein [!] in einem schlecht getroffenen Porträt ihren Grund.
Ich wähnte mystificirt worden zu sein und glaubte, indem ich
sagte, was ich von Ihnen dachte, der Kirche einen Dienst zu
erweisen. Ich habe den Sturm heraufbeschworen, um ein reines
Gewissen [!] zu haben .... Alles [was Sie über mein Janus-
Gesicht sagen] war wieder nur ein Irrthum von Ihrer Seite,
wie ich mich im Irrthum befand, da ich Sie nicht als die
wahre Diana Vaughan anerkannte. Lassen wir also den Zwist,

---

[1] Miss D. Vaughan et M. Margiotta, p. 43 et suiv.

[2] Die Stelle bei Luk. 2, 35 lautet in Wirklichkeit: „Und ein
Schwert wird deine [Maria's, der Gottesmutter] Seele durchdringen,
damit die Gedanken in vielen Herzen offenbar werden."

vergessen wir, bei Johanna von Arc, welche Sie so sehr lieben, die Unbilden, die wir uns gegenseitig zugefügt haben, und erfüllen wir Hand in Hand unsere heilige Mission.

„Nun, da ich über Sie ins Klare gekommen bin, drücke ich Ihnen, wie früher, die Hand und bin Ihr Bruder in Jesus Christus.

„Domenico Margiotta.

„P. S. Ich schreibe gleichzeitig an Herrn Taxil, der Grund hat, ungehalten zu sein. Ich glaubte mich mystificirt. Ich besitze mehrere Briefe von Personen, welche meinen Geist mit Zweifeln über Sie und Herrn Taxil erfüllt hatten. Ich glaubte also nur, was Andere mir sagten."[1])

Wenn man vorstehende Aeußerungen „Miß Vaughans" und Margiotta's mit den neueren Verlautbarungen derselben vergleicht, so will es Einem scheinen, daß in dieser Controverse zwischen der angeblichen „Miß" und Margiotta, wenigstens dann und wann, zugleich eine ekelhafte Komödie gespielt wurde. Ein Zweck derselben mag der gewesen sein, durch neue Verwickelungen das öffentliche Interesse an dem endlos sich fortspinnenden Palladismus=Roman rege zu erhalten. Bei aufmerksamer Lesung der obigen Invective „Miß Vaughans" gegen Margiotta kann man sich ferner des Eindrucks nicht erwehren, daß Taxil dort Gedanken zu Papier gebracht habe, welche in ihm mit Rücksicht auf sein eigenes publicistisches Treiben aufsteigen mußten. Die berührten häuslichen Zwistigkeiten zwischen den Theilhabern der Schwindel=Firma Taxil sind jedenfalls für letztere sehr bezeichnend. Dies rechtfertigt die ausführliche Wiedergabe derselben.

Der Erfolg der Taxil'schen Ausfälle auf Margiotta in den Kreisen, welche den Enthüllungen der Firma Taxil in Frankreich, Italien und Belgien überhaupt ein größeres Interesse entgegenbrachten, war ein durchschlagender. Selbst Mgr. Fava, der bisherige besondere Gönner Margiotta's, stellte sich in diesem Streite, thatsächlich und principiell wenigstens, auf die Seite Taxils. Nur auf Grund dieser Annahme lassen sich Aeußerungen erklären, welche er in Briefen und Zuschriften that, die durch verschiedene

---

[1]) Miss Vaughan, Mémoires 1896, p. 477 et suiv. — Im letzten Satz ist hier auf Zweifel angespielt, welche in verschiedenen katholischen Kreisen Frankreichs im April und Mai 1896 geäußert und in der Revue catholique des Institutions et du Droit, Maiheft 1896, Grenoble, öffentlich ausgesprochen wurden.

Blätter die Runde machten. So schrieb er z. B. an Herrn Künzle, den Herausgeber und Verleger des „Pelikan" in Feldkirch:

„Evin-Malmaison, am 31. Aug. 1896.

„Herr General-Director!

„Diana Vaughan, frühere Palladistin, hat sich zum Katholicismus bekehrt. Sie hat die Taufe erhalten und die erste hl. Communion empfangen. Sie bekämpft die Frei= maurerei in mehreren von ihr veröffentlichten Werken, in den Mémoires, in Crispi und in andern.

„Man versuchte, ihre Existenz in Zweifel zu ziehen.[1]) Dies ist ein Kunstgriff der immer lügenhaften Freimaurerei. Diana Vaughan muß sich verborgen halten, um dem Dolch [der Freimaurerei] zu entgehen.

„Ganz der Ihrige.

Amaud=Joseph, Bischof von Grenoble."[2])

60. **Margiotta's „Uneigennützigkeit".** Zur Ver= vollständigung der Charakteristik Margiotta's muß hier noch an= geführt werden, was über seine „Uneigennützigkeit", bezw. über seinen finanziellen Sinn öffentlich bekannt geworden ist. Als ein deutscher Herr mit ihm über die geplante Veranstaltung einer deutschen Uebersetzung seines Werkes über Lemmi in Verhandlung trat, forderte er anfänglich für die Abtretung des Uebersetzungs= rechts nicht weniger als — 50,000 Fr. Dabei ist zu bemerken, daß das Werk nur 368 S. in kl. 8⁰ zählt und sowohl in= haltlich als stilistisch sehr niedrig steht.

In der Broschüre Miss Diana Vaughan et M. Margiotta lesen wir Folgendes über eine ungewöhnliche finanzielle Operation Margiotta's anläßlich seines spätern Werkes Le Culte de la Nature 1895:

„Unter dem 1. October 1895 versandte Herr Margiotta an alle Adressen von Katholiken, deren er habhaft werden konnte, sowie mit der Bitte um Abdruck an die katholischen Blätter ein Circular, das wenigstens im Auszug mitgetheilt zu werden verdient. Er schreibt:

„Soeben ist ein Buch von mir erschienen, in welchem ich die schändlichen Mysterien enthülle, welche in den Hochgrad-

---

[1]) Margiotta that dies, wie wir eben sahen.
[2]) Beilage zu „Eucharistia" 1896. Nr 9, S. 4; Miss Vaughan Mémoires, p. 480.

logen als Cult der Natur gefeiert werden. Dieser Naturcult
wird mit dreister Stirn von den Koryphäen des Winkelmaßes
und des Cirkels [b. h. der Freimaurerei] verkündet. **Mein
Buch ist der Abschluß aller bis jetzt gemachten Enthüllungen.** Dasselbe ist selbstverständlich nur für Solche
bestimmt, denen es darum zu thun ist, sich selbst und Andere
über die letzten Geheimnisse [!] und den schändlichen Zweck
der Freimaurerei aufzuklären. Ich habe kein anderes Verlangen, als die **Erbauung aller Ehrlichdenkenden** [!],
den Triumph der Wahrheit [!] und die Vertheidigung des
Apostolischen Stuhles ·[!] in einer Zeit, in welcher das Herz
des Vaters der Gläubigen durch das übermüthige Gebahren der
italienischen und der Freimaurerei der ganzen Welt mit Galle
getränkt wird. Die anläßlich der 25. Jubelfeier der Be-
raubung des hl. Stuhles veranstalteten schamlosen und sacrilegischen Kundgebungen sind vom haßerfüllten Lemmi und seinem
höllischen Hofstaat und vom heuchlerischen Crispi angestiftet worden.
Ich veröffentliche mit Bezug hierauf in meinem
neuen Werke zwei sehr werthvolle, vom Suprême
Conseil in Rom ausgehende Actenstücke.

„Im Augenblick, da die Weltfreimaurerei frech ihr Haupt
erhebt, muß auch ein, wenn nicht tödtlicher [also doch nicht
„tödtlich", obgleich das Werk das „letzte Wort aller Enthüllungen"
über Freimaurerei sein soll?], so doch entscheidender Schlag
gegen das Ungethüm geführt werden. Es lag mir auch daran,
dem ehrwürdigen Priestergreise in Rom, Papst Leo XIII., einen
glänzenden Beweis kindlicher Liebe und unerschütterlicher An-
hänglichkeit zu geben. Ich habe mich daher entschlossen, mein
Werk dem Heiligen Vater zu widmen und Sr. Heiligkeit
den Betrag der Subskriptionen für dasselbe sammt
einem Album einzuhändigen, in welches die Namen aller
Unterzeichner eingetragen werden sollen. Diejenigen, welche
unbekannt zu bleiben wünschen, werde ich mit dem Buchstaben X
anmerken.

„Gegenwärtiges Werk erscheint im Selbstverlag des Verfassers. Es ist nur in einer geringen Anzahl von Exemplaren
gedruckt. Der Subskriptionspreis ist auf **20 Francs** für das
Exemplar festgesetzt. Fünfzig Exemplare des Werkes erscheinen
in Luxus-Ausgabe, von welcher **das Exemplar**, mit den Porträten
Leo's XIII. und des Verfassers geschmückt, **100 Francs** kostet.
Alle Exemplare sind nummerirt und tragen die Namensunterschrift
des Verfassers."

In der genannten Broschüre werden zu diesem Circular

folgende, wie es scheint, zutreffende ironische Bemerkungen gemacht:

Nach dem Circular allein zu urtheilen, hätte Margiotta eine That bewunderungswürdigen Edelmuthes vollbracht. Die ganze Brutto = Einnahme für das Buch sollte Papst Leo XIII. zukommen. Margiotta leistete mit der Herausgabe desselben der Kirche nicht bloß einen außerordentlichen Dienst durch seine kostbaren Enthüllungen, welche alle vorangegangenen an Werth weit übertrafen, sondern wollte auch gleich noch ein zweites gutes Werk damit verbinden, indem er eine voraussichtlich recht ergiebige Collecte für den hl. Vater veranstaltete. Dabei trug er selbst hochherzig alle Kosten für die Herstellung des Buchs, der Circulare, des Albums, alle Porto=Auslagen u. s. w.

Zu bemerken ist aber, daß das Buch nur einen sehr bescheidenen Umfang (kl. 8°, 272 SS.) hat und im Buchhandel nach der gewöhnlichen Preisberechnung etwa 3,50 Francs kosten würde. Dasselbe bringt auch nichts, was nicht bereits bekannt gewesen wäre. Das Einzige darin, was dem französischen Leser neu sein könnte, ist eine antiklerikale Hymne Garibaldi's vom Jahre 1848 mit 36 Versen und ein vom Echo von Italien (30. September 1895), einem genuesischen Blatt, veröffentlichtes Sonnet. Alles Uebrige ist folgenden, allen französischen Antifreimaurern erzbekannten Quellen entnommen: Cours de Maçonnerie Pratique von Chorherrn Brettes; La Franc-Maçonnerie, Synagogue de Satan von Mgr. Meurin; Les Soeurs Maçonnes und Y a-t-il des Femmes dans la Franc-Maçonnerie von L. Taxil; La Femme et l'Enfant dans la Franc-Maçonnerie von de la Rive. Margiotta hat noch die famose Geheim-Instruction für Garibaldi anläßlich seiner Aufnahme in den 33. Grad beigefügt, ein mehrfach veröffentlichtes Document von sehr zweifelhafter Authenticität.[1] Die zwei so pompös angekündigten werthvollen, vom Supr. Conseil in Rom herrührenden Documente sind — man sollte es kaum für möglich halten — zwei in der Rivista della Massoneria Italiana veröffentlichte Circulare Lemmi's, in welchen dieser die Vertreter

---

[1] Anm. des Verf. Diese angeblich Garibaldi am 5. April 1860 ertheilte Instruction wurde, wie es scheint, ebenfalls zuerst von P. Rosen in L'ennemie sociale (p. 21 et suiv.) veröffentlicht. Dieselbe ist, ihrem Inhalt nach zu urtheilen, wohl sicher gefälscht. Da es positiv feststeht, daß Schwindler sich aus der Fabrication gefälschter freimaurerischer Documente ein Geschäft machten, ist überhaupt Vorsicht geboten, besonders hinsichtlich solcher Documente, die Außergewöhnliches enthalten und die nirgends verificirt werden können.

aller Supr. Conseils und Großoriente zur Theilnahme an der Feier der Einnahme Roms einladet. Diese Circulare waren schon wenigstens zwei Monate vor dem Erscheinen des Margiotta'-schen Buches von der katholischen Presse aller Länder mitgetheilt worden. In Frankreich waren sie z. B. in der Croix, in der Revue Mensuelle, in der Franc-Maçonnerie démasquée u. s. w. zu lesen gewesen.

Man kaufte das Buch in der Ueberzeugung, daß die dafür bezahlten 20 Francs, wie der Prospect versicherte, von Margiotta nach Rom abgeliefert würden. Die Selbstlosigkeit Margiotta's ging aber noch weiter. Sein Buch ist, wie wir uns überzeugten, auch im Buchhandel zu erhalten. Der Buchhändler-Commissionär der es uns besorgte, erhielt das Exemplar um 15 Francs baar. Eingezogenen Erkundigungen zu Folge läßt Margiotta das Werk seinen Commissionären um 12 Francs ab. Daraus ergiebt sich, daß Margiotta in seiner Großmuth für die gute Sache soweit geht, daß er aus eigener Tasche noch 8 Francs daraufbezahlt, um die 20 Francs, welche er dem hl. Vater schuldet, voll zu machen.

Geht es aber bei der Sache wirklich so zu, wie das Circular besagt?

In der That handelt es sich dabei nur um ein Geldgeschäft. Um 20 Francs pro Exemplar des Buches zu erzielen, das höchstens 3,50 Francs werth ist, kündigte Margiotta eine Sub-skription an, deren Betrag er Sr. Heiligkeit zu übergeben ver-sprach. Seit Beginn des Verkaufs sind nun aber bereits neun Monate verflossen, ohne daß, unseres Wissens wenigstens, die Käufer seines „nur in einer geringen Anzahl von Exemplaren" erschienenen Buches von dem Datum in Kenntniß gesetzt worden wären, an welchem er das versprochene Album an Papst Leo XIII. abgeschickt hat oder noch abschicken wird. Ueber die Verwendung, welche das eingenommene Geld gefunden hat, ist ebensowenig Etwas bekannt geworden. Im Besondern wäre es dem Unterzeichner Nr. 117 [dem Schreiber der Zeilen], obwohl er im Album nicht genannt zu werden wünscht, doch nicht unlieb zu erfahren, ob die von ihm eingezahlte Summe redlich ihrer Bestimmung zugeführt worden ist." [1]

---

[1] Miss Diana Vaughan et M. Margiotta p. 54 et suiv.

~~~~~~

Dom. Margiotta's „Enthüllungen"
in den Werken Adriano Lemmi und Le Palladisme
über Palladismus und Freimaurerei.

I. Verhältniß dieser „Enthüllungen" zu gleichlautenden „Enthüllungen" in andern Publicationen.

1. Die verwandten „Enthüllungen" bei Leo Taxil, Ab. Ricouz, Paul Rosen und Mgr. Meurin. Genesis des Palladismus-Schwindels.

61. Leo Taxil und Adolphe Ricoux über „Palladismus". Das erste Werk, in welchem unseres Wissens und auch nach Versicherung Abbé de Bessonies'[1] der Palladismus im Sinne des Bataille-, Margiotta-, Vaughan'schen Enthüllungsschwindels besprochen wird, ist Leo Taxil's im August 1891 erschienenes Buch Y a-t-il des Femmes dans la Franc-Maçonnerie? Hier theilt Taxil auf S. 208 bis 281 das angebliche Ritual eines vorgeblich von Alb. Pike und John Taylor in den Vereinigten Staaten begründeten rein satanistischen Hochgradsystems mit, welches der „Neue Reformirte Palladistische Ritus" heißen soll.[2]

1881, so sagt Taxil, wurde in der Rue de Varennes, in welcher sich die apostolische Nuntiatur befindet,[3] in Paris die Mutter-Loge „Lotus" errichtet, von welcher hinwieder 1884 die Loge St. Jacques ausging. Die Bildung dieser palladistischen Logen — hier spricht Taxil noch nicht von „Triangeln" — geht

---

[1] La Franc-Maçonnerie démasquée 1895. p. 195 et suiv.

[2] Léo Taxils. Y a-t-il des Femmes dans la Franc-Maçonnerie? 1891, p. 208.

[3] A. a. O., S. 235.

folgendermaßen vor sich: Kabosch = Ritter . . . . . veranstalten
besondere Zusammenkünfte und begründen palladistische Bauhütten,
in denen Politik und Ausschweifungen sich mit allerlei sacrilegischen Greueln eines monströsen Okkultismus verbinden". Jn
Huysman's Roman Là bas[1]), der im Mai 1891 erschien,
finden sich zahlreiche Anspielungen auf diese Zusammenkünfte,
die noch mehr verheimlicht werden, als gewöhnliche Logen-
sitzungen[2]). Huysman [der auch in Bataille's Diable unzählige
Male citirt wird], spricht namentlich von Hysterischen. Die Freimaurer des neuen palladistischen Ritus geben sich ähnlichen
Greueln hin, nicht aus krankhaftem. Triebe, sondern mit kalter
Ueberlegung. Sie verehren Lucifer als das gute Princip und
verabschenen Adonai, den Christengott als das böse Princip.[3])
Jhr Tempel=Symbol ist das Baphomet.[4]) Sie nehmen auch
Beschwörungen von dämonischen Lichtgeistern und Seelen von
Abgeschiedenen vor. Von letzteren empfiehlt das Ritual unter
andern zu citiren: Julian den Philosophen, Paracelsus, Cagliostro,
Lavater, Savonarola, Huß, Giordano Bruno, Voltaire, Proudhon,
König Friedrich II. von Preußen[5]), Lessing u. s. w. Jeder
„Beschwörung geht die Durchlöcherung der Hostie der zuletzt aufgenommenen Templer=Meisterin mit Dolchstichen vorher. Dies
ist die Krönung des luciferianischen Opfers".[6]) Auch die Fabel
von dem angeblich 1854 gegründeten Odd=Fellow'schen Orden
der Ré-Théurgistes-Optimates, dessen Ceremonien nicht minder
luciferianisch sein sollen, wie die des neuen reformirten Palladismus,
wird schon in diesem Buche von Taxil vorgetragen.[7]) Das
Ritual, das Taxil mittheilt, soll nach ihm von Alb. Pike selbst
verfaßt sein und den Titel tragen: Ritual of the New and
Reformed Palladium.[8])

Leo Taxil führt seinen Lesern ferner bereits in diesem Werke
Sophia Walder, die angeblich am 21. Januar 1889 erwählte
palladistische Großmeisterin für Frankreich, Belgien und die
Schweiz in einer, in' spätern Werken der Firma öfter wiedergegebenen Abbildung vor, auf welcher sie als ein wahrer

---

[1]) L. Taxil. Y a-t-il des Femmes dans la Franc-Maçonnerie?
1891, p. 200. 237.
[2]) A. a. O., S. 209 ff.
[3]) A. a. O., S. 212. 265.
[4]) A. a. O., S. 261.
[5]) A. a. O., S. 280 f.
[6]) A. a. O., S. 273.
[7]) A. a. O., S. 237.
[8]) A. a. O., S. 272.

weiblicher Tingel = Tangel = Hanswurst erscheint. Selbst das Schlangenhalsband (vgl. oben Nr. 19) fehlt auf der Abbildung nicht.[1]) Von „Miß Baughan" hingegen vermochten wir in dem Werke noch nichts zu entdecken. Die Idee zum Baughan=Roman scheint in Taxils Kopf erst in der „Bataille"=Periode aufgetaucht zu sein. Die Abbildungen[2]), wie der Text des Werkes, sind theilweise entschieden pornographisch.

Adolph Ricoux führt in seinem einige Monate nach Taxils eben besprochenem Werke erschienenen Buch L'existence des Loges des Femmes etc. aus: Der von Pike gegründete palla=distisch=luciferianische Ritus ist androgyn. Seine Logen lassen Mitglieder verschiedener Freimaurer = Verbände zu, die den Kadosch=Grad besitzen. Seine Vereine nennen sich „Templer"= oder palladistische Vereine. Die Mutter=Loge Lotus, welche diesen Ritus regiert, ist international und hat die Logen Frankreichs, der Schweiz und Belgiens unter sich.[3]) Im palladistischen Ritus tritt die ganze höllische Bosheit der Frei=maurerei zu Tage.[4]) Pike, der „Papst der Freimaurer", der „geheime Gegen=Papst" steht an der Spitze desselben; der „Chef der politischen Action" ist besonders mit der Ueberwachung des Vaticans betraut und residirt in Rom. Sitz des aus sieben Hochgrad=Freimaurern bestehenden „obersten Directoriums" der allgemeinen Freimaurerei ist — Berlin [!]. Unter diesem Directorium stehen die großen National=Central=Directorien in Neapel, Calcutta, Washington, Montevideo.[5])

62. Paul Rosen über Central=Directorien und Satanismus in der Freimaurerei. Die im Vorstehenden mitgetheilten Angaben, welche von denen Margiotta's noch in manchen Stücken abweichen, lehnen sich theilweise an Rosen an, welcher in seinem Werk L'Ennemie Sociale (Juli) 1890 ebenfalls das von ihm „erdichtete" oberste Central=Directorium

---

[1]) A. a. O., S. 193. 249.

[2]) Besonders S. 289.

[3]) Ad. Ricoux, l'existence des Loges des Femmes affirmée par Mgr. Fava et par Léo Taxil 1892, p. 30 et suiv. — Man theilt uns mit, daß die Contemporary Review in London 1896 October Ricoux als ein Pseudonym bezeichne, hinter welchem sich ebenfalls Taxil verberge. Wir können die Wahrheit dieser Angabe nicht con=trolliren. Auf alle Fälle steht Ricoux, in diesem Werke wenigstens, wenn er nicht mit Taxil identisch ist, doch ganz auf seinen Schultern und schreibt unter seiner Inspiration.

[4]) A. a. O., S. 39.

[5]) A. a. O., S. 65.

der Freimaurerei nach Berlin verlegt. Rosen schreibt im ge=
nannten Werke: Die Freimaurerei zählt 156,000 Logen,
25,875,000 männliche Mitglieder oder Brüder und 2,850,000
weibliche Mitglieder oder Schwestern. Die Kassen dieser gewaltigen
Vereinigung haben jährlich eine Einnahme und Ausgabe von
drei Milliarden Franken [diese Ziffern sind natürlich ganz
lächerlich hochgegriffen]. „Sein oberstes Directorium be=
findet sich in Berlin. Demselben unterstehen vier große
dirigirende Centren: Neapel für Europa; Calcutta für Asien und
Afrika; Washington für Nord = Amerika und Montevideo für
Süd=Amerika."[1]

Wir durchsuchten, als wir diese Stelle in der Vorrede zur
Ennemie Sociale bei Rosen zum ersten Mal lasen, natürlich
das ganze Buch nach Beweisen für diese neuen, „interessanten"
Behauptungen, die uns gleich schon als schwindelhaft erschienen.
Wir fanden aber nur ein einziges „Citat", in welchem so nebenbei
das „oberste Directorium in Berlin" erwähnt wird. Die Worte
„Oberstes Directorium in Berlin" stechen hier, weil durch Fett=
druck kenntlich gemacht, sofort in die Augen.

Bei Rosen lautet dieses angeblich wörtliche Citat:

„Un des membres du **Directoire Suprême** de
la Franc - Maçonnerie, qui a son siège à **Berlin**, et
quelques uns, des Courriers de cabinet, chargés de
porter partout certains mots d'ordre, ont envoyé le
9 juin 1889 au Grand-Maitre Lemmi le télégramme
suivant: „Nous nous associons à la lutte sublime entamée
au nom de la Libre Pensée contre le Vatican, l'ennemie
éternelle de l'Italie".

Et ont signé des noms suivants plus ou moins
italianisés par la transmission: Costabel, Oliva, Ni-
colini" etc. (Rivista XX. p. 138.)[2]

In der Rivista della Massoneria Italiana steht an der von
Rosen citirten Stelle thatsächlich nur Folgendes:

„Da **Berlino**. — Gli Italiani residenti a Berlino,
assistenti col cuore al solenne avvenimento che com-

---

[1] L'Ennemie Sociale (Juli) 1890, p. IX.
[2] A. a. O., S. 404. — In wörtlicher Uebersetzung: „Eines der
Mitglieder des Obersten Directoriums der Freimaurerei in Berlin
und einige Cabinetscourriere, welche beauftragt sind, gewisse Losungs=
worte überall bekannt zu geben haben, haben an Lemmi ... folgendes
Telegramm geschickt" u. s. w.

piesi oggi in Roma Italiana, plaudono alla tenace iniziativa che volle eretto in Campo di Fiori il monumento al filosofo Nolano. Associansi alla sublime lotta combattuta in nome del libero pensiero contro il Vaticano eterno nemico d'Italia. — Costabel, Oliva, Niccolini, Palmieri, Papo, Dalbelli, Cavaggioni, Andrina, Trabucchi, Marengo, Sinigaglia, Ancona, Bocconi. Cobianchi, Rossi, Tonini, Bisutti, Sabatelli, Giovannucci."[1])

Man wird nicht umhin können, zuzugestehen, daß die Ueber=setzungskunst Paul Rosens hier wirklich ganz Ungewöhnliches geleistet hat. Rosen hat es verstanden, in seine wörtliche fran=zösische Uebersetzung die Worte, die ihm für seine Zwecke dienlich erschienen, sogar in Fettdruck einzuschmuggeln, obgleich im italienischen Text, den er übersetzte, nicht eine Spur von dem zu finden ist, was sie besagen.

Kurz nachdem wir diese handgreifliche breiste Fälschung entdeckt hatten, bot sich uns — wenn wir uns noch recht entsinnen, war es im Herbst 1891 — die Gelegenheit, Paul Rosen persönlich zu sprechen. Da es uns interessirte, zu erfahren, welch' weitere „Beweise" Rosen für seine Behauptung betreffend das Central=Directorium in Berlin etwa noch in petto habe, so ließen wir die Gelegenheit, ihn darüber zu sondiren, nicht unbenutzt ver=streichen. Rosen antworte mit allerlei Ausflüchten. Er habe im Augenblick nicht Alles so gegenwärtig. Nächstens werde er, um Material für ein neues Werk gegen die Freimaurerei zu sammeln, nach London gehen. Dort werde er reichlich Documente für seine Behauptungen finden und sie dann veröffentlichen. Rosen, der uns selbst gleich beim Beginn der Unterredung sein „Diplom" als Dreiunddreißiger vorgezeigt hatte, brachte das Gespräch auch auf Br∴ Finbel in Leipzig, der ihm ebenso, wie später dem Taxil=schen Schwindler=Consortium, als der weitaus gefährlichste Hoch=grad=Freimaurer 33∴ Deutschlands erschien. Wir waren durch

---

italienische Text lautet in wörtlicher Uebersetzung: Telegramm zum Giordano Bruno=Fest: „Aus Berlin. — Die in Berlin residirenden Italiener, welche im Geiste dem feierlichen Ereignisse anwohnen, das sich heute im italienischen Rom vollzieht, zollen der zähen Initiative, die auf Campo di Fiori das Denkmal für den nolanischen Philosophen errichtet haben wollte, ihren Beifall. Sie schließen sich dem erhabenen Kampfe an, der im Namen des Freidenkerthums gegen den Vaticau, den ewigen Feind Italiens, geführt wird. — Costabel" u. s. w.

diese Eine Unterredung mit Rosen hinlänglich über ihn erbaut. Rosen betreibt nebenbei auch einen schwunghaften antiquarischen Buchhandel mit Freimaurer-Schriften.[1] Das Buch, das er uns

[1] Der Anti-Maçon (Nr. 10, 1. Juni 1896, S. 167 f.) schreibt: „Im Gegensatz zu Taxil erfreute sich Rosen lange Zeit der Achtung und des Vertrauens der Katholiken; erst in den letzten Monaten ist sein Stern erbleicht ... Der Israelit ist in Rosen trotz der langen Jahre, seit welchen er katholisch geworden ist, noch immer erkennbar ... Der Handelsgeist, welcher die Abkömmlinge Israels kennzeichnet, giebt sich auch bei ihm kund. Er treibt Handel mit freimaurerischen Büchern und Documenten. Letztere weiß er sich bei Antiquaren ... und auf seinen zahlreichen Reisen zu verschaffen ... Schon seit fünfzehn Jahren annoncirt er, daß er seine herrliche Bibliothek verkaufen wolle. Und doch hat er bereits drei oder vier Bibliotheken verkauft. Seine diesbezüglichen Annoncen findet man ebensowohl in freimaurerischen Zeitschriften und Anzeigern, als in katholischen Blättern."

Die Revue Mensuelle (1894. p. 23) schreibt: Rosen hat mehreren Personen erzählt, daß Papst Leo XIII., überglücklich über seine Bekehrung, es sich nicht habe nehmen lassen wollen, ihn mit eigener Hand zu taufen u. s. w. Von glaubwürdiger Seite wurden uns noch andere Schwindeleien Rosens zur Kenntniß gebracht. So soll Rosen einem Herrn den Bären aufzubinden versucht haben, daß ihn Papst Leo XIII. selbst ermuntert habe, sich in die Hochgrade aufnehmen zu lassen, um darüber Enthüllungen machen zu können.

Für die Herausgabe seiner Werke suchte sich Rosen reichliche Geldzuschüsse seitens wohlhabender Katholiken und Empfehlungsschreiben seitens kirchlicher Würdenträger zu verschaffen. Die Werke Satan et Cie. und L'Ennemie Sociale tragen die Widmung an Papst Leo XIII. In letzterem Werke ist schon auf dem Titelblatt (Umschlag) zu lesen: „Durch päpstliches Breve Unseres Heiligsten Vaters Papst Leo's XIII. vom 7. Juli 1890 gutgeheißenes und empfohlenes Werk." Diese Angabe ist jedoch nicht genau. Denn aus dem päpstlichen Schreiben, welches dem Buch vorgedruckt ist, geht nicht hervor, daß der Papst den speciellen „Inhalt" des Werkes, auf Grund einer vorhergegangenen Prüfung desselben, gutheißt und empfiehlt, sondern nur, daß er die „Bestrebungen" Rosens, wie sie dieser selbst in einem Schreiben an den Papst dargelegt hatte: über „die Machenschaften gottloser Menschen, die in geheimen Gesellschaften verbunden, am Untergang von Kirche und Staat arbeiten, Licht zu verbreiten" und „die Religion zu vertheidigen", — belobt und auf Grund dessen die erbetene Erlaubniß ertheilt, ihm das Werk widmen zu dürfen.

Um Mißverständnissen vorzubeugen, bemerken wir, daß wir in vorstehenden Bemerkungen selbstverständlich nicht beabsichtigen, in allen Fällen die Bemühungen antifreimaurerischer Schriftsteller um Geldunterstützungen und hohe Protectionen zu discreditiren. Wenn

damals ankündigte, erschien nicht. Er hat unseres Wissens seit 1890 überhaupt nichts mehr veröffentlicht.

Von Rosen nun haben viele antifreimaurerische Schriftsteller, und unter ihnen, wie wir aus guter Quelle wissen, anfangs der neunziger Jahre wenigstens, auch Leo Taxil Informationen und Documente betreffend die Freimaurerei bezogen. Rosen war ferner der erste, welcher in Frankreich auf Alb. Pike, den er Pontife nannte, aufmerksam machte.[1] In einem Werke Satan

---

Jemand aber in der Weise, wie Rosen es that, gutgesinnte Katholiken für seine Bestrebungen zu interessiren sucht und sich um die moralische Unterstützung der höchsten kirchlichen Stellen bewirbt, so sollte er auch im Bewußtsein erhöhter Verantwortlichkeit mit verdoppelter Gewissenhaftigkeit sich litterarischer Gaunereien und sonstiger Schwindeleien enthalten, die nur zu sehr geeignet sind, seine eigenen Gönner vor der Oeffentlichkeit bloßzustellen. Denn wenn auch Belobigungsschreiben von der Art des genannten päpstlichen an sich keinen begründeten Vorwand zu Ausfällen gegen die kirchliche Behörde bieten, so werden sie in unsern Tagen doch seitens einer feindselig gesinnten Presse nur allzu leicht, wenn auch unbegründeter Weise, thatsächlich in diesem Sinne ausgebeutet.

Bei dieser Gelegenheit können wir nicht umhin, dem Wunsche Ausdruck zu geben, daß auch zweifellos wohlmeinende katholische Schriftsteller sich in der Ausnutzung von ermunternden Schreiben hoher kirchlicher Würdenträger und besonders des Papstes größere Zurückhaltung auferlegen und solchen Schreiben nicht eine Tragweite „unterschieben" mögen, welche sie gar nicht haben. Wenn z. B. Cardinal Parocchi einem Redacteur eine allgemein gehaltene ermunternde Zuschrift zugehen läßt, so ist es verkehrt, daraus zu folgern, daß „Rom" zu Gunsten dieses Redacteurs gesprochen hat, oder gar, daß die höchste kirchliche Autorität in den Controversen, welche er gerade mit seinen Gegnern auszufechten hat, für ihn Partei ergriffen hat oder auf seiner Seite steht. Eine derartige Ausnutzung von Schreiben kirchlicher Würdenträger ist nicht bloß darnach angethan, Verwirrung im Publicum anzurichten, sondern auch die kirchliche Autorität selbst eventuell in bedenklicher Weise zu schädigen.

[1] In seinem Werke L'Ennemie Sociale (1890. p. 255—259) bemerkt er, freilich im Widerspruch mit seiner andern bereits erwähnten Behauptung, daß der Sitz des Central-Directoriums der Freimaurerei in Berlin sei: „Seine Satanität" Alb. Pike ist „das leitende Oberhaupt der revolutionären, antikatholischen Weltfreimaurerei (Chef dirigeant de la Franc-Maçonnerie Révolutionaire et Anti-catholique universelle) geworden". Er führt zum Beweise für diese Behauptungen in theilweise ungenauer und sogar sinnwidriger Uebersetzung mehrere Stellen aus Pike's officieller Zeitschrift an, die später von Taxil und Consorten und von andern antifreimaurerischen

et Cie., das 1888 erschien, hatte er auch den „Satanismus" der Freimaurerei aufs Tapet gebracht, von welchem übrigens in frühern Taxil'schen Publicationen schon die Rede war. Diese erwähnten Rosen'schen Ideen haben sicher befruchtend auf den Palladismus-Roman Taxils und Consorten rückgewirkt, wenn auch Rosen später von Taxil, äußerlich wenigstens und vor der Oeffentlichkeit, heftig befehdet wurde.

Da wir gerade vom „Satanismus" sprechen, wollen wir gleich auf eine andere dreiste Fälschung aufmerksam machen, die sich Rosen diesbezüglich im Werke L'Ennemie Sociale erlaubte und die ihm, wie wir später sehen werden, von Margiotta und „Miß Vaughan" bezw. in beiden Fällen von Taxil wörtlich nachgeschrieben wurde.

Rosen schreibt hier: „Satan ists, welcher die italienische Freimaurerei bei ihrem Werke, die katholische Kirche auszurotten, anleitet. Ein officielles Geständniß dafür haben wir in folgender Stelle: „Vexilla regis prodeunt inferni, sagte der Papst. Ganz recht, ja, ja, die Fahnen des Königs der Hölle dringen vor und Alle, welche sich ihres Seins bewußt sind und die Freiheit lieben, sammeln sich um diese Fahnen, um das Banner der Freimaurerei, welches die lebendigen Kräfte der Menschheit, die Intelligenz im Gegensatz zu den hemmenden Kräften der durch Aberglauben verdummten Menschheit in sich verkörpert. Vexilla regis prodeunt inferni, ja, ja, die Fahnen des Höllen-Königs dringen vor. Denn die Freimaurerei, welche Alles, was die Entwicklung der Freiheit, des Friedens und des Menschenglücks hindert und verzögert, grundsätzlich und instinctmäßig kraft ihrer Institution immer bekämpft hat und noch bekämpft, hat die Pflicht, heute offener und entschiedener als je allen Umtrieben der klerikalen Reaction entgegenzutreten" (Rivista XV, p. 356 c 357).[1]

Der italienische Text, welchen Rosen hier citirt, lautet, in wörtlicher Ueberjetzung: „Er [der Papst] ruft alle Frommen zum Kampfe gegen die Freimaurer auf, wie der göttliche Dichter [Dante] jagte: Vexilla regis prodeunt inferni. — Die Freimaurerei hat den Fehdehandschuh aufgenommen und in allen

französischen Schriftstellern genau nach dem ungetreuen Wortlaut wiedergegeben wurden, in dem sie sich bei Rosen a. a. O. finden. Zum Ueberfluß beruft sich Ricoux (a. a. O., S. 66 f.) sogar ausdrücklich auf die eben erwähnte Stelle bei Rosen, wobei er es allerdings unterläßt, die Seitenzahl anzumerken.

[1] L'Ennemie Sociale 1890. p. 362.

Theilen der Welt wurde von unsern Brüdern das Dilemma aufgestellt: Entweder mit dem Papst oder mit uns. — Vexilla
regis prodeunt inferni! Ja, die Fahnen des Höllen-Königs
bringen vor und das ganze uns feindliche Heer, dessen Schaaren
zahlreicher sind, als Miltons Phantasie es hätte ersinnen können,
und frembartigere Benennungen aufweisen, als sie Dante für seine
Teufel von Malebolge[1]) zu erfinden vermochte, ist in Bewegung
und bedroht uns mit der vollständigen Ausrottung."[2])

Bei der „Uebersetzung" dieses Textes hat es Rosen also
fertig gebracht, den Sinn der Stelle ganz umzukehren. Im
italienischen Texte marschiren die Schaaren · des vom Papste
zusammengerufenen Heeres unter der Fahne des Höllenfürsten.
In der Uebersetzung, die Rosen von dem Texte giebt, die Freimaurer. Mit einer solchen Art, Documente „wiederzugeben",
läßt sich allerdings alles Mögliche beweisen.

Trotz solcher Fälschungen, die sich in Rosens' Ennemie Sociale
mehrfach finden, stehen wir aber nicht an, zu erklären, daß dieses
Buch, da es weit ernsthafter gearbeitet ist und die meisten Citate sinn-
gemäß wiedergegeben sind, unvergleichlich höher zu stellen ist,
als „Bataille"-Taxils, Margiotta-Taxils und „Miß Vaughan"-
Taxils „Enthüllungen".

63. Mgr. Meurin über den freimaurerischen
„Papst-Kaiser" und Dr. Bataille über Mgr. Meurin.
Man hat sich für die Richtigkeit der auf den Pallabismus,
das Freimaurer-Papstthum u. s. w. bezüglichen Behauptungen

---

[1]) „Malebolge". d. h. böse Säcke oder Ranzen, betitelt Dante
den von ihm in den Gesängen 18 und 19 seiner „Hölle" beschriebenen Ort der Qualen, in welchem ihm zufolge eine Gattung
von Hinterlistigen und Betrügern, nämlich: Kuppler, Schmeichler,
Simonisten, Zauberkünstler, betrügerische Händler, Heuchler, Räuber,
schlechte Rathgeber, Anstifter von bürgerlichen Zwistigkeiten u. s. w.
gepeinigt werden.

[2]) Rivista della Massoneria Italiana XV (1884), p. 356. Der
italienische Text lautet: [Il papa] Chiama tutti i devoti a raccolta e
contro i massoni, come disse il poeta divino: Vexilla regis
prodeunt inferni. — La Massoneria ha raccolto la sfida, e in tutte
le parti del mondo fù messo dai nostri fratelli il dilemma „o col
papa. o con noi. — Vexilla regis prodeunt inferni! Sì, si avanzano
le bandiere del Rè dell' inferno e con falangi più numerose che la
fantasia di Milton non abbia potuto inventare e con nomi più strani
di quelli che Dante trovò per i demoni di Malebolge, tutto l'esercito
avverso si muove e ci minaccia di totale sterminio".

der Taxil'schen Pseudo=Enthüllungen wiederholt auf Mgr. Meurin, La Franc-Maçonnerie, Synagogue de Satan 1893 [erschien thatsächlich Ende 1892], p. 456—459 berufen. Und zwar berief man sich in der Weise auf Mgr. Meurin, als ob sein Zeugniß hierüber eine von dem Zeugniß Taxils, Ricoux', Rosens und anderer mit Taxil verbündeten Schwindler oder von Taxil bethörter Nachtreter derselben unabhängiges Gewicht beanspruchen könnte. Wir bedauern festzustellen zu müssen, daß Letzteres nicht der Fall ist. Mgr. Meurin giebt ausdrücklich Ab. Ricoux als seinen Gewährsmann an, auf dessen Zeugniß er sich hier ganz und gar stützt. Mgr. Meurins Ausführungen über die genannten Punkte haben daher keine größere Autorität, als diejenige Ricoux', bezw. Taxils für sich, auf dessen Schultern wieder Ricoux steht. . . .

„Eine neueste Enthüllung Ab. Ricoux'" (a. a. O., S. 64 ff.), so sagt Mgr. Meurin, „läßt über die Person dieses Höchsten Oberhauptes und Papst-Kaisers der ganzen Freimaurerei keinen Zweifel mehr übrig . . . Seit 1801 residirt dieses Ober=haupt in Charleston. Dieses Oberhaupt war im Jahre 1889 der von uns bereits erwähnte Alb. Pike. In seiner Encyklika vom 14. Juli 1889 setzt er seinem Namen zuerst die Titel aller dreiunddreißig Grade bei [nein, so weit trieb auch Pike nicht einmal die freimaurerische Titel=Windbeutelei]. Diesen läßt er noch folgende weitere folgen: „Sehr Mächtiger Souve=räner Groß = Commandeur Großmeister des Suprême Conseil von Charleston, des ersten Suprême Conseil der Erde; Groß=meister Aufbewahrer des Geheiligten Palladiums, Papst der Welt=Freimaurerei." Unter diesen pomphaften Titeln veröffent=lichte er im 31. Jahre seines Pontificats, umgeben von zehn Sehr Erlauchten, Höchst=Erleuchteten und =Erhabenen Brrn. N . . . N . . ., Souveränen Großinspectoren und Erwählten Magiern, welche zusammen das Durchlauchtigste Groß=Collegium der Ausgedienten Maurer, den Rath der Eliten=Phalanx und des Geheiligten Bataillons des Ordens bilden, seine Encyklika (Ricoux a. a. O., S. 78—95). Wir kennen jetzt also den Papst der Synagoge Satans, den Ensoph, das Erste Princip, und sein aus zehn Mitgliedern [den 10 Sephiroth] bestehendes Heiliges Collegium. Die Encyklika zählt die 23 bisher direct oder indirect aus dem Supr. Conseil in Charleston hervor=gegangenen Supr. Conseils der ganzen Welt auf. Sie nennt sodann hundert mit dem Supr. Conseil von Charleston als Souveräner Maurerischer Macht in Gemeinschaft stehende Groß=oriente und Großlogen aller Riten, z. B. den Großorient von

Frankreich, den General-Rath des Ritus von Misraim, den Groß-rath [!] der Odd-Fellow-Maurer [!]¹) u. s. w.

„Wir sind also vollkommen im Recht, daraus den Schluß zu ziehen, daß die Freimaurerei, trotz ihrer unzähligen verschiedenen Formen, auf der ganzen Welt nur Eine ist unter der obersten Leitung des Papstes von Charleston. Charleston ist das pro-visorische Rom der Synagoge Satans. Der Groß-meister ²) [!] des Supr. Conseil von Charleston ist ihr Papst, der Statthalter Lucifers auf Erden, welcher darauf aus-geht, einst im wirklichen Rom seinen Sitz aufzuschlagen. Das Groß-Collegium der Ausgedienten Maurer ist sein Heiliges Cardinals-Collegium; die Souveränen Commandeure der Supr. Conseils oder der Großoriente der Welt sind seine Patri-archen, Erzbischöfe und Bischöfe; die Meister vom Stuhl seine Pfarrer; die Maurer seine Gläubigen; die Logen seine Kirchen und Kapellen; die Logen-Sitzungen sind der mehr oder weniger luciferianische Cult; die Sonnenwende- Feiern die großen Cult-Feste; und das Palladium ist endlich die Stiftshütte oder vielmehr die Bundeslade zwischen Jehova-Lucifer und seinem auserwählten Freimaurer-Volke. Der Herr sprach zu Moses: [folgt die Stelle Exodus XXV über die Bundeslade].

„Lucifer hat diese Bundeslade im Baphomet nachgeäfft. Die zwei Cherubin sind in demselben durch zwei Hörner ersetzt. Zwischen diesen Hörnern brennt die bläuliche Flamme, welche die Gegenwart des Feuer-Gottes andeutet, welcher von hier aus seinem Statthalter auf Erden Weisungen ertheilt. Wir nehmen an — wir zweifeln nicht daran —, daß hier Satan seinem Stellvertreter und seinen Beigeordneten in

---

¹) Wie jeder Kenner freimaurerischer Verhältnisse sofort sieht, ist hier Mgr. Meurin mystificirt worden. Die „Encyklika Pike's", die ihm in die Hände gespielt wurde, ist eine plumpe Fälschung. In derselben kommen so läppische Dinge vor, daß es ganz offenbar damit beabsichtigt war, Diejenigen, welche sich derselben öffentlich bedienen sollten, der Lächerlichkeit preiszugeben. Pike nannte sich in officiellen Schriftstücken weder „Großmeister" noch „Papst der Weltfrei-maurerei" u. s. w., sondern nur „Groß-Commandeur". Der Ausdruck „Odd-Fellow-Maurer" ist für Kenner der Verhältnisse beider Ver-bindungen ein blühender Unsinn u. s. w. u. s. w. Es sei noch bemerkt, daß die Angaben Mgr. Meurins obendrein nicht einmal mit den neuern Pseudo-Enthüllungen übereinstimmen. Denn nach Letzteren ist das Freimaurerpapstthum mit dem Palladismus verknüpft, der angeblich erst 1870 von Pike begründet wurde.

²) Der erste Würdenträger eines Supr. Conseil heißt nicht „Groß-meister", sondern „Groß-Commandeur".

Person erscheint und Mittheilungen macht, in welchen er ihnen alle seine Befehle an die Kinder der Wittwe kund thut. Die Freimaurer des pallabistischen Ritus (der außerhalb der 33 Grade liegt) erklären sich als die directen Erben der Tempelherren . . . . Sie behaupten, daß es zur Zeit, als Jakob Molay und seinen Mitschuldigen der Proceß gemacht wurde, einer Anzahl Tempelherren gelang, das monströse, Baphomet genannte Götzenbild zu retten und nach Schottland zu bringen, wo sie fortführen, dasselbe im Geheimen zu verehren. Dieses Baphomet, so wird erzählt, wurde den Tempelherren vom Großen Weltenbaumeister selbst gegeben, um ihnen als Pallabium zu dienen. Es wurde 1801 nach Charleston . . . gebracht, wo dann der erste Supr. Conseil gegründet wurde. „Die oberste Leitung der Secte war seitdem in zwei Directorien gespalten; jenes von Rom als Sitz des Hauptes der politischen Action, welche Stelle bis 1872 Mazzini, 1872 bis 1882 Garibaldi und später der nun durch Lemmi ersetzte Petroni bekleidete[1]) und jenes von Charleston als Sitz des dogmatischen Oberhauptes, des geheimen Gegen-Papstes, welche Stellung lange der vor einigen Wochen verstorbene amerikanische General Alb. Pike einnahm. Man beschäftigt sich jetzt damit, ihm einen Nach= folger [als Freimaurer=Papst] zu geben . . . Alb. Pike hat den alten pallabistischen Ritus reformirt und ihm den luciferia= nischen Charakter in seiner ganzen Schroffheit ge= geben. Der Pallabismus war in seinen Augen ein System der Auslese. Derselbe überläßt die Freimaurer, welche sich auf den Materialismus beschränken und den Großen Weltenbaumeister anrufen, ohne dabei zu wagen, ihm seinen richtigen Namen zu geben, den gewöhnlichen Logen. Er schaart hingegen unter dem Titel Templer=Ritter oder =Meisterinnen die Fanatiker um sich, welche die directe Oberherrlichkeit Lucifers nicht erschaudern macht" (Ad. Ricoux, l'Existence des Femmes etc., p. 37)."[2])

Zu beachten ist, daß Mgr. Meurin, Erzbischof von Port= Louis in Ile-St.-Maurice, das diesbezügliche Manuscript seines Buches während eines Aufenthalts von einigen Wochen in Paris fertigstellte, wohin er sich im August 1892 begeben hatte, um für seine durch ein Elementar=Ereigniß schwer betroffenen Diöcesanen Sammlungen vorzunehmen. Die genannten Schriften Taxils

---

[1]) Auch diese Angaben stimmen nicht mit den spätern der Taxil'= schen Pseudo-Enthüllungen.

[2]) Mgr. Léon Meurin, La Franc-Maçonnerie, Synagogue de Satan. Paris [Ende 1892], p. 456—459.

und Ricour' waren eben erschienen, der Diable au XIXe siècle
in Vorbereitung. Eingezogenen Erkundigungen zu Folge pflog
Mgr. Meurin während seines Pariser Aufenthaltes auch münd=
liche Besprechungen mit den damals in weiten Kreisen als sach=
kundig und zuverlässig betrachteten Verfassern antifreimaurerischer
Werke, welche dem Schwindler=Consortium Taxil und Cie. ent=
weder selbst angehörten oder von denselben doch sehr beeinflußt
waren. So ist es begreiflich, wie Mgr. Meurin dazu kam, sich
die genannten Aufstellungen im besten Glauben anzueignen. Die
Schnelligkeit, mit welcher sein Werk gedruckt wurde, ließen ihm
nicht die Zeit, die wünschenswerthe kritische Prüfung und Sichtung
des ihm entgegentretenden Materials vorzunehmen.

Die Lieblings = Ideen seines Werkes, welche Mgr. Meurin
seinerseits schon mitgebracht hatte, und welche in einem ver=
mutheten geheimen historisch = continuirlichen Zusammenhang der
tiefsten Geheimnisse der Freimaurerei mit denen aller alten und
neuen heidnischen und halbheidnischen Mysterien gipfelten, übten
augenscheinlich wieder ihre Einwirkung auf die Bataille'schen
„Enthüllungen" aus. Während langer Jahre hatte Mgr. Meurin,
der sich hierfür sehr interessirte, als Bischof von Bombay,
Gelegenheit gehabt, das mysteriöse Treiben brahmanischer,
buddhistischer, hinduscher, parsischer und mohammedanischer re=
ligiöser Kreise gleichsam aus unmittelbarer Anschauung oder doch
aus dem Verkehr mit Solchen, welche über diese Dinge genau
unterrichtet sein konnten, kennen zu lernen. Die Neigung des
geistvollen Mannes, ohne genügende historisch=kritische Vorunter=
suchungen, sich Combinationen philosophisch=mystischer Natur zu
überlassen, führte ihn bei den Theorien, welche er sich über den
Zusammenhang dieser heidnischen Mysterien mit den halbheidnischen
der christlichen Zeiten (Manichäismus, Gnosticismus, Sabäismus,
Albigensern, angeblichen Tempelherrn = Mysterien u. s. w., der
Kabbala, dem Talmud, der Alchemie, dem Okkultismus, dem Spiri=
tismus, der Nekromantie und der Freimaurerei) ausdachte[1]), irre.

---

[1]) Es ist nicht unwahrscheinlich, daß Mgr. Meurin seine dies=
bezüglichen Anschauungen, theilweise wenigstens. aus Eckert's Werken
geschöpft hat. Eben sehen wir das Werk Mgr. Meurins auf den
Namen Eckert durch und finden darin (S. 204 f.) in der That folgende
Bemerkung: „Wir haben das Buch: Der Tempel Salomo's, General=
karte, u. s. w. von Dr. Ed. Em. Eckert (Prag 1855) vor uns. Die
dieser Generalkarte beigefügte Erklärung giebt uns einen klaren
Begriff von dem ganzen freimaurerischen Wesen,
welches eine mit diabolischem Scharfsinn zusammengefügte Organisation
darstellt" 2c. Es muß übrigens bemerkt werden, daß man phantastischen

Aus allem Gesagten geht hervor, daß man nicht gut daran thut, sich auf Mgr. Meurins Werk als auf eine Bestätigung der neuern Pseudo = Enthüllungen zu berufen. Schon die wohlver= standene Ehrfurcht vor der bischöflichen Würde und dem gesegneten Andenken des seither verstorbenen Prälaten sollte Katholiken abhalten, seinen Namen noch ferner in Verbindung mit den schwindelhaften Taxil'schen Pseudo=Enthüllungen zu nennen.

Dr. Bataille und Consorten benutzten das Erscheinen des Buches Mgr. Meurins, in welches diese Schwindler bereits die hauptsächlichsten Punkte ihrer in Vorbereitung befindlichen „Ent= hüllungen", d. h. Schwindeleien, einzuschmuggeln verstanden hatten, um ihren Betrug später desto wirksamer durchführen zu können. Dabei scheuten sie sich andererseits auch nicht, obgleich sie Mgr. Meurin gewöhnlich im Interesse ihrer eigenen „Ent= hüllungen" mit ganz besonderer „Hochachtung" als einen der gründlichsten Kenner der Freimaurerei citiren, sich gelegentlich in offenbar ironischen Lobpreisungen seines Scharfblickes oder in ebenso ironischen Ausstellungen an seinem Werke über ihn lustig zu machen.

So schreibt Dr. Bataille z. B.: „Phileas Walder . . . ist ein schwer zu enträthselnder Mann . . . . . . Einige anti= freimaurerische Schriftsteller haben schon über ihn und seine Collegen [im Cardinals=Collegium Pike's] geschrieben, aber in sehr unbestimmter Weise. Mgr. Leo Meurin, Bischof von Port=St. Louis, erwähnt in seinem jüngst erschienenen treff=

Darlegungen über Alter und Ursprung der Freimaurerei und ihren Zu= sammenhang mit allen möglichen Mysterien auch in freimaurerischen Publicationen und Ritualen sehr häufig begegnet. Diese durchaus unhistorischen Träumereien haben in einer gewissen Eitelkeit und Wichtigthuerei der betreffenden Logenbrüder ihren Grund. Die That= sache, daß solche Fabeln von Freimaurern selbst vorgetragen werden, muß aber billigerweise als ein theilweiser Entschuldigungsgrund für Profane anerkannt werden, welche dieselben den freimaurerischen Quellen in gutem Glauben nacherzählt haben.

Auf S. 161 ff. giebt Mgr. Meurin die von Freimaurern oft vorgetragene Fabel vom historischen Zusammenhang der Freimaurerei mit dem Templer = Orden wieder, eine Fabel, welche namentlich angesichts des heutigen Standes der historischen Forschung in keiner Weise mehr aufrecht erhalten werden kann. Mgr. Meurin citirt — Taxil, Les Mystères de la Franc-Maçonnerie, p. 773. Außer Eckert, Taxil und Ricoux hat Mgr. Meurin an Werken über die Frei= maurerei namentlich noch zu Rathe gezogen — P. Rosen, Satan et Cie. 1888.

lichen Werke, La Franc-Maçonnerie, Synagogue de Satan, das famose Groß = Collegium der Ausgebienten Maurer; er theilt auch die Zahl seiner Mitglieder mit; er unterbrückt aber in seiner Wiedergabe einer ‚Encyklika‘ des Gegen=Papstes Alb. Pike die Namen, deren Nennung doch für das Publicum auch von Interesse gewesen wäre, da dieselben hohe geheime Häupter der Weltfreimaurerei sind.[1]) Herr Leo Taxil hat, soviel mir bekannt ist, keine Anspielung auf die zehn Mitglieder des Groß=Collegiums von Charleston gemacht. Er erwähnt aber beiläufig den Br.·. W*** als den Stifter der palladistischen Logen in Frankreich im Jahre 1881. Er widmet auch dessen Tochter einige Seiten, wobei er sie jedoch immer nur mit dem Anfangsbuchstaben ihres Namens nennt. Diese allzu summarischen Andeutungen beweisen klar, daß Leo Taxil über die Walder, Vater und Tochter, genug Material gesammelt hatte. Warum hat er aber ihre Namen nicht vollständig ausgeschrieben? Warum hat er hier plötzlich, obgleich er sonst in seinen Enthüllungen soviel Muth zeigt, diese Zurückhaltung beobachtet? Andererseits hat Ab. Ricoux die Namen der zehn Erwählten Magier des Durchlauchtigsten Groß= Collegs abdrucken lassen; er giebt aber über keinen derselben den geringsten Aufschluß. Und doch sieht man, wenn man sein Buch liest, daß er über die Häupter von Charleston gut unterrichtet war. Die Aufgabe, alle diese Lücken auszufüllen, fällt daher mir zu. Ich habe mir vorgenommen, vollständiges Licht über Alles zu verbreiten. Ich werde meinerseits Maurer und Maurerinnen mit ihren vollständig ausgeschriebenen Namen nennen, wenigstens Diejenigen unter ihnen, welche nothwendig genannt werden müssen.“[2])

---

[1]) Hier scheint in spöttischer Weise auf die in der Excommunication gegen die Freimaurerei ausgesprochene Verpflichtung angespielt zu werden, die geheimen Sectenhäupter bei der kirchlichen Behörde zu benunciren.

[2]) Dr. Bataille, Le Diable au XIXe siècle I 106 et suiv. — Diese Stelle legt zugleich einen anderen Kniff der Schwindel-Firma Taxil bloß: die „scheinbare“ gegenseitige Berichtigung oder Vervoll- ständigung der verschiedenen Schriftsteller, durch deren Mund im Grunde immer nur Leo Taxil spricht. So hat es Taxil in der Hand, mit seinem windigen Enthüllungs-Material die Leser Jahre lang hin- zuhalten und viele Bände von Werken und Hefte von Zeitschriften, ohne große Studien zu machen, auszufüllen. Zugleich erweckt er da- durch den Anschein, als ob die Haupt-Punkte seiner Pseudo=Enthüllungen, welche von allen diesen scheinbar verschiedenen, bezw. von einander unabhängigen „belehrten Freimaurern“ einmüthig festgehalten werden, auf ganz unzweifelhafte Weise festgestellt und vielfach bestätigt seien.

„Ja", schreibt Dr. Bataille im Capitel „Beweise für die Teufelserscheinungen" emphatisch, „ja, der Bischof von Port-Louis, der wackere, gelehrte Mgr. Meurin hatte ganz Recht, wenn er ausrief: man muß den Palladismus entlarven, welcher die satanische Organisation, und Leitung der Freimaurerei darstellt. Er hatte Recht, wenn er an Alle diese Aufforderung richtete, welche den Muth in sich fühlten, den Schleier vollständig zu lüften. Ich überlese soeben die Zeilen, welche er in einem jüngst erschienenen Werke Albert Pike, diesem den Profanen und selbst neun Zehnteln der Freimaurer unbekannten Gegen-Papst, widmet, und ich als Zeuge, versichere hoch und theuer, daß Mgr. Meurin die Wahrheit gesagt hat."[1]

Es folgen nun Citate aus der bereits angeführten Stelle bei Mgr. Meurin, in welcher sich dieser auf Ricoux, also mittelbar auf Taxil = Bataille selbst, stützt. Dann fährt Bataille fort:

„Ja ich wiederhole es, ich kann es nicht genug wiederholen: Mgr. Meurin war sehr genau unterrichtet und hat nur die Wahrheit, die lautere Wahrheit gesagt. Carbuccia [!] hat mich nicht angelogen [nicht existirende Personen können freilich auch Niemanden anlügen!]; Hobbs [existirt wohl ebenso wenig!] hat mich, als er mir die vertrauliche Mittheilung Carbuccia's, ohne von derselben auch nur Kenntniß zu haben, bestätigte, ebenso wenig angelogen. Ja, es ist wahr, im strengsten Sinn wahr, daß der Satan gemäß den Worten des Bischofs von Port-Louis seinen Spießgesellen sich kundgiebt, ihnen in Person erscheint. Ich werde meinerseits die Beweise hierfür vorlegen. Und diese Beweise sind der unwiderleglichsten Art. Phileas Walder [!] ... bestätigte mir gleichfalls, was mir Carbuccia und Hobbs bereits mitgetheilt hatten. Er bezeugte mir genau dasselbe, was zwölf Jahre später Mgr. Meurin niederschreiben sollte ... Mgr. Meurin hat also nichts vorgebracht, wofür er nicht seine guten Gründe hatte ...

„Ich für meinen Theil werde Betrügereien mit meiner Kritik nicht verschonen; aber andererseits den Charlatanismus auch nicht mit wirklichen Teufels=Werken, mit den Malificien zusammenwerfen, welche das Siegel der Echtheit an der Stirne tragen. Mögen die Skeptiker spotten! Daran liegt mir wenig . . . . . Bevor ich jedoch die Ergebnisse meiner persönlichen Ermittelungen über die Erscheinungen Satans in den Sitzungen der palladistischen Freimaurerei mittheile, will ich vorerst einen der Beweise

---

[1] Dr. Bataille, Le Diable etc. I 160.

Mgr. Meurins, einen Bericht vorlegen, welcher in einem der bekanntesten Blätter Europas, in der Pall Mall Gazette von London zu lesen war. Die völlige Unparteilichkeit dieses Blattes ist über jeden Zweifel erhaben. Niemand wird ihm den Vorwurf machen können, daß es einen bloß erdichteten Fall erfunden habe, um den katholischen Bischöfen in ihren Behauptungen betreffend die Kundgebungen des Fürsten der Finsterniß im 19. Jahrhundert, dem Jahrhundert der Aufklärung, Recht zu geben. Der Artikel trägt die Ueberschrift: Eine authentische Erscheinung Satans."[1]

Es folgt nun ein wörtlich aus Mgr. Meurin's La Franc-Maçonnerie Synagogue de Satan (S. 218 ff.) abgedruckter ultra-phantastischer Bericht über eine Teufels-Erscheinung, in welchem ein russischer Fürst Pomerantseff und ein französischer Abbé Girod die Hauptrollen spielen. Hierauf fährt Dr. Bataille fort:

„Mgr. Meurin zweifelt nicht an der Wahrheit dieser Erzählung. Und darin hat er sehr recht. Würden die Okkultisten das Gesetz des Stillschweigens brechen, das sie sich auferlegen, so würden sich die Anecdoten von der Art derjenigen der Pall Mall Gazette und des Blackwood Magazine nach Hunderten beziffern. Indiscretionen können aber nur in Fällen vorkommen, ähnlich dem des Abbé Girod, wenn nämlich Persönlichkeiten, welche Beschwörungen vornehmen, aus verletzter Eigenliebe einen Nicht-Eingeweihten als Zeugen einladen. Diese Fälle sind aber leicht begreiflicher Weise äußerst selten."[2]

Die Art, wie hier ein ehrwürdiger Missions-Bischof, der sein Leben uneigennützig im Dienste der Religion und der christlichen Nächstenliebe aufopferte, behandelt wird, ist für die Schwindel-Firma Taxil höchst bezeichnend. Es ist eine Leistung, welche sich würdig dem Benehmen derselben Firma Mgr. Java gegenüber und ihren wiederholten Versuchen, selbst Cardinäle und sogar das Oberhaupt der Kirche in ihren Schwindel zu verstricken, anschließt. Leute, welche ins Gelingen derartiger Manöver ihren Ehrgeiz setzen und solchen Betrügereien gleichsam wie ihrem Lebensberufe nachgehen, verrathen ein nicht gewöhnliches Maß von Niedertracht der Gesinnung. Gesteigert wird der Ekel über ihr Treiben noch dadurch, daß sie solch' nichtswürdigen Unfug unter der Maske der Frömmigkeit und des Eifers für die Religion verüben.

---

[1] Dr. Bataille, Le Diable I 162 et suiv.
[2] A. a. O., S. 168.

2. Verhältniß der „Enthüllungen" Margiotta's zu denen Dr. Bataille's
(im Diable und in der Revue Mensuelle) und „Miß Vaughan".
Genesis des Buches über Abriano Lemmi.

64. Vorbemerkung. Dr. Bataille [hier: Taxil] schreibt im Diable selbst über den Palladismus und über das Verhältniß seiner darauf bezüglichen „Enthüllungen", d. i. Schwindeleien, zu denen Margiotta's:

Es giebt zwar viele okkultistische Secten, die alle teuflisch sind, „aber dabei muß doch anerkannt werden, daß der Palladismus sowohl als Lehrsystem, wie als Teufels=Cult das bestorganisirte okkultistische System ist. Während die übrigen Gruppen kleine Kapellen von Teufelsverehrern darstellen, ist das Neue Reformirte Palladium oder die Optimaten=Retheurgie [Taxil hatte früher zwischen beiden unterschieden] die große Satans=Kirche der Welt. Albert Pike ist in der That der staunenswertheste Apostel gewesen, welchen die Hölle in der Menschheit je erweckte. Er läßt als solcher die berühmtesten Häresiarchen weit hinter sich zurück. Der Name dieses wahren Stifters der luciferianischen Religion wird für immer in den Annalen der Geschichte auf= bewahrt bleiben, und sein Palladismus bedeutet, wie die Civiltà Cattolica sehr zutreffend bemerkte, den schrecklichsten Angriff, welcher jemals gegen den Katholicismus und gegen die Kirche Christi gerichtet worden ist.

„Im Palladismus entfaltet sich die ganze höllische Bosheit. Dort enthüllt sich Satan mehr, denn anderswo als der Affe Gottes. Schon bei oberflächlicher Prüfung dieses Systems gewahrt man, daß der Triangel=Cult mehr oder minder die sclavische Nachäffung, das Zerrbild des katholischen Cults ist. Die Analogie springt in die Augen. Ich hatte mir vorgenommen, dem Leser ein getreues und vollständiges Bild des Palladismus vor Augen zu führen. Da aber einerseits der Stoff meines Werkes so umfangreich war und das Werk selbst nur in monatlichen Lieferungen erscheinen konnte, andererseits aber die Ereignisse in der Freimaurerei sich, während mein Werk erschien, rasch Schlag auf Schlag folgten, ist es möglich geworden, daß man mir in diesem Punkte zuvorkam. Der Gegenstand sollte dem Plane des Werkes zu Folge in dem elften Theile desselben zur Sprache kommen, in dem wir uns jetzt befinden. Inzwischen hat aber eine glückliche Bekehrung, über die ich mich freue und für die ich Gott danke, — die Bekehrung Margiotta's, eines hervor= ragenden Palladisten, neue Enthüllungen veranlaßt, welche die meinigen bestätigen und vervollständigen. Dieselben bringen auch mehrere Dinge, die ich zu besprechen hatte, noch bevor ich selbst dazu kam, dieses Capitel in Angriff zu nehmen, zur öffentlichen Kenntniß.

„Für die vollständige Beschreibung des Palladismus in allen seinen Einzelheiten verweise ich daher den Leser jetzt auf das hochinteressante Werk, welches unser neuer Waffenbruder — Herr Margiotta unter dem Titel: Adriano Lemmi, chef suprême des Franc-Maçons, souvenirs d'un trente troisième soeben veröffentlicht hat." [1])

Hierauf bringt Bataille = Taxil aus Margiotta = Taxil das Hauptsächlichste über die angebliche Organisation des Palladismus zum Abdruck.

Im ersten Band des Diable von Hacks = Taxil = Bataille [2]) und in der Taxil'schen Zeitschrift Revue Mensuelle [3]) war auch schon alles Wesentlichere zu lesen gewesen, was in dem mit der großen Trommel eingeführten Taxil=Margiotta'schen Enthüllungs= buch Adriano Lemmi der Welt mitgetheilt wurde. Selbst von Br∴ Findel war bereits im Diable schon recht ausgiebig in demselben Sinn die Rede [4]), in welchen ihn später Margiotta, „Miß Vaughan" und Taxil in ihren Palladismus=Roman ver= flochten.

Die Gründungsgeschichte des Pike'schen palladistischen Ritus wird schon im Diable ebenso erzählt, wie später in Adriano Lemmi; auch die statistische Uebersicht über die Hoch=Freimaurerei vom 1. März 1891 findet sich schon im Diable. [5]) „Der Palla= dismus", sagt Dr. Bataille=Taxil, „wurde gegründet und ausgebreitet, um das Reich des Antichrists vorzubereiten. Das ist eine Wahrheit, welche alle Welt wissen muß. Das mußte

[1]) Le Dr. Bataille, Le Diable au XIXe siècle II. Vol., p. 755 et suiv. — Dieser Abschnitt des Bataille=Buches ist so fad und schlampig stilisirt, daß sehr wohl Frau Leo Taxil denselben theilweise oder auch ganz redigirt haben „könnte".
[2]) Le Diable au XIXe siècle I. Vol., p. 345—379.
[3]) Revue Mensuelle Nov. 1893, p. 2—9; 16—20; 1894, p. 1; 4; 8—11; 42 etc.
[4]) Le Diable I 340. 352 etc.
[5]) A. a. O., I 367 ff.

endlich öffentlich ausgesprochen werden."[1]) Im Bulletin Mensuel vom 5. October 1893 meldet Dr. Bataille=Taxil an der Spitze des Heftes:

65. Lemmi höchster Chef. „Die Entscheidung ist nun gefallen. Das oberste dogmatische Directorium der Hohen Frei= maurerei wird von nun an seinen Sitz nicht mehr in Charleston haben. Die Uebertragung desselben nach Rom ist am 20. Septem= ber d. J. durch die von Abr. Lemmi einberufenen, in der Stadt der Päpste im Palast Borghese versammelten Delegirten beschlossen worden. Diejenigen, welche für die Beibehaltung des alten Sitzes in Charleston waren, haben nur 25 Stimmen bei 73 Stimmberechtigten erzielt; vier der Letzteren enthielten sich der Abstimmung. Der italienische Großmeister, welcher geschickt operirt hatte, erreichte es hierauf ohne Mühe, zum obersten Haupte der Welt = Freimaurerei gewählt zu werden. So lauten übereinstimmend die letzten, von verschiedenen Seiten uns zugegangenen Nachrichten.

„Die zahlreichen Geistlichen, welche mich seit mehreren Monaten über den zwischen Lemmi und dem Nachfolger Pike's [angeblich „Mackey"] ausgebrochenen Streit zu Rathe zogen, können bezeugen, daß ich von Anfang an unabänderlich angekündigt habe, daß der im Stillen geführte Kampf zwischen den Häuptern der Hoch = Freimaurerei so endigen würde.[2]) Nur Diejenigen, welche die Secte ausschließlich aus den officiellen Freimaurer= Blättern studiren, wo die wirklichen Geheimnisse[3]) nie enthüllt werden, konnten der Ansicht sein, daß die Suprematie in Charleston bleiben werde.

„Es sind mir bereits wichtige Mittheilungen über die Vor= fälle dieses in den freimaurerischen Annalen für immer denk= würdigen Tages zugegangen. Unglücklicherweise zwingt mich aber der Umstand, daß mein Werk (Diable) Gegenstand von An= griffen war, deren Beantwortung nicht zu umgehen ist, die Veröffentlichung der Einzelheiten der kostbaren Mittheilungen, welche ich von meinen Correspondenten erhielt, auf einen späteren

---

[1]) A. a. O., I 346.

[2]) Derjenige, der den Roman fabricirte, konnte natürlich auch den Ausgang desselben, soweit er von ihm abhing, mit Sicherheit vor= her ankündigen.

[3]) Die Geheimnisse nämlich, welche Taxils speciellen „Informations= dienst", der hauptsächlich in seiner Einbildungskraft besteht, entstammen. Diese „Geheimnisse" sind in den Augen Taxils natürlich die wichtigsten. Denn auf ihnen beruht sein ganzes Enthüllungs= „Geschäft".

Zeitpunkt zu verschieben[1]). Um das Publicum, welches die Güte
hat, mir auf meinem Feldzug zu folgen, über alle so interessanten
Ereignisse der Gegenwart auf dem Laufenden zu erhalten, müßte ich
nicht bloß einige [den Lieferungsheften des Diable beigegebene]
Umschlag-Blätter, sondern eine zweimal monatlich erscheinende
Zeitschrift zur Verfügung haben. Es beginnt in der That ein
schrecklicher Krieg. Ein höllischerer[2]) Angriff als je wird auf das
Papstthum eröffnet. Bemerkenswerthe Zwischenfälle werden sich
in großer Zahl zutragen. Es ist zu bedauern, daß wir nicht in
der Lage sind, von Tag zu Tag diese Umtriebe zu enthüllen.[3])

„Soviel wollen wir schon jetzt mittheilen, daß die amerikanischen Freimaurer-Häupter und ihre Partei die erlittene Nieder-
lage nicht ruhig hinnehmen werden. Eine Demission von
Bedeutung [die Demission „Miß Vaughans"] ist bereits
angekündigt. Man hat in derselben bereits ein Vorzeichen eines
großen Schismas in der Secte erblicken wollen . . .

„Lemmi wird nun unverzüglich zur Ernennung einer seiner
Creaturen zum Großmeister des souveränen Executiv-Directoriums
schreiten[4]). In diesem Augenblick arbeitet er an seinem ersten

[1]) Hier benutzt Taxil die komische Gier seines Publicums nach
„Enthüllungen", um vermittelst desselben einen Druck auf seine
Gegner auszuüben.
Auch in der Revue Mensuelle wird derselbe Kunstgriff angewendet.
Gleich in der ersten Nummer (Januar 1894, S. 32) schreibt die
Redaction der genannten Zeitschrift: Die Nothwendigkeit, die Angriffe
auf Dr. Bataille zu beantworten, hinderte uns, schon in diesem Heft
folgende Artikel aufzunehmen: 1. Die Offenbarung Belze-
bubs. Es ist dies eine angeblich teuflische Prophetie, welche im
luciferianischen Sinn die Uebereinstimmung zwischen dem Buch Apadno [!]
und der Prophetie des hl. Malachias erklärt. Ferner: die Genealogie
des Antichrists nach dem Buch Apadno und bemerkenswerthe Abschnitte
aus dem „Buch der Offenbarungen" oder der Geheimen Aufzeichnungen
Albert Pike's; 2. Die schwarze Messe in Freiburg [Lucie
Claraz] von de la Rive, Bestätigung einer merkwürdigen Mittheilung
Rhemus' in der Croix de Reims; 3. Der satanistische Magnetismus.
Es wäre zu wünschen gewesen, daß man es der Redaction überhaupt unmöglich gemacht hätte, durch derartige Albernheiten das
Publicum zum Besten zu halten.
[2]) Taxil'sche Stilblüthe!
[3]) Diese Worte waren offenbar bestimmt, für die kommende neue
Zeitschrift Revue Mensuelle Stimmung zu machen, deren Probenummer
schon ein paar Wochen später erscheinen sollte.
[4]) Diese Vorhersagung in Erfüllung gehen zu lassen, scheute sich
Taxil später. Denn einen ganz unbekannten, bezw. erfundenen Frei-

Circular, welches er in seiner Eigenschaft als Statthalter Satans
an die vollkommenen Triangel und die hohen maurerischen Be=
hörden, zu richten gedenkt. Die palladistischen Schriftstücke werden,
wie man mir versichert, nicht mehr von Ulisse Bacci, dem bis=
herigen Verfasser der Lemmi'schen Erlasse, sondern von Lemmi
selbst abgefaßt werden. Denn der Groß=Sekretär des italienischen
Großorients ist Atheist und nicht Luciferianer[1]). Dr. Bataille."[2])

66. **Lemmi's Diebstahl in Marseille.** Bereits in der
Probenummer der Revue Mensuelle vom November 1893 bringt
Taxil, wieder unter dem Decknamen „Dr. Bataille" an leitender
Stelle die Diebstahls=Angelegenheit Lemmi's ausführlich
zur Sprache, deren pikante Besprechung wohl der hauptsächlichste
Grund des Erfolges der „Enthüllungen" Margiotta=Taxils war.
Unter der Spitzmarke „Der Fall des Antipapsts Lemmi"
führt Dr. Bataille (Taxil) hier aus:

„Interessante Mittheilungen über die Wahl Lemmi's zum
„höchsten dogmatischen Oberhaupte der Drei= und Fünf=Punkte=
Brüder und =Schwestern" findet der Leser weiter unten. Was
hier besonders hervorgehoben werden muß, ist der hauptsächlichste
Vorfall, wegen dessen Lemmi am 20. September von mehreren
amerikanischen Delegirten, unter andern auch von einer der an=
wesenden Templer = Meisterinnen, die seither ihren Austritt aus
der Freimaurerei erklärt hat, scharf ins Gericht genommen wurde.

maurer konnte er in seinem Roman doch nicht von Lemmi zu dessen
Nachfolger als Cheis der freimaurerischen Executiv=Gewalt ernennen
lassen. Einem bekannten Freimaurer aber diese Rolle zutheilen, hatte
auch seine schweren Bedenken. Besonders machte auf Taxil wohl die
augenscheinliche Thatsache Eindruck, daß Lemmi nach der angeblichen
Wahl vom 20. September, die, weil rein erdichtet, natürlich in der
thatsächlichen Stellung Lemmi's nichts änderte, genau dieselben
maurerischen Functionen ausübte, wie vor derselben. Auch minder
scharfblickende Leser Taxils würden den Schwindel erkannt haben,
wenn Taxil in einem von ihm gewählten Zeitpunkt einen andern
Freimaurer mit der wichtigen Stelle eines „Hauptes der politischen
Action" bekleidet hätte. Wundern muß man sich nur darüber, daß
der „schlaue" Coulissenschieber Taxil dies sich nicht schon von Anfang
an vergegenwärtigt hatte.

[1]) Ist etwa Lemmi weniger Atheist als Ulisse Bacci. Das wird
Niemand behaupten wollen, der die Kundgebungen beider kennt. Wir
machen diese Bemerkungen, damit Jedermann sich überzeugen könne,
daß Taxil's Lügen und Fälschungen nicht bloß dreist, sondern auch
plump sind.

[2]) Bulletin Mensuel, 11. Heft, 5. Oct. 1893.

„Die Delegirten, welche die Wahl Lemmi's bekämpften, theilten ihren Collegen, als sie die Beweisstücke für eine alte Aburtheilung dieses Hochgrab=Freimaurers wegen Diebstahls vorlegten, nichts Neues mit. Die biesbezügliche Beschuldigung liegt bereits einige Jahre zurück. Oeffentlich wurde sie zum ersten Mal vor drei Jahren[1]) von Oberst Achille Pizzoni ausgesprochen. Lemmi hatte aber widersprochen. Er behauptete, es handle sich um eine Verwechslung, einen Irrthum in der Person. Der damals Verurtheilte sei nicht er, sondern ein anderer Abriano Lemmi. Besonderes Interesse aber hatte die erwähnte Wiederaufnahme der entehrenden Beschuldigung durch die 1891 vorgenommene Verificirung der Identität des Verurtheilten. In Wirklichkeit wußten die Interessirten und auch andere Personen, woran sie sich bezüglich der Ableugnungen Lemmi's zu halten hatten. Nichts desto weniger hatten die Gegner der seit Langem angekündigten Candidatur Lemmi's die Angelegenheit, welche sie als ausschlaggebenden Trumpf beim Spiele betrachteten, auf den geeigneten Zeitpunkt verspart. Es glückte ihnen zwar nicht, die Wahl des italienischen Groß= meisters zu verhindern. Aber dieser Auftritt bei derselben erregte solches Aufsehen, daß das Gerücht davon sich auch im profanen Publicum verbreitete.

„Es ist mir nicht gestattet, zu sagen, von wem ich die nachstehend mitgetheilten Documente erhalten habe. Nur soviel will ich bemerken, daß die Person[2]), welche sie mir ein= händigte, nicht in Frankreich wohnhaft ist. Die Documente, die ich mittheile, sind, ich wiederhole es, dieselben, um die es sich im geheimen Convent vom 20. September d. J. handelte. Ihre Authenticität kann controllirt werden. Denn Jedermann ist nun in der Lage, sich ähnliche Documente zu verschaffen und die gleichen Feststellungen vorzunehmen."[3])

---

[1]) Die italienischen Logenblätter (vgl. unten) berichteten, daß die Anschuldigung schon anfangs der sechsziger Jahre in der italienischen Presse erörtert wurde.

[2]) Taxil spielt hier wahrscheinlich auf Margiotta an, den er Mgr. Fava gegenüber, wie ein Brief Taxils an Margiotta vom 23. Mai 1894 bezeugt, als seinen italienischen Correspondenten Antibaph II. ausgab. Margiotta erhielt gemäß dem Taxil'schen Palladismus=Roman die Documente wieder von „Miß Vaughan", welche sich dieselben ihrerseits dank ihren hohen Verbindungen, ihrer Schlauheit mittelst reicher Geld=Spenden zu verschaffen wußte.

[3]) Revue Mensuelle. 1893 Nov. p. 3—8. — Wenn Jedermann jetzt in der Lage ist, sich diese Documente zu verschaffen, ist nicht

5

Darauf legt Bataille-Taxil den Text des Urtheils vor und bestreitet sodann die Entgegnungen des italienischen Großmeisters, daß nicht er, sondern ein Namensvetter von ihm der Verurtheilte sei, im Wesentlichen mit den gleichen Argumenten, wie später Margiotta-Taxil im Buch Adriano Lemmi.

67. Commandeur Pierre Lautier bringt den ersten ausführlichen Bericht über die Wahl Lemmi's zum Freimaurer-Papst. Die Aeußerungen der Riforma und Taxil-Quivis' zu diesem Bericht. Hinsichtlich des ersten ausführlicheren Berichts über die angebliche Wahl Lemmi's zum Freimaurer-Papst bediente sich die Firma Taxil eines Kunstgriffs, den sie häufig mit Erfolg anwendete, wenn es sich darum handelte, dem Publicum einen Bären aufzubinden. Sie nahm die Beihülfe einer jener vertrauensseligen Persönlichkeiten in Anspruch, welche nur zu große Geneigtheit zeigten, der Schwindel-Firma auf den Leim zu gehen und „erste Nachrichten" [Je vous donne la primeur de la nouvelle] des „ausgezeichneten Taxil'-schen Informationsdienstes" über geheime Vorgänge in der Freimaurerei auf ihre eigene Verantwortung hin ins Publicum zu werfen.

Diesmal, wo es sich um eine der grundlegensten „Enthüllungen" handelte, war kein Geringerer ausersehen worden, als — „Commandeur Pierre Lautier, General-Präsident des Ordens der Advocaten des hl. Petrus", derselbe Mann, der auch bei der Einführung des „Vaughan"-Romans im Hotel Mirabeau „unbewußt" die in der Presse viel erörterte Haupt-Rolle spielte. Die „Kölnische Volkszeitung" ist in der Lage, authentisch zu verbürgen, daß Herr Lautier von den Eingeweihten des Schwindler-Complotts Taxil und Cie. zur Anerkennung für die Dienste, die er demselben durch seine „willige" aber nicht „freiwillige" Mitwirkung in den wichtigsten Momenten des großen Mystificirungs-Unternehmens geleistet hat, mit dem Ehrentitel L'Empereur des Imbéciles bedacht wurde.

---

abzusehen, warum Taxil nicht auch auf einem gewöhnlicheren Weg, als der ist, welchen er angiebt, in den Besitz seiner „Documente" gelangte. Und angesichts aller nähern Umstände kann man heute mit Sicherheit behaupten, daß er thatsächlich nicht auf dem von ihm angegebenen Wege zu den „Documenten" gelangt ist. Die Frage, wie er in Wirklichkeit dazu gekommen ist oder kommen konnte, eingehend zu erörtern, verlohnt sich nicht der Mühe. Andeutungsweise bemerkten wir, daß ein Facsimile des Urtheils vielleicht schon früher veröffentlicht war. Sonst hat er möglicherweise sich eben selbst durch irgend eine Mittelsperson ein solches herstellen lassen.

Die einleitenden Bemerkungen, welche die Revue Mensuelle[1]) diesem von ihr abgedruckten Bericht vorausschickt, sind zu bezeichnend, als daß. wir sie hier nicht wiedergeben sollten. Die Revue schreibt:

„Aus Mangel an Raum [!] konnte der Bulletin des Diable au XIXe siècle (Octobernummer) nur einige wenige Worte über den von nun an in der Geschichte denkwürdigen Convent sagen, welcher den Eintritt der Freimaurerei in die Aera des erbittertsten Kampfes gegen das Papstthum bedeutet. Zweck dieses Kampfes ist, nun auch die geistliche Gewalt des Papstes zu vernichten, nachdem die weltliche Gewalt desselben bereits zu Falle gebracht worden ist [diesen Zweck hatte Lemmi den italienischen Freimaurern schon viel früher vorgesetzt].

„Trotz der von den Sectenhäuptern ergriffenen Vorsichtsmaßregeln wurde das Geheimniß dieser Zusammenkunft ruchbar. Es brachen Streitigkeiten unter den Theilnehmern des Convents aus, welche den italienischen Freimaurern niederer Grade bekannt wurden. Es wurde aus. der Schule geplaudert und, nachdem einmal die Aufmerksamkeit erregt war, waren die Katholiken, welche Erkundigungen [auf Taxils Informationsbureau] einzuziehen verstehen [z. B. Herr Lautier] bald, wenigstens im großen Ganzen, über die Vorgänge unterrichtet.

„Unter den Zwecken, die wir erreichen wollen, befindet sich auch der, das Actenmaterial anzusammeln, aus welchem künftige Geschichtsschreiber schöpfen [!] können, um die verborgenen Umtriebe der antichristlichen Secten darzustellen, und sich von dem maßgebenden Einflusse der letzteren Rechenschaft zu geben, welcher die Hauptursache der heutigen Mißstände in der Gesellschaft ist.

„Wir wollen dabei mit Beiseitzung aller Rücksichten der Eigenliebe vorerst ausführlich den gehaltvollsten [von P. Lautier gezeichneten] Artikel wiedergeben, welcher über diesen geheimen Convent der hohen Maurerei veröffentlicht wurde. Derselbe erschien im Rosier de Marie (Nr. 39) vom 30. September [1893]. Er lautet:

„Die stillen Wasser sind die gefährlichsten. Dieses Sprich-

---

[1]) Gezeichnet ist der Artikel von Quivis. Unter diesem Zeichen schreibt in der Revue ein Correspondent, der, wenn er nicht Taxil selbst, was das Wahrscheinlichere ist, doch sicher von Letzterem vollständig inspirirt ist. Wir können daher praktisch Quivis einfach als eines der vielen Pseudonyme Taxils behandeln.

wort hat nie mehr zugetroffen, als jüngst mit Hinsicht auf die Vorgänge vom 20. September d. J. in Rom. In der That herrschte an diesem 23. Jahrestag der sacrilegischen Einnahme der hl. Stadt eine absolute Stille —, nach außen wenigstens[1])."" Lautier giebt nun zunächst eine kurze Beschreibung der offi= ciellen Feier des Tages in Rom, der ohne jeden bemerkenswerthen Zwischenfall verlaufen sei. Dann fährt er fort: „Am Nachmittag und am Abend aber ging die Freimaurerei ihren besondern Geschäften nach." Und nun beschreibt er die Vorgänge auf dem nie stattgehabten freimaurerisch=palladistischen Geheim = Conventikel, in dem Lemmi zum Freimaurer = Papst gewählt worden sein soll, im Einzelnen[2]), ganz wie dies später,

---

[1]) Revue Mensuelle Nov. 1893, p. 16.

[2]) A. a. O., 17 f. — Thatsächlich fand nach Ausweis des offi= ciellen Organs des italienischen Groß=Orients (Rivista della Massoneria Italiana 1893, 195—201) am Abend des 20. September 1893 die feierliche Einweihung oder Eröffnung des neuen Freimaurer = Locals im Palazzo Borghese statt. Die Rivista della Massoneria Italiana berichtet, daß an diesem Tage schon von den ersten Morgenstunden an weithin sichtbar das Banner des Groß=Orients vom Balcon am Platz Borghese wehte, während auf dem andern Balcon dem Vatican gegenüber die Fahnen der symbolischen Großloge und der römischen Logen Universo und Rienzi aufgehißt waren. Abends von 7 Uhr an verkündete eine effectvolle Illumination, deren Eindruck durch das Licht der elektrischen Flammen aus dem Innern der prächtigen Säle erhöht wurde, das Fest des Groß=Orients. Schon den ganzen Tag über hatten übrigens die Fahnen die Auf= merksamkeit des Publicums erregt. Die römischen Freimaurer fanden sich sehr zahlreich zum Eröffnungsfest ein, das alle Theilnehmer in die gehobenste Stimmung versetzte. Großmeister Lemmi und Br.·. del Medico, der in Abwesenheit des Br.·. Marpurgo als Redner fungirte, hielten Reden, welche in der Rivista mitgetheilt sind.

Schon das Stattfinden dieser Eröffnungsfeier am Abende des 20. September, ist, abgesehen von allen andern Gründen, ein hinläng= licher Beweis dafür, daß der angeblich vom größten Geheimniß um= gebene Palladisten = Conventikel nicht, wie die Taxil'schen Pseudo= Enthüllungen behaupten, auf diesen Abend angesetzt gewesen sein konnte.

Man sieht daraus, wie sehr die Rivista Antimassonica in Rom (1896, p. 246 c seg.), das amtliche Organ der Unione Antimassonica, auf dem Holzwege war, als sie die Behauptungen unseres Artikels in Nr. 578 der „Köln. Volkszeitung" 1896 unter Anderem mit folgenden Sätzen siegreich zu widerlegen glaubte: „Die Existenz des luciferianisch = palladistischen Ritus leugnen, heißt die Augen vor dem Licht der Sonne verschließen. Ich selbst habe die

nur noch etwas ausführlicher Taxil = Margiotta in Adriano Lemmi thut.

Dem Bericht Lautiers, der die Quelle, aus der er schöpfte nicht nennt, läßt die Revue Mensuelle folgende ironische Bemerkungen folgen:

„Man muß annehmen, daß der Artikel des Herrn Lautier eingeschlagen hat, und daß die Herren Hochgrabler empfindlich getroffen und unangenehm überrascht worden sind, als sie ge= wahrten, daß das Geheimniß ihres satanischen Conklaves so schnell ruchbar geworden war. Denn eines ihrer officiösen

Fahne der Freimaurerei auf dem Balcon des Palazzo Borghese gesehen, als dort der pallabistische Welt-Convent behufs der Wahl des neuen [Freimaurer=] Papstes tagte. Und wie ich, so sah ganz Rom die zahlreichen Wachen, welche für die Sicherheit der Delegirten [?] fungirten. Alle Zeitungen sprachen davon" u. s. w.

Woher weiß denn die Rivista Antimassonica, daß die Fahne gerade zu Ehren des pallabistischen Welt=Convents gehißt war? Es wäre seitens der pallabistischen Freimaurer doch höchst unklug gewesen, in dieser Weise die öffentliche Aufmerksamkeit auf einen Conventikel zu lenken, der um jeden Preis absolut geheim bleiben sollte. Und war das Aushängen der Freimaurer=Fahnen nicht durch die von uns angegebenen Gründe überreichlich motivirt?

Bei diesem Anlaß sei noch bemerkt, daß der Artikelschreiber der Rivista Antimassonica, wie übrigens fast Alle, die gegen uns schrieben, nicht einmal unsere von ihm in Gänsefüßchen gesetzten Be= hauptungen richtig wiedergab. Für die Taxil'schen Pseudo = Ent= hüllungen trat er mit einer Wärme ein, die er heute lebhaft be= dauern dürfte.

Den Verfasser des von ihm angegriffenen Artikels der Köln. Volkszeitung und dieses Werkes bezeichnete er (ebendas., S. 250) als „persona affatto ignara dell' argomento sul quale vuol pro= nunciare giudizii, che la sua ignoranza in materia gli vieterebbe di pronunciare. Etc. Zu deutsch: Die genannten Ausführungen der Köln. Volkszeitung haben, wie schon ihr Inhalt zeigt, „einen Mann zum Verfasser, der von der Angelegenheit, über die er Urtheile abgeben will, ganz und gar nichts versteht und dem daher schon seine Unwissenheit in diesen Dingen hätte verbieten müssen, solche Urtheile abzugeben. Es thut uns leid, uns so derb ausdrücken zu müssen [uns that es für die Rivista Antimassonica leid, daß in derselben noch am 15. September 1896 in dieser Weise für die offenbar schwindelhaften „Ent= hüllungen" Partei ergriffen wurde]. — Aber unserm ultra=alpinen Collegen muß zum Bewußtsein gebracht werden, daß, wenn wir auch die Ersten sind, die an einer logischen, auf Thatsachen und Beweise gestützten Discussion Gefallen haben, es nie und nimmer unsern

Organe, die Riforma Crispi's, hat sofort geantwortet. Der freimaurerische Journalist versucht es, die Sache mit schlechten Witzen abzuthun. Aber hinter dem erzwungenen Lachen verbirgt sich nur schlecht der Aerger. Da der Journalist nicht abzuleugnen vermag, schneidet er Grimassen und wirft mit Scherzen um sich, welche aber sichtlich recht unbeholfen ausfallen. Mehr ließ sich eben auf den Artikel nicht erwidern."

Die Riforma schreibt unter Anderm über Lautier: „Commandeur Lautier leitet also, als Präsident der Advocaten, das officielle Blatt [derselben: Le Rosier de Marie]. Er ist ein unermüdlicher Schriftsteller, der es versteht, Einem das Zwerchfell zu erschüttern. Die gute Sache befruchtet seinen Geist, hebt seinen Muth und versetzt ihn in kriegerische Stimmung. In der letzten Nummer des Rosier de Marie expectorirt er sich in

Beifall finden kann, wenn man unbegründeter Weise und ohne irgend welche Beweisführung, die ein solches Vorgehen rechtfertigen könnte, Wahrheiten als Schwindel erklärt, welche nunmehr von der kirchlichen Autorität selbst anerkannt und durch unwiderlegliche Documente und Beweise erhärtet sind."

Darauf ist zu erwidern: Es ist selbstverständlich, daß wir in einem kleinen Zeitungsartikel, der zur „vorläufigen Warnung" dienen sollte, unsere Behauptungen nicht eingehend beweisen „konnten". Wir hatten mit Rücksicht hierauf ganz ausdrücklich darauf hingewiesen, daß die ausführlichen Beweise in einer demnächst erscheinenden Broschüre vorgelegt werden sollten. Wir können übrigens auch nicht einmal zugeben, daß wir in unsern Warnungsartikeln „keinerlei Beweise" für unsere Behauptungen vorgebracht hätten. Vielen und recht urtheilsfähigen Männern erschienen die von uns, wenn auch nur andeutungsweise, geltend gemachten Gründe schon als völlig durchschlagend. „Widerlegt" wurde kein einziger derselben.

Wir können nicht umhin, noch auf eine andere befremdliche Erscheinung hinzuweisen: Einerseits machten gewisse Baughanisten der deutschen Centrumspresse den Vorwurf, sie habe für ihre Behauptungen keine Beweise vorgebracht und so nicht das Ihrige gethan, um den Trienter Congreß rechtzeitig zu warnen; andererseits boten dieselben Leute wieder Alles auf, was in ihren Kräften stand, um der katholischen Presse „autoritativ" Schweigen auferlegen zu lassen. Eines beweist obige Aeußerung der amtlichen Rivista Antimassonica jedenfalls zur Genüge, daß man allen Grund hatte, zu befürchten, die Taxil'schen Pseudo-Enthüllungen möchten auf dem Trienter Congreß maßgebenden Einfluß gewinnen, und daß daher der vielfach verdächtigte Feldzug der katholischen Centrumspresse gegen diese „Enthüllungen" schon vor dem Congreß nur allzu sehr gerechtfertigt war.

einem sechs Spalten langen Artikel gegen den neuen Freimaurer=
Papst und durchbohrt ihn mit den scharfen Geschossen seiner
Verachtung und seines Unwillens. Vor Allem erregt die In=
stallation der Freimaurerei im Palast Borghese seine Wuth bis
zu dem Grade, daß er in Worte, wie die folgenden, ausbricht:
„Der Hohepriester Satans, der luciferianische Gegenpapst hat
von nun an seinen Wohnsitz in Rom unter dem Schutz des
piemontesischen Usurpators." Als guter Christ beruhigt er sich
aber am Schluß. Wenigstens ertheilt er den Gläubigen den
Rath, ihre Gebete und die Beweise ihrer Treue gegen Gott zu
vervielfältigen, um das Heil der Welt zu erlangen."

Es ist angesichts der bekannten Taxil'schen publicistischen
Manier sehr leicht möglich, ja sogar mit Rücksicht auf den Inhalt
des Artikels nicht unwahrscheinlich, daß auch dieser Riforma-
Artikel thatsächlich von ihm oder einem seiner litterarischen Spieß=
gesellen veranlaßt wurde.

Die Rivista della Massoneria Italiana bemerkt: „Der
Artikel des Rosier de Marie ist zu ergötzlich, als daß wir es
wagen dürften, denselben unsern Lesern vorzuenthalten. Wir
geben denselben daher zu Erheiterung unserer Leser in extenso
wieder."[1]

Nach der Wiedergabe des Riforma-Artikels führt Taxil=
Quivis noch aus, wie Herr Lautier der Riforma mit anzüg=
lichen Ausfällen auf den Bigamisten Crispi mit Erfolg hätte
antworten können.[2] „Wir unsererseits," fährt er dann fort,
„hatten von Rom und verschiedenen andern Orten Italiens ver=
schiedene Nachrichten erhalten, welche die Informationen des
Rosier de Marie bestätigen." Es folgt nun noch ein angeblicher
Bericht Antibaphs [wieder Taxils, bezw. des von ihm inspirirten
Margiotta], in welchem auch des angeblichen Abfalls des Br.˙.
Findel von der amerikanischen Partei und seines Anschlusses an
Lemmi Erwähnung geschieht. Dann wird noch eine Auslassung
des Chorherrn Mustel zur Sache mit ironischem Beifall citirt.
Taxil-Quivis weist ferner darauf hin, daß die [von ihm erdichtete]
Uebertragung des Freimaurer-Papstthums nach Rom bezeichnender
Weise im Jahre der Säcularfeier der Hinrichtung Ludwig XVI.
stattfand.[3]

Am Schlusse des Artikels berichtet Taxil = Quivis:
Lemmi und sein Freund Umberto del Medico, welcher seine

---

[1] Rivista della Massoneria Italiana 1893, p. 244.
[2] Revue Mensuelle 1893 Nov., p 18.
[3] A. a. O., S. 19.

Encyklifen für die Triangel abfaßt, sind nicht bloß hinsichtlich des Satanismus, ein Herz und eine Seele, sondern auch hinsichtlich ihres Hasses gegen Frankreich, „dessen verabscheuungswürdigste Einrichtung natürlich die correctionellen Gerichtshöfe sind" [von denen einer nach Taxil Lemmi wegen Diebstahls verurtheilte]. In einer seiner ersten Reden nach der Wahl zum Freimaurer-papste rief Lemmi aus: „Wäre ich nicht Italiener, so möchte ich ein Preuße sein. Zweierlei Dinge sind es, die ich von Herzen hasse: Gott (den Katholiken = Gott) und Frankreich." [Dieser angebliche Ausspruch Lemmi's steht als Motto auf dem Titel-blatt des Taxil=Margiotta'schen Werkes über Lemmi.]

„Als dritter Papst der Welt = Freimaurerei und erster in Rom residirender luciferianischer Papst nahm der Renegat Lemmi, der die kirchliche Einrichtung des Papstthums auch hierin nach-äffen wollte, den quasi=hohenpriesterlichen Namen Simon, zum Andenken an Simon den Magier, den Todfeind des Apostel-fürsten Petrus und den Vater des Gnosticismus, an." Lemmi vergaß hierbei, daß von Simon dem Magier sich auch das Wort „Simonismus" herleitete, welches Handel mit heiligen Dingen bezeichnet und mit Ausbeutung und Diebstahl gleichbedeutend ist. Auch in dieser Hinsicht ist der Name von Lemmi sehr zutreffend gewählt worden. Unter dem Namen „Simon" zeichnet der Freimaurer=Papst Lemmi seine palladistischen Encykliken an die Triangel. Auch daran kann man schließlich noch denken, daß Simon der Magier sich in seinem Kampf gegen den hl. Petrus den Hals gebrochen hat.[1]

68. Schisma im Palladismus. Miß „Diana Vaughan" und ihr „Protest=Gewölbe". Im Januar-heft 1894 der Revue Mensuelle weiß Taxil=Quivis bereits zu melden: Die durch Lemmi's Wahl zum Satanspapst hervorgerufene Spaltung der Hohen Freimaurerei wächst von Tag zu Tag. Bereits vor der Wahl bildete sich in Palermo gegen die Tyrannei Lemmi's die „Italienische Freimaurer = Verbrüderung". Die unzufriedenen Palladisten haben in London ein permanentes Oppositions = Comité gegründet und unter dem 15. Dec. 1893 ein Protest=Gewölbe [so sollen die palladistischen Erlasse heißen] an alle Triangel versandt, dessen Wortlaut noch nicht „eingetroffen" [d. h. fabricirt] ist, aber in der nächsten Nummer der Revue Mensuelle erscheinen wird. Die Zusendung ist bereits zugesagt. In Folge dieses „Gewölbes" begann Lemmi ernstlich zu fürchten und ließ nunmehr durch Sophia Walder mit dem von ihm

[1] A. a. O., S. 20.

bepoſſedirten zweiten Nachfolger Pike's Mackey Unterhandlungen
anknüpfen, die aber ſcheiterten.[1]) Taxil-Quivis macht zu dieſen
Angaben die Bemerkung:
„Wir verdanken der Güte unſeres Freundes und Mit-
arbeiters A. C. de la Rive die Mittheilungen von zwei
wichtigen [!] Actenſtücken, welche den von Lemmi der Tochter
Walders ertheilten Auftrag und das Mißlingen ihrer Bemühungen
darthun. Unſerm Freund iſt bezüglich der Art und
Weiſe, wie er zu dergleichen Documenten gelangt,
Stillſchweigen auferlegt; aber er verſichert uns, die
Originale [!] in Händen zu haben."
Darauf werden zwei nichtsſagende Depeſchen — die Sophia
Walders iſt mit „Vernon" gezeichnet — mitgetheilt.[2])
An der Spitze des Februarhefts 1894 der Revue Mensuelle
veröffentlicht Taxil, der diesmal wieder als „Dr. Bataille"
zeichnet, den Wortlaut des angekündigten Londoner „Proteſt-
Gewölbes". Es iſt dies ein Actenſtück, das ſieben zweiſpaltige
Seiten der Zeitſchrift füllt und in Kürze die Beſchwerden der
von Lemmi ſich losſagenden Palladiſten, die ſich nun „unab-
hängige Palladiſten" nennen, aufzählt. Dieſe Beſchwerden
beziehen ſich ſowohl auf die Uebertragung des Sitzes des Frei-
maurer-Papſtthums von Charleſton nach Rom, als auf die
Wahl Lemmi's zum Freimaurer-Papſt. Das Actenſtück enthält
im Keime wenigſtens Alles, was ſpäter Taxil-Margiotta und
Taxil-Miß Vaughan über dieſe Angelegenheit mit ermüdender
Eintönigkeit ihrem Publicum immer wieder auftiſchen.
Obgleich das Document angeblich von 26 Delegirten unterzeichnet iſt, werden doch nur drei derſelben mit Namen auf-
geführt. Es ſind dies die angeblichen Mitglieder des „permanenten
Proteſtations-Comités": Alex. Graveſon, Erwählter
Magier, Delegirter für Philadelphia; Vicente Feliz Palacios,

---

[1]) Revue Mensuelle 1894, p. 9.
[2]) A. a. O., S. 10. Aus dem neuerdings von „Miß Vaughan"
in den Mémoires veröffentlichten Briefwechſel „Miß Vaughans" mit
de la Rive (vgl. Mémoires 1897, p. 508 et suiv.; 506 et suiv.) geht
hervor, daß de la Rive dieſes und andere ähnliche Documente von
„Miß Vaughan" erhalten hatte. Taxil leiſtete ſich alſo den Humbug,
zuerſt ſeinem „Freunde" de la Rive fabricirte Documente als von
„Miß Vaughan" herrührend in die Hände zu ſpielen, um dieſelben
ſodann von de la Rive ſich ſelbſt wieder leihen zu laſſen. Alles nur,
weil dieſe „Documente", wenn es gelang, ihnen einen geheimnißvollen Urſprung mit Erfolg anzudichten, ſich für die Taxil'ſchen
litterariſchen Betrügereien um ſo wirkungsvoller verwerthen ließen.

Erwählter Magier, Delegirter für Mexico, und — „Diana Vaughan" [!], souveräne Templer = Meisterin, Großmeisterin des vollkommenen Triangels Phébé-la-Rose, Delegirte für New=York und Brooklyn.

Form und Stil des Schriftstücks tragen deutlich die bekannte Signatur der Taxil'schen Firma. Das Schriftstück selbst beginnt mit den Worten:

„Dei Optimi Maximi[1]) Ad Gloriam. An die Sehr Erlauchten, Sehr Mächtigen und Sehr Erleuchteten Brüder in Unserm Göttlichen Meister Excelsus Excelsior[2]), welche als Aelteste und unabsetzbare Mitglieder, das Durchlauchtigste Groß=Collegium der Ausgedienten Freimaurer[3]) [Maçons Emérites] zusammensetzen;

„An alle Ehrwürdigen Herren Großmeister, die den Voll=kommenen Triangeln der Erwählten Magier vorstehen;

„An alle wahrhaft Erwählten und Vollkommen Eingeweihten, welche die reservirte Kenntniß der geheimnißvollen Zahlen 77 und 666 haben: an die Erwählten Magier und Souveränen Templer=Meisterinnen, an die Hierarchen und Templer=Meisterinnen der Würdigen Offenbarung sowie an die Ritter Kadosch des Palladiums und an die Palladistischen Erwählten Ritterinnen, welche über die Oberfläche der Erdkugel zerstreut sind,

„Heil auf allen Punkten des Triangels!

„Gesundheit! Stetigkeit! Macht!

„Protest=Gewölbe

„Gegen die im Thale von Rom am 20. Tage des 7. Monats im Jahre 000893 des Wahren Lichts vollzogenen Dinge."[4])

Das Schriftstück selbst zerfällt in eine Einleitung, neun Abschnitte, in denen eben soviele auf Lemmi und sein Papstthum bezügliche Thesen abgehandelt werden, und in einen Schluß. Die neun Abschnitte tragen statt einer Zahlen= oder Capitel=Bezeichnung die Buchstaben des angeblich palladistischen „Alphabets der Magier": Athoïm, Béïnthin, Gomor, Dinaïn, Eni, Ur, Zaïn, Heletha, Thela.[5])

---

1) Darunter wird gemäß dem Vaughan = Roman Lucifer als der „Liebe Gott" der Palladisten verstanden.
2) Wieder ist Lucifer gemeint als „Triangel=Gott".
3) Das „Cardinals=Collegium" des „Satanspapstes".
4) Revue Mensuelle 1894, p. 33.
5) A. a. O., S. 34 bis 40.

Das „Document" wird von Taxil=Bataille bei seinen
Lesern mit der folgenden hochtrabenden Reclame eingeführt:

„Wir brauchen auf die Wichtigkeit des nachstehend mit=
getheilten Documents wohl nicht eigens hinzuweisen. Dasselbe
enthüllt mit bemerkenswerther Klarheit und Bestimmtheit die von
Lemmi mit so großem Geschicke ins Werk gesetzte Intrigue, durch
welche es ihm gelang, seine Wahl zum obersten Haupte der
ganzen Freimaurerei durchzusetzen. Dasselbe ist eine der voll=
ständigsten Denkschriften seiner Gegner. Es ist bereits bekannt
geworden, daß Lemmi durch diese Denkschrift in Schrecken versetzt
wurde und Versuche gemacht hat, die Hoch=Maurer, welche seine
Wahl nicht anerkennen, zu beschwichtigen . . . . . Der Streit
nimmt mit jedem Tag mehr die Bedeutung eines wahrhaften
Schismas an.

„Die Katholiken können über das Ereigniß nur erfreut sein.
In Folge der unerhörten Ränke des Eindringlings im Palast
Borghese ist der Zorn der amerikanischen Convents=Delegirten
endlich zum offenen Ausbruch und so die geheime Coulissen=
Arbeit der Hoch=Maurerei aus Tageslicht gekommen. Es kann
kein Zweifel darüber sein, daß bis auf diesen Tag, abgesehen von
einigen unermüdlichen und scharfblickenden Forschern,
die eigene Studien darüber machten[1]), das Publicum im Großen
und selbst neun Zehntel der Freimaurer von der Existenz dieser
fürchterlichen geheimen Vereinigung, welche alle die so verschieden=
artigen und anscheinend sich völlig fremd gegenüberstehenden
Riten der internationalen Secte beherrscht und leitet, keine
Kenntniß hatten. Man vermochte daher nicht zu begreifen, wie
diese manchmal sich gegenseitig bekämpfenden, in verschiedene auf
einander eifersüchtige Gruppen gespaltenen Verbände dennoch in
so wunderbarer Einmüthigkeit demselben Ziele zusteuern könnten.

„Heute ist der Vorhang gefallen. Der Höchste [Freimaurer=]
Ritus hat sich in seinem geräuschvollen innern Streit vor Aller
Augen enthüllt. Ein Freimaurer, welcher heute noch den Palla=
dismus ableugnen wollte, würde damit höchstens erreichen, daß
man ihn auslachte und über ihn die Achseln zuckte. Unter
diesem Gesichtspunkt sind solche Zwischenfälle wahrhaft pro=
videntiell.

„Wir bringen das Actenstück vollständig zum Abdruck. Das
Original ist in englischer Sprache abgefaßt. Wir haben uns

---

[1]) Als solche Forscher werden von Taxil natürlich nur Leute an=
erkannt, die bewußt und unbewußt an seinem Schwindel mitarbeiten
oder wenigstens an denselben glauben.

bemüht, bem Leſer eine möglichſt treue Ueberſetzung von dem=
ſelben zu bieten, ohne auf Eleganz bes Stils beſonders zu
achten."¹)

Letzteres brauchte Taxil nicht eigens hervorzuheben. Der
Stil und die litterariſche Seite überhaupt laſſen in allen ſeinen
Publicationen viel zu wünſchen übrig. Seine Behauptung, daß
das Original des Actenſtücks in engliſcher Sprache geſchrieben
wurde, ſtellt ſich für Jeden, welcher des Engliſchen einigermaßen
mächtig iſt, ſofort als falſch heraus. Im Buche Adriano Lemmi
wird der angebliche engliſche Urtext neben der franzöſiſchen Ueber=
ſetzung mitgetheilt.²) Der Inhalt des „Actenſtückes" iſt ebenſo
kindiſch, wie ſeine Form.

69. Die angebliche Auflehnung der ſicilianiſchen
Freimaurer gegen Lemmi. In demſelben Heft der Revue
Mensuelle, in welchem Taxil als Dr. Bataille der Welt die
große Kunde vom Londoner „Proteſt=Gewölbe" mittheilt, berichtet
er oder der von ihm birigirte Margiotta auch ſchon als Antibaph II. von „neuen Diſſidenten", die ſich gegen Lemmi in
Italien aufgelehnt hätten. In einem mit dieſem Decknamen
gezeichneten angeblichen Brief aus Rom vom 20. Februar 1894
heißt es: Die Rebellion gegen Lemmi hat auch unſere Halbinſel
ergriffen. „Ein Congreß der hohen Würbenträger des alten und
angenommenen ſchottiſchen Ritus hat ſoeben in Palermo ſtatt=
gefunden. Man ſetzte auf demſelben die Maßregeln feſt, die
man ergreifen wollte, um die italieniſchen Freimaurer, die unab=
hängig zu werden wünſchten, von der Botmäßigkeit Lemmi=Simons
zu befreien. Man beſchloß, zu dieſem Zwecke in Italien „ſoviele
Suprème Conseils zu errichten, als es vor der politiſchen
Einigung Italiens Staaten auf der Halbinſel gab". Demgemäß
errichtete man vorerſt den Supr. Conseil für das alte Königreich
Neapel mit dem Sebeto = Thale (Neapel) als Sitz; den Supr.
Conseil für das alte Großherzogthum Toscana im Arno=Thale
(Florenz) und den Supr. Conseil für Sicilien im Oreto=Thale
(Palermo)." Es werden auch die Hauptmitglieder dieſer Supr.
Conseils mit Namen angeführt. Beſonders hervorgehoben wird
Paolo Figlia, Abgeordneter für Palermo, der ſich durch hohe
Berebſamkeit auszeichne.³)

¹) Revue Mensuelle 1894. p. 33.
²) Margiotta, Adr. Lemmi. p. 320—352.
³) Revue Mensuelle 1894. p. 42. — Mit dieſen Supr. Conseils
iſt's natürlich nichts. Sollten dieſelben ſelbſt wirklich exiſtiren, was
wir nicht glauben, ſo wären ſie, wie wir bereits ſahen, höchſtens

In demselben Heft veröffentlicht Taxil ferner den Text der Constitution der angeblich von den ersten italienischen Dissi-denten 1889 gegründeten, von Lemmi sich lossagenden Freimaurer-Verbrüderung[1]) und den falschen Bericht über Hostienentweihungen und Orgien in der Freimaurer-Odd-Fellow-Loge in Freiburg in der Schweiz.[2])

Im folgenden (März-) Heft der Revue Mensuelle theilt Taxil-Quivis das angeblich von Lemmi festgesetzte palladistische Paßwort mit. Dasselbe lautet nach ihm: Benchorim? — Barabbas.

70. **Die angebliche Beilegung des palladistischen Schismas durch die Vermittlung des Br.·. J. G. Findel in Leipzig. „Miß Vaughans" Gegen-bemühungen.** Lemmi macht vergeblich Anstrengungen, um dem „trefflichen Informationsdienst" der Revue Mensuelle auf die Spur zu kommen. Ebenfalls im Märzheft 1894 der Revue Mensuelle bringt Taxil in besonders in die Augen stechenden Lettern folgende kurze Meldung:

„Der Streit zwischen den amerikanischen Hoch-Maurern und Abr. Lemmi ist, in Folge der Reise zweier Mitglieder des Protest-Comités .... nach Berlin in ein neues Stadium eingetreten. Die deutschen Triangel, besonders der von Leipzig, wollen im Zwiste vermitteln und ein Transactions-Project zur Annahme bringen. Wenn wir indeß gut unterrichtet sind, soll das Project keine günstigen Aussichten haben. Wir geben die Nachricht mit allem Vorbehalt wieder."[3])

In demselben Hefte bringt Taxil-Bataille auch das angebliche palladistische Alphabet, eine müßige Spielerei mit Zahlen zum Abbruck, von der noch die Rede sein wird.[4])

Im Aprilheft derselben Zeitschrift wird die angebliche Transaction Findels ausführlich besprochen. Auch für diese Nach-richt hatte sich Taxil um einen der drei Herren umgesehen, die unbewußt mithelfen mußten, wenn es galt, dem Publicum einen

---

schwindelhafte freimaurerische Winkel-Verbände, deren Handlungen, bzw. Documente vom Standpunkte der Weltfreimaurerei absolut bedeutungslos sein würden.
1) A. a. O., S. 45 bis 50.
2) A. a. O., S. 43. 139. Die schwindelhafte Lucie-Claraz-Ge-schichte wird auch im Bulletin Mensuel, Mai und August 1894 (Nr. 18 und 21) erwähnt.
3) A. a. O., S. 69.
4) A. a. O., S. 83.

größeren Bären aufzubinden. Chorherr Mustel leistete in seiner
Revue catholique de Coutances vom 6. April 1894 diesen
Dienst. Derselbe beginnt seinen Artikel, in dem er Alles auf
die vermeinte Krisis in den palladistischen Vereinigungen Bezügliche kurz zusammenfaßt, mit den Worten: „Wie Mgr. Fava
richtig voraussagte, wird der Teufel, dem es in Rom wohlgefallen
muß, trotz der Auflehnungen und Proteste, welche die betrügerische
Wahl Lemmi's zur Folge hatte, in der Person seines höchsten
Vertreters dort bleiben."[1]

Taxil giebt zunächst diesen Artikel des Chorherrn Mustel
wieder. Dann macht er auf Grund „weiterer Erkundigungen"
im Wesentlichen folgende Angaben über den rein erdichteten
Findel'schen Compromiß:

„In den letzten Tagen des Januar verließen zwei Mitglieder des permanenten Protest=Comités, Br.˙. Palacios
und Schw.˙. Vanghan London, um sich nach Berlin zu begeben,
wo das Souveräne Administrativ=Directorium damals noch seinen
Sitz hatte. Hier beabsichtigten sie mit Ermächtigung des Durchlauchtigsten Groß=Collegiums von Charleston, sich in regelrechter
Weise jeder Zahlung von Geldern an Br.˙. Lemmi zu wider-
setzen. Die zwei amerikanischen Delegirten nahmen einen kurzen
Aufenthalt in Hamburg, wo sie jedenfalls am 30. Januar
waren. Denn an diesem Tage wurden sie vom Souveränen
Patriarchalrath empfangen, der sich in dieser Stadt im Frei-
maurerlocal „Melchisedech" befindet und die Centraldirection der
geheimen jüdischen Logen in Händen hat.[2]

---

[1] Revue Mensuelle 1894. p. 100.

[2] Dieser „Patriarchalrath" steht und fällt ebenfalls mit der
Glaubwürdigkeit Taxils. Wie aus einem neuerdings veröffentlichten
Briefe Taxils an Margiotta vom 19. September 1894 hervorgeht, beabsichtigte Taxil, der früher gegen den Antisemitismus und
gegen Drumont, den hauptsächlichsten Vorkämpfer desselben in Frankreich, aufgetreten war, mit seinen „Enthüllungen" über jüdische Logen
und die Verjudung der Freimaurerei besonders Herrn Drumont, den
Herausgeber der weitverbreiteten Libre Parole, für seine Publicationen
zu interessiren, bezw. zu „mystificiren". In dem genannten Brief heißt
es wörtlich:
„Gestern erhielt ich die Bogen S. 161 bis 224 [des Buches
Margiotta, Adriano Lemmi] im Reindruck. Ich schickte dieselben
unverzüglich in recommandirter Sendung an Drumont
in Brüssel. Auf der Adresse gab ich aber Delhomme und
Briguet, Verleger in Paris, als Absender an. Sie können
ihm schreiben, daß Sie die Zusendung veranlaßt hätten. Lenken
Sie seine Aufmerksamkeit auf die Rolle der Juden in

„In Berlin hielten sich Palacios und Miß Vaughan ungefähr vierzehn Tage auf. Vom 5. bis 16. Februar fand, wenn
wir gut unterrichtet sind, der Meinungsaustausch zwischen den
Hoch-Maurern hinsichtlich der Krise statt. Hier vollzog sich das
Vermittelungs=Werk der deutschen Triangel, im Besondern des
Leipziger Triangels, in welchem der alte Findel die diesbezügliche Anregung gegeben hatte. . . . Die Sitzungen im Local der
Dorotheenstraße waren stürmisch. Bei einer derselben kam es
sogar im Laufe einer heftigen Auseinandersetzung zu Handgreif=
lichkeiten.[1]) Palacios versetzte dem Großmeister des Lotus
St.=Friedrich [!] Br∴ Hoffmann, eine Ohrfeige. Die Sitzung
endigte mit einem unbeschreiblichen Tumult."[2])

Hinsichtlich der angeblichen Verhandlungen selbst berichtet
Taxil: Die Befürworter der Transaction schlugen vor, die
Palladisten in Charleston dadurch zu entschädigen, daß man den
Sitz des Administrativ=Directoriums von Berlin nach Charleston
verlege. Das Executiv=Directorium sollte als Unter=Directorium
im Dogmatischen aufgehen. Findel hatte seine Functionen
am Administrativ=Directorium, die ihn hinderten, sich in der
Weise, wie er es wünschte, seiner „Bauhütte" und seinem
Lessingbund zu widmen, längst satt. Deshalb unterstützte
er den Antrag auf die Verlegung desselben nach Charleston auf's
Lebhafteste.

der Freimaurerei, über welche er in den heute ihm zugehenden
Bogen einige erste Angaben finden wird. Fügen Sie bei, daß die
folgenden Seiten, welche Sie ihm ebenfalls zusenden würden, noch
viel interessanter sein würden. Sie können folgendermaßen schreiben:
„Die Brr∴ des Großorients von Frankreich leugnen die Existenz
eines neben dem ihrigen functionirenden Freimaurer=Systems, das
geheimer ist, als das ihrige. In Wahrheit giebt es aber nicht bloß
ein, sondern zwei solcher geheimer Systeme. Diese sind: das System
der Triangel oder der palladistische Ritus und der Bund der
geheimen jüdischen Logen, deren souveräner Patriarchalrath,
unter welchem alle israelitischen Bauhütten der ganzen Welt
stehen, in Hamburg, Valentinskamper Straße, seinen Sitz hat. In
meinen Ausführungen auf S. 225 ff. werden Sie die ganze
Darlegung der Art der Wirksamkeit der geheimen israelitischen Logen finden, mittelst derer sechzigtausend Juden
die gewöhnliche Freimaurerei der Welt inspiriren.""

Aus dem letzten Satz geht, nebenbei bemerkt, auch hervor, daß
Margiotta nicht einmal wußte, was Alles in dem unter
seinem Namen herauskommenden Werke erscheinen sollte.

[1]) Revue Mensuelle 1894. p. 102.
[2]) A. a. O., S. 103.

Palacios und Miß Vaughan traten mit großer Heftigkeit
für die Erhaltung des status quo ein. Sie unterlagen aber.
Auch die Debatte über die Person Lemmi's führte stürmische
Auftritte herbei. „Man hatte große Mühe, die Großmeisterin
von New-York zu beschwichtigen. Hinsichtlich des Geldpunktes
wurde schließlich festgesetzt, daß dem Freimaurer-Papst in Rom
vom Souveränen Administrativ-Directorium, welches im aus-
schließlichen Besitz der Centralcasse bleiben sollte, eine Civilliste
von 1,500,000 Frcs. [!] ausgeworfen werden sollte. 300,000 Frcs.
jährliche Pension sollten dem von ihm verdrängten Mackey zufallen. Lemmi verlor so den Schlüssel zur Ordenscasse, was
ihn sehr schmerzte."

Dieser Compromiß befriedigte die große Mehrheit der
Amerikaner. So nahm das Schisma ein Ende. Das Geschick,
welches der alte Findel bei diesem Anlaß bekundet hatte, fand
allgemein begeisterte Anerkennung. Br.·. Findel war, obgleich
selbst weder Kabbalist noch Luciferianer noch Satanist, der
gefeierte Held der Triangel geworden. Lemmi ernannte ihn zum
Danke für die Dienste, welche er ihm geleistet hatte, zum „Ausgedienten Patriarchen" oder Freimaurer-Cardinal für Deutschland.

Miß Vaughan wurde von Vielen der Mitwirkung bei der
Veröffentlichung der geheimen Vorgänge im Schooße des Palladismus angeklagt. „Man übertreibt die Beziehungen," schreibt
Taxil wörtlich, „welche sie vorübergehend mit einigen Katholiken
hatte" [angespielt ist hier wohl auf die gefälschten Briefe der
„Miß", durch welche de la Rive, Chorherr Mustel, Abbé de
Bessonies und Andere mystificirt wurden]. Der Vorwurf, den
man ihr ebenfalls machte, als ob sie das „Protest-Gewölbe"
verrathen hätte, beruht auf einem Irrthum. Wir haben dieses
„Gewölbe" weder direct noch indirect von ihr erhalten. „Man
wird begreifen, daß wir nicht sagen dürfen, wie und
durch wen wir zu dem genannten „Gewölbe" gekommen sind.[1]) Wir erklären Lemmi und Genossen ein für
alle Male, daß er mit seinen Versuchen die verschiedenen Quellen,
aus denen wir unsere Erkundigungen beziehen, ausfindig zu
machen, nur seine Zeit verliert. Wir haben nicht gestrauchelt,
als er gegen uns durch seinen Agenten Moïse Lid Nazareth [Paul
Rosen ist gemeint; vgl. I. Thl., S. 106] den Feldzug von heimtückischen

---

[1]) Das begreifen wir allerdings. Taxil durfte natürlich, sollte
sein Mystificirungs-Unternehmen nicht ein jähes Ende finden, nicht
sagen, daß dieses „Gewölbe" lediglich ein Erzeugniß seiner — fruchtbaren
Einbildungskraft war.

Lügen und Angriffen eröffnen ließ, der den Katholiken wohl=
bekannt, der aber elendiglich fehlgeschlagen ist. Man hat in
den Blättern, deren Redactionen auf Rosen wie auf ein Orakel
hören,[1]) die Authenticität der Enthüllungen des Doctor
Bataille geleugnet. Man hat dieselben als Betrug behandelt
und in's Lächerliche gezogen. Man bezweckte damit, seine Empfind=
lichkeit zu reizen, ihn in seinem Ehrgefühl zu treffen, um ihn so
zu zwingen, seinen Angriffsplan zu verrathen. Die Falle war
aber zu ungeschickt gestellt. Weder der Doctor noch seine Freunde
ließen sich fangen. Sie überlassen ruhig der Zeit die Sorge,
die Richtigkeit ihrer Veröffentlichungen zu beweisen.

„Nein, Lemmi, Sie mögen, soviel Sie wollen, auf Mittel
sinnen, uns aus unserer Zurückhaltung herauszulocken. Sie
werden dies nicht erreichen. Ihr Befehl an Ihren Agenten
Moïse, einige Köter gegen uns zum Bellen zu bringen[2]), wird
dies ebensowenig zu Stande bringen, als Ihre Anklage gegen
Miß Vaughan, welche nach Ihnen heute unsere vorzüglichste
Beratherin sein und dadurch alle Arten von Verrath am Palla=
dismus begehen soll. Uebrigens brauchen wir sie um so weniger
zu vertheidigen, als wir wissen, daß sie Ihrer Person und Ihrer
Nachstellungen spottet. Und wir thun desgleichen.“

Wir bemerken, daß Taxil hier seine „Enthüllungen“ der
Margiotta= und Vaughan=Phase selbst mit denen der Bataille=
Phase auf Eine Stufe stellt. Welchen Werth aber die Bataille'schen
„Enthüllungen“ haben, ist bereits dargethan. Die angeblichen
Machinationen Lemmi's, um hinter Taxils „Informationsdienst“
zu kommen, sind wieder nur durch das Zeugniß Taxils „ver=

---

[1]) Gemeint sind vor Allem die Vérité, der Monde und die
Semaine religieuse von Cambrai u. s. w. Jetzt würde Taxil wohl
alle hervorragenden katholischen Zeitungen zu diesen Blättern rechnen.
Wer seinem Schwindel entgegentritt, wird von ihm flugs als Partei=
gänger der Freimaurerei denuncirt.

[2]) Wir können nicht umhin, zu erwähnen, daß der „Pelikan“
in Feldkirch (1896 October, S. 145) gegen den Verfasser eine stilistische
Tonart anschlug, die ganz an die obige Köter=Expectoration
Taxils erinnert. Der „Pelikan“ schreibt a. a. O.: „Wenn ein
großer Hund bellt im Dorfe, bellen sofort alle andern Hunde mit,
ohne zu wissen, warum. So ging's auch hier. Die „Germania“ ließ
sich zum Bellen bewegen (es sei ihr nicht verargt; denn die beste
Zeitung wird oft irrig berichtet), und es bellen nacheinander sofort,
ohne die Broschüre [Geheimnisse der Hölle] gesehen zu haben, eine
Menge Zeitungen aller Länder nach und warnten vor der schrecklichen
Gefahr. Zuletzt fand man den „Pelikan“ selbst für ganz ruchlos und
jetzt bekämpfen sie ihn.“

bürgt", welcher ein Interesse daran hatte, durch diese und ähnliche Erfindungen seine eigene Bedeutung und die seiner „Enthüllungen" künstlich emporzuschrauben. Die Art und Weise, wie Taxil Br.·. Findel in seinen Roman hereinzieht, ist albern und verräth seine völlige Unkenntniß über freimaurerische Dinge in Deutschland. Findel hat schon mindestens seit 1892 mit der „Bauhütte" und dem „Lessingbund" nichts mehr zu thun. Also konnte der Wunsch, sich ganz diesen „seinen eigensten Werken" zu widmen, für ihn nicht Grund sein, die Functionen des angeblichen Administrativ-Directoriums von sich abzuwälzen. Hätte es selbst je ein solches Directorium in Berlin gegeben, so war es ein arger Mißgriff von Seite Taxils, dem Br.·. Findel irgend eine, geschweige denn die erste Rolle in demselben zuzuweisen. Solchen, welche die einschlägigen freimaurerischen Verhältnisse einigermaßen kennen, kann dieser Punkt des Taxil'schen Palladismus-Romans im günstigsten Falle als ein schlechter Witz erscheinen.

71. Das Verhältniß der Enthüllungen Taxil-Margiotta's zu denen Taxil-Vaughans ist im Vorstehenden, soweit es für den Augenblick wünschenswerth ist, schon genügend mitgekennzeichnet. Diese Enthüllungen laufen parallel und erschienen ziemlich gleichzeitig. Deßhalb stimmen sie, obgleich zwischen Margiotta und Taxil-Vaughan mancherlei Differenzen persönlicher Natur zu Tage traten, wenigstens soweit der Palladismus in Betracht kommt, vollkommen überein. In der That stammen sie ja auch aus einer und derselben Quelle: Taxil hat eben beide „fabricirt". Dieses Verhältniß der Margiotta- zu den Vaughan-„Enthüllungen" wird bei Vorführung der Margiotta'schen „Enthüllungen" noch mehr zu Tage treten. Wir merken, wo „Miß Vaughan" dieselben „kostbaren" Dinge „enthüllt", welche Margiotta vor oder nach ihr der Welt „offenbart", dies, um uns nicht später wiederholen zu müssen, gleich bei der Darlegung der Margiotta'schen Enthüllungen an.

Aus diesem Verhältniß der Vaughan'schen „Enthüllungen" zu denen Margiotta's ergiebt sich, daß durch alle unsere Ausführungen, durch welche die Margiotta'schen „Enthüllungen" als Schwindel dargethan, zugleich die „Enthüllungen" „Miß Vaughans" mitbetroffen werden, wie letztere, wegen ihres Verhältnisses zu den Bataille'schen „Enthüllungen" in unseren gleichgerichteten Ausführungen über den Bataille-Schwindel bereits mitbetroffen worden sind. Sowohl der erste als der zweite Theil unserer Arbeit behandeln und lösen daher thatsächlich auch schon die Vaughan-Frage.

II. Die „Enthüllungen" Taxil-Margiotta's in den Werken Adriano Lemmi und Le Palladisme über den „Palladismus".

Wir laſſen im Folgenden Taxil-Margiotta ſelbſt das Wort. An erſter Stelle berückſichtigen wir dabei das Werk Adriano Lemmi (erſchienen im Auguſt 1894), das von den franzöſiſchen und italieniſchen Antifreimaurern in überſchwänglichſter Weiſe angeprieſen wurde. Daneben ziehen wir aber auch Le Palladisme, erſchienen im Mai 1895, in Betracht, weil auch dieſes Buch der Zeit angehört, in welcher Margiotta im Dienſte Taxils ſchriftſtellerte, bezw. die ihm von Taxil gelieferten Documente und Elucubrationen aufnehmen und unter ſeinem eigenen Namen veröffentlichen mußte. Domenico Margiotta, bezw. Taxil, erzählt:

72. Urſprung und Verfaſſung des palladiſtiſchen Ritus. Der bekannte Groß-Comthur des Höchſten Rathes (Suprême Conseil) des alten und angenommenen ſchottiſchen Ritus mit 33 Graden Albert Pike in Charleſton gründete im Vereine mit Mazzini[1]) welcher ſich damals in Amerika aufhielt, am 20. September 1870, am Tage der Einnahme Roms durch die Piemonteſen ſelbſt, [verdächtig auffallendes Zuſammentreffen!] ein neues freimaureriſches Hochgrad-Syſtem, das er „Palladismus" nannte. Dieſes weſentlich luciferianiſche Syſtem ſollte nach ſeinen Abſichten alle übrigen Riten und Syſteme der Freimaurerei und ſogar verwandten Verbände, z. B. des Odd-Fellow-Ordens, in einer höchſten vor Nicht-Palladiſten ſtrengſtens geheimgehaltenen Einheit mit einer ſtramm durchgeführten oberſten Centralleitung zuſammenfaſſen. „Palladium" taufte Pike dieſen Ritus zu Ehren ſeines hölliſchen „Palladismus", unter welchem das angeblich mit dem Templer-Baphomet Jacob Molay's identiſche Baphomet[2]) von Charleſton verſtanden wird. „Neuen Reformirten

---

[1]) Früher hatte Taxil John Taylor neben Pike als Mitbegründer des reformirten Palladismus genannt. Vgl. Léo Taxil. Y a-t-il des Femmes dans la Franc-Maçonnerie, p. 208; ſiehe oben II S. 43.

[2]) de la Rive beſchreibt das Baphomet wie folgt: „Das Baphomet hat einen Bockskopf, es iſt beflügelt. Zwiſchen ſeinen beiden Hörnern befindet ſich eine Fackel; auf der Stirne das Pentagramm mit der Spitze nach oben. Das Baphomet hat zwei Weiber-Brüſte und zwei menſchliche Arme, von denen der eine männlich, der andere weiblich

ist [?]. Mit beiden Händen macht es das esoterische Zeichen. Es hat als Emblem entweder einen Heroldsstab oder ein gnostisches Kreuz mit der Rose auf dem Kreuzungspuncte der Balken. Von den Lenden an nimmt sein Körper wieder die hintere Gestalt eines Bockes an. Das Baphomet sitzt mit gekreuzten Beinen." de la Rive, la Femme et l'Enfant dans la Franc-Maçonnerie 1894, p. 142. — Schon in Y a-t-il des Femmes dans la Franc-Maçonnerie? p. 249 und, soviel wir uns erinnern, auch in den Mystères de la Franc-Maçonnerie 1887 bringt Taxil eine Abbildung des Baphomet. Eine deutlichere Abbildung findet sich im Diable I 89. Erwähnt ist das Baphomet schon im zweiten Bande des ersten Enthüllungswerkes Taxils Les Frères Trois-Points beim 29. Grad (vgl. Drei-Puncte-Brüder II 279). Ausführlicher beschrieben wird es im Diable. I 400 et suiv.; 423 und II 801 und in „Miß Vaughans Mémoires d'une ex- palladiste 1895, p. 25 et suiv. „Miß Vaughan" berichtet, das Baphomet werde in Charleston in einem dreieckigen Raum, dem Sanctum Regnum, aufbewahrt, welches als das vornehmste palladistische Heiligthum gelte. Hier erscheine jeden Freitag der Teufel, um dem Höchsten dogmatischen Collegium Aufschlüsse und Weisungen zu geben. Ebendas., S. 23 ff. A. E. Waite (Devil-Worship in France etc., London, G. Redway 1896, p. 68 et 69), ein genauer Kenner der Werke des Okkultisten Eliphas Lévi, bemerkt, die Abbildung des Baphomet bei Taxil, Y a-t-il des Femmes etc. (p. 249) sei Eliphas Lévi's Rituel entnommen. In dem, was Taxil, als aus einer „Sammlung geheimer Instructionen" Pike's stammend, mittheile, sowie im 5. Grade seines palladistischen Rituals und im Capitel „Beschwörungen" habe er sich ebenfalls Plagiate aus Eliphas Lévi erlaubt. Anderes sei wörtlich den scandalösen Memoiren Cassanova's entnommen. — Von anderer Seite wird uns mitgetheilt, Taxil habe seine Beschreibung des angeblichen freimaurerisch - palladistischen Baphomets dem Artikel „Baphomet" im Dictionnaire des religions etc. von Migue, bezw. de Hammer, entnommen. Mgr. Meurin spricht in La Franc-Maçonnerie, Synagogue de Satan, p. 162 et suiv. auch davon.

Das „Allgemeine Handbuch der Freimaurerei" I (1863), S. 62 f. schreibt zum Gegenstand: Baffometus, auch Baphometus, ist der Name des Idols, dessen Anbetung den Tempelherren vorgeworfen wurde. Münter in seiner Abhandlung über die den Tempelherren gemachten Beschuldigungen (Magazin für Religionsphilosophie II 351 bis 475 oder Neues Magazin V 351 bis 475) sieht: in demselben nur ein Reliquienbehältniß; Hammer in seiner Abhandlung Mysterium Baphometi revelatum (Fundgruben des Orients Band IV, Heft 1) und in: Schuld der Templer (Wien 1855) sieht darin das Symbol der Verehrung der Naturkräfte, namentlich der Zeugungskraft, eines Cultus, welchem die Templer [nach ihm] vorzüglich zugethan gewesen wären. Der Name Baphomet ist ein corrumpirter Mohammed, und das Idol selbst [wird] für gewöhnlich ohne Eigennamen bloß [mit] idolum, caput, figura bezeichnet; nur in einigen Zeugenaussagen wird dasselbe Baffomet genannt. Dasselbe war ein Werkzeug und Gegenstand des astrologischen Aberglaubens, welche Talismane die Kabbalistik auf verschiedene Art darstellte. So z. B. (vergl. Oelsner, Mohammed; Darstellung des Einflusses seines Glaubens auf die Völker des Mittelalters) wurde Gott (senex sanctissimus, macroprosopus) unter einem Haupte abgebildet, welches in drei Häupter zerfiel, d. h. der heiligste Alte selbst (corona), die Weisheit (sapientia), das Unendliche (Ensoph). Ein solches Jdol war auch [nach Oelsner] der Baphomet, den der Templer in seinen höchsten Nöthen anrief und mit dem nur in den geheimen Capiteln die Neophyten bekannt gemacht wurden. . . . Die frei- maurerischen Ansichten [über den Baphomet] sind [vgl. Buhle, Ueber den Ursprung und die vornehmsten Schicksale der Rosenkreuzer und Freimaurer, Göttingen 1804 und Nikolai, Einige Bemerkungen u. s. w. gegen Buhle, Berlin 1806] Sagen und Phantesiebilder, die in der Zeit des freimaurerischen Templerclericats entstanden. Hammer ließ sich durch selbige verlocken und überjah allerlei, so z. B., daß das T, welches er auf Talismanen, Geräthschaften und Gebänden des Templer-Ordens gefunden haben will, nicht der Ph . . . . . [ein aus heidnischen Mysterien bekannter obscöner Gegenstand], sondern das templerische Kreuz (Münter, Symbola veteris ecclesiae actis, operibus expressa 1819, S. 2. 18.) oder wohl gar nur ein Stein- metzzeichen ist. Vgl. auch Journal des Savants 1819, März und April; Jof. Gruber in „Fundgruben" VI 405 bis 416; J. M. von Nell, Baphomet (Wien 1821), und besonders F. Wilcke, Geschichte des Ordens der Tempelherren, 2. Aufl., Halle II 125 bis 135; 265 bis 274; 422 bis 430. Wilcke hat zugleich die frühere Litteratur über den Gegenstand zusammengestellt und beurtheilt.

Das Sanctum Regnum wird ebenfalls schon im Diable I 423 bis 426 von Dr. Bataille beschrieben. Die Mauern desselben, sagte er in seiner aufschneiderischen Art, sind von ganz unglaublicher Dicke. Trotz des Säulenganges, von dem es eingeschlossen wird, ist es noch mit zwei eisernen Thoren verschlossen. Zur Zeit der Sitzungen ist der Zutritt bloß dem Freimaurer-Papst und seinen Cardinälen gestattet. Außer dieser Zeit finden nur Hierarchen, d. h Jnhaber des zweit- höchsten Grades, und auch diese nicht anders als in Begleitung eines „Ausgedienten" Zulaß. Der Freimaurer-Papst ist der „Ensoph". Die andern zehn „Ausgedienten" sind die „Sephiroth". Jm Saale des schottischen Suprême Conseil, der an das Sanctum Regnum anstößt (Plan siehe I 297), befindet sich nach Bataille noch ein anderes palladistisches Heiligthum, der angebliche Schädel des Templer-Groß- meisters Molay. Dieser Schädel leuchtet oft wunderbar in allen Regenbogenfarben und sendet Feuerstrahlen aus, wie „ein kleiner Vulcan". Das Wunderbarste aber ist, daß er dabei obendrein no.h spricht und Orakel ertheilt, vgl. Le Diable II 226—228; 200.

Eine Abbildung des angeblichen Lucifer-Altars in Charleston findet sich ebendaselbst I 309, und die des angeblichen goldenen

palladiſtiſchen Ritus" oder auch „neues reformirtes Palladium"
nannte Pike ſeinen neuen Ritus im Gegenſatz zu älteren palla=
diſtiſchen Syſtemen.[1]) Dieſer Ritus wählt ſeine Mitglieder mit
Vorliebe unter den Inhabern des 33. Grades des altangenommenen
ſchottiſchen Syſtems aus, er zählt aber auch nichtfreimaureriſche
Okkultiſten zu Anhängern.[2]) Die palladiſtiſchen Logen heißen
„Triängel".

Pike und Mazzini theilten ſich in der Weiſe in die Leitung
dieſes Syſtems, daß erſterer als „Papſt der geſammten
Freimaurerei" die dogmatiſche und letzterer als „Oberhaupt
der politiſchen Action" die Executiv=Gewalt an ſich nahm.[3])
Pike umgab ſich als Freimaurer=Papſt mit einem Quaſi=Cardinals=
Collegium, dem „Durchlauchtigſten Collegium der Ausgedienten
Mäurer",[4]) welches aus zehn Brüdern der höchſten Grade be=
ſtand und mit ihm als Vorſitzenden das „höchſte dogmatiſche
Directorium" bildete. Die Organiſation des Ritus wurde
von ſeinen Stiftern durch Errichtung von vier „Großen
Central=Directorien" weiter ausgeſtaltet. Dieſe Directorien
hatten ihren Sitz in Waſhington für Nord=Amerika; in
Montevideo für Südamerika; in Neapel für Europa und in
Calcutta für Aſien. Später wurde noch ein Sub=Central=
directorium in Port=Louis[5]) errichtet.[6])
Das palladiſtiſche Syſtem breitete ſich nun raſch aus. Am

Seſſels oder „Heiligen Stuhles" Beelzebubs in Charleſton
ebendaſelbſt I 329. Selbſt vom „luciferianiſchen Vatican" iſt im
Diable I 426 die Rede.
Aus der ganzen Ausſtaffirung des palladiſtiſchen Syſtems durch
die Firma Taxil iſt erſichtlich, daß dieſe es dabei darauf ablegte, die
Einrichtungen und Gebräuche der katholiſchen Kirche und beſonders
den apoſtoliſchen Stuhl zu „parodiren". Hier iſt es nicht die „Frei=
maurerei", welche die katholiſche Kirche parodirt, ſondern die angeblich
„antifreimaureriſche" Firma Taxil und Cie.
[1]) Vgl. Taxil, Y a-t-il des Femmes dans la Franc-Maçonnerie.
p. 208.
[2]) Vgl. auch La Franc-Maçonnerie démasquée 1895, 128 et
suiv.; 194.
[3]) Margiotta, Lemmi 4. éd. p. 96 et suiv. Vgl. auch Miß
Vaughan, Criſpi, S. 228 ff.
[4]) Die angeblichen Mitglieder dieſes Collegs ſind mit Pike ab=
gebildet in Bataille's Diable I 321.
[5]) Ohne Zweifel zu Ehren Mgr Meurins, der bekanntlich Erz=
biſchof von Port=Louis war, bedachten die Schwindler dieſe Stadt mit
ihrer beſondern Aufmerkſamkeit.
[6]) Margiotta, Lemmi, p. 100.

29. September 1890 zählte es bereits 77 Triangel=Provinzen, welche gleichsam die Erzdiöcesen des Systems bilden und 33 „Mutterlogen des Lotus", d. h. gleichsam Mutter=Häuser des Ordens, von welchen aus er sich über die ganze Erde ausbreitete.[1]) Margiotta giebt vor, der „permanente Inspector" und oberste Delegirte des „Großen Central=Directoriums für Europa in Neapel" gewesen zu sein und von der Tabelle des palladistischen Ordens vom 29. September 1890, die sich angeblich in den Archiven desselben befinde, eine genaue Abschrift genommen zu haben. Er bringt diese Tabelle selbst zum Abdruck.

Gemäß derselben würde nach ihm der palladistische Orden von drei obersten Central=Directorien verwaltet. Diese Direc=torien setzten sich 1890 zusammen wie folgt: Das dogmatische aus A. Pike in Charleston (Limmud-Ensoph) als Papst der gesammten Freimaurerei und dem bereits erwähnten zehngliede=rigen Emeriten=Collegium; das executive in Rom aus Adriano Lemmi (Okkabys — 461), als Höchsten Chef der politischen Action, und Pirro Aporti, Luigi Revello und Ettore Ferrari, als Stellvertretenden Groß=Assistenten; das administrative (in Berlin) aus Bleichröder (Schlomoh — 1120) als Souve=ränem Finanz=Delegirten, und Findel (Axel — 368) in Leipzig, als Souveränem Delegirten für die Propaganda. Als Groß=meister der deutschen, österreichischen, schweizerischen und belgischen Triangel=Provinzen werden genannt: Salomon Schaffer (1255) für Hamburg; Justus Hoffmann (1401) für Berlin; J. Bayer=lein (675) für München; K. Welte (703) für Dresden; Findel (368) für Leipzig; Alex. Knoblauch (563) für Frank=furt a. M.; Simon Bernheim (795) für Straßburg; Antal de Berecz (721) für Ungarn=Oesterreich, Louis Ruchonnet (1225) für die Schweiz; Goblet d'Alviella (697) für Belgien.[2])

Die Zahlen hinter den Namen geben die Nummern an, mit welchen die Palladisten unter ihren Brüdern angeblich für gewöhnlich bezeichnet werden. Die hervorragenden Palladisten haben überdies noch einen eigenen Ordensnamen. Das Verhältniß zwischen dem gewöhnlichen Namen, der Zahl und dem palla=distischen Decknamen ist derart, daß die Zahl der Gesammtsumme der palladistischen Zahlenwerthe aller Buchstaben, sowohl des ge=wöhnlichen als des Ordensnamens entspricht. Der gewöhnliche und der Ordensname entsprechen daher der gleichen Zahl. Der palladistische Zahlenwerth der einzelnen Buchstaben ist aus dem

---

[1]) A. a. O., S. 219.
[2]) Margiotta. Lemmi. p. 206 et suiv.

pallabiſtiſchen Alphabet[1]), bezw. dem „Magier=Alphabet", zu erſehen.[2])

Das pallabiſtiſche Syſtem bildet, ſo behauptet Taxil=Mar= giotta, die eigentliche Macht in der Freimaurerei.[3]) Dieſem Syſtem gelang es, nicht bloß die Freimaurerei, ſondern auch den Odd=Fellow=Orden[4]) und die jüdiſchen Bnai=Berith=Logen, deren Central=Behörde „Souveräner Patriarchal=Rath" genannt, in Hamburg (Valentinskamp=Straße) reſidirt,[5]) ſich dienſtbar zu machen.

---

[1]) Dieſes Alphabet iſt mitgetheilt bei Margiotta Le Palla- disme. Culte de Satan-Lucifer dans les Triangles maçonniques. Grenoble 1895. p. 207: Revue Mensuelle (1894) p. 83 ss. und Vaughan, Mémoires, p. 60. — Danach wäre $a = 1$; $b = 2$; $g = 3$; $d = 4$; $e = 5$; u und $v = 6$; $z = 7$; $h = 8$; $th = 9$; i, j, $y = 10$; $c = 20$; $l = 30$; $m = 40$; $n = 50$; $x = 60$; $o = 70$, f, $p = 80$; $ts = 90$; $q = 100$; $r = 200$; $s = 300$; $t = 400$.

Dieſes Alphabet iſt nach Waite (The Devil-Worship in France. 1896. p. 217) ebenfalls aus Eliphas Lévi geſtohlen. Daſſelbe findet ſich auch in der Bibliotheca Magica (Perino Roma, via del Lavora- tore 88). Nr. 1 Alfabeto delle piramidi. p. 18. Vgl. Th. Ch., Der entlarvte Lucifer, Berlin 1897, S. 13.

[2]) Margiotta, Lemmi, p. 222 s.

[3]) A. a. O., S. 182.

[4]) A. a. O., S. 93 ff.

[5]) A. a. O., S. 224 ff. — Auch hinſichtlich der Odd=Fellows verlegte ſich die Schwindel=Firma Taxil und Cie., da ſie entweder die Mühe der Nachforſchung ſcheute oder die Ergebniſſe ſolcher Nach- forſchungen zu wenig „ſenſationell" fand, auf's — „Erdichten". Zuerſt ließ ſie ihre Hirngeſpinſte von de la Rive in der Franc-Maçonnerie démasquée (1894, p. 52, 147, 270, 403, 405, 412, 433 et suiv.; 1895. p. 204 et suiv.) und in ſeinem Werk La Femme et l'Enfant dans la Franc-Maçonnerie (1894, p. 39, 238, 291, 376, 383, 462, 541) vor- tragen. (Vgl. Bataille, Le Diable II 376.) De la Rive giebt dabei vor, ſeine „Enthüllungen" „an der Hand unbeſtreitbarer Documente" à l'aide de documents irréfragables) zu machen, (Franc-Maçonnerie démasquée, 1894, p. 270), die er aber natürlich wieder nicht nennt und vielleicht nicht „nennen darf". Taxil=Margiotta giebt in Adriano Lemmi (p. 312 et 313) dieſelben unſinnigen, nicht exiſtirenden Titel von Odd=Fellow=Logen wieder, die ſchon de la Rive am zuletzt angegebenen Ort aufgeführt hatte. Taxil=Bataille hatte ſich im Diable II 384 bereits einen ähnlichen Humbug hinſichtlich angeblicher deutſcher Odd=Fellow=Logen geſtattet. In allen genannten Enthüllungen, welche in dieſem Punkte natürlich auch von Taxil=Miß Vaughan (Mémoires. p. 189 und Margiotta, Le Palladisme, p. 106) „beſtätigt" werden, iſt beſonders von der erdichteten „zweiten Claſſe der Odd-

Noch zu Lebzeiten Mazzini's erwählte Pike Adriano Lemmi
zu dessen Nachfolger als „Oberhaupt der politischen
Action". Mazzini selbst hatte Pike den bezüglichen Vorschlag
gemacht. Lemmi trat unmittelbar nach dem Tode Mazzini's
(11. März 1872) in dieses Amt ein. Durch Ausnützung seiner
palladistischen Stellung als „Haupt der politischen Action" und
mit Hilfe Pike's gelang es ihm, seine Gegner in der Loge zu
überwinden und Oberhaupt der gesammten italienischen Freimaurerei zu werden.[1] Letztere trat, unter seiner Führung ge-
einigt, mit verdoppeltem Nachdruck in den Kampf gegen den
Vatican ein.[2]

Fellows" die Rede, welche nach Taxil und Cie. im Teufels-Cult im
Feiern von „schwarzen Messen" und in Hostien-Entweihungen und
sittlichen Ausschweifungen sich besonders auszeichnen soll. Vgl. auch
unsere Schrift, Der Odd-Fellow-Orden u. s. w. 1896, S. 71—77.
Um diesen Fabeln mehr Glauben zu verschaffen, erdichtete die
Schwindel-Firma Taxil besonders zwei Geschichten: Die der angeblichen Odd-Fellow'schen Satanistin Lucie Claraz in Freiburg i. b.
Schweiz und die der angeblichen Ex-Odd-Fellow-Großmeisterin Barbe
Bilger, mit der angeblich Fürst Bismarck bei Entfachung des Cultur-
kampfs in Verbindung gestanden haben soll. Erstere Geschichte brachte
wieder de la Rive im Februarheft der Revue Mensuelle 1894.
p. 43 et suiv., offenbar von der Firma inspirirt, auf's Tapet. Die
Rolle, die Barbe Bilger Geschichte bekannt zu machen und zu vertheidigen, fiel besonders Chorherrn Mustel zu, welcher sich dieser
Aufgabe mit glühendem Eifer widmete. Aber auch de la Rive that
mit der Croix de Reims, die häufiger in der Rolle eines Ablegers
für Taxil'sche Schwindel-Nachrichten erscheint, redlich das Seinige,
um auch letzteres Ammenmärchen zur Geltung zu bringen. (Vgl. über
den ganzen Handel de la Rive, La Femme et l'Enfant dans la
Franc - Maçonnerie, p. 291, 680, 697 und Taxil - Margiotta,
Adriano Lemmi, p. 262 et suiv.). Wie der in den Mémoires d'une
ex-palladiste, p. 503 et suiv. veröffentlichte Briefwechsel „Miß
Vaughans" mit dem in grausamer Weise zum Besten gehaltenen
de la Rive beweist, lieferte ihm „Miß Vaughan", wenigstens zum
großen Theil, die bezüglichen „Documente" und Mittheilungen. Wir
werden darauf noch im III. Theile dieses Werkes zu sprechen kommen.
Zuerst scheint Taxil-Bataille im Diable I 730 von der Odd-
Fellow'schen Luciferianerin Barbe Bilger gesprochen zu haben. Sie
wird hier als eine Besessene vorgeführt.

[1] A. a. O., S. 101 ff.; 224 ff. — Dieser „Patriarchal-Rath"
ist ebenfalls zweifelsohne nur erdichtet; ebenso die meisten andern
Angaben über den jüdischen Ordenszweig.
[2] Taxil knüpft, wie oft, so auch hier an Vorgänge an, die sich
in der Freimaurerei wirklich ereigneten, von denen er aber gewöhnlich
nur eine sehr oberflächliche Kenntniß, wohl von zweiter und dritter

73. Angebliche Wahl Abr. Lemmi's zum Satans=papst. Als am 2. April 1891 Pike, wie „Diana Vaughan" sich ausdrücken würde, „in den Feuer=Himmel [ewigen Osten] eingegangen", d. h. gestorben war[1]), folgte ihm in seiner Eigen=schaft als Freimaurer=Papst zunächst Albert Georges Mackey, der natürliche Sohn Gallatin Mackey's.[2]) A. G. Mackey war recht=

Hand hat und die er willkürlich nach seinen jeweiligen Bedürfnissen zustutzt. Die Uneinigkeit in der italienischen Freimaurerei (1864 bis 1886) hatte ihren Hauptgrund in der — anläßlich der Verlegung des Regierungssitzes von Turin nach Florenz (1864) und von hier nach Rom (1870) — im italienischen Suprème Conseil ausgebrochenen Spaltung. Die sich gegenseitig bekämpfenden Gruppen dieses Suprème Conseil, und in demselben besonders einerseits Riboli in Turin, und andererseits Tamajo und Lemmi in Rom wandten sich allerdings an Albert Pike, um dessen Unterstützung für sich zu gewinnen. Wie aber aus ihren Schreiben und den Antwortschreiben Pike's hervor=geht, thaten sie dies nicht, als ob sie in Pike ihren gemeinsamen Vor=gesetzten (Freimaurerpapst) erkannt hätten, sondern nur wegen des außerordentlichen rein persönlichen Ansehens, dessen sich Pike bei den Suprèmes Conseils erfreute. Wie alle bedeutenderen rechtmäßigen Suprèmes Conseils, so stand auch Pike mit seinem Suprème Conseil in diesem Streite ganz auf Seite der Turiner Gruppe gegen die römische, welch' letzterer Tamajo, Lemmi und Crispi an=gehörten (vgl. z. B. das Schreiben Albert Pike's an Br∴ Timoteo Riboli vom 24. März 1884 in Official Bulletin of the Supreme Council of the 33d degree for the Southern Jurisdiction of the U. S. Gr∴ Or∴ of Charleston 1884. p. 253). Die Einigung im Suprème Conseil Italiens vollzog sich durch einen Compromiß zwischen der Turiner und der römischen Gruppe, wonach Riboli den Titel und die Würde „Souveräner Großcommandeur" des Supr. Consiglio beibehalten, Adriano Lemmi aber als Großmeister des Großorients von Italien und Delegirter Souveräner Großcommandeur des Suprème Con=seil in Rom, thatsächlich die Geschäfte führen sollte. Diese Einigung der italienischen Freimaurerei wurde am 11. December 1886 ab=geschlossen. Vgl. Rivista della Massoneria Italiana 1886, p. 371 und Official Bulletin of the Supr. Council of the 33d degree for the Southern Jurisdiction of the U. S. 1887, p. 173 ff.; Gerber, Schwindler und Beschwindelte, S. 66 ff.

[1]) Margiotta, Lemmi. p. 205. — Bataille hat im Diable II 780 bis 798 ein eigenes Capitel über „Das ewige Feuer, das Para=dies der luciferianischen Auserwählten".

[2]) Margiotta, a.a.O., S.220 vgl. auch Bataille, Le Diable 310. — Uns ist nur Albert Gallatin Mackay (geb. 12. März 1807, gest. 20. Juni 1851), Actiomitglied und Generalsekretär des Charlestoner Supr. Conseil bekannt. Vgl. Transactions of the Supreme Council of the 33d degree. Washington. October 1882. Von demselben

schaffenen Charakters [und doch Palladist?], aber schwach. Diesen Umstand benutzte Lemmi, um sofort für die Uebertragung des Freimaurer-Papstthums nach Rom und seine eigene Wahl zu dieser -einflußreichsten und einträglichsten maurerischen Würde überall Intriguen zu spinnen. Seine Stellung als „Haupt der politischen Action" kam ihm hierbei trefflich zu statten. Durch allerlei Umtriebe — Lemmi hatte überall seine Geheim-Agenten —, Betrügereien und Bestechungen gelang es ihm wirklich, troß= dem die Mehrheit der Palladisten seinem Plan durchaus abgeneigt war, seinen doppelten Zweck zu erreichen.[1])

A. G. Mackey dankte bald ab. Bei seiner eigenen Wahl waren Lemmi besonders Phileas Walber,[2]) der Vater Sophia's, der Satanshymnen-Dichter Giosuè Carducci und die 500,000 unter dem Patriarchalrath in Hamburg stehenden jüdischen Bnai= Berith-Brüder[3]) behilflich. Br∴ Giosuè Carducci strich als Lohn für seine Dienste bei diesem Anlaß „4,549,450 Frcs. — diese Ziffer steht officiell fest" — ein[4]), welche ihm die

---

hatten wir das Werk The Symbolism of freemasonry New York Clarke and Maynard 5 Barclay street 1860, 364 pp. selbst in Händen. Ob nicht Bataille aus diesem A. G. Mackey zwei Mackey gemacht hat: einen Großsekretär Gallatin M. und den Ingenieur Albert Georges? Jedenfalls hat der „Ingenieur Albert Georges Mackey", wenn er existirt, nicht die hervorragende Rolle in der Freimaurerei gespielt, welche ihm Bataille, Margiotta und Miß Vaughan beilegen. Nachfolger Pike's in seinem Amte als „Groß-Commandeur" des Supr. Conseil in Charleston war Batchelor. Als auch dieser bald darauf starb, folgte ihm Ph. C. Tucker, der seinerseits bereits am 9. Juli 1894 starb. Vgl. Rivista della Mass. Ib. 1894, p. 208. Als „Freimaurer-Papst" konnte Mackey Pike schon aus dem Grunde nicht folgen, weil Pike selbst nie „Freimaurer-Papst" war.

[1]) Margiotta, Lemmi, p. 221 et suiv.

[2]) A. a. O., S. 221, 234 ff.

[3]) A. a. O., S. 228.

[4]) A. a. O., S. 249. Dieselbe Angabe, eine faustdicke Lüge, findet sich bei Margiotta, Le Palladisme. p. 47; Miss Vaughan Mémoires. p. 350 und Le 33. Crispi, p. 436. Um dem Leser auch das Urtheil eines Italieners, welcher den Gang der Ereignisse in seinem Heimathland aufmerksam verfolgt, vorlegen zu können, schrieben wir an einen uns befreundeten Herrn, einen sehr eifrigen Katholiken. Derselbe antwortete: „Ebenso unbegründet ist die Notiz [bei Mar= giotta und „Miß Vaughan"]. wonach Carducci von der Banca Romana durch Vermittelung Lemmi's vier Millionen erhalten haben soll. Carducci, der sich in nicht günstigen finanziellen Verhältnissen befindet, erhielt von der Banca Romana leihweise einige Tausend Franken.

Banca Romana auf Ordre Lemmi's auszahlte. Auch die deut=
schen palladistischen Provinzen traten, unter dem Vorgange Br.˙.
Findels für Lemmi ein.[1]) So wurde am 20. September 1893
wirklich die Uebertragung des Centralsitzes des Palladismus von
Charleston nach Rom beschlossen und Lemmi zum Freimaurer=
Papst gewählt.[2]) Die Hauptgegnerin Lemmi's bei der Wahl und
nach derselben war Miß „Diana Vaughan", die Großmeisterin
von New=York.[3]) Und nun folgt der bekannte Roman der Auf=
lehnung der unzufriedenen Palladisten=Gruppe gegen Lemmi[4])
u. s. w., in welchem „Miß Vaughan" die Hauptrolle spielt.

74. Lemmi's „Satanismus"[5]), Orgien und „Hostien=Entweihungen".

In Folge der Vereinigung der

Und auch dieses Geld=Anleihen erhielt er nicht wegen seiner Beziehungen zur Freimaurerei, sondern in Anbetracht seiner gedrückten
finanziellen Lage."

[1]) A. a. O., Margiotta, Lemmi. p. 260, 308, 315, 355.
[2]) Ib., p. 303 et suiv.; Miss Vaughan, Le 33.˙. Crispi, p. 228,
435 et suiv.; de la Rive, La Femme et l'Enfant, p. 303, 716 et
suiv.; Bataille, Le Diable II 860. Nach „Miß Vaughan",
Mémoires, p. 224, 319 und Le 33.˙. Crispi, p. 485 ist Lemmi auch
nach seiner Abdankung als Großmeister des italienischen Großorients
„Freimaurer=Papst" geblieben.
[3]) Margiotta, Lemmi, p. 259 et suiv.
[4]) A. a. O., S. 282 bis 367. „Miß Vaughan" schreibt im
33.˙. Crispi, p. 438: „Das Buch Margiotta's (Lemmi) erzählt der
Wahrheit gemäß, was ich auf Ersuchen der Lemmi feindlich gesinnten Palladisten gethan habe." — Natürlich muß Taxil so sprechen!
Denn sonst würde er, da er die betreffenden Stellen in Margiotta's
Buch ja selbst und zwar gerade behufs Veranstaltung des Vaughan=
Schwindels schrieb, sich selbst widersprechen.
[5]) Schon Bataille spricht im Diable (I 437 et suiv.) von
Lemmi, den er als Ueberbringer einer Depesche aus Gibraltar [!]
näher kennen gelernt haben will. Er berichtet über eine lange Unter-
redung, die er mit ihm gehabt habe. Die ganze Beschreibung der
Zusammenkunft ist derart, daß sie nur von sehr unkritisch angelegten
Naturen ernst genommen werden könnte. Im zweiten Band (S. 89)
bildet Bataille die Fratze des Teufels Sybacco, des angeblichen
Leibteufels des italienischen Großmeisters, ab. Dieser Teufel, berichtet
er, sei trotz des großen satanistischen Eifers, den Lemmi an den Tag
lege, nur dritter oder vierter Ordnung. Und mit Erscheinungen
„Satans in Person" werde Lemmi gar nicht begnadigt. Sybacco
erscheint ihm bei wichtigen Anlässen, „aber nur in seinem Hause,
nicht im Supr. Conseil. Er hat drei Augen, davon eines mitten auf
der Stirne. Seine Ohren sind spitz und stehen auf dem Scheitel des
Kopfes. Die Stelle, an welcher sich bei Menschen die Ohren befinden,

beiden einflußreichsten palladiftischen Stellungen „Freimaurer-
Papft" und „Haupt der politischen Action" in seiner Person war
Lemmi, besonders nach der Beilegung des Schismas durch Br.∴
Findel, unumschränkter Herr der Freimaurerei geworden. Er ließ
nun seinen „satanistischen" religionsschänderischen Neigungen, die
er bisher aus Rücksicht auf die amerikanischen Palladiften, die
dem Dienste Lucifers als des „Lieben Gottes" ergeben sind,
zurückbrängen mußte, völlig freien Lauf.

Schon bevor der geheime Convent am 20. September 1893
stattfand[1]), war es ihm gelungen, den Sitz des italienischen
Großorients und Supr. Conseils in den Palast Borghese
zu verlegen. Diesen Palast hatte er, weil dies einer der altehr-
würdigften päpstlichen Paläfte war[2]), ausgewählt, um ihn zu
profaniren und in einen Satanstempel umzuwandeln. Kaum
hier eingezogen, „ließ er den Abtritt des Suprême Conseil
gerade über der Hauskapelle errichten und zwar so, daß der Unrath sich auf den Altar selbst ergoß. Dies ist ein klarer Beweis seines unfläthigen Charakters [oder der schmutzigen Phantasie

---

nehmen zwei Widder-Hörner ein. Sein Mund ist sehr groß und
zahnlos. Er ist von hoher Statur und behaart, wie ein Orang-
Utang. Seine ungeheuren platt gedrückten Füße machen den Ein-
druck von Gans-Füßen. . . . Lemmi hat seinen Leibteufel nie be-
schrieben, wohl aber Pike in seinem „Buch der Offenbarungen". . . .
Andererseits wurde mir doch ein palladiftisches Document mitgetheilt,
in welchem sich Lemmi folgendermaßen ausdrückt: Nachdem ich den
Genius Sybacco befragt hatte, welchen das höchste Wesen mit dem
Schutze meiner Person zu betrauen geruht hat" u. s. w. Diese
Stilprobe sieht wieder ganz dem Dr. Hacks gleich.

Hierauf berichtet Bataille, daß Lemmi unter Anleitung dieses
Teufels sich astrologischen Studien hingebe. Unter Anderm habe er
nach Erlaß der Encyklika Humanum genus das Horoskop Papft
Leo's XIII. gestellt. Bataille ist in der Lage, das „merkwürdige
Document", das vier volle Seiten im Diable ausfüllt, im Wortlaut
wiederzugeben. Vgl. Le Diable au XIXe siècle I 90 et suiv.

Nach Bataille (a. a. O. II 346 f.) besäße Lemmi auch drei Amulette, welche auf S. 321 abgebildet sind. Des ersten bediene er sich,
um Irrthümer im Stellen von Horoskopen zu vermeiden; des zweiten,
um sich unsichtbar zu machen; des dritten, um seine „dämonische Kraft"
zu steigern.

[1]) Wie wir oben, II. Theil, S. 68, sahen, fand gerade am
20. September 1893 Abends die feierliche Eröffnung des Freimaurer-
Tempels im Borghese statt, eine Feier, durch welche die Möglichkeit
eines gleichzeitigen Tagens des geheimen Palladiften = Conventikels
ausgeschlossen ist.

[2]) Margiotta, Lemmi, p. 244.

des Erfinders der Anecdote]. Denn um etwas so Scheußliches zu
veranstalten, mußte er die Verpestung des (Logen-) Lokals mit
in den Kauf nehmen. Der Unfug rief jedoch Einspruch hervor,
worauf der Architect aus Gesundheitsrücksichten Auftrag erhielt,
den Abtritt anders einzurichten. Um sich schablos zu halten,
erdachte Lemmi eine andere Abscheulichkeit. Er ließ nämlich in
den Pissoirs ein Crucifix mit dem Christuskopf nach unten an-
bringen und über diesem Crucifixe ein Anschlagzettel anheften,
auf welchem zu lesen war: Vor dem Hinausgehen spucke man
auf den Verräther! Ehre Satan!"[1)]
    Lemmi war immer schon als fanatischer Satanist bekannt.
Deshalb betrachteten die „orthodoxen Palladisten", „welche, wie
Miß Vaughan, aufrichtig an die Gottheit Lucifers [!] glauben, wie
sie von Pike definirt wurde", die Wahl Lemmi's als eine
Katastrophe schlimmster Art. Seit der Beseitigung Mackey's
läßt Lemmi bei allen Banketen italienischer Freimaurer die
Satans-Hymne singen.[2)] Im Borghese selbst wurde ein eigener
Saal zu einem Teufels-Tempel eingerichtet, in welchem der
förmliche Teufelscult betrieben wird. Die Agenten der Borghese-
schen Familie stellten, als sie erhaltenem Auftrage zu Folge alle
Räume des Hauses besichtigten, das Vorhandensein eines palladistischen Tempels fest, in welchem auf einem Altar eine schreckenerregende, von schauderhaften Symbolen umgebene Satansstatue
thronte. Anfangs wollte man ihnen um jeden Preis den Eintritt
verwehren. Durch energisches Auftreten setzten sie aber endlich
durch, daß man ihnen den sonst allen Nicht-Palladisten unzu-
gänglichen Raum öffnete. Der unerwartete Anblick, der sich ihnen
bot, versetzte sie aber in einen derartigen Schrecken, daß sie sich
sofort in Eile wieder zurückzogen.[3)]

[1)] Margiotta, Lemmi. p. 250.
[2)] Margiotta, Lemmi. p. 273.
[3)] Margiotta, Le Palladisme. p. 33 et suiv. — Es ist nicht
unwahrscheinlich, daß diese Nachricht, welche seinerzeit durch viele
Blätter die Runde machte, von Taxil, bezw. Margiotta, selbst in
Umlauf gesetzt wurde (vgl. Rivista della Massoneria Italiana 1895.
p. 166 e seg.). Zuerst scheint sie in einem Turiner Blatt L'Italia
Reale No. 128 vom 11. und 12. Mai 1895 aufgetaucht zu sein.
Margiotta, der Bedienstete Taxils, rühmt sich selbst, dieselbe in die
französische Presse eingeführt zu haben. „Ich will hier," sagt er
in Le Palladisme (p. 32 et suiv.), „das neue Telegramm mittheilen,
das ich von Rom erhielt [?], und welches von der Croix du Dauphiné
vom 16. Mai 1895 veröffentlicht wurde. Dieses Telegramm hat
begreiflicherweise in der ganzen Presse Sensation hervorgerufen." Das

Auf Lemmi's Schreibtisch fehlt es nie an consecrirten Hostien, die aus katholischen Kirchen entwendet sind. Bei jeder Linie, die er schreibt, durchbohrt Lemmi mit seiner deshalb Calamus transfigens genannten Feder diese Hostien. Diese Feder selbst giebt er vor, zu eben diesem Zwecke von seinem Leibteufel Sybacco erhalten zu haben, der ihm „mit Stierhörnern [aus Bataille's „Widder-Hörnern" sind bei Margiotta bereits „Stier-Hörner" geworden] und drei Augen auf der Stirne zu erscheinen pflege".[1]

Lemmi trachtete auch noch danach, die Gemächer des Cardinals Ruffo Scilla, der nach dem Einzug des Großorients in den Borghese, seinerzeit schleunigst sich geflüchtet hatte, zu miethen, um so einen Seiteneingang von der kleinen Gasse Araucio zu gewinnen. Dieser Hinterthüre benöthigte er für die Mops-schwestern, mit denen die Brr.·. nächtliche Orgien zu begehen pflegen, und für die Geheim-Agenten, damit dieselben ohne Auf-sehen ein- und ausgehen könnten.[2]

„Was Lemmi's Satanismus anbelangt," so faßt Taxil-Margiotta seine diesbezüglichen Behauptungen zusammen, „habe ich schon bemerkt, daß der italienische Großmeister aus dem-selben ebenso wenig mehr ein Geheimniß macht, wie aus seinem Haß gegen Frankreich. In Frankreich wird man über meine diesen Gegenstand betreffenden Mittheilungen erstaunt sein. Denn man muß schon alles Schamgefühls baar sein, um sich als Soldat Lucifers im Kampfe gegen Gott zu bekennen. Aber in Italien weiß (?) alle Welt, daß Lemmi Satanist ist. Im Namen Satans [?] versendet er seine Circulare. Freilich erlegt er sich manchmal aus Rücksicht auf die unvollkommen Ein-geweihten Zurückhaltung auf. Aber es genügt, die verschiedenen Jahrgänge seines nur für Freimaurer bestimmten Organs zu durchblättern, um die okkultistischen Gesinnungen des Renegaten zu erkennen, der sich dem Teufel verschrieben hat.

„Ja, als Satanist hat er die anticlericale Bewegung ins Leben gerufen. Er hat sich dessen schon 1883 gerühmt. Schreibt

---

mitgetheilte „Telegramm" selbst schließt mit der echt Taxil'schen Ver-sicherung: „Die Nachricht ist absolut authentisch".

Die Erörterungen, welche sich an diese Nachricht knüpften, werden wir weiter unten noch besprechen.

[1] Margiotta, Le Palladisme, p. 100. — Auch die von „Bataille" berichteten Teufelsgeschichten werden von Margiotta und „Miß Vaughan" wiedergekäut und theilweise weiter ausgesponnen.

[2] Margiotta, A. Lemmi, p. 300; Le Palladisme, p. 34.

er doch im Jahrgang 1883/1884 seines officiellen Organs La Rivista della Massoneria Italiana, p. 306:

„Vexilla regis prodeunt etc." (Es folgt die bereits oben besprochene Stelle aus Rosen, L'Ennemie Sociale 1890, p. 362 Wort für Wort.)[1]

75. Der Freimaurer=Papst Lemmi als Feind des „katholischen" Frankreich und der Johanna von Arc und als Freund Bismarcks und Vertheidiger des Dreibunds. Schon das Motto, das Titelblatt des Buches Adriano Lemmi enthält in Fettdruck die angeblichen Worte Lemmi's, als Freimaurerpapst: „Wäre ich nicht Italiener, so möchte ich Preuße sein. Zwei Dinge sind mir von Herzen ver= haßt: Gott und Frankreich." Im ganzen Buche wird der Versuch, Lemmi und mit ihm der Weltfreimaurerei und selbst den französischen Freimaurern, als Unterthanen Lemmi's, gehässige Gesinnungen gegen das katholische Frankreich und Parteinahme für den Nationalfeind, für Deutschland zu unterschieben. Das Buch schließt mit dem Hinweis darauf, daß der Convent des französischen Großorients im Herbst 1894 Br.˙. Croissant, den speciellen Repräsentanten des Franzosenhassers Abriano Lemmi beim französischen Großorient, zum „Sekretär des Ordensrathes" erwählt habe.[2]

---

[1] Margiotta, Lemmi. p. 168 et suiv.; Genau derselbe Text der Stelle findet sich bei Miss Vaughan. Le 33.˙. Crispi. p. 405. note. — Hier hat sich Taxil gründlich verrathen. Eine Stelle, welcher er selbst für seine „Enthüllungen" über den Satanismus die größte Bedeutung beilegt, hat er einfach Rosen entnommen, den er immer wieder als „Moïse Lid Nazareth", den gefährlichsten im Dienst Lemmi's stehenden Gehermagenten der Hochgradsfreimaurerei verdächtigt. Sowohl als „Margiotta" wie als „Vaughan" eignet er sich, ob= gleich er den Anschein erweckt, als hätte er selbst den Text unmittelbar aus der Rivista entnommen, ohne Weiteres, ohne irgendwie auch nur eine Nachprüfung vorzunehmen, eine der dreistesten Textfälschungen Rosens, den er natürlich nicht citirt, an. Da das Original der Stelle, wie wir schon oben (II. Thl. S. 50 f.) zeigten, einen im Wesentlichen geradezu entgegengesetzten Sinn hat, so leuchtet von selbst ein, daß Taxils Behauptungen über den Satanismus Lemmi's, an dieser Stelle wenigstens, keinerlei Stütze finden. Mit den andern „Documenten", welche Taxil zum Beweise für den Satanscult Lemmi's vorbringt, steht es nicht besser.

[2] Margiotta, Adr. Lemmi. p. 368. — Thatsächlich ist die Vereinigung der beiden oben genannten freimaurerischen Würden in der Person Br.˙. Croissant etwas so Harmloses, daß nur Solche,

In einer Unterredung, welche ein vom Abbé Garnier, dem Redacteur des Peuple Français, abgesandter Berichterstatter in Brüssel mit Margiotta, dem Spießgesellen Taxils, hatte, sagte Letzterer Folgendes aus:

„Der Supr. Conseil von Rom schaart diejenigen italienischen Freimaurer um sich, welche in der Politik Anhänger des Drei= bundes sind. Der Suprême Conseil von Palermo hingegen, dem ich angehörte, vereinigt diejenigen Italiener um sein Banner, welche Gegner des Dreibunds und Anhänger einer Annäherung an Frankreich, den romanischen Schwester = Staat, sind. [1])

---

welche die Bedeutung dieser Würden gar nicht kännten, dem Lärmruf Taxils irgend welches Gewicht beizulegen vermöchten. (Ein „Freund= schaftsbürge" oder Vertreter eines fremden Großorients gehört des= halb in keiner Weise diesem selbst an, sondern vermittelt nur den Verkehr desselben bei seinem eigenen Verbande.

[1]) Schon im Diable I 455 wird berichtet: „Der Großorient und Supr. Conseil von Rom sind in Italien der Herd der Propaganda für den Dreibund und auch in diesem Punkt haben Monarchie und Freimaurerei in Italien einerlei Bestrebungen." Als Gegner des Dreibunds und Freunde Frankreichs bezeichnet Bataille (a. a. O.) einerseits die Katholiken, welche Frankreich, als älteste Tochter der Kirche lieben und von ihm die Wiederherstellung der zeitlichen Gewalt des Papstes erwarten, andererseits die Socialisten, welche dem Frank= reich der Revolution zujubeln. Von der Thätigkeit des Supr. Conseil von Palermo in der Angelegenheit wird vor der „Enthüllung" Taxils Niemand davon erfahren haben. Wohl bekannt aber ist, daß im Schooße des unter Lemmi stehenden Großorients selbst schon starke Strömungen gegen den Dreibund hervorgetreten sind.

So sprach z. B. der bekannte Abgeordnete Br.·. Bovio, der unter Lemmi's Suprême Conseil stehende „Delegirte" (vgl. Rivista della Massoneria Italiana 1888, p. 268) wiederholt sehr heftig gegen den Dreibund. Er sagte z. B. 1889 in einer Rede, welche das Pro= gramm der „Liberalen Vereinigung" von Neapel darlegte, unter Anderm: „Wir können nicht mit uns überlistenden Staaten Alliancen [mit Hegemonie von Kaisern und Päpsten] schließen, ohne unsere civilisatorische Aufgabe zu verfehlen" (Rivista della Massoneria Italiana 1889, p. 198). — Lemmi selbst richtete mit Bovio, Castellani, Bertani, Saffi, Mario u. s. w. im Namen der demokratischen Partei in Italien am 15. Mai 1881 an Victor Hugo und durch ihn an die französische Demokratie ein Schreiben hinsichtlich der tunesischen Frage, in welchem es unter Anderm heißt: Die Folgen der anti=italienischen Politik Frankreichs würden sein — „der Bruch jener natürlichen Alliance zwischen Frankreich, Italien und England, welche die Völker=Berufe zu Nutz und Frommen der Freiheit und des europäischen Friedens räthlich erscheinen lassen; Stärkung der Militär=

„Wäre Lemmi nur einfaches Oberhaupt des Suprème
Conseil, so könnten die französischen Freimaurer zwischen der
Unabhängigen Verbrüderung von Palermo und dem Suprème
Conseil in Rom wählen. Aber Lemmi ist das höchste Ober-
haupt, sozusagen der Oberpriester und Papst [der Freimaurerei].
Er erlaubt nicht, daß der Großorient von Frankreich mit dem
Supr. Conseil in Palermo in Verbindung trete. Es ist dies so
wahr, daß, als Paolo Figlia und die Frankreich befreundeten
Freimaurer sich weigerten, die Oberhoheit Lemmi's anzuerkennen,
der französische Großorient gegen Palermo für Rom Partei
ergriff.[1])

Monarchien des Continents durch die Eifersüchteleien der Völker;
Rückgang der demokratischen Bewegung zu Gunsten unnatürlicher
Bündnisse mit jenen [Militärmonarchien]. Doch wozu sollen wir noch
mehr sagen! Sehen wir nicht den großen Kanzler des
Deutschen Reiches [Bismarck] eurer Tunis-Politik Beifall
zollen? Und es giebt in Frankreich Leute, die kein Bedenken tragen.
einen Beifall, der nur grausame Ironie ist, wie einen unerwarteten
Erfolg ansehen" (Rivista della Massoneria Italiana 1888, p. 202).
Eine andere hierher gehörige Stelle siehe ebendaselbst 1881, S. 354.
Noch in der feierlichen Eröffnungsrede zu den Arbeiten der gesetzgebenden Versammlung des italienischen Großorients am 11. Mai 1890
sagte Lemmi unter Andern: „Es freut mich, Ihnen mittheilen zu
können, daß niemals in der jüngsten Zeit unsere maurerischen Beziehungen zum Großorient von Frankreich lebhafter und inniger waren.
Sowohl in Paris als in Rom arbeitet die Freimaurerei mit bewunderungs-
würdigem Einverständniß daran, jede Mißhelligkeit zwischen
beiden Ländern zu beseitigen" u. s. w. (La Rivista della
Massoneria Italiana 1890, p. 51 e seg.) Der Präsident des französischen Ordensrathes Br∴ D H. Thulié, schrieb mit Bezug auf diese
Rede am 19. Mai 1890 an den italienischen Großorient: „Wie Sie,
so wünschen auch wir, die letzten Spuren der Mißverständnisse beseitigt
zu sehen, welche die Beziehungen zwischen Italien und Frankreich
vorübergehend getrübt haben . . . In diesem Geiste werden wir uns
bemühen, auf die öffentliche Meinung unseres Landes einzuwirken, um
die Schwierigkeiten zu überwinden, die noch bestehen. Wir hoffen,
daß unsere Bemühungen vereint mit den Ihrigen dazu beitragen
werden, die Bande der Brüderlichkeit enger zu knüpfen, welche unsere
beiden Nationen verbinden."
Auch ist es durchaus falsch, daß der italienische Großorient
im Allgemeinen und Lemmi im Besondern monarchischen Gesinnungen
huldigen. Vgl. hierzu unsern Artikel im Staatslexikon der Görres-
Gesellschaft II. Band Col. 1257 ff.; 1266 f.
[1]) Niemand wird uns zumuthen können, obige Angabe auf das
bloße Zeugniß Taxil-Margiotta's hin für richtig zu halten. Wenn
dieselbe aber auch richtig wäre, würde sie nur Etwas beweisen, wenn

„Und doch sind die Gesinnungen Lemmi's gegen Frankreich für Niemanden ein Geheimniß. Sein für Ihre Landsleute sehr erbauliches politisches Programm, nach dem sie fragten, ist kurz folgendes:

„Italien muß Frankreich mit Hilfe des Dreibunds Savoyen, Nizza, die Alpes Maritimes, Corsica und Tunis wegnehmen. Das jetzt bestehende Elsaß=Lothringen muß durch Annectirung des übrigen Lothringen und der Champagne abgerundet werden, um unter Deutschlands Protectorat einen unab=hängigen Staat zu bilden. Endlich will man euch noch das Nord=Departement entreißen, um daraus zusammen mit Belgien einen vlämischen Staat zu bilden.

„Das ist das Programm des Menschen, welchem die fran=zösischen Freimaurer sich willig unterworfen haben."[1]

Die französische Presse, selbst ernsthaftere Blätter, wie der Univers und die Vérité machten auf Grund vorstehender Angaben gegen den französischen Großorient einen Vorstoß. „Die gesammte katholische Presse," schrieb Taxil mit Genugthuung, „zog ein=müthig gegen die in einem neuen Punkte entlarvte Frei=maurerei zu Felde. Sogar die Vérité hat diesmal mitgemacht, was etwas bedeuten will!!!"[2]

Daß Miß Vaughan auch in diesem Punkte ins selbe Horn stößt, wie Margiotta, versteht sich von selbst.[3] Mehr überraschen muß, daß sogar ernsthaftere Katholiken im Sinne der Taxil'=schen Schwindel= „Enthüllungen" den Dreibund be=kämpften, weil — er „wesentlich ein Werk der Freimaurerei" sei.[4]

zuvor ein „Motiv" der Verweigerung nachgewiesen würde, welches ge-eignet wäre, das Verhalten des französischen Großorients als Be-stätigung der Behauptung Margiotta's erscheinen zu lassen. Letzteres ist aber nicht der Fall.

[1] Revue Mensuelle 1894, p. 265.
[2] Revue Mensuelle 1894, p. 268.
[3] Miss Vaughan. Le 33.. Crispi. p. 255 et suiv.
[4] Vgl. Gabriel Français. Le Complot maçonnique et la France chrétienne 1896, p. 30 und Civiltà Cattolica, Sept. 1896. Aus der Thatsache, daß die Civiltà Cattolica diesen Artikel gegen den Drei-bund brachte, suchten „Spectator" (Beil. zur Allgem. Zeitung, 1. Febr. 1897) und Andere gegen den Jesuitenorden Capital zu schlagen und namentlich gegen die Wiederzulassung der Jesuiten in Deutschland in gehässiger Weise Stimmung zu machen. Die „Köln. Volkszeitung" (Nr. 116, 15. Februar 1897) und die „Germania" vom

Sowohl Margiotta, als „Miß Vaughan"[1]) theilen ferner eine zweifellos von Anfang bis zu Ende gefälschte palladistische Encyklika Adriano Lemmi's vom 7. April 1894 mit, in welcher Lemmi alle Palladisten auffordert, aus allen Kräften dem „abergläubischen" Cult Johanna's von Arc entgegen zu arbeiten und dafür Voltaire zu Ehren zu bringen, welcher Johanna von Arc der Wahrheit gemäß charakterisirt habe.

Auch von Bismarcks Beziehungen zu Mazzini ist sowohl bei Margiotta als bei „Miß Vaughan" viel die Rede. Die im großen Ganzen identischen „Enthüllungen" beider über Bismarck stehen mit ihren gleichfalls identischen „Enthüllungen" über die Freimaurerei so ziemlich auf Einer Stufe. Bezeichnend hierfür ist, daß entgegen der Behauptung Taxil=Margiotta's und Taxil= „Miß Vaughans",[2]) Bismarck mit Mazzini oder Lemmi überhaupt niemals Verhandlungen gepflogen hat, und daß das von Margiotta und „Miß Vaughan" citirte „wichtige Actenstück" über eine Allianz zwischen Preußen und Italien im Jahre 1867, wie schon der Stil und Inhalt beweist, einfach „fabricirt" ist. Bismarck selbst, welcher nach Margiotta und Vaughan sein Urheber sein soll, erklärt es zum Ueberfluß in den „Hamburger Nachrichten" ausdrücklich für erfunden und erlogen.[3])

---

21. Februar 1897, 2. Bl., wiesen Spectator bereits das Ungereimte eines solchen Verfahrens nach. Die Ausführungen der „Köln. Volkszeitung" gipfelten im wohlgerechtfertigten Satz: Daß die „Enthüllungen" Spectators über den Jesuitenorden mit den „Enthüllungen" Miß Vaughans über den Freimaurerorden so ziemlich auf einer Stufe stehen. — Auch wir können unsererseits nur bestätigen, daß die Civiltà Cattolica in keiner Weise als das officielle oder officiöse Organ des „Jesuitenordens" betrachtet werden kann. Wir können ferner auf Grund zuverlässiger Kenntniß von der Sachlage versichern, daß der fragliche Dreibund=Artikel nicht bloß von deutschen Jesuiten, sondern auch von solchen romanischer Nationalität lebhaft mißbilligt wurde.

[1]) Margiotta, Le Palladium, p. 303; Miss Vaughan, Le Palladium Régénérée et Libre, No. 2, Revue Mensuelle und Le Franc-Maçonnerie démasquée 1895, p. 131. — „Miß Vaughan" bringt in 33.. Crispi, p. 441, note noch die „interessante" Nachricht, daß auch Crispi an dieser Encyklika mitgewirkt habe.

[2]) Margiotta, Lemmi, p. 69; Miss Vaughan, Crispi. p. 222, note.

[3]) „Hamburger Nachrichten", 26. Mai 1896; J. G. Findel, Wider Margiotta, 2. Aufl. 1896, 40 f.

76. **Teufelsbeschwörungen des Br.∴ Pessina**
33.∴, 90.∴, 96.∴. Nach dem Vorgange Bataille's im Diable[1]) legt auch Margiotta dem Großhierophanten des Ritus von Memphis Pessina in Catania, bezw. Neapel, eine verhältniß-mäßig wichtige Rolle in der Freimaurerei bei. Dies zeigt, daß beide über die Verhältnisse der italienischen Freimaurerei entweder schlecht unterrichtet waren oder absichtlich ihre Leser täuschen wollten. Br.∴ Ferdinand Borsari von Neapel schreibt unter dem 6. Januar 1886 an Alb. Pike in Washington:
„Der Ritus von Memphis, zuerst in Catania, später in

---

[1]) Bataille (Dr. Hacks) behauptet schon in der Vorrede zum Diable (I 20), daß er von Pessina für 500 Frcs. zum 90. Grad des ägyptisch-orientalischen Systems befördert worden sei und mittelst der von Pessina ihm mitgetheilten geheimen Zeichen, Paßwörter u. s. w. in alle geheimen Gesellschaften der Welt Eingang gefunden habe. Ebendaselbst I 463—472 bespricht er die Person Pessina's und seine angeblichen Teufeleien in seiner tollen Weise. Pessina's Leib-teufel, so berichtet er, heißt Beffabuc (I 467; II 89). Pessina hat seiner Majestät Achilles I., König von Araukanien und Patagonien den Titel „Ehrengroßmeister auf Lebenszeit und Groß-Protector des Souveränen Heiligthums von Neapel" verliehen. Diese Majestät ist Nachfolger des berühmten verrückten Abenteurers Tonnein. „Bis seine Unterthanen sich civilisiren und ihn einladen wollen, seinen Thron zu besteigen, auf welchem er noch nie das Vergnügen hatte, sich nieder-zusetzen", bewohnt er ein äußerst bescheidenes Gemach auf dem Boule-vard Rochechouart 110, wo er unter dem Namen Achille Laviarde zu erfragen ist u. s. w. (I 472).
Im zweiten Band des Diable (II 341—346) werden einige Punkte des von Hacks vorgezeichneten Programms ausgeführt. Jeder Wochentag ist bei Pessina einem bestimmten Teufel geweiht. Pessina paktirt mit den Teufeln. Wenn er eine Beschwörung vornimmt, „so kleidet er sich in sein schönstes Magier-Gewand, setzt eine ägyptische Mitra auf. Sein ganzer Anzug ist eine derartige Faschings-Maskerade, daß alle Hunde Neapels laut aufbellen würden, wenn er in dieser Ausstaffirung die Straßen der Stadt betreten würde". Hat sich Pessina in diesen Anzug eines Großhierophanten geworfen, so macht er zunächst eine Zeichnung auf dem Boden. Dann parfümirt er sich mit einer selbst fabricirten Pomade, deren Zusammensetzung jeden Tag wechselt. Darauf heftet er mittelst eines um den Hals gelegten silbernen Kettchens einen ziemlich großen Holzblock in Pyramidenform an seine Brust. So tritt er in den magischen Zirkel, um seine Be-schwörungen zu beginnen. Handelt es sich um seinen Leibteufel, so wendet er anstatt der Pyramide auf der Brust eine Flasche an, aus der dann nach Erfüllung der erforderlichen Formalitäten Beffabuc [wohl unter einem Knalle, wie bei der Entkorkung einer Champagner-Flasche?] aufsteigt.

Neapel . . ., dessen Großhierophant Br.˙. Pessina war, zählt jetzt nur mehr eine einzige Loge mit 11 oder 12 Brrn.˙.. Von seinen 96 Graden sind nur mehr 33 übrig geblieben. Die Brr.˙. dieses Ritus bekämpfen sich gegenseitig. Darius Wilson in Boston thut Pessina in den Bann und dieser wieder Wilson. Die höchste Behörde des Ritus von Misraim will nichts mit Pessina zu thun haben. Desgleichen zerzausen Br.˙. Longley und ‘Br.˙. Ramsay in Canada die Amts-Handlungen Pessina's und lehnen sich gegen seine Autorität auf. Er hinwieder hat, wie man sagt, sie in Acht und Bann erklärt. Kurz, es herrscht in diesem [freimaurerischen] System eine schreckliche Verwirrung. Uebrigens kümmern sich wohl Wenige um dasselbe. Und ich glaube, daß Sie wohl ebenso wenig wie ich je festzustellen ver= mochten, welches die gesetzmäßige und rechtmäßige Körperschaft oder Behörde dieses Ritus sei.

„Br.˙. Pessina findet mit allen seinen Brrn.˙. in keinem einzigen maurerischen Tempel Italiens Einlaß. Er selbst wünschte, mit seinem Alten Ursprünglichen Orientalischen Ritus aufzuräumen und richtete an unsern Groß= Commandeur [Br.˙. Riboli] ein Gesuch um Aufnahme in unsere Gemeinschaft [Supr. Conseil in Turin]. Aber die Proteste unserer Brr.˙. dagegen waren so zahlreich und energisch, daß man die Idee aufgeben und das Anerbieten Pessina's zurückweisen mußte. Ich wünschte, die paar amerikanischen Brr.˙., welche dem Ritus noch anhängen, kämen einmal selbst nach Neapel, um zu sehen, wie die Dinge liegen. Sie würden dann von ihrem Wahne geheilt, in ihre Heimath zurückkehren."¹)

Br.˙. Alfred Hall, 33.˙., schreibt unter dem 4. Februar 1886 an denselben Br.˙. A. Pike: „Ein gewisser Pessina, welcher seinem Namen eine schreckenerregende Reihe von [freimaurerischen] Titeln und Grad=Zahlen anhängt, ist als Oberhaupt des Ritus von Memphis der einzige freimaurerische Sectirer [in Italien] . . . Ich höre, daß der Erlauchte Br.˙. Riboli ersucht wurde, ihn als 33.˙. anzunehmen. Aber die Neapolitanischen Dreiunddreißiger weigern sich einmüthig, in irgend welche Be= ziehungen zu ihm zu treten."²)

---

¹) Official Bulletin of the Supr. Council etc. Charleston 1886, p. 667 f.

²) Official Bulletin etc. Charleston 1886, p. 672. Andere Mit- theilungen, aus welchen die Schwindelhaftigkeit und die völlige Be- deutungslosigkeit des Pessina'schen Ritus von Memphis hervorgeht, finden sich in der Rivista della Massoneria Italiana 1889, p. 241, 243, 290; 1890, p. 9; 1891, p. 164.

Margiotta, welcher schon im Diable[1]) — an der Seite Pessina's abgebildet ist und ihm hinsichtlich des Prunkens mit Titeln und Zahlen kaum nachsteht, will mit Pessina sehr intim gestanden haben. Er erzählt von ihm:

Pessina legte ein großes Interesse an den Tag, mich davon zu überzeugen, daß er „den Gott der Hochgrad = Logen in Person" wiederholt gesehen habe. Ich bestritt dies, da ich skeptisch angelegt war, mußte mich aber schließlich angesichts der augenscheinlichen Thatsachen ergeben. Und nun erzählt Margiotta des Langen und Breiten, wie Pessina am 4. Januar 1891 in seinem Magier = Ornat in Gegenwart von 12 Inhabern des 96. Grades aus einer weißen leeren Flasche mittelst vielfacher Beschwörungen seinen Leibteufel Beffabuc aufsteigen ließ.[2]) Die ganze Erzählung ist, wie die beigegebene Illustration, un= beschreiblich albern.

Nach einer längern biographischen Notiz über Pessina[3]) schreibt Margiotta über sein Verhältniß zu Achilles I., König von Araukanien=Patagonien: Pessina theilte mir mit, er habe eben von Sr. Majestät das „Großkreuz des Königlichen Ordens der stählernen Krone" erhalten. „Ich hatte immer schon eine stählerne Fiber in mir", sagte er, „heute bin ich ein Fels aus Stahl [!], da ich mit dem Orden der stählernen Krone geschmückt bin und als solcher werde ich Lemmi zermalmen." Im Juni wurde Pessina zum diplomatischen Vertreter des Königs Achilles in Italien ernannt. Anläßlich einer Reise nach Paris erhielt ich von Pessina geheimen Auftrag, den misraimitischen Orden zu in= spiciren und auch seinem König Achilles I. in seinem Namen die Aufwartung zu machen.[4]) „Der König ist Satanist der Schule Pessina's, d. h. Anhänger der schwarzen Magie. Er zeigte mir sein Privat = Oratorium, in welchem sich ein Altar mit dem Baphomet befand. Er sagte mir, daß die Baphomet = Statue (Satan) sich manchmal belebe und zu ihm spreche. Da ich viele andere gesehen hatte, glaubte ich ihm aufs Wort. Denn das war ein eifriger Satanist."[5])

---

[1]) Dr. Bataille, Le Diable etc. I 433.
[2]) Margiotta, Le Palladisme, p. 118—128.
[3]) A. a. O., S. 135 bis 166.
[4]) A. a. O., S. 166—171.
[5]) A. a. O, S. 172. — Ein Barbaren=Fürst, der wirklich Frei= maurer und Inhaber des 33. Grades war, war Kalakaua, König der Sandwich=Inseln. Als dieser Fürst 1881 eine Reise nach Europa machte, versah ihn Alb. Pike in Washington, dessen Supr. Conseil er als Ehrenmitglied angehörte, mit Empfehlungsschreiben an euro= päische Supr. Conseils (Bulletin du Grand Orient de Belgique 1881.

An zauberischen Kunststücken, welche Pessina mittelst seiner
schwarzen Magie zu Wege bringe, erwähnt Margiotta folgende:
„Er besitzt das merkwürdige Geheimniß, einen Menschen schneller
laufen zu lassen, denn ein Pferd; das Geheimniß, einem
Menschen, der fliehen will, die Müdigkeit aus den Beinen zu
ziehen (auf dieses Geheimniß, wie auf das andere der magischen
Flucht aus den Händen der Häscher seien Kassirer besonders
aufmerksam gemacht!). Das (besonders den Feuerwehrleuten zu
empfehlende) Geheimniß, von Feuerscheu frei zu sein! Das
magische Geheimniß, mit den Todten in Verkehr zu treten; das
Geheimniß des schwarzen Huhnes, um den Teufel kusch zu
machen; das Geheimniß, drei Geister in der Form junger
Mädchen in seinem Zimmer erscheinen zu lassen; endlich das
Geheimniß, sich unsichtbar zu machen. Mit Hilfe dieses
letztern Geheimnisses vermochte Lemmi die Banca
Romana auszuplündern."[1]

---

p. 154). — Der Supr. Conseil von Belgien hatte sich schon angeschickt,
dem „König Br∴ Kalakaua 33∴" einen Empfang zu
bereiten, der „seines Ranges und seiner maurerischen Eigenschaft
würdig" sei. Seine Majestät fand sich aber nicht bemüßigt, mit dem
Supr. Conseil in Brüssel in Beziehung zu treten. Daraufhin ver-
zichteten die Brr 33∴ in Brüssel, um „ihre eigene Würde" zu wahren,
auch ihrerseits darauf, sich um den Besuch seiner Majestät weiter zu
bemühen. Vgl. Bulletin des travaux du Supr. Conseil de Belgique
1882, p. 100.

[1] Margiotta, Le Palladisme, p. 199. In Bataille's Diable
II 233 sind die angeblichen Amulette Br∴ Pessina's abgebildet.
Darunter befinden sich ein Talisman für Wissenschaft und Tugend;
einer für Wissen und Unsterblichkeit; einer, um sich augenblicklich
unsichtbar zu machen; einer, um sofort nach Wunsch an jeden beliebigen
Ort zu sein und endlich das „große sprechende Rad" (vgl. oben, I. Thl.,
S. 95 f.).

Was Margiotta über magische Stücklein erzählt, ist offenbar aus
okkultischen Publicationen ausgeschrieben. Die Firma Taxil schöpfte
überhaupt mit vollen Händen aus der okkultistischen Litteratur.
Natürlich sind die Plagiate theilweise nach den Bedürfnissen des litterarischen Betrugs zugestutzt und fälschlich bekannten Freimaurern
(Pike, Pessina u. s. w.) in die Schuhe geschoben. Nach Waite (The
Devil-Worship in France 1896, p. 223) hätte Margiotta hier hauptsächlich Little Albert geplündert. Nach „Rodophore" (Voile d'Isis)
hätte er seine Angaben fast wörtlich aus der zum Colportageverkauf
herausgegebenen Bibliotheca Magica: Il Ricethario Infernale und La
Clavicola del re Palomone (Roma 1890/91 Perino) entnommen. Vgl.

77. **Proben aus der angeblichen palladiſtiſchen Liturgie. Satanshymnen.** Dieſen Gegenſtand leitet Margiotta mit folgenden Worten ein:

„Ich weiß wohl, daß meine Enthüllungen Widerſpruch hervorrufen werden. Man wird mir nicht glauben wollen. Allein der Vater der Gläubigen hat in ſeiner Encyklika Humanum genus geſagt: „Vor Allem reißt der Freimaurerei die Maſke ab, mit der ſie ſich deckt, und zeigt ſie, wie ſie wirklich iſt".[1] Gehorſam gegen die Befehle des Statthalters Gottes, zerreiße ich heute den dichten Schleier, mit welchem die Freimaurerei von jeher ihre Schändlichkeiten zu umhüllen wußte. Ich bitte den Leſer, es mir nicht zu verargen, wenn ich genöthigt bin, ohne bildliche Umſchreibungen zu reden. Metaphern ſind hier nicht am Platze. Dieſe Dinge müſſen dargelegt werden,

---

Th. Ch. Der entlarvte Lucifer. Berlin 1897, S. 12 f. — Letztere Angabe ſcheint mit Rückſicht auf den „Italiener" Margiotta glaubwürdiger zu ſein.

[1] Den „Schein" einer päpſtlichen Gutheißung ſeines Werkes Le Palladisme ſucht Margiotta dadurch zu erwecken, daß er ein Schreiben aus dem Vatican vom 22. April 1895 an die Spitze ſtellt, in welchem ihm der päpſtliche Segen ertheilt wird. Dieſes Schreiben compromittirt indeſſen in keiner Weiſe den Heiligen Stuhl. Wenn Margiotta daſſelbe in einem Sinne verwendet, den es offenkundiger Weiſe abſolut nicht hat, ſo zeigt er damit nur aufs Neue, daß er ein Charlatan iſt.

Sehr zu beklagen aber iſt es, daß Margiotta für ſein läſterliches, unſinniges und ſcheußliches Buch Le Palladisme die biſchöflichen Empfehlungsſchreiben zu erlangen vermochte, die er demſelben voraus ſchickt. In dieſen Schreiben heißt es unter Anderm: „Ich habe die Blätter aus Ihrem Werke Le Palladisme etc., die Sie mir zuſandten, geleſen. Dieſelben werden auch den Hartnäckigſten zeigen [!], daß man, wenn man der Kirche den Rücken kehrt, deren Seele der hl. Geiſt iſt, ſchließlich der Synagoge Satans anheimfällt" u. ſ. w. (Mgr. Java); „Ihre Werke leiſten der armen nur zu ſehr unter der freimaureriſchen Peſt .... leidenden Menſchheit die größten Dienſte [!] ... Ich bin glücklich über dieſen neuen Dienſt [!], den Sie der Menſchheit und der Kirche leiſten" (Mgr. Piavi, Patriarch von Jeruſalem); „Ihre Enthüllungen haben der Kirche große Dienſte geleiſtet [!]. Sie kennen die Secte [?]. Sie können als Fachmann (?) über dieſelbe reden" (Mgr. Xavier, Biſchof von Aix); „Der hochwürdigſte Biſchof von Mende beauftragt mich, Ihnen mitzutheilen, daß ihre Werke ſegne, die alles Lobes und der Sympathien aller Diener unſeres Herrn Jeſus Chriſtus würdig ſind" (Abbé Solanet). „Der Cardinal-Erzbiſchof von Bordeaux kann den Abſichten und Beſtrebungen Herrn Margiotta's nur Beifall zollen" u. ſ. w.

wie sie sind, so große Ueberwindung mich dies auch
kosten mag."[1])

Hierauf theilt Margiotta folgende Einzelheiten mit:
Durch Encyklika vom 21. Januar 1894 hat Lemmi den
von Pike verfaßten für alle Baukette der hohen Maurerei vor=
geschriebenen kabbalistischen Hymnus Goddaël - Mirar durch die
Satans=Hymne Br.·. Carducci's[2]) ersetzt. „Alle satanistischen
Dichter [!] der Welt wurden aufgefordert, dieselbe in ihre Mutter=
sprache zu übersetzen und überall zu verbreiten. Die Palladisten,
die in Allem die katholische Kirche nachäffen, haben auch ihr
Ave, nämlich Eva, eine Art Ave Maria, in welchem das erste
Weib wegen ihrer Uebertretung des Gebotes des „verfluchten"
Adonai (Christen-Gottes) verherrlicht wird; unserm Salve Regina
haben sie ihr Salve Cain und Salve, fulgens Phönix; unsern
sieben Bußpsalmen ihre sieben Moloch=Psalmen; der Litanei der
allerseligsten Jungfrau ihr Abah Astaroths und Astarte's; der
Allerheiligen = Litanei ihr Abah der 73; unserm Gloria Patri
ihr Gloria Lucifero Victori gegenübergestellt. Durch dieses
„Ehre sei Lucifer dem Sieger" feiern sie die Herrlichkeit ihres
Gottes Lucifer als des künftigen Besiegers . . . . . Adonai's.
Gemäß der Weissagung des Buches Apadno soll nämlich am
29. September 1999 der endgiltige Sieg des Guten = Gottes
(Lucifers) über den Bösen=Gott . . . ., den Barbaren Adonai
erfolgen, der hierauf für ewige Zeiten unter der Hut Moloch im
Planeten Saturn eingeschlossen wird."[3])

---

[1]) Margiotta. Le Palladisme. p. 93. Obiger Satz erinnert
auffallend an den Satz Taxils in La Corruption fin de siècle (ohne
Jahreszahl, erschien um 1890 herum), p. 405: „Der Leser wird mir
das Zeugniß geben müssen, daß ich nichts [in Allem was auf
Prostitution u. s. w. Bezug hat], überschen habe, so sehr es mir
manchmal widerstrebte, darauf einzugehen."
[2]) Diese Hymne selbst ist im italienischen Text mitgetheilt bei
Bataille Diable I 387 ff.
[3]) Margiotta. Le Palladisme. p. 93 et suiv. — All das und
noch mehr von dieser Art war übrigens schon bei Dr. Bataille [Taxil],
Le Diable etc. II 760--779 zu lesen gewesen. Hier werden auch noch
angebliche palladistische, ins Gotteslästerliche und Obscöne überspielende
Aequivalente der Kirchengebete, der katholischen feierlichen Weihegebete,
Jesu= und Marien=Anbacht, des Magnificat, des Sub tuum praesidium, des
kirchlichen Segens, des Kreuzzeichens, verschiedener Litaneien, des Bene-
dicite, des Veni Sancte Spiritus (Hymnus Gennaïth - Menngog, der
schon hier sowohl in der angeblichen Pike'schen Notirung, als in der
„Chartiers" mitgetheilt ist), des Te Deum (Vanceriam-Ohblerrak), der
Acte des Glaubens, der Hoffnung und der Liebe, der sieben Sacra=

„Endlich existirt ein besonders beachtenswerther palladistischer kabbalistischer Gesang, welcher selbst den züchtigen[Romanschriftsteller] Zola erröthen machen würde.... Dieser Gesang heißt Gennaïth-Menngog.[1]) Ein Regiment Kürassiere würde beim Lesen der

mente, der hl. Messe [weiße, schwarze u. s. w. Messe], des Angelus, der religiösen Genossenschaften, u. s. w. erwähnt. Beim Gennaïth-Menngog wagte Taxil-Bataille im Diable nicht, eine Uebersetzung der schentzlichen pornographischen Elucubration zu geben. Er überließ die Ehre, mit der Uebersetzung hervorzutreten, dem „schwierigen Italiener". So nannten die Verschworenen unter sich Margiotta. Hierher gehört auch Miss Vaughan, Recueil officiel des principales Frères Luciferiennes etc. 1895.

Aus vorstehenden Andeutungen ist im Zusammenhang mit frühern Mittheilungen ganz klar ersichtlich, daß der ganze palladistische Ent-hüllungsschwindel auf eine äußerst geistlose, schablonenhafte, gottes-lästerliche und pornographische Durchführung des Satzes hinausläuft: Die Freimaurerei ist die Kirche oder Synagoge Satans, welche die Kirche nachäfft, wie der Teufel selbst der Affe Gottes ist.

[1]) A. a. O., S. 95. — De la Rive, dessen Leichtgläubigkeit hier zweifelsohne wieder mißbraucht worden ist, schrieb zu dieser Stelle im Buche Margiotta eine Anmerkung folgenden Inhalts: Der Hymnus Gennaïth-Menngog, ein palladistisches Veni Sancte Spiritus, wird zu Beginn der [Zauber= bezw. Beschwörungs=] „Arbeiten des Großen Ritus" gesungen; der ebenfalls von Pike verfaßte Hymnus Vaneriam-Ohblerrak, eine Art Danksagung zum Schluß derselben. „Die Musik dazu ist von hoher Schönheit, ungemein ergreifend und bestrickend. Die Ausführung der Motive ist äußerst eindrucksvoll. Der Charakter des Tonstückes zugleich mark= und bein=durchdringend und schmachtend, ganz wie ein Klagelied einer Tigerin, welche nach ihrem Tiger seufzt.... Diese Musik regt, wie es scheint, das Gemüth aufs Höchste auf und wirkt auf dasselbe unwiderstehlich ein. Die Musik zum Gennaïth-Menngog ist vom verstorbenen Br.·. Dan. Coverly in New-York, die zum Vaneriam Ohblerrak von der Schwester ·: Palfreman in Boston componirt worden. Die Worte zu beiden Ge-sängen stammen von ... A. Pike selbst und bilden ein wahrhaftes „euphonisches Wilden=Geschrei"."

Man begreift nicht, wie ein einigermaßen verständiger, ernsthafter Mann, — als solcher will de la Rive, der noch dazu Generalsekretär der französischen Antifreimaurer=Vereinigung ist, doch gelten — sich herbeilassen konnte, unter ein so unsinniges Geschreibsel seinen Namen zu setzen.

Dr. Bataille berichtet (Le Diable II 850) über die Entzifferung dieses Hymnus:

„Ich besaß den Text des Gennaïth-Menngog und hatte mehreren Personen davon Kenntniß gegeben. Herr de la Rive machte mir das Anerbieten, denselben durch seinen Freund, Herrn Le Chartier, einen bescheidenen aber gelehrten Fachmann, übersetzen zu lassen. Le

Chartier kennt alle lebenden und todten orientalischen Sprachen, sowie
alle linguistischen und kabbalistisch-kryptographischen Operationen von
Grund aus. Ich war nun immer der Meinung gewesen, daß das
wilde Kauderwelsch des hauptsächlichsten Gesanges beim Ceremoniell
des Großen [okkultistisch-satanischen] Ritus sinnlos und nach dem Satz
Pico's be la Mirandola verfaßt sei: Im Okkultismus sind jene
Formeln von größter Wirksamkeit, deren Worte keiner Sprache angehören und nichts bedeuten. Ich wünschte auch nicht, daß Herr Le
Chartier unnütz seine Zeit verliere und schlug daher Herrn de la
Rive vor, zunächst einen kleinen Kunstgriff anzuwenden. Da er, obwohl nur Profaner, zu Miß Vaughans Freunden zählt, rieth ich ihm,
sich an Miß zu wenden und sie zu ersuchen, sie möge ihm gefälligst
den Text des Gennaïth-Menngog mittheilen. „Wenn dieser Text",
so schrieb ich ihm, „wirklich, wie ich glaube, unübersetzbar ist, so wird
unsere Freundin Ihnen denselben nach meiner Meinung ohne jede
Schwierigkeit zugehen lassen. Es ist dann nicht der Mühe werth,
Le Chartier damit zu befassen. Verweigert sie Ihnen denselben hingegen, so ist das ein Beweis dafür, daß derselbe zur Kategorie jener
schändlichen Geheimnisse gehört, welche sie bei ihrem ehrbaren Gewissen
verabscheut und deren sie sich für ihren Palladismus schämt. Zu
diesem Falle ist durch unsere harmlose Kriegslist die Irrthümlichkeit
meiner Voraussetzung dargethan. Es ist dann am Platze, die gelehrte
Beihilfe Le Chartiers in Anspruch zu nehmen."
„Herr de la Rive befolgte meinen Rath, und Miß Vaughan wies
ihn, ohne schon zu ahnen, daß wir den Text des Gennaïth-Menngog
schon vollständig besaßen, in sehr barschen Worten ab. Sie antwortete
ihm, daß sie ihm über Lemmi's politische und private Thätigkeit alle
erwünschten Mittheilungen machen wolle, es aber für verwerflich be-
trachte, ihm auch nur das Geringste bezüglich des Palladismus selbst
zu entdecken. — Nun wußten wir genug. Sofort ging der geheimnißvolle Text an Herrn Le Chartier ab. Derselbe entzifferte ihn wirklich und sandte bald die ganz wörtliche Uebersetzung Herrn de la Rive
ein. An mystisch-diabolischer Obscönität offenbart die Hymne
einen Grad von Schamlosigkeit, der auch die schlimmsten Erwartungen
übertrifft. . . . Ich erfuhr seither, daß diese Hymne im Triangel
Phébé-la-Rose nicht gesungen wird. Miß Vaughan . . . stellte auch
einen Antrag auf Abstellung der Prüfung des Pastos."
De la Rive selbst spricht von den Hymnen Gennaïth-Menngog
und Vaneriam-Ohblerrak anläßlich der von ihm völlig ernsthaft berichteten, Sophia Walder beigelegten „Operation des Durchgangs durch
die Mauer", die, nebenbei bemerkt, ebenfalls einen stark pornographischen
Beigeschmack hat. Vgl. de a Rive, La Femme et l'Enfant dans la
Franc-Maçonnerie. p. 721—725. Diesen Bären hatte ihm wieder
seine „Freundin" „Miß Vaughan" in höchst eigenhändiger Person
aufgebunden, wie sie selbst soeben in ihren Mémoires (p. 602 et suiv.)
feststellt. Es wird unten, im dritten Theil, noch davon die Rede sein.
Wenn die „Miß", so werden manche Vaughanisten vielleicht auch

Ueberſetzung dieſes im höchſten Grade obſcönen und unſittlichen freimaureriſchen Geſanges roth wie ein Krebs. Dieſer Geſang würde ſchon für ſich allein genügen, um zu beweiſen, daß das palladiſtiſche Freimaurerthum nur praktiſche Pornographie in aller Form iſt. Der Verfaſſer des Hymnus iſt Alb. Pike. Der Hymnus ſelbſt ſcheint auf den erſten Blick eine Aneinanderreihung ſinnloſer, wilder Laute zu ſein. Denn Pike, dem nichts entging, hat ihn abſichtlich in völlig unverſtändlicher Weiſe punktirt, um ihn den Forſchungen der Gelehrten [!] unzugänglich zu machen."

Es folgt nun der angebliche Hymnus Pike's im Urtext. Dann fährt Taxil=Margiotta fort:

„Pike hoffte, wie ich ſagte, dieſen Hymnus neugierigen Nach=forſchungen der Profeſſoren und unvollkommen Eingeweihten durch die fremdartige dunkle Form, welche er ihm gab, zu entziehen. Aber er machte ſeine Rechnung ohne den Wirth. Es giebt glücklicherweiſe Antifreimaurer, welche für Alles, was die Secte beginnt, offene Augen haben. Der gelehrte Orientaliſt Chartier hat den Hymnus der genaueſten Prüfung unter=worfen und den Schlüſſel zu ſeiner Entzifferung entdeckt. Er erkannte, daß er in kabbaliſtiſchem Hebräiſch abgefaßt war, einer Sprache, die Pike völlig beherrſchte. Er punktirte den Text richtig und theilte die Silben ab, wie es ſich gehörte, und über=ſetzte dann den Hymnus."

Hierauf wird zunächſt von jedem Wort des angeblichen Ur=texts in einer eigenen Zeile die Bedeutung in franzöſiſcher Sprache angegeben. Es folgt noch die eigentliche Ueberſetzung. Der Text iſt ebenſo gottesläſterlich als obſcön.[1] Margiotta, bezw. Taxil bemerkt dann:

hier wieder zur Erheiterung der Welt argumentiren, es ſogar zuwege bringt, Jemanden einen Bären aufzubinden, ſo muß ſie doch exiſtiren. Welche Verblendung, auch trotz ſolcher augenſcheinlicher Beweiſe noch ihre Exiſtenz anzuzweifeln! Am Oſtermontag, an dem Tag, welchen die „Miß" ſich für ihre erſte öffentliche Kundgebung auserſehen hat, werden ihre Gegner denn auch nach ihrer eigenen Verſicherung unter einer „Lawine der Lächer-lichkeit" begraben werden. Die Antifreimaurer-Bewegung, ſo hofft be la Rive in der France Chrétienne 1897, p. 37, — thatſächlich iſt damit der von Bataille eingeleitete, von Muſtel, Tardivel u. ſ. w. noch heute hartnäckig vertheidigte Enthüllungsſchwindel gemeint — werde an dieſem Tage aus dem Grabe wieder auferſtehen, in welches ſie am 29. September 1896 hinabgeſunken ſei. Auf daß dies der Fall ſei, empfiehlt be la Rive Miß Vaughan dringend dem Gebete ihrer Freunde und ſeiner Leſer.

[1] Margiotta, Le Palladisme, p. 90—101.

„Der [Hymnus] Gennaïth Menngog ist von unbestreitbarer Authenticität. Derselbe wurde von Pike zu Ehren des Templer-Baphomets verfaßt. ... Uebrigens liegt uns folgende Erklärung Albert Pike's selbst für die Worte: Jakin, Bohaz, Moabon vor." Hierauf citirt Margiotta im englischen Urtext eine Stelle aus A. Pike's Book of the words. Sephar H'Debarim.[1]) Diese Stelle ist, wie wir, da wir vom betreffenden Buche Kennt-niß genommen haben, bezeugen können, richtig citirt. Es finden sich bei Pike auch sonst ähnlich lautende Aeußerungen, in welchen freimaurerischen Symbolen eine obscöne Deutung gegeben wird. Pike entblöbet sich nicht, einen gewissen im Alterthum üblichen und auch selbst jetzt noch (in Indien) vorkommenden obscönen heidnischen Cult als die ursprüngliche Naturreligion zu erklären.[2]) Mit dieser „Naturreligion" bringt er die Frei-

---

[1]) Margiotta, Le Palladisme. p. 101 et suiv.

[2]) Albert Pike, Morals and dogma 1881. p. 185 f. 190. 112. 114. 765. 771 f.; 161, 219. — The Book of the Words etc. 1878. p. 30. 46, 121. — Official Bulletin 1870—1872. p. 533. — The Inner Sanctuary Part. II [Ritual des 15. und 16. Grades des Alten und angenommenen schottischen Ritus], p. 94. 110.

Waite schreibt in seinem Buch Devil-Worship in France 1896. p. 309: „Ich kann keinen Freimaurer irgendwelchen Grades oder Ritus' finden, der je von Pike's Sepher d'Hebarim, oder von seinem Buch Apadno oder von Lectures gehört hätte, in denen er, ohne Eliphas Lévi zu citiren, Auszüge aus dessen Werken wiedergegeben hätte. Diese Werke können daher wohl mit den Triangel-Provinzen..., dem Molay-Schädel und dem Palladium ins Gebiet der Erdichtung verwiesen werden." — Wir stimmen dem Urtheile Waite's in den andern Punkten zu Hinsichtlich des Buches Sephar H'Debarim — so heißt der Titel in Wirklichkeit — müssen wir aber feststellen, daß sich Waite entschieden im Irrthum befindet. Wir haben uns selbst aus diesem Buche Auszüge gemacht.

The Book of the words. Sephar H'debarim, Containing an explanation of the true meaning of the words of the various degrees of the ancient and accepted scottish rite from the 1st to the 32d inclusive —, the ineffable word and the many names of the Deity Known and used in Masonry. Only one hundred and fifty copies of this work have been printed, and these will be sold only to 33ds and 32ds of the southern Jurisdiction [of the United States] Send by express only. Dollar 7.50 per copy. — So wird das Werk in Pike's Official Bulletin of the Supr. Council etc. Charleston. (1885 July. p. 502) selbst angekündigt. Sephar H'Debarim ist auf dem Titelblatt des Buches auch noch in Buchstaben des samaritanischen Alphabets angegeben. Als Jahreszahl des Erscheinens ist auf dem-selben zu lesen: A∴ M∴ (Anno mundi) 5638. Diese Zahl bedeutet 1878 der gewöhnlichen christlichen Zeitrechnung.

maurerei und ihre Symbolik in Verbindung. Hier knüpfen daher die Margiotta-Taxil'schen Pseudo-Enthüllungen wirklich an thatsächlich gegebene Anhaltspunkte an.

Die ganze lange pornographische Besprechung des Hymnus Gennaïth-Menngog schließt dann wieder mit derselben boshaft spöttischen Berufung auf die Encyklika Humanum genus, mit welcher sie eingeleitet worden war: „Nach so unglaublichen Obscönitäten wird sich Niemand mehr darüber wundern, daß der erlauchteste Nachfolger Pike's im Palaste Borghese die Pissoirs seines Supr. Conseil über der Privatkapelle errichten ließ" u. s. w. Es folgt die bereits oben (S. 93) erwähnte Abtritt-Geschichte. Dann fährt Margiotta fort: „Schildern wir die Dinge, wie sie sind, und gehorchen wir ohne Hinter-Gedanken den Befehlen des Heil. Vaters, der will, daß wir der Freimaurerei die Maske abreißen, mit der sie sich verhüllt, und sie so zeigen, wie sie ist".[1]

Carbucci's Satanshymnus, so berichtet Margiotta an einer anderen Stelle, wurde auf ausdrücklichen Befehl Lemmi's abgefaßt, der ihn gegen die Pike'sche luciferianische Richtung als Agitationsmittel verwerthen wollte.[2] Darauf bringt er diesen Hymnus zum Abbruck und läßt ihm noch satanische, bezw. luciferianische Auslassungen Br.·. Olivier's[3] und Br.·. Rapisardi's[4] und einen Abschnitt aus einer zweifelsohne gefälschten Encyklika Pike's gegen Lemmi's Satanismus[5] sammt einem ebenfalls gefälschten Brief an Br.·. Rapisardi[6] folgen. Schließlich theilt er noch ein unsinniges angebliches palladistisches Credo und Paterunser Pike's[7] mit, dem ein Credo und Pater aus der Strenna della Rivista della Massoneria Italiana 1890/91, p. 99—100[8] folgt. Letzteres mag richtig wiedergegeben sein. Wir sind nicht in der Lage, diesen Punkt zu controliren. Es schließt sich daran ein Citat aus dem Talmud.

So werden bei Bataille, Margiotta u., bezw. bei Taxil, abgerissene, allen möglichen Quellen entnommene Bruchstücke in buntem Durcheinander vorgeführt und unter Verquickung mit absichtlichen systematischen Fälschungen zu großen Lügen-Romanen

[1] A. a. O., S. 102 ff.
[2] Margiotta. Le Palladisme, p. 47.
[3] A. a. O., S. 53 ff.
[4] A. a. O., S. 54 bis 59.
[5] A. a. O., S. 61 bis 66.
[6] A. a. O., S. 69 ff.
[7] A. a. O., S. 71 bis 73.
[8] A. a. O., S. 73 bis 76.

verarbeitet. Eine sowohl von „Bataille", als von Margiotta und „Miß Vaughan" vielgenannte Quelle für Palladismus ist das „Buch Apadno".

78. Vorkehrungen Margiotta's, bezw. Taxil's, um allen Ableugnungen und Anfechtungen seiner Enthüllungen zum vornherein die Spitze abzubrechen. Paul Rosen als Moïse Lid Nazareth.

Um den voraus= zusehenden Ableugnungen der palladistischen „Enthüllungen" seitens der Freimaurer von vorherein die Spitze abzubrechen, gab Mar= giotta oder vielmehr Taxil vor, es sei auf bringende Aufforderung des Br.∴ Goblet d'Alviella in Brüssel von Lemmi an alle Palladisten die Weisung ergangen, Alles „rundweg abzu= leugnen". Um dieser Behauptung Glauben zu verschaffen, veröffentlichte er ein zweifelsohne gefälschtes dringliches „Gewölbe" [d. h. einen amtlichen palladistischen Brief], welches der unter dem Titel Ausgedienter Belgischer Freimaurer=Patriarch zum „palladistischen Cardinal" ernannte „Provinzial=Großmeister" des Lotus 55, Goblet d'Alviella, anläßlich der angeblichen Demission „Miß Vaughans" unter dem 30. Juni 1894 an Lemmi, als Freimaurer=Papst, gerichtet haben soll. Die wichtigeren Stellen des Briefes lauten:

„... Der Provinzial=Großmeister des Lotus 55 hat noch den Schmerz, Ihnen von den widerwärtigen Zuständen Mit= theilung zu machen, die an allen Orten der Provinz anläßlich des Sonnenwende=Festes zu Tage getreten sind. Von überall her meldet man, daß man in den Logen gegen die Triangel und gegen jede außer=nationale Leitung der Freimaurerei aufgebracht ist; seit zwei Monaten ist der Antrag=Sack nach jeder Sitzung voll von Interpellationen über die Existenz der Hochgrad=Frei= maurerei. ...

„Diese bedauerlichen Zustände, welche sich von Tag zu Tag verschlimmern, sind die Folge des Austritts der amerikanischen Schwester 141 [es ist dies die angebliche Namenszahl von Miß Diana Vaughan]. Diese Dame hat dadurch, daß sie ihre Demission einem elenden französischen Zeitungsschmierer [Taxil] anvertraute, der sich beeilte, davon öffentliche Mittheilung zu machen, ihre heiligsten Eide mit Füßen getreten. Sie verdient daher kein Erbarmen mehr. Sie hat uns unerhörten Schaden zugefügt. Da nun das Uebel alle belgischen Logen anzustecken droht, und da es ähnlich auch in andern Logen zugehen wird, so sehe ich nur noch ein Heilmittel: **Man muß sich überall ver= ständigen, Alles rundweg abzuleugnen.** Erlassen Sie schleunigst einen diesbezüglichen Befehl. Es ist höchste Zeit, die Gefahr zu beschwören.

„Sehr Viele nehmen nicht mehr an unsern Sonnenwende-Festen Theil; es ist nicht mehr bloß der Eifer, der erlahmt, sondern die Demissionen selbst nehmen in beunruhigender Weise überhand. In drei Logen niederer Grade hat man sogar durch einen Beschluß die Ernennung einer Ueberwachungs-Commission in Aussicht genommen, der selbst einfache Lehrlinge angehören können. Diese Commission soll feststellen, ob die höheren Behörden des Ritus wirklich irgend einen Bruchtheil der Logen-Beiträge nach Charleston oder anderswohin abführen. Wie soll man die Ausführung dieses Beschlusses hintertreiben? Dieselbe würde den Umsturz der [palladistischen] Hierarchie bedeuten. Es ist an Ihnen, die nöthigen Anordnungen zu treffen. Thun Sie dies aber unverzüglich.“ [1])

697 [2]) [= Eugène Goblet Alviella].

Dieser Brief, der sich schon durch seinen Stil als Fälschung Taxil'scher Provenienz verräth, wurde natürlich auch von „Miß Vaughan“ [3]) in's Treffen geführt, und von den französischen Antifreimaurern unzählige Male citirt [4]): Wie? Sie können auf öffentliche Erklärungen der „immer lügenhaften“ Freimaurer hin die „Enthüllungen“ über Palladismus bestreiten? Sind Sie denn mit der antifreimaurerischen Bewegung und den einschlägigen Veröffentlichungen so wenig vertraut, daß Sie nicht einmal von dem famosen Brief Goblets Kenntniß haben? — So ungefähr argumentirten die französischen, vom unermüdlichen Mystificator Taxil und von seinen ebenso lügnerischen Helfershelfern bethörten Führer der antifreimaurerischen Bewegung in Frankreich, wenn man, auf Grund der hier doch fast einzig maßgebenden officiellen oder wenigstens zweifellos echten freimaurerischen Aeußerungen competenter Freimaurer oder freimaurerischer Verbände die „Enthüllungen“ Taxils bestritt. Diejenigen, die so sprachen, bedachten nicht, daß Taxil und Consorten sich in ihren Behauptungen ebenfalls vorwiegend auf freilich häufig nur erdichtete oder fabricirte Aeußerungen von Freimaurern oder freimaurerischen Verbände stützten.

---

[1]) Margiotta, Lemmi, p. 367.

[2]) So soll nach weiteren Mittheilungen der Taxil'schen Schwindel-Firma in französischen und belgischen Zeitungen das Actenstück unterzeichnet sein.

[3]) Miss Vaughan, Mémoires, p. 334.

[4]) Vgl. La Franc-Maçonnerie démasquée 1894, p. 361 et suiv.; 1896, p. 31; Revue Mensuelle 1894, p. 271 etc.

Jene, so behaupteten die Schwindler weiter, welche die „Enthüllungen" über Freimaurer - Papstthum, Hostien-Entweihungen, Satanscult der Freimaurer, kurz, die „Enthüllungen" über den Palladismus bestreiten, sind entweder Geheim-Agenten Lemmi's, bezw. des „Hauptes der politischen Action" in der Freimaurerei, oder sie sind wenigstens Helfershelfer der Freimaurerei. Wo diese Voraussetzung nicht wohl anwendbar schien, griff das Schwindler-Consortium zur Erklärung durch Annahme von „Geistesgestörtheit" oder „Irrsinn" und „Verrücktheit". Der scharfsinnige Gedankengang, der diesen Manövern zu Grunde lag, war wohl dieser: Derartige offenkundige Thatsachen, wie die Taxil'schen „Enthüllungen", welche nicht nur von sämmtlichen „bekehrten" Freimaurern, wie Taxil, Margiotta, Carbuccia, Barbe Bilger, „Miß Vaughan", Jules Doinel, sondern auch von den Palladisten wie Sophia Walder, der Urgroßmutter des Antichrists, Hobbs, Phileas Walder u. s. w. und von den hervorragendsten, d. h. mit Taxil'schen Brillen versehenen, katholischen Kennern der Freimaurerei, wie Mgr. Fava, Mgr. Meurin, Chorherr Mustel, Abbé de Bessonies, de la Rive, Lautier, Tardivel u. s. w. einmüthig in allen Hauptpunkten bestätigt sind, kann nur ein Mensch leugnen, der sich entweder der Freimaurerei verkauft hat oder bei dem es im Kopfe nicht mehr ganz richtig ist. Als hervorragende Kenner der Freimaurerei werden die letztgenannten Persönlichkeiten, wie uns Dr. Hacks-Bataille, ein Haupt-Theilhaber der Firma verrathen hat, bloß in ihren für das große Publicum im Interesse ihres Schwindler-Geschäftes gethanenen Aeußerungen bezeichnet. In Wirklichkeit betrachten die Verschworenen Diejenigen, welche an ihre Fabel glauben, als — „Dummköpfe" |Questions palpitantes pour quelques milliers d'imbéciles, l'empereur des imbéciles].

Margiotta, bezw. Taxil, schreibt über die angeblichen zahlreichen Geheim-Agenten Lemmi's:

„Diese Agenten sind oft sehr schwer zu erkennen, weil sie auf der Liste des souveränen Executiv-Directoriums [als ob Taxil im Besitz dieser Liste wäre!] nicht unter ihren wahren Namen aufgeführt sind. Jeder derselben hat einen ihm vom Oberhaupt der politischen Action gegebenen geheimen Decknamen, mit welchem er seine Berichte unterzeichnet und mit welchem er auch unter den Vorstehern oder stellvertretenden Vorstehern oder delegirten Inspectoren der Directorien, wenn sie brieflich oder mündlich von ihm reden, genannt wird. Die Katholiken indeß, die einmal davor gewarnt sind, werden diese Agenten,

wenn sie nur die folgenden Winke im Auge behalten,
leicht zu entlarven vermögen.

„Um nämlich nicht in den Verdacht zu kommen, Agenten
zu sein, spielen sich Letztere gerne als Gegner der Freimaurerei
auf. Gelegentlich sagen sie der Freimaurerei Uebles nach), oder,
wenn sie in der Presse thätig sind, schreiben sie auch gegen die=
selbe. Man wird aber bald heraus haben, daß ihre Angriffe
auf die Secte ziemlich harmloser Natur sind. Sie greifen die
Freimaurerei zum Beispiel nur auf dem politischen Gebiete an;
sie decken ausschließlich die parlamentarische Action auf, aus
welcher die Logen selbst schon seit langer Zeit kein Geheimniß
mehr machen. Man hält sie dann für Antifreimaurer und schenkt
ihnen in der katholischen Welt Vertrauen. Nur angesichts der
für die Freimaurerei wirklich unbequemen Enthüllungen, wie
derjenigen über die Frauen=Logen oder über die höchste
Centralleitung, brausen sie sofort auf und bezeichnen die=
selben als Uebertreibung und Betrug. Sie setzen ihre ganze
Kraft ein, um die Aufdeckung dieser für die christliche Gesellschaft
gefährlichsten geheimen Umtriebe wirkungslos zu machen, denn
durch die Freimaurer=Schwestern, deren Namen streng geheim
bleiben, macht die Secte ihren alle Sittlichkeit zerstörenden Ein=
fluß bis in's Innerste der Familie hinein geltend. Die höchste
Centralleitung, d. h. der oberste Ritus des Palladismus,
ist die wahre und fürchterlichste Macht der Freimaurerei.

„Leugnet Jemand diese Punkte [die Taxil'schen Auf=
schneidereien über die Centralleitung und die entsittlichende
Thätigkeit der Freimaurerei mittelst der Mops=Schwestern], so
kann man sicher sein, daß er ein Geheim=Agent [der
Freimaurerei] ist. Damit gebe ich den katholischen Lesern
den Prüfstein, welcher es ihnen ermöglichen wird, das falsche
Gold vom wahren zu unterscheiden.[1]) Denn es kommt vor, daß
der Geheim=Agent des Höchsten Executiven Directoriums mit=
unter ganz das Gegentheil von dem zu sein scheint, was er in
Wirklichkeit ist. Selbst in den Reihen der Geistlichkeit
hat es schon solche Geheim=Agenten gegeben, und giebt es
solche vielleicht noch.[2]")

Uebrigens geräth die Firma Taxil hier mit sich selbst in
offenen Widerspruch. Im Diable au XIXe siècle steht wörtlich
zu lesen: „Uebrigens kann man die Geheim=Agenten Lemmi's

---

[1]) Als das „wahre Gold" betrachtet Taxil, der professionsmäßige
Lügner und Pornograph, natürlich zunächst sich selbst.
[2]) Margiotta. Lemmi. p. 182.

leicht erkennen. In allen Ländern ohne Ausnahme klebt ihnen
ein Unterscheidungs-Merkmal an, welches sie, wenn man nur die
Augen aufmacht und ein Bischen Umfrage hält, sofort verräth:
**Es giebt keinen Einzigen unter Ihnen, der nicht Jude
wäre.**"[1])

Der Widerspruch bei Taxil erklärt sich daraus, daß er bei
Aushecung seiner Geheim-Agenten-Theorie später auch gewisse
Geistliche im Auge hatte, die es wagten, öffentliche Zweifel an
seinen „Enthüllungen" auszusprechen, während früher der bereits
erwähnte Paul Rosen das Schreckbild war, das ihn nicht zur
Ruhe kommen ließ.

Paul Rosen besitzt unbestreitbar eine außerordentliche Kenntniß
der freimaurerischen Litteratur in französischer, italienischer und
englischer Sprache. Er hat sich auch eingehend mit Studien
über die Freimaurerei beschäftigt. Seine Publicationen gegen
die Freimaurerei sind, wenngleich sie wenigstens den späteren
Taxil'schen Werken weit vorzuziehen sind, allerdings in Folge
der gelegentlichen dreisten Fälschungen, die er sich gestattete, für
Solche wenigstens, die nicht im Stande sind, die Fälschungen zu
erkennen, praktisch nicht oder nur in beschränktem Maße ver-
werthbar.[2]) Paul Rosen trat nun den neuern palladistischen
Schwindeleien der Firma Taxil von Anfang an energisch entgegen. Es begreift sich, daß dies den Veranstaltern des Betrugs
sehr ungelegen kam, zumal da Rosen in vielen geistlichen Kreisen
als Kenner der Freimaurer-Angelegenheiten nicht geringes Ansehen genoß und häufig berathen wurde. Der Mann mußte also
unschädlich gemacht werden.

Bei der Wahl der Mittel verfuhr die Taxil'sche Firma,
welche früher selbst von ihm Informationen und „Documente"
betreffend die Freimaurerei bezogen hatte, ebenso scrupellos wie
in allen anderen Fällen, wo es galt, ihre Interessen bei ihrem
Fälschungs-Geschäft wahrzunehmen. Sie gab denselben ohne
Weiteres als den schlimmsten Geheim-Agenten Lemmi's
aus. Zu diesem Zwecke dichtete sie ihm den Namen Moïse Lid
Nazareth an, welcher unter dem Gesichtspunkt des Zahlenwerths
der Buchstaben nach dem angeblichen palladistischen Zahlen-
Alphabet seinem Namen im profanen Leben „Paul Rosen"
äquivalent ist. Beide Namen entsprechen nämlich dem palladistischen Zahlenwerth 742. Damit war zugleich für ein ge-
dankenloses Publicum „evident bewiesen", daß Rosen wirklich der

---

[1]) Dr. Bataille. Le Diable au XIXe siècle, I. 475.
[2]) Vgl. oben II. Thl., S. 45 ff.

3nᵗhhehh

gefürchtete Moïse Lid Nazareth war. Letzteren „pallabistischen" Namen soll er von Lemmi persönlich erhalten haben.[1]) Die verschiedenen auf Rosen bezüglichen benunciatorischen Auslassungen der Firma Taxil stehen wieder untereinander im Widerspruch. Wir wollen einige derselben in ihrer chronologischen Reihenfolge hier im Auszuge wiedergeben.

Im ersten Band des Diable führt „Dr. Bataille" aus: Rosen kann gewiß nicht verdächtigt werden, mit den Drei-Punkte-Brüdern glimpflich verfahren zu sein. Er ist Jude und war sogar ehemals Rabbiner. Vor vielen Jahren, als er den Katholicismus noch haßte, ließ er sich in die Loge aufnehmen und brachte es bis zum 33. Grade. Später ließen ihn die Lorbeeren Taxils und Anderer nicht schlafen. Er wurde auch antifreimaurerischer Schriftsteller und hat als solcher der Religion wirkliche Dienste erwiesen.[2]) Er „hat Alles gethan, was in seinen Kräften stand, um ... vor den Profanen die Geheimnisse des Hiram-Tempels zu entschleiern. Und trotzdem ... hat er keine Enthüllungen ernsthafter Natur, keine Enthüllungen von Bedeutung gemacht". Und zwar aus dem einfachen Grunde, weil er nichts wußte. ... Rosen fehlt der Schlüssel [zu den eigentlichen Geheimnissen], d. i. die luciferianische Einweihung im Palladium von Charleston, das Recht, mit weißen Pantoffeln zu erscheinen, um in den androgynen Logen Einlaß zu finden, die nöthige Bevollmächtigung, um den rächenden Arm der Brüder in Bewegung zu setzen oder ihm Einhalt zu gebieten. Obgleich Dreiunddreißiger, wußte er bis zum Bekanntwerden der heute nicht mehr bestrittenen freimaurerischen Verbrechen nichts über die Person des Großen Weltbaumeisters oder über die Existenz von Adoptions- und anderen Schwestern. Einfache Profane, welche das große Geheimniß begriffen hatten, ... und den nöthigen Scharfblick besaßen, um zwischen den Zeilen lesen [!] zu können, wie P. Deschamps, Cl. Jannet, Mgr. Fava, Dom Benoit und Mgr. Meurin, haben hundert Mal mehr enthüllt, als Herr Rosen, 33.·.[3]) u. s. w.

„Nach diesen Mittheilungen", so schließt Bataille seinen ersten Angriff auf Rosen, „mache ich meine Leser darauf aufmerksam, daß der unfehlbare Prüfstein, um zu erkennen,

---

[1]) „Bataille" in der Revue Mensuelle 1894. p. 84: vgl. auch Miß Vaughan, Mémoires. p. 511. 600.
[2]) Bataille. Le Diable I 300.
[3]) A. a. O., I 307.

ob ein Ex=Freimaurer ein wirklich Eingeweihter war,
darin besteht, ihn über die [von Taxil erdichtete] Existenz des
Palladismus, der Freimaurer=Schwestern und der Ultionisten
[b. h. mit Ausführung von Morden betrauten Brüder] zu be=
fragen. Weiß er nichts davon, so ist dies ein Zeichen, daß er
in der Loge nur zur Kategorie der Einfaltspinsel und Bethörten
zählte. Leugnet er aber rundweg ab, anstatt einfach zu
sagen, er wisse nicht darum, so muß man ihm mit Mißtrauen
begegnen; dann hat der Ex=Freimaurer noch nicht alle Ver=
bindungen zur Secte abgebrochen. Er spielt noch eine
Rolle in derselben. Er sucht das Vertrauen der Nicht=Frei=
maurer zu gewinnen, indem er den Glauben erweckt, er verab=
scheue seine alten Drei=Punkte=Brüder=Collegen. Er ist aber
thatsächlich noch auf ihrer Seite und hintergeht den Nicht=Frei=
maurer. Er steht, während er Proben von seiner Umkehr zur
guten Sache zu geben scheint, thatsächlich im Dienste der Frei=
maurerei gegen die Katholiken. Er ist ein falscher Pseudo=
Bruder. Also Vorsicht! Diese Gattung von Leuten ist
die gefährlichste von Allen."[1]

Schon in diesem Citat treten die Widersprüche deutlich zu
Tage: Rosen hat der Religion durch seine Enthüllungen Dienste
geleistet und Alles aufgeboten, um die freimaurerischen Geheimnisse
bekannt zu machen — und doch hat er nichts Ernsthaftes ent=
hüllt, ja er leugnet die eigentlichen Geheimnisse gegen besseres
Wissen und Gewissen ab! u. s. w.

An einer anderen Stelle schreibt „Bataille": „Niemals
wird der im Sold Lemmi's stehende, nur scheinbar bekehrte Jude
die Existenz des Palladismus oder der weiblichen Freimaurer=
Riten eingestehen. Hinsichtlich des Luciferianismus wird er ent=
weder den Harmlosen spielen, der nichts davon weiß, obgleich er
die volle Einweihung in die Hohen Grade erlangt hat . . . oder,
wenn er eine gewisse Dosis von Unverschämtheit hat, wird er
rundweg ableugnen und keck behaupten, er sei völlig eingeweiht
und könne daher positiv versichern, daß die satanische Hoch=
grad Freimaurerei nicht existire und daß Mgr. Meurin und
die anderen antifreimaurerischen Schriftsteller, welche vor mir [!]
diesen Zipfel des Schleiers lüfteten, sich durch trügerische Schein=
gründe und haltlose Gerüchte täuschen ließen."[2]

Inzwischen wurde das Publicum in den Enthüllungsschriften

---

[1] Dr. Bataille, Le Diable I 311.

[2] A. a. O., S. 474 ff.

der Taxil'schen Firma mit einem „berüchtigten Geheim=Agenten Lemmi's" bekannt gemacht. [1])

De la Rive, dem hierbei wieder seine nahen Beziehungen zur Firma Taxil zu Statten kamen, wußte bald darauf ausführ= lich zu melden: Sophia Walder wollte um jeden Preis das Versteck Barbe Bilgers ausfindig machen, um sie der palladistischen Rache zu überliefern. Moïse Lib Nazareth machte sich in Anbetracht seiner ausgezeichneten Beziehungen zum katholischen Clerus anheischig, ihr die gewünschte Auskunft sofort zu ver= mitteln. Wie ein [natürlich] gefälschter] Brief Sophia Walders aus Nancy[2]) beweist, war Lib Nazareth in jenen Tagen in Reims, wo er zuerst Barbe Bilger vermuthete und darauf in Nancy, wo sich Barbe wahrscheinlich im guten Hirten befand. „Wir", bemerkt de la Rive, „haben selbst festgestellt, daß Moïse Lib Nazareth gerade am 18. und 19. August in Reims war . . . War Rosen auch einer der Reisebegleiter Sophia Walders? Der eine ihrer Reisebegleiter, Namens Moïse Lib Nazareth, entspricht wirklich folgendem Signalement: Recht häßlich, trägt Brillen, klein, dick, eher unreinlich als sorgfältig in seinem An= zug, mit schwachem Bart, ungefähr 60 Jahre alt. Für die Art und Weise, wie er sich seines auf Barbe Bilger bezüglichen Auf= trages entledigte, ertheilte ihm Sophia das Prädicat: außer= ordentlich dumm"[3]) [dreimal unterstrichen] u. s. w.

Margiotta berichtet nach de la Rive dieselbe Fabel.[4])

In beiden Berichten ist Rosen zwar noch nicht bestimmt genannt, aber so deutlich bezeichnet, daß die Leser, die ihn kannten, nicht darüber im Zweifel sein konnten, daß er gemeint war. Taxil sagte es übrigens bald klar heraus. Er schrieb im Maiheft seiner Zeitschrift: „Wir haben den Beweis dafür in Händen, daß Paul Rosen nie aufgehört hat, der Freimaurerei anzugehören, daß ferner Moïse Lib Nazareth und Rosen nur eine und dieselbe Person ausmachen, daß er auch Sophia Walder, die er gelegentlich auf Reisen begleitet, persönlich intim kennt, und daß er mit dem Sekretär [Ulisse Bacci] Adriano Lemmi's,

---

[1]) Revue Mensuelle 1894, p. 84.
[2]) De la Rive erhielt durch „Miß Vaughan" (vgl. Miss Vaughan, Mémoires, p. 510 et suiv.) Mittheilung von diesem Briefe.
[3]) De la Rive. La Femme et l'Enfant dans la Franc-Maçonnerie 1894. p. 684—688. Dieses Signalement stammt gleichfalls von „Miß Vaughan" (vgl. Mémoires. p. 507).
[4]) Margiotta, Lemmi. p. 264.

des Oberhauptes der Secte, in freimaurerischem Briefverkehr steht."[1]

Rosen schickte auf diese Notiz in der Revue Mensuelle hin dem Herrn de la Rive und seinen Verlegern am 5. Juli den Gerichtsdiener auf den Hals mit der Aufforderung, sie möchten im Werk La Femme et l'Enfant entweder den Namen Moïse Lib Nazareth ganz streichen oder an einer in die Augen fallenden Stelle die Erklärung einsetzen, daß mit dem Pseudonym Moïse Lib Nazareth nicht Paul Rosen gemeint sei. Widrigenfalls würde er auf gerichtlichem Wege vorgehen. Taxil, bemerkte er, habe in seiner Zeitschrift 1894, S. 140 erklärt, daß de la Rive, als er von Moïse sprach, Rosen im Auge gehabt habe.

Daraufhin behauptete Taxil nun, das Werk de la Rive's lege in keiner Weise nahe, daß Moïse und Rosen eine und die= selbe Person seien. Jeder unbefangene Leser werde im Gegen= theil anerkennen müssen, daß in demselben Moïse Lib Nazareth und Rosen als zwei verschiedene Persönlichkeiten erscheinen.[2] „Wenn Rosen vor Gericht die Behauptung vertreten wolle, de la Rive habe von ihm sprechen wollen, müßte er den Beweis dafür liefern, daß seine Reise nach Reims mit Sophia zur Aufsuchung der Barbe Bilger öffentlich bekannt sei. Der Versuch, diesen Beweis zu führen, würde recht ergötzlich aus= fallen!" Rosen, fährt Taxil fort, wurde denn auch von de la Rive und seinen Verlegern einfach laufen geschickt. „Die Ehre, durch die Feder Ihres [der Zeitschrift] Dieners, der sich glücklich schätzt, die Verantwortung hierfür zu übernehmen, öffentlich die

---

[1] Revue Mensuelle 1894. p. 140. — Bataille führt im Diable II 393 et suiv. et 788 Rosen ebenfalls als Moïse Lib Nazareth auf. Natürlich spricht auch „Miß Baughan", Mémoires p. 59 u. f. w. von Moïse Lib Nazareth. Derselbe, so meldet sie, habe im Auftrag Lemmi's [!] einen Versuch gemacht, ihren Schlupfwinkel ausfindig zu machen; aber selbstverständlich ohne Erfolg.

[2] Derselbe Taxil, bezw. einer seiner publicistischen Handlanger, hatte in der Revue Mensuelle 1894. p. 20 geschrieben: „Wir erfahren, daß Paul Rosen . . . mit ihr [d. h. mit der von der Firma erdichteten palladistischen „Großmeisterin" Sophia Walder], der „Urgroßmutter des Antichrists", deren Existenz er leugnen will, auf bestem Fuße steht. Einer unserer Freunde, ein außerordentlich vor= sichtiger und ängstlich behutsamer, aber in seinen Forschungen geduldiger und zäher Mann [es ist unzweifelhaft de la Rive gemeint] hat volle Sicherheit darüber erlangt, daß Paul Rosen und Sophia Walder vor weniger als einem Jahre eine Reise zusammen gemacht haben." Vgl. darüber auch Miß Baughan, Mémoires, p. 504 et suiv.; 531 et suiv.; 596 et suiv.

Identität des freimaurerischen, lemmistischen und walderistischen Helden, d. h. die Identität zwischen dem hübschen Rosen und dem bezaubernden Moïse Lib Nazareth nachzuweisen, fällt der Revue Mensuelle zu. Unsere Leser werden nichts verlieren, wenn sie auch etwas warten müssen. Ich verspreche ihnen einen wahren Festschmaus . . . Nach Erscheinen meiner Artikel über ihn mag er mir, wenn ihm sein Herz dazu räth, alle Gerichts= diener Frankreichs und Navarra's zuschicken. Ich werde sie mit Freuden empfangen und wie Brüder umarmen" . . .[1])

Troß dieser emphatischen Ankündigung blieben indessen die Artikel aus. Der zuversichtliche Ton, den Taxil anschlug, ver= fehlte aber bei seinen gläubigen Lesern nicht den Eindruck. Rosen wurde seither in antifreimaurerischen französischen und belgischen Kreisen wirklich als der gefährliche Geheim = Agent Lemmi's Moïse Lib Nazareth betrachtet. Noch am 15. October 1896 schrieb Abbé de Bessonies, ein Hauptvertreter der französischen antifreimaurerischen Bewegung an die „Germania": „Die Artikel [der Revue maçonnique], die davon [über Miß Vaughan] handeln, sind von demselben Redacteur verfaßt und von dem= selben Spion Lemmi's inspirirt, den wir wiederholt entlarvt haben".[2])

---

[1]) Revue Mensuelle 1894, p. 160.
[2]) „Germania" Nr. 248, 25. Oct. 1896, Zweites Blatt.

~~~~

Die Aufnahme der „Enthüllungen" Margiotta's in der Presse;
die öffentlichen Erörterungen, die sich an dieselben knüpften; kritische Besprechung der hauptsächlichsten Punkte derselben.

Das Werk Margiotta's über Lemmi wurde bei seinem Erscheinen namentlich in Frankreich, Belgien und Italien vielfach
enthusiastisch aufgenommen, aber auch in andern Ländern, von
gewissen Kreisen wenigstens, gierig verschlungen und stark an-
gepriesen. Die Ursache davon lag besonders darin, daß der Boden
für dasselbe aufs Beste vorbereitet war. Auch der Mann, dessen
Entlarvung es gewidmet war, zog damals in besonderem Grad
die Aufmerksamkeit der Katholiken auf sich. Endlich wurde für
dasselbe eine ganz außerordentliche Reclame gemacht. Die öffentlichen, in den Augen des großen Publicums scheinbar zu Gunsten
Margiotta's sprechenden Erörterungen, besonders diejenigen mit
dem Großorient von Frankreich, dem Großorient von Italien
und mit dem bekannten belgischen Freimaurer Goblet d'Alviella,
33∴, vollendeten den ephemeren riesenhaften Erfolg des Werkes,
das unter allen der Taxil'schen Schwindel-Firma entstammenden
Publicationen, Alles in Allem, wohl das größte Aufsehen erregte.

79. Der Nouveau Moniteur de Rome über
Margiotta's Adriano Lemmi. Als Probe der Jubel-
hymnen, welche in der Presse da und dort auf das Werk an-
gestimmt wurden, lassen wir den Artikel aus dem Nouveau
Moniteur de Rome vom 20. October 1894 folgen. Wir geben
den Artikel ausführlich wieder, weil derselbe unsere Inhaltsangabe vom Buch in einigen Punkten ergänzt und die Absichten

der Schwindel-Firma mit demselben, namentlich auch hinsichtlich der „Miß Vaughan", ins Licht zu stellen geeignet ist. Gezeichnet ist der Artikel mit G. A. Es dürfte aber wohl kaum zweifelhaft sein, daß derselbe direkt oder indirekt, wenigstens inhaltlich, aus dem publicistischen Bureau Tazils selbst stammt. Jedenfalls hat ihn Tazil selbst dadurch als seinen Wünschen besonders entsprechend anerkannt, daß er ihn vor andern Artikeln in seiner Zeitschrift vollständig zum Abdruck brachte. Der Artikel lautet:

„Nach dem Urtheil aller Sachverständigen [!] versetzt dieses Buch der internationalen Freimaurer‑Secte einen der empfind‑lichsten Schläge, den sie je erhalten hat. Man wird dies leicht begreifen, wenn man bedenkt, daß schon die bloße Nachricht von der Bekehrung Margiotta's die Anhänger der Secte in eine Ver‑wirrung stürzte, die sie nicht zu verbergen vermochten. Das war, wie man sich erinnern wird, ein wahrer Zusammenbruch. Die Veröffentlichung der Demissions‑Schreiben rief bei dem gerade damals versammelten Convent des Großorients von Frankreich eine solche Bestürzung hervor, daß die Delegirten von 356 Logen sich veranlaßt sahen, eine feierliche Erklärung zu erlassen, die sie in allen Zeitungen ihrer Parteirichtung abdrucken ließen . . . . Was war der Grund dieser Aufregung, dieser Bestürzung, dieser Panik? Der Convertit war diesmal nicht bloß ein einfacher Freimaurer, der Frankreich nichts anging. Noch jüngst war er einer der hochgestelltesten Würdenträger der internationalen Secte. In der That ist Margiotta Einer der‑jenigen, die Alles wissen . . .

„Und nun zum Buch Margiotta's. Der Titel desselben sagt Alles. Der Neubekehrte unternahm es, die Hoch‑Freimaurerei und ihr höchstes Oberhaupt, den berüchtigten, vom geheimen Convent in Rom am 20. September 1893 zum Freimaurer‑Papst erwählten Adriano Lemmi vollständig zu entlarven. Man begreift daher leicht das Wuthgeschrei aller Secten‑Anhänger. Das Buch liegt nun endlich vor uns.

„Auf etwa 400 Seiten in 8º, enthüllt Margiotta die Organisation und Thätigkeit der über die ganze Welt aus‑gebreiteten Hoch‑Freimaurerei, welche die palladistischen Triangel regiert und durch diese wieder im Geheimen alle Logen der officiellen Riten der ganzen Welt beeinflußt. Die Dinge, welche er behandelt, sind nicht gewöhnlicher, alltäglicher Art. Indem er uns Stück für Stück Adriano Lemmi's Leben vorführt, zeigt und erklärt er uns das ganze so erstaunliche, mit solch' teuflischer Raffinirtheit ausgedachte und zusammengefügte Räderwerk, das ganze Getriebe dieser fürchterlichen unterirdischen Maschine, welche

vom Höchsten Dogmatischen Directorium in Bewegung gesetzt wird.
Manche Capitel des Buches werfen auf die großen politischen
Ereignisse unserer Zeit ein grelles Licht.

„Das Leben Lemmi's ist schon in sich ein Gewebe von
Abenteuern, über welche jeder Andere erröthen würde. Er aber
trägt im Gegentheil seine Schande mit hocherhobenem Haupte...
Wie dem immer sei, so hat dieser Mensch, der sich seiner Schandthaten rühmt, welcher sein Jugendleben dadurch einweihte, daß
er mit zweiundzwanzig Jahren einen höchst gehässigen Diebstahl
beging (er beraubte in ganz gemeiner Weise einen zu vertrauensseligen Wohlthäter), durch Anwendung von Mitteln, die eines
solchen Beginns seiner Laufbahn würdig sind, überwiegenden
Einfluß in den höchsten berathenden Körpern des von Mazzini
und Pike begründeten Ritus zu erringen vermocht. Es ist ihm
sogar gelungen, alle höchsten geheimen Stellen an sich zu reißen.
Man muß übrigens zugestehen, daß unser Held wohl verdient, an
der Spitze der Secte zu stehen. Nie hatten die Freimaurer ein
Oberhaupt, das besser zu ihnen paßte.

„Aber seine Erhebung hat einige in diese traurige Gesellschaft
verirrte rechtlich Denkende tief geschmerzt und empört. Die
Einen, wie der Abgeordnete Paolo Figlia, haben ein Schisma in
der Freimaurerei hervorgerufen, das noch andauert; die Andern,
wie die amerikanische Großmeisterin Diana Vaughan, haben
ihre Demission eingereicht, indem sie offen ihrer Verachtung
gegen Lemmi Ausdruck gaben.[1] Dieselbe verharrt indessen
unglücklicher Weise in ihrem Irrthum. Einzig und allein
Margiotta hat die Augen völlig aufgethan und den Freimuth
gefunden, dies auch offen zu erklären...

„Er liefert also seine erste Schlacht und man kann sagen,
daß dies ein erster Sieg ist. Es ist freilich auch noch nie
ein mit fürchterlicheren [! ja wohl!] Beweisen versehenes Buch erschienen, wie das seine. Von nun an ist
es nicht mehr möglich, die Existenz dieser verborgenen Hoch-Freimaurerei abzuleugnen, deren Entdeckung ein Wuthgeheul der verfluchten Secte zur Folge hatte.
Die authentischen, unbestreitbaren, photographisch wiedergegebenen
Actenstücke, die es beweisen, liegen vor.

„Wo Margiotta den verbrecherischen Beginn der Laufbahn

[1] En crachant leur mepris à la face de Lemmi — wir notiren
diese Phrase, weil sie von der Taxil'schen Firma öfter verwendet
wird, und daher für die Eruirung des Verfassers des Artikels von
Bedeutung ist.

Lemmi's in Erinnerung ruft, legt er dem Publicum den Text der Verurtheilung selbst, die vom Gerichtsschreiber in Marseille gefertigte authentische Abschrift desselben vor. Dieses mit dem Siegel des kaiserlichen Staatsanwalts Mourier versehene Actenstück wurde 1861 von der französischen Regierung den italienischen Behörden ausgeliefert, welche den künftigen freimaurerischen Groß-Würdenträger, welcher damals ein in der Wolle gefärbter Revolutionär war, als gemeingefährlich betrachteten. Die Geschichte dieses Documents ist schon an sich von größtem Interesse. Imbriani hatte eines Tages das Versprechen abgegeben, dieselbe zu erzählen. Margiotta ist ihm aber nun zuvorgekommen.

„Man weiß, daß Lemmi sich als Juden ausgiebt, und er ist es in der That. Aber er ist ein Renegat. Margiotta beweist dies in einer Weise, daß kein Widerspruch mehr möglich ist. Er giebt das genaue Datum der Apostasie an und erzählt des Langen und Breiten, wie der freimaurerische Heros sich in Constantinopel von einem polnischen Rabbiner, einem Verwandten des nur allzu berüchtigten Moïse Lib Nazareth[1]), beschneiden ließ; darauf giebt er auch den am Tag nach seiner Geburt ausgestellten Taufschein Lemmi's in photographischem Abdruck wieder.

„Die ebenfalls photographisch wiedergegebenen, Miß Vanghan betreffenden Decrete des Supr. Conseil von Palermo stellen ihrerseits die Genauigkeit der Mittheilungen über die Intriguen außer allen Zweifel, welche Lemmi zur Durchsetzung seiner Wahl in Scene setzte. Man findet in diesem Buche sogar die Photographie eines notariellen Actes jüngsten Datums, welcher eine für Lemmi zermalmende Thatsache constatirt. Dieses Document kann von Jedermann auf seine Richtigkeit geprüft werden.

„Außerdem giebt Margiotta, um jede Ableugnung seiner frühern maurerischen Stellungen und geheimen höchsten Würden in der italienischen Freimaurerei unmöglich zu machen, immer in photographischem Abdruck, zwei seiner Hochgrad-Diplome wieder. Und das ist noch nicht Alles. Was das Interesse an diesem Werke noch erhöht, ist, daß der Verfasser ein Freund der durch ihren beharrlichen energischen Widerstand gegen Lemmi weltberühmt gewordenen Diana Vanghan ist. Jedermann weiß, daß sie es ist, welche nach dem Convent vom 20. Sept. 1893 gegen den Eindringling im Palast Borghese die Fahne der Empörung aufpflanzte. Obgleich Miß Vanghan sich nach ihrer

---

[1]) In Margiotta's Buch konnten wir S. 10 ff., wo von der „Beschneidung" Lemmi's die Rede ist, von „Moïse Lib Nazareth" nichts entdecken.

Demission nicht bekehrte, hat Margiotta seine Beziehungen zur jungen muthigen Dame, deren Waffengefährte er in seinem Kampfe gegen Lemmi war, nicht abgebrochen. Und es giebt nichts Rührenderes, als seinen Brief an sie, welchen er an der Spitze seines Buches veröffentlicht und worin er ihr von seiner eigenen Bekehrung Kenntniß giebt und sie anfleht, sie möge auch ihrerseits die Augen öffnen. Dieser Freundschaft hat der Leser zahlreiche Mittheilungen und Documente vom größten Interesse und von der entscheidensten Bedeutung zu verdanken. Denn Miß Vaughan war die bevorzugte Schülerin des luciferianischen Hohenpriesters Alb. Pike.

„So wirft das Werk z. B. auf die befremdliche Angelegenheit Barbe Bilger neues Licht. Man kennt jetzt die ganze Geschichte dieser andern Großmeisterin, die sich bekehrt und in ein Kloster geflüchtet hat, und im vorigen Jahre von Sophia Walder, welche ihr Tod und Verderben geschworen hatte, mit größter Erbitterung aufgespürt wurde. Margiotta zeigt, daß seine Freundin, die Großmeisterin von New-York, es war, welche die unglückliche Ex-Schwester auf einer Reise durch Frankreich rettete, indem sie den Bischof von Nancy, Mgr. Turinaz, auf die derselben drohende Gefahr aufmerksam machte.

„Man sieht hieraus, daß diesem in vieler Hinsicht hervorragenden Werke nichts mangelt, um seine Lesung höchst anziehend zu gestalten. Die Natur des Gegenstandes; das Interesse, welches mit der Bekanntmachung von bis dahin unbekannten Vorgängen und Dingen immer verbunden ist; das Spannende in den meisten erzählten Begebenheiten, das alles bewirkt, daß Margiotta's Buch nichts von der Trockenheit an sich hat, welche andern auf zahlreiche Documente gestützten Werken eigen zu sein pflegt. Hier sind die Documente selbst nicht nur von durchschlagender Beweiskraft [!], sondern auch höchst merkwürdig und interessant und daneben, dank dem wechselvollen Stil des Verfassers, angenehm zu lesen.

„Endlich hat das Werk eine höhere Bedeutung, als die bloße Befriedigung der Neugierde. Es ist eine ausgezeichnete Waffe für den Kampf und deshalb kann es seitens der Katholiken nicht unbeachtet bleiben. Den Katholiken obliegt es, mittelst desselben die Bosheit der Secten-Häupter zu beschämen und die unvollkommen eingeweihten Logenmitglieder, d. h. die Bethörten, die Verblendeten aufzuklären. Zu diesem Zwecke genügt es aber nicht, das Buch bloß selbst zu lesen. Man muß es zum Lesen weiter geben, es nach Kräften verbreiten und auch

bei den Unglücklichen bekannt machen, von welchen man in Er=
fahrung bringen kann, daß sie sich von den Agenten des Großen
Weltenbaumeisters haben anwerben lassen. Mittelst einer geschickt
veranstalteten Propaganda durch die antifreimaurerischen Comités,
durch die Zeitungen, deren Redacteure gegen die Weisungen
des Papstes (Encyklifen Humanum genus und Praeclara)
nicht taub sind,[1]) durch die Veranstaltungen zur Verbreitung
guter Bücher, durch die Pfarr=Bibliotheken und endlich auch durch
persönliche Bemühungen, welche immer am Allerverdienstlichsten
sind, kann mit diesem Buch ungeheuer viel Gutes ge=
stiftet werden. Man darf das Schwert, welches Margiotta
geschmiedet hat, nicht in der Scheide lassen und das Licht, welches
er aufgesteckt hat, nicht unter den Scheffel stellen.

„Zum Schlusse sprechen wir noch einen Wunsch aus, daß
nämlich möglichst bald eine italienische Ausgabe des
Buches[2]) erscheine. Italien soll wissen, welch' schändliche An=
zettelungen in den lichtscheuen Höhlen einer satanischen kosmo=
politischen Secte gegen seinen Ruhm ins Werk gesetzt, welch'
verbrecherische Pläne gegen seine Ehre als christliche Nation aus=

---

[1]) In diesen Worten wird ein verdeckter Versuch gemacht, die=
jenigen Redactionen katholischer Blätter, welche Margiotta's Buch
der Empfehlung unwerth erachten sollten, zum vornherein zu ver=
dächtigen.

[2]) Die von Taxil gewünschte italienische Uebersetzung ließ in der
That nicht lange auf sich warten. Sie erschien unter dem Titel
Ricordi di un trentatrè. Il capo della Massoneria Universale
XXII—338 p. in 8⁰. Ein italienischer Meister vom Stuhl schreibt
über dieselbe an Br∴ Findel: „Das Buch Margiotta's ist ganz wie
das Leo Taxils eine bis zum Exceß schmutzige Anfeindung . . . . ,
welche . . . . nicht die Sache selbst bekämpft, wofür die plausibeln
Gründe fehlen [Hier befindet sich der Stuhlmeister entschieden im
Irrthum vgl. unsern Artikel Gesellschaften, Geheime im
Staatslexikon der Görres = Gesellschaft. Freiburg, II. Band, Spalte
1246—1288], sondern sich über die Persönlichkeiten hermacht und die
unglaublichsten Erfindungen zur Verleumdung braucht,
dieselben mit einer bewunderungswürdigen Schlauheit
mit Facten und Einzelheiten ausschmückt, so daß die
Darstellung auf den Laien Eindruck macht, meist aber vom Staats=
anwalt nicht belangt werden kann. Das Pamphlet Margiotta's wird
hier überall zu 6 Lire verkauft. Vor einem Jahre machte es Auf=
sehen; heute spricht aber Niemand mehr davon." Vgl. J. G. Findel,
Wider Margiotta, S. 38. — Wir eignen uns natürlich vorstehende
Worte nicht in allen Punkten an, glauben aber, daß sie hinsichtlich
Margiotta's, bezw. seines Hintermannes, im Ganzen zutreffend sind.

gehedt werden. Italien soll endlich die ganze Schlechtigkeit der Männer kennen lernen, welche die Veranstalter von Allem sind, was im Geheimen ausgesonnen und nach und nach verwirklicht wird. Die Verbreitung von Licht ist überall nothwendig, überall."

Fürwahr eine pomphafte Reclame für ein Buch, welches im Grunde nichts anderes enthält, als eine nachläßig gearbeitete, neu aufgepußte Zusammenstellung von großentheils gefälschten „Documenten", welche bereits in der Revue Mensuelle zu lesen gewesen waren, ferner von theilweise ebenfalls verdächtigen Citaten aus Rosen's Werken gegen die Freimaurerei und endlich einigen Brocken aus der neueren Geschichte der italienischen Revolution, denen mittelst freier Erdichtungen banditenhaftes Colorit verliehen wird! Thatsächliche Anhaltspunkte zu einer derartigen Auffassung seiner Persönlichkeit hat Lemmi allerdings insofern gegeben, als er mit den hauptsächlichsten italienischen Revolutionären, welche auch, wie der Fall Rossi bezeugt, vor Mordthaten nicht zurückschreckten, enge liirt war. Wenn hierdurch auch Taxils Verfahren, anstatt Geschichte einen Roman zu bieten und seinen „Roman" als Geschichte auszugeben, nicht gerechtfertigt werden kann, so wird es doch begreiflich, daß die Darstellung troß vieler Erdichtungen im Einzelnen Glauben finden konnte. Lemmi und die italienische Freimaurerei, welche sich ein solches Haupt bestellte und unter Führung desselben in wirklich banditenmäßiger Weise Hintertreppen = Politik trieb und treibt, tragen selbst Schuld daran.

Den sprechendsten Aufschluß über die Wirkung, welche Margiotta's Lemmi auf das Publicum hervorbrachte, geben die öffentlichen Erörterungen, welche sich an sein Erscheinen unmittelbar anschlossen. Wir gehen daher sogleich zur Darstellung dieser letzteren selbst über.

I. **Erörterungen über Freimaurer-Papſtthum und Central-Leitung in der Freimaurerei.**

1. **Erklärungen freimaureriſcher Verbände und des Großmeiſters Abriano Lemmi und ſeines Organs zu den diesbezüglichen „Enthüllungen" Margiotta's.**

80. **Erklärung des franzöſiſchen Großorients.** Die von der Tagespreſſe eifrig ausgenutzten „Enthüllungen" Mar= giotta's richteten ſich nicht nur gegen Abriano Lemmi und die unter ſeiner Leitung ſtehenden Freimaurer=Verbände in Italien, ſondern faſt ebenſo ſehr gegen die franzöſiſche Freimaurerei. Dieſe wurde dadurch recht empfindlich getroffen, daß, wie wir bereits ſahen, ihr Patriotismus durch dieſe „Enthüllungen" in ein höchſt bedenkliches Licht geſtellt wurde. Wurden ſie doch als Unterthanen Lemmi's und damit auch Crispi's, mit dem Lemmi Ein Herz und Eine Seele war, geſchildert. Crispi und Lemmi galten aber als die rückſichtsloſen Vertreter einer deutſchen= freundlichen und franzoſenfeindlichen Politik. So erſchienen die franzöſiſchen Freimaurer als Verräther an ihrem Vaterlande, als die gefügigen Werkzeuge eines Banditen, der nach Margiotta's Verſicherung den Wahlſpruch befolgte: „Zwei Dinge ſind es, die ich von Herzen haſſe: Gott und Frankreich." Die auf Grund dieſer „Enthüllungen" gegen ihren Patriotismus gerichteten An= griffe gingen vielen franzöſiſchen Freimaurern gar ſehr zu Herzen. Deßhalb forderten ſie ſofort vom franzöſiſchen Großorient, der gerade in jenen Tagen ſeine Jahresverſammlung abhielt, eine öffentliche Erklärung, welche den Eindruck der genannten Ent= hüllungen verwiſchen ſollte.

Dieſe am 15. September 1894 vom franzöſiſchen Großorient feierlichſt erlaſſene Erklärung lautet wörtlich:

„In ihrer Sitzung vom 15. September 1894 und in Ent= gegnung auf die phantaſtiſchen Erdichtungen der klerikalen Blätter, welche wahrheitswidrig behaupten, daß die geſammte Freimaurerei der Leitung von Perſönlichkeiten unterworfen ſei, die den Groß= meiſter des Großorients von Italien, Br∴ Lemmi, als ihr Oberhaupt anerkennen;

„Mit Hinſicht auf das von der Loge Les Vrais Amis réunis, Or∴ von Touluſe, eingereichte Geſuch:

„Unter Hinweis auf das Decret des Ordensrathes vom 26. April 1893, durch welches die Bauhütten ⸗ſoweit es ſich um gegenwärtige oder bereits der Vergangenheit angehörende Angelegenheiten handelt, in denen der Patriotismus der Freimaurerei in Frage kommt", ausnahmsweise von der freimaurerischen Pflicht der Geheimhaltung entbunden sind;

„Hat die General - Versammlung des Großorients von Frankreich im Angesicht der Welt, sicher, von Niemanden Lügen gestraft zu werden, feierlich erklärt, daß der französische Großorient von Frankreich keiner auswärtigen Leitung oder Beeinflussung, keiner Behörde außerhalb seiner selbst untergeordnet ist, und daß diese Autonomie der nationalen Gewalten die erste Regel der verschiedenen Freimaurer = Verbände der Erde bildet;

„Sie hat ferner beschlossen, die gegenwärtige Erklärung ausnahmsweise der nicht freimaurerischen Presse mitzutheilen."[1]

Nicht zufrieden damit, dieser Erklärung in der französischen Tagespresse die größtmöglichste Publicität zu geben, trug der Großorient von Frankreich auch Sorge dafür, durch eines seiner hervorragendsten Mitglieder, Br.·. Amiable, der eine Reise nach Rom machte, bei Abr. Lemmi, dem angeblichen Freimaurerpapst selbst, den Abdruck derselben im amtlichen Organ des Großorients von Italien und in den gelesensten Blättern der Halbinsel zu betreiben. Lemmi willfahrte zwar dem Ansinnen in der Rivista della Massoneria Italiana, konnte aber nicht umhin zu bemerken, „daß es wohl kaum der Mühe werth gewesen sei, eine in sich schon unsinnige Zeitungsnachricht mit so großer Feierlichkeit zu behandeln und zu dementiren".[2]

81. Der Großorient von Griechenland über denselben Gegenstand. Unter dem 20. December 1894 folgte der Großorient von Griechenland mit folgendem feierlichen Erlasse nach:

„A.·. G.·. D.·. A.·. D.·. U.·.[3]

„Der Großorient von Griechenland.

„Freiheit — Gleichheit — Brüderlichkeit.

Or.·. [Orient] von Athen, 20 Dez. 1894, E.·. V.·.[4]

„In Erwägung, daß die Feinde der Freimaurerei in verleumderischer Weise die Fabel ersonnen und ausgestreut haben, als ob der Großorient von Griechenland den Br.·.

---

[1] Abgedruckt ist diese Erklärung in Rivista della Massoneria Italiana 1894, p. 267.
[2] A. a. O., 1895, S. 4.
[3] Zur Ehre des Großen Baumeisters Aller Welten.
[4] Gewöhnliche Zeitrechnung.

Abr. Lemmi, Großmeister der italienischen Freimaurerei in Rom, als sein dogmatisches Oberhaupt anerkenne;

„Daß diese Fabel schon durch die Grundprincipien der Freimaurerei ausgeschlossen ist, deren Hauptsächlichstes in der Unabhängigkeit eines jeden anerkannten freimaurerischen Verbandes besteht; und daß die Beziehungen zwischen allen Verbänden durch Rechtsgleichheit und brüderliches Zusammen= wirken auf dem Fuße der Gleichberechtigung geregelt ist;

„Daß folglich der Großorient von Griechenland keine über ihm stehende höhere Behörde, weder eine dogmatische noch eine administrative anerkennt, sich auch in keiner Weise von einer solchen ausländischen Behörde in seinen eigenen Entschließungen und Handlungen beeinflussen läßt;

„Protestirt der Großorient von Griechenland gegen eine solche Behauptung und giebt ihr ein kategorisches Dementi.

„Der Großmeister ist, mit Ausführung dieses Beschlusses beauftragt.

„Der Großmeister: Der Großsekretär:
N. Damaschinos.   S. E. Stefano."[1]

Dieser Erlaß scheint an verschiedene freimaurerische Verbände versandt worden zu sein. Ein Exemplar desselben ging auch Lemmi zu, der darüber, wie er selbst bemerkt, höchlichst erstaunt war. Er beantwortete die Zusendung mit folgendem Schreiben, in welchem sein Aerger über den griechischen Großorient ziemlich unverhohlen zum Ausdruck kommt.

82. Großmeister Lemmi's Antwort=Schreiben an den Großorient von Griechenland.

„An den Durchlauchtigsten Großorient von Griechenland.

„Erlauchter Bruder Großmeister.

„Ehrwürdige theure Brüder.

„Ihr gedrucktes Cirkular Nr. 859 vom 20. Dezember verflossenen Jahres ist mir zugekommen.

„Da die schon in sich selbst unglaubhafte und unsinnige Fabel, auf welche Sie anspielen, da und dort von Zeitungen, welche jede ihnen zugehende Nachricht kritiklos aufnehmen und weiter verbreiten, wiederholt worden ist, so hätte ich es begriffen, wenn der durchlauchtigste Großorient von Griechen= land entweder von mir Aufklärungen, soweit solche ihm

---

[1] Rivista della Massoneria Italiana 1895. p. 4.

erwünscht waren, verlangt oder den ihm untergeordneten Logen eine Erklärung des Inhalts hätte zugehen lassen, daß jene Ausstreuung in keiner Weise begründet sei oder auch nur begründet sein könne. Ich vermochte aber nicht den Beweggrund zu erfassen, der Sie, ehrwürdige und theuerste Brüder veranlaßte, Ihre im Uebrigen durchaus zutreffenden Erklärungen, in einem gedruckten Cirkular niederzulegen, von welchem ich annehmen muß, daß es an alle Verbände des Freimaurerbundes der ganzen Welt ver=sandt worden ist.

„Ich nehme indeß von Ihrem Protest Akt. Derselbe wird zweifelsohne weder an mich noch an die freimaurerischen Verbände in Italien, sondern vielmehr an diejenigen gerichtet sein, welche die alberne Fabel erfanden und so trefflich aus=zuschmücken mußten, daß sie damit auch seitens Solcher Erklärungen und Dementis hervorriefen, die jenes Ammen=märchen auf den ersten Blick kurzweg hätten in den Bereich der Lügen und Albernheiten verweisen sollen, mit denen die Jesuiten bestrebt sind, der moralischen Einheit unseres Welt=instituts Eintrag zu thun.

„Genehmigen Sie, ehrw. Großmeister, erlauchte und theuersten Brüder, meinen brüderlichen Gruß.

„Ihr ergebenster Bruder

„Adriano Lemmi,
„Großmeister des Freimaurer=Ordens in Italien.“[1]

Die Rivista theilt diese Actenstücke mit unter der für den Großorient von Griechenland wenig schmeichelhaften Ueberschrift: „Die gewohnten Albernheiten“.

83. Aeußerungen des amtlichen italienischen Logenorgans und des angeblichen Freimaurerpapstes Lemmi selbst zur Sache. — Die Rivista della Massoneria Italiana schreibt über das Märchen vom Papstthum Lemmi's unter der Ueberschrift: „Clerikale Lügen und Albernheiten“:

„Im Jahre 1893 tauchte, wir wissen nicht wo, ob in Amerika oder in Frankreich oder in Belgien zuerst die seltsame Nachricht auf, daß in Rom eine Art internationaler Freimaurer=Congreß stattgefunden habe, auf welchem eine sehr hochgestellte und geheime, den gewöhnlichen Freimaurern unbekannte Ab=theilung der Freimaurerei ein höchstes Oberhaupt des ganzen Freimaurer=Ordens, eine Art Freimaurer=Papst erwählt habe,

---

[1] Rivista della Massoneria Italiana 1895. p. 4.

und zwar sei zu dieser Würde als Oberhaupt, als Papst, Abriano
Lemmi ausersehen worden. Ein damals in Rom erscheinendes
Wochenblättchen, welches voll von Verdächtigungen, Verleum=
dungen und Angriffen gegen Freimaurer und Freimaurerei zu
sein pflegt, gab die unglaubliche Nachricht wieder, indem es sie
erweiterte und seine Bemerkungen dazu machte. Die Freimaurer
der ganzen Welt nahmen die Meldung mit Stillschweigen auf,
vielleicht auch mit einem mitleidigen Lächeln. Nur beim Groß=
orient von Frankreich fand die Sache ein Echo" u. s. w.[1])

Als Margiotta oder seine Bundesgenossen die Nachricht auch
den Dementis des französischen Großorients und des italienischen
Logenblattes gegenüber im Patriote von Brüssel weiter auf=
recht zu erhalten suchten, schickte Lemmi selbst diesem Blatte
folgendes in der Nummer vom 9. December 1894 veröffentlichtes
Dementi zu:

„Ich wiederhole Ihnen nochmals, daß eine vor den niedern
Freimaurern geheim gehaltene hohe Freimaurerei nicht besteht.[2])
Zu den einzelnen Staaten üben regelmäßige und anerkannte
Behörden die Gewalt über die Logen aus. Es hat nie Jemand
eine diesen übergeordnete, über die ganze Welt sich erstreckende
Gewalt errichtet. Das Gebiet eines jeden freimaurerischen Ver=
bandes erstreckt sich auf das Land, in welchem er besteht und für
welches er durch alle übrigen Behörden (Verbände) als allein
regel= und rechtmäßig anerkannt ist.[3]) Alle Verbände bleiben in

---

[1]) Rivista della Massoneria Italiana 1894. p. 266.

[2]) Lemmi will hier offenbar sagen, daß kein freimaurerisches
Hochgrad-System bestehe, dessen „Existenz" den Brüdern niederer
Grade verheimlicht wird. Was in diesen Hochgraden „vorgeht", wird
ihnen bekanntlich in der That verheimlicht.

[3]) Diese Aeußerung zeigt, daß auch Lemmi über die Freimaurerei
im Allgemeinen schlecht unterrichtet ist. Thatsächlich giebt es, wie z. B.
in Preußen, drei Großlogen in ein und demselben Lande, ja in einer
und derselben Stadt Berlin. Diese Großlogen haben Tochterlogen
auch außerhalb Preußens. Es kommt auch vor, daß Großlogen
Tochterlogen in fernen Ländern besitzen. Die italienischen Freimaurer-
Verbände, deren Haupt Lemmi damals war, zählen selbst zahlreiche
Logen in den verschiedensten Orten des Auslands. Die Strenna della
Rivista della Massoneria Italiana 1891/92 (p. 189—212) führt nicht
weniger als 30 solche ausländische Logen an. Die Titel derselben
lauten:

1. Amicizia im Orient des Caps der guten Hoffnung Capetown
(Süd-Afrika); 2. All' Amicizia in Mihaleni (Rumänien); Meister
vom Stuhl: Benno Straucher in Czernowitz (Bukowina); 3. Il Bene

ihrem Gebiete unabhängig und souverän. Es besteht zwischen ihnen kein anderes Band, als das der Brüderlichkeit und der gegenseitigen Anerkennung. Jeder regiert in seinem Bereiche nach eigenem Ermessen und gemäß den besonderen Bedingungen und Bedürfnissen des Landes, in dem er sich befindet. Einzig die Gemeinschaft der Grundsätze und der Bestrebungen vereinigt diese sonst von einander geschiedenen und autonomen Verbände in einer Art allgemeiner maurerischer Verbrüderung (fédération).

„In Italien bestehen der Groß=Orient und der Suprême Conseil der Inhaber des 33. Grades; beide haben ihren Sitz in Rom und werden daselbst von mir regiert und geleitet. Es sind dies die einzigen in und außerhalb der Halbinsel anerkannten maurerischen Behörden Italiens. Dieselben stehen in engen Be= ziehungen brüderlicher Gemeinschaft mit den regelmäßigen maure= rischen Verbänden von Frankreich, Belgien, Deutschland, England, Spanien, Holland, Ungarn, Griechenland, Portugal, Schweden, Norwegen, Dänemark, Aegypten, den Vereinigten Staaten Nord= amerikas, den Staaten Südamerikas und Oceanien.“

„Die anderen wenig zahlreichen und völlig bedeutungslosen Vereinigungen, denen Margiotta angehört haben will, stehen, obgleich sie sich freimaurerische nennen, außerhalb der regel= mäßigen Freimaurerei. Letzterer hat Margiotta, seitdem ich den Orden regiere, nie angehört. In meinen Augen

Pubblico in Kairo (Aegypten); 4. Cirenaica in Tripolis (Barberia); 5. Concordia, Lavoro e Constanza in Belgrad (Serbien); 6. Coroana Romaniei in Bukarest (Rumänien); 7. I Figli d'Italia in Boca di Riachuelo (Buenos Ayres); 8. Giordano Bruno in Buenos Ayres, 9. Helion in Aleppo (Syrien); 10. Italia in Buenos Ayres; 11. Italia Risorta in Constantinopel; 12. I Liberi Pensatori in Montivideo (Uruguay); 13. Luce in Abana (Syrien); 14. Luce d'Oriente in Kairo; 15. Il Nilo in Kairo; 16. Nuova Pompeia in Alessandria (Aegypten); 17. Obbedienza alla Legge in Buenos Ayres (Argen= tinien); 18. Sapientia in Bakau (Rumänien); 19. I Sette Colli in Buenos Ayres; 21. Siria in Damascus (Syrien); 22. Speranza in Alessandretta (Syrien); 23. Stella d'Italia in Lima (Peru); 24. Surea in Antiochien (Syrien); 25. L'Unione Italiana in Buenos Ayres; 26. Unione in Homs (Syrien); 27. Unirea in Focsani (Rumänien); 28. I Veri Fratelli in Buenos Ayres; 29. Viitorul in Botofani (Rumänien); 30. Virtutea in Focsani (Rumänien).

Nach Dalens Freimaurer=Kalender für 1897 (S. 230) zählt der italienische Großorient sogar 38 Logen im Ausland (Rumänien, Türkei, Tripolis, Aegypten; Cap der guten Hoffnung; Süd=Amerika) auf 174 Logen im Ganzen.

ift aljo Margiotta, was immer er jelbft auch jagen mag, nicht
einmal ein Apoftat."[1])

Allen diejen beftimmten Erklärungen, die, wie man ſich
durch Studium der freimaurerijchen Litteratur überzeugen kann
— einen oder den anderen Beweis werden wir gleich vorlegen —,
abgejehen von den eben erwähnten Ungenauigkeiten, völlig mit
den wirklichen Verhältnijjen der Freimaurerei im Einklang
ftehen, vermochte Margiotta, bezw. Taxil jein Hintermann, der
in Wirklichkeit die Feder führt, keinen einzigen ernſthaften Beweis für jeine Behauptungen entgegenzuſtellen. Er redet nur
um den Gegenſtand herum und wiederholt jeine Behauptungen,
ohne auf den eigentlichen fraglichen Punkt näher einzugehen.
Aus jeiner unten noch zu behandelnden Controverje mit Goblet
d'Alviella werden wir dieje Art Taxils noch näher kennen lernen.

2. Kritiſche Bemerkungen zur Frage der Central-Leitung in der Freimaurerei.

Für Jeden, der die Freimaurerei, ihre Thätigkeit und ihre
Beſtrebungen nicht bloß aus mehr oder minder unzuverläjjigen
Schriften darüber, jondern aus der officiellen freimaurerijchen
Litteratur und bejonders aus den hervorragenderen freimaurerijchen Zeitſchriften verjchiedener Länder kennt, ist es einfachhin
notoriſch, daß eine ſtreng einheitliche Organijation mit Central-
Regierung in der Freimaurerei nicht beſteht. Die Freimaurerei
zerfällt vielmehr in viele verjchiedene von einander „admini-
ſtrativ" völlig unabhängige Verbände. Zwiſchen diejen Verbänden
beſteht allerdings eine Verbrüderung, welche in einer Gemeinjamkeit
der allgemeinſten freimaurerijchen Grundjätze und Formen und in
einem gewiſjen bezw. bundesbrüderlichen Verkehr, in den mehr oder
weniger engen Beziehungen, welche die Verbände unter ſich haben,
zum Ausdruck kommt. Dieje „förderative" Einheit der ver-
jchiedenen rechtmäßigen, d. h. von einander als jolcher anerkannten
Verbände auf der Baſis derjelben Grundprincipien und Grundformen,
Erkennungszeichen ꝛc. wird mit dem Ausdruck Weltfreimaurerei
(Franc-Maçonnerie Universelle) verſtanden. Die Capitel zwei,
drei und vier in Taxils „Drei-Punkte-Brüdern" geben ein im
Ganzen richtiges Bild von der Organijation der Freimaurerei.[2])

[1]) La Franc-Maçonnerie démasquée 1894, p. 448 et suiv.; La
Rivista della Massoneria Italiana 1895, p. 6.
[2]) Bemerkenswerthe Unrichtigkeiten finden ſich hier, jo viel wir
uns entjinnen können, nur in den Angaben über die Hochgrade der
freimaurerijchen Syſteme in Deutjchland. Vgl. darüber unjere Schrift:
Die Freimaurerei und die öffentl. Ordnung, 2. Aufl., S. 88—100.

Die neuerdings von Taxil und Genossen in ihren Pseudo-Enthüllungen behauptete strengere Einheit der Freimaurerei mit gemeinsamer Central-Leitung besteht für gewöhnlich nicht einmal für
die Freimaurer-Verbände eines und desselben Landes, wenn
deren, wie z. B. in den Vereinigten Staaten von Nord-Amerika
oder in Deutschland, mehrere vorhanden sind. Es wurden zwar
in den letztgenannten Ländern wiederholte Versuche gemacht, eine
größere Einigung durch die Errichtung einer sogenannten obersten
National-Großloge herbeizuführen.[1] Alle besfalsigen Bemühungen scheiterten indessen schon in ihren ersten Anfängen.
Einer analogen größeren Einigung aller Freimaurer-Verbände
der Erde, welche noch immer nicht eine Central-Leitung im
Sinne der Taxil'schen Pseudo-Enthüllungen in sich schließen
würde, stehen noch unvergleich größere Schwierigkeiten entgegen.
So kann man kühn behaupten, daß bei den thatsächlich gegebenen
Verhältnissen die Durchführung eines Projects, das eine im
Sinne der Taxil'schen Enthüllungen beschaffene Central-Leitung
herstellte, in absehbarer Zeit ganz ausgeschlossen ist. Bestände
ferner eine solche Central-Leitung wirklich, so wäre es ganz un-
denkbar, daß dieselbe in einem so ausgedehnten und vielgestaltigen
Bunde, wie dem Freimaurer-Bunde, in der Weise geheim gehalten werden könnte, wie es dieselben Taxil'schen Pseudo-Enthüllungen glauben machen wollen.

Um sich direct bis zur Evidenz davon zu überzeugen, daß

---

[1] Alb. Pike sagte selbst diesbezüglich in seiner Anrede an die
Masonic Veteran Association vom 9. Januar 1888; „Die Einigung
der Brüderschaft ist nicht stark genug unter ihren Mitgliedern; Einheit
in den Zielen und Uebereinstimmung in den Bestrebungen durch das
ganze Land ist daher bei ihr nicht möglich. Dieselbe kann natürlich
weder von Einem Höchsten Willen regiert werden, noch ist es
wünschenswerth, daß sie es sei. Unglücklicherweise haben wir aber
keine nationale Organisation der blauen Freimaurerei, und es ist
völlig aussichtslos, eine solche zu erwarten." Official
Bulletin, Charleston 1889, App. p. 334.
Mit Rücksicht auf den Congreß von Lausanne 1875, welcher einer
strengeren autoritären Einheit der schottischen Freimaurerei zustrebte,
äußerte A. Pike: „Wir sind zur Vorsicht gemahnt. Die ungeheuer
großen Schritte, welche der Congreß von Lausanne zur Souveränetät
hin gethan hat, haben uns stutzig gemacht. Wir ziehen vor, unsere
Unabhängigkeit und Autonomie zu wahren und lassen uns nicht
dazu herbei, uns einem oder vielen Herren unterzuordnen. Velox
consilium sequitur poenitentia." Aus einem Brief Pike's an den
Groß-Commandeur Tim. Riboli in Turin vom 8. Januar 1878,
vgl. Official Bulletin, Charleston 1878, p. 440.

die pallabistische Central = Leitung, nach welcher Pike der „Freimaurer=Papst", Lemmi das „Haupt der politischen Action" gewesen sein soll, eine reine Erfindung ist, genügt es, den Gang der freimaurerischen Dinge an der Hand einer officiellen frei= maurerischen Zeitschrift nur für einen kurzen Zeitraum zu ver= folgen. Beispielsweise wollen wir hier nur zwei Briefe aus der Correspondenz zwischen A. Pike und Abriano Lemmi mittheilen, welche an sich schon zur Evidenz darthun, daß die pallabistische Central=Leitung im Sinne Taxils ein reines Hirngespinst ist.

Merkwürdiger Weise beruft sich in der Januar 1897 er= schienenen Nummer vom December 1896 der Franc-Maçonnerie démasquée (S. 388 f.) *P. O.* [Père Octave?] unter Anderem gerade auch auf diesen Briefwechsel, um die Existenz der palla= bistischen Central=Leitung zu beweisen.[1]) Er schreibt: „Abriano Lemmi . . . schrieb 1888 einen wichtigen, vom 21. Nov. datirten Brief an Albert Pike, der eine schroffe Kriegserklärung an die katholische Kirche war. Die Projecte Lemmi's entsprachen so sehr den Wünschen und Bestrebungen des Oberhauptes des amerikanischen schottischen Systems, daß Pike den Brief mit seiner Antwort in seinem officiellen Bulletin (Bd. X, S. 332 bis 333)[2]) zum Abdruck brachte. In seiner Eilfertigkeit vergaß Pike selbst, einige compromittirende Worte zu streichen. Wir wollen folgenden Satz, der auf unsere Frage außerordentliches Licht wirft, hieher setzen: „Helfen Sie uns", schrieb Lemmi, „gegen den Vatican zu kämpfen, Sie, dessen Autorität die höchste ist. — Wenn Sie vorangehen, werden sich alle Logen Europas und Amerikas unserer Sache annehmen."[3])

---

[1]) Daß P. O. seinen Lesern diesen und andere gleich noch zu erwähnende nicht viel bessere Beweisgründe für die Existenz der palla= bistischen Central=Leitung vorlegt, muß um so mehr auffallen, als er zu Eingang seines Artikels erklärt, „von jedem Beweise absehen zu wollen, welcher zu Bemängelungen Anlaß geben könnte". Die Thatsache, daß in der hauptsächlichsten französischen antifrei= maurerischen Zeitschrift immer noch versucht wird, durch die alten nichtigen Schein=Argumente Irrthümer aufrecht zu erhalten, die schon genug der Verwirrung angerichtet haben, zwingt uns, den Gegenstand ein= gehender zu besprechen.

[2]) Das Citat, das wir gleich in seinem wirklichen Wortlaut an= führen werden, ist nach unseren Aufzeichnungen falsch. Die Briefe stehen im Bd. IX Appendix p. 65—70.

[3]) Aidez-nous, écrivait Lemmi, à lutter contre le Vatican, vous dont l'autorité est suprême, et sous votre initiative, toutes les loges d'Europe et d'Amérique épouseront notre cause. Wir bemerken, daß P. O. diese Stelle, wie auch eine andere, unten noch zu be-

Wir bestreiten zunächst, daß selbst diese Worte, wenn sie wirklich im Briefe Lemmi's ständen, die These der Franc-Maçonnerie démasquée beweisen würden. Doch stehen die Worte auch nicht einmal so im Briefe. In Wirklichkeit beweist der Brief Lemmi's verglichen mit der Antwort Pike's gerade das Gegentheil von dem, was die französische Zeitschrift daraus ableiten will. Doch hören wir die Briefe selbst.

84. Der Brief Abr. Lemmi's an A. Pike vom 21. November 1888 und die Antwort Pike's darauf. Abr. Lemmi schrieb unter dem 21. November 1888 an Alb. Pike in Washington unter Anderm:

„Ich bin so frei, meinem Brief [an Sie] ein Exemplar eines Rundschreibens beizulegen, welches ich als Großmeister an alle Logen des Großorients von Italien versandt habe, um die= selben aufzumuntern, im Kampfe gegen den Vatican, welcher sich mit jedem Tag mehr dem Fortschritt der Menschheit widersetzt, auszuharren.

„Für uns Italiener ist dieser Kampf um so dringender nothwendig, weil der Papst der natürliche und unversöhnliche Feind unserer Freiheit und nationalen Unabhängigkeit ist. Es ist Ihnen, erlauchter Bruder, sicher nicht unbekannt, daß die clericale Partei durch ihr Haupt allenthalben Anstrengungen macht, den Fortschritt zu untergraben und Rom für das Papstthum wiederzugewinnen. Letztere Forderung ist närrisch und lächerlich. Nichtsdestoweniger wird sie aber selbst von den amerikanischen Bischöfen unterstützt, welche ihrer vollen Uebereinstimmung mit dem Vatican offen Ausdruck geben. Sie [Pike] sollten in allen Logen der Vereinigten Staaten einen energischen Protest gegen dieselbe vorschlagen und mir diese Proteste übersenden. Sie haben so großes Ansehen, daß Sie solche Proteste leicht zu Stande bringen würden. Wenn Sie in dieser Weise mit gutem Beispiel vor= angehen, so bin ich sicher, daß auch die Logen in

sprechende [Vous qui gouvernez avec sagesse et amour les centres suprêmes de la Confédération maçonnique universelle] genau in der Uebersetzung wiedergiebt, welche P. Rosen im l'Ennemie Sociale 1890 (p. 258 et suiv.) veröffentlichte. Wenn man in den Kreisen der französischen Antifreimaurerei kein Bedenken trägt, Rosens Werken Be= weise gegen die Freimaurerei zu entnehmen, sollte man, sei es auch nur der Consequenz halber, darauf verzichten, ihn andererseits als den gefährlichsten Agenten der Freimaurerei auszugeben.

Europa ähnliche Maßnahmen treffen werden.[1] So wird der Grundsatz eine neue Bestätigung finden, daß die Freimaurer überall feststehen und den demonstrativen Kundgebungen des Clericalismus der Welt werden so die der Freimaurerei der Welt gegenüberstehen. Ich bitte Sie, theurer und erlauchter Bruder, mir freimüthig über diese wichtige Angelegenheit Ihre Meinung mitzutheilen und meine dreifache brüderliche Umarmung entgegenzunehmen.

„Lemmi 33.∴

„Delegirter Souveräner Groß-Commandeur."[2])

Albert Pike antwortete auf diesen Brief unter dem 29. Januar 1889:

„Theuerster Bruder: Hätte ich Ihnen irgendwelche Hoffnung machen können, daß ich im Stande sein würde, die in Ihrem sehr geschätzten Schreiben vom 21. November letzten Jahres ausgesprochenen Wünsche zu erfüllen, so hätte ich letzteres umgehend beantwortet.

„Sie sprechen von dem Gewicht des Ansehens, das ich, wie Sie meinen, bei unsern Symbolischen Logen und Großlogen besitzen soll. Aber hierin irren Sie. Sie bedenken nicht, daß hier zu Lande zwischen unserm Supr. Conseils und der Symbolischen Freimaurerei [der drei niedern Grade] völlige Trennung und gegenseitige Unabhängigkeit herrscht. Die Großlogen sind auf ihre Hoheitsrechte eifersüchtig und in diesem Punkte sehr empfindlich. Dieselben würden jeden Vorschlag hinsichtlich

---

[1] „You ought to propose in all the Lodges of the U. S. an energetic protest against it and send it to me. You are of so high authority that you will be able at ease to effect this. In pursuance of your initiative, I am sure, that in the Lodges of Europe an identical movement will take place. Thus the principle will have new confirmation, that the Freemasons are consolidated everywhere in the world" etc.

[2] Official Bulletin of the Suprême Council etc. Charleston 1889 (IX. Vol.) Appendix. p. 64. — Der obige Brief Lemmi's ist ein neuer sprechender Beleg dafür, wie unwissend selbst hochgestellte Freimaurer oft in Angelegenheiten sind, welche die freimaurerischen Verhältnisse anderer Länder betreffen. Er beweist auch unter diesem Gesichtspunkt, daß Lemmi nicht „Haupt der politischen Action" der gesammten Freimaurerei sein konnte. Sonst hätte er, ohne erst von Pike belehrt zu werden, wissen müssen, daß Pike nicht in der Lage war, die amerikanischen Großlogen autoritativ im Sinne seiner Wünsche zu beeinflussen.

einer gemeinſamen Action gegen die gefährlichen Ueber=
griffe des Papſtthums übel aufnehmen, weil ſie glauben
würden, daß derſelbe entweder von einem der beiden Supr. Conseils[1]) oder von einem ihrer beiden Groß = Commandeure
herrührte, ſelbſt wenn ſie denſelben Vorſchlag aufs
Lebhafteſte gebilligt haben würden, wenn er von
anderer Seite ausgegangen wäre. Bei den Symboliſchen
Logen und Großlogen würden meine Meinungsäußerungen
gar kein Gewicht haben und jeder von mir ſtammende
Vorſchlag würde mit Argwohn betrachtet werden, indem
man irgend eine ſchlimme Abſicht dahinter wittern würde. Die
Vorurtheile dieſer Körperſchaften und der Freimaurer=Meiſter
im Allgemeinen gegen den Alten und Angenommen Schottiſchen
Ritus,[2]) die Ableugnung ſeines freimaureriſchen
Charakters ſeitens Vieler werden von freimaureriſchen Beamten und Blättern fleißig genährt und ſind, ohne beſonderen
Nachtheil für uns oder Vortheil für irgend Jemanden, ſehr
verbreitet.

„Ein Verſuch, Ihren Wünſchen zur Verwirklichung zu ver=
helfen, könnte von mir auf keinem andern Wege gemacht werden,
als durch Rundſchreiben an die vierzig und mehr Großlogen und
die unzähligen Einzellogen der Vereinigten Staaten. Und ein
ſolcher Verſuch würde durchaus ausſichtslos ſein.
Ich hätte auch, wenn ich auf dieſe Weiſe eine gemeinſame Action
zu Stande zu bringen verſuchte, kein Recht, über das Fehlſchlagen
eines derartigen Unterfangens mich zu beklagen. Denn ich habe
keinerlei Amt und keinerlei Stellung in der Symbo=
liſchen Freimaurerei, welche mir das Recht geben würden, irgend
eine Action der Loge oder Großloge auch nur in Vorſchlag zu
bringen. Man würde mich mit Recht tadeln, wenn ich dort
ein anderes Anſehen oder einen anderen Einfluß beanſpruchen
wollte, als die mir als einfachem Maurer=Meiſter [d. h.
Inhaber des 3. Grades] zukommen.

„Hätte ich aber auch Anſehen und könnte ich wie Einer
ſprechen, der befugt iſt, auf Anſchauungen beſtimmend einzuwirken
und Befehle zu ertheilen, — hätten wir [mit anderen Worten]
Eine National=Großloge und wäre ich der National=

---

[1]) Es giebt in den Vereinigten Staaten zwei Supr. Conseils.
den der ſüdlichen Jurisdiction (Charleſton) und den der nördlichen
(Boſton).
[2]) Dieſem Ritus, welcher viele von einander unabhängige
Körperſchaften hat, gehört ſowohl Pike, als Lemmi an.

Großmeister [der Vereinigten Staaten] —, so würde ich noch immer machtlos sein, unsere Symbolische Freimaurerei zu einer gemeinsamen Action oder auch nur zu irgend einer Action gegen das Papstthum zu vermögen."

Nun folgt eine lange Klage Pike's über den großen Einfluß und die „bevorzugte" Stellung der katholischen Kirche in den Vereinigten Staaten. Pike malt dann noch das Jesuiten=Gespenst an die Wand. Hierauf fährt er fort:

„Aber die Freimaurer der Vereinigten Staaten sehen in der Verfluchung der Freimaurerei durch den Papst oder in den Lauf= gräben, welche die Ingenieure des Clericalismus mit der größten Emsigkeit gegen die Burgen der Freiheit ziehen, keinen Grund sich zu beunruhigen. Eine äußerst große Gleichgiltigkeit herrscht unter ihnen. Als die Freimaurerei des Alten und Angenommenen Ritus eine Erwiderung auf die Encyklika Humanum Genus veröffentlichte, betrachteten die Meisten unserer [blauen] Freimaurer dieselbe als völlig überflüssig. Wir legten, so sagten sie, einer Sache, die in sich jeder Bedeutung entbehre und eine ernsthafte Widerlegung oder Aufmerksamkeit überhaupt nicht verdiente, viel zu große Wichtigkeit bei. Keine einzige Großloge oder Symbolische Einzelloge stellte sich auf unsere Seite. Und es fehlte nicht an Solchen, die für unsere Erwiderungen nur ein Hohnlachen hatten, als ob wir einer übertriebenen Meinung von unserer eigenen Wichtigkeit und einem ungezügelten Ver= langen, von uns reden zu machen, Raum gegeben hätten.

„Die Freimaurerei ist hier zu Lande mächtig und stark. Da sie sich aber selbst sicher fühlt, hat sie keine werkthätigen Sympathien mit der Freimaurerei anderer Länder. Sie be= trachtet die geheimen Umtriebe und offenkundigen Thaten des Papstthums mit voller Gleichgiltigkeit, selbst wenn dieselben eine Nachbar=Republik betreffen. Sie empfindet auch nicht einmal ihre eigene Excommunication [durch den Papst].

„Ich habe Ihren Brief, wie ich hoffe, richtig übersetzt. Der= selbe wird mit meiner Antwort in der folgenden Nummer des Bulletin erscheinen, aber nicht in der Presse. Manche werden ihn da lesen. Vielleicht druckt man ihn auch anderwärts ab. Er wird dann die schon jetzt nicht unbedeutende Zahl der hiesigen Frei= maurer vermehren, welche mit den vom päpstlichen Bannstrahl betroffenen Brrn∴ anderer Länder sympathisiren und mit gerechtem Unwillen einen Greis, der schon am Rande des Grabes steht, einen Mann, der nicht mehr ist, als sie auch, die angebliche von Gott nie einem menschlichen Wesen verliehene Gewalt aus= üben sehen, daß er ein ganzes Heer von Freimaurern, größer als die Armeen des Xerxes, über dies Leben hinaus mit seinen Verwünschungen und Bannflüchen verfolgt und sie dort durch sein in den Tiefen des Vaticans mit erschreckender Nonchalance ausgesprochenes Machtwort ewigen, alle Vorstellungen übersteigende Qualen weiht[1]), weil sie es wagen, seinen Bemühungen, die Gewissen zu unterjochen und die Menschheit zum willenlosen Sclaven seiner Kirche und seiner Beamten zu machen, Widerstand entgegenzusetzen.

„Ich bringe Ihnen, theurer Br.·., die Huldigung meiner Bewunderung und meiner liebevollen Hochachtung dar.

„Möge unser Vater, der im Himmel ist, Sie stets in seiner heiligen Obhut behalten.

„Albert Pike, 33.·.

„Groß=Commandeur."[2])

Diese Briefe sind unzweifelhaft authentische Actenstücke. Wir haben von denselben selbst unmittelbar aus dem amtlichen Organ Alb. Pike's genaue Abschrift genommen. In diesen Briefen sprechen die angeblichen zwei höchsten Würdenträger des palladistischen Systems, der „Freimaurer=Papst" Pike und das „Haupt der politischen Action" Lemmi sich vertraulich unter einander aus. Wenn diese Briefe nicht als vollgiltige, einwandfreie Actenstücke zur Beurtheilung der wirklichen Gesinnungen, Anschauungen und Verhältnisse Lemmi's und Pike's verwendet werden können, so giebt es überhaupt gar keine freimaurerischen Actenstücke mehr, auf die man sich berufen kann. Dann höre man auf, sich überhaupt noch mit freimaurerischen Dingen zu beschäftigen.

Aus diesen Briefen geht nun Folgendes zu Evidenz hervor:

1. Lemmi war nicht „Chef der politischen Action" für die gesammte Freimaurerei; sonst hätte er in der politischen, ganz im Sinne der Freimaurerei liegenden Angelegenheit nur seine Befehle zu ertheilen brauchen, um des Beistandes der gesammten Freimaurerei der Welt sofort sicher zu sein.

2. Pike war nicht „Papst" oder Oberhaupt der gesammten Freimaurerei. Er hatte die von Taxil dem Freimaurer=Papst zugeschriebene Gewalt nicht einmal über die Freimaurer der Vereinigten Staaten Nord=Amerikas. Er konnte nicht einmal diesen

---

[1]) Auch der „gelehrte" A. Pike hat nicht die blasse Ahnung von der Bedeutung der päpstlichen Excommunication. Vgl. über letztere unsere Schrift „Der Odd=Fellow=Orden" u. s. w. 1896, S. 6 f.
[2]) Official Bulletin. Charleston. IX. Band, S. 66—70.

gegenüber auch nur mit der Machtvollkommenheit auftreten, welche
dem „National=Großmeister" Lemmi den italienischen Freimaurern
gegenüber unbestritten zukam.

3. Der angebliche Palladismus im Sinne der neueren Taxil'=
schen Pseudo=Enthüllungen existirt überhaupt nicht. Denn es ist
zunächst, wie wir eben sahen, erlogen, daß Pike und Lemmi in
diesem System die ihnen zugeschriebenen hohen Stellungen ein=
genommen haben. Pike und Lemmi treten nur als Häupter
ihrer respectiven Supr. Conseils auf. Wenn aber selbst Pike
der angebliche „Stifter und erste Papst" des Palladismus, und
somit auch Lemmi, der angebliche Nachfolger desselben als
„Freimaurer=Papst" diese Stellungen in Wirklichkeit nicht be=
kleideten, so schwebt der ganze Palladismus in der Luft. „Triangel",
d. h. palladistische Logen, existiren dann auch nicht. „Triangel"
bedeutet, wie Rosen bemerkte[1]), in der „allgemeinen" Frei=
maurer=Sprache nicht anderes als „Hut" [ursprünglich Trikorn].
In einzelnen Freimaurer = Verbänden mag man vielleicht in
„localer" Sprachbedeutung auch einmal die Logen eines der
zahlreichen Grade oder Systeme „Triangel" genannt haben.
Palladistische Triangel im Sinne Taxils giebt es aber nicht.

85. Andere angebliche Beweise für die Central=
Leitung in der Freimaurerei. Den eben angeführten
völlig entscheidenden Beweisen und Gründen gegenüber können
die sonst noch von den Vertheidigern der freimaurerischen
Central=Gewalt, bezw. des Freimaurer=Papstthums, vorgebrachten
angeblichen Beweise und Einwendungen gar nicht ernstlich in
Betracht kommen.

Der schon erwähnte P. O. führt z. B. die bereits von Ab.
Ricoux veröffentlichten, schon oben (II. Thl. S. 52 ff.) berührten
Instructions du Supr.·. Cons.·. de Charleston aux 23 Supr.·.
Cons.·. Confédérées vom 14. Juli 1889 aus Pike's Recueil
des Instructions du Chef dogmatique des Franc-Maçons
in's Treffen.[2]) Er bemerkt, Ricoux habe diese Geheime In=
struction einer 1890 in Charleston gedruckten Sammlung
entnommen, von der es ihm um gutes Geld gelang, Kenntniß
zu erhalten. Einen weitern Beleg für die Echtheit dieses Do=
cuments erblickt P. O. darin, daß dasselbe auch von der „frei=
maurerischen" Zeitschrift La Renaissance Symbolique, theil=
weise wenigstens gleichlautend, wiedergegeben wurde.[3])

---

[1]) Dr. Bataille, Le Diable II. 393.
[2]) Ad. Ricoux, L'existence des loges de femmes etc., p. 67—95.
[3]) La Franc-Maçonnerie démasquée 1896, p. 344—340; 380 et
suiv.; Cf. ib. 1896. p. 93—95; 206—213.

Das sehr lange Document verräth sich indessen schon durch seinen ganzen Inhalt als Fälschung[1]), bei welcher, da bereits im Cours de Maçonnerie pratique 1886 (II. 416) Aehnliches enthalten ist, Paul Rosen seine Hand mit im Spiele gehabt haben mag. Wie aus Pike's Erklärungen in der Chaine d'union (1886, p. 292) hervorgeht, hat P. Rosen dem Großcommandeur des Charlestoner Supr. Conseil auch noch ein anderes Werk „Legenda Magistralia für den 33. Grad" u. s. w. unterschoben. Wenn die Zeitschrift La Renaissance Symbolique (Nr. 7, 8, 12) wirklich den ihr zugeschriebenen Auszug aus dem Document enthält, so ist das kein „durchschlagender" Beweis gegen unsere Behauptungen. Denn diese Zeitschrift ist, wie schon ihr voller Titel[2]) zeigt, keine „officielle" und auch nicht einmal eine „specifisch" freimaurerische Zeitschrift, sondern ein Privatunternehmen eines allem Anschein nach phantastischen okkultistischen Schwärmers oder eines Schwindlers.[3]) Wenn es nun Rosen, Taxil und Consorten thatsächlich gelang, ihre Fälschungen in viele andere Publicationen, unter Anderem auch selbst in die Chaine d'union einzuschmuggeln, was verbietet dann, die Möglichkeit anzunehmen, daß ihnen dies auch bei der Renaissance Symbolique in dem fraglichen Citat geglückt sei.

P. O. beruft sich ferner mit „Miß Vaughan"[4]) auf Stellen im Ritual oder in den Constitutionen des Alten und Angenommenen Schottischen Systems in Frankreich, in welchen von der „Dogmatischen Behörde" die Rede ist, an dessen Decrete man sich [in Angelegenheiten des Ritus, Aufnahmeritual u. s. w.] zu halten habe.[5]) Diese Stellen beweisen natürlich nicht das Mindeste zu Gunsten einer Central-Leitung in der Freimaurerei, da hier nur von einer Behörde innerhalb des französischen Supr. Conseil

---

[1]) Wir wollen hier nur bemerken, daß sich Pike bei Ricoux (S. 78) als Souverain Pontife de la Franc-Maçonnerie Universelle en la trente-unième année de Notre Pontificat bezeichnet. Danach wäre seine Würde ihm nicht einmal als Chef des Palladismus eigen, der nach Taxil und Cie. erst 1870 begründet wurde, sondern als Haupt des Supr. Conseil von Charleston.

[2]) Renaissance Symbolique, Revue Mensuelle de la Franc-Maçonnerie philosophique, initiation, gnose, kabbale, sciences occultes, première année, numéros 7 et 8, 25 juillet 1892, p. 10—14; No. 12, Nov. 1892, p. 3—8.

[3]) In La Franc-Maçonnerie démasquée 1896, p. 341 wird Br∴ Bertrand als Redacteur der Zeitschrift genannt.

[4]) Miss Vaughan, Mémoires, p. 62—64.

[5]) La Franc-Maçonnerie démasquée 1896, p. 205, 387 et suiv.

die Rede ist. Nach dem Allgemeinen Handbuch der Freimaurerei (1867 III 174 und I 391) heißt diese Behörde, die aus 27 Mit= gliedern des Dreiunddreißigsten Grades besteht Suprème Conseil du St.-Empire pour la France et ses dépendances. Ihr ist die Regierung und Verwaltung im Suprème Conseil an= vertraut. Eine andere Stelle, auf welche sich P. O. und die fran= zösischen Antifreimaurer berufen, ist ein Satz des Postscriptums, welches Lemmi dem Pike zugesandten Exemplar seines Rund= schreiben vom 6. März 1888 gegen Krieg und stehende Heere beifügte. Dasselbe lautet: To you who rule with wisdom and love the supreme centres of the Universal Masonic Confederation, I address myself in the name of the masons of Italy[1]). Diese an sich unbestimmten Worte sind gemäß andern bestimmten Aeußerungen zu erklären. Die Anhänger des Alten und Angenommenen Systems messen ihrem System bekanntlich den höchsten Rang unter allen freimaurerischen Systemen bei. Der Charlestoner Supr. Conseil genoß unter Pike's Leitung wieder besonderes moralisches Ansehen unter den Schwester=Supr. Conseils der ganzen Welt[2]).

In Deutschland versuchte man den Artikel „Pike" im vierten Band des Allgem. Handbuchs der Freimaurerei ins Feld zu

---

[1]) Official Bulletin. Charleston 1888. Vol. VIII. p. 439.

[2]) Waite berichtet in seinem Buch Devil-Worship in France, p. 215: Herr Parker, Inhaber des 33. Grades des Alten und An= genommenen schottischen Systems und Großmeister des Ritus von Memphis und Misraim für England, Schottland und Irland, schrieb in einem Brief an einen katholischen Priester: „Der jüngst verstorbene Alb. Pike von Charleston, war, als ein fähiger Freimaurer, un= zweifelhaft ein freimaurerischer Papst, der alle Suprèmes Conseils der Welt am Zügel führte" u. s. w. [diese Worte dürfen nicht im Sinne einer eigentlichen Oberleitung aufgefaßt werden; denn sonst würden sie den offenkundigen Thatsachen widersprechen]. — An einer anderen Stelle (ebendas. S. 310) schreibt Waite: „Ueber Pike bemerkt ein Freimaurer von hohem Ansehen: „Er war Einer der größten Männer, welche je unseren Orden zierten"." Um sich vom hohen persönlichen Einfluß zu überzeugen, den er in der schotti= schen Freimaurerei ausübte, genügt es, die Logenorgane der verschie= denen Länder zu durchgehen. Vgl. z. B. Official Bulletin. Charleston 1880—1892 Bulletin des travaux du Supr. Conseil de Belgique 1875—1896; Rivista della Massoneria Italiana 1891, p. 177 etc. etc. Wenn manche deutsche freimaurerische Schriftsteller Pike's Ein= fluß in der Weltfreimaurerei ableugnen oder gering anschlagen, zeigen sie damit nur, daß sie sehr mangelhaft unterrichtet sind.

führen, in welchem Pike „Höchster Ordensgeneral und Großmeister des schottischen Ritus" genannt wird. Die an sich schon unbestimmte und unmaurerische Bezeichnung „Ordens= general" bezieht sich hier, wie die parallele „Großmeister" im nächstliegenden Sinn auf den Supr. Conseil von Charleston. Für den Fall, daß der Ausdruck in weiterem Sinne verstanden würde, könnte in demselben nur auf das große moralische Ansehen Pike's angespielt sein, aber nicht auf seine angebliche höchste Regierungsgewalt über die ganze Freimaurerei, die er nach seinen eigenen ausdrücklichen Erklärungen thatsächlich nicht besaß.

Einen weiteren „Beweis" für die Existenz der Central= Leitung in der Freimaurerei glaubte man aus dem von uns selbst mitgetheilten[1]) Schreiben entnehmen zu können, welches Br.·. Joh. Bruno Haas, Professor und Conrector am Neu= städtischen Real=Gymnasium zu Dresden, unter dem 5. April 1893 an Großmeister Lemmi im Auftrage der Großloge von Sachsen richtete, und in welchem er Lemmi thörichter Weise „den König der Freimaurerei nicht bloß in Italien, sondern in der ganzen Welt" nennt. Darauf haben wir bereits in Nr. 578 und 581 der „Köln. Volksztg." geantwortet. Als Stütze für die Behauptung der Taxil'schen Pseudo=Enthüllungen, daß Lemmi seit 20. September 1893 „Freimaurer=Papst" sei oder war, können die fraglichen Worte schon in Ansehung des Datums des Schreibens, in dem sie vorkommen, nicht angesehen werden. Dieselben spielen in Wirklichkeit nur in etwas überschwänglicher Weise auf einen Gedanken an, den Lemmi selbst öfters äußerte, auf den Gedanken nämlich, daß dem italienischen Großorient, da er in Rom seinen Sitz habe, als dem vorgeschobenen Vorposten der Weltfreimaurerei, im Kampfe gegen den Vatican und für die freimaurerische Civilisation gleichsam eine gewisse durch die Natur der Dinge bedingte Führerrolle im freimaurerischen Welt= Concerte zukomme. Von einer wirklichen Oberleitung der ganzen Freimaurerei der Welt durch Lemmi, bezw. durch den italienischen Großorient, kann aber keine Rede sein.

Man berief sich ferner darauf, daß in freimaurerischen Kreisen Belgiens und Italiens Wünsche laut geworden seien, welche dahin gingen, man möge einen „gemeinsamen frei= maurerischen Orient" errichten. Der bekannte italienische Abgeordnete Br.·. Bovio z. B. drückte sich diesbezüglich in einem aus Neapel vom 4. Februar 1892 datirten Schreiben an

---

[1]) Freimaurerei und öffentliche Ordnung. 2. Auflage, S. 173 bis 175.

Lemmi aus, wie folgt: Ich habe „die Ueberzeugung, daß die freimaurerische Familie heute mehr denn je, besonders im inter=nationalen Leben der Völker, große Dienste leisten kann. Das erhabene, brüderliche, allgemeine Wort dieses uralten [?] Weltordens kann viele aus der Eifersucht der Staaten hervor=gehende Zwistigkeiten beilegen und den Nationen die endliche Einheit des menschlichen Fortschritts in Erinnerung bringen. Mehr als auf ein internationales Comité oder Sekretariat für den Weltfrieden vertraue ich auf die Wirksamkeit der frei=maurerischen Action, welche mit der Zeit, wie ich glaube, einen gemeinsamen Orient in Rom errichten wird."[1] — Auf die Ver=suche, derartige Aeußerungen als Beweis für das Bestehen einer freimaurerischen Central=Leitung zu verwerthen, ist zu erwidern, daß erstlich ein derartiger „gemeinsamer Orient" noch lange keine wirkliche Central=Leitung bedeutet. Sodann ist bisher auch selbst ein solcher gemeinschaftlicher Orient thatsächlich noch nicht er=richtet worden. Sicher war 1892 noch kein solcher vorhanden. Sonst würde ihn Bovio nicht erst herbeiwünschen. Daß ein solcher nach 1892 eingerichtet worden sei, dafür ist nirgends eine Spur zu entdecken. Die seither auf internationalen Freimaurer=Congressen gepflogenen Verhandlungen über die Herstellung einer größern Einheit im Weltbunde beweisen im Gegentheil, daß der Plan der Errichtung eines solchen gemeinschaftlichen Orients noch immer nicht verwirklicht ist.

Einen letzten „Beweis" für die Central=Leitung lieferte endlich merkwürdiger Weise die Wiener „Neue Freie Presse". In der telegraphischen Skizze des Rundschreibens des italienischen Großmeisters Nathan vom 15. September 1896, welches dieses Blatt brachte, wurde nämlich Nathan als „Großmeister aller Freimaurerlogen der Erde" bezeichnet[2]. Man sieht hieraus, daß nicht bloß katholische, sondern auch liberale, der Loge nahe=stehende Blätter in Freimaurer=Dingen mystificirt werden können. In Folge vielfacher Reclamationen stellte die „Neue Freie Presse" einige Tage darauf fest, daß Nathan Großmeister nicht „aller Freimaurerlogen der Erde", sondern nur des „Großorients von Italien" sei.

„Von verehrter Seite" wurden ferner im „Wiener Vater=land" 1896 Nr. 228 Morgenblatt „weitere Nachweise über das Bestehen einer obersten geheimen Leitung der gesammten Frei=maurerei in Aussicht gestellt". Diese Nachweise blieben jedoch bis auf den heutigen Tag, 21. März 1897, aus.

---

[1] Rivista della Massoneria Italiana 1892. p. 23 e seg.
[2] „Wiener Vaterland" 22. Sept. 1896, Nr. 261 Morgenblatt.

Im Maiheft 1896 (S. 95) schrieb die Franc-Maçonnerie démasquée bezüglich der palladistischen Central-Leitung: „Es ist nun, kein Zweifel daran mehr möglich, und die Bestätigung aller Enthüllungen der neuesten Zeit vollzieht sich siegreich von Tag zu Tag." Thatsächlich liegen die Dinge so, daß Niemand, der die Freimaurerei nicht bloß aus den neuern Taxil'schen Pseudo-Enthüllungen, sondern aus zuverlässigen Quellen kennt, je darüber im Zweifel sein konnte, daß die in gedachten „Enthüllungen" behauptete Central-Leitung eine reine Erfindung ist und daß eine derartige Central-Leitung auch inskünftig in absehbarer Zeit nicht einmal errichtet werden könnte, selbst wenn, was nicht der Fall ist, in maßgebenden freimaurerischen Kreisen die Absicht bestünde, sie herbeizuführen.

86. **Zutreffende Bemerkungen zur Frage aus dem Jahre 1858.** Sehr zutreffende Bemerkungen zur Hypothese der Central-Regierung in der Freimaurerei machte ein Historiker in den Historisch-Politischen Blättern schon 1858 anläßlich einer Besprechung der schwärmerisch-exaltirten Anschauungen des bekannten sächsischen Advocaten Emil Eduard Eckert[1]) über den Freimaurerbund. Eckert, dessen betreffende Werke in den fünfziger und anfangs der sechsziger Jahre erschienen, hatte bezüglich der Freimaurerei den unsinnigen Satz aufgestellt:

„Den Weltorden und sein Weltreich regiert als Angelpunkt ein einheitlicher Wille, der des sog. Gottmenschen [!]; allein er kann seinen Willen nicht unmittelbar der Gesammtheit verkünden, sondern er bedarf als constitutioneller Monarch [!] zweier Organe dazu: des Weltpatriarchen [!], seines Mundes, seines Regenten der theoretischen und friedlichen Systeme, und des Weltkaisers [!], seiner Hand, seines Regenten der praktischen und kriegerischen Systeme. Diese drei bilden so die allerhöchste Einheit des Ordenswillens; sie führen als solcher Einheitskörper den Titel der allerheiligsten Trinität; von dem Weltpatriarchen oder dem Weltkaiser empfängt den allerhöchsten Willen das sog. heiligste Apostel = Collegium der Zwölf" u. s. w.

Diese Anschauung Eckerts hat eine überraschende Aehnlichkeit mit jener, die Taxil neuerdings entwickelte. Auch des Letztern palladistisches System hat eine aus drei obersten Häuptern bestehende Central-Regierung und sein Aeltesten= oder Cardinals= Collegium; es strebt ähnlich, wie der Eckert'sche „gräßliche

---

[1]) E. Ed. Eckert. Magazin zur Verurtheilung des Freimaurer-Ordens V 58; Hist.-Pol. Blätter Bd. 41 (1858), S. 827 f.

Mechanismus der [freimaurerischen] Welt-Kreuzspinne", als Zweck
an: „Umsturz aller Staaten der Welt, aller Gottesdienste, Raub
alles Eigenthums zum Zweck der Schaffung eines Ordens-
Weltreichs auf den Grundlagen des Cultus der zeugenden
Geschlechtskräfte" u. s. w. Auch okkultisches Treiben und der
Unfug der alten Mysterien-Gesellschaften wird schon von Eckert
mit der Freimaurerei in einen Topf geworfen. Man könnte fast
glauben, daß die Eckert'schen Anschauungen von der Freimaurerei der Schwindel-Firma Taxil mit als Vorlage gedient
haben. [1])

Zu dieser „abgeschmackten Hypothese einer perma-
nenten Central-Regierung" bemerken die Histor.-Polit.
Blätter angesichts der von Eckert selbst erwähnten sehr disparaten
Bestrebungen im Schooße der Freimaurerei:

„Alle diese höchst verwickelten Aufgaben und innern Widersprüche leitet die „allerheiligste Trinität" im Centrum des
Ordens seit hundert Jahren ohne namhaften Widerstand, Verrath,
innern Krieg. Man mag darüber erstaunen; Herr Eckert aber
versichert einfach: „nur Ein moralisches Subject giebt es, das
einestheils die allgemeine Welt umspannt, und anderntheils alle
politischen, religiösen und socialen Gegensätze in sich schließt:
Die Freimaurerei".[2])

„Man wird vor Allem fragen, wie denn Herr Eckert hinter
das fürchterliche, diabolisch schlau verwahrte Geheimniß der ganzen
maurerischen Organisation gekommen sei, und welche Beweise
er für die Wahrheit seiner Aussagen vorbringe? Ich habe davon
außer seinem [lächerlichen] historischen Interpretations-
Verfahren nichts gefunden. Im ,Magazin' beruft er sich auf
die ,Enthüllungen' seines ,Tempel Salomonis'[3]), wo sich aber
ebenfalls weder Zeugen- noch eigentliche Quellen-Angaben finden.
Statt dessen enthält die Schrift eine mystische Ausbeutung von
Zahlen- und Figuren-Symbolik, aus welcher sich ein
höchst verwickeltes Linien-Schema[4]) ergiebt, mit dem frei-

---

[1]) Hist.-Pol. Blätter, ebendas. S. 828.

[2]) E. E. Eckert, Magazin I 24 ff.

[3]) E. E. Eckert, „Der Tempel Salomonis, das heißt: General-
Karte des Arbeits-Planes des Revolutionsbundes" u. s. w. Prag 1855.

[4]) Obiger Satz trifft auf das von Dr. Bataille, Taxil und ihrem
Gefolge so sehr angepriesene Werk Mgr. Meurin's, La Franc-
Maçonnerie, Synagogue de Satan so völlig zu, daß man meinen
könnte, der Verfasser hätte letzteres im Auge gehabt, als er ihn
niederschrieb. Auch dies deutet wieder darauf hin, daß Mgr. Meurin
von Eckert stark beeinflußt war.

maurerischen ‚Gottmenschen‘, ‚Weltpatriarchen‘ und ‚Weltkaiser‘
im Centrum. Als Autorität für dieses Schema ist nichts weiter,
als eine angebliche ‚Geheimschrift‘ angeführt, welche sich bei
näherer Prüfung als eine ganz bedeutungslose Compilation und
gewöhnliche Buchhändler=Speculation auf die Neugier
des großen Haufens erweist: Der ‚Mystagog‘, erschienen
zu Osnabrück und Hamm i. J. 1795 [1]). Aus derlei Char=
teken trug Herr Eckert seine Notizen über die maure=
rischen Geheimnisse zusammen, mit einer Leichtgläubig=
keit ohne Gleichen, einer Geschichtsunkenntniß, welche jede
Schnurre in gutem Glauben nachschreibt, und einer Inter=
pretationskunst, die in den Logen selber kaum drolliger vor=
kommt.“ [2])

„Man rechnet gegen 6000 Bände Freimaurer=Schriften;
kaum aber dürfte eine wirksamer gewesen sein für den Aber=
glauben an die historischen Alfanzereien [Firlefanz] des Ordens,
als die Eckert’schen. Kein Wunder, daß die Loge sie ruhig ge=
währen läßt [dies war doch nicht so ganz der Fall; die Hetze
Eckerts war, wenn sie sich vielfach auch auf Fabeln aufbaute,
der Loge gerade so unangenehm, wie heute die auf Lügen auf=
gebaute Taxil’s]. Es ist aber, wie schon oben bemerkt, nicht
zufällige Unkritik der Person, sondern es ist Zwang und Drang
der Grundanschauung von der Freimaurerei als einer seit
Generationen einheitlich geleiteten Verschwörungsgesellschaft, was
Herrn Eckert geradezu verbietet, an das alltägliche Ge=
prahle der Logen und an die historischen Ammen=
märchen des Ordens das kritische Messer anzusetzen. Ich
lege Gewicht auf diese Consequenz; denn in demselben Fall ist
natürlich auch ein Theil der katholischen Presse, welcher
die Eckert’sche [heute die Margiotta=Taxil’sche] Grundanschauung
acceptirt hat; man ist dadurch in die Nothwendigkeit versetzt,
auch alles maurerische Geprahle und die historischen Fabeln der
Loge [heute auch die von Schwindlern à la Taxil breist er=

---

[1]) „Der Mystagog oder vom Ursprung und Entstehung aller
Mysterien und Hieroglyphen der Alten, welche auf die Freimaurerei
Bezug haben, aus den ältesten Quellen hergeleitet und aufgesucht von
einem ächten Freimaurer.“ Osnabrück und Hamm bei Perrenon
1789. — Herr Eckert scheint eine zweite Auflage dieser Schrift benützt
zu haben. Wenigstens findet sich in der mir vorliegenden das große
Geheimniß vom „königlichen Baubalken“ nicht, woraus er
soviel Wesens macht, und der ihm auch die maurerische „Geheimschrift“
entziffern half.

[2]) Histor.-Pol. Blätter, ebendas., S. 831 f.

funbenen] mit in ben Kauf zu nehmen, zur Schande für ben
gesunden Menschenverstand und die katholische
Wissenschaft."¹)

Nach Mittheilung einiger Proben ber von Eckert im Dienste
seiner vorgefaßten Meinungen beliebten Mißhandlung ber Ge=
schichte, fahren bie Historisch=Politischen Blätter fort: „Doch,
ich glaube lange genug ben Ekel überwunden zu haben, um bem
Leser einen Begriff von bieser unerhörten Geschichts=Construction
zu geben. Am Liebsten hätte ich Herrn Eckert und bas Papier
ber Historisch=Politischen Blätter mit ber Auseinanbersetzung
solchen Unsinns verschont. Aber es handelt sich nicht um
eine Person, sondern um eine vorgefaßte Meinung Bieler,
deren mehr ober minder nothwendige Consequenzen nachgewiesen
werden mußten. Denn ist bie Grundanschauung vom einheit=
lichen Organismus ber Freimaurerei richtig, bann muß es aller=
bings auch bie von bem Alter und ber allmächtigen Wirksamkeit
besselben sein: Die Ordensregierung ist bann bas eigent=
liche Agens und Movens ber Weltgeschichte. Ins=
besondere giebt es absolut keine heimliche ober öffentliche Unter=
nehmung, welche nicht Freimaurerei wäre. Jebe geheime ober
Revolutions=Gesellschaft muß bann allerbings nicht etwa bloß in
einem gewissen Zusammenhang mit bem Orben gestanden haben
ober nachträglich in einen solchen gekommen sein, burch Com=
munication ber Personen ober Principien; sondern sie muß birecte
Schöpfung ber Freimaurerei sein."²)

---

¹) Historisch=Politische Blätter, Bb. 41, S. 836.
²) Ebendas., S. 852. Die Historisch=Politischen Blätter geben
aber trotz ber gerechten scharfen Kritik, bie sie an Eckerts Ansichten
und Methode üben, zu, baß berselbe „eine Masse Material . . . zu=
sammengetragen, wovon gar Manches sehr beachtenswerth" ist
(ebendas., S. 840). In bieser Beziehung stehen bie Eckert'schen
Schriften natürlich unvergleichlich höher, als bie neuern antifreimaure=
rischen Veröffentlichungen ber Schwindel=Firma Taxil und aller von
ihr Bethörten. Ueber bie Taxil'schen Pseudo=Enthüllungen und bie
in ihrem Fahrwasser segelnde neuere Antifreimaurer=Litteratur würde
ber Historiker ber Historisch=Politischen Blätter zweifelsohne unver=
gleichlich größern „Ekel" empfunden haben. Auch bei uns vermochte
nur ber Unmuth über bie schamlose Irreführung bes Publicums und
bie Rücksicht auf bas wahre Interesse ber katholischen Kirche ben
Widerwillen zu überwinden, uns mit biesen Pseudo=Enthüllungen
überhaupt eingehender zu befassen.

Wir machen noch barauf aufmerksam, baß ber Verfasser bes
Artikels ber Historisch=Politischen Blätter (S. 821) bezweifelt, ob bei
ber Revolution von 1848 [in Deutschland?] bie Loge bie treibenbe

87. Folgerungen aus der Nicht=Existenz der frei=
maurerischen Central=Leitung hinsichtlich der Taxil'=
schen Pseudo=Enthüllungen. Schließlich machen wir noch
ausdrücklich auf die Folgerungen aufmerksam, welche sich aus
unsern vorstehenden Ausführungen für die Glaubwürdigkeit der
Taxil=Bataille=Margiotta=Vaughan'schen „Enthüllungen" ergeben,
welche sich um das Freimaurer=Papstthum und die Central=
Gewalt in der Freimaurerei, wie um ihren Mittelpunkt, gruppiren.
Existirt diese Central=Gewalt nicht — und darüber kann, an=
gesichts der vorgebrachten Gründe und besonders des Brief=
wechsels zwischen Pike und Lemmi, kein vernünftiger Zweifel
obwalten — so sind die genannten „Enthüllungen" ein so dreister
Schwindel, daß man sich einen dreisteren wohl kaum denken kann.

2. Die Diebstahls=Anklage gegen Adriano Lemmi
und der Suprême Conseil in Rom.

Die auf die Verurtheilung Lemmi's wegen Diebstahls in
Marseille am 22. März 1844 bezüglichen Mittheilungen, Docu=
mente und Invectiven im Buch Adriano Lemmi[1]) waren wohl
die Hauptursache des großen Erfolges der Margiotta'schen „Ent=
hüllungen". Dieselben wurden begreiflicher Weise auch in der
Presse am Meisten gegen den italienischen Großmeister aus=
gebeutet, obgleich sie eigentlich nichts enthielten, was nicht schon
vorher bekannt und zuletzt noch im Mai 1890 im italienischen
Abgeordnetenhause erörtert worden war. Wir müssen gestehen,
daß es uns nicht möglich war, alle wünschenswerthe Klarheit
über diese Angelegenheit zu erlangen. In Italien wird dies
wesentlich leichter sein, da die entscheidenden Controversen über
den Fall dort stattfanden[2]). Bemerkt muß werden, daß Taxil

_____

Kraft war. Die Gefährlichkeit der Freimaurerei scheint ihm (S. 863)
darin zu liegen. „daß die bequeme Aller=Welt=Operations=Basis in
der Loge jedem heillosen Verlauf [unheilvollen Umtrieben] einen Fuß=
und Schleichweg bietet, der den gewöhnlichen Gang mindestens um
die Hälfte abkürzt"

[1]) Margiotta, Lemmi, p. 100—193; 262; 282—303.

[2]) Eben kommt uns das Märzheft der Rivista Antimassonica 1897
zu Gesicht. Hier wird (S. 125) gesagt: „Die Beweise [für die Ver=
urtheilung Lemmi's in Marseille] sind klarer und unleugbarer, als das
Licht der Mittagssonne." In diesem Satze springt die „nicht mehr
decente" Uebertreibung in die Augen. Warum sind denn die sonnen=
klaren Beweise, wenn man deren hat, nicht vorgebracht worden?
Warum nahm man vielmehr zu offenbar sophistischen Verdrehungen
des Sachverhalts seine Zuflucht, um jenen Vorwurf gegen Lemmi zu
stützen?

gerade in der Verwirrung solcher Fälle Meister ist. Wir geben im Nachfolgenden einige auf die Angelegenheit bezüglichen Acten= stücke wieder, die für die Beurtheilung derselben von Inter esse sind.

88. Erklärungen Lemmi's zur Sache. Einen hierher gehörigen Brief Lemmi's an die Voce della verità vom 23. April 1890 theilt schon Margiotta mit. Derselbe hat fol genden Wortlaut:

„Um Verwechselungen zu vermeiden, bitte ich Sie, folgende Erklärung in ihr Blatt aufzunehmen: — Der in Marseille ver urtheilte Abriano Lemmi von Florenz hat mit Abriano Lemmi von Livorno nichts gemein, welcher seit 1843 in Constantinopel wohnhaft, 1844 Director eines Hauses für Seehandel in derselben Stadt war und dieselbe bis 1847, wo er sich nach London begab, nicht verließ." [1]

In Logen=Blättern erschien mit Bezug auf den Preß=Feld zug gegen Lemmi folgende kurze Darstellung der Angelegenheit, welche der französische Br. Amiable, wie er versichert, nach Einziehung genauer Erkundigungen niedergeschrieben hat:

„Im Jahre 1861 war Lemmi ein thätiges Mitglied der demokratischen Partei, welche den Diritto zum Organ hatte. Um ihn in Verruf zu bringen, ließ sich die italienische königliche Regierung vom kaiserlichen französischen Ministerium eine Ab= schrift des oben erwähnten Urtheils[2]) ausliefern. Die der Re gierung befreundeten Blätter schlugen aus der Sache Capital. Lemmi brachte Zeugnisse von elf in Constantinopel ansässigen Persönlichkeiten verschiedener Nationalität bei, deren Unterschriften von den zuständigen Consulaten beglaubigt waren, und welche feststellten, daß Lemmi wirklich von Anfang 1844 an siebzehn Jahre lang sich in Constantinopel aufhielt. Angesichts dieses Alibi=Beweises verstummte die officiöse Presse. Es blieb den Jesuiten [Taxil ist doch kein Jesuit und Imbriani auch nicht!] vorbehalten, eine seit 33 Jahren aufgedeckte und

---

[1]) A. a. O., S. 191.

[2]) Das vom Strafgericht in Marseille am 22. März 1844 gegen Adriano Lemmi, geboren in Florenz, wohnhaft zu Marseille, wegen Diebstahls gefällte Urtheil lautete auf ein Jahr und einen Tag Ge= fängniß und fünf Jahre Polizei-Aufsicht. Zugleich wurde Lemmi zur Rückerstattung der drei gestohlenen Gegenstände, unter welchen sich eine Summe von 300 Frcs. befand, und in die Proceßkosten ver= urtheilt.

von ihren ersten Urhebern preisgegebene Verleumdung wieder auszugraben."[1])

Taxil macht gegenüber der Erklärung Lemmi's geltend, laut dem Facsimile des Urtheils[2]) sei der in Florenz geborene Abriano Lemmi wirklich von Livorno aus nach Marseille gekommen. Ferner werde im Urtheile angegeben, daß der verurtheilte Abr. Lemmi damals 22 Jahre alt war. Um den italienischen Groß= meister zu überführen, habe Miß Vaughan sich den Geburtsschein Lemmi's verschafft. Ihre Nachforschungen hätten ergeben, daß im Jahre 1822 und auch in den zwei vorhergehenden und in den zwei nachfolgenden Jahren in Florenz kein einziger Abriano Lemmi in den Taufregistern verzeichnet sei.[3]) Der in Livorno geborene Abriano Lemmi, der jetzige Großmeister, habe hingegen wirklich laut Taufzeugniß[4]) am 30. April 1822 das Licht der Welt erblickt und sei am 2. Mai 1822 getauft worden.

Es leuchtet ein, daß diese Beweisführung, auch wenn alle Documente und die Auszüge aus dem Taufbuch ihre Richtigkeit haben, nicht schließt. Denn möglicherweise wurde der in Florenz geborene Abriano Lemmi gar nicht getauft, also auch nicht in die dortigen Taufregister eingetragen; oder er wurde, obgleich in Florenz geboren, anderswo getauft; oder endlich Einer der unter andern Vornamen in Florenz um jene Zeit in's Taufbuch Eingetragenen nahm späterhin den Namen Abriano an; oder endlich die Eintragung wurde, was ja auch vorkommen kann, übersehen. Träfe keine dieser Annahmen zu, so wäre unter der Voraussetzung, daß wirklich kein Abriano Lemmi in den Taufregistern von Florenz um jene Zeit zu finden wäre, nur erwiesen, daß die betreffende Angabe im Urtheil irrig ist. Es wäre aber noch keineswegs erwiesen, daß gerade der 1822 in Livorno geborene Abriano Lemmi der Verurtheilte sei. Es können noch anderswo inner= und außerhalb Italiens 1822 Abriano Lemmi's zur Welt gekommen und von Livorno nach Marseille gereist sein. Auch die Vermittelung der „Miß Vaughan", die für 30,000 Frcs. sich das Original der an Italien ausgelieferten Abschrift des Urtheils verschafft haben will, ist höchst überflüssig und macht die ganze Erzählung bei Margiotta nur verdächtig.

In einem Briefe an den Brüsseler Patriote vom 24. October 1894 schreibt A. Lemmi:

[1]) Rivista della Massoneria Italiana 1895. p. 137.
[2]) Margiotta, Lemmi. p. 287.
[3]) A. a. O., S. 293 bis 303
[4]) A. a. O., S 9, vgl. auch S. 67.

„Unter der Unterschrift Domenico Margiotta haben Sie im September in den Nummern 265 bis 272 Ihrer Zeitung mehrere gegen mich gerichtete Artikel veröffentlicht. Alles was dieselben Ehrenrühriges gegen mich enthalten, ist falsch. Die neue inter= nationale freimaurerische Organisation existirt nicht. Ich bin nie zum Judenthum übergetreten. Ich wurde niemals gerichtlich verurtheilt. Vom Februar 1844 an bis zum Ende des Jahres 1845 war ich in Constantinopel wohnhaft, wo ich in Galata das von Franz Salomon in Malta, einem englischen Unter= thanen, errichtete Seehandelsamt leitete. Ich gründete hierauf ein eigenes Geschäft, zuerst unter meinem Namen allein und kurz darauf unter dem Namen Tito e Adriano Lemmi. 1860 kehrte ich endgiltig von Constantinopel nach Italien zurück . . . Ich behalte mir vor, diejenigen, welche versuchen, mich in Verruf zu bringen, gerichtlich zu belangen."[1])

Hierauf erwiderte Margiotta, bezw. sein Hintermann Taxil: Lemmi tritt in dieser Erklärung in offenen Widerspruch mit seiner frühern Erklärung in der Voce della Verità. Denn dort sagte er, er habe Constantinopel 1847 verlassen, um sich nach London zu begeben. Hier, er habe es erst 1860 verlassen, um nach Italien zurückzukehren.[2])

Es leuchtet ein, daß auch dieser Angriff nur sophistisch ist. Lemmi spricht in der erstern Erklärung offenbar nur von einer **vorübergehenden** Abwesenheit von Constantinopel, die keine Aenderung des Wohnsitzes in sich schließt.

Um sich wichtig zu machen und mehr Aufsehen zu erregen, schreibt Taxil=Margiotta weiter: „Ich kann nicht umhin, darauf hinzuweisen, daß Lemmi das profane Publicum wirklich für gar zu naiv hält. Er droht heute mit gerichtlicher Verfolgung. Mein Verleger und ich erwarten ihn furchtlos. Aber warum hat er nicht Oberst Bizzoni und den Abgeordneten Imbriani verfolgt, die zuerst mit Hinweisung auf seine Person das Urtheil von Marseille bekannt machten? Warum hat er nicht die zahlreichen Zeitungen in Italien belangt, welche die Briefe Miß Vaughans veröffentlichten, in denen seine Unwürdigkeit in sehr klaren Ausdrücken und mit sehr genauen Angaben dargethan wurde. Wenn er vor den Gerichten Frankreichs unbescholtenen Rufes genießt, warum wählt er dann Belgien, um seine Drohungen auszusprechen, während mein Werk doch in Frankreich veröffentlicht worden ist. Br.·.

---

[1]) Le Patriote, 1. Nov. 1896, vgl. Le Palladisme, p. 12.
[2]) Le Palladisme, p. 21.

Goblet b'Alviella hat meine dreifache Heraus=
forderung nicht angenommen. Wie Goblet, ſchreit und
proteſtirt Lemmi, aber er wird es beim Schreien und Proteſtiren
bewenden laſſen. Er weiß nur zu gut, daß die von mir photo=
graphiſch wiedergegebenen Documente echt ſind, und daß Miß
Vaughan wie von andern noch wichtigeren Documenten, ſo
auch von dieſen die Originale beſitzt und dieſelben dem Gerichte
vorlegen würde, wenn er es wagte, Klage zu ſtellen."[1]

Abriano Lemmi antwortete darauf in einem Briefe vom
21. November 1894: „Noch ein Wort zu den Bemerkungen,
welche Sie meinem Dementi=Briefe beifügten, und damit ſchließe
ich ab. Ich habe bisher gemäß dem Rathe meiner zahl=
reichen Freunde die Gerichte nicht in Anspruch genommen,
weil ich in Italien und im Ausland hinlänglich bekannt bin, um
die Verleumdungen, mit welchen man beſtrebt iſt, meinen Namen
zu beſudeln, gering achten zu können. Ich habe den Ab=
geordneten Imbriani nicht belangt, weil er, obgleich Gegner
von mir, nach Kenntnißnahme von meinem Beweis=Material als
Ehrenmann anerkannt hat, daß ich mit dem in Marſeille
Verurtheilten nicht identiſch ſein könne, und weil er dem=
gemäß ſeine Anſchuldigung öffentlich im Blatt La Capitale,
deſſen Herausgeber er iſt, und in dem er ſie erhoben hatte,
zurückgezogen hat. Ich habe Ihnen in meinem von Ihnen
veröffentlichten Brief vom 24. October geſchrieben, daß ich 1860
definitiv von Conſtantinopel nach Italien zurückgekehrt bin. Dies
hindert aber nicht, daß ich mich unterdeſſen von Conſtantinopel
nach England, Frankreich, Rom, mit einem Wort überall hin
begeben konnte, ſowie ich es für meine Intereſſen für erſprießlich
hielt. Was Herrn Margiotta anbelangt, ſo werde ich ihn, wenn
ich es für nöthig erachte, ihn zu packen, ſchon zu finden wiſſen,
obgleich er ſeit Jahren von Palmi nach Reggio, Florenz, Lyon
und anderen Orten herumvagabundirt, um Geld zu machen."

Taxil=Margiotta antwortete mit neuen Ausrufungen und
Invectiven, ohne jedoch zur Sache etwas Bemerkenswerthes bei=
zubringen. „Demgemäß", ſo faßt er ſeine Entgegnung zuſammen,
„habe ich nicht nöthig, beizufügen, daß ich Alles, was ich
geſchrieben und mit Namen unterzeichnet habe, auf=
recht erhalte [!] und daß ich die Drohungen des würdigen
Schülers des Kammer = Meuchelmörders Mazzini mit völliger
Verachtung zurückweiſe."[2]

[1] Le Palladisme, p. 22.
[2] Le Patriote, 9. Dec. 1894; La Franc-Maçonnerie démasquée,
1894, p. 448.

Wie der Leser sieht, haben Margiotta und Taxil auch hin=
sichtlich des thatsächlich hauptsächlichsten Punktes ihrer Enthüllungen
in keinerlei Weise durchschlagende Beweise erbracht. Die zweifel=
hafte Anerkennung muß man ihnen aber zu Theil werden lassen,
daß sie Meister in der Kunst sind, die Ehre der von ihnen an=
gegriffenen Persönlichkeiten in einer Form aufs Schwerste zu ver=
dächtigen, welche strafgesetzlich nicht oder nur schwer faßbar ist.

89. Ein merkwürdiger Erlaß des römischen Supr.
Conseil in der Diebstahls=Angelegenheit Lemmi's.
Zum Schlusse theilen wir noch einen sehr sonderbaren Erlaß
mit, welchen der Suprême Conseil in Rom in der eben be=
sprochenen Diebstahls=Angelegenheit an die italienischen Logen und
an auswärtige maurerische Verbände versandt hat. Der Erlaß
hat folgenden Wortlaut:

„Der **Suprême Conseil**

„der **Souveränen General-Groß-Inspectoren**

„des 33. und höchsten Grades

„des Schottischen Ritus der alten und angenommenen

„Maurer in Italien zu Rom,

„An alle höheren Bauhütten des Schottischen Ritus. An alle
„Logen und alle Brüder der italienischen Gemeinschaft.

„Ehrwürdige und geliebte Brr∴

„Zur Stärkung und Ermuthigung im harten Kampfe,
welchen von allen Seiten die jesuitische [!] Secte und die
ganze clericale Reaction in allerhand Unterstellungen und
Beleidigungen gegen unseren Orden und seine hervorragendsten
und verdientesten Brüder mit vermehrter Gewalt wieder
heraufbeschwört, hat der höchste Rath der 33∴, der sich am
28 b. zu diesem Zwecke sehr zahlreich in Rom versammelte,
folgenden einstimmigen Beschluß gefaßt. Er hat zugleich
bestimmt, daß allen Maurern von demselben Kenntniß gegeben
werden sollte.

„Der Höchste Rath der 33∴ des Alten und
Angenommenen Schottischen Ritus im Bereich
Italiens;

„Indem er sich ausschließlich die Zuständigkeit
vorbehält, über Beschuldigungen, welche gegen Eines
seiner Mitglieder erhoben werden, zu befinden [ritenuta
esclusiva competenza sua il pronunciarsi sopra le accuse
rivolte a ciascuno dei suoi componenti];

„Nachdem er von den Schriftstücken, betreffend die Verleumbungen, die gegen den Delegirten Souveränen Groß-Commandeur und Großmeister Br Abriano Lemmi 33.·. geschleudert worden sind, Kenntniß genommen hat;

„Nach Anhörung der Erklärungen desselben;

„Nach Verlesung des Berichts vom 17. April 1895 der Sehr Ehrwürdigen Brr 33.·. Giuseppe Cenere, Oreste Regnoli, Giosuè Carbucci, Luigi Orlando, Antonio Mordini und Giovanni Bovio;

„**Erklärt für falsch und verleumberisch die An-klagen, welche gegen Br.·. Abriano Lemmi erhoben worden sind und beschließt, daß demselben nicht gestattet sein solle, Klage vor den profanen Gerichten zu erheben.**

„Genehmigen Sie, Ehrwürdige und geliebte Brr.·., meinen brüderlichen Gruß.

„Gegeben im Thale des Tiber, im Orient von Rom, am 30. Tage des zweiten Monats des Jahres 000895 des Wahren Lichtes und am 30. April 1895 der bürgerlichen Zeitrechnung.

„Der Groß-Sekretär-Kanzler

„Teofilo Gay 33.·.." [1]

Diesen Erlaß fand selbst das „Bundesblatt", das amtliche Organ der National-Mutterloge in Berlin befremdlich. Dasselbe erklärte, daß es „für ein derartiges Verhalten der italienischen Brüder kein Verständniß" habe. Eine Anrufung der Gerichte sei für Br.·. Lemmi nicht zu umgehen, wenn nicht auf seiner und der Ehre des ganzen Freimaurerbundes ein sittlicher Makel haften bleiben sollte. [2]

Die Behauptung, daß der „Höchste Rath der 33.·." in der Angelegenheit ausschließlich zuständig sein solle; der Beschluß, welcher Lemmi untersagte, behufs Genugthuung für An-schuldigungen, die doch in der „profanen" Presse erhoben worden waren, die „profanen" Gerichte anzurufen; der Versuch, durch ein geheimes Rundschreiben, das sich auf eine in tiefstem Geheimniß einer Logensitzung der Mitglieder des 33. und Höchsten Grades vorgenommene Untersuchung stützte, eine von zahlreichen Blättern und Zeitschriften wiederholte äußerst entehrende Be-

---

[1] Rivista della Massoneria Italiana 1895. p. 131; vgl. auch „Bausteine" 1895, S. 129 f.
[2] Bundesblatt, 1. Juni 1895.

schuldigung abzuthun —, all das ist sicher im höchsten Grade befremblich. Man sieht auch nicht ein, wie ein solches Vorgehen als ein geeignetes Mittel erscheinen könnte, die verletzte Ehre des italienischen Großmeisters und des Freimaurer=Ordens wieder= herzustellen. Eher im Gegentheil.

Der obige Beschluß legt mindestens die Vermuthung nahe, daß die italienische Freimaurerei allen Grund hatte, die bei einem Procesie drohenden Enthüllungen vor Gericht zu fürchten und darum eher dazu bereit war, Lemmi zu opfern und vor der Oeffentlichkeit den entehrenden Makel, einen Dieb lange Jahre zum Großmeister gehabt zu haben, auf sich zu nehmen, als es zum Proceß kommen zu lassen.

Dem Brief eines italienischen Freimaurers an Br.˙. J. G. Findel in Leipzig zufolge faßte auch der Große Rath des Großorients von Italien einen gleichlautenden Beschluß: „Lemmi dürfe weder gerichtlich vorgehen noch in Blättern irgend= wie antworten." In dem genannten Brief heißt es weiter: „Lemmi hatte seine Charge gedeckt, wurde aber einstimmig gebeten, die Entlassung zurückzunehmen, was er auch that. In einzelnen Logen wurde aber, namentlich von Anti=Crispiner Politikern, Rumor gemacht und öffentliche Logenbeschlüsse mit Eingaben an den Großorient veranlaßt, in denen verlangt wurde, daß Lemmi gerichtlich vorgehe. Der Große Rath wollte seinen frühern Beschluß nicht ändern. Lemmi erneuerte nun aber im November 1895 definitiv seinen Abschied. Der Deputirte Großmeister Dr. Achille Ballori, Director des Hospitals in Rom, versieht interimistisch seine Stelle, bis wir in der General=Versammlung am 31. Mai (1896) in Rom einen neuen Großmeister erwählen werden."[1]

Auf diese Groß = Raths = Beschlüsse und auf Vorkommnisse, die mit denselben im Zusammenhang standen, hat Lemmi wohl angespielt, als er in seiner Festrede auf die 25 jährige Jubelfeier der Einnahme Roms am 20. September 1895 sagte, „die höchste dogmatische Behörde [der Rath der 33.˙.] habe ihm in seinem vorgerückten Alter große Bitterkeiten bereitet".[2]

---

[1] J. G. Findel, Wider Dom. Margiotta's Enthüllungen und A. m., Katholischer Schwindel, S. 38.

[2] Rivista della Massoneria Italiana 1895, p. 266. — Es sei hier bemerkt, daß, ähnlich wie 1889 beim Giordano Bruno=Feste, auch an dieser widerlichen selbst von liberalen Preßorganen aller Länder gerügten freimaurerischen Feier des 20. September 1895 deutsche Großlogen durch Zustimmungs=Adressen und einzelne Logen selbst durch Vertreter sich betheiligten. Ausdrücklich genannt werden in der

Seit dem 31. Mai 1896 steht bekanntlich Br.·. Ernst
Nathan 33.·., der bisherige erste Groß-Aufseher, als Großmeister
an der Spitze des italienischen Großorients. Der Rivista Antimassonica zufolge[1]) wäre Lemmi hingegen Ende December 1896
in der Würde als Groß = Commandeur des Supr. Conseil in
Rom bei den Neuwahlen bestätigt worden.. Letztere Nachricht
vermögen wir nicht auf ihre Richtigkeit zu prüfen. Sicher falsch
ist aber die weitere Bemerkung der Rivista Antimassonica, daß
Lemmi demnach „Höchstes Oberhaupt der [gesammten] Frei=
maurerei" geblieben sei. Dies war er nie und wird er nie sein.

III. Der „Satanstempel" im Palast Borghese. Der Teufelscult in der Freimaurerei.

1. Der „Satanstempel" im Palast Borghese.

Die italienische Freimaurerei residirt bekanntlich seit 22. Juni
1893 im Palast Borghese in Rom, wo sie in prächtigen Räumen
des ersten Stockes eingemiethet ist. Im April 1895 verlautete
nun, daß in Folge einer vortheilhaften ehelichen Verbindung des
Erben des fürstlichen Hauses Borghese mit der genuesischen
Herzogin Ferrari von Galliera der Palast von der Sequestrirung
befreit und in Zukunft wieder ausschließlich der fürstlichen
Familie zur Wohnung dienen werde. Es fand um jene Zeit im
Auftrag der fürstlichen Familie eine Besichtigung des ganzen
Gebäudes durch Baukundige statt. Im Anschluß an diese
Besichtigung des Palastes tauchte die bereits erwähnte Nachricht
von der Entdeckung eines freimaurerischen Teufelstempels im
Palast Borghese auf; zuerst, wie es scheint in der Turiner
Italia Reale vom 11. und 12. Mai 1895. Die Unione di
Bologna folgte in ihrer Nummer vom 15. Mai mit einem gleich=
lautenden Artikel nach. In letzterem Artikel ist indeß nur von
der Entdeckung eines „palladistischen Tempels" die Rede. In
der Croix du Dauphiné erschien am 16. Mai ein von
„Margiotta" eingesandtes Telegramm über denselben Gegen=
stand, welches die Ueberschrift trägt: „Der Satans=Tempel" und

---

Rivista della Massoneria Italiana (1895, p. 250 e s.): Die Großlogen
von Hamburg, von Sachsen, von Frankfurt a. M., von
Bayern, Royal York in Berlin, die von Franz Müller in Turin
beim italienischen Großorient vertretenen Logen und die Loge von
Crefeld.
[1]) Rivista Antimassonica. Anno secondo. Roma, Piazza dei
Caprettari, 70. Palazzo Lante, 1896, 15. Dec., p. 334.

mit dem Satze endigt:. „Die Nachricht ist absolut authentisch."
Am 17. Mai brachte der Margiotta damals nahestehende Peuple
Français in Paris einen Artikel: „Der Tempel Satans in
Lemmi's Haus". Margiotta selbst gab vor, eine telegraphische
Depesche über den Gegenstand aus Rom erhalten zu haben.[1]
Taxil schreibt über die Bedeutung der Nachricht ganz in
seiner bekannten Art: „Jetzt ist jede fernere Ableugnung unmöglich
geworden. Lemmi ist auf frischer That ertappt worden. Der
Saal, „Palladistischer Tempel" genannt, existirt wirklich in den
Räumen des italienischen Großorients. Dies läßt sich nicht mehr
bestreiten. Kein Freimaurer wird es nun noch wagen zu be=
haupten, es handle sich nur um den Sitzungssaal des Supr.
Conseil." — Letzteren Satz sucht Taxil mittelst Vergleichung
des Berichts über den entdeckten Saal mit der Beschreibung
eines Saales des Supr. Conseil bei Ragon des Längern nach=
zuweisen. Wieder sein alter Kunstgriff! Er liefert für Etwas
den Beweis, was gar keines Beweises bedürftig ist. Ueber das
hingegen, was wirklich bewiesen werden müßte, nämlich daß die
zugrundegelegte Beschreibung des betreffenden Saales des Borghese
der Wirklichkeit entspreche, geht er stillschweigend hinweg. — Es
folgt darauf eine längere Invective gegen Georges Bois[2], der
so vermessen gewesen war, die famosen „Enthüllungen" Bataille's
in dessen Diable anzuzweifeln.

90. **Margiotta, Ulisse Bacci und de la Rive über
den Gegenstand.** Margiotta (bezw. Taxil) erzählte die Ge=
schichte in der Croix du Dauphiné vom 18. Mai wie folgt:

„Natürlich fanden die Beauftragten der Familie Borghese
ohne Schwierigkeit in allen Sälen und Zimmern Einlaß. Nur
ein Saal war noch zu besichtigen. Derselbe war verschlossen,
und die Cerberusse Satans weigerten sich hartnäckig, zu öffnen.
[An dem Widerspruch zwischen dem ersten und dritten Satz sind
wir nicht schuld; derselbe findet sich im Original.] Die Agenten
des Palasteigenthümers bestanden aber auf der Oeffnung und
drohten schließlich, die Thüre durch Gensdarmen einschlagen zu
lassen. Angesichts einer so kategorischen Sprache mußten die
Thürhüter Lemmi's schließlich doch nachgeben und öffneten nun.

„Dieser Saal war der palladistische Tempel.

„Die Seitenwände waren mit herrlichen Teppichen aus
rothem und schwarzem Damast ausgeschlagen. Auf dem Teppich)

[1] La Rivista della Massoneria Italiana 1895. p. 167; Margiotta. Le Palladisme, p. 32 et suiv; Revue Mensuelle 1895, p. 300.
[2] Revue Mensuelle 1895. p. 301—304.

im Hintergrunde war eine große Tapete angebracht, von welcher sich das Bild Satans abhob. Zu Füßen des höllischen Bildes befand sich ein Altar, bezw. eine Brandstätte; da und dort gewahrte man Dreiecke und andere symbolische Zeichen der Secte, auch maurerische Bücher und Rituale. Rundherum waren vergoldete Stühle aufgestellt. Auf dem Kron-Aufsatz der Rücklehne aller dieser Stühle prangte ein **großes gläsernes Auge, das innerlich durch elektrisches Licht beleuchtet war.** Innmitten des fluchwürdigen Tempels erhob sich der in ganz eigenthümlicher Form ausgeführte Thron des Satans-Papstes.

„Bei dem Schrecken, in welchen der unerwartete Anblick die Besucher versetzte, hatten diese nicht den Muth, noch länger in dem unheimlichen Saale zu verweilen, der dem abscheulichen Satanscult geweiht war. Sie gingen daher, ohne die Ausstattung des Gemaches weiter zu durchforschen, in aller Eile von dannen.

„Augenblicklich sind Adriano Lemmi und seine Räthe auf der Suche nach einem neuen Palaste, wohin sie ihre höllischen Pennaten übertragen können. Sie haben große Mühe, einen für ihre Zwecke passenden, insbesondere den Augen des Publicums nicht zu sehr ausgesetzten zu finden. Sie brauchen ein solches abgelegenes Local wegen der tugendhaften [!] freimaurerischen Schwestern, welche sie des Abends zu den brüderlichen Liebesmahlen, d. h. den entsetzlichen Orgien, denen sie sich zu Ehren Satans hingeben, fleißig einzuladen pflegen.

„Solche Dinge geschehen zu Rom, in der Residenzstadt des Statthalters Christi selbst, unter dem Schutze dieses schamlosen Wesens, das sich Adriano Lemmi nennt, und seines Gehilfen, seiner Stütze, seines Satelliten, seines Spießgesellen Crispi, dieses Menschen, der sich als den Retter des armen unglücklichen Italiens ausgiebt, aber nie etwas anderes sein wird, als sein Tyrann!

„Wir enthalten uns weiterer Bemerkungen dazu. Die Thatsachen sprechen für sich selbst.“ [1])

Der Groß-Sekretär des italienischen Groß-Orients, Ulisse Bacci, schickte seinerseits an die Italia Reale in Turin, welche die Nachricht zuerst gebracht hatte, unverzüglich folgendes telegraphisches Dementi:

„Lese soeben in Nr. 128 vom Samstag und Sonntag, 11. und 12. Mai, der Italia Reale eine telegraphische Corre-

---

[1]) Le Palladisme 1895. p. 33 et suiv., note.

spondenz aus Rom, welche einen phantastischen Bericht aus Rom über einen Besuch der Beauftragten des Fürsten Borghese im Appartement seines Palastes enthält, das der italienische Groß-Orient inne hat. Da ich selbst die Beauftragten empfing und ihnen, weil nichts zu verbergen war, Alles zeigte, muß ich er-klären, daß von der in der Italia Reale veröffentlichten Er-zählung auch nicht eine Silbe wahr ist.

„Ich appellire bezüglich der Insertion dieser Depesche an Ihren Billigkeitssinn.

„Ulisse Bacci."

Das Telegramm erschien zwar in Nr. 132 der Italia Reale. Das Blatt nahm jedoch gleichzeitig eine zweite telegraphische Zuschrift seines römischen Correspondenten auf, in welcher dieser seine Behauptungen ausdrücklich aufrecht erhielt. Daraufhin sandte der Groß-Sekretär des italienischen Groß-Orients an dasselbe Blatt noch folgende ausführlichere Berichtigung ein:

„Sehr geehrter Herr!

„Ich danke Ihnen für die Veröffentlichung meines Telegrammes. Mir, der ich doch wohl etwas davon wissen müßte, ist es gänzlich unbekannt, daß die Freimaurerei irgend eines Ritus', in irgend welchem Grade oder an irgend welchem Orte Lucifer und Satan einen Cult erweist, und daß die Bilder dieser zwei braven Herren jemals in den Verzierungen und im Mobiliar einer freimaurerischen Loge zu Tage ge-treten sind. Da Sie aber auf Grund der kategorischen Versicherungen Ihres römischen Correspondenten, des Herrn P., die Glaubwürdigkeit meines Telegrammes in Frage stellen, so haben Sie bei Ihrem erprobten Rechtlichkeitssinn die Gefälligkeit, in der Italia Reale folgende Mittheilung zu veröffentlichen:

„Die mit der Besichtigung der von der Freimaurerei benutzten Abtheilung des Palastes Borghese betrauten Herren, Ingenieur Luigi Timosci und Marchese Giacomo Cattaneo von Genua wurden von Herrn Romolo Posi, dem Rechnungs-revisor der Verwaltung des Hauses Borghese, herumgeführt und vorgestellt. Letztern Herrn bat ich nun sofort nach Lesung des in Nr. 128 der Italia Reale veröffent-lichten Telegramms um eine ausdrückliche Erklärung zur Sache. Die Erklärung, die er mir bereitwilligst über-übergab, hat folgenden Wortlaut:

„Sehr geehrter Herr Ulisse Bacci,

„Director der Kanzlei des Groß=Orients von Italien — Rom.

„Gern willfahre ich Ihrem Ansuchen. Ich erkläre demgemäß, daß die mit der Besichtigung der Räume, in welchen die Freimaurerei installirt ist, betrauten, von mir selbst herumgeführten Persönlichkeiten von Ihnen mit der vollendetsten Höflichkeit empfangen wurden. Wir nahmen Alles in Augenschein, auch den mit würdiger Eleganz ausgestatteten Saal, der als Freimaurer=Loge dient.

„Dies schreibe ich, um der Wahrheit die Ehre zu geben.

„Rom, am 13. Mai 1895.

„Ihr ergebenster
„Romolo Posi."

„Das Original dieses Briefes steht dem römischen Correspondenten der Italia Reale, Herrn P., bei mir zur Verfügung. Es sei mir gestattet, beizufügen, daß der Groß=Orient nie irgendwelche Aufforderung erhalten hat, den Palast zu verlassen. Derselbe ist vielmehr im Besitz eines völlig regelrechten in Rom am 22. Juni 1893 einregistrirten Miethsvertrages, welcher ihm das Recht verbürgt, bis zum 31. Juli 1899 in seinem jetzigen Locale zu verbleiben.

„Hochachtend
„Rom, 16. Mai 1895

„Ihr
„ergebenster
„Ulisse Bacci."[1]

Die Italia Reale vermochte diesem Dementi nichts Anderes entgegenzusetzen, als die Bemerkung, sie halte auf die Versicherung ihres römischen Correspondenten hin ihre Mittheilungen aufrecht. Margiotta, bezw. Taxil, gegenüber hat das erwähnte Dementi um so mehr Gewicht, als es wenigstens in einem Punkte durch offenkundige Thatsachen bestätigt wurde. Margiotta, bezw. Taxil, hatte nämlich in der Croix du Dauphiné vom 27. April 1895, und Taxil in der Revue Mensuelle 1895 (p. 231) die Notiz veröffentlicht, Lemmi habe „durch den Gerichtsdiener die gemessene Weisung erhalten, in kürzester Frist mit seinem höllischen Hofe den Palast Borghese

---

[1] Rivista della Massoneria Italiana 1895, p. 167. Der Miethzins beträgt nach Rivista etc., p. 162: 10,000 Lire.

zu räumen". Thatsächlich ist der italienische Groß-Orient noch heute in diesem Palaste einlogirt und wird es auf Grund des abgeschlossenen Vertrags noch mehrere Jahre lang, wenn nicht eine gütliche Verständigung den Zeitpunkt des Auszugs be-schleunigt, bleiben.[1)]

Margiotta, bezw. Taxil, schreibt zwar auch hier wieder[2)]: „Die Lemmisten sind frech genug, abzuleugnen." Bei „anständigen", besonnenen Lesern werden indessen solche Kraftausdrücke im Munde von breisten Lügnern, wie Margiotta und Taxil, eher zu Un-gunsten als zu Gunsten ihrer Behauptungen ins Gewicht fallen.

A. de la Rive, der so oft von Taxil ausgestreute Fabeln durch seine auf „unbestreitbare Beweise" gestütztes Zeugniß „be-glaubigte", suchte zwar auch diese Nachricht aufrecht zu erhalten. Wir müssen indessen gestehen, daß sein Zeugniß uns in diesem Punkte nicht durchschlagender erscheint, als in vielen andern. Da es jedoch zur Beleuchtung der Veranstaltung des ganzen Taxil'schen Schwindels beizutragen geeignet ist, möge es hier Platz finden.

„Der Satanstempel in Rom. Unter den persönlichen Nachforschungen, welche wir während unseres Aufenthalts in Rom vornahmen, befindet sich eine, deren Ergebniß wir sogleich ver-öffentlichen wollen. Wir suchten uns mit den Persönlichkeiten in Verbindung zu setzen, welche mit der Besichtigung des zum Theil von der Freimaurerei gemietheten Palastes Borghese be-traut waren, und welche, wie seiner Zeit gemeldet wurde, den Brr.·. Thürhütern zum Trotz mit Gewalt in den Tempel Satans eindrangen. [Hat denn de la Rive auch diesen wichtigen Punkt durch persönliche Ermittelungen unzweifelhaft festgestellt? Das geht aus seiner Erklärung nicht hervor.]

„Wir sind in der Lage festzustellen, daß einer der Räume des Palastes Borghese thatsächlich dem Cult Satans geweiht war [de la Rive bringt zur Stütze dieser seiner „Behauptung" keinerlei thatsächliche Angaben bei. Wie vorher, bleibt daher auch nach seiner Erklärung der Satanscult im Borghese eine „unbewiesene" Behauptung].

„Die Publicisten, die zuerst die Existenz dieses Tempels enthüllten, erhielten seitens der Brr.·. Drohungen. Diese Drohungen blieben indeß ohne weitere Folgen, da die Zeugen

---

[1)] Wir bemerken, daß damit auch „Miß Vaughans" „Enthüllungen" wieder mitgetroffen sind. Denn auch „sie" hatte (Mémoires, p. 29) geschrieben: „Bekanntlich wird nun Lemmi mit seiner Bande aus diesem Palast hinausgeworfen" u. s. w.

[2)] Le Palladisme, p. 33.

[wer find diefelben? Warum nennt man fie nicht?] damals
wie heute bereit waren, die Richtigkeit und Zuverläffigkeit ihrer
Erklärungen vor Gericht zu bezeugen, und weil fie den römifchen
Publiciften Actenftücke einhändigten, die auch uns zu Gebote
ftehen [find diefe „Actenftücke" auch auf ihre Echtheit geprüft?
Warum werden fie nicht vorgelegt?], wenn wir ihrer benöthigen
follten.

„Wenn der Tempel Lucifers im Palaft Borghefe auch nicht
genau fo befchaffen ift, wie derjenige von Charlefton, welchen
Dr. Bataille [!] in feinem Diable au XIXe siècle befchrieben
und abgebildet hat, fo hat Satan in Rom doch immerhin feinen
Altar, einen Altar, vor welchem der bereits abgelebte Groß-
meifter der Weltfreimaurerei, der Jude gewordene Betrüger und
Dieb Lemmi priefterliche Functionen ausübt." [1]

P. O. fchreibt neuerdings: „Eines der hervorragendften
Mitglieder des Comités der Unione Antimassonica in Rom,
Herr Kommandeur P. P. hat die fchriftlichen Erklärungen
der Augenzeugen gefammelt. Aus diefen glaubwürdigen Zeug-
niffen geht hervor, daß Lucifer oder Satan in einem Saale
des Palaftes Borghefe fein Bild hat und facrilegifche Verehrung
empfängt" [2] u. f. w.

Aus dem uns foeben zugegangenen Märzheft der Rivista
Antimassonica in Rom 1897 erfehen wir, daß Herr Kommandeur
P. Pacelli es war, welcher die erfte Nachricht betreffend die
Entdeckung des Satanstempels im Borghefe an die Turiner
Italia Reale übermittelt hatte. Derfelbe fchreibt: „Diejenigen,
welche mich kennen, werden leicht begreifen, daß ich jene Nachricht
nicht leichtfertig durch die Preffe in die Oeffentlichkeit brachte.
Ich kann jene Endeckung zwar nicht als Augenzeuge verbürgen.
Ich gelangte aber in den Befitz eines fchriftlichen, mit Unterfchrift
verfehenen Atteftes." Auf die Dementis Uliffe Bacci's hin,
„erwiderte ich, ich halte meine Angaben aufrecht; denn ich fei ficher,
daß diefelben der Wahrheit entfprächen". Eine Woche fpäter
theilte mir eine höfliche Perfon mit, daß der Supr. Conseil
darüber verhandelt habe, mich auf Grund der Notiz wegen Verleumdung und Verunglimpfung gerichtlich zu belangen. Eine
Woche fpäter benachrichtigte mich diefelbe Perfon, daß der Supr.
Conseil nach reiflicher Prüfung ein gerichtliches Vorgehen für
inopportun erachtet habe. „Dies ift der Sachverhalt", fetzt
Pacelli bei. „Derfelbe bedarf keiner weiteren Erklärung." [3]

[1] La Franc-Maçonnerie démasquée 1896, p. 34.
[2] A. a. O. 1896, S. 343 ff.
[3] La Rivista Antimassonica 1897, p. 129 et suiv.

Wenn mit den letzten Worten gesagt sein soll, die Thatsache, daß der Supr. Conseil von Einbringung einer gerichtlichen Klage Abstand genommen habe, sei ein augenscheinlicher Beweis für die Richtigkeit der von Pacelli betreffend den Teufelscult im Borghese verbreiteten Nachricht, so erlauben wir uns, anderer Meinung zu sein. Denn der Supr. Conseil konnte auch aus anderen Gründen, z. B. um sich nicht lächerlich zu machen, es für rathsamer finden, von seinem Vorhaben abzustehen.

Alle im Vorstehenden von Denjenigen, welche die Nachricht aufrecht erhalten möchten, vorgebrachten Gründe lauten viel zu unbestimmt, als daß man, ohne die katholische Sache zu blamiren, auf dieselben hin die These vom Teufelscult der Freimaurerei öffentlich vertreten könnte. Nach den vielen Märchen, die uns die Franc-Maçonnerie démasquée, die Rivista Antimassonica und andere antifreimaurerische Zeitschriften bereits allen Ernstes haben glauben machen wollen, wäre es auf alle Fälle verfehlt, uns zuzumuthen, solche Dinge ohne andere Beweise als die Autorität dieser Zeitschriften, für wahr zu halten.

Wenn übrigens selbst, was uns noch nicht erwiesen ist, in irgend einem Raume des Locals des italienischen Groß=Orients ein Bild Lucifers, entsprechend etwa der von Carducci in seinem Satans=Hymnus zum Ausdruck gebrachten Auffassung, sich vorfinden sollte, so wäre dies noch lange kein Beweis dafür, daß im Borghese ein Satansdienst im Sinne der Taxil'schen Pseudo = Enthüllungen mit Teufels = Anbetung, Teufels = Be= schwörungen und Teufels=Erscheinungen und =Offenbarungen betrieben wird.

Es ist schon höchst verdächtig, daß die erste Nachricht vom Teufelstempel im Borghese nicht in einem ernsthaften römischen Blatte, und die erste Nachricht in Frankreich nicht in einer hervorragenden vorsichtig redigirten katholischen Pariser Zeitung, etwa im Univers oder in der Vérité, erschien. Warum sollen die Correspondenten und Redacteure römischer Blätter von der Aufsehen erregenden Entdeckung der Ingenieure nichts erfahren haben, während der Correspondent eines ziemlich abseits liegenden Turiner Blattes sich auf's Genaueste in die Angelegenheit ein= geweiht zeigte?

Alles begreift sich sehr leicht, wenn man voraussetzt, daß es sich um eine schwindelhafte Nachricht handelte. In diesem Falle mußte es natürlich rathsam erscheinen, eine leichtgläubige, von der großen Heerstraße etwas abseits gelegene Redaction aus= findig zu machen, bei welcher man Aussicht hatte, die fette „Ente" unterzubringen und vor zu schneller unrühmlicher Ab=

schlachtung zu bewahren. Hinsichtlich der französischen ·Presse hat ja, wie wir sehen, Margiotta, der Angestellte Taxils, selbst eingestanden, daß er es war, welcher die Croix du Dauphiné auswählte, um ihr die erste Nachricht zu geben. War die Nach=richt einmal in der Presse aufgetaucht, so durfte man, da beim Nachdruck von Nachrichten lange nicht die Umsicht angewendet zu werden pflegt, wie bei der ersten Aufnahme einer noch nirgends erschienenen Mittheilung, hoffen, daß sie von anderen Blättern wiedergegeben und so allmählich, eventuell unter neuer Nachhilfe des Schwindler=Consortiums und seiner „unbewußten" Mithelfer, den Rundgang durch die Presse machen würde. Dies erreichte die Enten züchtende Firma Taxil und Cie. in der That glänzend. Ob die „schriftlichen Erklärungen" der Zeugen, bezw. die den römischen Publicisten eingehändigten „Actenstücke", von denen bei de la Rive und P. O. die Rede ist, nicht vielleicht ebenfalls direct oder indirect von der Firma Taxil beschafft wurden, über diese Frage vermögen wir auf Grund des uns vorliegenden Materials nichts Positives zu sagen. Die Art und Weise, wie de la Rive davon spricht, scheint uns diese Vermuthung allerdings nahezulegen. Die betreffenden Actenstücke selbst aber sind jeden=falls, wenn sie vorhanden sind, bis auf Weiteres, d. h. bis ihre Authenticität und die völlige Glaubwürdigkeit der Zeugen, von welchen sie herrühren sollen, streng nachgewiesen sind, nach Allem, was ausgeführt wurde, als höchst verdächtig zu betrachten.

2. Kritische Bemerkungen zur Frage des Teufelscult
in der Freimaurerei überhaupt.

91. Umgrenzung der Frage. Vorbemerkungen. Es darf als allgemein bekannt vorausgesetzt werden und ist bereits oben von uns erwähnt worden, daß einzelne Freimaurer, wie Proudhon und Carducci, gleich manchen freimaurerischen und nicht freimaurerischen Dichtern und Schriftstellern, in Augen=blicken, in welchen sie sich theatralisch als titanenhafte Vertreter des autonomen Menschthums, des freien Gedankens u. s. w. geberdeten oder vom Katzenjammer des pessimistischen Welt=schmerzes ergriffen waren, auch wohl einmal Lucifer und selbst Satan figürlich — als Personificirung der angeblich siegreichen Rebellion gegen die bestehende Ordnung und ihren höchsten Lenker (Gott. Jehova, Adonai) — in einer oder der andern Form verherrlichten. Die Satanshymne Br∴ Giosuè Carducci's insbesondere scheint eine nicht unbedeutende seltsam begeisternde Wirkung auf gewisse atheistische oder monistische revolutionäre

Fanatiker Neu-Italiens[1]) ausgeübt und selbst zur Anfertigung von Satansfahnen Veranlassung gegeben zu haben. Die Presse mußte seiner Zeit davon zu melden, daß bei der von der italienischen Freimaurerei veranstalteten Giordano Bruno-Feier am 9. Juni 1889 im Festzug Satansfahnen getragen wurden.[2]) Es

---

[1]) Daß die Weltanschauung dieser Kreise wirklich atheistisch oder pantheistisch, bezw. materialistisch-positivistisch-monistisch ist, darüber vgl. Hermann Gruber S. J., Il Positivismo dalla morte di Aug. Comte fino ac nostri giorni. San Vito al Tagliamento 1896, p. 425 — 489; 518—573; ferner desselben Verfassers Artikel: Materialismus, Pantheismus und Positivismus in der neuen Auflage des Kirchenlexikons (Freiburg, Herder).

Ueber die italienischen Freimaurer im Besondern finden sich einige Angaben in unserm Artikel: Gesellschaften, geheime, des Staats-lexikon (Freiburg, Herder) 2. Band, Sp. 1258 f.; 1267—1269. Daß die schottische Hochgrad-Freimaurerei in Italien mit den französischen Freimaurern atheistischen, bezw. monistischen Anschauungen huldigt, geht schon daraus hervor, daß dieselbe auf dem mehrerwähnten Congreß von Lausanne mit für die Ausmerzung des Glaubens an einen persönlichen Gott aus den Grundsatzungen des Ordens eintrat. Riboli schrieb unter dem 6. März an Pike; „Die Zahl Derjenigen [schottischen Freimaurer], welche in religiöser Hinsicht unserm Ritus genügen, ist außerordentlich klein" (Official Bulletin. Charleston 1884, p. 250 ff.). In der Rivista della Massoneria Italiana, 1885, p. 26 erklärt ein Freimaurer: „Wenn Gott die Natur ist, bekenne ich mich als reinen Deisten und verehre ich in ihm den Weltenbaumeister; in anderer Weise kann ich ihn nicht verstehen." Auch hinsichtlich der auf dem Großlogentag von Chicago 1893 hervorgetretenen Bestrebungen, den Gottesglauben zu betonen, schloß sich das officielle italienische Logen-blatt (1894, S. 261) ganz der ablehnenden Kritik der materialistischen Revue maçonnique in Paris an. Es kann ferner keinem Zweifel unterliegen, daß die italienische und französische Freimaurerei, welche selbst den Glauben an einen persönlichen Gott verwirft, mit noch viel größerer Entschiedenheit den Glauben an die „persönliche" Existenz der Teufel zurückweist und als „Aberglaube" bekämpft.

[2]) Auch hier scheinen indessen Uebertreibungen mit unterlaufen zu sein. Ein Augenzeuge, der gewiß nicht dazu geneigt ist, die diesbezüglichen Vorkommnisse zu vertuschen, Herr Pacelli, weiß nur von einem „Bildniß Satans an der Spitze einer Fahnenstange" zu melden. Er schreibt: „E difatti noi vedemmo anche a Roma quando si inaugurò il monumento al porco ex-frate di Nola in Campo de' Fiori, fra le altre bandiere quella che portava nella sommità dell' asta il simulacro di Satana. Il che si vide anche a Genova nelle feste brecciaiuole - settembrine del 1884. Rivista Antimassonica 1897, p. 120.

kann endlich auch nicht zweifelhaft sein, daß, wenn man die
ganze Menschheit mit dem hl. Augustin de civitate Dei in zwei
Lager eintheilt, in das Lager Gottes oder Christi und in das
der Welt oder Satans, die Freimaurerei eine hervorragende
Stelle in letzterem einnimmt, ja, daß sie auch im biblischen
Sinne unter die Schaaren Lucifers und Satans eingereiht werden
muß. Alle diese Punkte dürfen als Binsenwahrheiten angesehen
werden, die so allbekannt sind, daß jede Erörterung darüber
müßig erscheint. Die Behauptung, daß Br⸫ Carbucci's Satans-
Hymne im Repertoire der Logenlieder Italiens eine hervorragende
Stelle einnehme oder daß in italienischen Logen auch Fahnen
oder Abbildungen Lucifers oder Satans im Sinne dieser Hymne
sich vorfinden, würde uns an sich nicht als unglaubhaft vorkommen. Wir müssen jedoch bemerken, daß auch für diese Behauptung von den französischen „Enthüllern", unseres Wissens
wenigstens, noch nirgends ein genügender Zeugenbeweis geliefert
worden ist.

Ist es aber erwiesen oder erweisbar, daß die Freimaurerei
einen Satanscult im Sinne der „Enthüllungen" „Bataille's", Margiotta's, „Miß Vaughan's" und der Revue Mensuelle, kurz Leo Taxil's, d. h. eine förmliche und bewußte
Teufelsanbetung, verbunden mit Teufels-Beschwörungen,
-Erscheinungen und -Offenbarungen, betreibe? Die genannten Pseudo-„Enthüllungen" beweisen dies natürlich auf keinen
Fall. Sind sonst etwa stichhaltige Beweise für den Teufelscult der Freimaurerei in dem genannten· Sinn vorgebracht
worden? Wir müssen gestehen, daß uns solche trotz aller unserer
Nachforschungen in den antifreimaurerischen Publicationen, welche
die Existenz dieses Cults behaupten, und in zahlreichen freimaurerischen, auch den Hochgraden vorbehaltenen Publicationen
nicht bekannt geworden sind. In Letzteren spricht im Gegentheil
Alles gegen eine solche Annahme.

92. Die Gründe des P. O. für den Teufelscult in
der Freimaurerei. P. O., welcher sich im Novemberheft der
Franc-Maçonnerie démasquée 1896 (p. 338—344) eigens die
Aufgabe stellt, nachdem der Glaube an die Bataille-Margiotta-
Vaughan-Enthüllungen erschüttert, bezw. die Schwindelhaftigkeit
dieser Enthüllungen außer Zweifel gestellt ist, die These vom
„Luciferianismus in der Hoch-Maurerei" auch unabhängig von
diesen Enthüllungen zu „beweisen", bringt thatsächlich keinen
einzigen wirklichen Beweis auch nur für einen einzigen Fall
von Satanscult, geschweige denn für die Existenz eines syste-

matisch oder ritualgemäß betriebenen Satanscults im angegebenen
Sinne bei.

Zunächst beruft er sich auf das bereits als Fälschung
charakterisirte Document der Renaissance Symbolique. Hierauf
macht er geltend, A. Pike habe im Gegensatz zur französischen
Freimaurerei betont, daß der Große Weltenbaumeister als lebendige
Persönlichkeit aufgefaßt werden müsse. Nun aber wüßten die
Freimaurer sehr wohl, daß ihr Weltenbaumeister nicht der
Christengott sei. Wer er sei, sage Pike nicht öffentlich, wohl
aber in einem geheimen Document u. s. w. Damit ist wieder
auf das bereits als Fälschung charakterisirte Document Ricoux'
angespielt. Die in der Beweisführung enthaltene Insinuation,
daß, wenn ein Freimaurer die Anerkennung eines persönlichen
höchsten Princips fordert, das eine wirkliche Religion und Gottes-
verehrung möglich mache, damit nur Lucifer oder Satan gemeint
sein könne, ist mehr als sonderbar.[1]) P. O. citirt einen gar nichts

---

[1]) Wir können uns nicht genug darüber verwundern, wie man
auf derart fadenscheinige, gradezu lächerliche „Beweisgründe", die auf
den förmlichen Teufelscult in der Freimaurerei bezügliche Behauptungen
stützen zu können glaubt, welche im Publicum fast allgemein vielfach
sogar mit Hohn abgewiesen werden. Und doch wird dasselbe erbärmliche Argument neuerdings wieder von Pacelli in dem amtlichen Organ
der Antifreimaurerischen Vereinigung, in der Rivista Antimassonica
1897. p. 128 vorgetragen. Waite (Devil-Worship in France 1896,
p. 309) bemerkt: „Nothing which Pike has or is known to have
written has any Luciferian complexion." Wir können nach Lesung
aller hauptsächlicheren Veröffentlichungen Pike's dieses Urtheil nur
unterschreiben. Pike trägt wohl eine ganz sonderbare und höchst anstößige kabbalistische Gotteslehre vor. Aber von einem Cult Lucifers
bezw. Satans, im Sinne der neuern Pseudo-Enthüllungen ist bei
ihm nichts zu entdecken. Ein solcher wird im Gegentheil durch das, was
er wirklich lehrt ausgeschlossen.
Nach Dr. Encausse (Papus), einen genauen Kenner der okkultistischen Gesellschaften, ist nur Eine Gesellschaft bekannt geworden,
welche Lucifer, als Morgenstern, einen Cultus erwies. Diese Gesellschaft habe jedoch nie etwas mit Freimaurerei zu thun gehabt und sei
nie von Bedeutung gewesen. Jetzt bestehe sie auch nicht mehr. Waite
bestätigt, daß auch unter okkultistischen englischen Hochgrad-Freimaurern
von einer palladistisch-luciferianischen Vereinigung absolut nichts bekannt sei. Er kenne mehrere der Hauptpersönlichkeiten, die als hervorragende Palladisten genannt wurden, genau und wisse bestimmt, daß
sie weder Palladisten seien noch auch von dem angeblichen palladistischen
System, bevor sie durch die Pseudo-Enthüllungen davon erfuhren,
irgend welche Kenntniß oder Ahnung hatten. Waite, Devil-Worship
in France. p. 201 ff.

beweisenden Satz aus einer Rede Desmons, wo davon die Rede ist, daß nach Papst Leo XIII. die Freimaurerei zum Lager Satans zähle, und drei sataniftische Aeußerungen von italienischen Freimaurern, Serafino[1]), Carbucci, Ponzani[2]), in denen Satan im Sinne der bekannten Hymne Carbucci's allegorisch als „Geist der Rebellion" und „rächende Kraft der Vernunft" verherrlicht wird. Darauf läßt P. O., wie Margiotta und „Miß Vaughan" bereits gethan hatten, wieder die oben gekennzeichnete Fälschung Rosens[3]) paradiren. Als eigentlicher Trumpf folgt schließlich der Hinweis auf die eben geprüfte Geschichte vom Teufelstempel und Teufelscult im Borghese. Weitere Beweise bringt P. O. nicht bei.

93. Die Teufelsgeschichte des P. Jandel. Einer der berühmtesten und wohl noch der anscheinend beftbeglaubigte Fall von Teufels-Erscheinungen in Freimaurer-Logen ist der- jenige, welcher vielfach in Büchern, Zeitungen und Zeitschriften, in Verbindung mit dem Namen des Dominicaner-Generals R. P. Jandel[4]), berichtet wurde. Die Geschichte, die auch in eine oder die andere katechetische Beispiel-Sammlung übergegangen ist, wird in verschiedenen Versionen erzählt. Zugetragen haben soll sie sich in Lyon. Ueber die Zeit, zu welcher sie vorgekommen sein soll, konnten wir nirgends bestimmte Auskunft finden.[5]) Der

---

[1]) Rivista della Massoneria Italiana 1879/1880, p. 265.

[2]) A. a. O. 1891, S. 243.

[3]) Vexilla regis prodeunt etc., vgl. oben, S. 50.

[4]) R. P. Jandel wurde geboren 1810, zum General der Domini- caner erwählt 1850. Er starb 1872. Zu der 1894 und 1895 wieder aufgenommenen Erörterung gab das Erscheinen des Werkes des Dr. Imbert-Gourbeyre, La Stigmatisation, l' Exstase divine et les Miracles de Lourdes. Réponse aux libres-penseurs. 2 vols. Juni (?) 1894 Ver- anlaffung, in welchem die Geschichte von Neuem vorgebracht wurde. Die Vérité (12. November 1894) warf dem Dr. Imbert-Gourbeyre, bezw. P. Cormier, dem er fie entnahm, Mangel an kritischem Sinn vor. Letzterer fuchte im Univers 24. Juli 1895 nachzuweisen, daß die Ge- schichte vollkommen beglaubigt sei. Dieselbe findet sich im Buche des P. Cormier, Vie du P. Jandel [2. Aufl. 1891, Poussielgue frères. p. 138]. Die betreffenden Artikel des Univers find abgedruckt in der Revue Mensuelle 1895, p. 440—452. Dem Werke des Dr. Imbert- Gourbeyre läßt auch „Miß Vaughan". (Mémoires p. 287) die Ehre einer Besprechung zu Theil werden.

[5]) Dr. Imbert-Gourbeyre scheint mit P. Cormier anzudeuten, daß die Begebenheit sich anläßlich der Fastenpredigten ereignete, welche P. Jandel 1816 in Lyon hielt.

bischöfliche General=Sekretär von St.-Dié, Herr de Bazelaire, erzählt sie im Univers vom 29. Juli 1895 wie folgt:

„Als ich von 1864 bis 1868 die Vicarsstelle in Plombières versah, verkehrte ich viel mit dem frommen P. Jandel, welcher so fromm, ehrwürdig und allgemein so hoch geachtet war. Er speiste auch mit uns. Um jene Zeit gerade wurde der Vorfall, über den ich Ihnen berichten will, in den Zeitungen viel besprochen. Begreiflicher Weise erwähnte mein Pfarrer . . . denselben in seiner Gegenwart und bat ihn, uns die Begebenheit zu erzählen. Der gute P. Jandel erzählte nach vielen Bedenklichkeiten, welche ihm die Demuth eingab, Folgendes: Von einem seiner Lyoner Freunde eingeladen, einem großen Freimaurer=Convent anzu= wohnen, nahm er das Anerbieten an. Er legte Weltkleider an und begiebt sich unter Führung seines Freundes in den Ver= sammlungs=Saal. Die Freimaurer stellen sich ein und gehen an ihre Plätze. Man wartet unter absolutem, Schrecken er= regendem Stillschweigen auf den Eintritt des Präsidenten. Plötz= lich öffnet sich die Thüre. Der Groß-Meister erscheint und schreitet auf seinen Stuhl zu. Bei seinem Anblick überläuft es den P. Jandel eiskalt vor Schauder. So fremdartig und Furcht erregend erscheint ihm das ganze Wesen des Eingetretenen. Er macht ein Kreuzzeichen und auf einmal ist es, als ob Alles zu= sammenstürzte. Die Schauder erregende Persönlichkeit verschwindet, die Lichter erlöschen, und alle Freimaurer stürzen, vor Schrecken wie wahnsinnig, zum Tempel hinaus.

„Ich bestätige, daß uns der hochw. P. Jandel diesen Vor= gang erzählte. Ich war anwesend und hörte selbst zu. Ich bezeuge mit der größten Gewißheit, was ich hier mittheile. Und ich erlaube Niemandem, mein Zeugniß zu bestreiten. Denn sonst müßte man die Wahrhaftigkeit des P. Jandel in Zweifel ziehen und ihn als Lügner betrachten! Das aber, glaube ich, ist Niemandem gestattet.

„Was die weitern von R. P. Cormier mitgetheilten Angaben betrifft, wie: daß der Freimaurer die Kraft des Kreuzzeichens erproben wollte, ferner die Zuratheziehung des Erzbischofs [de Bonald] von Lyon, das große unter den Weltkleidern des P. Jandel versteckte Crucifix, die Bekehrung des Freimaurers u. s. w., so mögen dieselben wahr sein; ich stehe aber nicht gut dafür. Was ich aber in der absolutesten Form bezeuge, ist die Thatsache im Wesentlichen, wie ich sie eben erzählt habe und wie der R. P. Jandel sie uns erzählt hat. Ich schließe mit dem Dr. Imbert: „Der berühmte Dominicaner hat in der That und

Wahrheit den Teufel durch ein Kreuzzeichen aus der Freimaurer=
Loge in Lyon vertrieben."[1])

In der Franc-Maçonnerie démasquée werden noch andere
Männer, meist Ordensleute, genannt, welche bezeugt haben sollen,
gleichlautende Mittheilungen aus dem Munde P. Jandels selbst
erhalten zu haben. Ist damit die Wirklichkeit der erzählten
Teufels = Erscheinung und =Austreibung außer Zweifel gestellt?
Wir können diese Frage nur mit einem entschiedenen Nein
beantworten.

Verdächtig ist die Erzählung schon durch das phantastische
Gepräge, welches sie trägt. Sie wimmelt derartig von Unwahr=
scheinlichkeiten aller Art, daß sie an ein wirres Traumgesicht
erinnert. Ein Freimaurer, der einer Loge angehört, in welcher
angeblich Satan in Person zu erscheinen pflegte, soll Freund
P. Jandels, eines heiligmäßigen Mannes, gewesen sein! P. Jandel
soll so ohne Weiteres in einer Loge Zutritt erhalten haben, in
welcher der sonst sorgfältigst geheimgehaltene Teufelscult mit
Teufels=Erscheinungen betrieben wurde, während sonst ein Profaner,
der die Freimaurer = Zeichen nicht genau kennt, schon in eine
gewöhnliche im Lehrlingsgrade abgehaltene Logen=Sitzung wegen
der sog. „Ziegelung"[2]) nicht unbemerkt eindringen kann.

Gesetzt aber auch, P. Jandel habe diese Schwierigkeit zu
überwinden gewußt, er habe die Freimaurerzeichen so binnen
gehabt, daß er sie, ohne auffällig zu werden, habe machen können
oder er sei in der Lage gewesen, durch Ausweis=Papiere oder
auf sonstige Art den Eintritt in die geheime Freimaurer=
Versammlung durch List bewerkstelligen zu „können", so darf
man von einem so frommen und gewissenhaften Manne, wie
P. Jandel zweifelsohne einer war, nicht annehmen, daß er sich
auf die eine oder die andere Weise fälschlich für einen Frei=
maurer ausgegeben oder sich auch nur in eine Situation begeben
haben sollte, die zum Allermindesten für ihn leicht sehr com=
promittirend werden konnte. Hätte P. Jandel beim Eintritt in
die Versammlung keine derartigen Schwierigkeiten zu überwinden
gehabt, so wäre dies ein Anzeichen, daß es sich dabei um eine
Freimaurer=Versammlung überhaupt nicht gehandelt habe. Und

---

[1]) La Franc-Maçonnerie démasquée 1895. p. 258 et suiv.

[2]) Unter „Ziegelung" (tuilage) versteht man in der Freimaurer=
Sprache die übliche Prüfung eines jeden in die Loge Eintretenden
auf seine Freimaurer = Eigenschaft mittelst Zeichen, Griffe, Losungs=
worten, Stellungen und Fragen, eventuell mittelst Certificats=Ab=
verlangung.

in diesem Falle würde die ganze Geschichte für unsere Frage schon gar nicht in Betracht kommen können.

Nach obiger Erzählung erscheint ferner der Teufel ohne jede Beschwörung und ohne allen okkultistischen Hokus = Pokus, mit welchem sonst den Annalen des Okkultismus zufolge solche diabolischen Kundgebungen umgeben zu sein pflegen. Die angeblichen Wirkungen des gemachten Kreuzzeichens sind so traumhaft unwahrscheinlich, daß man nicht wohl annehmen kann, daß sie sich in Wahrheit in der erzählten Weise ereignet hätten. Wäre die Begebenheit endlich „wirklich" vorgekommen, so hätte sie unzweifelhaft schon gleich Aufsehen erregt. Auch andere Augenzeugen würden davon gesprochen haben u. s. w. In der That verlautete aber in keiner Weise, daß sie, unabhängig vom angeblichen Zeugniß P. Jandels von irgend einer andern Seite Bestätigung gefunden habe.

Angesichts all dieser und noch anderer Gründe, die schon erwähnt sind oder später noch erwähnt werden sollen, wird uns Niemand verübeln können, wenn wir der fraglichen Geschichte über die Vertreibung eines Teufels aus einer Lyoner Freimaurer=Loge trotz der „Zeugnisse" französischer Geistlicher skeptisch gegenüber stehen. Wie leicht manchen französischen Laien und Geistlichen die Phantasie üble Streiche spielt, ist erst in letzter Zeit wieder recht augenscheinlich zu Tage getreten. Mit welcher Zuversicht wurde uns nicht seitens mancher persönlich gewiß höchst ehrenwerther französischer Geistlicher bis in die letzten Wochen hinein betheuert, „Miß Vaughan" existire; sie sei getauft worden, habe die erste hl. Communion empfangen; ja sie sei eine „Heilige"! Und doch erwiesen sich diese „Zeugnisse" als — völlig trügerisch.

Uebrigens stehen wir mit unserer reservirten Haltung bezüglich des Falles des P. Jandel nicht allein. Der berühmte Nôtre - Dame - Prediger, der Dominicaner R. P. Monsabré schrieb darüber an einen Mitarbeiter der Franc - Maçonnerie démasquée:

„Vendôme, 2. Mai 1895.

„Lieber Herr Abbé!

„Der Hochwürdigste P. Jandel hat mir von der vielerzählten Erscheinung, von welcher ich wiederholt las, nie gesprochen. Alte Ordensleute, welche den Hochwürdigsten P. Jandel darüber befragten, haben mir versichert, daß die Erzählung eine reine Fabel sei. Wenn ich Ihnen einen Rath ertheilen kann, so ist es der, sich derselben nicht zu bedienen, da sie mir erfunden zu sein scheint. Empfangen Sie u. s. w.

"P. J. M. L. Monsabré." [1]

An P. Lescoeur schrieb P. Monsabré unter dem 16. Juli 1894: "Ich habe gleich Ihnen in mehreren Zeitungen und Semaines religieuses den Bericht über die Vertreibung des Teufels aus einer Freimaurer = Loge durch P. Jandel gelesen. Bei uns glaubt man nicht daran. Zweifeln Sie also nicht mehr darüber, sondern halten es für gewiß, daß man dieser Fabel keinerlei Gewicht beizulegen hat." [2]

Die Franc - Maçonnerie démasquée bemerkt zu ersterem Briefe: "Die Sache scheint uns hiermit erledigt. Das Erscheinen der luciferianischen Revue Diana Vaughans überhebt uns, nach so vielen andern Zeugnissen [Bataille's, Margiotta's, Carbuccia's, Philens und Sophia Walders u. s. w.] der Mühe, noch weitere Beweise für das Eingreifen des Teufels bezüglich der Leitung der Freimaurerei aufzusuchen." [3] [O sancta simplicitas!]

Die Revue Mensuelle beutet die, wie wir eben sahen, un= glaubwürdige Geschichte also aus: "Nach Vorstehendem scheint es uns schwer zu sein, die Authenticität des Falles noch fernerhin in Frage zu stellen . . . Lassen wir der Lanterne und andern Blättern desselben Schlages das Vergnügen, sich darüber in ungereimten Spöttereien zu ergehen." "Die Loge in Paris" . . ., schreibt letzteres Blatt (4. August 1895), "der unser Redacteur angehört, hat nie in irgend einer ihrer Sitzungen eine Teufels= Erscheinung gehabt." Ich glaube es wohl! Diese Loge besteht nur aus Mitgliedern des französischen Ritus, die alle in der Wolle gefärbte Materialisten sind und weder an Gott noch an den Teufel glauben. Satan ist doch zu schlau, um in einer solchen Umgebung plötzlich leibhaftig zu erscheinen. Könnte doch seine Erscheinung die Bekehrung einiger dieser Ungläubigen zur Folge haben, die als Atheisten so wie so sein Eigen sind. Anders steht die Sache bei den Logen und Capiteln, deren Mitglieder Spiritisten sind. In diesen ist in verschiedenen Formen der Glaube an Lucifer lebendig und die Verehrung desselben üblich. Daher würdigen sich Seiner Gnaden Herr Satan und seine Gefährten in der Empörung, dann und wann diese Bauhütten mit ihrer Gegenwart zu beehren. Die Loge, in welche es dem

[1] La Franc-Maçonnerie démasquée 1895, p. 122.
[2] A. a. O., S. 256.
[3] A. a. O., S. 122.

P. Janbel gelang einzubringen, war unzweifelhaft eine dieser Bauhütten."[1])

Taxil scheint hier zu vergessen, daß der Fall Janbel gemäß den Angaben des Herrn de Bazelaire schon vor der Mitte der sechsziger Jahre spielt, während der angebliche palladistisch=luciferianische Ritus erst am 20. September 1870 von Pike in Amerika gegründet sein soll. Jedenfalls kann also der Fall Janbel, selbst wenn seine Authenticität feststände, nicht als eine Bestätigung der specifisch Taxil'schen „Enthüllungen" über den Teufelscult im Palladismus angesehen werden. Ebensowenig könnte er, in der gleichen (thatsächlich nicht zutreffenden) Voraus= setzung, als Beweis für einen „systematischen" oder ritualgemäßen Teufelscult in der Freimaurerei überhaupt angesehen werden. Es wäre dann nur erwiesen, daß in einer Loge spiritistischer, bezw. okkultistischer Unfug getrieben wurde.

94. Das Bedenkliche der genannten Pseudo=Ent= hüllungen über Satanscult u. s. w. Um das Bedenkliche der fraglichen Pseudo = Enthüllungen über den Teufelscult zum Bewußtsein zu bringen, lassen wir zunächst einige freimaurerische Aeußerungen zum Gegenstande folgen. Dieselben zeigen klar, daß die Freimaurerei durch diese „Enthüllungen" nicht, wie Taxil und Genossen vorgeben, in Verwirrung und Schrecken ver= setzt wird, weil sie sich angeblich in einem Punkte entlarvt sieht, in dem ihr die Zerreißung des Schleiers, in welchen sie ihre Geheimnisse hüllt, am Empfindlichsten fällt, — sondern daß sie vielmehr in Hohngelächter darüber ausbricht und die betreffenden Enthüllungen zum Anlaß nimmt, die Verbreiter solcher Enthüllungen und die einschlägigen katholischen Glaubenspunkte mit Erfolg dem Spotte der Menge zu überantworten.

Br∴ Amiable, einer der einflußreichsten französischen Frei= maurer schreibt z. B. in einem offenen Briefe an Mgr. Fava[2]) unter Anderem: „Was den Teufel angeht, dessen Anwesenheit in den Logen Sie behaupten, so kann ich Ihnen versichern, daß wir uns um denselben nicht im Mindesten bekümmern. Wir über= lassen das Monopol dieser Vogelscheuche gern der Kirche, für die es jederzeit ein großes pekuniäres [!] Interesse hatte und noch hat."[3])

[1]) Revue Mensuelle 1895. p. 452.

[2]) Mgr. Fava hatte in zwei Reden, welche unter dem Titel Deux discours maçonniques 1894 bei Baratier et Dardelet in Grenoble erschienen waren, auf Grund der Margiotta'schen Enthüllungen sich über den freimaurerischen Teufelscult verbreitet.

[3]) Rivista della Massoneria Italiana 1895, p. 7.

Br∴ Esprit Eugène Hubert, 33∴, der frühere Herausgeber
der Chaine d'union, der lange Jahre mit Pike einen lebhaften
Briefwechsel unterhielt, äußert in einer Zuschrift an die Redaction
der Franc-Maçonnerie démasquée: „Was sind das doch für
drollige Geschichten, welche Sie uns enthüllen und über einen
Herrn Lucifer zum Besten geben. Um Lucifer kümmern sich die
Freimaurer, wie ich Ihnen versichern kann, wenig, und zwar
aus dem einfachen Grunde, weil sie ihn ebenso wenig kennen,
wie Adam und Eva. Ist doch diese phantastische Persönlichkeit
lediglich Ihrer fruchtbaren Einbildungskraft entsprungen. Und
seitdem verfolgt Sie sein Schreckbild immerdar, ohne daß Sie
sich von ihm je loszumachen vermöchten"[1] u. s. w.

In der Rivista della Massoneria Italiana schreibt Br∴
Ab. Banti mit Bezug auf eine diesbezügliche Auslassung des
italienischen Bischofs Pio del Corona: „Mgr. geht dann —
zittert, o Brr∴! — zur Anklage auf Teufels-Anbetung über.
Ja — man traut seinen Augen nicht, aber es ist in seiner
Schrift zu lesen —, der Bischof droht, die Beweise für seine
Behauptungen vorzulegen!! Am Schluß des Jahrhunderts der
wissenschaftlichen Entdeckungen .... unternimmt es ein Bischof
der römischen Kirche, öffentlich die Behauptung aufzustellen, daß
eine Vereinigung intelligenter, in Wissenschaft und Kunst hervorragender Männer ...., denen der Kopf noch am rechten
Fleck steht, Satan anbeten, das Crucifix mit Unbilden überhäufen, die geweihten Hostien mit dem Dolche durchbohren.
„Ob ich nicht lachte über das, worüber man zu lachen
pflegt-."[2] U. s. w.

Diese und ähnliche Aeußerungen charakterisiren sich ja gewiß
für jeden besonnenen Beurtheiler in den Bemängelungen der
katholischen Lehre, welche sie enthalten, als banales Geschwätz,
das keiner ernsten Beachtung werth ist. Auf gedankenlose Leser,
auch unter den sog. Gebildeten, pflegen sie aber doch Eindruck
zu machen, weil die Vertreter der katholischen Sache außer
Stande sind, die von ihnen öffentlich aufgestellten und nun
bestrittenen Behauptungen thatsächlich zu begründen. So erscheinen
Letztere in den Augen der Menge, die nicht unterscheiden kann
oder will, überhaupt als die Unterliegenden und Bethörten, wenn
sie auch nur in einem nebensächlichen Punkte, der mit der
Glaubenslehre nichts zu thun hat, im Unrecht sind. Daraus
leuchtet ein, daß es im Interesse des Glaubens und der Kirche

---

[1] La Franc-Maçonnerie démasquée 1896. p. 362.
[2] La Rivista della Massoneria Italiana 1895, p. 235.

ift, der Verbreitung aller unbeglaubigten oder gar ver=
dächtigen Enthüllungen über Dinge, welche irgendwie ins Gebiet
des Glaubens überspielen, entgegenzutreten. Denn wenn man
duldet, daß dieselben zu unverdientem Ansehen gelangen, so
werden sich immer Unbehutsame finden, welche sich derselben in
einer für die Sache der Kirche und des Glaubens compromit=
tirenden und oft schwer compromittirenden Weise bedienen,
wie sich nun in dem Falle der uns beschäftigenden Pseudo=
Enthüllungen wirklich vielfach klar herausgestellt hat. Derselbe
Grund, welcher die Kirche bestimmte, strenge Vorschriften hin=
sichtlich der Verbreitung unbeglaubigter übernatürlicher Thatsachen
zu erlassen, macht auch die Vorsicht bezüglich der genannten Ent=
hüllungen zur Pflicht.

95. Die innere Unwahrscheinlichkeit der Annahme
eines „förmlichen“ Teufelscults in der Freimaurerei.
An sich schon ist die Annahme, daß Leute vom durchschnittlichen
Bildungsgrade der Freimaurer in ihren Sitzungen systematisch
und gleichsam von Vereinswegen bewußter Teufels-Anbetung ob=
liegen und um Teufels = Erscheinungen und =Offenbarungen sich
bemühen sollen, psychologisch so unwahrscheinlich, daß ein
denkender Leser, der sich einigermaßen mit religionsgeschichtlichen
Studien beschäftigt hat und in das philosophische Verständniß
der menschlichen Natur eingedrungen ist, von vornherein gegen
dieselbe protestiren wird. Ein Fall, daß Völkerschaften oder auch
nur einzelne Gruppen von Menschen einen derartigen
systematischen quasi=religiösen, bewußten und formellen Teufels=
dienst betrieben hätten, ist überhaupt in der ganzen Geschichte
der Menschheit, auch auf niederen Stufen der Civilisation, z. B.
in Afrika, nicht aufzuweisen. Derselbe widerstreitet der Natur
des Menschen. Aberglauben und Zaubereien können nicht selbst
der Kern, das innerste Wesen irgend eines religiösen Systems
sein, sondern nur ein mehr oder weniger wucherndes Anhängsel,
eine Begleiterscheinung desselben.

Man begreift wohl, wie geistig beschränkte, phantastisch an=
gelegte Naturen dazu kommen können, von Ganklern bethört,
sich für einen spiritistischen Verkehr mit berühmten Männern der
Vergangenheit oder mit ihren Ahnen und andern „interessanten“
Geistern zu erwärmen. Man versteht auch, wie Andere von
abergläubischen Vorstellungen beherrscht, dann und wann zu
Zaubermitteln ihre Zuflucht nehmen oder auch selbst mit dem
Bösen sich in Verbindung zu setzen suchen, um einen von ihnen
heißbegehrten Vortheil oder eine geheime Kenntniß zu erlangen.

Um aber den unsäglich albernen und blödsinnigen „palladistischen"
Teufelscult, wie er von „Miß Vaughan" und Bataille geschildert
wird, nicht bloß einmal aus Neugierde mitzumachen, sondern
„systematisch" und zwar gleichsam als seine Religion zu betreiben;
um den Umgang mit Teufeln, deren Gestalt angeblich in den
Teufelsfratzen des Diable getreu abgebildet ist, als höchste
Gunst nachzusuchen, die einem Sterblichen zu Theil werden
kann: Dazu müßte Jemand schon der Verrückteste aller Verrückten sein. Wie ist es nun gar denkbar, daß nicht etwa bloß
vereinzelte abnorme Menschen, sondern zahlreiche Gruppen von
Männern, die, wie ihre Betheiligung am öffentlichen Leben zeigt,
zum Theil sogar hervorragender Geistes-Eigenschaften nicht entbehren, in solchem Treiben gleichsam ihr Ideal erblicken sollten?
Leute, welche so närrisch wären, sich dergleichen Albernheiten
hinzugeben, würden jedenfalls nicht gefährlich sein können. Es
wäre dann zum Mindesten recht überflüssig, ihretwegen sich besonders aufzuregen oder viel Lärm zu schlagen.

Die Freimaurerei insbesondere, als ein im Wesentlichen
auf der ganzen Welt gleichartiger Menschheits-Bund mit principiell naturalistischen und anti-supranaturalisti-
schen Tendenzen, ist schon gar kein geeigneter Boden, auf welchem
ein solcher formeller systematischer Teufelscult gedeihen könnte.
Gegentheilige Behauptungen können einem unbefangenen Beurtheiler, der sich auf den Boden der Thatsachen stellt, im
günstigsten Falle als ein schlechter Witz erscheinen.

Aehnliche Bemerkungen machte bereits in seiner jüngst erschienenen Schrift Graf Heinrich von C., der selbst in Asien
gelebt und Studien über orientalische Verhältnisse gemacht hat:
„Da die menschliche Dummheit ohne Grenzen ist[1]), so kann es
sicherlich Menschen geben, welche den Teufel anbeten.[2]) Diese
Unglücklichen werden aber sicher für Niemanden eine Gefahr bedeuten. Die tägliche Erfahrung zeigt, daß der Gottesglaube der
letzte Glaubensartikel ist, den man sich noch erhalten kann, nachdem man alle übrigen Gegenstände der Offenbarung über Bord
geworfen hat, und daß, wenn man diesen Glauben aufgegeben
hat, derselbe durch keinen andern Glaubensartikel und auf keinen
Fall durch den Glauben an die Gottheit Satans ersetzt wird.
Denn die Offenbarung allein belehrt uns ja über dessen Existenz ...

---

[1]) Das möchten wir nicht ohne Weiteres unterschreiben. Sie hat
ihre Grenzen in dem, was der menschlichen Natur widerstreitet.
[2]) Das möchten wir bezweifeln, wenn eine „systematische" Teufels-
anbetung im Sinne Bataille's verstanden wird.

Das Studium· der zahlreichen ernsthaften· [religionswissenschaft=
lichen] Werke ... wird es Denen, welche sich demselben widmen,
unmöglich machen, sich in litterarischen Fallstricken fangen zu
lassen, wie diejenigen [in Bataille's Diable etc.] sind, die uns
beschäftigen." [1]

96. Die Frage des Teufelscults in der Frei=
maurerei mit Rücksicht auf den modernen Okkultis=
mus. Wie schon gelegentlich bemerkt, wird in den Taxil'schen
Pseudo=Enthüllungen die Freimaurerei vielfach mit dem Okkul=
tismus zusammengeworfen und wegen der angeblich im Okkultis=
mus prakticirten Teufeleien des Satanismus und des Teufels=
cults [2]) beschuldigt. Daher müssen wir, um über unsern Gegenstand
nach allen Seiten hin Licht zu verbreiten, auch noch die Frage
der Beziehungen der Freimaurerei zum Okkultismus und die
gegen den modernen Okkultismus erhobene Anklage auf Teufels=
cult kurz behandeln.

Daß der Okkultismus (Hermetismus, Esoterismus, Magie,
Theurgie, Alchimie, Kabbalismus, Martinismus, Rosenkreuzer=
thum u. s. w.) in frühern Zeiten bedeutenden Einfluß auf frei=
maurerische Systeme übte und zum Theil, z. B. in England und
Amerika, unter den Hochgrad=Freimaurern noch jetzt in einer oder
der andern Form mit Eifer gepflegt wird, ist zuzugeben. Für
England bezeugt dies z. B. Waite in seinem mehrerwähnten
Buch Devil-Worship in France. Für Amerika ist Alb. Pike
mit seinen zahlreichen in Hochgrad = Zeitschriften angesehenen
Schriften ein sprechendes Beispiel. Die heutige französische Frei=
maurerei ist aber andererseits sicher viel zu materialistisch und
positivistisch angehaucht, als daß sie die okkultistische Strömung
zu fördern geneigt wäre. Hinsichtlich derselben versichert auch
der hervorragendste zeitgenössische Okkultist Frankreichs, der Prä=
sident des dortigen martinistischen Okkultismus, Dr. Encausse

---

[1]) Mémoire à l'adresse des membres du Congrès Antimaçonnique
de Trente. par le Comte II. C, 1897, p. 30 et suiv.
[2]) Die Revue Mensuelle geht, den Fußstapfen des Bataille'schen
Diable folgend, so weit, zu schreiben: Die palladistisch-satanistischen
Freimaurer schrecken selbst vor Menschenopfern nicht zurück,
welche sie unter grausamen Torturen ihrer Opfer und unter wilden
unzüchtigen Orgien Satan darbringen. Selbst in Frankreich und
Paris sind solche Menschenopfer an der Tagesordnung. (Revue Mensuelle 1894, p. 184 et suiv.) Ja, die Secte der Vaudoux, welche
„eine Art schwarze Freimaurerei ist", betreibt sogar systematisch die
Menschenfresserei. (A. a. O., S. 187 ff.)

(Papus), ausdrücklich: „Der Großorient von Frankreich ist, seltene Ausnahmen abgerechnet, eine Vereinigung von atheistischen Materialisten, für welche Jeder, der an irgend eine geistige Kraft glaubt, ein Feind ist, der zertreten werden muß. Daher das Wort: Ecrasons l'infame ... Wir werden von den Mitgliedern des Großorients als gefährliche, übrigens mehr oder minder hirnverbrannte Mystiker betrachtet."[1] Die deutschen und italienischen Freimaurer wird man auch nicht des Okkultismus beschuldigen können.

Wenn indessen die Okkultisten wirklich dem Teufelsdienst ergeben wären, so wäre der Vorwurf des Satanismus, da wenigstens „manche" Freimaurer-Logen dem Okkultismus in der einen oder andern Form, z. B. in der Form des Martinismus, huldigen, wenigstens theilweise gerechtfertigt. Wir haben daher noch die Frage zu prüfen, ob man dem heutigen Okkultismus und besonders den modernen okkultistischen Systemen, welche die Taxil'schen Pseudo-Enthüllungen besonders im Auge haben, mit Recht „formellen Teufelsdienst" nachsagen kann.

Hören wir zunächst, was einer der geachtetsten Okkultisten der Gegenwart, Papus (Dr. Encausse), bezüglich der neuern „Enthüllungen" sagt: „Als die ersten auf den Luciferianismus bezüglichen Enthüllungen erschienen, machten wir einige Scherze darüber, da wir wohl mußten, daß man in Frankreich zu aufgeklärt ist, um ähnliche Albernheiten ernst zu nehmen. Als aber Spezial-Verleger auf dem Lande einige wackere Geistliche und arme Mütterchen fanden, die wirklich daran glaubten, daß der Teufel Parisern erscheine, und als sich in Folge dessen die betreffenden Bücher mehrten und die blödsinnigen Beschuldigungen häuften, schien es uns angezeigt, die Sache ein und für alle Mal klar zu stellen."[2]

Darauf legt Papus die okkultistische Lehre selbst mit Bezug auf die Entstellungen, welche sie in den Pseudo-Enthüllungen fand, kurz dar. Wir heben aus dieser Darlegung folgende wesentlichere Punkte hervor:

Der Okkultismus, sagt Papus, setzt sich zur Aufgabe, den Glauben an die geistige Ordnung der Welt, an Gott und den unsterblichen menschlichen Geist dem Materialismus und dem Positivismus gegenüber „wissenschaftlich" zu begründen.[3] Er vertraut auf die Macht

---

[1] Papus, Le Diable et l'Occultisme. Réponse aux Publications „Satanistes". Paris. Chamuel 1895, p. 31 et suiv.

[2] Papus, Le Diable et l'Occultisme, p. 11.

[3] A. a. O., S. 8.

des Chriſtenthums (im weitern Sinn), das Abendland zu regeneriren[1]). Seinen Urſprung leitet der Okkultismus von den alten ägyptiſchen Myſterien her. Die von den Vertretern dieſer verborgenen „Wiſſen-ſchaft" vorgetragene Lehre hatte verſchiedene Benennungen: verborgene Wiſſenſchaft, Hermetismus, Magie, Okkultismus, Eſoterismus u. ſ. w. Sie iſt aber in ihren Principien identiſch. Sie bildet in ihrem weſentlichem Inhalt „die traditionelle Wiſſenſchaft der Magier, welche wir gemeiniglich „Okkultismus" nennen. Dieſe Wiſſenſchaft umfaßte die Theorie und Praxis einer großen Menge von Phänomenen, von denen nur ein kleiner Theil heute die Domäne des Magnetismus und der ſpiritiſtiſchen Geiſterbeſchwörungen ausmacht". Außer dieſem Gebiete, der „Pſychurgie", umfaßte die verborgene Wiſſenſchaft noch die „Theurgie", die „Magie" und die „Alchimie". Das Studium des Okkultismus hat den doppelten Vortheil, daß es einerſeits einen neuen Geſichtspunkt zum Verſtändniß des Alterthums darbietet, andererſeits „dem zeitgenöſſiſchen Experimentator ein ſyn-thetiſches Syſtem von Behauptungen an die Hand giebt, welche durch die Wiſſenſchaft controllirt werden können, und von Ideen über noch wenig bekannte Kräfte in der Natur oder im Menſchen, welche mittelſt der Beobachtung geprüft werden können".[2])

Die okkultiſtiſche Lehre und Praxis zerfällt in einen „unveränder-lichen" Theil, der die Grundlage der Ueberlieferung bildet und ſich in allen hermetiſchen Schriften findet, und in einen veränderlichen „per-ſönlichen" Theil. Der unveränderliche Theil umfaßt wieder drei Punkte: „1. Die Exiſtenz der Drei-Einheit als Grundgeſetz der Action in allen Ordnungen des Weltalls; 2. Die Exiſtenz von wechſelſeitigen Beziehungen, durch welche alle Theile des ſichtbaren und unſichtbaren Alls unter einander in Fühlung ſind; 3. Die Exiſtenz einer unſichtbaren Welt, welche die ſichtbare genau wiederſpiegelt [double exact] und ſie immerwährend bildet und beſtimmt [et facteur perpetuel du monde viſible].[3])

Der „Mikrokosmus" oder Menſch beſteht nach Papus aus dem phyſiſchen Körper, dem Aſtralkörper [der, ein genaues ſublimirtes Abbild des phyſiſchen, dieſen belebt und im „phyſiſchen Weſen" in Bewegung ſetzt] und dem bewußten, unſterblichen Geiſt.[4])

Der „Makrokosmus" oder die Natur beſteht analog aus der Erde, die trägt; Waſſer und Luft, die beleben, dem Feuer, das bewegt; und der kosmiſchen Kraft (Natur oder Fatum [deſtin] genannt), welche regiert.[5])

„Gott" iſt der „Architypus", der zur Welt in ähnlichem Verhältniß ſteht, wie der menſchliche Geiſt zum phyſiſchen Körper,

---

[1]) A. a. O., S. 9.
[2]) Papus, Le Diable et l'Occultisme, p. 42 et suiv.
[3]) A. a. O., S. 43 ff.
[4]) Papus, ib., p. 45—58.
[5]) A. a. O., S. 58—66.

zum Aſtral-Körper und zum „pſychiſchen Weſen". Wie Gott zuerſt
erſcheint, iſt er Alles, was exiſtirt. Die „Gott-Einheit" iſt
aber von der Natur und der Menſchheit verſchieden. Sie - regiert
dieſelben. Grob ausgedrückt iſt „die Natur der Körper Gottes" und
„die Menſchheit das Leben Gottes". In der Kabbala heißt man
„Vater das göttliche Princip, welches auf den allgemeinen Gang
des Alls einwirkt, ... Sohn das in der Menſchheit wirkſame
Princip und heiligen Geiſt das in der Natur wirkſame Princip."[1])
Gott giebt ſich in der Welt kund durch die Action der „Vorſehung", welche den Menſchen erleuchtet, aber ſich „dynamiſch" nicht
den zwei andern Grundkräften [menſchlicher Wille und Fatum] wider-
ſetzen kann. Der Menſch giebt ſich im All kund durch die Action
ſeines „Willens", durch welche er das „Fatum" [Naturgeſetze] ſich
dienſtbar machen kann. Dabei ſteht es ihm frei, die Eingebungen
der Vorſehung zu befolgen oder zu mißachten. Die Natur giebt
ſich im All kund durch das Fatum [destin], „das auf unwandelbare
Art in ſtreng beſtimmter Ordnung die Grundtypen aufrecht erhält,
welche die Baſis ihrer Action bilden". Gott „ſchafft" nur durch die
„Principien", die von ihm „ausgehen". Die Natur entfaltet die
geſchaffenen Principien, um die [Natur-]„Vorgänge" [faits] zu bilden.
Der Menſch „ſtellt die Beziehungen zwiſchen Vorgängen und Principien
feſt und verwandelt und vervollkommnet dieſe Vorgänge durch die
Aufſtellung [création] von „Geſetzen"[2]). Der menſchliche Geiſt macht
„Wieder-Incarnationen" [oder Seelenwanderungen] durch.[3])
Einen „perſönlich" exiſtirenden Teufel giebt
es nicht. „Wenn es eine der Teufels-Idee entſprechende ......
unſichtbare Kraft giebt, ſo wäre ſie nur als negative Kraft auf-
zufaſſen, welche vielmehr die Idee der Exiſtenz Gottes zu zerſtören,
als ſich ſelbſt trügeriſch an Stelle der Gottheit Anbetung zu verſchaffen
ſuchte. Der wahre Prieſter Satans auf Erden wäre demgemäß der
atheiſtiſche Materialiſt".[4]) Perſönliche Exiſtenz haben nur die „böſen
Geiſter" der Hingeſchiedenen, „die ſich auf dem abſchüſſigen Wege der
endgiltigen Vernichtung befinden". Dieſe „böſen Geiſter" wirken in
übelm Sinne auf die „Menſchen im Fleiſche", d. h. die Lebenden,
ein.[5]) „Ein an die Exiſtenz der unſichtbaren Welt
glaubendes Individuum, welches auch nur eine
Secunde lang dem Princip des Böſen bewußter
Weiſe einen göttlichen Cult erweiſen könnte, wäre
kein Menſch, ſondern ein Narr. Und wer anzunehmen
wagte, daß Gott, das Princip des Guten und der Liebe, ein böſes

---

[1]) Papus, ib., p. 66—71.
[2]) A. a. O., S. 71—75.
[3]) A. a. O., S. 75—79.
[4]) Papus, ib., p. 30 et suiv. In einem gewiſſen, aber ſehr
uneigentlichen Sinn ſind alſo nach Papus die atheiſtiſchen Freimaurer,
wie alle Atheiſten, Poſitiviſten u. ſ. w., Satans-Verehrer.
[5]) A. a. O., S. 36.

Princip sei, verdient noch mehr Mitleid als Vorwürfe. Denn das wäre ein [Geistes=] Kranker, ein Unglücklicher."[1]

Vorstehende Auslassungen des Dr. Encausse (Papus), den Bataille einen „inkarnirten Teufel" nennt,[2] sind ja sicherlich nicht correct und gleich allen pantheistischen Lehren[3] höchst phantastisch und widerspruchsvoll. Sie beweisen aber zur Evidenz, daß die gegen den Papus'schen Okkultismus erhobenen Anklagen auf Satanismus im Sinne der Pseudo=Enthüllungen bis zu dem Grade unbegründet sind, daß Diejenigen, welche sich dieselben im Ernste aneignen, nur der Lächerlichkeit verfallen können. Darauf weist auch Papus selbst schon ausdrücklich hin, indem er hervor= hebt, daß die Bataille=Taxil'schen Teufels=Publicationen nur der Kirche selbst in der öffentlichen Meinung „beträchtlichen Schaden" zufügten.[4] Papus stellt ferner fest, daß diese Publicationen, weit davon entfernt, die okkultistische Bewegung zu beeinträchtigen, derselben thatsächlich nur sehr förderlich gewesen seien. Die okkultistischen Schriften und Zeitschriften seien in Folge derselben mehr gekauft worden. Durch die Lectüre derselben seien dem Okkultismus neue Jünger und Freunde erstanden[5] u. s. w.

Ein anderer Okkultist, der in den Taxil'schen „Enthüllungen" als hervorragender Satanist und sogar als einer der hauptsäch= lichsten geistigen Väter des angeblichen Pike'schen palladistischen Systems ausgegeben wurde, ist Eliphas Lévy. Hinsichtlich desselben stellt nun A. Ed. Waite, auf Grund genauer Kennt= niß der Werke dieses Okkultisten fest: 1. El. Lévi war kein Freimaurer; 2. er verurtheilte die magischen Experimente, welche in den genannten „Enthüllungen" unter dem Namen „Theurgie" besprochen wurden; 3. die Lehre Lévi's ist in direktem Gegensatze zum manichäistischen Dualismus; 4. El. Lévi betrachtete Lucifer als einen Begriff der transcendentalen Mythologie und den Teufel als eine Fiction, die gar nicht existiren könne; als eine blasphemische Umkehrung der Gotteslehre. Waite führt dann noch folgendes Citat aus Lévi vor: „Der Verfasser dieses Buches ist Christ, wie Du . . . Er will die Dogmen nicht leugnen, sondern nur . . den Aberglauben bekämpfen . . . Also nieder

---

[1] Papus, ib., p. 33.

[2] Papus, ib., p. 17, 40. — Anlaß hiezu nahm Bataille zweifels= ohne aus dem Pseudonym, welches einem griechischen „daïmon-, d. h. Schutzgeist, entlehnt ist.

[3] Vgl. unsern Artikel „Pantheismus in der neuen Ausgabe des Kirchenlexikons. Freiburg. IX. (1895), Col. 1335 bis 1365.

[4] Papus, ib., p. 22 et suiv.

[5] Papus, ib., p. 13; 21 et suiv.: 83.

mit dem schwarzen Gott der Manichäer! Nieder mit dem Ahriman
der alten Götzendiener! Es lebe Gott allein und sein fleisch=
gewordener Logos, Jesus Christus, der Erlöser der Welt, der
sah, wie Satan vom Himmel herabgestürzt wurde."[1])
Die Versuche der Taxil'schen Schwindel=Firma, die Häupter
des Martinismus, Martinez Pasqualis oder Louis Claude
de St.=Martin zu Teufels=Dienern oder =Verehrern im eigent=
lichen Sinn des Wortes zu stempeln, sind nicht minder ab=
geschmackt, als ihre gleichgerichteten Behauptungen hinsichtlich
des „inkarnirten Teufels" Papus und Eliphas Lévi's.[2])

IV. **Der Fall Lucie Claraz. General Caborna.**
Die angeblichen Hostien-Entweihungen in Freimaurer-Logen.

Eine andere Geschichte, welche von der Schwindel=Firma
Taxil verbreitet wurde, um beim Publicum für ihre Enthüllungen
über Teufelscult, ausschweifende Orgien und namentlich Hostien=
Entweihungen in Freimaurer=Logen, bezw. in den „Triangeln",
Glauben zu erwecken, war die der angeblichen Odd=Fellow= frei=
maurerischen Groß=Meisterin Fräulein Lucie Claraz in Frei=
burg in der Schweiz.

97. **Thatsächlicher Untergrund der Geschichte.** Die
thatsächlichen Verhältnisse und Vorgänge, auf Grund welcher diese
Geschichte fabricirt wurde, sind nach unsern, theilweise in Frei=
burg in der Schweiz selbst an zuverlässiger Stelle eingezogenen
Erkundigungen folgende:
Herr Advocat Stöcklin, der einer alten conservativen
Patricier=Familie entstammte, selbst aber ein verbissener Radicaler
und Freimaurer war, hatte in den siebziger Jahren (1874) die
sonderbare Idee gehabt, eine Höhlung an einem die rue de la
Grande Fontaine überragenden Felsen mit vielen Kosten in
einen kapellenartigen Freimaurer=Tempel mit Altar und Leuchtern
umwandeln zu lassen. Hier „pontificirte" er längere Zeit als
Meister vom Stuhl der Freimaurer-Loge La Régénérée.
Es ist begreiflich, daß diese geheimnißvolle Kapelle, in welcher
sich in tiefem freimaurerischem Geheimniß die radicalsten Gegner
der Kirche zu versammeln pflegten, unter der katholischen Be=

---

[1]) A. E. Waite, Devil-Worship in France, p. 292—298.
[2]) Vgl. darüber Allgemeines Handbuch der Freimaurerei. 1865.
II. S. 282 bis 288; Papus, Le Diable et l'Occultisme, p. 24—25;
Martinez de Pasqually. Sa vie, ses pratiques magiques; son oeuvre,
ses disciples. Chamuel. Paris.

völkerung Freiburgs zu den verschiedensten Vermuthungen Anlaß
bot. In der Nähe · dieses freimaurerischen Tempels hatte sich
früher überdies ein verrufenes öffentliches Haus befunden.
Die Freude des Herrn Stöcklin mit seinem freimaurerischen
Felsen-Tempel währte nicht lange. Stöcklin gab zwar fortgesetzt
viel Geld für denselben aus. Er war auch nicht ohne Talent.
Als Schriftsteller [Redacteur eines rabicalen Blattes] und Redner
zeichnete er sich aus. Er kehrte aber sein Freidenkerthum zu
schroff hervor und hatte auch Manches in seinem Charakter, was
ihn bei seinen eigenen Parteigenossen mißliebig machte. So
wandten sich seine Gesinnungsgenossen mehr und mehr von ihm
ab. 1879 trat auch er zurück und starb bald darauf verschuldet
und verlassen.

Während Herr Stöcklin Radicaler und Freimaurer war,
galt seine Frau, eine geborene Claraz, für sehr religiös. Seine
Schwester, Fräulein Stöcklin, die noch lebt, erfreut sich ebenso
in religiöser Hinsicht des· besten Rufes. Sie unterstützte u. A.
den bekannten Chorherrn Schorderet bei Gründung der Buchhandlung des Werkes St.-Paul und der Liberté. Fräulein Lucie
Claraz, die Schwester der Frau Stöcklin, war gleichfalls nichts
weniger als irreligiös. Dem Kirchenbesuch und dem Empfang
der heiligen Sacramente oblag. sie sogar mit besonderem Eifer.
Manche stießen sich aber an einem gewissen unüberlegten, phantastischen Wesen, das an ihr bemerklich war und durch das sie
Mißtrauen erregte.

Unter den frommen Verwandten des Herrn Stöcklin tauchte
nun die Idee auf, den freimaurerischen Felsen-Tempel[1]) in eine
Sühne-Kapelle umzuwandeln, welche einer religiösen Genossen-
schaft übergeben werden sollte. Lucie Claraz interessirte sich
ganz besonders für diesen Plan. Sie versandte von 1883 an,
namentlich nach Frankreich, Rundschreiben, in welchen sie Geld-
beiträge zu diesem Zwecke nachsuchte. 1884 machte sie die Buß-
Wallfahrt nach Jerusalem mit, wo sie sich zur „Matrone des
heiligen Grabes" befördern ließ. Auch unter ihren Mitpilgern
war. sie nicht ohne Erfolg thätig, um Gaben zu Gunsten der
Kapelle zu erhalten.

Im Pélerin (März 1885) erschien eine Zuschrift von ihr, in
welcher unter Andern die Sätze vorkamen: „Durch die unermeß-
liche Barmherzigkeit Gottes ist es uns gelungen, diesen Frei-

---

¹) Abbildungen des Innern dieses Freimaurer-Tempels und des
Eingangs zu demselben finden sich in La Franc-Maçonnerie démasquée
1894, p. 204 et 205.

maurer=Tempel, welcher in eine Kapelle umgewandelt werden
wird, zu verkaufen, und die Loge löst sich auf. Das ganze
Land freut sich darüber. Wird das ein Fest sein, wenn der
Bischof diesen dem Teufel entrissenen Tempel einweihen
wird!... Im Kauf=Vertrag wurde ausbedungen, daß alle
Utensilien und Insignien der Freimaurerei mit in die Hände des
Käufers übergehen sollten. So sind wir selbst in den Besitz der
Todtenköpfe gelangt, welche den Freimaurern bei ihren Cere=
monien dienten. Man beabsichtigt, dieselben zu beerbigen."[1]

In den Jahren 1893 und 1894 wurde nun der Name
Lucie Claraz im Zusammenhang mit einem sonderbaren Proceß
wiederholt genannt, welchen sie selbst gegen Herrn Deforel, den
katholischen Pfarrer im Dorf be la Gruyère (Canton Freiburg)
angestrengt und durch alle Instanzen weiter verfolgt hatte. Der
Anlaß zu diesem Proceß war folgender: Auch in Avry-de-Pont.
Pfarrei de la Gruyère, wo sie im Sommer 1893 Landaufenthalt
genommen hatte, pflegte sie alle Tage zur heiligen Communion
zu gehen. Dabei bewahrte sie aber einigen Herren gegenüber,
die sich damals ebenfalls zur Erholung dort befanden, so wenig
Zurückhaltung, daß der Pfarrer befürchtete, die einfachen Dorf=
bewohner würden Aergerniß daran nehmen, wenn er ihr noch
weiter täglich die heilige Communion reichte. So kam es, daß
er ihr eines Tages im Juli 1893 die heilige Communion ver=
weigerte.

Lucie Claraz, hierüber aufgebracht, wandte sich nun mit
ihrer Beschwerde — und das war wirklich eine Handlung, welche
in hohem Grade geeignet ist, das Mißtrauen, welches ihr vieler=
seits in kirchlich gesinnten Kreisen entgegengebracht wurde, zu
rechtfertigen — nicht etwa, wie jeder gute Katholik, der sich in
kirchlichen Dingen unrechtmäßiger Weise benachtheiligt glaubt,
gethan haben würde, an die competente kirchliche Behörde, zu=
nächst also an das bischöfliche Ordinariat, sondern rief sofort die
weltlichen Gerichte an, zuerst das Cantonal=Gericht in Freiburg,
und als sie von diesem abgewiesen wurde, auch noch das vor=
wiegend aus Protestanten bestehende Bundes=Gericht in Lausanne.
Auch letzteres lehnte es jedoch ab, ihrer Klage Folge zu geben.
Die innere Disciplin der katholischen Kirche, so erklärte dasselbe
am 27. April 1894 ganz richtig, gehöre nicht vor die weltliche
Gewalt und die weltlichen Gerichte.

98. Die Ausschmückung der Geschichte in der
Revue Mensuelle. Was machte nun die Firma Taxil aus

---

[1] La Franc-Maçonnerie démasquée 1894, p. 207.

diesem in sich ziemlich bedeutungslosen Vorfall? Unter der Ueberschrift La Messe noire à Fribourg (die schwarze Messe in Freiburg) brachte sie im Februarheft 1894 der Revue Mensuelle einen von A. C. de la Rive gezeichneten Artikel, in welchem ausgeführt wird: „Wir wollen einen Theil des Artikels der Croix de Reims[1]) vom 19. Juli 1893 über die Schwarze Messe von Freiburg wieder aufnehmen[2]) und Bemerkungen und Erklärungen daran knüpfen, welche die Behauptungen des Verfassers bekräftigen und welche beweisen, daß das Unwahrscheinliche oft die Wirklichkeit ist."

„Die Régénérée (in Freiburg)", so schrieb die Croix de Reims 19. Juli 1893, „hatte, wie es scheint, eine wahrhaft in den Felsen gehauene Loge an einem Ort, der la Grande-Fontaine heißt. Ein an der Straße liegendes Haus von gewöhnlichem Aussehen, maskirte den Eingang. Hier wohnte der Pförtner der Loge, der, um den Verdacht abzulenken, irgend ein Handwerk ausübte. Ein enger, langgestreckter Garten, mit Obstbäumen bepflanzt . . . trennte das Haus von der Loge. Die Versammlungen waren sehr häufig. Der Garten diente [auch] im Winter?] zu einer Vorbereitungsceremonie. Darauf trat man in die Loge ein, wohin die Schwestern den Brüdern schon vorangegangen waren und im Costüm der Eva vor der Sünde auf sie warteten [!].

„Es folgte eine Art schwarze Messe. Die Schwestern hatten die Hostien mitgebracht, welche sie sich durch sacrilegische Communionen in der katholischen Kirche verschafft hatten. Andererseits hatte man schwarze Hostien verfertigt. Man communicirte mit den schwarzen Hostien, welche der Großmeister und die Großmeisterin feierlich Lucifer weihten. Die Parodie der Communion wurde an einer Art Communionbank, ähnlich derjenigen in katholischen Kirchen, vollzogen . . . Luciferianische Psalmen und Gesänge wurden mit Harmonium-Begleitung gesungen. Die in der Kirche gestohlenen Hostien wurden auf einem kleinen Altar, der in der Mitte des Schiffes stand, durch Dolchstiche geschändet. Diese Scheußlichkeiten wurden, wenn die von uns eingezogenen Er-

---

[1]) Die Croix de Reims ist eines der Blätter, in welchen ebenfalls dann und wann eine Taxil'sche Schwindel-Geschichte zuerst erschien.

[2]) Wir bemerkten ausdrücklich, daß de la Rive auch Mitarbeiter an der Croix de Reims war. Alles weist daher darauf hin, daß die oben wiedergegebene Notiz ebenfalls durch de la Rive in die Oeffentlichkeit gebracht wurde.

kundigungen richtig sind, in Freiburg getrieben. Vorgänge dieser
Art gehören, übrigens bei den Palladisten zu den alltäglichen
Vorkommnissen."[1])

Diese Einleitung (gleichsam der Unterbau) zum Lucie-Claraz-
Roman erschien gleich, nachdem die Nachricht vom Proceß bekannt
geworden war. In diesem ersten Artikel ist aber auf Fräulein
Claraz selbst noch nicht angespielt. — In dem acht Monate
später erscheinenden Artikel der Revue Mensuelle führt de la
Rive, der nun die Person der Lucie Claraz, ohne indeß ihren
Namen zu nennen, deutlich bezeichnet, den Roman also weiter aus:

„Die wahren Satans-Jünger versammelten sich in dem
unterirdischen Tempel, welcher unsere ganze Aufmerksamkeit verdient." (Es folgt eine Beschreibung. An dieselbe werden folgende Bemerkungen geknüpft): „Es ist selbstverständlich, daß die
Brr.·., bevor die Loge in Schlaf versetzt wurde, dafür Sorge
trugen, daß Baphomet, welches ursprünglich auf dem Altare
unter dem flammenden Stern angebracht war, nebst dem Gemälde
des Gekreuzigten[2]) u. s. w., zu entfernen .... Der Altar im
Chor der Régénérée glich in allen Punkten den Altären in den
Triangeln." (De la Rive giebt nun die Geschichte des Ab-
vocaten Stöcklin, ohne ihn zu nennen, wieder und fährt dann fort):
„Satan inspirirte ihn. Eines Tages vernahm man, daß
eine seiner Verwandten ihm die Loge abgekauft habe und eine
Sühne-Kapelle daraus machen wollte. Diese Person stellte sich
selbst an die Spitze einer Pseudo-Congregation." — In Freiburg
selbst schenkte man ihr kein Vertrauen. Im Ausland aber fand
sie Unterstützung. Frankreich wurde von ihr mit Circularen
überschwemmt. Geld strömte in Hülle und Fülle herbei. Die
Familie des Ex-Großmeisters schwamm förmlich im Ueberfluß.
Im Juli 1893 wurde unserer Heldin in la Gruyère wegen
scandalöser Vorgänge — sie verbrachte die ganze Nacht in
Saturnalien — die heilige Communion verweigert.

„Man hat der Croix de Reims vorgeworfen, unrichtige
Dinge veröffentlicht zu haben ... Zeigen aber unsere Mittheilungen nicht, daß dieser Vorwurf unbegründet ist? Ist denn
die Annahme, daß die geweihten Hostien von Fräulein X. geliefert
werden konnten und können, und daß die schlechten Frauens-
personen aus dem öffentlichen Haus in der Nähe des Gartens
und des Tempels der Régénérée an den vom Reimser Blatt

---

[1]) Revue Mensuelle 1894, p. 43.
[2]) Anderes angeblich von den Palladisten blasphemisch verwerthetes
Symbol.

gebrandmarkten Orgien theilnehmen konnten und können, so un=
wahrscheinlich?

„Man wird vielleicht einwenden, daß die Nachbarn die
Frauensperfonen in den Tempel nicht hätten eintreten gefehen...
Was thut das aber zur Sache? Hatte das verrufene Haus nicht
einen geheimen Verbindungsgang mit der Régénérée? Und
konnten die unglücklichen Wefen nicht unter dem Schuße der
Dunkelheit dorthin gelangen? Wir können nicht laut genug
gegen die hartnäckige Verblendung gewiffer Katho=
liken protestiren, welche den Teufel nur fehen wollen,
wenn man ihnen denfelben an ihrer Seite thätig zeigt. Wir
unfererfeits halten auf Grund ganz kürzlich und perfönlich ein=
gezogener Erkundigungen aufrecht, daß [man beachte die nichts=
fagende Wendung, in der fich der Verfaffer über feine Lefer
luftig macht] die verborgenen Practiken der Régénérée von
Freiburg den Ausfpruch des berühmten Br∴ Fauvety ... kein
Dementi gegeben haben: Die Freimaurerei und die Proftitution
arbeiten gemeinfam mit einander wie zwei an diefelbe Kette ge=
fchmiedete Sträflinge." [1])

Bataille fchreibt ironifch mit Bezugnahme auf diefe Aus=
laffung de la Rive's im Diable: Die Odd=Fellows der zweiten
fatanistifchen Klaffe fchleichen fich in gewöhnliche Freimaurer=
Logen ein und geben den dazu veranlagten Brüdern auch einzeln
die fataniftifche Einweihung und „diefe werden dann wieder
auf's Neue für ihre höchft fchändlichen und verbrecherifchen
Myfterien. So gefchieht es, daß manchmal auf eine gewöhnliche
[Freimaurer=] Loge eine Hochgrad=Loge aufgepfropft wird, welche
den Odd=Fellow=Ritus practicirt. Das war der Fall mit der
Loge Régénérée in Freiburg (Schweiz), über welche de la Rive
wichtige Enthüllungen machte. Herr Huysmann hat in
einem vom Matin veröffentlichten Interview den Bericht de la
Rive's in allen Punkten beftätigt. Er erklärt, daß er feinerfeits
die Sache von einem „Augenzeugen" habe [!]". Nachdem dann
Bataille die Hauptpunkte aus de la Rive's Artifel mitgetheilt,
fchließt er: „Das ift ganz die Meffe adonaïcide (adonai =
tödtende Meffe) Mofes Holbrooks: Confecration fchwarzer Hoftien,
Schändung weißer Hoftien, unbefleideter Zuftand der anwefenden
Frauen. Ein Zweifel darüber ift nicht möglich. Die Hochgrad-
Loge der Régénérée übte den Ritus der zweiten Klaffe der
Odd=Fellows aus, dies ift ganz unbeftreitbar." [2])

[1]) Revue Mensuelle 1894, p. 43 et suiv.: de la Rive, La
Femme et l'Enfant etc., p. 674—680.

[2]) Bataille, Le Diable au XIXe siècle I 387 et suiv.

Im Juniheft 1894 derselben Zeitschrift wird zunächst ein Brief „eines der angesehensten und gelehrtesten Redacteure der Civiltà Cattolica" in Rom an be la Rive zum Abdruck gebracht, worin die Hoffnung ausgesprochen wird, die Revue Mensuelle werde über die Angelegenheit Lucie Claraz mehr Licht verbreiten [!]. Enthüllungen dieser Art seien wirksamer, als die besten Zeitungs= Artikel [!]. In gewissen Kreisen glaube man noch immer nicht an den Satanismus. Die Bemühungen Bataille's und Taxil's würden aber allmählich diesen Ideen Eingang verschaffen. Hierauf schreibt Taxil:

„Es möchte scheinen, daß gewisse Personen in Freiburg über die Enthüllungen, welche über die sacrilegischen Vorgänge in der Loge Régénérée gemacht wurden, sehr ungehalten sind. Manche machen daraus eine Frage eines sehr schlecht verstandenen Patrio- tismus. Sie bilden sich ein, daß diese Angelegenheit dem guten Rufe der Stadt und des Cantons schade. Als ob die Freiburger Katholiken für die gottlosen Ausschreitungen einer Handvoll Luciferianer verantwortlich gemacht werden könnten. Unter dem Einfluß einer so kindischen Auffassung wäre, so schreibt man uns, dieser und jener Freiburger sogar bereit, abzuleugnen, was er weiß . . . Was Lucie Claraz betrifft, so ist sie ganz in ihrer Rolle, wenn sie leugnet." [1]

In der Franc-Maçonnerie démasquée schreibt „Fidelis": „Andererseits wissen wir aus sicherer Quelle, daß die Groß= meisterin der Freiburger Loge [eine solche giebt es gar nicht, wie Taxil sehr gut wußte] in freimaurerischen Kreisen unter dem Namen Soeur Lucie bekannt war und daß sie wiederholt mit Deodata Lucif oder Deodata Luci, ihrem maurerischen Namen, gezeichnet hat" [2] u. s. w.

Auf diese Weise wurde die Lüge systematisch aufrecht erhalten und weiter ausgesponnen, so daß schließlich selbst ernsthaftere katholische Blätter sich in Irrthum führen ließen. Aus denselben ging die Nachricht dann nach und nach in die meisten anderen gleichgesinnten Blätter über, von denen eines, der Moniteur de Rome, sich in der Sache sogar eine harte gerichtliche Ver= urtheilung zuzog.

Die Hauptstellen des betreffenden Artikels im Moniteur de Rome vom 20. Juni 1894 lauteten:

Es existirte bis vor Kurzem in Freiburg (in der Schweiz) ein mit allem möglichem satanischen Gepränge, mit Teufels=

[1] Revue Mensuelle 1894. p. 160.
[2] La Franc-Maçonnerie démasquée 1894, p. 208 et suiv.

altären u. s. w. ausgestatteter, in den Felsen gehauener Teufels=
tempel, eine androgyne Bauhütte La Régénérée, allwo sich
Brüder und Schwestern in dem Costüm versammelten, das vor
dem Sündenfall im Paradies in der Mode war. An die Loge
stößt ein Bordell. Im Teufels = Tempel wurden die gröbsten
Unsittlichkeiten begangen. Auf einem eigens dazu bestimmten,
seltsam geformten dreieckigen Holzaltar wurden hier geweihte
Hostien mit Dolchstichen zersetzt. Darauf wurde vor einem
Götzenbilde des Dämons „Baphomet" die nicht näher zu be=
schreibende „schwarze Messe" abgehalten, die sogenannte „Messe
adonaïcide", eine Erfindung der famosen Freimaurer-Großmeister
Holebrook und Alb. Pike von Charleston. Hierbei sang man
allerlei Hymnen auf den Satan. Die nöthigen Hostien schaffte
ein Fräulein Lucie Claraz, die Meisterin [maitresse] der
Loge herbei. Dieselbe communicirte zum Scheine, steckte aber
thatsächlich die geweihten Hostien in die Tasche, um sie dann
alsbald in die Loge zu bringen. Bezeichnend ist, daß Lucie
Claraz, die sich nicht scheute, eine ganze durch und durch katho=
lische Bevölkerung in dieser Weise herauszufordern, die Nächte
vor ihren Hostien=Diebstählen in wilden Orgien verbrachte. Als
die Sache in Freiburg ruchbar wurde, verweigerte ihr der Geistliche
die Communion. Lucie Claraz führte darüber Klage vor Gericht,
wurde aber abgewiesen.[1]

99. Folgen der von der Firma Taxil verbreiteten Mystification.

Es ist begreiflich, daß das in ihrer Ehre
ungerecht und schwer angegriffene Fräulein die Gerichte anrief.
Auch hier ließ sie es jedoch an der nöthigen Discretion mangeln.
Anstatt nämlich den eigentlich Schuldigen in der Angelegenheit
zu ermitteln und gerichtlich zu verfolgen, der die Geschichte bös=
willig erfunden und verbreitet hatte, stellte sie vor Allem gegen
den Nouveau Moniteur de Rome Strafantrag, der in gutem
Glauben, unvorsichtiger Weise abgedruckt hatte, was er in andern
Blättern vorfand. In der gerichtlichen Verhandlung, welche am
2. April 1895 stattfand, wurde der Hauptredacteur des inzwischen
wegen politischer Artikel von der italienischen Regierung unter=
drückten Moniteur de Rome in Abwesenheit wegen Verleumdung
zu zwei Jahren Gefängniß und 2500 Lire Strafe, der Gerant
zu zehn Monaten Gefängniß und 833 Lire und zu den Gerichts=
kosten verurtheilt.[2]

---

[1] La Riforma, 3. April 1895; Rivista della Massoneria Italiana
1895, p. 122: „Bauhütte" 1895, S. 302.
[2] A. a. O.

Dr. Hans Barth, welcher Lucie Claraz ein paar Monate zuvor besucht hatte, schreibt anläßlich dieses Urtheils im „Berliner Tageblatt" über seinen Besuch: „Mein Besuch war, was den Zeitpunkt anbelangt, beplacirt; denn drüben im anstoßenden Zimmer lag die Leiche von Frl. Lucie's Mutter aufgebahrt, die der Schmerz über das unsägliche Unheil getödtet, das über die brave geachtete Familie hereingebrochen war. Im andern Neben= zimmer lag Lucie's Schwester auf den Tod krank, schwindsüchtig — aber auch hier hatte dieselbe Mörderhand den Rest gegeben, und hoffnungslos sollte die Arme noch eine Woche dahinsiechen, bis auch sie der Krankheit und . . . der Schande erlag. Fräulein Lucie Claraz — die damals (es war letzten Sommer) zu erst der Moniteur de Rome [hier zeigt sich Barth schlecht unter= richtet], dann zahlreiche clericale Blätter im Chorus, der Christen= heit als Buhlin und Gesandte des Satans bezeichneten, — erzählte mir aber noch weiter: Die Mutter todt; die Schwester sterbend; vom Bruder, einem reichen Fabrikanten in Zürich, der die Familie bisher unterhalten, jählings verstoßen, und dies alles durch das Werk eines . . . . . Priesters. Denn seitdem der Moniteur de Rome die genannten wahnsinnigen Anklagen aus geistlicher [?] Feder gebracht (nicht alle Priester Freiburgs hatten sich übrigens gegen die Aermste verschworen, so stellt ihr nunmehr der Bischof selbst ein glänzendes Zeugniß aus) — seit das für alle guten Katholiken französischer Zunge maßgebende [?] Blatt das wehrlose Mädchen zum Opfer erkoren, um mit dessen Herz= blut die fanatische Masse zum neuen Kreuzzug wider Hexen und . . . Freimaurerei zu entflammen — seit jenem schrecklichen Augenblick hatte das arme Wesen keine ruhige Stunde mehr. Aus der Kirche, vom Tische des Herrn mit Schimpf und Schande weggejagt, ward sie vom Volke als Teufelspriesterin bezeichnet, werth, verbrannt zu werden, wenn die gottlosen Gesetze der Schweiz solche Akte kirchlicher Gerechtigkeit nicht verböten. Und die Alten wiesen mit Fingern auf sie, voll geheimen Entsetzens, gemischt mit Neugier, und zeigten sie den Kindern als die große, vom Teufel besessene Hexe, die Grand - Maitresse de la Loge La Régénérée. Dies also war sie, die immerhin sympathische, trotz aller Schicksalsschläge durchaus nicht gebrochene Gestalt, die da inmitten ihrer Bücher im eleganten kleinen Salon mir gegen= übersaß — fast mehr Blaustrumpf, mehr „gelehrte Frau" als „Weib"."[1]

---

[1] „Bauhütte" 1895, S. 302. — Das „Intelligenzblatt" der Stadt Bern vom 9. Mai 1895 setzt bei: „Man ist beim Lesen dieser

Wir führen diese Auslassung des „Berliner Tageblatt" hier
an, um handgreiflich zu zeigen, wie sehr ein Treiben, wie das
der publicistischen Schwindel=Firma Taxil, geeignet ist, die kirch=
lichen Interessen fortwährend aufs Schwerste vor der Oeffentlich=
keit zu compromittiren. Im Uebrigen muß hervorgehoben werden,
daß Herr Barth sich selbst hier noch in höherem Maße gegen
die litterarische Ehrenhaftigkeit verfehlt, als der geistliche Redacteur
des Moniteur de Rome, den er mit seinen Bemerkungen treffen
will. Denn er ist offenbar bestrebt, letzteren Geistlichen und mit
ihm zugleich einen großen Theil des geistlichen Standes als
„bewußte" Urheber der schändlichsten Verleumdungen zu brand=
marken, während es doch Jedem, der sich einigermaßen in der
Sache umsah, einleuchten mußte, daß der Moniteur de Rome
selbst nur einer böswilligen Mystification zum Opfer gefallen
war. Sehr zu beklagen ist es ja unbedingt, daß die Redaction
bei Aufnahme des Artikels nicht mit größerer Vorsicht verfuhr.
Auch die Schilderung der Verfolgungen, welchen Lucie Claraz
in Freiburg selbst ausgesetzt gewesen sein soll, ist durchaus nicht
wahrheitsgetreu. Die maßgebenden Persönlichkeiten Freiburgs
verurtheilten im Gegentheil die in Paris inscenirte schändliche
Ausstreuung aufs Schärfste. In der katholischen Liberté war
gleich, als die betreffenden Nachrichten zuerst auftauchten, ein
entschiedenes Dementi erfolgt. Aus Taxil's Polemik gegen die
Freiburger ist übrigens schon ersichtlich, daß Letztere mit seinem
Vorgehen durchaus nicht einverstanden waren.

An thatsächlichen Berichtigungen tragen wir noch
nach: 1. Das öffentliche Haus, welches nach den Taxil'schen
„Enthüllungen" in der unmittelbaren Nähe des freimaure=
rischen Felsentempels gestanden haben soll, existirte nicht mehr,
als die Loge dort einzog. Die Polizei hatte dasselbe schon
mehrere Jahre vorher unterdrückt. Seitdem die jetzige katholische
Regierung am Ruder ist, sind die frühern öffentlichen Häuser
überhaupt geschlossen worden. Es giebt in Freiburg gar keine
mehr. — 2. Auch diejenigen, welche in Freiburg Lucie Claraz
mißtrauten, hielten sie nicht für fähig, so schauderhafte Dinge zu
begehen, wie sie ihr seitens Taxil's und Consorten zugeschrieben

Zeilen versucht, sich zu fragen, ob man eigentlich noch im neunzehnten
Jahrhundert lebt, und wird es um so mehr, wenn man sieht, wie
anläßlich der Enthüllungen des Moniteur andere fromme Blätter noch
greulichere Sachen ihren Lesern als Thatsachen mittheilen. So
hat der officielle Osservatore Romano „nachgewiesen", daß in
gewissen Logen der Satan in Person erscheint und vom Plafond auf
den Platz des Meisters vom Stuhl niederschwebt."

wurden. — 3. Die allerdings beträchtlichen Geldsummen, welche
Lucie Claraz durch ihre Sammlungen zusammenbrachte, wurden
wirklich zu dem Zwecke verwendet, für welchen sie gesammelt
waren. Die alte Loge ist wirklich eine Sühne-Kapelle geworden,
in welcher die weißen Franziskanerinnen-Schwestern, Missionärinnen
Maria's, zur großen Erbauung des Volkes die ewige Anbetung
pflegen. Die Kapelle ist auch Sitz der Erzbruderschaft der
heiligen Familie. Die radicale Partei war ihrerseits ebenfalls
froh, daß sie von dem Felsentempel, welcher sie nur compromittirte,
auf eine gute Art loskam. Der Verkauf derselben lag freilich
zugleich im Interesse des Herrn Stöcklin, dem in der ihm gebotenen Möglichkeit, diesen Logen-Tempel zu verkaufen, finanziell
ein Dienst geleistet wurde.

Der Proceß in Rom scheint übrigens auch nicht einmal
in loyaler Weise geführt worden zu sein. Der Monde
vom 9. April 1895 schreibt diesbezüglich: „Die Katholiken und
alle unbefangenen Beurtheiler waren empört, als sie vernahmen,
daß das Strafgericht von Rom Mgr. Böglin, den frühern Hauptredacteur des Nouveau Moniteur de Rome zu zwei Jahren
Gefängniß und 2000 Francs Geldstrafe und den Verleger zu
zehn Monaten Gefängniß und 833 Francs Geldstrafe verurtheilt
hat. Bekanntlich ist das Blatt unterdrückt und Mgr. Böglin
ausgewiesen worden. Was dieser Gewaltmaßregel die Krone
aufsetzt, ist, daß weder Mgr. Böglin noch der Verleger
die geringste Ahnung vom Processe hatten, der gegen
sie schwebte. Sie erhielten keinerlei Mittheilung über denselben oder Vorladung zu demselben. Der Vorwand zur
Verurtheilung ist ein vom Moniteur de Rome gegen die Freimaurerei und über die Vorkommnisse in Freiburg veröffentlichter
Artikel. Man versteht nicht, weshalb das römische Gericht mit
solchem Geheimniß vorging und so Hals über Kopf sein Urtheil
gesprochen hat. Man vermuthet mit Recht geheime Hintergedanken
bei dieser merkwürdigen Angelegenheit. Man glaubt, daß die
Regierung Mgr. Böglin, dessen Einfluß sie fürchtet, für alle
Zukunft hindern will, nach Rom zurückzukehren. Der Advocat
der Zeitung hat Recurs an den Cassations-Hof ergriffen."[1]
Gegen die Revue Mensuelle strengte Lucie Claraz wegen

[1] La Franc-Maçonnerie démasquée 1895, p. 58. — Trotz unserer
Bemühungen vermochten wir nicht zu erfahren, ob die hier gemachten
fast unglaublichen Angaben der Wirklichkeit entsprechen. Das angesichts
der kaum zweifelhaften Thatsache, daß der Moniteur de Rome in
gutem Glauben gehandelt hatte, exorbitant hohe Strafmaß scheint
aber ein Uebelwollen des Gerichts sicher zu bekunden.

des Artikels Petites Nouvelles (Revue Mensuelle 1894, p. 168
et 169) gleichfalls einen Proceß auf Ehrenbeleidigung an. Der
Gérant der Revue wurde daraufhin am 15. Januar 1896 zu
100 Francs Schadenersatz an Lucie Claraz verurtheilt[1]), gewiß
eine sehr gelinde Strafe.

Bemerkenswerth ist die Unverfrorenheit, mit welcher
„Miß Vaughan" den Ausgang dieses letztern Processes bespricht.
Sie schreibt: „Die Revue Mensuelle . . . . hatte denselben
Artikel veröffentlicht [wie der Moniteur de Rome]. Sie hatte
denselben noch bedeutend verschärft, indem sie Bemerkungen daran-
schloß, welche für die Ehre einer Dame geradezu
fürchterlich sind. Sie schilderte nämlich Frl. Lucie C . . .
als Hohepriesterin bei der Schwarzen Messe und beharrte darauf,
sie als luciferianische Schwester Freimaurerin zu erklären.
Frl. Lucie C . . . beanspruchte vor Gericht von der französischen
Zeitschrift 5000 Frcs. Schadenersatz und 5000 Frcs. Insertions-
gebühren behufs Veröffentlichung des Urtheils in verschiedenen
Blättern Europas. Gegen den Gérant beantragte sie das
Maximum der in Frankreich für öffentliche Beleidigung vor-
gesehenen Strafe, nämlich 2000 Francs Geldbuße und sechs
Monate Gefängniß . . . Dieser Proceß währte mehr als ein
Jahr. Er wurde von der Pariser Presse sowohl wegen des
Gegenstandes selbst und der öffentlichen Neugier — die Schwarzen
Messen kamen dabei zur Sprache — als wegen der hervorragenden
Rechtsanwälte, die in demselben auftraten, mit dem größten
Interesse verfolgt . . . Der Proceß fiel durchaus zur
Schande des Frl. Lucie C*** aus. So sehr sprachen
die Thatsachen selbst gegen sie. Das Gericht sprach ihr
in einem Urtheil, welches die Schwere der gegen die Klägerin
erhobenen Beschuldigungen ins Licht stellt und die Schädigung,
welche dieselben ihrer Ehre zufügen konnten, abwog, im Ganzen
100 Francs Schadenersatz zu, verweigerte ihr die von ihr verlangten kostspieligen Insertionen und ordnete nur die für die
Zeitschrift durchaus ehrenvolle Insertion des Urtheils in der
Revue Mensuelle an. Der Gérant wurde der Form halber
nur zu 100 Francs Geldbuße verurtheilt. Der Ausgang
des Processes kommt somit einer Freisprechung
gleich."[2])

---

[1]) Das Urtheil siehe in der Revue Mensuelle 1896, p. 297.

[2]) Miss Vaughan. Le 33.·. Crispi, p. 451. Wie der Leser
sieht, ist die edle „Miß Vaughan" für die weibliche Ehre Lucie's
lange nicht so empfindlich, wie angeblich für ihre eigene. Auch hier

100. Der Fall des Generals Caborna. Um noch einen andern Fall zu erwähnen, in welchem die Firma Taxil eine bestimmte lebende Persönlichkeit der Hostienschändung fälschlich bezichtigte, so schreibt Bataille im Diable über eine angeblich geheime Zusammenkunft von 15 hervorragenden italienischen Frei= maurern, welche kurz vor dem Ueberfall auf Rom i. J. 1870 in Mailand stattgefunden haben soll: In der Wohnung eines Bruders fand eine geheime politische Zusammenkunft von fünf= zehn Freimaurern statt, unter welchen Riboli, der General Caborna und Cucchi besonders genannt zu werden verdienen. Die hochrevolutionäre Discussion wurde mit haarsträubenden Gottlosigkeiten gewürzt. Bei einer kleinen Pause, die in derselben eintrat, kam General Caborna, den die Firma als abgefallenen Priester bezeichnet, plötzlich auf den Gedanken, die Consecration zu parodiren, wobei er ein Brob nahm, die Consecrationsworte aussprach und dann mit den Worten: Zur Ehre Lucifers, das Brob ins Feuer warf. Darauf öffnete sich der Fußboden, und heraus trat Lucifer in Person. Derselbe musterte einen Augenblick seine Getreuen und sprach hierauf: Der Augenblick ist gekommen, den dritten Kanonenschuß abzufeuern. Einen Monat später rückte Caborna durch die Bresche der Porta Pia in Rom ein.[1]

Chorherr Delassus veröffentlichte, um Bataille zu überführen, folgende Erklärung des Generals Caborna: „Die ganze Geschichte ist, soweit ich in dieselbe hineingezogen bin, absolut falsch. Ich war 1870 nicht in Mailand. Ich habe Dr. Riboli, das Ober= haupt der Freimaurerei, nie gekannt. Ich bin nicht Mitglied einer geheimen Gesellschaft und war es nie. Ein ganzer Ab= grund von Gläubigkeit und Ehrenhaftigkeit trennt mich von der Freimaurerei."[2]

Diese Erklärung veranlaßte die Firma Taxil, weit entfernt, sie zur Zurückziehung ihrer Beschuldigung oder auch nur zum Schweigen zu bringen, erst recht, in maßlosester Weise gegen Caborna und gegen die Katholiken, welche diese seine Erklärung in's Treffen führten, die maßlosesten Invectiven zu richten.[3]

---

fällt, wie in vielen andern Fällen sofort auf, daß sie Alles genau so beurtheilt, wie Taxil. Taxil hat es eben durchaus nicht verstanden, seiner „Miß" eine eigene Persönlichkeit einzuhauchen.

[1] Dr. Bataille, Le Diable etc. I 172.
[2] Bulletin Mensuel No. 9, 5. August 1893.
[3] Bulletin Mensuel No. 9, 10; Revue Mensuelle 1893 Nov., p. 11; 1894, p. 131. Miss Vaughan Crispi, p. 216 et suiv malt die Geschichte sogar noch weiter aus; auch Margiotta thut derselben im Palladisme, p. 108 Erwähnung.

101. Kritische Bemerkungen zu den in der Anti=
freimaurer=Litteratur vorgebrachten „Beweisen" für
Hostien=Entweihungen in Freimaurer=Logen. Wir
wollen nicht positiv behaupten, daß niemals Entweihungen des
heiligen Altarssacramentes in Freimaurer=Logen vorgekommen
sind. Denn welche unglaublichen Dinge sind nicht schon in Logen
vorgekommen?

Es muß aber darauf hingewiesen werden, daß die Beweise,
welche in der neuern direct oder indirect unter dem Einflusse
der Taxil'schen Pseudo=Enthüllungen stehenden Antifreimaurer=
Litteratur für die in derselben behauptete systematische, bezw.
ritualgemäße Schändung von geweihten Hostien in Frei=
maurer= oder auch in Odd=Fellow=Logen der Gegenwart vor=
gebracht werden, durchaus ungenügend sind, daß ferner diese Be=
hauptungen selbst in sich schon nach Allem, was in zuverlässiger
Weise über die genannten Vereinigungen bekannt ist, höchst un=
wahrscheinlich klingen, und daß unter diesen Umständen im Inter=
esse der Kirche selbst von Erhebung der genannten Beschuldigungen
Abstand genommen werden muß.

Bereits vor Monaten theilten wir diese unsere Anschauung
anläßlich des Trienter Antifreimaurer=Congresses viel genannten
Herrn Abbé de Bessonies brieflich mit, welcher mit Mgr. Fava
und Andern von der Wahrheit der genannten Beschuldigungen,
damals wenigstens, fest überzeugt zu sein behauptete. Herr de
Bessonies antwortete uns, diese Dinge ereigneten sich allerdings
nicht in gewöhnlichen Freimaurer=Logen, sondern in den palla=
distischen „Triangeln". Wir haben aber schon gesehen, daß
sogar die Existenz dieser „Triangel" [1]) nichts weniger als er=
wiesen ist.

In den französischen und italienischen Antifreimaurer=Blättern
werden indessen „Beweise" für derartige Hostien-Entweihungen
vorgebracht, welche, wenn sie stichhaltig wären, natürlich auch die
Existenz der Triangel, in denen diese Entweihungen angeblich
begangen werden, mit beweisen würden. Sehen wir uns also
diese „Beweise" näher an. Dieselben zerfallen in zwei Kategorien:
1. Mittheilungen von Missionären und sonstigen erfahrenen Seel=

---

[1]) Soeben gewahren wir, daß in der Rivista della Massoneria
Italiana 1897, p. 13. von einem „Triangolo di Signore" in Buenos=
Ayres die Rede ist, aber nur im Sinne eines „freimaurerischen Clubs"
oder Kränzchens, das noch keine vollkommene „Loge" ist. „Triangel"
bedeutet also hier thatsächlich durchaus nicht die höchste Hochgradloge
sondern noch weniger als eine „Loge".

sorgern, welche aus dem Beichtstuhl Kenntniß von der Sache erhalten haben wollen, und 2. Vorzeigung von angeblich in den Triangeln gebrauchten Instrumenten, welche zur Hostienschändung dienen sollen.

In die erstere Kategorie fallen eine Reihe von Berichten, welche in der Franc-Maçonnerie démasquée[1]) mitgetheilt sind. Sie einzeln zu erörtern, fehlt uns hier der Raum. Aber wir müssen gestehen, daß uns bei aufmerksamer Prüfung kein ein-ziger der berichteten Fälle durchschlagende Beweiskraft zu haben schien. Es handelt sich da von Beichten verworfener Frauen-zimmer. Welcher erfahrene Beurtheiler weiß aber nicht, daß solche Personen oft eine erstaunliche Meisterschaft in der Lüge und in der Verstellung haben und daß sie im Stande sind, die abenteuerlichsten Schandthaten und Erzählungen für wahr aus-zugeben, nur um sich interessant zu machen, bezw. den Beicht-vater zum Besten zu halten, oder, wie es bei hysterisch Ver-anlagten der Fall ist, einfach aus krankhaftem subjectivem Drang[2]).

---

[1]) La Franc-Maçonnerie démasquée 1894, p. 152—155; 197—202; 308—310. 400—416: 483—486: 1896, p. 244—250.

[2]) Selbst in Frauen-Klöstern auf dem Lande stellten sich in letzter Zeit zweifelhafte Personen ein, die nur, um Interesse zu erregen, aussagten, sie seien Schwestern in Freimaurer-Logen gewesen, hätten sich aber jetzt von den Freimaurern losgesagt und würden in Folge dessen von denselben verfolgt. Sie bäten daher um das nöthige Geld, ein Eisenbahnbillet dahin und dorthin lösen zu können. Der gute Erfolg, welchen eine Person mit derartigen Vorspiegelungen bei leichtgläubigen Geistlichen erzielt, denen sie im Beichtstuhl oder außerhalb desselben solche Mittheilungen macht, reizt natürlich andere an, dieselben Schliche anzuwenden.

Schon die Thatsache allein, daß in letzter Zeit von Schwindlern und Bethörten derartige auf die Phantasie namentlich von Frauens-personen stark einwirkende Schauer-Geschichten in Umlauf gesetzt werden, hat sicher auf manche Personen suggestive Wirkung geübt, so daß sie entweder zu Tabernakel-Diebstählen, bezw. zur Veran-staltung derselben angereizt wurden oder wenigstens sich, als sie bemerkten, welch' großes Interesse sie dadurch bei Enthüllungs-Gläubigen zu erregen im Stande waren, fälschlich solcher Hostien-Unterschlagungen und -Schändungen und der damit angeblich ver-bundenen Ausschweifungen in Freimaurer-Logen anklagten.

Sehr zutreffend erscheint uns diesbezüglich folgende Bemerkung der Semaine Religieuse von Cambrai (vgl. Vérité 3. u. 4. Nov. 1896): „Wer kann endlich sagen, welche Verwirrung diese so oft wiederholten, mit so schauerlichen Einzelheiten ausgestatteten Schilderungen von Sacrilegien nicht schon in den Köpfen angerichtet haben? Wer weiß, ob dieselben nicht Nachahmungen verursacht haben?" Schon unter

Andererseits ist es gerade anläßlich der jüngsten Erörterungen über die uns beschäftigenden „Enthüllungen" recht augenscheinlich zu Tage getreten, wie leicht sich manche Geistliche mit Bezug auf Gegenstände dieser Enthüllungen, hintergehen ließen, und mit welcher Zuversicht sie für die Wahrheit von Behauptungen und selbst Vorgängen eintraten, für die sie keinerlei ernsthafte Bürgschaften hatten.

Da nun in all' den erwähnten Erzählungen nicht einmal die Namen der Geistlichen genannt sind, welche die Richtigkeit derselben angeblich verbürgen; da in denselben auch sonst keinerlei Bürgschaften geboten werden, welche hinlängliche Sicherheit gegen Betrug oder Täuschung zu bieten vermöchten, so kann man Niemandem vernünftiger Weise zumuthen, auf Grund dieser Erzählungen von einzelnen Vorfällen hin an das wirkliche und gar systematische und ritualgemäße Vorkommen derartiger Hostien-Schändungen in Freimaurer-Logen zu glauben. Durchschlagende, einwandfreie Beweise und Zeugnisse dürfen hier um so mehr verlangt werden, als es sich um Etwas handelt, was psychologisch schon in sich höchst unwahrscheinlich ist. Denn wie sollte man in der Freimaurerei, in welcher die große Mehrzahl der Mitglieder an die wirkliche Gegenwart Christi im heiligen Altarssacramente gar nicht glaubt, und selbst in protestantischen

diesem Gesichtspunkt sind Publicationen, welche, wie der Diable und die Revue Mensuelle, es darauf ablegen, durch fortwährende sensationell zugespitzte Wiedergabe solch' aufregender wahrer oder erfundener Erzählungen, Interesse beim Volke zu erwecken, auf's Schärfste zu verurtheilen. Sie verderben und verrohen ihre Leser und wirken so auf die Dauer nur schädlich.

Sicher ist auch, daß die Schwindler, Hacks, Taxil und Margiotta, selbst bei ihren Enthüllungen im gewissen Sinne unter der suggestiven Einwirkung des Publicums standen, für welches sie ihre „Enthüllungen" schrieben. Denn offenbar waren sie dabei bestrebt, letztere nach dem ihnen wohlbekannten und von ihnen sorgfältig studirten Geschmack dieses Publicums einzurichten, um so einen größern pecuniären und litterarischen Erfolg zu erzielen. Schriftsteller und Publicum wirken stets auf einander ein. Und am Erfolg litterarischer Schundwaare trägt immer auch das Publicum einen Theil der Schuld.

Hysterisch veranlagte Personen im Besondern sind, wie erfahrene Aerzte versichern, in Bezug auf Vollbringung der sonderbarsten, psychologisch unentwirrbarsten Dinge und in Bezug auf Lügenhaftigkeit und Verstellung geradezu unglaublicher Leistungen fähig. — Und wie viele geistig und moralisch Zerrüttete giebt es nicht gerade in Frankreich, besonders in Großstädten, auch außerhalb der Irrenhäuser und Zuchthäuser!

und atheistischen Logen dazu kommen, auf solche systematische Hostien-Entweihungen ein derartiges Gewicht zu legen?[1])

Die angeblichen palladistisch-Odd-Fellow'schen Instrumente zur „Tortur der Hostien" werden zuerst von Dr. Bataille

[1]) Interessant ist, was Dr. Encausse, das Haupt der martinistischen Okkultisten in Frankreich, über die Sinnlosigkeit der Anklage wegen systematischer Hostienschändung speciell mit Rücksicht auf die Okkultisten ausführt. Derselbe schreibt:

„Nur Christen, welche den vollen Glauben an die reelle Gegenwart haben, können auf die Idee verfallen, eine consecrirte Hostie zu entweihen . . . [Es ist indeß nicht zu leugnen, daß auch roh-fanatische Freidenker durch die Absicht, das, was Gläubigen besonders heilig ist, zu verunehren, in einem oder dem andern Falle zu Hostienschändungen angetrieben werden könnten.] Wer aber einen Okkultisten, der die magische Kette und das Bestehen astraler Magnetisirung [aimentations astrales] kennt, der Neigung zur Schändung einer consecrirten Hostie anzuklagen wagt, setzt bei demselben grundlos eine absolute Unkenntniß der Elementar-Grundsätze des Okkultismus voraus. Die consecrirte Hostie ist, abgesehen von der dem Glaubensgebiete angehörigen reellen Gegenwart, im Reich des Unsichtbaren der Anbetung (Verehrung) aller Christen seit neunzehnhundert Jahren magnetisirt [d. h. im Sinne Papus': es haben sich in derselben ganz ungeheure magnetische Weihekräfte angesammelt]. Sie ist daher ein Symbol von ganz fürchterlicher Kraft, und derjenige, welcher die Verwegenheit hätte, dieser ungeheuren magischen Kette seine schwache Willenskraft entgegenzusetzen, dessen Seele würde wie Glas bis in ihre kleinste Theile zermalmt werden. Ich richte daher mit aller Zuversicht an Bataille und Genossen die Herausforderung, mir irgend einen einer Brüderschaft von Eingeweihten (fraternité initiative) angehörenden Okkultisten zu zeigen, der für die consecrirte Hostie nicht die einem Symbole, das im Reiche des Unsichtbaren solche Kraft hat, gebührende Verehrung hegte." Papus, Le Diable et l'Occultisme 1895, p. 37.

Aehnlich drückt sich Dr. Encausse auch bezüglich des Crucifixes aus. Dr. Encausse bemerkt dann, daß er diese Gegenstände in einem größeren unter der Presse befindlichen Werke La Magie et l'Hypnose. Contrôle expérimental des phénomènes et des enseignements de la Magie au moyen de l'Hypnose vol. in 8º carré avec gravures. (Paris. Chamuel.) vom okkultistischen Standpunkt eingehend behandeln werde. „Dr. Bataille", so schließt er, „wird daraus ersehen, daß der Teufel Papus — so beliebt er mich zu nennen — sich nicht fürchtet, auch und zwar recht oft der Messe beizuwohnen, um den wundervollen Symbolismus zu studiren, welcher in dieser hocherhabenen Ceremonie enthalten ist. [Wäre ich wirklich ein Teufel, so] hätte ich längst zu Staub zerrieben werden oder aber in einen Weihwasserkessel mich verkriechen müssen." Papus, ib., p. 40.

[wahrscheinlich Hacks] erwähnt. Schon dieser Umstand hätte
zur Vorsicht mahnen müssen. Dr. Bataille schreibt darüber:
„Der Apparat besteht aus einer runden kupfernen vergolbeten
Büchse, die dem Gehäuse einer Remontoir-Uhr ähnlich ist. Sie hat an
der Seite, gerade wie eine Uhr, eine Art Schraube, welche man
mit zwei Finger leicht drehen kann. Diese Schraube setzt den
Mechanismus in der Büchse in Bewegung. Nur ist das keine
Bewegung eines Uhrwerks, sondern eines Getriebes von kleinen
in einander greifenden Walzen, welche mit aufstehenden Spitzen
und kleinen Häckchen aus Stahl versehen sind. Alles das wirkt
zusammen, um die consecrirte Hoftie, welche auf den Boden der
Büchse gelegt wird, zu quetschen, zu stechen, zu zerhacken und
zu zerreißen. Diese Apparate existiren wirklich; ich wiederhole
es. Wo sie verfertigt werden, ist mir nicht bekannt. In
Gibraltar [!] habe ich dergleichen nicht gesehen. Aber sie
existiren und dienen zu den gräßlichen Frebeln, von denen ich
eben sprach . . .
„Doch halten wir einen Augenblick inne! Diese Verbrechen
sollen nicht bloß unsern Unwillen hervorrufen; es ist nicht genug
zu knirschen. Man muß beten; die Gläubigen müssen eifriger
als je das allerheiligste Altarsjacrament verehren und so die
schrecklichen Unbilden, die unerhörten Vermehrungen sühnen,
welche die höllische Wuth täglich vielfältig ihm zufügt. Wenn
wir Christen an Gottes Langmuth denken, so müssen wir beschämt werden. Dieselbe übersteigt unsern menschlichen Verstand.
Wir sind Zeuge von Verbrechen, die so gräßlich sind, daß wir
nicht begreifen, warum ihnen die Strafe Gottes nicht auf dem
Fuße nachfolgt. Verdemüthigen wir uns also, weinen, beten
und sühnen wir. Parce Domine, parce populo tuo.“ [1]
„Miß Baughan“ „bestätigt“ ihrerseits: „Dr. Bataille
hat die Greuelscenen geschildert, welche in den Triangeln vorkommen. Er hat meine Ex-Brüder und Ex-Schwestern vorgeführt, wie sie sich auf die heiligen Hostien stürzen und sie mit
Wuth durchbohren. Er hat über die von Br. Hobbs ersonnenen
Büchsen berichtet, in welchen ein Stück Hoftie eingeschlossen und
gequetscht und zugleich durch ein mit Nadelspitzen versehenes
Korkstück zerrissen wird. Was er sagte, ist die betrübende, aber
strenge Wahrheit. Diese von diabolischer Bosheit zeugenden
Apparate sind im Palladismus allgemein im Gebrauche. Man
trägt sie im Triangel, in der Loge und selbst manchmal außerhalb der Bauhütten, als Talisman, als freimaurerisches oder

---

[1] Dr. Bataille. Le Diable au XIXe siècle I 349.

nichtfreimaurerisches Kleinod, als Cravatten=Nadel. Dies Alles aber gehört in die Kategorie der durchbohrenden Wuth."[1] [!]

Ueberdies ist in allen genannten „Enthüllungen" viel von „Weißen [Lucifer=], Schwarzen [Teufels=] und Verwünschungs= und Adonai=tödtenden Messen" die Rede.[2]

Dies Alles ist aber nicht geeignet, uns im Geringsten zu Gunsten der Taxil'schen „Enthüllungen" umzustimmen. Es ruft in uns vielmehr einen Eindruck hervor, der dem von den Mystificirern beabsichtigten geradezu entgegengesetzt ist. Wir glauben, in „solchen" „Enthüllungen" den Schwindel mit Händen zu greifen. Dieser Eindruck wird in uns auch durch das nicht verwischt, was Mgr. Fava in seiner Broschüre L'Esprit Nouveau schreibt:

„Indem sie [die Freimaurerei] ihren sacrilegischen Haß gegen Jesus Christus auf's Aeußerste treibt, hat sie sich nicht gescheut, ihre Hand gegen seine anbetungswürdige Person auszustrecken und sich selbst am Tabernakel zu vergreifen, wo Christus sich selbst seiner heiligen, anbetungswürdigen Menschheit entkleidet, um sich uns noch mehr hinzugeben und anzuvertrauen. Es ist dies eine bekannte Sache, und wir haben Geständ= nisse hierfür. Wir haben durchschlagende Beweise (pièces pro- bantes) in Händen. Man treibt in der Loge mit consecrirten Hostien Unfug, indem man so die Scenen aus seinem bittern Leiden, wo Jesus demüthig und geduldig wie ein Lamm war, erneuert."[3]

Nach Allem, was wir sonst schon über die Art, wie Mgr. Fava zu sprechen pflegt, wissen, ist damit noch durchaus nicht gesagt, daß der hochwürdigste Bischof von Grenoble andere Ge= ständnisse erhalten hat, als die uns bereits bekannten, durch Taxil, Margiotta und Consorten vermittelten. Hätte er aber wirklich „Geständnisse" entscheidenderer Art erhalten, so kann noch immer Niemanden vernünftiger Weise zugemuthet werden, daß er durch einen so unbestimmten Hinweis darauf, wie er in obigen Worten enthalten ist, sein Urtheil in der Angelegenheit irgendwie bestimmen lasse. Mgr. scheint ferner in den Worten pièces probantes darauf anzuspielen, daß er Büchsen nach Art der eben beschriebenen in Händen hat. Aber auch das beweist nichts. Denn diese können eben zu dem Zwecke fabricirt sein,

---

[1] Miss Vaughan, Mémoires, p. 93.

[2] Vgl. Dr. Bataille, Le Diable II 768, 386 etc.; Margiotta, Le Palladisme, p. 105.

[3] La Franc-Maçonnerie démasquée 1894, p. 400.

um an den Betrug glauben zu machen, oder der eigentliche Zweck derselben kann irgend ein anderer sein.

Man hat ferner oft auf die in letzter Zeit angeblich zahl= reicher als früher vorgekommenen Hostien=Diebstähle hingewiesen; man hat bemerkt, es ereigneten sich häufig solche Diebstähle von Hostien, bei welchen die heiligen Gefäße zurückgelassen würden. Es sei also offenbar auf die Hostien selbst, nicht auf die Gefäße abgesehen.

Darauf ist zu erwidern: Sind Hostien=Diebstähle heute wirklich häufiger, als früher, oder werden sie von der Presse nur fleißiger einregistrirt? Sind ferner alle Berichte, welche durch die Zeitungen gehen, zuverlässig? Werden nicht vielleicht manche derselben, ähnlich wie die Geschichte vom Teufelscult im Borghese und das Abenteuer Lucie Claraz gerade durch Schwindler oder von Schwindlern Bethörte in die Presse gebracht, um für ihre Schwindeleien Stimmung zu machen? Werden nicht vielleicht manche Diebstähle in Fällen, wo man die Gefäße liegen läßt, von Leuten veranlaßt oder ausgeführt, welche sich über die unter den Katholiken darüber herrschende Aufregung lustig machen wollen oder vielleicht gar von Theilhabern der Schwindel=Firma selbst? Und wenn schließlich auch bewiesen wäre, daß die Hostien zum Zweck der Profanation gestohlen würden, so würde dies immer noch nichts für unsere Frage bedeuten. Es müßte, damit etwas für unsere Frage bewiesen würde, überdies gezeigt werden, daß die Hostien zu dem Zwecke gestohlen wurden, um zur Ent= weihung gerade in Freimaurer=Logen, bezw. in den palla= distischen „Triangeln", verwendet zu werden.

Endlich behaupten die „Enthüller", daß auch abgefallene Priester unter den Palladisten seien, welche ihnen Hostien zu Profanations=Zwecken consecriren. Warum lassen sich dann die Palladisten nicht gleich alle Hostien, deren sie bedürfen, von diesen Priestern consecriren, sondern setzen sich dem Risico aus, wegen Kirchen=Diebstahls bestraft zu werden? Warum sollten sie es vorziehen, überdies die gestohlenen Hostien mit 5 Frcs. per Stück zu bezahlen — das ist gemäß den Enthüllern der ge= wöhnliche Tarif —, während sie dieselben Hostien von Seiten der palladistischen abgefallenen Priester nicht nur viel gefahr= und müheloser, sondern auch billiger haben könnten?

Wie der Leser sieht, tritt das psychologisch Unwahrscheinliche bei den „Enthüllungen" der Taxil'schen Schwindel=Firma an allen Ecken und Enden zu Tage.

Und doch scheinen die eben besprochenen „Enthüllungen" in der That selbst auf die eucharistische Bewegung Einfluß gewonnen zu haben. Es wurden nämlich zur Sühne für die angeblich in palladistischen Triangeln verübten sacrilegischen Greuel eucharistische Andachten und Sühne-Messen veranstaltet.

Thatsächlich kommt in den höheren Graden einiger Frei-maurer-Systeme, besonders im 18., dem Rosenkreuz-Grad des Schottischen Systems eine Art „Agape" oder „Coena" vor, die allenfalls als „Parodie"[1]) des heiligen Abendmahles aufgefaßt werden könnte, bei welcher aber natürlich in keiner Weise eine Verwendung geweihter Hostien erwiesen oder auch nur wahrschein-lich ist. Im geheimen Ritual Alb. Pike's wird dieser frei-maurerische Gebrauch als Ceremony of Supper bezeichnet. Die zum Schluß des Capitels vorgenommene Abendmahl-Feier voll-zieht sich nach demselben Pike'schen Ritual wie folgt:

In der Mitte des Saales steht ein runder mit einem weißen Tuche bedeckter Tisch, auf welchem sich ein Teller mit einem Laib weißen Brodes, einer Kanne Wein, einem Becher und einem dreieckigen Papier befindet, welches das hl. Wort „Es ist voll-bracht" [auf Hebräisch] enthält. Nahe beim Tisch auf dem Fuß-boden ist eine Pfanne mit glühenden Kohlen. Am Westende des Tisches steht ein siebenarmiger Leuchter mit Kerzen, welche in den verschiedenen Farben des 17. Grades gehalten sind. Die Rosenkreuz-Ritter treten, ein etwa sechs Fuß hohes weißes Rohr in der Hand, rings um den Tisch. Es folgt ein Gebet. Nach demselben nimmt der Sehr Weise [der Vorsitzende des Rosen-kreuz-Capitels] das Brod, bricht ein Stück ab und ißt es. Darauf giebt er den Teller mit dem Brod dem Redner mit den Worten: Nimm, iß und gieb den Hungrigen. Der Redner ißt davon und giebt den Teller in derselben Weise weiter. Während dessen spielt die Musik.

Wenn der Teller die Runde gemacht hat, setzt ihn der Sehr Weise wieder auf den Tisch, füllt den Becher mit Wein und läßt denselben dann mit den Worten: Nimm und trink und gieb dem Durstigen, in gleicher Weise herumgehen. Während dessen spielt abermals die Musik. Den Rest des im Becher befindlichen Weines gießt der Sehr Weise ins Feuer.

Nun stellen sich alle Ritter im „Zeichen des guten Hirten" auf [es ist dies eine besondere maurerische Stellung]: Sie bilden

---

[1]) Strenge genommen ist es nicht einmal eine „Parodie", da die Absicht, die religiöse Abendmahls-Ceremonie lächerlich zu machen, in keiner Weise dabei hervortritt. Vom katholischen Standpunkt aus klingt allerdings Manches in derselben „blasphemisch". In der That ist es eher „albern".

einen Kreis, wobei die Einen sich gegen Westen und die andern gegen Süden wenden. Der Sehr Weise klopft dem Redner auf die Schulter und macht das Erkennungszeichen. Dasselbe Zeichen machen dann der Reihe nach alle Uebrigen. Während dessen spielt wieder die Musik.

Darauf verbrennt der Sehr Weise das dreieckige Papier, auf welchem das hl. Wort geschrieben steht. Schließlich hält der Sehr Weise den Rittern die Schwertscheide vor und spricht: Ich fordere Euch auf zu schwören, daß Ihr nichts von dem, was heute vorgegangen ist, offenbaren wollet. Der Sehr Weise und die Ritter legen der Reihe nach ihre rechte Hand auf die Scheide und sprechen: Ich schwöre. Nachdem dies geschehen ist, sagt der Sehr Weise: Der Friede sei und verbleibe immerdar mit euch. Alle antworten: Pax vobiscum und ziehen sich hierauf in Still-schweigen zurück.

Früher fand am Donnerstag vor Ostern noch die Ceremonie des Lichter-Auslöschens und Ostersonntag die des Lichter-Anzündens statt. Diese Ceremonien sinnbildeten die Verfolgung und Tödtung Christi als des größten Apostels der Menschheit, der gegen Despotismus und Priester-Fanatismus kämpfte, durch die Macht der Unwissenheit und der religiösen Unduldsamkeit — und den endlichen Sieg (Christi) über Despotismus, Unwissenheit und Fanatismus.[1]

V. Goblet d'Alviella
und die dreifache Herausforderung Margiotta's.

Die „Enthüllungen" Margiotta's wurden gleich nach ihrem Erscheinen besonders von der belgischen katholischen Presse eifrig ausgebeutet. In Brüssel standen gerade die Kammer-Wahlen vor der Thüre, die am 14. October 1894 stattfinden sollten. Einer der hauptsächlichsten Candidaten der liberalen Liste war der bekannte Professor der Brüsseler Freimaurer-Universität Graf Goblet d'Alviella. Das soeben „enthüllte" palladistische Unter-thanen-Verhältniß zum angeblichen Freimaurer-Papst Lemmi in Rom, der überdies in den „Enthüllungen" als Dieb und Bandit gebrandmarkt war, bildete natürlich einen Stoff, der sich in Belgien gegen Goblet d'Alviella und die ganze liberale Partei wirksam verwerthen ließ. Mit besonderem Nachdruck wurde das

---

[1] The Inner Sanctuary Part III. Isgodou A∴ M∴ 5630 [1870], p. 137—143.

bereits oben mitgetheilte angebliche Schreiben Goblet's an Lemmi
vom 30. Juni 1894 ins Treffen geführt, in welchem der angeb=
liche Provinzial=Großmeister des Lotus in Belgien „697" — es
ist dies die angebliche palladistische Zahlen=Bezeichnung für
Goblet — den „Freimaurer=Papst" dringend auffordert, sofort
an alle Palladisten die Weisung zu erlassen, die Existenz des
Palladismus und alles dessen, was darauf Bezug hatte, „rund=
weg abzuleugnen". Da man in der Preß=Polemik Herrn
Goblet dieses angeblich mit 697 gezeichnete Schreiben immer
wieder unter die Nase rieb und nicht abließ, ihn spöttisch um
nähere Auskunft darüber anzugehen, so richtete er schließlich in
der Sache ein Schreiben an den Brüsseler Patriote.

102. Herr Goblet als 697. Sophistische Argu=
mentation Taxil=Margiotta's. Treffende Persiffli=
rung der Argumentation aus dem Magier=Alphabet
durch de Monthénin. Das vom 15. Sept. 1894 datirte
Schreiben an den Brüsseler Patriote hatte folgenden Wortlaut:

„Herr Hauptredacteur des Patriote!

„In Ihrer heutigen Morgennummer fragen Sie, was
aus mir geworden ist. Ich will Ihre Neugierde befriedigen,
indem ich Sie in Kraft meines Antwort=Rechtes auffordere,
den gegenwärtigen Brief in Ihr Blatt aufzunehmen. Ich
will meine Zeit nicht damit verlieren, die lächerlichen Un=
gereimtheiten zu erörtern, die Sie mir auf das Zeugniß
eines mir unbekannten sogenannten Herrn Margiotta's hin,
der ein großer Freund von Ihnen zu sein scheint, aufbürden.
Ich beschränke mich darauf, festzustellen, daß alle in Ihrem
heutigen und in den vorangehenden Artikeln Ihres Blattes
enthaltenen Angaben über den Gegenstand, einschließlich der
Mittheilung über meine Correspondenz mit Herrn Lemmi
ganz und gar falsch sind.

„Ich habe noch viel weniger als Sie Kenntniß davon,
ob ein belgischer Lotus, eine belgische palladistische Verbindung,
ein belgischer oder nichtbelgischer ausgedienter Patriarch
existirt. Was ich aber weiß, ist, daß es in Belgien keinen
Freimaurer giebt, welcher über die barocke Idee, als ob
irgend eine freimaurerische Gruppe unseres Landes eine
Commission ernannt hätte, um zu erforschen, ob die höhern
Behörden des Ritus einen Bruchtheil der Beiträge nach
Charleston oder anderswohin abliefere, nicht die Achseln
zuckte. Die absolute Unabhängigkeit der belgischen Frei=

maurerei dem Ausland gegenüber hat nicht nöthig, gegen derartige wahnwitzige Angriffe vertheidigt zu werden.

„Ich will nur noch beifügen: — Wenn Jemand behauptet, ein Schriftstück in Händen zu haben, das er für den Brief ausgiebt, welchen Sie mir zuschreiben, so möge er doch dieses Document an einem Ort mittheilen, der ein gerichtliches Vorgehen ermöglicht. Ich werde dann nicht versäumen, wegen Fälschung von Privat = Urkunden Klage zu stellen.

„Empfangen Sie meine Grüße.

„Goblet d'Alviella".[1]

Taxil klagte darauf Goblet an, er habe in dieser seiner Antwort den von Margiotta als von Goblet herrührend mitgetheilten Brief an Lemmi „gefälscht". In diesem Briefe sei nur davon die Rede, daß drei symbolische Logen einen Beschluß faßten, der darauf „abzielte", die genannte Commission zu ernennen. Es sei darin nicht gesagt, daß diese Commission wirklich ernannt worden sei.

„Das Document", so fährt Taxil fort, „bleibt also wie es [von Margiotta] wiedergegeben wurde, trotz des Einspruchs Goblets. Wenn Goblet die Forderung nach Vorzeigung des Originals stellt, erlaubt er sich einen schlechten Witz. Denn er weiß doch, daß das Original des Gewölbes in den Händen Lemmi's ist. Es ist schon sehr viel, daß es Herrn Margiotta auf einem Wege, über den keine nähern Angaben gemacht werden dürfen, gelungen ist, sich eine Abschrift desselben zu verschaffen. Goblet leugnet gerade deshalb ab, weil er weiß, daß Lemmi sein Gewölbe erhalten hat. Denn Letzterer hat ihm ja den Empfang des Schreibens angezeigt und sich mit dem Inhalt desselben einverstanden erklärt. (Es war von Br.'. Goblet d'Alviella sehr unklug, in so herausfordernder Weise aufzutreten. Seine einzige Entschuldigung dafür liegt in seiner Candidatur zu den Wahlen des gesetzgebenden Körpers in Belgien vom 14. October. Es sieht ganz darnach aus, als ob er in Folge der ganz unerwarteten geräuschvollen Erörterungen über seine verborgenen Beziehungen zum schuftigen Großmeister Lemmi den Kopf verloren habe. Seine cynischen Ableugnungen haben ihm von Seite Margiotta's eine sehr interessante und an neuen „Enthüllungen"[!] reiche Antwort in der Nummer vom Freitag,

[1] Revue Mensuelle 1894. p. 276.

5. October [thatsächlich] ist es die Nummer vom Donnerstag, 4. October] des Brüsseler Patriote eingetragen."[1])

Wir bemerken gleich hier, daß angesichts aller nähern Um=stände nach unserer Ansicht kein Zweifel darüber obwalten kann, daß thatsächlich Taxil und nicht Margiotta[2]) — Letzterer war thatsächlich hier nur ein Strohmann in der Hand Taxils — die ganze Controverse mit Goblet geführt hat. Wir fahren indessen, um Verwirrung zu vermeiden, fort, die Actenstücke und Namen einfach so wiederzugeben, wie wir sie in den betreffenden Zeitungs=Nummern finden.

Margiotta schreibt im Brief an den Brüsseler Patriote vom 4. October 1894:

„Herr Graf Eugène Goblet d'Alviella spielt mit einer doch gar zu großen Unverfrorenheit den Erstaunten. Er stellt sich, als ob er vom Mond herabgefallen sei, wenn man ihm von Palladismus, von seinem vollkommenen Triangel Lotus belge und von seinem Titel Provinzial=Großmeister der Hoch=Frei=maurerei für die 55. Triangel=Provinz . . . spricht, einem Titel, zu dem am 20. September 1893 noch der weitere: belgischer ausgedienter Freimaurer=Patriarch hinzutrat. Er erklärt, Lemmi kaum dem Namen nach zu kennen. Von Albert Pike, dessen zweiter Nachfolger als Oberhaupt der Welt=Freimaurerei Lemmi ist, will Goblet nie Etwas gehört haben. Würde man noch weiter in ihn bringen, so würde er frischweg erklären, Albert Pike sei ein Mythus, eine fabelhafte Persönlichkeit, die nur in der Einbildungskraft der Clericalen existire.[3])

„Herr Goblet d'Alviella, der seiner Maxime treu bleibt: Unter keiner Bedingung Etwas einzugestehen, müßte doch einsehen, daß ein Uebermaß im Leugnen eine Ungeschicklich=keit ist. Er bildet sich ein, sich mit der Betheuerung aus der Schlinge ziehen zu können, daß er nicht der Urheber des von Brüssel datirten dringlichen Gewölbes Nr. 385 vom 30. Juni 1894 ist, weil er, nach palladistischem Brauch dieses Gewölbe nur mit seiner Namens=Zahl, nämlich mit 697 gezeichnet

---

[1]) Revue Mensuelle 1894. p. 276 et suiv.

[2]) Ein soeben von Margiotta veröffentlichter Brief Taxils vom 19. September 1894 bestätigt dies ausdrücklich. Taxil schreibt an Margiotta: „Senden Sie mir die Croix, welche den langen Brief von gestern (Brief an Goblet d'Alviella) veröffentlichen soll. Oder wenn die Croix ihn nicht aufnehmen wollte, so schicken Sie mir die Zeitung, der Sie ihn übergeben haben, und welche sich herbeiläßt, ihn aufzunehmen."

[3]) Ebendaselbst.

hat. Man könnte ihm aber nachweisen, daß diese Zahl genau — jeder Irrthum dabei ist ausgeschlossen — auf ihn zutrifft. Denn auf Grund des Zahlenwerthes der Buchstaben des von der Hoch= maurerei adoptirten Alphabets der Magier von Alexandrien findet man:

$$E,5 + u,6 + g,3 + e,5 + n,50 + e,5 \qquad = 74$$
$$G,3 + o,70 + b,2 + l,30 + e,5 + t,400 \qquad = 510$$
$$A,1 + l,30 + v,6 + i,10 + e,5 + l,30 + l,30 + a,1 = 113$$

Summa: 697.

„Der Name Goblets wird also, da die Abels = Partikel de nicht zählt, nach dem palladistischen Alphabet wirklich durch die Zahl 697 dargestellt. Br.·. 697 könnte uns aber noch antworten, daß er selbst von diesem magischen Zahlen = Alphabet und seiner Anwendung in der Hochmaurerei ganz und gar keine Kenntniß habe."

Um diese eventuelle Erwiderung Goblets von vornherein zu entkräften, führt Margiotta aus, Goblet sei immer ein großer Freund von maurerischem Verstecken spielen gewesen. So habe er als Großmeister die an ihn gerichteten Schreiben mit der Adresse: Mons. Rian-Nedgrot [Umstellung der Buchstaben von Grand - Orient] adressiren und auf die für den Sekretär bestimmten Mittheilungen: Mons. Celpes [Umstellung von P. (our) le Sec. (retaire)] setzen lassen. Im Bulletin du Supr. Conseil No. 23, p. 49 sei zu lesen: Er habe auch darauf ge= drungen, daß die Namen der Mitglieder nicht veröffentlicht werden sollten, weil dies den Interessen derselben schaden würde. Es folgen nun noch andere malitiös ausgewählte und noch malitiöser commentirte Citate aus den officiellen belgischen Logen=Blättern, welche bei unbehutsamen Lesern den Eindruck hervorbringen mußten, Goblet d'Alviella leugne wirklich wider besseres Wissen und Gewissen den Palladismus ab. Er sei selbst Palladist und habe wirklich in einem Brief an Lemmi die Ableugnung von Allem und sogar die Ermordung der abtrünnigen „Miß Vaughan" und die Aussendung palladistischer Meuchelmörder verlangt.[1]

Die eben erwähnte Argumentation aus dem „Magier= Alphabet" wurde von manchen gedankenlosen Lesern mit Staunen entgegengenommen und als durchschlagender Beweis dafür an= gesehen, daß Goblet wirklich Palladist und Verfasser des bewußten Briefes sei. Taxil und Genossen brachten dieselbe auch in andern Fällen mit Erfolg in Anwendung. Selbst für Papst Leo XIII.

[1] Revue Mensuelle 1894, p. 277.

gaben sie die Zahl an, mit welcher derselbe unter den Palladisten bezeichnet zu werden pflege.[1])

Natürlich beweist die Argumentation ganz und gar nichts. Denn Taxil und Genossen hatten eben selbst zuerst die Zahl auf Grund des „Magier=Alphabets" festgestellt. Daher mußte dieselbe, als die Schwindler nach einiger Zeit daran gingen, die Persönlich= keit ausfindig zu machen, auf deren Namen die Zahl zutreffen sollte, natürlich mit dem Namen stimmen. Eine schlagende Ab= fertigung läßt G. be Monthénin diesen Spielereien, auf welche nur kindliche Seelen hereinfallen könnten, in Form einer ironischen Zuschrift an die Redaction der Revue Maçonnique zu Theil werden. Diese Zuschrift, welche auch den bekannten marktschreie= rischen Stil Taxils mit Glück nachahmt, lautet:

„Theuerst∴ Br∴ Dumonchel,

„Einer meiner Freunde, der das Vertrauen eines der am Meisten beklemmernden Geistlichen Frankreichs und Navarra's besitzt, hat von ihm folgende Erklärung erhalten: „Ich fordere die hohen, leitenden Freimaurer hiermit aufs Formellste heraus, abzuleugnen, daß in Frankreich ein Oberstes Directorium Satanisirender Luciferianischer Palla= disten bestehe, das aus einem Doppel = Triangel für Action und einem Doppel=Triangel für Direction zusammengesetzt ist.

„Ich fordere auch diese Freimaurer aufs Formellste heraus, abzuleugnen, daß der Doppel=Triangel für Direction folgende Palladisten zu Mitgliedern hat:

I. 1. 1969 — Suprême Palladiste Luciférien aimé.
   2. 1158 — Le vase d'élection de Luzbel Vaughan.
   3. 1355 — Le palladiste agent.
II. 1. 2544 — Le glorieux chef satanique choyé des Luciférines.
    2. 1660 — Le bel hâbleur préféré de Satan.
    3. 1095 — Irah le fumiste.
        Action:
I. 1. 1798 — Le délégué de confiance de Satan Dieu-Bon.
   2. 2064 — La grande palladiste-chef Miss Diana Vaughan.
   3. 2647 — Le maître luciférien mystificateur délégué.

---

[1]) Bataille, Le Diable etc. I. 499.

II. 1. 2550 — Délégué à la mystification par Shathan.
2. 885 — Poseur de blague en chef.
3. 575 — Le beau beau farceur."

„Ich gestehe offen ein, daß mich diese Herausforderung nicht mehr ruhig schlafen ließ. Ich war begierig zu wissen, wer denn eigentlich die Obersten Directoren waren. Da es sich offenbar um eine Geheimschrift handelte, so nahm ich den ältesten Schlüssel für Geheimschriften zur Hand, welcher von Materne im April 1551 auf S. 166 seines Astronomicon Librii VIII. unter dem Titel Oedipi Genitura veröffentlicht wurde. Dieser 1870 von Christian in seiner Histoire de la Magie abgedruckte Schlüssel giebt für die einzelnen Buchstaben folgende Zahlenwerthe. [Nun folgen die oben, II, S. 88, mitgetheilten Zahlenwerthe.]

„Ich wandte darauf den Schlüssel probeweise auf die Zahlenbezeichnung 2064 an. Mein Schlüssel war der richtige. Nun handelte es sich darum, die wirklichen Namen der betreffenden Palladisten ausfündig zu machen, deren Gesammt-Zahlenwerth nach der Franc-Maçonnerie démasquée Mai 1895 mit dem Gesammt-Zahlenwerth ihrer palladistischen Namen übereinstimmen mußte. Unter Beachtung dieser Regel fand ich Folgendes heraus:

Doppel-Triangel für Direction:

I. 1. Son Eminence le Cardinal Benoît-Marie Langénieux.
2. Amand-Joseph Fava, Evêque de Grenoble.
3. Abel Germain, Evêque de Coutances.

II. 1. Le Père Bailly, Augustin de l'Assomption.
2. L.-M. Mustel, Chanoine d'Avranches.
3. L'abbé A.-G. de Bessonies.

Doppel-Triangel für Action:

I. 1. Gabriel-Jogand Pagès, dit Léo Taxil.
2. Femme Gabriel-Jogand Pagès, dite Mme Léo Taxil.
3. Dominic E. C. Margiotta, Franc-Maçon Converti.

II. 1. Charles D. Hacks, dit le Docteur Bataille.
2. Jehan Kostka [Jules Doinel].
3. A. B. Clarin de la Rive."[1]

---

[1] Revue Maçonnique 1895. p. 202 et suiv. Um Mißverständnissen vorzubeugen, bemerken wir ausdrücklich, daß uns die Absicht völlig

103. Alb. Pike's angebliche von Br.˙. Goblet gut=
geheißene Aufforderung zum Meuchelmord am Papst
Leo XIII. In demselben Schreiben an den Brüsseler Patriote
vom 4. October 1894, in welchem die soeben auf ihren wahren
Werth geprüfte Argumentation aus dem „Magier = Alphabet"
vorkommt, macht sich Taxil=Margiotta eines noch viel dreisteren
Schwindels schuldig. Er insinuirt nämlich auf Grund unquali=
ficirbarer litterarischer Mannöver mit aller nur wünschenswerthen
Deutlichkeit, der „Freimaurer=Papst" Alb. Pike habe gelegentlich
der Encyklika Humanum genus offen alle Freimaurer zum
Meuchelmord am Papst Leo XIII. aufgefordert, und Goblet habe
die Anschauungen Pike's gutgeheißen. Die betreffende Stelle
aus dem Briefe Taxil=Margiotta's lautet wörtlich:

„Goblet d'Alviella giebt sich heute, am Vorabend der Wahlen,
für einen bulbsamen Mann aus, der den Frieden mit der Kirche
will . . ., und schreit über Verleumdung, wenn man ihn als
erbitterten Feind der Kirche entlarvt, wenn man behauptet, daß
er ihr einen Haß bis auf den Tod geschworen hat. Und doch
sagte Br.˙. Goblet d'Alviella in einem Toast auf dem Sonnen=
wende=Fest vom 29. Juni 1884 mit Bezugnahme auf die Ency=
klika Humanum genus, indem er sich an die beim Bankett mit
großen Ehren empfangenen auswärtigen Brüder wendete:

„Sie wissen, erlauchte Brüder, daß die belgische Freimaurerei
im Kampfe, welchen unser Weltorden überall gegen die An=
maßungen der römischen Theokratie führt, eine Freimaurerei der
Vorhut ist. Und Sie sollen uns in diesem armen, der clericalen
Herrschaft ausgelieferten Lande nicht am Tag nach den letzten
päpstlichen Verleumbungen den Vorwurf machen können, daß wir
den gegen Alles, was wir lieben und erstreben, von den Lakaien
des Vaticans hingeworfenen Fehde=Handschuh nicht aufnehmen.
Denn, wenn wir den Krieg, und zwar einen Krieg bis auf
den Tod gegen diese Kirche wollen, so wollen ihn zu dem

---

fern liegt, die oben genannten Persönlichkeiten ins Lächerliche ziehen
zu wollen. Wir führten obige Stelle, wie schon in der Ueberschrift
hervorgehoben ist, lediglich an, um die Ungereimtheit der
Taxil'schen Argumentation aus den angeblichen palla=
distischen Ordens=Nummern und =Decknamen augenscheinlich zu machen.
Dies ist auch der in der Revue Maçonnique selbst zunächst beabsichtigte
Sinn der Stelle. Es soll in derselben gezeigt werden, daß sich mit
der Taxil'schen Methode Alles, auch das Absurdeste, beweisen läßt.
Thatsächlich erkennt die Freimaurer = Zeitschrift damit selbst an, daß
die von den genannten Persönlichkeiten hier entworfene Charakteristik
so unzutreffend ist, als nur immer möglich.

Zweck, damit wir unsern Grundsätzen, welche auch die Jhrigen sind, zum Siege verhelfen" (Bulletin du Grand Orient de Belgique 1884. No. 10, p. 51).

„Goblet d'Alviella behauptet, die von Pike und Lemmi ausgegebenen Weisungen nicht zu kennen und Pike und Lemmi selbst nie als Oberhäupter, als seine Vorgesetzten in der freimaurerischen Hierarchie betrachtet zu haben. Soeben haben wir aber die ganze Antwort gesehen, die er aus sich selbst auf die Encyklika Humanum genus gab. Der Bulletin du Supr. Conseil de Belgique desselben Jahres 1884 (Nr. 27, S. 90) brachte seinerseits auch nur Folgendes: Die Encyklika Humanum genus ist ein langes Schriftstück, welches auf uns keinen sonderlichen Eindruck machte; sie enthält gar nichts Neues; wir überlassen daher andern die Sorge, dieselbe zu erörtern. Und gleich nach diesen drei Zeilen geben die Brr.·. Van Humbeeck und Goblet d'Alviella im Wortlaut wieder: 1. Die officielle Antwort Alb. Pike's an Leo XIII., in welcher Pike als Papst des Alten und Angenommenen Schottischen Ritus für die ganze Welt spricht, und 2. den Artikel Lemmi's, des damaligen Hauptes des obersten Executiv-Directorium der Weltfreimaurerei.. Beide Documente bestehen ausschließlich aus Blasphemien ... Was aber das Stärkste ist, so hat der eben erwähnte Freimaurer Papst Pike, dessen freimaurerischen Briefen der Supr. Conseil von Belgien so hohen Werth beimißt, am 12. Juli 1887 ein Schreiben erlassen, in welchem er unverblümt zum Meuchelmord auffordert. Ich fordere hiermit Herrn Goblet heraus, mir nachzuweisen, daß ich mir am nachfolgenden Citate auch nur die geringste Aenderung erlaubt habe. Pike schreibt:

„Das Papstthum hat überall seine Milizen reorganisirt, „die Gesellschaft Jesu wieder erweckt und hergestellt. Das„selbe wird auch, wenn es das Temperament der Menschheit „nur irgendwie zuläßt, das heilige Officium (die Inqusition) „mit seiner fluchwürdigen Gewalt und seinem infamen Ver„fahren wieder aufrichten. Ueberall ist das Papstthum am „Werke, überall stiftet es im Dunkeln Verrath. Es führt „zwar keinen offenen Krieg gegen die Freimaurerei, aber es „macht ohne Unterlaß mit einem Eifer, der nie erkaltet, „seinen Einfluß gegen dieselbe geltend. Nichts auf der Welt „gleicht der so unbeschränkten, so absoluten Allgewalt des „römischen Papstes.

„Absolut unverantwortlich, über alle menschlichen Ge-

„jetze erhaben, keine Schranke achtend, weder der Ehre, noch
„der Redlichkeit, noch des Gewissens, noch der Güte, haßt
„der römische Papst die Freimaurerei mit einem niemals
„ruhenden, immer thätigen und auf Uebles sinnenden Hasse.
„Angesichts dieser geistlichen Klapper = Schlange, angesichts
„dieses Todfeindes und Verräthers, ist die vollständige Ein=
„heit der Freimaurerei geboten[1]), um uns den Triumph
„zu sichern, und vor dieser absoluten Nothwendigkeit ver=
„schwindet jede andere Rücksicht irgend welcher Art sofort".
(Bulletin officiel du Supr∴ Conseil∴ de Charleston,
tome VIII. p. 174 et 175.)

„Und damit kein Zweifel an seinem Befehl, auch vor
Verbrechen nicht Halt zu machen möglich sei, fügt der
sehr ehrwürdige Albert Pike weiter unten (S. 204, Linie 8,
9 und 10) bei: „Es wird noch eine geraume Zeit
verfließen, bevor es zuträglich sein wird, den
Freimaurern das Gefühl von der Unverletzlichkeit
des menschlichen Lebens beizubringen."[2]) [Il se
passera bien du temps avant quil soit, utile d'amener
les francmaçons au sentiment de l'inviolabilité de la
vie humaine.]

„Damit schließe ich. Für alle ehrenwerthen Leute ist
die Sache [der Freimaurerei] hiermit vor dem öffentlichen
Gewissen entschieden. Herr Goblet d'Alviella, Br∴ 697
oder, wenn man will, Herr Rian-Nebgrot, hätte viel klüger
daran gethan, in seinem Interesse Stillschweigen zu beob=
achten; denn ich glaube, daß alle unparteiischen Leser ein=
stimmig zugestehen werden: „Schweigen, wenn man Jemandem
gegenübersteht, der über Freimaurerei Alles[2]) weiß, ist klüger,
als Cynismus im Ableugnen von Allem".

---

[1]) Die Stelle heißt im Original: „In presence of this spiritual
„cobra di capello", this deadly, treacherous, murderous ennemy, the
most formidable power in the world, the unity of *Italian* Masonry
is of absolute and supreme necessity; and to this paramount and
omnipotent necessity *all minor* considerations ought to yield."
Diese Stelle findet sich in einem Brief Pike's an Timoteo Riboli,
33.∴, Groß=Commandeur des Turiner Supr. Conseil, vom 28. Dec. 1886.
Pike spricht sich in demselben zu Gunsten der eben abgeschlossenen
Einigung der italienischen Freimaurerei, bezw. der zwei Hauptgruppen
des italienischen Suprême Conseil, aus.

[2]) Im Original jetzt gedruckt.

„Genehmigen Sie, Herr Chef=Redacteur, meine hoch
achtungsvollsten und herzlichsten Grüße.

„Comm^r Prof^r Domenico Margiotta,

„Ex = 33e et J∴ P∴ S∴ D∴ 1394.[1]

„London, den 2. October 1894."

Hier sucht also Margiotta, bezw. Taxil, die Meinung zu
erwecken, als ob Pike alle Freimaurer zum Meuchelmord am
Papst aufgefordert habe. Dieses Manöver Margiotta's ist
wohl in innerem Zusammenhang mit dem offenbar auch rein
erdichteten Mordanschlag, welchen Sophia Walder, die Urgroß=
mutter des Antichrists auf den Papst Leo XIII. versucht haben
soll.[2] Eine „Enthüllung" sollte hier augenscheinlich die andere
„bestätigen".

Dr. Bataille hatte auch schon zu Anfang seines Diable
bereits angekündigt: „Ich werde weiter unten die erbauliche
Correspondenz zwischen der römischen Freimaurerei und dem
großen Oberhaupte Alb. Pike über die mehr oder weniger zweck=
dienlichen Mittel veröffentlichen, wie man sich Leo's XIII.,
eventuell durch einen Ueberfall auf den Vatikan und durch
Meuchelmord, entledigen könne. Diese Frage wurde wirklich
erörtert. Ich bin so glücklich, eine Abschrift der betreffenden
Briefe zu besitzen. Es wäre in der That schade, wenn man sie
nicht in die Oeffentlichkeit brächte."[3] — Bataille scheint indessen
dieses sein Versprechen nicht eingelöst zu haben. Wir wenigstens
vermochten die in Aussicht gestellten Briefe im Diable nicht zu
entdecken.

Was findet man nun, wenn man das Citat Margiotta's
aus Pike näher prüft? Es sind hier, als ob sie einem und
demselben Gedankengang gehörten, Abschnitte aus zwei ganz
verschiedenen Schreiben Pike's zusammengestellt, die nicht
einmal an eine und dieselbe Person gerichtet sind und auch
zeitlich ein halbes Jahr auseinanderliegen. Das erste dieser
Schreiben ist an Groß = Commandeur Riboli gerichtet und vom
16. December 1886 datirt; das zweite (nach Rosen[4]) vom
12. Juli 1887 datirte ist an den Rivalen Riboli, Abr. Lemmi
in Rom gerichtet.

---

[1] Revue Mensuelle 1894. p. 278 et suiv.
[2] Bataille, Le Diable II 818 et suiv.
[3] A. a. O., I 111.
[4] Wir übersahen es, uns das Datum des Briefes zu notiren
darum geben wir dasselbe nach Rosen an.

Was den Inhalt des Citats betrifft, so ist der erste Abschnitt desselben, obwohl (ohne daß dies durch Punkte angedeutet würde) Vieles, was im Original zwischen den angeführten Sätzen steht, ausgelassen ist, im Ganzen sinngetreu wiedergegeben. Nur an der Stelle, zu welcher wir den englischen Original=Text beisetzten, erlaubte sich der Verfasser offenbar absichtlich eine Fälschung des Textes. Im Original heißt es: „Angesichts dieser geistlichen cobra di capello . . . ist die Einheit der italienischen Freimaurerei absolute und höchste Nothwendigkeit und vor dieser dringenden und unabweislichen Nothwendigkeit müssen alle Rücksichten untergeordneter Bedeutung schwinden". Margiotta macht daraus: „Angesichts dieser geistlichen Klapperschlange ist die vollständige Einheit der Freimaurerei geboten, um uns den Triumph zu sichern, und vor dieser absoluten Nothwendigkeit verschwindet jede andere Rücksicht, welcher Art immer sie auch sein möge, sofort."

Die Art und Weise, wie Margiotta mit dem zweiten Theile des Citats verfuhr, ist ein litterarischer Unfug, wie er kaum größer und dreister gedacht werden kann. Die citirte Stelle ist einem Brief Pike's an Lemmi, als Großmeister des Großorients und Delegirten Groß=Commandeur des Supr. Conseil von Italien in Rom entnommen. Die Veranlassung des Briefes war ein vom Geschworenen=Gericht in New=York über eine Italienerin, Namens Chiara Cignarale, ausgesprochenes Todesurtheil. Da sich die öffentliche Meinung in Italien gegen dieses Urtheil auflehnte, kam es zu einer Intervention des italienischen Minister=Präsidenten durch den Gesandten in Washington. Lemmi 33.'. wandte sich seinerseits mit seinem Freunde Crispi 33.'. an seinen Amtsbruder A. Pike in Washington; fragte an, wie es möglich sei, daß die amerikanischen Freimaurer solche harte Urtheile nicht verhinderten, bezw. nicht auf die Abschaffung der Todesstrafe hinarbeiteten, und bat Pike um seine Unterstützung in der Angelegenheit. In seinem Antwortschreiben darauf führte Pike, nachdem er des Längern die Verhältnisse in den Vereinigten Staaten geschildert hatte, unter Anderm Folgendes aus:

„Ich habe Ihnen, mein Bruder, ausführlich geschrieben, um Sie völlig darüber aufzuklären, wie unnütz es wäre, beim Gouverneur die in Ihrem Briefe enthaltenen Erwägungen geltend oder den Versuch zu machen, die Freimaurer der Vereinigten Staaten für die Theorie der Abschaffung der Todesstrafe zu gewinnen.

„Der Hunger und die großen Epidemien fordern Jahr für

Jahr so zahlreiche Opfer, und nicht bloß die Monarchien und die Republiken, sondern auch die Bergwerks=Eigenthümer und Fabrikanten schätzen den Werth des menschlichen Leben so gering [nun folgt die von Margiotta mit Fettdruck hervorgehobene Stelle:], **daß es noch lange währen wird, bis es möglich werden wird, die Menschen oder selbst nur die Freimaurer in der Empfindung** (sentiment) **von der Unverletzlichkeit des menschlichen Lebens** oder in der Anschauung zu vereinigen, daß man sogar angesichts der schauerlichsten Verbrechen bei den schlimmsten Missethätern die Heiligkeit des menschlichen Lebens achten und eine Maßregel für sacrilegisch halten sollte, die darauf abzielt, diese Missethäter zu verhindern, daß sie Gräber mit den blutigen Leichen neuer Opfer anfüllen und dadurch zugleich eine noch größere Zahl von Wittwen und Waisen in Armuth stürzen.

„Ich erwidere Ihren Gruß mit aufrichtiger Bruderliebe. Möge unser Vater im Himmel Sie unter seine heilige Obhut nehmen.

„**Albert Pike,**

„**Groß=Commandeur.**" [1]

Margiotta verdreht also hier durch unwürdige litterarische Manöver den Sinn der entscheidenden Aeußerung Pike's, derentwegen er das ganze Citat anführt in einer Weise, daß der Anschein erweckt wird, als fordere Pike, der angebliche „Freimaurer=Papst", zum Meuchelmord an Leo XIII. auf, während er in der That nur dem Bedauern Ausdruck giebt, zur Rettung einer wegen großen Verbrechens zum Tode verurtheilten Italienerin Nichts thun zu können.

Thatsächlich hat Margiotta, bezw. Taxil, sein Hintermann, auch hier wieder nicht einmal das Verdienst der Originalität, bezw. der ersten Urheberschaft an dem „genialen" litterarischen Gaunerstück. Er hat, wie andere „sensationelle" [gefälschte] Citate, so auch das eben angeführte nur dem von ihm als Moïse Lid Nazareth verschrienen Paul Rosen [2] entnommen. Der ganze Unterschied des Rosen'schen Citats vom Taxil'schen besteht

---

[1] Official Bulletin of the Supreme Council of the 33d degree for the Southern Jurisdiction of the U. S. Gr∴ Or∴ of Charleston 1887, p. 190 ff. — Die angeführte Stelle findet sich auch in der Entgegnung Goblets d'Alviella's im Brüsseler Patriote vom 10. October 1894.

[2] P. Rosen, L'Ennemie Sociale 1890, p. 266 et suiv.

darin, daß in erſterem die Stelle, wo angeblich zum Meuchel=
mord aufgefordert wird, vorangeſetzt und mit den Worten ein=
geleitet iſt: „Pike fordert die Freimaurer offen zum Meuchelmord
auf. Denn er erklärte am 12. Juli 1887." Eine ganz un=
bedeutende Aenderung am Text der Roſen'ſchen Ueberſetzung
erlaubte ſich Taxil=Margiotta ferner noch am Schluſſe der Stelle
aus dem Brief an Riboli vom 16. December 1886. Roſen
hatte hier geſchrieben: „L'unité et le triomphe de la Franc-
Maçonnerie s'impose." Taxil=Margiotta machte daraus:
„L'unité complète de la Franc-Maçonnerie s'impose,
pour nous donner le triomphe." Der Originaltext
lautet, wie wir ſchon ſahen: „the unity of Italian Masonry
is of absolute and supreme necessity."[1] Von „Triumph"
iſt in letzterem gar nicht die Rede.

Es ſei uns geſtattet, noch eine andere höchſt charakteriſtiſche
Aeußerung Pike's aus demſelben Schreiben an Großcommandeur
Riboli in Turin hierherzuſetzen, die wirklich auf den Gedanken
bringen könnte, daß die Freimaurer wenigſtens halbe „Menſchen-
freſſer" ſein müſſen. Die Stelle lautet im Originaltext:

„The Papacy claiming divine powers by the virtue
of the pretended succession of its chiefs to the authorithy
equally pretended of the cowardly Apostle who denied
knowing his master and sealed the lie by an oath and of
whom Paul (the real author of much of the religion that is
now known as christianity) always spoke with contempt —,
this papacy has been for a thousand years the torturer
and curse of humanity, the most shameless imposture, in its
pretences to spiritual power, of all the ages.

„With its robes wet and reeking with the blood
of half a million human beings, with the grateful
odour of roasted human flesh always in its nostrils,
it is exulting over the prospect of renewed dominion. It
has sent all over the world its anathemas against constitutio-
nal government and the right of men to freedom of thought
and of conscience. It has excommunicated all the freemasons
in the world so that it would be no crime in its
eyes for a faithful Catholic to murder any one of us
without provocation. It has organized its militias
everywhere, revived and reinstated the order of Jesus;
and if the temper of Humanity will permit, it will revive
the holy office with all its ancient accursed powers and

---

[1] Official Bulletin. Charleston 1887, p. 173 et suiv.

infamous modes of procedure. Where ever republican
government exists, it is plotting and hatching against it,
encouraging revolts and disturbing, burrowing under and
undermining it unscrupulous and treacherous everywhere."

Vorstehende Stelle scheint, wie manche andere Aeußerungen
Pike's, wirklich zu bestätigen, was eine biographische Notiz in
der Chaine d'union (1879, p. 386) von ihm sagt, er habe
einem „Halbwilden", einem „Waldläufer" ähnlich gesehen. Pike,
der in der Hochgrab=Freimaurerei ziemlich allgemein als das
Ideal eines Freimaurers verehrt wird, kann auch als lebendige
Bestätigung der neuerdings unter großem Aufwand von Gelehr=
samkeit durch Dr. Katsch vertretenen These betrachtet werden,
nach welcher die Freimaurerei sich von der um 1604 gegründeten
Rosenkreuzer=Brüderschaft herleitet. Die Rosenkreuzer
wurden nämlich hauptsächlich zu dem Zwecke in's Leben gerufen,
um das Papstthum zu stürzen und die Jesuiten zu
bekämpfen. Vgl. Dr. Ferd. Katsch, Die Entstehung und
der wahre Endzweck der Freimaurerei auf Grund der Original=
Quellen. Berlin. (E. S. Mittler u. Sohn 1897, S. 164 ff.,
132, 184 ff.

Nebenbei bemerkt giebt sich der „gelehrte" Pike in der an=
geführten Stelle auch wissenschaftlich arge Blößen. Seine Aus=
führungen können weder vor der biblischen noch vor der geschicht=
lichen und kirchenrechtlichen Wissenschaft bestehen. Wenn er
wirklich glaubte, daß die päpstliche Excommunication gleichbedeutend
sei mit der Vogelfrei=Erklärung, dann begreifen wir seine Auf=
regung. Denn wozu ist ein Mensch, dem sein Leben theuer ist,
im Irrwahn, daß ihm das Messer an die Kehle gesetzt sei, nicht
fähig?

Die ganze Angst=Comödie, in der auch der „ungekrönte
König der Hochgrade" — so nennt Br.·. Findel den Groß=
commandeur Pike — als handelnde Person eine Rolle spielt,
stellt sich demgemäß folgendermaßen dar: „Miß Vaughan",
die angebliche antifreimaurerische Helden=Jungfrau lebt in töbt=
licher Angst vor dem Dolche des „Freimaurer=Papstes" in einem
unauffindbaren Schlupfwinkel verkrochen, bis sie endlich, Dank
den Angriffen ihrer Gegner zur erlösenden Einsicht kommt, daß
nicht die Verborgenheit, sondern die größtmögliche Oeffentlichkeit
ihre sicherste Schutzwehr sei. Der angebliche Freimaurer=Papst,
der Generalissimus der Freimaurerei der Welt, der auch körper=
lich riesenhafte, mehr als sechs Fuß hohe Großcommandeur
Pike, die Vogelscheuche, mit welchem die Firma Taxil die anti=
freimaurerische Welt schon Jahre in Schrecken zu setzen suchte,

ist nach seiner eigenen Versicherung wieder in Aufregung über die vermeintlich vom Papste über die Freimaurerei ausgesprochene Aechtung. Er sieht so viele Dolche gegen sich gezückt, als es gläubige Katholiken in der Welt giebt. Taxil-Margiotta enblich sucht wieder die Meinung zu erwecken, daß Alb. Pike, der sich selbst durch Papst Leo XIII. an Leib und Leben bedroht wähnt, alle Freimaurer der Erde aufgefordert habe, einen Ueber= fall auf den Vatican zu machen und den wehrlosen Priestergreis auf dem Stuhle Petri kurzer Hand aus der Welt zu schaffen.

104. **Die dreifache Herausforderung.** Der eben analysirte Artikel des Patriote vom 4. October hatte eine neue Berichtigung Goblet d'Alviella's vom 8. October zur Folge, deren wichtigere Stellen lauten, wie folgt:

„1. Es ist falsch, daß in Belgien irgendwelche freimaurerische Verbände bestehen außer dem modernen und dem schottischen Ritus.

„2. Es ist falsch, daß diese Verbände „palladistische" Ver= einigungen in sich fassen, oder Logen, die „Triangel" genannt werden. Die Ausdrücke „Palladismus" und „Triangel", als Bezeichnungen für freimaurerische Vereinigungen, sind in der bel= gischen Freimaurerei gänzlich unbekannt.

„3. Es ist falsch, daß irgend ein belgischer freimaurerischer Verband ein Oberhaupt oder Oberhäupter im Ausland hat oder je gehabt habe; wir überlassen so etwas den Jesuiten.

„4. Es ist falsch, daß Lemmi oder irgend Jemand anders sich Oberhaupt der gesammten Freimaurerei nennt. Lemmi ist Oberhaupt des schottischen Ritus in Italien und beansprucht auch nicht, mehr zu sein. Seine maurerische Gewalt reicht nicht darüber hinaus.

„7. Es ist falsch, daß ich jemals „Patriarche Émérite", Präsident eines „Triangels", oder „Provincial=Groß=Meister" einer „Triangel=Provinz" war. Ich muß beifügen, daß alle ge= nannten Titel nur für die Bedürfnisse dieser Polemik erfunden sind, wie Sie selber ganz gut wissen.

„8. Es ist falsch, daß ich jemals in Sachen Ihrer sogen. palladistischen Freimaurerei, die mit ihren „höllischen Flammen" und ihrem „Satanismus" nie anders, als in der Einbildungs= kraft unglücklicher hysterischer Damen oder gelbgieriger Mystifi= catoren existirt hat, auch nur eine Linie geschrieben oder ein Wort gesprochen habe.

„9. Es ist falsch, daß meine Unterschrift in irgend einem Documente durch eine Zahl ersetzt worden sei. Es ist mir sehr willkommen, zu vernehmen, daß mein Name nach dem Alphabet der Magier von Alexandria sich mit der Zahl 697 deckt. Derartige Geduldsspiele sind aber in unserer Freimaurerei nicht in Uebung. Wenn die Sekretariate unserer zwei Riten [Großorient und Suprème Conseil] die respectiven Benennungen Monj. Nebgrot und Monj. Celpes tragen, so ist das eine Bezeichnung, die sie von Anfang ihres Bestehens führen und die nichts mit der Vertheilung von Zahlen an einzelne Mitglieder zu thun hat . . . Ich weiß nicht, ob man die vorgeblichen Documente, auf welche Sie Ihre Angriffe stützen, theuer bezahlt hat. Gewiß sind dieselben aber recht werthlos." Und nun folgt als Beispiel die Besprechung des Pike'schen Citats.[1])

Auf diese Erwiderung gab Margiotta keine Antwort mehr. In derselben Nummer des Patriote, in welcher dieselbe erschien, wurde aber auch eine bereits vom 6. October aus London datirte dreifache öffentliche Herausforderung Margiotta's an Goblet d'Alviella abgedruckt, die später von der Taxil'schen Firma zugleich als die durchschlagendste Antwort auf die Aeußerungen Goblets überhaupt ausgegeben wurde. Da diese dreifache Herausforderung und das Stillschweigen, welches Goblet d'Alviella derselben entgegensetzte, von Taxil, Margiotta, „Miß Vaughan" und andern Vertheidigern der „Enthüllungen" oft als entscheidende und unzweifelhafte Bestätigung dieser „Enthüllungen" in's Treffen geführt wurde, müssen wir dieselbe einer eingehenderen Prüfung unterziehen.

Die Herausforderung beginnt mit den Worten:

„Da Herr Goblet als Vorkämpfer der Hoch-Freimaurerei auftritt, indem er die Existenz eines solchen über allen Riten stehenden Systems und seine internationale Organisation unter der augenblicklichen Leitung Adriano Lemmi's hartnäckig ableugnet, so ist es nach meiner Ansicht am Platze, ihn in die Enge zu treiben und eine öffentliche Auseinandersetzung mit einer ernsthaften Sanction zu veranlassen, damit von nun an alle Welt wisse, wer die Wahrheit sagt und wer lügt. Warum hat sich der ausgediente Patriarch der belgischen Hochmaurerei hervorgewagt. Jetzt steht ihm nicht mehr das Recht zu, der Auseinandersetzung aus dem Wege zu gehen.

„Die Ableugnungen Herrn Goblet's lassen sich in folgende Punkte zusammenfassen:

„Erstens leugne ich, daß die belgische Freimaurerei nicht

absolut unabhängig sei. Ich leugne, daß sie in irgend einer Weise irgend einer auswärtigen maurerischen Behörde untergeordnet sei. Ich leugne, daß sie direct oder indirect von irgend einer extra = nationalen maurerischen Macht geleitet oder beeinflußt werde.

„Zweitens leugne ich das und verlange Glauben für diese meine Ableugnung, weil ich erkläre, daß die Sache sich so verhalte und daß Herr Margiotta das Gegentheil nicht beweisen könne."

„Angesichts dieser auf ihren kürzesten Ausdruck gebrachten Ableugnungen Herrn Goblet's mache ich mich anheischig, Herrn Goblet zur Capitulation und zum öffentlichen Geständniß zu zwingen, daß er bei seiner Ableugnung gelogen hat. Zu diesem Zwecke stelle ich drei Thesen auf, von denen zwar eine jede von den beiden andern verschieden ist, jedoch andererseits wieder mit ihnen in unzertrennbarem Zusammenhange steht. Für jede These mache ich einen Einsatz von 10,000 Frcs. Herr Goblet · d'Alviella hat gleichzeitig einen ebenso hohen Einsatz zu machen. Die Entscheidung soll bei einem aus drei Personen stehenden Schiedsgericht stehen, welches zu seinen Mitgliedern weder einen Freimaurer noch einen jener Katholiken zählt, die man in der Freimaurerei als Clericale zu bezeichnen pflegt. Dieses Schiedsgericht wird also aus notorisch unparteiischen und beiden Theilen genehmen Persönlichkeiten zusammengesetzt sein. So erkläre ich schon jetzt, für dasselbe einen rechtlich und billig denkenden Socialisten, der weder des Clericalismus noch der Zugehörigkeit zur Freimaurerei verdächtig ist, anzunehmen. Zwei andere anerkanntermaßen unbefangene Schiedsrichter werden sich leicht finden lassen."

Hierauf folgen die drei Thesen. Dieselben lauten im Wesentlichen:

Erste These. „Goblet d'Alviella kann in seinen Aeußerungen, die er als Freimaurer im Interesse der Freimaurerei thut, keinen Glauben beanspruchen. Ich mache mich anheischig, zu beweisen, daß, wenn ein Freimaurer als Freimaurer vor dem profanen Publicum spricht, — sein Wort nicht der Ausdruck der Wahrheit ist. Diesen Beweis will ich durch Feststellung von hundert öffentlichen freimaurerischen Lügen über vergangene Dinge erbringen. Für diese Feststellung werde ich mich öffentlicher officieller Erklärungen der Freimaurerei sowohl der belgischen als derjenigen anderer Länder bedienen — das freimaurerische Princip ist ja, wie Herr Goblet beim Sonnenwende-Fest im Juni 1884 selbst erklärt hat, überall das gleiche —.

Ich werde so an hundert verschiedenen Fällen, welche Dinge betreffen, die an der Hand der von mir anzugebenden, im Besitz des gegnerischen Theiles befindlichen freimaurerischen Documente leicht auf ihre Wahrheit geprüft werden können, beweisen, daß die Freimaurer, die diese Erklärungen abgaben, hundert Mal gelogen haben.

„Erklärt das Schiedsgericht, daß ich nicht im Stande war, an 100 Fällen diesen ersten Punkt zu beweisen, so sollen meine 10,000 Frcs. Herrn Goblet d'Alviella zufallen. Erklären sich die Schiedsrichter aber im Gegentheil zu meinen Gunsten, so soll Herr Goblet seine 10,000 Frcs. verloren haben."

Zweite These mit dem gleichen beiderseitigen Einsatz von 10,000 Frc.: Der Supr. Conseil von Belgien, dessen stell= vertretender Groß=Commandeur Herr Goblet d'Alviella ist, steht in Wirklichkeit unter einer ausländischen höhern geheimen Executiv=Gewalt, deren Entscheidungen für ihn bindend sind. Diese Executiv=Gewalt ist der schweizerische Supr. Conseil in Lausanne. Die belgische Freimaurerei hat, also insofern sie das Schottische System ausübt, wirklich eine aus= ländische freimaurerische Behörde über sich, vor deren Ent= scheidungen sie sich, wenn sie nicht Gefahr laufen will, von allen Suprêmes Conseils boycottirt zu werden, beugen muß.

Dritte These (Gleicher Einsatz): Die Behauptung Herrn Goblet's, daß er vom Palladismus Nichts wisse, ist „eine dreiste Lüge". Die belgische Freimaurerei ist in ihrem Supr. Conseil nicht nur vom schweizerischen Supr. Conseil in Lausanne abhängig, sondern sie ist auch „in Folge der innern höhern Organisation der Triangel die Vasallin und Untergebene des höchsten dogmatischen Directoriums der Welt= freimaurerei, welches bis zum 20. September 1893 in Charleston und seither im Borghese zu Rom seinen Sitz hat". So ist die belgische Freimaurerei im Widerspruch mit den Behauptungen Herrn Goblet's zweifach und auf zweierlei Art einer auswärtigen Freimaurerei untergeben.

„Bei diesem dritten Punkt hat mein Gegner freilich den Vor= theil aller schlauen Vorsichtsmaßregeln für sich, die ergriffen worden sind, um die Existenz des höchsten Ritus selbst vor den nicht in dieses letzte System eingeweihten Hochgrad=Mitgliedern der officiellen Riten zu verbergen. In der That haben die Stifter des höchsten Ritus, die Brr.˙. Pike und Mazzini, welche in Organisation geheimer Verbindungen sehr erfahren waren, ihre ganze erfinderische Einbildungskraft und ihren ganzen machia= vellistischen Scharfsinn angewandt, um Denjenigen, welche Nach=

forschungen darüber anstellen wollten, alle möglichen Hindernisse entgegenzustellen und sie auf falsche Fährten zu bringen. Auch ist mit den rein palladistischen Documenten kaum Etwas zu beweisen, weil dieselben, nach der Absicht der Palladisten selbst, nicht das Aussehen gewöhnlicher freimaurerischer Documente haben. Sie sind mit Siegeln versehen, die nichts besonders Maurerisches haben, sie sind ferner beinahe sämmtlich mit Zahlen oder mit palladistischen, kabbalistischen oder selbst phantastisch-fremdartigen Pseudonymen, anstatt mit den wirklichen Namen gezeichnet. Herr Goblet wird deshalb vor den Schiedsrichtern mit Erfolg geltend machen können, daß das alles nur Schwindel sei. Trotz aller dieser Schwierigkeiten behaupte ich aber, daß ich meinen Gegner dennoch auch hinsichtlich der palladistischen Hochmaurerei überführen werde. Und zwar werde ich die diesbezügliche These aus gewissen Documenten beweisen, die vom Supr. Conseil von Belgien selbst ausgestellt oder doch in seinem Besitze sind. Um mich über die Art und Weise näher zu erklären, wie ich meinen Beweis zu liefern gedenke, will ich nur zwei Beispiele namhaft machen:

„1. Während in den meisten andern Ländern, die für die höchste Einweihung bestimmten Brüder nur vom 30. oder Kadosch-Grad an, also unter den Mitgliedern des Areopags ausgewählt werden, wählt man sie in Belgien, wo der Palladismus schon seit langer Zeit sehr entwickelt ist, schon vom 18. oder Rosen-kreuz-Grad an, also unter den Capitel-Mitgliedern aus. So kommt es, daß man viele belgische Rosenkreuzer-Breven oder -Diplome trifft, welche die Formel enthalten: A la gloire du Grand Architect de l'Univers, Par Les Nombres 77 à Nous Seuls Connus. 77 ist aber eine palladistische Zahl, und ich fordere Herrn Goblet auf, dieselbe in rein maurerischem Sinne, d. h. im Sinne des Schottischen Systems allein und ausschließlich zu deuten.

„Die wahre Erklärung ist folgende: Die Zahl 77 ist eine heilige Zahl, weil sie das Vielfache der ebenfalls heiligen Zahlen 7 und 11 ist. Die Zahl 7 ist heilig, weil der unaussprechliche Name des Großen Weltenbaumeisters, der nur in den Triangeln mitgetheilte Namen Lucifer sieben Buchstaben hat. Der Name 11 ist ebenfalls heilig, weil er in kabbalistischem Sinne das En-soph und die zehn Sephirot sinnbildet, deren maurerische Incarnationen auf Erden der Papst der Welt-Freimaurerei und die zehn Patriarchen des Durchlauchtigsten Groß-Collegiums der Ausgedienten Maurer sind, unter welchen sich seit dem 29. September 1893 unter der Bezeichnung Malkuth auch Herr Goblet b'Alviella befindet. Die Zahl 77 ist endlich dreimal heilig, weil sie nach dem Buch Apadno die Zahl der himmlischen Hierarchie ist. Zu Ehren dieser Zahl ist die höchste Administrativ-Eintheilung der Hochmaurerei in 77 Triangel-Provinzen eingeführt worden.[1]

„Herr Goblet b'Alviella hat den Schiedsrichtern die gedruckten Diplome des Supr. Conseil von Belgien für die belgischen Rosenkreuzer vorzulegen. Man wird dann feststellen, daß diese Documente wirklich die erwähnte Formel enthalten, und sehen, ob Herr Goblet eine andere Erklärung davon geben kann, als die von mir angedeutete.

„2. In jedem Suprème Conseil giebt es ein doppeltes Goldenes Buch, in welches alle Brüder eingetragen werden, die einen über den 3. (Meister-) Grad hinausliegenden Grad erhalten. Ein Exemplar dieses Buches befindet sich in den Händen des Souveränen Groß-Commandeurs, das andere dient dem Großkanzler - Großsekretär, der die Eintragungen vornimmt. Als Grund für diese doppelte Buchführung schützt man vor, daß man damit der möglichen Gefahr einer Vernichtung desselben durch Feuersbrunst oder durch einen andern Unfall begegnen will. In Wahrheit ist der Zweck des zweiten Registers, in welchem die Uneingeweihten keinerlei Unterschied vom ersten entdecken können, ... diejenigen Mitglieder zu kennzeichnen, die überdies noch Palladisten sind." Der Groß-Commandeur ist nicht immer Palladist, wohl aber der von einer Mutter-Loge (Lotus) anerkannte Großkanzler. Ein „in permanenter Mission befindlicher General - Inspector des Palladismus erkennt nun im Goldenen Buch des Supr. Conseils die Hochgradler des Ritus, die insgeheim noch Mitglieder der Triangel sind, an folgenden Merkmalen: Hat der Großsekretär eine liegende Handschrift, so kennzeichnet er die Palladisten dadurch, daß er irgend einen der Buchstaben des Vornamens mehr aufrecht schreibt. Er wählt den Buchstaben aus, der sich am Besten zu dieser für uneingeweihte Brüder gar nicht bemerklichen Kennzeichnung, die möglichst unauffällig sein soll, eignet. Hat der Großsekretär eine aufrecht stehende Schrift, so giebt er ebenso einem der Buchstaben eine mehr liegende Form. Wie man sieht, ist diese Markirung sehr einfach, aber höchst charakteristisch ...

„Herr Goblet hat dem Schiedsgericht das Goldene Buch Nr. 2 des Supr. Conseil von Belgien vorzulegen. Die in

---

[1] Ueber die Zahlen 77 und 666 handelt auch Bataille sehr ausführlich. Vgl. Bataille, Le Diable etc. I. 486; II. 603, 897, 928.

dem eben angegebenen Sinne belehrten Schiedsrichter werden
hierauf feststellen, daß eine gewisse Anzahl Namen auf die eben
bezeichnete Art eingetragen sind. Wir wollen dann sehen, ob
Herr Goblet d'Alviella eine andere befriedigende Erklärung dieser
zwar unbedeutenden, aber doch nicht zufälligen Verschiedenheiten
der Eintragung geben kann. Ich behalte mir vor, den Schieds=
richtern an die Hand zu gehen, um sie noch, immer mit Hilfe
der Documente des belgischen Supr. Conseil selbst,
auf weitere Punkte aufmerksam zu machen. Denn man soll
nicht sagen können, daß ich unfaßbare Beweise zur Erörterung
bringe.“

Margiotta, bezw. Taxil, fährt dann fort: „Die Bezeichnung
der drei Schiedsrichter überlasse ich Ihnen, Herr Hauptredacteur…
Es wird Ihnen ein Leichtes sein, sich mit Herrn Goblet, wenn
er meine Herausforderung annimmt, über die Wahl der Persön=
lichkeiten zu verständigen. Sobald sie mit ihm eins geworden
und die Schiedsrichter beiderseits als völlig unparteiisch genehmigt
sind, werde ich nach Brüssel kommen, wo dann die Sitzungen
des Schiedsgerichts sofort beginnen können. Ich werde vor dem=
selben in Begleitung einer andern mir zur Seite stehenden
Person[1]) erscheinen, deren Gegenwart Herrn Goblet unzweifel=
haft mehr Ueberraschung, als Vergnügen bereiten wird.

„Für die erste These wird vielleicht mehr als eine Sitzung
erforderlich sein, bis ich die Freimaurerei hundert flagranter
Lügen über vergangene Dinge überführt habe, es sei denn,
daß die Schiedsrichter die Sache schon vorher für
genügend bewiesen erklären.[2]) Für die beiden andern
Thesen wird je eine Sitzung genügen. Wohlverstanden, wird
nichts, was im Laufe dieser Sitzungen nachgewiesen wird, geheim
gehalten werden. Ich meinerseits fürchte die Oeffentlichkeit für
Alles, was ich vorzubringen und zu beweisen habe, nicht. Der
dreifache Urtheilsspruch soll zur Kenntniß des Publicums gebracht
werden. Die Blätter der verschiedenen Richtungen sollen berechtigt
sein, Berichterstatter zur Verhandlung zu entsenden, um nach
Gutdünken, was beiderseits vorgebracht werden wird, veröffent=
lichen zu können.

„Sicher, vor dem Schiedsgericht mit Glanz zu siegen, über=

---

[1]) Hier ist wahrscheinlich auf Taxil, bezw. „Miß Vaughan“, angespielt.

[2]) Margiotta hätte es in Folge dieser Bedingung in der Hand
gehabt, die Verhandlungen eventuell in's Unbegrenzte hinauszu=
ziehen, falls er nicht Recht erhielt und so einen Spruch zu seinem.
Ungunsten zu verhindern.

weise ich schon jetzt die Herrn Goblet abgewonnenen 30,000 Frcs. der Assistance publique von Brüssel. Herr Goblet hinwieder möge, wenn er die gleiche feste Zuversicht hat, mich zu über führen, ohne Zaubern dieselbe Verpflichtung hinsichtlich meines Einsatzes übernehmen. Auf diese Weise wird die Sache auf geklärt und werden, wer immer unterliegen möge, aus der Auseinandersetzung die Armen Nutzen ziehen.

„Empfangen Sie, Herr Hauptredacteur, den Ausdruck meiner Ergebenheit und meine herzlichsten Grüße.

„Prof. Commandeur Margiotta.

„P. S. Ich bitte die antifreimaurerischen Blätter anderer Länder, meinen Brief gefälligst zum Abdruck zu bringen. Denn was für Belgien wahr ist, ist es auch überall. Die so durch das freche und unkluge Dementi des Herrn Goblet d'Alviella hervorgerufenen Enthüllungen werden in allen Punkten auch auf die Freimaurerei der verschiedenen Länder ihre Anwendung haben. D. M." [1]

105. Kritische Bemerkungen zu dieser Heraus forderung. Man wird nicht umhin können, in vorstehendem Document die Gewandtheit zu bewundern, mit welcher darin, namentlich mit Rücksicht auf das belgische Publicum, auf welches das Manöver zunächst berechnet war, operirt wird. Diese Be wunderung kann aber den Eindruck nicht verhindern, welchen das Actenstück auf jeden mit den Verhältnissen vertrauten Beurtheiler sofort machen muß, daß diese Gewandtheit hier im Dienste der Unwahrheit steht. Die hinterlistige Schlauheit, welche sich über all kundgiebt, kann denselben im Gegentheil nur verstärken.

Zum Inhalt der Herausforderung ist zu bemerken, daß die erste These allerdings Aussichten hatte, bewiesen werden zu können. Wahrscheinlich hätte dieselbe indeß zu endlosen Debatten geführt. Goblet konnte sich schon deshalb nicht darauf einlassen, weil er dadurch sich selbst und die Freimaurerei vor der Oeffentlichkeit höchst lächerlich gemacht haben würde.

Die zweite These war thatsächlich falsch. Einige Suprêmes Conseils, unter welchen sich der französische, italienische, ungarische, portugiesische, schweizerische und belgische befanden, waren aller dings auf dem Tage zu Lausanne 1875 zu einer Art Allianz zusammengetreten, welcher nach den Beschlüssen des Convents bis zur nächsten Versammlung immer der Suprême Conseil des Landes, in dem die letzte General-Versammlung der alliirten

---

[1] Le Patriote. 10. Octobre 1894. Troisième édition.

Supr. Conseils abgehalten worden war als Exrecutiv-Behörde zur Wahrung der gemeinsamen Interessen vorstehen sollte.[1] Schon auf dem Tag zu Lausanne selbst machten sich indessen bedeutende Meinungsverschiedenheiten geltend. Insbesondere erhob der Vertreter des schottischen Supr. Conseil, Mackersy, gegen manche Beschlüsse schwere Bedenken. Pike klagte den Congreß offen an, daß derselbe viel zu weit gegangen sei.[2] Die Unzufriedenheit stieg noch, als der Lausanner Supr. Conseil in seiner Eigenschaft als „Exrecutiv-Behörde" der verbündeten Supr. Conseils wiederholt bedeutende Mißgriffe that. So zerfiel der förderative „Bund" bald wieder. Der belgische Supr. Conseil zog sich mit Beschluß vom 22. October[3] mit einer Erklärung 27. October 1880[4] formell von der „Föberation" zurück und verharrte trotz der Gegenvorstellungen des Supr. Conseil von Lausanne bei seinem Beschlusse.[5] „Die Exrecutiv-Behörde des Convents von 1875", so motivirte er seine Haltung, „hat sich eine Gewalt angemaßt, die ihr nicht zukam. Es liegt in der Natur derartiger Körperschaften, daß sie ihre Amtsbefugnisse, ihre Autorität erweitern. Sie machen einen Uebergriff nach dem andern, bis sie schließlich eine herrschende Stellung einnehmen."[6] Trotzdem aber die zweite These offenbare Blößen darbot, so konnte eine eingehende Discussion derselben doch für Goblet ihr Unangenehmes haben. In jedem Fall hätten die logenfeind- lichen Blätter mit einem gewissen Anschein von Recht auf die frühere Abhängigkeit des Supr. Conseil von Belgien von einer ausländischen Freimaurer-Behörde hinweisen können.

Die dritte These endlich enthielt Bedingungen, die allem Anschein nach überhaupt nicht erfüllt werden konnten. Vielleicht exristirten die Urkunden, auf welche Margiotta seine Beweise stützen zu wollen vorgab, überhaupt nicht einmal. Hätte Goblet erklärt, daß diese Documente nicht vorhanden seien, so hätte man ihm eventuell geantwortet, sie seien wohl vorhanden, er wolle nur nicht damit herausrücken und hätte eventuell irgend ein gefälschtes Actenstück oder einen sophistischen Beweis vor- gelegt, um dies glaubhaft zu machen. Die Punkte, auf welche

[1] Bulletin des travaux du Supr. Conseil de Belgique 1875, p. 69 et suiv.; 136 et suiv.
[2] Bulletin des travaux du Supr. Conseil de Belgique 1876, p. 32.
[3] A. a. O., S. 193.
[4] Official Bulletin etc., Charleston 1881, p. 404 ff.
[5] Bulletin des travaux du Supr. Conseil de Belgique 1882, p. 178 et suiv.
[6] A. a. O., 1881, S. 182.

Margiotta im Besondern Nachdruck legte, die Zahl 77 und die
etwas, jedoch fast unmerklich schiefer oder aufrechter stehenden
Buchstaben, sind derart, daß man den Eindruck gewinnt, der
Verfasser der Herausforderung hätte sich über Goblet und
die Leser, die so etwas ernst nehmen, nur lustig machen wollen.
Auch das Schiedsgericht hätte bei einer Verhandlung über solche
kindische, unfaßbare Dinge, eine lächerliche Rolle spielen müssen.
    Dem ganzen Actenstück merkt man den Stil und die Art
Taxil's recht deutlich an.   Taxil wäre es auch wohl gewesen, der vor dem Schiedsgericht, wenn es zur Verhandlung
gekommen wäre, Margiotta zur Seite gestanden haben würde.
In der Broschüre Miss Vaughan et Mons. Margiotta behauptet
zwar „Miß Vaughan": „Herr Margiotta richtete auf meine
Veranlassung hin die bekannte . . . dreifache Herausforderung
an Goblet d'Alviella . . .   Ich ließ Herrn Margiotta melden,
daß die 30,000 Frcs., deren er bedurfte, für den Fall der Annahme der Herausforderung seitens Goblets ihm sofort zur Verfügung stehen würden. Ich versprach ihm auch, mit ihm nach
Brüssel zu gehen, um den dreisten Ableugner zu überführen.
Goblet, der wohl vermuthete, daß ich hinter Margiotta stehe,
wich indessen zurück."[1]   Nimmt man mit Denen, welche an die
dieser Person zugeschriebene Rolle nicht glauben, an, daß für
gewöhnlich Taxil unter dem Namen „Miß Vaughan" geschrieben
hat, so enthält die eben angeführte Stelle nur eine Bestätigung
unserer Anschauung.

    106. Eine ebenso windige Herausforderung Taxil's
an Adriano Lemmi vom 5. Januar 1892. In der
Revue Mensuelle wird berichtet, Leo Taxil habe am 5. Januar
1892 im Osservatore Cattolico in Mailand eine ähnliche Herausforderung mit einem Einsatz von 50,000 Francs an den italienischen Großmeister Adriano Lemmi gerichtet. Anlaß zu dieser
Herausforderung war ein in Logenblättern über die Frage geführter Streit, ob Pius IX. je der Freimaurerei angehört haben
solle.   In der Revue Mensuelle wird die Sache so dargestellt,
als ob Lemmi durch diese Herausforderung „gezwungen"
worden sei, im Mailänder Secolo am 8. Januar öffentlich zu
erklären, daß jene Behauptung, betreffend die einstige Logen-
Zugehörigkeit Papst Pius IX., falsch sei.[2]
    Thatsächlich riskirte Leo Taxil natürlich auch mit dieser
Erklärung nicht das Mindeste. Er trug auch in Wirklichkeit nichts

---

[1] Miss Vaughan et Mons. Margiotta. p. 10.
[2] Revue Mensuelle 1894. p. 75.

zur Aufklärung der Frage selbst bei. Denn dieselbe galt in allen ernsthafteren Logenzeitschriften, wie L. Taxil wohl bekannt gewesen sein dürfte, längst als erledigt. Wir verweisen nur beispielsweise auf die officielle italienische Logenzeitschrift La Rivista della Massoneria Italiana 1882, p. 377. 379. Im Jahrgang 1885 (S. 267 ff.) hatte dieselbe Zeitschrift erklärt: Die Behauptung, daß Pius IX. Freimaurer gewesen sei, ist „absurd“. Die dafür beigebrachten Documente sind Fälschungen. „Das beste Mittel, sich gegen seine eigenen Gegner stark zu machen, ist, sich im Kampfe gegen dieselben nie falscher Angaben zu bedienen.“

Daß Lemmi auf die in Nr. 9252 (6. und 7. Januar 1892) des Mailänder Secolo aus dem Osservatore Cattolico ab=gedruckte „Großsprecherei“ Taxil's hin eine öffentliche Erklärung abgab, ist richtig.

Die Erklärung hat folgenden Wortlaut:

„An den Haupt=Redacteur des Secolo in Mailand.

„Mit Bezug auf den Artikel, welchen ich in Nummer 9252 Ihres Blattes lese, bitte ich Sie, um allen Schwätzereien ein Ende zu machen, Folgendes zu veröffentlichen: Am 12. December des abgelaufenen Jahres richtete die Kanzlei des Großorients von Frankreich telegraphisch die Frage an mich, ob ich Beweisstücke dafür besitze, daß Pius IX. Frei=maurer gewesen war. Die Kanzlei des Großorients von Italien ertheilte in meinem Auftrag folgende Antwort:

„Es ging immer das Gerücht, daß Pius IX. der Carbonari= oder Freimaurer=Verbindung angehöre. Es gelang uns indessen nie, ein ernsthaftes Document ausfindig zu machen, welches seine Eigenschaft als Mitglied sei es der Venten sei es der Logen beweisen könnte. So fallen alle Insinuationen der Clericalen und der Renegaten in Nichts zusammen. Adriano Lemmi, Großmeister der italienischen Freimaurerei.“ [1]

Auch aus dem Documente, auf das sich Taxil selbst beruft, geht also deutlich hervor, daß es sich bei seiner Herausforderung im Mailänder Osservatore Cattolico nur um einen Theater=Coup handelte. Denn die vom italienischen Großorient Mitte December 1891 an den französischen Großorient ertheilte Aus=kunft war Anfangs Januar 1892 wohl sicher zu Taxil's Kenntniß gekommen.

---

[1] Rivista della Massoneria Italiana 1892. p. 14.

107. **Eine weitere Windbeutelei Taxil-Margiotta's
in der Angelegenheit.** Goblet d'Alviella ließ thatsächlich
die Herausforderung unbeantwortet, wie die Firma Taxil seine
letzte Erklärung, wo die Fälschung der Pike'schen Schreiben
nachgewiesen war, unbeantwortet ließ. In den bald nachher
erfolgten Wahlen fiel Goblet mit der ganzen liberalen Liste in
Brüssel durch. Wie die Firma Taxil gewöhnlich Ereignisse, die
sich dazu eigneten, nach Kräften für ihre Zwecke auszubeuten
verstand, so that sie es auch hier. Die Herausforderung, bezw.
die Nicht-Annahme derselben, wurde als entscheidender Sieg über
die Freimaurerei und als glänzende Bestätigung der „Enthüllungen"
über den Palladismus gefeiert und von einem großen Theile des
Publicums auch wirklich betrachtet.[1] Selbst am Ausfall der
belgischen Wahlen zu Gunsten der Katholiken schrieb die Firma
sich das Hauptverdienst zu. Margiotta erklärt diesbezüglich:
„Die Leser, welche meine heiße Preß-Polemik gegen den gewesenen
Senator Graf Eugen Goblet d'Alviella . . . . . verfolgt haben,
werden sich noch erinnern, daß der von mir im Patriote und
National von Brüssel gegen ihn eröffnete Feldzug, bezw. meine
Enthüllungen über den Satanismus des Candidaten,
welcher in der Hoch-Maurerei unter dem Namen Malkuth die
Stelle des belgischen ausgedienten Patriarchen bekleidet, ihn
mit allen andern freimaurerischen Candidaten zu
Fall gebracht haben."[2]
Margiotta holt dann noch folgende Geschichte aus jener
Wahlcampagne nach, die wohl geeignet ist, letzte etwaige Zweifel
über sein ganzes Auftreten in jener Angelegenheit zu zerstreuen:
„Um jene Zeit gerade war es, daß in den Kassen des Br.·.
Goblet d'Alviella das Geld fehlte, dessen er bedurfte, um den
Wahlkampf mit den Katholiken zu führen. Deshalb, so liest
man im Palladium, citirte er im vollkommenen Triangel [den
Teufel] Jelberas. Diese Teufelsbeschwörung hatte die Er-
langung einer Geldhilfe für eine politische Angelegenheit äußerster
Dringlichkeit zum hauptsächlichsten Zweck. Die Angelegenheit,
für welche das Geld begehrt wurde, konnte unsern Schutzgeistern
[die „Palladistin" schreibt] nur höchst sympathisch sein. Jelberas

---

[1] Auf diesen Streit wurde von einem Vertheidiger Margiotta's
in Deutschland noch Ende August 1896 hingewiesen: „Hiermit schloß
der Federkrieg zwischen den beiden, da Graf Goblet d'Alviella fortan verstummte." — Ein verständiger Mensch, der
sich achtete, konnte die obige Herausforderung, die ganz in Charlatanerie
aufging, überhaupt nicht annehmen.
[2] Margiotta. Le Palladisme. p. 243.

erschien zwar, erklärte aber, es seien Schwierigkeiten vorhanden,
er [Goblet] möge sich an seinen [des Teufels] Chef wenden,
damit er die Hindernisse beseitige. Br.·697 beschwor daraufhin
Abaddon. Dieser aber erschien nicht, sondern sandte an seiner
Stelle Suclagus, einen ihm unterstehenden Teufel vom Range
des Jelberas. Suclagus zeigte Herrn Goblet das verlangte
Geld (20,000 Francs). Der Teufelsbeschwörer streckte auch seine
Hand aus, um die Spende des göttlichen Reiches entgegenzunehmen. Suclagus aber hielt sich immer in einiger Entfernung
von ihm und sprach die Worte: Ich darf dir die Spende nicht
einhändigen. Asmobäus widersetzt sich dem, weil du böswillige
Gedanken über seine Geliebte [Miß Vaughan] niedergeschrieben hast."[1])

Wir bemerken schließlich, daß thatsächlich die Briefe Margiotta's an die belgische Presse wohl nicht aus London kamen,
von wo sie datirt waren, sondern aus Paris, wo sie vielleicht
auf dem Correspondenz - Bureau im Passage de l'Opéra, 29,
am Boulevard des Italiens aufgegeben wurden.

VI. Die Margiotta-Vaughan'schen „Enthüllungen" in Deutschland und der angebliche Palladisten - Cardinal J. G. Findel.

In der ersten Hälfte des Jahres 1896 erschien in Paderborn
der schon oben (I. Th., S. 10) erwähnte Auszug aus dem Buch
Margiotta's über Adr. Lemmi. In Zeitungen und Zeitschriften
waren schon früher vereinzelte Versuche gemacht worden. wenigstens
Bruchstücke aus den Margiotta = Vaughan'schen „Enthüllungen"
auch in Deutschland einzubürgern. Bei den öffentlichen Erörterungen, die sich hier an dieselben knüpften, erscheint seitens
der Freimaurerei J. G. Findel im Vordergrunde, welchem die
unsinnigen „Enthüllungen" Margiotta's und „Miß Vaughans"
über ihn einen willkommenen Anlaß boten, seine in Freimaurer-
Kreisen gesunkene Popularität wieder aufzufrischen und, trotz der
offenbaren großen Mängel seiner diesbezüglichen Schriften, leicht
zu erringende Triumphe zu feiern.

108. Die „Enthüllungen" über Br.·. Findel. In
den Bataille-Margiotta-Vaughan'schen Pseudo = Enthüllungen ist,
wie wir bereits sahen, Br.·. Findel eine Hauptrolle in der an-

---

[1] Ib., p. 244: Miss Vaughan, Le Palladium Régénérée et
Libre No. 2, 20. Avril 1895, p. 41.

geblichen palladistischen Hochgrad-Freimaurerei zugewiesen. Findel
soll von A. Pike, dem Stifter derselben, sehr hochgeschätzt gewesen und mit dem ersten Posten in einem der drei Central-
Directorien des Systems bedacht worden sein. Bei der Wahl
Lemmi's zum Freimaurer-Papst habe Findel wieder eine sehr
hervorragende Rolle gespielt. Den Höhepunkt habe sein Einfluß
im System erreicht, als es ihm gelungen war, das große Schisma
im Palladismus beizulegen. Zur Belohnung hierfür sei Findel
von Lemmi zum „Palladisten-Cardinal": „Aether—368" für
Deutschland und zum Decan des Palladisten-Cardinals-Collegiums
ernannt worden. „Miß Vaughan" will ihm befreundet gewesen
und von ihm „der Engel des guten Rathes" genannt worden
sein. Letztere Bezeichnung wird durch einen von Margiotta mitgetheilten angeblichen Brief des amerikanischen „Triangel-
Abgesandten Gravesou" an „Miß Vaughan", verbürgt. Dieser
angeblich vor der Wahl Lemmi's zum Freimaurer-Papst ge-
schriebene Brief, welcher als Illustration der Dreistigkeit ein
Interesse hat, mit welcher Taxil und Consorten maurerische
Schriftstücke fälschten, lautet in den Hauptstellen:

„... Ich weiß nicht, was vorgeht. Findel, auf den wir
zählten, scheint mir drauf und dran zu sein, sich auf die Seite
Roms [b. h. Lemmi's] zu stellen. Ich hatte eine lange Unterredung mit ihm. Er weiß selbst nicht recht, was er will, oder,
um mich klarer auszudrücken, er spricht wie ein Mensch, der
etwas Schlimmes im Schilde führt und bereits seine Vorkehrungen
trifft, indem er alle möglichen Vorwände ausfindig macht, die ihm
später zur Entschuldigung dienlich sein können.

„Würde ich nicht wissen, daß er völlig klaren Geistes ist, so
würde ich dies seinem hohen Alter zuschreiben und sagen, daß er
läppisches Zeug schwätzt ....; so sehr überraschten mich seine
gewundenen Erklärungen. ...

„... Wir lassen uns indeß von seinem Delegirten [für
die Wahl in Rom[1]) kein X für ein U vormalen; denn in der
Provinz Leipzig, wo Lemmi wenig geachtet ist, wurde mit sehr
großer Mehrheit die Erklärung abgegeben, daß die Dinge bleiben
müßten, wie sie sind, und daß der Beschluß der Verlegung [des
Sitzes des Freimaurer-Papstthums nach Rom] eine durchaus
ungerechtfertigte Beleidigung Charlestons wäre. Ich nahm von
den Protocollen Einsicht. Findel besitzt davon eine vollständige Ab-

---

[1]) Der Brief setzt fingirter Weise voraus, daß dieser Delegirte
Gravesou fälschlich habe weiß machen wollen, die Triangel-Provinz
Leipzig sei für Lemmi's Wahl.

schrift. Diese Protocolle schließen jeden Zweifel über das Gesagte aus. Findel erzählte mir, daß seit der Wahl des Delegirten sich ein Umschwung in der Provinz vollzogen habe. Ich bekam auch diesen Delegirten zu sehen. Derselbe ist ein großer Kerl, ein Sachse, der erst kürzlich den 3. (palladistischen) Grad erlangt hat. Sein Gesicht flößte mir kein Vertrauen ein.

„Findel giebt vor, daß Mackey [der angebliche regierende Freimaurerpapst] seine Demission geben wolle. Er sei amtsmüde. Auch wolle er den souveränen Delegirten volle Freiheit der Wahl für die bevorstehende Zusammenkunft verschaffen. In diesem Gerede ist kein Sinn und Verstand. Findel billigt ein solches Vorgehen Mackey's. Er sagt, „wenn Mackey demissionire, so werde man klipp und klar vor die Entscheidung gestellt: Charleston oder Rom". Er fügt bei, daß er früher nur aus Rücksicht für Mackey in den Triangeln für die Aufrechterhaltung des status quo eingetreten sei; daß aber jetzt die Lage sich völlig geändert habe. Er werde, da man in Europa noch Zeit dazu habe, vor der Abreise seines Delegirten nach Italien die Triangel seiner Provinz zu einer neuen Berathung entbieten.

„Walder ist vor acht Tagen hier durchgereist; er war bei Findel einquartirt und hat den Besuch der in Leipzig anwesenden Mitglieder des Lessingbundes erhalten. Er ist aber recht krank. Findel glaubt, daß es nicht mehr lange mit ihm gehen wird und daß er weit besser gethan hätte, der Ruhe zu pflegen, anstatt sich um eines Delegirten-Mandates willen todt zu hetzen.

„Was Sophia [Walder] betrifft, so denkt dieselbe nicht an Sie, theure Freundin; sie hat seit ihrer Wahl durch Zürich eine wichtige Angelegenheit ausfindig gemacht, die sie noch, bevor sie nach Italien reist, erledigen will. Sie hat geschworen, der Odd-Fellow-Ex-Großmeisterin Barbe B. [Bilger], die sich in ein adonaitisches Kloster geflüchtet hat, die aber, wie es scheint, eine vorlaute Zunge besitzt, den Mund zu schließen [d. h. wohl ihr den Garaus zu machen]. Sophia setzt mit Larocque Himmel und Erde in Bewegung, um den Aufenthaltsort dieser abtrünnigen Ruth ausfindig zu machen.

„Ich werde vor dem Convent nicht nach London zurückkehren. Am 15. September gedenke ich in Rom zu sein. Wenn ich auf dem Wege dahin etwas Neues erfahre, werde ich es Ihnen mittheilen. Ich bitte Sie aber, meine theure Freundin, schreiben Sie an Findel. Sie wissen, daß Sie ihm sympathisch sind und daß er Sie den „Engel des guten Rathes" genannt hat. Bringen Sie, ich beschwöre Sie darum, Ihr süßes Licht in sein verstörtes Gehirn."

„Margiotta", bezw. Taxil, jetzt diesem Briefe noch die
Worte bei, „All' das ließ Schlimmes ahnen. Miß Vaughan gab
sich nicht die Mühe, an Findel zu schreiben. Sie war zwar
nicht der Ansicht, daß Findel sich von Lemmi habe erkaufen
lassen. Sie glaubte aber, daß er ihm auf den Leim gegangen sei. Findel ist nach Allem nicht mehrlich; aber er ist
unbändig stolz."[1]

**109. Bemerkungen Findel's zu vorstehenden „Ent-
hüllungen".** Mit Bezug auf dieses dem famosen Documenten-
Schatz „Miß Vaughans" entstammende Schreiben äußert J. G.
Findel: „Selbstverständlich kenne ich keinen Walder, hatte ich
keinen Delegirten, hörte ich von palladistischen Dreiecken (Triangeln) erst durch die Germania und in der Schrift Margiotta's
und — Alles ist erlogen. Um glaubwürdig zu erscheinen, hat
der Verfasser da und dort eine Reihe bekannter Namen von
Freimaurern neben fingirten erwähnt. Darunter durfte
natürlich auch mein Name nicht fehlen. Indessen schützen mich
meine seit 30 Jahren vorliegenden Schriften gegen den schnöden
Verdacht, daß ich jemals irgend eine directe Verbindung mit der
Hochgrad-Freimaurerei gehabt haben könnte. Man beachte die
jesuitische [!] Schlauheit, mit der hier überall zu Werke gegangen
ist, indem ein anonymer und daher unfaßbarer „Delegirter" vorgeschoben ist, dem man ganz nach Belieben Worte
in den Mund legen kann."[2]
Hinsichtlich des Palladismus bemerkt Findel: „Im ganzen
Freimaurerbunde wußte man nichts von diesem [dem Taxil'schen]
sog. Palladismus, bis uns Margiotta [bezw. Taxil] Aufschluß
brachte."[3] „Die gesammte freimaurerische Presse hat bisher
vom Palladismus und Satanscult [im Sinne Taxil's] nicht ein
Sterbenswörtlein gewußt .... Ueberall nun, wo mein Name
erwähnt und mit diesen Fabeln in Zusammenhang gebracht ist,
handelt es sich um einen schnöden und schamlosen Mißbrauch meines Namens, um eine Verlogenheit im großen
Stil. Ebenso mißbräuchlich sind die Namen von Bayerlein,
Knoblauch, Bleichröder u. A. verwerthet."[4]

[1] Margiotta. Lemmi. p. 260 et suiv.
[2] J. G. Findel, Katholischer Schwindel, 2. Aufl., S. 43 f.
[3] Ebendas., S. 23.
[4] Ebendas., S. 52. — Mit Recht bemerkt ferner Findel hinsichtlich Margiotta's (a. a. O., S. 44): ein wirklicher ehemaliger hoher
Freimaurer hätte „ganz unmöglich solchen Blödsinn in die Welt
setzen" können und hinsichtlich Miß Vaughans (a. a. O., S. 51): „Die

Wir hatten in unserm bereits Eingangs erwähnten Artikel
in Nr. 578 der Köln. Volkszeitung die Worte geschrieben:
„Findel's Zeugniß [hinsichlich des Palladismus] namentlich"
muß — „im Zusammenhang mit der Thatsache, daß bisher
Niemand etwas von diesem Ritus im Sinne der Genannten
[Margiotta u. s. w.] wußte, und mit der innern Unwahrscheinlichkeit, ja Unmöglichkeit der von ihnen behaupteten Dinge und
Vorkommnisse" — „als durchaus durchschlagend und für
Kenner deutscher freimaurerischer Verhältnisse vollkommen überzeugend anerkannt werden." Diese Worte wurden
uns mancherseits sehr übel aufgenommen. „Findel", so war
z. B. auf einem in vielen Tausenden von Exemplaren verbreiteten Flugblatt zu lesen, „ist einer der obersten deutschen
Freimaurer. Daß nun Findel Alles in Abrede stellt, ist begreiflich; aber unbegreiflich ist es, wenn der H. G. Correspondent
entgegen allen Thatsachen diesem Freimaurer auf's Wort glaubt
entgegen einer Reihe von katholischen Autoritäten." Aehnliche
Aeußerungen des Unmuthes wurden auch von anderen Seiten laut.

Der Wortlaut unseres eben mitgetheilten Satzes hätte uns
indessen schon vor Vorwürfen, wie dem eben mitgetheilten, bewahren sollen. Ueberhaupt mußten wir bei ungefähr sämmtlichen
Angriffen, die anläßlich des erwähnten Artikels auf uns gerichtet
wurden, zu unserm Bedauern die Wahrnehmung machen, daß
man zu diesen Angriffen überging, bevor man sich die Mühe
genommen hatte, sich klar darüber zu werden, was darin eigentlich
gesagt war.

Von den „deutschen freimaurerischen Verhältnissen", auf die
in unsern obigen Worten angespielt war, können wir auch hier,
da uns eine eingehendere Besprechung derselben zu weit von
unserm Gegenstand abführen würde, nur Einiges andeutungsweise erwähnen. Besonders entscheidend für die Würdigung des
Zeugnisses Findels in der Frage war der von diesem selbst
bereits hervorgehobene Umstand, daß Br∴ Findel thatsächlich
von jeher einer der entschiedensten Gegner des Hochgradwesens
und besonders des alten und angenommenen Schottischen Systems
mit 33 Graden war, als dessen begeisterter Vorkämpfer A. Pike
erscheint. Findel's Einfluß in der Freimaurerei beruhte ferner
lediglich auf seiner schriftstellerischen Thätigkeit, nicht auf hohen
freimaurerischen Würden und Stellungen. Solche hat er nie

Rolle, welche Miß Vaughan zugeschrieben ist, kann ebenfalls nur eine
fingirte sein; sie leidet an gleicher Unmöglichkeit, wie der ganze
Palladismus."

bekleidet. Gerade wegen seiner rücksichtslosen Angriffe auf die Hochgrade hatte sich Findel die Gegnerschaft ungefähr aller officiellen freimaurerischen Kreise in Deutschland und selbst das Uebelwollen Pike's in Washington zugezogen.

Pike, welcher den Pseudo-Enthüllungen zufolge auf Findel große Stücke gehalten haben soll, schreibt z. B. über Findel und seine Geschichte der Freimaurerei: „Wir haben in unserer Zeit viele litterarische Curiosa erlebt. Aber Etwas so merkwürdig Absurdes und Unzuverlässiges, wie Findel's . . . Geschichte der Freimaurerei ist uns noch niemals zu Gesicht gekommen." Mit Bezug auf die Invectiven Findel's gegen die Hochgrade und besonders gegen das alte und angenommene Schottische System ruft Pike aus: „Bravo, Br.·. Findel, so ist's recht! Die Hochgrade werden sicher Ihr Tod sein!" Hinsichtlich der Behauptung Findel's, die Constitution des Schottischen Systems sei nur eine „große Ordenslüge", bemerkt Pike: „Das haben wir schon früher gehört und eingesehen; unsere Sache ist es aber nicht, den Ursprung dieser Gesetze zu vertheidigen, sondern nur letztern redlich zu gehorchen."[1]

Derselbe Br.·. Findel nun, welcher notorisch seit Jahrzehnten in der „Bauhütte" und anderwärts alle Hochgrade und besonders das Schottische System auf's Rücksichtsloseste bekämpft hatte, wurde von den französischen „Enthüllern", die sich über deutsche freimaurerische Verhältnisse überhaupt sehr schlecht unterrichtet zeigten, als einer der hervorragendsten Vertrauensmänner Pike's bei Einrichtung seines obersten Hochgrad-Systems und als der oberste Würdenträger des letzteren in Deutschland ausgegeben. Dies kennzeichnete die Vertrauenswürdigkeit der genannten „Enthüllungen" schon zur Genüge.

Zu der großen Ungeschicklichkeit, welche das Taxil'sche Schwindler-Consortium schon damit beging, daß sie Br.·. Findel überhaupt eine Rolle und gar eine so hervorragende in ihrem Palladismus-Roman zuwies, kam noch eine andere. Dasselbe ließ Br.·. Findel gerade in dem Zeitpunkt die höchsten Stufen der freimaurerischen Hierarchie und des Einflusses im Bunde ersteigen, in welchem er, in Folge seines Kampfes gegen die Berliner Großlogen, gegen die Erneuerung des Hohenzollernschen Protectorats über die Freimaurerei u. s. w. gemaßregelt und wie aus dem Bunde ausgestoßen, notorisch in deutschen Freimaurer-Kreisen besonders gering geachtet und einflußlos war, so daß er sich selbst veranlaßt sah, die Redaction und den Verlag der Bauhütte abzugeben.

[1] Vgl. Official Bulletin. Charleston 1889, p. 132 f.

In Anbetracht dieser und anderer freimaurerischer Verhält=
nisse konnten wir mit vollem Rechte schreiben, daß insbesondere
das Zeugniß Findel's, welchen die Schwindler zum hervor=
ragendsten, also zu einem der mit höchst eingeweihten Palla=
disten stempelten, als „durchschlagend und für Kenner
deutscher freimaurerischer Verhältnisse vollkommen
überzeugend anerkannt werden" müsse. Wer Br.˙. Findel aus
seinen Schriften kannte, wußte, daß er in diesem Punkte,
d. h. bezüglich des palladistischen Systems, in dem er angeblich
eine Hauptrolle spielen sollte, nicht die Unwahrheit sagte.

Zu Erstaunen setzen mußte billiger Weise die außerordent=
liche Zuversicht, mit der manche Anhänger der „Enthüllungen",
welche sicher die zahlreichen Schriften Findel's nie gelesen hatten
und welche dieselben theilweise wegen ihrer Unkenntniß der
deutschen Sprache nicht einmal zu verstehen im Stande waren,
welche auch über die Verhältnisse der deutschen Freimaurerei, wie
aus ihren Aeußerungen klar hervorging, nicht oder nur höchst
unvollkommen unterrichtet waren, ihre gegentheiligen Anschauungen
zur Geltung zu bringen bestrebt waren.

110. Mängel der neuesten Findel'schen Broschüren.
Wenn wir aber auch unter den gegebenen Umständen das Zeug=
niß Br.˙. Findel's hinsichtlich der Margiotta=Vaughan'schen Pseudo=
Enthüllungen über Palladismus als überzeugend anerkennen, so
können wir doch andererseits keineswegs unsere Augen vor den
großen Mängeln verschließen, welche im Uebrigen den genannten
Findel'schen Schriften anhaften. Die Polemik in denselben läßt
Umsicht, Besonnenheit, Mäßigung, Ernst und Würde, die Eigen=
schaften, welche man sonst als die Zierde des Greisenalters zu
betrachten gewohnt ist, in hohem Grade vermissen.

Schon in den Titeln der in Frage stehenden Broschüren
offenbart eine dem hochbejahrten freimaurerischen Verfasser schlecht
anstehende frivole geistlose Schmähsucht. Die auch sachlich ganz
unzutreffenden Titel lauten: Katholischer Schwindel 1896; Die
Germania und der Gockelhahn des Teufels Bitru 1896; Die
katholische Clerisei auf der Leimruthe oder die Nothlage des
Papstthums (1897). Das erste Capitel der ersten Flugschrift
Br.˙. Findel's enthält bereits Ausfälle gegen die katholische Kirche,
die nicht nur zur Sache gehören und sich bei näherer Prüfung zum
größten Theil als ein einfacher Abdruck aus einer schon früher
veröffentlichten banalen katholikenfeindlichen Expectoration desselben
Verfassers darstellen. Die Broschüren selbst stehen, obwohl Br.˙.
Findel zum vollen Verständniß der letzten auf die beiden früheren

verweist, unter einander in einem rabicalen von Br.·. Findel, wie
es scheint, nicht bemerkten Gegensatz hinsichtlich der Grundauf=
fassung. Denn in der ersten Broschüre bezichtigt Br.·. Findel
die katholische Kirche, bezw. den Ultramontanismus und d i e
Jesuiten der Urheberschaft oder sicher der bewußten thätigen
Mitwirkung beim Betrug, der in den Pseudo=Enthüllungen in
Scene gesetzt wurde.[1] In den zwei folgenden und besonders in
der letzten Broschüre verhöhnt Br.·. Findel Papst, Cardinäle,
Bischöfe und Jesuiten als die „hereingefallenen“ Opfer des
Schwindels. „Nochmals“, so ruft er aus, „Taxil ist ein
unvergleichliches Genie; denn es will in der That etwas
heißen, die gesammte katholische Welt von allen Seiten zu
flankiren und nach seiner Pfeife tanzen zu lassen, Geistliche und
Laien, Bischöfe und Cardinäle in den Sack zu stecken und nach
Trient zu schleppen. In der That ist es ein Schauspiel für
Götter und für Menschen, die katholische Welt auf der Leimruthe
zu sehen, die ihr mit ganz unglaublicher Verstrorenheit und mit
diplomatischem Geschicke ein Erzlump gelegt hat! Es kann dem
Freimaurerbunde, den dieser Unwürdige geschändet hat, nur zur
Genugthuung gereichen, daß er es in der Loge seiner Zeit nur
bis zum Lehrling gebracht, während er als angeblich bekehrter
Katholik die Stelle eines Regenten und allmächtigen Tonangebers
gespielt, dem auch d e r P a p s t s e i n e R e v e r e n z g e m a c h t
h a t. Siehe, mein Sohn, mit wie wenig Weisheit die katholische
Kirche regiert wird!“[2] U. s. w.

Zum Beweis für seine Behauptung, daß auch der Papst
auf den Schwindel hereingefallen sei, beruft sich Br.·. Findel,
trotzdem in der Centrumspresse mehrfach dargethan wurde, daß
der Papst für die anstößigen Worte, die in diesem Schreiben
enthalten sind, in keiner Weise verantwortlich gemacht werden
könne, auf den bekannten Brief des Cardinal=Vicars Parocchi.
Br.·. Findel ist es eben nicht um die Wahrheit zu thun, sondern
nur um Stoff, der ihm per fas et nefas zur Schmähung des
Papstthums, der Jesuiten und der katholischen Kirche dienlich
sein kann. Dies zeigt sich namentlich auch in der Weise, wie er
die Jesuiten in seine Polemik verflicht.

Schon in der ersten Schrift behauptet Br.·. Findel, ohne
die Spur eines Beweises vorzulegen, ein „deutscher Jesuit“ sei
der Verfasser der auszüglichen deutschen Ausgabe von Margiotta's

---

[1] Katholischer Schwindel, 2. Aufl., 1896, S. 1 f.; 44, 50, 53.

[2] Die kathol. Clerisei auf der Leimruthe u. s. w. 1897, S. 25 ff.

Adriano Lemmi;[1]) die Jesuiten steckten hinter der Margiotta'schen
Veröffentlichung; sie hätten „vielleicht mit Hilfe Margiotta's das
ganze Buch fabricirt".[2]) Auch die theilweise anstößigen Pelikan'-
schen Veröffentlichungen, welche von den Jesuiten bekanntlich beklagt und bekämpft wurden, schiebt er ohne Weiteres den Jesuiten
in die Schuhe.[3]) Er beschuldigt die Jesuiten auf Grund solcher
notorisch falscher Unterstellungen, daß sie „die Irreführung des
christlichen Publicums systematisch besorgen".[4]) In seiner zweiten
Broschüre bezeichnet er den Verfasser des „Berichts aus Deutschland für den Internationalen Antifreimaurer-Congreß in Trient"
(1896), Franz Ewald, wieder kurzweg, im Widerspruch mit den
Thatsachen, als einen „Jesuiten".[5]) In seiner dritten Schrift
stellt er den Verfasser dieses einfachhin als den „Erstgeborenen
der Betrogenen" hin, weil er zu wissen „glaube", daß derselbe
auch der deutsche Bearbeiter von Taxil's Drei-Punkte-Brüdern
gewesen sei.[6])

---

[1]) Katholischer Schwindel, S. 35.
[2]) A. a. O., S. 44.
[3]) A. a. O., S. 45 ff.
[4]) A. a. O., S. 50.
[5]) Die „Germania" und der Gockelhahn u. s. w., S. 32.
[6]) Die katholische Clerisei u. s. w. 1897, S. 12—18. Eine treffende
Abfertigung für diese seine neueste Leistung wurde Br.·. Findel in der
„Köln. Volksztg." Nr. 53 (22. Januar 1897) zu Theil: „Herr Findel
sagt in seiner jüngsten . . . Streitschrift, er „glaube" zu wissen, daß
H. Gerber (bekanntlich der erste katholische Schriftsteller, der in
Deutschland gegen den Vaughan-Schwindel auftrat) der Uebersetzer
und Bearbeiter der Drei-Punkte-Brr.·. sei. Diese Personenfrage ist
uns ziemlich gleichgiltig. Von erheblich größerm Interesse ist die Feststellung, daß die Ausfälle Br.·. Findel's gegen den Bearbeiter der
Drei-Punkte-Brüder fehlgeschlagen sind. Letzterer eignet sich nirgends
die unter genanntem Titel erschienenen „Enthüllungen" en bloc in
allen Punkten an. Im Gegentheil macht er selbst gelegentlich ab-
weichende Ansichten geltend. Aus der ganzen Art der Veröffentlichung
ist ersichtlich, daß er Taxil die volle Verantwortlichkeit für seine Enthüllungen läßt. Das Werk Taxil's erschien ihm, wie in der Vorrede
gesagt ist, deshalb namentlich der Uebersetzung werth, weil es „die
symbolischen Gebräuche, die geheimen Zeichen und den ganzen Forma-
lismus der Secte anschaulich vorführt". Daß dies n i c h t wirklich
der Fall ist, wird Br.·. Findel in keiner Weise behaupten können.
Findel selbst sagt ja, Taxil habe besonders Ragon geplündert. Ragon
gilt aber unter Freimaurern als der beste und autorisirteste Schriftsteller über französische freimaurerische Rituale. Speciell vom Bataille-
und Vaughan-Schwindel, vom Palladismus-Roman [der in Drei-
Punkte Brüder II 563 erwähnte „palladistische Ritus" ist mit dem

Aus der Zahl seiner andern, vielfach gerechtem Einspruch ausgesetzten polemischen Ausführungen wollen wir hier nur zwei aus seiner neuesten Schrift hervorheben, die auf sein historisches Wissen und auf seine Urtheilsfähigkeit in moralischen Dingen ein bedenkliches Licht werfen.

Br∴ Findel schreibt: „Trug sie [die katholische Litteratur] ehedem vielfach den Charakter einer naiven Gläubigkeit, die man gelten lassen konnte, so seit Wiederherstellung des Jesuitenordens, den der künstlichen Zucht des krassesten Wunder- und Aberglaubens im Stile des Pelikan (vgl. Katho= lischer Schwindel) und der bewußten Ablenkung der Verehrung von Gott und Jesus zu jener der Hostie (Altarsſacrament), Maria's, der Reliquien u. dgl. mehr."[1] So Br∴ Findel, der den „Weltenbaumeiſter", selbst als bloßes freimaureriſches „Symbol" aufgefaßt, gestrichen zu sehen wünscht,[2] der den Baumeiſter der Welten als bloßen „kindlichen Anthropomorphismus der Weltunwiſſenheit"[3] bezeichnet. Die Wiederherstellung des Jesuitenordens fand bekanntlich Anfang des Jahrhunderts ſtatt. Br∴ Findel scheint demnach nichts davon zu wissen, daß der Marien = Cultus gerade im Mittelalter besonders herrlich in die Erscheinung trat, daß die Reliquienverehrung, wie die Marien= Verehrung, aus den ältesten christlichen Zeiten ſtammen, und daß der christliche Gottesdienst von jeher, schon in den apostoliſchen Zeiten, an die Feier des eucharistiſchen Geheimnisses sich knüpfte! Br∴ Findel beanstandet ferner den Satz: „Uebrigens ist ein Eid, durch welchen man sich zu einer schlechten Sache ver= pflichtet, schon durch sich selbst null und nichtig, wie alle Katho= liken wissen." Br∴ Findel bemerkt zu demſelben in komisch emphatischem Ton: „Nun ja, der Zweck heiligt eben bei manchen

<hr />

Palladismus der Pseudo=Enthüllungen nicht identiſch, wie Br∴ Findel irrig voraussetzt) findet sich in den Drei-Punkte-Brüdern noch nichts. Einzelne Irrthümer sind gewiß schon in diesen Taxil'ſchen Enthüllungen enthalten. Enthalten aber Findel's Schriften nicht auch zum Theil recht grobe Irrthümer? Nach Allem bestätigen die von Br∴ Findel gegen den Bearbeiter der deutschen Ausgabe der Drei-Punkte-Brüder gemachten Ausfälle aufs Neue, was schon früher wiederholt zu Tage trat, daß Br∴ Findel oft spricht, ohne zu denken." — Thatſächlich ist hier nicht der Verfaſſer dieses, sondern Br∴ Findel der „Herein= gefallene".

[1] Die kathol. Clerisei u. ſ. w., S. 17 f.

[2] J. G. Findel, Die moderne Weltanſchauung und die Frei= maurerei 1885, S. 158.

[3] A. a. O., S. 159.

Leuten die Mittel! Der ehrliche Mann hält sein Wort unter allen Umständen, und unter Christen und Männern von vor= nehmer Gesinnung gilt schon die Entbindung von einem geleisteten Eide als unmoralisch und barbarisch. Wenn „alle" Katholiken darüber anderer Meinung sind, so ist das ihre Sache, aber recht bedauerlich."

Man traut seinen Augen kaum, wenn man bei Br.·. Findel derartige verschrobene Aeußerungen über Moral liest. Nach Br.·. Findel's Ausführungen dürfte Jemand, dem ein Misse= thäter seinen Plan, den deutschen Kaiser zu ermorden oder den Reichstag in die Luft zu sprengen, gegen das einfache oder eidliche Versprechen, die Sache geheim zu halten, mitgetheilt hätte, keinerlei Anzeige davon machen. Ja, wenn Jemand sich eidlich verpflichtet hätte, selbst diese Attentate zu verüben, so müßte er Findel zufolge als „ehrlicher Mann" sein Versprechen unter allen Umständen halten. Wenn er dieses sein gegebenes Wort bräche, würde seine Handlung von „allen Christen und Männern vornehmer Gesinnung" verurtheilt werden müssen.

Bei all den Ungereimtheiten und unbegründeten und unwahren ehrenrührigen Beschuldigungen, die Br.·. Findel selbst vorbringt, scheut er sich nicht den Satz niederzuschreiben: „Logik und Beweis= führung sind nie die starke Seite des Katholicismus gewesen."[1) Er glaubt sich berechtigt, Andern „schwere Versündigung wider das Gebot: Du sollst kein falsches Zeugniß geben" vorzu= werfen.[2)

Aus allem Vorstehenden geht hervor, daß Br.·. Findel die Lage nicht völlig richtig würdigte, wenn er bezüglich seiner ersten Schrift im „Börsenblatt für den deutschen Buchhandel" (Anfang September 1896) schreibt:

„Einen beispiellosen Erfolg hat meine Gegenschrift wider Margiotta .... Katholischer Schwindel, von der soeben die dritte Auflage ausgegeben wurde, aufzuweisen dadurch, daß sie den Gegner, den Ultramontanismus zwang [?], meiner Beweis= führung rückhaltlos [?] beizupflichten, und den von mir gewählten Titel zu rechtfertigen. Dies [?] geschah in der (katholischen) „Kölnischen Volkszeitung" (Nr. 578 vom 25. August) in einem 2½ Spalten langen Leitartikel, worin anerkannt ist, daß diese „Enthüllungen" und „Erfindungen" den Katholicismus lächerlich machen und blamiren .... Selbst die Jesuiten sagen sich von Margiotta und Miß Vaughan feierlich los."

[1) Die „Germania", S. 7.
[2) A. a. O., S. 17.

Thatſächlich hat die Berufung auf Findel's Zeugniß die
Arbeit bei Aufdeckung des Schwindels eher belaſtet, als gefördert.
Br.˙. Findel hat es ſelbſt durch die an ſeiner Schrift gerügten
Mängel ſchon an ſich recht ſchwer gemacht, dieſes Zeugniß über=
haupt zu berückſichtigen. Wenn dies ſeitens deutſcher Katholiken,
Geiſtlicher und ſelbſt Jeſuiten doch geſchah, ſo iſt dies nur ein
neuer Beweis für die Grundloſigkeit der von Findel und andern
Freimaurern gegen die perſönliche und litterariſche Ehrenhaftig=
keit dieſer ſeiner Gegner erhobenen Beſchuldigungen. Die meiſten
Freimaurer würden unter ähnlichen Umſtänden wohl kaum mit
ſolcher Bereitwilligkeit dem Zeugniſſe eines Ultramontanen oder
Jeſuiten gerecht geworden ſein.

Br.˙. Findel arbeitet zwar als Freimaurer ſchon ſeit Jahr=
zehnten am „rohen Stein“, dem „Sinnbild der Unvollkommen=
heit des Verſtandes und des Herzens“, er führt ebenſo lang das
„Winkelmaß“, das Sinnbild der Gerechtigkeit und Wahrheitsliebe.
Er beanſprucht als Freimaurer=Meiſter, ſich vor andern Menſchen
„durch eine von der Sclaverei der Vorurtheile befreite Denkart“
und durch entſprechende edle Milde und Duldſamkeit gegen
Andersdenkende, ferner „durch Weisheit des Herzens, Wahrheit
in Worten, Vorſicht in Handlungen“ auszuzeichnen.[1]) Auf
Grund der eben beſprochenen Schriften muß aber leider feſtgeſtellt
werden, daß alle eben angedeuteten Eigenſchaften bei Br.˙. Findel
auch an der Neige ſeines Lebens noch nicht zur That und Wahr=
heit geworden zu ſein ſcheinen.

111. Das wirkliche Ergebniß der Einführung der
Margiotta=Vaughan'ſchen Enthüllungen in Deutſch=
land war ein für die katholiſche Sache und ſelbſt für die Anti=
freimaurer=Bewegung in jeder Hinſicht nachtheiliges.

Dies hatte ſich ſchon im December 1895 gezeigt, als zuerſt
einzelne deutſche Preßſtimmen für Miß Vaughan und ihre
„Enthüllungen“ Stimmung zu machen ſuchten. Das officielle
Organ der größten Berliner Großloge, das „Bundesblatt“, zeiht
die diesbezüglichen Artikel der Unwiſſenheit, Verleumdungsſucht
und Kritikloſigkeit. Es werden, ſo bemerkt das Freimaurer=
Organ, in dieſen Artikeln die deutſchen Freimaurer=Logen als
eine mit den angeblichen „Palladiſten“, denen das Schändlichſte
nachgeſagt wird, identiſche Gemeinſchaft verdächtigt. Die ohne
Vorbehalt von clericalen Blättern abgedruckte Mittheilung „Miß
Vaughan's“ über die angeblich von der Großmeiſterin des Ordens

---

[1]) N. Fiſcher, Lehrlings=, Geſellen= und Meiſter=Katechismus.

der „Mopfe des vollkommenen Stillschweigens", Schwester
Dorothea S(chulß)[1]) in Berlin verübten Hoftien-Schändungen
hat selbst Berliner Blättern streng kirchlicher Richtung Veranlassung
gegeben, die Ungereimtheit solcher Hetzartikel mit ernsten Worten
zum Bewußtsein zu bringen, während die liberalen Blätter die
Schale ihres Spottes über diese Preßleistungen ausgossen.

Das „Bundesblatt" schließt dann:

„Wenn die Römlinge [dieser Ausdruck verräth Schmähsucht;
auch für die Herren des „Bundesblatt" scheinen die vorhin
erwähnten Freimaurer-Tugenden nur „sinnbildliche" Bedeutung
zu haben] keine anderen Mittel zur Bekämpfung der Freimaurer
haben, als die jetzt von ihnen gewählten, die sich nicht nur den
Angegriffenen, sondern auch jedem unbefangenen Nicht=
freimaurer als eine Farce darstellen, wenn sie mit den
abgeschmacktesten Lügen und Verleumdungen zu ersetzen suchen,
was ihnen an Vernunftgründen bei ihrem Kampfe abgeht, so
können die Freimaurer, in Sonderheit die deutschen, ... dem
Treiben mit größtem Gleichmuth zusehen. Dieses richtet sich
selbst durch die Unlauterkeit der Kampfesmittel. Auch ist es
nicht ausgeschlossen, daß es dem Strafrichter Veranlassung geben
wird, sich mit den Urhebern und Förderern desselben im Interesse
des öffentlichen Friedens in solcher Weise zu beschäftigen, daß
diesen die Kampfeslust gründlich vergehen wird." [2])

Preßäußerungen, wie der vorstehenden, wäre keine besondere
Bedeutung beizulegen, wenn dieselben bloß die Anschauung einer
belanglosen Gruppe des Publicums widerspiegelten oder wenn sie
durch stichhaltige Erwiderungen entkräftet werden könnten. Es
kann aber kaum in Abrede gestellt werden, daß in unserem Falle
das „Bundesblatt" ziemlich treu die öffentliche Meinung in
Deutschland überhaupt widerspiegelte. Und es ist gewiß, daß
ernsthafte Beweise für die Wahrheit dessen, was zu vertrauens=
selige Correspondenten auf die Autorität von Schwindlern hin
mitgetheilt hatten, nicht beizubringen waren. Die Pariser Gauner
dürften sich, anstatt daran zu denken, diesen Correspondenten
mit Belegen für ihre „Enthüllungen" beizuspringen, im Gegen=
theil über deren Hereinfall wieder einmal krumm gelacht haben.

---

[1]) Von dieser Dorothea Schulß erzählt schon Bataille im Diable
I 431. — Ebendas., S. 576 und bei de la Rive, La Femme et
l'Enfant etc.. p. 715 wird das Porträt dieser angeblichen Großmeisterin
des vollkommenen Triangels Nuctemeron etc. vorgelegt. Man sieht
da das Bild eines flotten Husaren von etwa 18 bis 20 Jahren.

[2]) „Bundesblatt" 1895, S. 447 und 525; 1896, S. 25; „Bauhütte" 1896, S. 42 ff.

Das Erscheinen der Paderborner Margiotta-Broschüre und
die daran sich knüpfenden Zeitungs-Polemiken haben zwar wohl,
wie französische Antifreimaurer-Blätter „rühmend" hervorhoben,
den Protector der Berliner Großlogen, Prinz Friedrich Leopold,
zu den bekannten Schritten beim Kaiser veranlaßt. Wir vermögen aber in dieser Thatsache an sich keinen „Erfolg" zu
erblicken. Anders hätte der Fall gelegen, wenn man die „Enthüllungen" Margiotta's, die man ins deutsche Publicum geworfen
hatte, siegreich vor der Oeffentlichkeit hätte vertreten können.
Dies war aber ebenso wenig möglich, wie bei den im Wesentlichen
identischen „Enthüllungen" „Miß Vaughan's".

Die Wirkungen des dritten in der Schrift „Geheimnisse der
Hölle" unternommenen Versuchs, die „Enthüllungen" beim deutschen Publicum einzuführen, sind noch in Aller Erinnerung. Wie
die Liberalen und Freimaurer von demselben dachten, geht
besonders aus der Thatsache hervor, daß die liberale Presse in
Oesterreich, vorab die „Neue Freie Presse", dem Trienter Antifreimaurer-Congreß nicht besser entgegenwirken zu können glaubte,
als dadurch, daß sie ihren Lesern zur Zeit, wo dieser tagte, den
Inhalt dieser Schrift mit höhnischen Glossen vorführte. Der
Eindruck wäre sowohl beim österreichischen als beim deutschen
Publicum ein noch ungleich ungünstigerer gewesen, wenn nicht
die katholische Presse selbst inzwischen die Entlarvung des
Schwindels mit aller Energie in die Hand genommen hätte.

Wir glaubten, diese Thatsachen zum klaren Bewußtsein
bringen zu sollen, damit ähnlichen Mißgriffen für die Zukunft
vorgebeugt werde.

VII. **Leo Taxil's und Paul Rosen's „Enthüllungen" über die
weibliche Freimaurerei und über angebliche greuliche Unsittlichkeiten in den Freimaurerlogen.**

Um den Bataille - Margiotta - Vaughan'schen Enthüllungs-
schwindel in alle seine Wurzeln hinein auszurotten, müssen wir
noch die Enthüllungen Leo Taxil's in seinen Werken Les Soeurs
Maçonnes 1886 und Y a-t-il des Femmes dans la Franc-
Maçonnerie? 1891 und Paul Rosen's im Cours de Maçonnerie
Pratique 1885 einer kurzen Besprechung unterziehen.

112. Die „Enthüllungen" Taxil's über „Frauen-
Logen". Leo Taxil behauptet in den angegebenen Werken,
daß eine eigentliche weibliche Freimaurerei weit verbreitet sei.
Hinsichtlich Frankreichs stellt er die Behauptung auf, daß von

100 Logen 60 das Anhängsel einer haremartigen Frauen=
loge hätten. Er theilt auch Rituale mit, welche nach ihm noch
heute in diesen Frauenlogen im Gebrauch sein sollen.

Mgr. Fava giebt in einem Brief an Leo Taxil vom
5. August 1891, dessen hauptsächlichste Aufstellungen über die
weibliche Freimaurerei in folgenden Sätzen wieder:

„Sie behaupten, unter Vorlegung von Beweisen [?], daß
[in Frankreich] 60% aller Logen eine Frauenloge, einen
Harem, als Anhängsel haben. Ohne die teuflische Arbeit der
Freimaurer, ihrer Brüder, wären diese Frauen: Jungfrauen
oder keusche Gattinnen, die Ehre ihrer Familie und Frankreichs,
die Freude der Kirche, die Wohlthäterinnen ihrer Mitmenschen
gewesen. Nun aber, da der Pesthauch der Schlange sie be=
schmutzt hat, kriechen sie, wie diese, auf dem Boden im Koth,
von welchem sie sich in Schande und Unehre nähren . . . .
Diese grausamen Freimaurer . . . verderben ihre Opfer durch
Sinnengenuß und sie vollenden ihr Werk, indem sie dieselben an
Geist und Herz zu Grunde richten. Sie belehren diese Unglück=
lichen, daß die allerseligste Jungfrau diesen Namen nicht ver=
dient, daß Jesus Christus nicht Sohn Gottes ist. Sie verhöhnen
mit ihnen die heilige Eucharistie und die heilige Hostie . . .
Satan selbst führt bei ihren sacrilegischen Orgien den Vorsitz,
indem er sich darin gefällt, das lebendige Ebenbild Gottes . . im
Koth herumzuziehen. Der Haß gegen Denjenigen, der ihn vom
Himmel herabgestürzt hat, der Haß gegen den Maurer=Mann,
der Haß gegen die Maurerin=Frau: All' das kommt zusammen
und bildet ein teuflisches Gemisch, das die Hölle selbst nicht zu
benennen vermöchte.

„Das ist's, was man in 60% Freimaurer=Logen sieht und
thut! . . . . Und das sind die Leute, welche in Italien, Frank=
reich, Spanien, Deutschland, England, Amerika und anderwärts
aus ihren Höhlen an's Staatsruder kommen: die aus dem
Harem in die gesetzgebende Kammer einziehen und von da in
die Volks=Versammlungen, wo wir sie gegen Alles, was es
Reines, Edles, Heiliges giebt, reden und lästern hören. Mein
Herr! Ihr Werk enthält betrübende Enthüllungen. Aber wir
gestehen, indem wir für die Ehre der christlichen Nationen er=
röthen, daß das Erscheinen desselben wohlbegründet ist. Diese
Männer und Frauen, die nach Art der Heloten in Sparta in
Wollust schwelgen, werden, wie wir hoffen, alle Ihre Leser mit
Schauder erfüllen; und die Freimaurerei wird dann als das, was
sie wirklich ist, d. h. vorerst als eine Schule der Unsittlichkeit,
sodann als eine Kanzel satanischer Gottlosigkeit verurtheilt werden.

„Es wird Zeit, daß man wisse, daß die Welt heute in jeder Stadt, wo sich eine Loge befindet, eine Verbrecher=Höhle hat, in der ununterbrochen Schaudthaten aller Art gegen Gott und Christus begangen werden, schlimmer als das Verbrechen der Juden auf dem Calvarien=Berge. Denn die Verbrecher unserer Tagen wissen, was sie thun. Wenn Gott uns strafen wird, wird man wissen, warum er es thut. Wenn er uns vergiebt, wird man anerkennen, daß seine Barmherzigkeit gegen uns unend= lich ist." [1]

Ricoux mißt diesem Briefe die Bedeutung eines wichtigen historischen Actenstückes bei. Er schließt daraus, daß Taxil durch seine Enthüllungen „über die Schändlichkeiten der höllischen Secte" ein außerordentliches Verdienst erworben habe. [2]

Beinahe um dieselbe Zeit, welcher vorstehender Brief an Taxil entstammt, richtete Mgr. Fava anläßlich der jährlichen Priester=Exercitien noch ein Circular an seinen Diöcesan=Clerus, welches sich ebenfalls mit der Freimaurerei beschäftigte. In dem= selben wird behauptet, daß die Freimaurer bereits 1879 darauf gerechnet hätten, binnen acht Jahren [?] mittelst der neuen Schulgesetze eine atheistische Generation zu haben. Dann wollten sie eine große Armee aufstellen und Europa mit Krieg überziehen. Begünstigt von den Freimaurern aller Länder beabsichtigten sie vor Allem, die Throne der nordischen Fürsten zu stürzen. Ueberall sollten Attentate auf die Herrscher gemacht werden. In Spanien sollte das Ziel, Erwürgung des Katholicismus und Aufrichtung der socialistischen Republik, namentlich durch Brandstiftung er= reicht werden. 30 Millionen Freimaurer und 2½ Mil= lionen Freimaurerinnen seien aus allen Kräften bestrebt, dieses Ziel zu verwirklichen. [3]

Bezüglich letzterer viel zu hoch gegriffener Zahlen bemerken wir, daß ähnliche Uebertreibungen schon 1890 in Rosen's Werk l'Ennemie Sociale 1890, p. IX zu lesen waren. Hier wird die Zahl der Freimaurer auf 25,875,000 und die der Freimaure= rinnen auf 2,850,000 angegeben.

113. **Gegenerklärungen französischer Freimaurer. Kritische Bemerkungen zur Frage.** Herr Aug. Vacquerie führte im Rappel aus:

---

[1] Ad. Ricoux, L'existence des Loges des Femmes affirmée par Mgr. Fava et par L. Taxil. 1891, p. 6 et suiv.
[2] A. a. O., S. 9.
[3] Ricoux, ib., p. 11 et suiv.

„Der Bischof von Grenoble behauptet also, daß es in Frank-
reich [auf 100 Freimaurer-Logen] sechszig Harems giebt...
Er hat davon in einem Buche Herrn Leo Taxil's gelesen.... Nicht
Jedermann hat aber den Glauben der Bischöfe auf das Wort des
Verfassers der Amours secrètes de Pie IX.... Es ist nicht
wahr, daß es in Frankreich [auf 100 Logen] sechszig maurerische
Harems giebt; es giebt keine 50, 20, 10, nicht einmal einen einzigen.
Ein Versuch, der im Departement Seine-et-Oise
gemacht wurde, Frauen in die Freimaurerei ein-
zuführen, wurde vom Groß-Orient sofort vereitelt.
Es giebt jetzt keine freimaurerische Harems mehr; es gab deren
[d. h. Frauen-Logen] aber zur Zeit der Monarchie."[1]
In weiteren Erklärungen, welche Freimaurer an den Rappel
vom 17. und 18. August 1891 sandten, ist gesagt: „In unsern
Tagen ist den Frauen der Zutritt in Freimaurer-Logen absolut
untersagt.... Eine einzige Dame, Maria Deraismes, ist
in die Loge von Pecq aufgenommen worden." — Die Behauptung
[Taxil's], es gebe 60 Harems [auf 100 Logen]..., ist eine dreiste
Lüge. „Es besteht thatsächlich gegenwärtig keine
weibliche Freimaurerei in Frankreich. Die vier anerkannten freimaurerischen Verbände in Frankreich: der Groß-
Orient (Französ. Ritus), der Supr. Conseil (Schottischer Ritus),
die Symbolische Großloge (Dissidenten-Ritus) und der Ritus
von Misraim (Aegyptischer Ritus) verbieten alle gleicherweise
die Zulassung von Frauen in den [maurerischen] Tempel. Ausgenommen sind nur die weißen Sitzungen, bei welchen die
Thüren Allen offen stehen und alle Symbole bei Seite gelassen
werden."[2]
Diesen Erklärungen, deren Aufrichtigkeit man angesichts der
sonst bekannten Thatsachen in Zweifel zu ziehen keinen Grund hat,
vermochte Taxil nichts Anderes entgegenzusetzen, als einen Brief,
in welchem er darlegte, er sei nicht der Verfasser, sondern nur
der geistige Urheber der Amours secrètes de Pie IX. gewesen.
Auf diese Unterscheidung kommt es aber für den in Frage
stehenden Gegenstand auch nicht im Mindesten an.
Camille Pelletan erklärte in der Justice (14. August):
„Ich bin nun bereits mehr als zwanzig Jahre Freimaurer und
habe niemals auch nur eine Spur von einem Weibe in einer
Logen-Sitzung wahrgenommen. Glücklicherweise hatte Mgr. Fava,
Bischof von Grenoble, die Güte, mich eines Bessern zu belehren.

[1] Ricoux. ib., p. 17 et suiv.
[2] A. a. O., S. 18.

Das ist entsetzlich!... Seit undenklichen Zeiten giebt es in Ländern, in welchen die Reactionäre sehr wachsam sind, Frei=maurer und Logen ... Und doch ist bis heute nichts darüber [über solche Harems] an die Oeffentlichkeit gedrungen! Erst im Jahre des Heils 1891 ist man hinter das entsetzliche Geheimniß gekommen. Das ist mehr als fremdartig[1])..."

Aus Rücksicht auf die Person und Stellung Mgr. Java's ließen wir in vorstehenden Citaten einige respektwidrige Sätze und Worte, die bei Ricour verzeichnet sind, weg.

Der Eindruck, welchen wir selbst aus der ganzen bei Ricour mitgetheilten, offenbar soviel als möglich zu Gunsten Taxil's dargestellten Discussion über den Gegenstand und aus zahlreichen freimaurerischen Zeitschriften, die wir einzusehen Gelegenheit hatten, gewannen, ist der, daß im Allgemeinen sowohl in Frank=reich und Deutschland, als in den übrigen Ländern Damen zu eigentlich freimaurerischen Sitzungen keinen Zutritt finden, und daß auch in den meisten Ländern eine eigentliche „weibliche Frei=maurerei" nicht existirt, oder, wenn sie existirt, erst in neuester Zeit n a ch Veröffentlichung der genannten Taxil'schen Bücher gestiftet wurde und verhältnißmäßig wenig Bedeutung hat.

Früher, namentlich in der Zeit vor der französischen Revo=lution, gab es allerdings, wie auch in freimaurerischen Schriften allgemein zugestanden wird, androgyne, d. h. aus Herren und Damen zusammengesetzte Freimaurer=Verbindungen. Solche waren z. B. der Mopsorden, der Illuminaten=Orden und die französische Maçonnerie d'Adoption.

In S p a n i e n wurde durch Decret des National=Groß=orients von Spanien vom 25. März 1891, „um Verirrungen vorzubeugen, welche durch Aufnahme von Damen in Logen — eine Sache, die in a l l e n Riten verboten ist — begangen wurden, und um zugleich doch die schönere Hälfte des Menschen=geschlechts zu veredeln und zu erhöhen", ein „besonderer von der männlichen Freimaurerei getrennter und unabhängiger Zweig des Ordens, der Adoptions= oder Frauen=Ritus" errichtet. Dieser Ordenszweig steht unter dem Patronat des spanischen National=Großorients. Bei den Logensitzungen desselben stehen der Prä=sidentin ein von dem Großorient bestellter Meister und den Auf=seherinnen, jedoch bei den Conferenzen nur facultativ, zwei andere Brüder zur Seite. Lehrlingen und Gesellen ist der Zu=tritt zu diesen Frauenlogen nicht gestattet, wohl aber den Meistern. Schwestern, welche ohne genügende Entschuldigung die Logen=

---

[1]) A. a. O., S. 49.

fißung verfäumen, werden beftraft.[1]) In demfelben Jahre er=
fchienen noch die Rituale des erften und zweiten Grades dieſes
weiblichen Ritus an der Centralſtelle deſſelben, Madrid.
Libertad, 27.[2])

In Paris gründete die bereits genannte, ſeither verſtorbene
Schweſter Maria Deraismes am 4. April 1893 die erſte,
Herren und Damen ohne Unterſchied aufnehmende „Gemiſchte
Großloge" (Grand Loge Mixte). In ihrer feierlichen Verſamm=
lung vom 12. Januar 1895 ſtellte dieſe neue Großloge auf den
Bericht des Ex=Senators Br∴ Georges Martin hin ihre Lehr=
ſätze feſt, indem ſie das „Menſchenrecht" proclamirte: „Gut
denken, reden und handeln; die Wahrheit ſuchen, die Freiheit,
Gleichheit und Brüderlichkeit, die Gerechtigkeit und Solidarität
üben; gleiche geſetzliche Rechte für beide Geſchlechter
fordern und nach Thunlichkeit eine Strömung in der öffentlichen
Meinung hervorrufen, und ſo am ſocialen Frieden arbeiten: das
ſind die Pflichten, welche die Großloge allen ihren Mitgliedern
vorſchreibt."[3]) Das Verhältniß der „Gemiſchten Freimaurerei"
zu der Religion zeichnet Georges Martin in folgenden Sätzen:
„Die Religionen haben die Beziehungen zum Gegenſtand, welche
die Menſchen mit der göttlichen Macht unterhalten ſollen, um
das ewige Glück nach ihrem Tode zu erlangen. Die Gemiſchte
Freimaurerei ſammelt Menſchen aller Raſſen, Religionen und
Nationalitäten um ihr Banner, um ohne Unterlaß und gemein=
ſam die Mittel auszuforſchen, welche jedem Einzelnen die mög=
lichſt große Summe materiellen Wohlſeins und
moraliſchen Glückes im Leben ſichern. Die Religionen
trennen die Menſchen; die Gemiſchte Freimaurerei will ſie ver=
einigen."[4])

---

[1]) Vgl. Officielles Bulletin des ſpaniſchen National=Großorients
vom 30. März 1891, Nr. 90; Rivista della Massoneria Italiana 1891.
p. 189—193.

[2]) Rivista della Massoneria Italiana 1891, p 310.

[3]) Gr∴ Log∴ Symb∴ Ecoss∴ de France Le Droit Humain.
Bulletin Trimestriel de la Maç∴ Mixte en France et à l'Etranger.
Directeur: Georges Martin, Paris — 20 rue Vauquelin. Administration:
E. Sassier, Paris 47 rue d'Aboukir. 1. Jahrg., Nr. 3 Juli 1895,
Beilage, S. 1.

[4]) A. a. O., S. 49. — Die Behauptung, daß die Freimaurerei
die Menſchheit vereinige, iſt natürlich, wie alle andern Behauptungen
über die wohlthätige Wirkſamkeit des Bundes, nur „trügeriſche
Phraſe". Die Religion allein vermag Menſchen geiſtig und moraliſch
zu verbinden. Die Freimaurerei hat, wenigſtens in Frankreich, Belgien,

Präsidentin dieser Großloge war 1895: Schw.˙. Marie
Georges Martin; Redner: Br.˙. Georges Martin. Herr Martin
erscheint hier also als Untergebener seiner Frau. Wenn diese
neue Großloge Erfolge erzielte, was uns nicht bekannt ist, so
war es sicher nur wegen ihrer Stellung zu der gerade in jüngster
Zeit viel und leidenschaftlich erörterten Frauenfrage, und nicht
wegen der Dinge, welche Taxil als die Hauptanziehungspunkte
der Damen=Logen nennt.

In Mexico bestehen seit längerer Zeit ähnliche Frauen=
logen, wie sie in Spanien im Jahre 1891 eingerichtet wurden.
Ueber die jetzigen Verhältnisse dieser weiblichen Freimaurerei
giebt Br.˙. Matthews in einer Denkschrift Auskunft, die er mit
Rücksicht auf Maßregeln mehrerer Großlogen der Vereinigten
Staaten gegen die „Symbolische Großloge der Ver. Staaten
von Mexico" verfaßte. Diese Großlogen brachen nämlich ihre
Beziehungen zum Mexicanischen Schwester=Verband ab und ver=
sagten ihm die Anerkennung, weil Letzterer die Bibel aus seinen
Bauhütten ausgeschlossen und die Aufnahme von Frauen
in die Logen, ja sogar die Bildung von ausschließ=
lichen Frauenlogen genehmigt habe. Auf diese Vorwürfe
antwortete Br.˙. Matthews:

In Mexico bestehen allerdings Frauenlogen. Mit denselben
hat aber die Gran Dieta (Großloge) nichts weiter zu thun, als
daß sie ihnen Schutz gewährt. Die Frauenlogen haben weder
Sitz noch Stimme in der Großloge. Sie hat ihre besondere
Organisation und regiert sich selbst. Die Großloge führt über
sie nur die Aufsicht. Die Mitglieder der Frauenlogen erhalten
zwar Einladungen zu Festen und Bauketten der Großloge, aber
nur zu solchen, die in keiner Weise geheimen freimaurerischen
Charakter tragen. Umgekehrt dürfen die Mitglieder der Groß=
loge die Frauenlogen nicht besuchen. Das früher in Geltung
stehende Gesetz, nach welchem Damen in den Freimaurerbund
aufgenommen werden konnten, wurde widerrufen. Der Gebrauch
der Bibel wird jeder Loge gestattet, welche denselben für nützlich
und unerläßlich hält. Die Bibel kann aber den einzelnen Logen,
welche aus aufgeklärten Katholiken bestehen, nicht aufgezwungen
werden. Trotzdem betrachtet die Gran Dieta die Bibel als eines
der großen Lichter der Freimaurerei.

Italien, Deutschland, Oesterreich=Ungarn und, wie uns versichert wird,
auch in Nordamerika — über die englische Freimaurerei sind wir in
dieser Hinsicht nicht orientirt —, immer nur zum Schaden für die
Gesammtheit ärgerlicher Cliquen=Wirthschaft Vorschub geleistet.

Im Uebrigen betont Br.·. Matthews das segensreiche Wirken der Freimaurerei in Mexico. Der Präsident, die Gouverneure, die Generäle seien insgesammt Freimaurer und das verständnißvolle Zusammenwirken derselben gewähre der Regierung die Kraft, die unruhigen Elemente im Lande im Zaume zu halten. Auf Grund dessen betrachtet Br.·. Matthews die Freimaurerei als das zweckdienlichste Mittel, um das unter dem Priesterjoch seufzende Volk aufzurichten, zu veredeln und zu befreien, und richtet an die Großlogen die bringende Aufforderung, das Werk der Gran Dieta durch deren Anerkennung zu fördern.[1]

Die Rivista della Massoneria Italiana (1895, p. 214) berichtet nach einem profanen New Yorker Blatt über freimaurerische Mops = Schwestern, die am 5. Juni 1895 in der vierten Avenue, 23. Straße in New York „unter den Auspicien der weiblichen maurerischen Centralbehörde Morgenstern" eine feierliche Versammlung abgehalten hätten. Schon die Ausdrücke, in welchen diese Nachricht abgefaßt ist, läßt dieselbe indessen als verdächtig erscheinen. Es handelt sich hier zweifelsohne um eine weibliche humanitär = philanthropische Vereinigung, die mit der Freimaurerei nichts zu thun hat. Eben sahen wir auch, daß amerikanische Großlogen die Zulassung von Frauen in Freimaurer=Verbänden als ein Hinderniß für deren Anerkennung betrachten.

De la Rive ist in der Lage, nach Bataille's Diable eine Liste von General=Aufseherinnen des palladistischen Ritus vorzulegen, in welcher unter andern Frauennamen Dorothea Schultz von Berlin und Diana Vaughan von Kentucky vorkommen.[2] Da sich indessen der ganze „Pike"'sche palladistische Ritus bereits als Erdichtung erwiesen hat, braucht die Schwindelhaftigkeit dieser Liste nicht mehr eigens nachgewiesen zu werden. A. E. Waite bezeugt hinsichtlich der weiblichen Freimaurerei: „Ihre Existenz in Spanien ist allbekannt. Herr Yarker versichert mir ferner, daß in gewissen Ländern, z. B. in Süd = Amerika, sowohl der Ritus von Memphis und Misraim als der alte angenommene Schottische Ritus Damen bis einschließlich zum 33. Grad Aufnahme gewährt haben. In England existiren im Bereiche der Großloge keine Damen=Logen; solche würden auch nicht geduldet werden. Sollte es wirklich erwiesen werden können, [daß es einen palladistischen Orden gäbe und]

---

[1] Vgl. „Bundesblatt" 1896, Nr. 8.
[2] De la Rive, La Femme et l'Enfant dans la Franc-Maçonnerie 1894. p. 616—620.

daß in dem palladistischen Orden englische Damen in die Frei-
maurer = Geheimnisse eingeweiht wurden, so könnte dies nur
heimlich und im Widerspruch mit unsern freimaurerischen Grund=
Gesetzen geschehen . . . Schließlich bemerke ich noch, daß in
England alle die „Enthüllungen", die von Zeit zu Zeit von
Paris eintreffen, als sehr unzuverlässig gelten."[1]

Innerhalb italienischer Freimaurer = Kreise wurde die Er=
richtung von Frauenlogen wiederholt erörtert. Auf dem Mailänder
Congreß italienischer Freimaurer vom 28. Sept. bis 3. Oct. 1881
wurde sogar die Resolution gefaßt: Frauen=Adoptionslogen sind
nothwendig, um die Frauen zur Erfüllung ihrer Aufgaben in der
Gesellschaft befähigen und zu würdigen Lebensgefährtinnen der
Brüder zu erziehen.[2] Auf der darauf folgenden gesetzgebenden
Versammlung des italienischen Großorients wurde der Wunsch
ausgedrückt, der Großmeister möge eine Commission ernennen,
welche der Versammlung einen Entwurf über Adoptionslogen
unterbreiten solle.[3] Auf der gesetzgebenden Versammlung des
italienischen Großorients in Rom am 11. Mai 1890 wurde der
Antrag auf „Errichtung von weiblichen Logen, auch nur im
Versuchswege", von der hierfür bestellten Commission, „weil den
bestehenden maurerischen Gesetzen zuwiderlaufend", an die gesetz=
gebende Versammlung zurückverwiesen.[4] Am 24. Juni 1894
sagte Professor Maddalozzo in einer Rede bei einem frei=
maurerischen Liebesmahle: „Wir müssen besonders die Frau an
uns zu ziehen suchen. Ich spreche heute bei diesem Liebesmahle
den Wunsch aus, man möge unter Beiseitesetzung thörichter und
schädlicher Vorurtheile in unserm Italien die erste weibliche
Loge errichten. Unser Italien wird in diesem Falle dasjenige
errungen haben, was für uns das Wichtigste ist: die ausgiebige
und fruchtreiche Mitwirkung des Weibes bei unserm hohen
wichtigen Apostolat. Und wenn andere Nationen [in der Frauen=
bewegung?] mit Hilfe derselben das Werk activer Propaganda
begonnen haben, so soll auch unser Land sich darauf berufen
können, daß das dritte Rom hinter keiner Nation zurückbleibe.
Das Weib ist berufen, dem dritten Italien, dem Italien der
Freiheit und des Fortschritts, zur Wiedergeburt zu verhelfen."[5]

Wie man sieht, ist in Italien allerdings der „Wunsch" vor=

---

[1] A. E Waite, Devil-Worship in France, p. 227 et suiv.
[2] La Rivista della Massoneria Italiana 1882, p. 52.
[3] La Rivista della Massoneria Italiana 1882, p. 104.
[4] A. a. O. 1890, S. 115.
[5] Rivista della Massoneria Ital. 1894, p. 186.

handen, Frauenlogen einzurichten. Bisher sind aber die diesbezüglichen Bemühungen, weil die Sache nach den Anschauungen
bei Weitem der meisten Logen mit den freimaurerischen Gesetzen
im Widerstreit ist und daher ihre schweren Bedenken hat,
erfolglos geblieben.

Vereinzelte Fälle, daß Damen in [männliche] Freimaurer-
logen aufgenommen wurden, kamen allerdings in Ungarn (Gräfin
Hadik), Spanien, Frankreich und Italien vor. Aber diese Ausnahmen, die in Freimaurerkreisen selbst als Unregelmäßigkeiten
empfunden wurden, bestätigen nur die Thatsache, daß heutzutage
die Zulassung von Frauen zu eigentlich freimaurerischen Versammlungen im Allgemeinen als mit den Grundsätzen des Bundes
unverträglich betrachtet wird. Die hauptsächlichsten Gründe hierfür sind nach dem Allgemeinen Handbuch der Freimaurerei
(1863 I, S. 395): Die Freimaurerei ist wesentlich ein Männer-
bund. Die Einführung von Frauen in denselben würde nicht
nur die Arbeiten desselben hemmen, sondern auch den Freimaurerbund selbst gefährden. Das weibliche Geschlecht ist „für die Aufnahme des maurerischen Lichts" noch nicht befähigt". Das freimaurerische Geheimniß würde ferner durch die Einweihung von
Frauen in die Brüche gehen. Ueberdies könnten sich leicht
Parteiungen, Zwistigkeiten und Dinge, welche dem guten Ruf
der Brüderschaft nachtheilig wären, in die Logen einschleichen.

Einen andern Grund, warum das freimaurerische Grundgesetz
Frauen ausschließe, leitet Dr. Ferd. Katsch daher, daß die
Freimaurerei aus dem Rosenkreuzer = „Orden" hervorgegangen sei,
in welchem für die eigentlichen Mitglieder „lediger Stand und
verlobte Jungfernschaft" erfordert war. Die echten Rosenkreuzer
seien alle geschworene Weiberfeinde gewesen, wenn auch später
wenigstens der Ehestand nicht gerade als ein „Haupthinderniß"
für die Aufnahme in den Orden betrachtet worden sei.[1]

Allgemein üblich in der Freimaurerei ist die Einladung von
Damen, Gattinnen, Töchtern der Freimaurer und wohl auch
anderer Damen zu gewissen feierlichen Versammlungen der Freimaurer, welche nicht eigentlich freimaurerischen Arbeiten, (Aufnahme, Berathung, Wahlen, Unterricht) gewidmet sind. Solche
Versammlungen werden heute „Schwestern= oder Adoptions=
Logen", in Frankreich auch tenues blanches genannt. Gewöhnlich
haben dieselben einen vorwiegend geselligen, unterhaltenden
Charakter und sind mit Banketten und manchmal auch mit Tanz-

---

[1] Dr. Ferd. Katsch, Die Entstehung und der wahre Endzweck der
Freimaurerei 1897, S 153, 155 f. 243.

belustigungen oder mufikalifchen Aufführungen verbunden. Auch
zu den fogenannten Trauerlogen (Gedächtnißfeiern für verftorbene
Brüder) finden Damen wohl Zutritt.[1]) Es verfteht fich, daß,
wenn die Gattinnen und weiblichen Verwandten der Freimaurer
bei diefen Verfammlungen und auch fonft als Schweftern bezeichnet werden, dies nicht fo gemeint ift, als ob diefelben
eigentliche, „eingeweihte" Mitglieder des Bundes wären. Es ift
auch, z. B. in Frankreich und Spanien und wohl auch anderwärts,
üblich, daß Töchter von Freimaurern im Kindesalter mit einer
gewiffen maurerifch-rituellen Feierlichkeit von der Loge, welcher
der Vater angehört, adoptirt werden („Adoptions-Schweftern").[2])
Auch diefe „Adoption" hat jedoch nicht den Charakter einer
eigentlichen Aufnahme in die Freimaurerei. Die fo Adoptirten
find nicht berechtigt, eigentliche Logen-Sitzungen zu befuchen, und
halten auch unter fich keine freimaurerifchen Zufammenkünfte ab.
Sie bekennen fich nur bis zu einem gewiffen Grade zu den
maurerifchen Grundfätzen und ftehen in einem gewiffen Schutz-
verhältniß zur Loge. Wenn wir noch die in Frankreich üblichen
Feiern anläßlich der Verheirathung eines Freimaurers (Re-
connaissances Conjugales) erwähnen, fo dürften die Arten,
in welchen Damen zur Loge in Beziehung zu treten pflegen, fo
ziemlich erfchöpfend behandelt fein

Die Schein-Argumente, welche Taxil und de la Rive für
die Exiftenz und die angebliche weite Verbreitung der weiblichen
Freimaurerei vorlegen, find zumeift von den Schwefter- oder
Adoptionslogen im zuletzt bezeichneten Sinn hergenommen und
beweifen daher die Thefe Taxil's in keiner Weife.[3]) Die von
Taxil mitgetheilten Rituale, welche die Exiftenz einer eigentlichen
weiblichen Freimaurerei in Frankreich beweifen follen, find entweder alten Datums oder auch gefälfcht. Da Taxil fich nie

---

[1]) Eine folche Trauerloge mit Damen-Affiftenz wird z. B. in der
Rivista della Massoneria Italiana 1893. p. 85—89 befchrieben.
[2]) Vgl. Rivista della Massoneria Ital. 1889, p. 8. 9. 64.
[3]) Die Franc-Maçonnerie démasquée (1896, p. 417) theilt mit,
daß die Chaine d'union (1882. p. 214) behaupte: „In der ganzen
Welt giebt es . . . 2,576,460 Logen, deren Mitglieder ausfchließlich
der weiblichen Freimaurerei angehören." Sie fetzt die „fchlaue"
Bemerkung bei: „Es ift augenfcheinlich, daß feit 1882 diefe Zahl
außerordentlich gewachfen fei muß!!!" (Die 3 Ausrufungszeichen
deuten wohl auf de la Rive als Verfaffer der Notiz.) Es ift klar,
daß es fich hier um eine Myftifikation handelt. Ob nur die Franc-
Maçonnerie démasquée oder auch die Chaine d'union myftificirt wurde,
vermögen wir nicht feftzuftellen, da uns die betreffende Nummer der
Chaine d'union nicht vorliegt.

17

durch litterarische Gewissenhaftigkeit auszeichnete, so müssen alle seine Veröffentlichungen mit entsprechender kritischer Vorsicht be= handelt werden. Dieselbe kritische Vorsicht muß man natürlich auch allen Veröffentlichungen gegenüber walten lassen, welche von Taxil mittelbar und nunmittelbar beeinflußt wurden.

114. P. Rosen's Cours de Maçonnerie Pratique (1885). Taxil lehnt sich, wie wir schon früher bemerkten, in seinen „Enthüllungen", ohne dies freilich seinen Lesern zu ver= rathen, vielfach an Paul Rosen an. Hinsichtlich des „Schlüssels zu den Freimaurer = Symbolen", welchen er in den Soeurs Maçonnes mittheilt — es ist dies das Document, welches der deutschen Ausgabe der Drei=Punkte=Brüder als Beilage angehängt ist —, behauptet Rosen, daß Taxil einfach S. 206 bis 213 des ersten Bandes des Werkes Maçonnerie Pratique in schlechtes Küchenlatein übersetzen ließ und dieses Elaborat dann mit obiger Ueberschrift seinen Lesern vorsetzte. Taxil gebe dabei vor, Werke zu Rathe gezogen zu haben, die er nie auch nur in Händen gehabt habe. Rosen schließt mit dem Satz: Taxil lügt, wenn er nicht Andere ausschreibt.[1]

---

[1] Chaine d'union 1887 (Nov.). p. 465—467; de la Rive. La Femme et l'Enfant dans la Franc-Maçonnerie 1894. p. 566—568. — In diesem Schreiben Rosen's kommen andererseits Stellen vor, welche nahelegen, daß in demselben zugleich der bekannte Br.·. Hubert 33.., Herausgeber der Chaine d'union, mystificirt werden sollte, wenn nicht etwa de la Rive hier allein der „Mystificirte" ist. Denn unter den Werken, aus denen Taxil seine Enthüllungen in Wirklichkeit geschöpft haben soll, werden angegeben: Critique sur la Franche-Maçonnerie etc. 77e édition, 301 vols. La Haye 1787 in 4°: Apologie pour les Franc-Maçons 333 vols. Londres 1803 u. s. w. Eines der citirten maurerischen Werke soll gar 1101 Bände zählen. Hubert fand de la Rive zufolge diese Mittheilungen sehr interessant.

In ähnlicher Weise ließ sich Br.·. Hubert 33.·. wiederholt hinein= legen. In Chaine d'union 1887, p. 40 empfiehlt er z. B. das Buch La Belgique Maçonnique, eine Publication, in welcher die Namen aller belgischen Freimaurer dem profanen Publicum bekannt gegeben wurden, und welches die belgischen Freimaurer in die größte Wuth versetzte, als „ein wahrhaft maurerisches Werk, das einem wirklichen Bedürfniß entspreche und Nach= ahmung verdiene". Auch den ersten Band des Cours de Maçonnerie Pratique empfahl er anfangs (Chaine d'union 1885, p. 450) als interessant.

Aus dem Mémorandum du Supr. Conseil de France No. 105 (1880). p. 10 erfahren wir, daß Hubert, entmuthigt, nicht bloß beim Supr. Conseil, sondern auch bei den verschiedenen Bauhütten, denen er angehörte, seine Entlassung einreichte.

Da Taxil auch sonst vom Cours de Maçonnerie Pratique stark beeinflußt erscheint, so wollen wir einige orientirende An= gaben über dieses Buch hier einflechten. Interessant ist schon dessen Entstehungsgeschichte. Wie sich anläßlich eines Processes, den P. Rosen gegen Letouzey und Ané führte, herausstellte, ist dasselbe das gemeinsame Werk P. Rosen's und des bereits oben (I. Th., S. 46) erwähnten Abbé Brettes. Rosen, so erfahren wir aus dem Urtheile, das diesen Proceß abschloß, verkaufte dem genannten Geistlichen, der ein Werk gegen die Freimaurerei schreiben wollte, um 5500 Francs eine freimaurerische Bibliothek von 600 Bänden und verpflichtete sich zugleich durch denselben schriftlichen Vertrag vom 14. Januar 1882, welcher den Verkaufsact enthielt, „zu thätiger Mitwirkung hinsichtlich aller nöthigen Mittheilungen und Geheimnisse", um so das Werk gegen die Freimaurerei, zu dessen Abfassung sich Abbé Brettes verpflichtete, möglichst vollständig zu machen. Kosten und Ertrag des Werkes sollten gleichmäßig zwischen Rosen und Abbé Brettes getheilt werden[1]). Da Rosen thatsächlich alle freimaurerischen Documente zum Werke lieferte, können wir dasselbe mit Recht einfach ihm zu= schreiben.

Ueber dieses Werk hat sich nun kein Geringerer, als der „ungekrönte König der Hochgrade", Groß=Commandeur Albert Pike selbst in einer Reihe von Artikeln der Chaine d'union ausgesprochen, welche Rosen wieder merkwürdiger Weise „eine herrliche Reihe bemerkenswerther Zuschriften" nennt, und welche wir daher sicher ihm gegenüber zu verwerthen vollauf berechtigt sind. Pike führt hier aus:

Das Werk ist „ultra = phantastisch".[2]) „Verrücktheit und Lüge, darin läßt sich die Charakteristik dieser befremdlichen Elucubration zusammenfassen . . . Beim 33. Grade erreicht die Phantasie des Profanen [so nennt sich der Verfasser] den Paroxis= mus des Lächerlichen und Unsinnigen."[3]) Das Buch ist eine „unglaublich infame Publication". „In demselben werden beständig Aeußerungen aus meinen Werken citirt, welche angeblich das Evangelium der Freimaurerei bilden sollen. In mehr als hundert Fällen werden Aussprüche und Erklärungen als Auszug aus meinen Werken citirt, die sich nirgends in meinen Publicationen vorfinden, und die oft in directem Gegensatz zu meiner ausdrücklichen Lehre stehen."[4]) [Pike macht einige Bei-

---

[1]) De la Rive, La Femme etc., p. 569 et suiv.
[2]) Chaine d'union 1886, p. 253.
[3]) A. a. O., S. 255.
[4]) A. a. O., S. 290.

spiele namhaft und fährt dann fort: „Ich versichere ausdrücklich, daß auch nicht eine einzige dieser und fünfzig anderer, und weiterer in den Anmerkungen als Auszug aus unsern Werken angeführten Anschauungen oder Aeußerungen in irgend einem von unserm Supr. Conseil oder von mir herausgegebenen Werke sich findet und sich je gefunden hat, und daß daher jedes dieser angeblichen Citate eine vorsätzliche, bewußte Lüge ist."[1]

„Keine gute Sache kann Jemanden berechtigen, derartige Niederträchtigkeiten zu begehen, daß er einem Menschen oder einem Orden, indem er falsche Citate erfindet und dieselben als Auszüge aus ihren Büchern ausgiebt, fälschlich gehässige Aeußerungen unterschiebt, um daraufhin falsche Anklagen zu erheben."[2] Die „Legenda Magistralia für den 33. Grad des Suprème Conseil der Südlichen Jurisdiction der Vereinigten Staaten", welche im Buche oft citirt werden [auch Tagil citirt sie in den Soeurs Maçonnes], existiren gar nicht.[3]

Die auf die Zeugungskräfte bezügliche Bedeutung einiger dieser Worte [Jakin, Bohaz. Mac-Benac etc.] hat ihm [dem Verfasser des Cours] zum Anstoße gereicht und ihm Anlaß zu Bemerkungen gegeben, in welchen er leise Andeutungen ausmalt und zu rohen Obscönitäten gestaltet.[4] Pike nennt dann den Verfasser einen ganz „maßlosen Fälscher",[5] „einen schamlosen Fälscher, der über nichts erröthet, bis zu welchem Grade der Gemeinheit seine Infamie ihn auch niedersteigen lasse".[6] „Das

---

[1] A. a. O., S. 291.

[2] Den Jesuiten ist das Unrecht, über welches Pike sich hier beklagt, jedenfalls viel öfter widerfahren als den Freimaurern.

[3] A. a. O., S. 292.

[4] A. a. O., S. 338 ff.

[5] A. a. O., S. 374 ff.

[6] A. a. O., S. 414. Als das Wahrscheinlichste betrachtet er: Priester, die nicht weit von hier [Washington] wohnen — es sind wohl die Jesuiten in Georgetown gemeint — haben mir die Bücher entwenden lassen und dieselben dann an ihre Collegen in Frankreich geschickt, damit diese sie gewinnreich verwertheten. Um aber so verwerthet werden zu können, hätten sie zuerst verstümmelt, gefälscht und entstellt werden müssen (a. a. O., S. 463 ff.). Genaue Auszüge, bemerkt Pike (a. a. O., S. 414 ff.), finden sich im Buch II 194. 195. 285. 355—365. 379. 427. 441. 442. 447—453. Im Uebrigen giebt er selbst zu: Es ist nicht ganz unmöglich, daß ein derartiges Amalgam von Narrheiten und Dummheiten

Wort des ,Profanen', dessen anonyme Maske nicht im Stande ist, das Gesicht des Jesuiten [!] zu verhüllen, kann keinen größern Anspruch auf Glaubwürdigkeit machen, als der Eid eines Verbrechers." [1]

Vorstehende Aeußerungen Pike's dürfen zwar auch nicht ohne Vorbehalt aufgenommen werden. Dieselben sind sicher in dem, was über die Betheiligung der Jesuiten an dem Werke gesagt ist, grundfalsch. Es steht ferner aus zweifellos echten Schriften Pike's [2] fest, daß nach Pike die „natürliche Religion" in einem pantheistisch=kabbalistischen Cult der Zeugungskräfte bestand und daß die hauptsächlichsten Symbole der Freimaurerei, welche ihrerseits die allgemeine, ewige, fundamentale Religion darstellen soll,[3] auf die aus heidnischen Mysterien wohlbekannten obscönen Gegenstände Bezug hat. Die Ausführungen Pike's über diese Dinge sind derart, daß wir hier von einer Wiedergabe derselben absehen müssen. Dabei trägt Pike kein Bedenken, auf seine Lehre über die Gottheit und die freimaurerischen Symbole, welche er als die wahre freimaurerische Geheimlehre bezeichnet, die Worte Sancta Sanctis [4] anzuwenden.

Bemerkenswerth ist ferner die Thatsache, daß selbst ein so erfahrener und in Hochgradkreisen als Autorität ersten Ranges bezeichneter Freimaurer, wie Alb. Pike, es nicht für ausgeschlossen hielt, daß selbst die thörichtesten und schändlichsten Dinge von irgend einem Vorsteher eines Supr. Conseil in Wirklichkeit gelehrt worden sein könnten. So wird man es Profanen erst

---

wirklich von einem der Groß=Commandeure der in Lausanne versammelten Suprèmes Conseils — auf den Congreß von Lausanne 1875 ist Pike schlecht zu sprechen — herrühre. Denn was ist nicht Alles möglich? Mit einem Supr. Conseil aber, welcher ein Ritual befolgte, wie es dort beschrieben ist, müßte jede Verbindung abgebrochen werden. Den Abschnitt im Cours II 213—227 könnte kein Maurer annehmen (a. a. O., S. 375).

[1] A. a. O., S. 375.

[2] Morals and dogma 1881. p. 185 f. 190, 112, 114, 765, 771 f.: Book of the words. Sephar H'Debarim 1878, p. 29—46: Official Bulletin Charleston 1870—1872, p. 533: Lectures on Masonic Symbolism.

[3] Morals and dogma, p. 219, 161.

[4] Morals and dogma, p. 772: The Inner Sanctuary Part. IV., p. 388.

recht nicht verübeln können, wenn sie das Vorkommen auch sehr
schlimmer Dinge in der Freimaurerei für möglich halten.

Daß Rosen und Taxil aber Pike auch Dinge sagen ließen,
die sich in seinen wirklichen Schriften nicht vorfinden, wurde auch
von uns schon wiederholt hervorgehoben. Selbst die Behauptung
Pike's, daß sie ihm selbst ein ganzes Werk fälschlich untergeschoben,
bezw. rein erfundene Stellen aus einem angeblich von ihm ver=
faßten Werk citirten, das in Wirklichkeit gar nicht existirte, darf
angesichts des sonst über die übeln litterarischen Gewohnheiten
Rosen's und Taxil's bekannt Gewordenen nicht von vornherein
als unglaubhaft von der Hand gewiesen werden. Man wird
daher gut thun, aus Taxil's „Enthüllungen", besonders bei
sensationell klingenden Dingen, nichts als zweifellose Thatsache
hinzunehmen, was nicht von anderer Seite glaubwürdig verbürgt ist.

Anhang zum zweiten Theil.

Einige orientirende Bemerkungen über die deutsche Ausgabe der Taxil'schen „Drei-Punkte-Brüder".

Da anläßlich der Entlarvung des neuern Taxil'schen Ent-hüllungsschwindels auch hinsichtlich der deutschen Ausgabe des Werkes „Die Drei-Punkte-Brüder" manche irrige Angaben ver-breitet und in gehässiger Weise gegen den Jesuitenorden und die deutsche Centrumspresse ausgebeutet wurden, wollen wir zunächst folgende thatsächliche Feststellungen vornehmen:

1. Diese deutsche Ausgabe wurde, wie schon die Prospecte und Ankündigungen derselben beweisen und wie auch aus der Publication selbst hervorgeht, von der Direction des Werkes vom hl. Paulus in Freiburg in der Schweiz veranstaltet. Das Werk des hl. Paulus, welches auch in Frankreich Filialen hatte, ist oder war ein Preß-unternehmen, das mit dem „Jesuitenorden" ebensowenig jemals etwas zu thun hatte, wie der Verlag des „Pelikan" in Feldkirch, in welchem die Broschüre „Die Geheimnisse der Hölle" erschien.

Darüber daß die Direction des Werkes vom hl. Paulus bei Veranstaltung der deutschen Ausgabe im besten Glauben vorging, kann ferner nicht der mindeste Zweifel bestehen. Man nahm damals in den Kreisen, welche in solchen Dingen als competent galten, all-gemein an, daß Taxil aufrichtig bekehrt sei.[1]) Auch gewahrte man

---

[1]) Wie der Matin vom 21. April 1897 meldet, war man auch im erzbischöflichen Palais in Paris selbst der festen Ueberzeugung, daß sich Taxil aufrichtig bekehrt habe und glaubte so gute Gründe dafür zu haben, daß der Generalvicar Abbé Odelin sogar n a c h der berüchtigten Conferenz Taxil's vom Ostermontag noch der Meinung hinneigte, daß Taxil jetzt n u r f ä l s c h l i c h vorgebe, daß er sich in Wirklichkeit niemals bekehrt habe, um sich bei seinen ehemaligen Freunden besser einzuführen. Wir halten nun allerdings dafür,

keinen ernsthaften Grund, an der Wahrheit seiner ersten Enthüllungen über die Freimaurerei zu zweifeln. Im Gegentheil gaben nach unsern Erkundigungen andere gewesene Freimaurer und nichtfreimaurerische Kenner der Freimaurerei, die um Rath gefragt wurden, ihr Urtheil dahin ab, daß diese Enthüllungen, wenn gleich sie hinsichtlich der Form Manches zu wünschen übrig ließen, im Ganzen doch der Wirklichkeit entsprächen.

2. Dem Uebersetzer und Bearbeiter des Werkes fiel naturgemäß keine andere Aufgabe zu, als dem deutschen Publicum, soweit dies für dasselbe von Interesse sein konnte, die von Taxil mitgetheilten Enthüllungen und Documente vorzuführen und die Angaben Taxil's gemäß den speciellen deutschen Verhältnissen nach Möglichkeit aus andern Quellen zu ergänzen. Es war somit ganz und gar nicht gerechtfertigt, ja geradezu unehrlich, den Uebersetzer, wie es von mancher Seite geschehen ist, für die speciell Taxil'schen Enthüllungen

angesichts einiger von den Blättern berichteten Ausführungen Taxil's, wenn man diesen Menschen auch, wie er sich jetzt entpuppt hat, jeder Lüge für fähig erachten muß, die Annahme von der Aufrichtigkeit seiner Bekehrung jetzt nicht mehr aufrecht erhalten werden kann. Andererseits müssen wir aber entschieden die in manchen Blättern zu Tage getretene Auffassung zurückweisen, als ob jeder Irrthum der kirchlichen Behörde hinsichtlich der Aufrichtigkeit einer Bekehrung einen schuldbaren Mangel an der nöthigen Vorsicht in sich schlösse. Daß andere Katholiken, die auf das Zeugniß der zuständigen bischöflichen Behörde hin die Aufrichtigkeit einer Bekehrung annehmen, noch weit eher von aller schuldbaren Unvorsichtigkeit frei sein können, leuchtet von selbst ein.

Die Bekehrung ist ihrer Natur nach ein Vorgang, der sich im Innern des Menschen vollzieht und daher nicht unmittelbar festgestellt, sondern nur aus äußern Anzeichen erschlossen werden kann. So ist es nicht ausgeschlossen, daß ein abgefeimter Heuchler — und als solcher hat es Taxil, wie sich nun herausgestellt hat, zu einer seltenen Meister-schaft gebracht — auch die vorsichtigste kirchliche Behörde hintergehe. Sind denn weltliche Behörden nie von Schwindlern irregeführt worden?

Welche Meisterschaft Taxil in der Verstellung besaß, beweist unter Anderm ein Zug, den der Matin in derselben Nummer mittheilt. Abbé de Bessonies erzählte dem Berichterstatter des Matin: „Vor einigen Monaten, als gewisse katholische Blätter die Existenz der palladistischen Ex-Großmeisterin in Zweifel zogen, forderten wir Herrn Taxil auf, diese Existenz zu beweisen. Er machte uns einen Besuch und beklagte sich über die gegen ihn gerichteten Angriffe. Er ver-sicherte hoch und theuer seine Aufrichtigkeit und seine Ehrlichkeit (bonne foi) und schluchzte dabei . . . Wir begnügten uns indessen nicht damit und erlangten darauf von ihm die Zusicherung, daß er uns Diana Vaughan vorführen wolle . . . Sie wissen nun, wie sehr er uns hintergangen hat."

in der Weise verantwortlich zu machen, als ob er Mitverfasser derselben gewesen wäre. Die Verantwortlichkeit eines Uebersetzers als
solchen beschränkt sich naturgemäß auf die getreue Wiedergabe des Originals. Bei dieser Sachlage ist auch jede weitere Erörterung über die
Persönlichkeit des Uebersetzers müßig.

Im Uebrigen bemerken wir, daß auch über den Inhalt der
deutschen Ausgabe der „Drei Punkte-Brüder" selbst nicht so
ohne Weiteres in Bausch und Bogen abgesprochen werden kann,
wie es seitens Mancher, welche trotz ihrer offenbaren Unkenntniß
der einschlägigen freimaurerischen Litteratur ihr Urtheil abgaben,
thatsächlich geschehen ist. Um dies zu zeigen, wollen wir im
Nachstehenden den Inhalt des Werkes im Einzelnen einer kurzen
Begutachtung unterziehen. Die hierbei gegebenen Fingerzeige
werden auch manchen Besitzern des Werkes selbst nicht unerwünscht
sein, da sie geeignet sind, denselben eventuell die Arbeit, zwischen
Glaubwürdigem, Verdächtigem und zweifellos Falschem nicht bloß
in Taxil's Werken, von denen man in Zukunft am besten ganz
absieht,[1] sondern auch in vielen andern Schriften, die theilweise aus Taxil's Büchern geschöpft haben, zu unterscheiden,
wesentlich zu erleichtern.

Das erste Capitel des I. Bandes der „Drei-Punkte-Brüder"
das von persönlichen Erlebnissen Taxil's handelt, übergehen wir.
Das zweite Capitel (S. 65—136) kann, abgesehen von der Angabe, daß in deutschen Großlogen der alte angenommene schottische
Ritus und der Ritus von Herodom gepflegt werden, als zuverlässig angesehen werden. Ebenso wird S. 137—245 wirklich
einen wörtlichen Abdruck der Statuten des alten und angenommenen
schottischen Ritus in Frankreich darstellen. Wir konnten wenigstens
nichts in diesem Abschnitt finden, was auf eine Fälschung hin-

---

[1] Die späteren Werke der Schwindelfirma Taxil und zwar schon:
Les Mystères de la Franc-Maçonnerie. Les Sœurs Maçonnes. Y a-t-il
des Femmes dans la Franc-Maçonnerie? etc. sind natürlich soviel wie
ganz unbrauchbar geworden. Auch die „Drei-Punkte-Brüder" aber,
in welchen sich Taxil, eben um sich bei den Katholiken Vertrauen zu
erwerben, im Wesentlichen noch an das Thatsächliche hielt, werden
schon um des Autors willen, dessen schmachbedeckten Namen sie tragen,
künftig am besten ganz aus dem Spiele gelassen. Keinesfalls darf
Taxil für irgendwelche Behauptungen über die Freimaurerei mehr als
„Autorität" angerufen werden. Ueber diese lebendige Leiche, diesen
Ausbund der Niederträchtigkeit, diesen moralischen Unrath muß ein
Tuch geworfen werden, damit sein Anblick und die Erinnerung an
ihn nicht weiter den Ekel und den Abscheu anständiger Menschen
errege.

deutete. S. 245—270 ist ein auf Grund bester freimaurerischer
Quellen, so namentlich des Grobbeck'schen Werkes „Versuch einer
Darstellung des positiven innern Freimaurer-Rechts" abgefaßter
Original-Artikel des Uebersetzers. Das vierte Capitel „Riten
und Grade" enthält ebenfalls, abgesehen von den schon erwähnten falschen Angaben über das Vorkommen gewisser Hoch-
grad-Systeme in Deutschland, soweit wir constatiren können,
nichts Unrichtiges.

Bezüglich der nun folgenden Mittheilungen über das freimaurerische Ceremoniell und Gebrauchthum bei Aufnahmen
(I, 293 bis II, 359) ist zu bemerken, daß das Bild, das hier von
dem inneren Logenleben entworfen wird, im großen Ganzen,
wenigstens für französisches Logenthum, zutreffend sein wird.
Die „physischen" Proben, die erwähnt werden, kommen, oder
kamen wenigstens früher, wirklich vor. Auch der Geist der Loge
scheint, wie massenhafte Aeußerungen von Freimaurern darthun,
nicht unrichtig gezeichnet zu sein. Taxil mag aber wohl manche
Einzelheiten zur Ausschmückung frei hinzugefügt, vielleicht auch
aus älteren Ritualen Dinge entnommen haben, die in heutigen
Logen nicht mehr in Uebung sind. Ja, es ist nicht unwahrscheinlich, daß er manches positiv Falsche beigemischt hat. Als besonders verdächtig möchten wir diesbezüglich hervorheben seine
Ausführungen über Eblis und Adonai (II, 112 ff.), über das
Baphomet (II, 279), über die Probe des Kadosch-Grades, bei
welcher der Candidat ein lebendiges Schaf zu erdolchen hat
(II, 292 ff.) und über Teufels-Beschwörungen in Logen (II, 316 ff.).

· Wir wagen jedoch ebensowenig positiv in Abrede zu stellen,
daß nicht selbst so abgeschmackte und unwahrscheinliche Dinge in
Logen wirklich vorkommen oder wenigstens vorgekommen sind.
Denn hinsichtlich der Formulare für das Logen-Gebrauchthum
wird und wurde den einzelnen Logen ein großer Spielraum gelassen. Und thatsächlich sind manche Brüder und Logen, bei
ihrem Bestreben, in das Einerlei des Ceremoniells Abwechslung
zu bringen, schon auf sehr wunderliche Einfälle gerathen. Wir
hörten ja Pike selbst eben den Satz aussprechen: „Es ist
nicht ganz unmöglich, daß ein derartiges Amalgam von Narrheiten und Dummheiten wirklich von einem der Groß-Comman-
deure der (1875) in Lausanne versammelten Supr. Conseils herrühre? — Denn was ist nicht alles möglich?"[1] Wenn der
erfahrene Pike es nicht wagte, die Möglichkeit in Abrede zu
stellen, daß selbst bei den Schwester-Verbänden seines eigenen

---

[1] Chaine d'union 1886. p. 375.

Systems, das ihm doch noch als das vortrefflichste aller be=
bestehenden Freimaurer=Systeme galt, die abgeschmacktesten und
anstößigsten Dinge ohne sein Wissen vorkommen könnten, so
können wir uns dies natürlich noch viel weniger hinsichtlich
aller Logen aller Systeme zutrauen. Eine gewisse Berechtigung
hätten manche der genannten Episoden, selbst wenn sie frei er=
funden wären, wenigstens als Satire auf das geheimnißvolle
wunderliche Treiben der Freimaurerei. Freilich sollte in diesem
Falle zwischen historisch Feststehendem und bloßer Satire deutlich
unterschieden sein.

Auch II, 335—359 ist nach dem Gesagten mit Vorsicht auf=
zunehmen. Bei II, 359—386 ermöglichen die genau angegebenen
Quellen, welchen die betreffenden Citate entnommen wurden,
dem Leser selbst das Urtheil. Das S. 386—390 aus einer
Zeitung abgedruckte „Circular des italienischen Großorients"
vom Ende des Jahres 1886 (II, 386—390) scheint eine Fälschung
zu sein. Dasselbe wird wenigstens in der Rivista della Massoneria Italiana als „absolut apokryph" erklärt[1]). Die Freimaurer=
Katechismen, welche bei einzelnen Graden mitgetheilt werden,
halten wir für authentisch. Positiv verbürgen können wir die
Richtigkeit der Wiedergabe der in deutschen Logenkreisen weit
verbreiteten Fischer'schen Katechismen des Lehrlings=, Gesellen=
und Meister=Grades (I, 412—416; II, 54—56; II, 140—142).

Das elfte Capitel (II, 391—511) über Freimaurer=Zeichen
und =Alphabete halten wir im Ganzen für zuverlässig. Es ist uns
nicht bekannt geworden, daß die hier enthaltenen Angaben seitens
Sachverständiger bestritten worden wären. Im zwölften Capitel
(II, 517—575) ist die Darstellung wohl tendenziös; wir haben
aber bei den ersten fünf Paragraphen keinen Anlaß, die Richtig=
keit der zu Grunde liegenden thatsächlichen Angaben zu bezweifeln.
Im sechsten Paragraphen (II, 557—575) sind Unrichtigkeiten der
gröbsten Art hinsichtlich der weiblichen Freimaurerei enthalten, die
bereits festgestellt wurden. Die wiedergegebenen Rituale scheinen
alten Datums und schon längst nicht mehr in Uebung zu sein.

---

[1]) La Rivista della Massoneria Italiana 1893, p. 224 e seg. —
Auch noch ein anderes in italienischen Blättern (Sicilia Cattolica u. s. w.)
colportirtes angebliches Circular des ital. Großorients wird in derselben Rivista (1890, p. 241) als Fälschung erklärt. Man verliert
übrigens durch den Wegfall dieser Circulare nichts, da noch immer
massenhaftes zweifellos echtes Material zur Kennzeichnung des ital.
Großorients übrig bleibt. Vgl. z. B. unsern Artikel „Gesellschaften
geheime" im Staatslexicon der Görres=Gesellschaft.

Hinsichtlich des Mops-Ritus im Besondern bemerken wir, daß die betreffenden anstößigen Ceremonien der Schrift Secret des Mopses. Amsterdam, 1771 (vgl. planche VII)[1]) entnommen zu sein scheinen.

Das „zur Verhütung von Aergerniß" in lateinischem Texte und in abnehmbarer Beilage beigegebene Document beruht s i c h e r insofern im Wesentlichen auf Wahrheit, als die in schottischen Hochgraden vorgelegte Erklärung freimaurerischer Symbole thatsächlich wie wir schon sahen, stark ins Gebiet des Obscönen überspielt. Ob die Ausführungen über diese „wahre" Bedeutung der Symbole von manchen Freimaurern auch in so krasser Form gegeben wurde, wie Taxil und Rosen dieselbe bieten, können wir nicht feststellen. Nach dem, was wir j e t z t über Taxil und Rosen wissen, sind wir wohl geneigt anzunehmen, daß die krasse Form der Auslegung ihr Werk ist.

---

[1]) Wiedergegeben bei de la Rive, La Femme et l'Enfant dans la Franc-Maçonnerie, p. 9.